四書五經

上

陈戌国　点校

岳麓書社·长沙

四书五经点校本序

“四书五经”者何？书名也，四书与五经之合集也。何谓四书？《大学》《中庸》《论语》《孟子》是也。《大学》《中庸》本属于《礼记》，与《论》《孟》合而为《四书》，南宋朱熹之所定也。五经者：《易》，一也；《书》，二也；《诗》，三也；《礼》，四也；《春秋》，五也。“五经”之称，汉以来皆有之；五经之实，则不尽同也。譬如《礼经》，《汉·志》本指十七篇；《礼记》者，本七十子后学者所记也。凡名传、记，旨在释经，此题中应有之义也。《礼记》而为经，早于唐人《五经正义》；而以《礼记》代《礼经》，则始于宋也。“弃经任传，遗本宗末”[①]，昔朱子之所讥也。今仍之者，沿其例，从旧俗也。《礼经》最为难读，先读《礼记》，避难就易，或为青年士子计也。既用《礼记》，则《大学》《中庸》之重出无可避，亦不当避也。

四书五经之合刻乌乎始？盖始于明而大兴于清也。有据乎？曰：非无稽也。《明史·艺文志》有“《五经四书明音》八卷”，或不足为据也。《书目答问》记所谓明监本，是其证也；此书经部“《四书章句集注》十九卷”条下云：“明经厂大字本、扬州鲍刻本、南昌万刻本、武昌局本，皆合五经刻”，其证足矣，今犹有其善本在也。

四书有朱子章句、集注，五经各用宋元人注，此元、明及清中叶之惯例也。今之点校本则注解一概不收，此即所谓白文本也。《书目答问》有“《古香斋袖珍五经四书》”条，云：“康熙间内府刻。无注。”亦白文本也。可读乎？曰：可。《汉·志》不云乎：“古之学者耕且养，三年而通一艺，存其大体，玩经文而已，是故用日少而畜德多，三十而五经立也。”白文本者，“玩经文而已”也。注疏固不可弃，世人实苦其烦；皓首穷经，本非社会所急需，亦非众人所自愿；然则“存其大体”可也。况注疏不无牢笼之患，何可尽依也？昔董遇谓“读书百遍，其义自见”[②]，良有以也。

白文本既可读，然则所谓点校本何也？曰：岂有他哉，求其可靠而已也。古书流传既久，迭经传抄翻刻，或凭臆径改，或无知致误，或出于疏忽，不能无失也。王鸣盛《十七史商榷·序》云：“欲读书必先精校书。校之未精而遽读，恐读亦多误矣。”善读书者日思误书[③]，盖其慎也。抑校书岂易为乎？曰：非也。古人之文法，古人之音韵，古人自抒其机杼，时隔数百数千载，后人何能一目了然哉？即专门家亦屡叹古书之难读也。而四书五经尤难读，无他，因其太古也。周之《诰》，殷之《盘》，佶屈聱牙；爻之隐，繇之奥，最为神秘；四诗虽有传笺而未可尽晓，五礼不因注疏而用意尽宣；《春秋》三传，含蕴无穷；《论》《孟》之旨，亦犹可探也。前修时贤披荆斩棘，多得精意；后生颛愚，读之固亦有年，所谓不贤者识小，或亦有所得也。择前修时贤校勘之善者而从之，附以千虑一得，施以新式标点，或于读者不无小助，是余区区之心也。其所不逮而得学人是正，则余之幸也。体例何以不一？曰：非一时所为也，不遑改也。点校之详情，请见《后记》，此不赘也。

或问：既非述作，何必自序？曰：请名家而未得，求编辑请名人大手笔亦未果，予不得已也。昧昧予思之：不请名人亦佳，免玷其名也。甘苦自知，自序不亦可乎？人或笑予之妄，我则曰：我序道我心而已也。

释题名既如上，进而思之：士居今日而读四书五经，所为何也？耗时日而费爬梳，殚精力而不赚钱，何其笨也！五经，经也；四书，亦经也。读经书于现代化何补？于我国家何益？鼓而吹之，岂非迂腐可笑也哉？前有五四运动，反对尊孔读经，尔知之乎？自王充至鲁迅，于尊孔读经颇有微辞，尔知之乎？曰：非不知也，非不知也。彼一时，此一时也。王充确曾问孔刺孟，指斥“五经并失其实”[④]，然而何曾全盘否定也？细读《论衡》，可知余言之信也。鲁迅先生，我中华民族所共仰也。一九二五年确有大作，说其时主张读经者之别有用心[⑤]，鞭辟入里，诚是也。惟先生又何尝视经书如粪土，何曾教人莫读也？一九二六年在厦门大学讲文学，翌年在中山大学执教鞭，并未避经书而不讲，其确证也。《汉文学史纲要》第一篇引《易经》作证，第二篇则专讲《书》与《诗》，一则曰《皋陶谟》君臣相勖之歌“可征信”，再则曰《诗》之《风》《雅》常有“激楚之言、奔放之词”，此非鲁迅之言乎？可复案也。然则一九二五年反对读经，盖有为之作也。踩孔丘于脚下，束经书于高阁，五四运动确有此举，当时启发民智、解放思想之必需，其功不可没也；而所谓形而上学、绝对化，乃其缺点，又何可忽也？后有丙午之乱，一概骂孔批经，酷行文化浩劫，呜呼痛哉！岂忘之也？居今日而整理国故，弘扬传统文化，继承优秀遗产，是其时矣，何可缓也？

然则四书五经何以为必读之书也？曰：其难读，因其太古也；其必读，亦因其太古也。论我中华之文化，自从文字之产生，甲骨、吉金文字而外，经书以及先秦诸子，不唯其源也，亦其光辉之代表也。举凡我祖国之哲学思想史、政治史、经济史、礼制史、军事史、文学史、教育史、语言学史、天文地理学史以及科技史，舍经书而不读不研究，其与无源之水、无本之木何异也？从事田野考古者或以为不屑一顾，余则不以为然也。历史文献，地下资料，二者岂可偏废也？昔柳河东云：“本之《书》以求其质，本之《诗》以求其恒，本之《礼》以求其宜，本之《春秋》以求其断，本之《易》以求其动，此吾所以取道之源也。”[⑥]岂空论哉？不我欺也。历代统治者及其文人尊经太过，固为今人所不取。如视其为我国文化之源头而尊之，则固其宜也，固其所也。“六经皆史也。”[⑦]四书五经皆史也。以史为鉴，古为今用，是究是图，亶其然乎！昭公十五年《春秋左传》记周王嘲笑“籍谈其无后”，因其数典而忘祖也；叔向则批评“王其不终乎”，因其“忘经而多言、举典”，“非礼也”。吾侪何不三复斯言也？

或曰：“‘《论语》不能感化德国兵，《易经》不能咒翻潜水艇。’此鲁迅先生之言也[⑧]。尔之鼓吹读经，欺世之言也。”余敢乎哉？余有说也。亚洲不有四小龙乎？间尝闻之：其三龙尊我中华之传统文化，何以不碍事、能腾飞也？又闻之：四书五经之在国外，读者不少；彼洋人也、侨胞也，居然从我祖国之经书学得治国之道、战略战术、朴素辩证法，乃至于经营管理法，何可怪也！而今我说读经，其要者，尤在于“善养吾浩然之气”，提高民族自尊心、自信心，“乾乾夕惕”，自强不息，化精神为物质力量，则我中华“时乘六龙以御天也”，岂非指日可待也哉！大陆尝有所谓“精英”，斥我传统文化为“积淀”，为“负担”；又有孤岛教授名流，宣扬“以‘欧’风洗‘俗’尘，以‘美’雨作精神”[⑨]：噫！皆非也！吾知其所由来矣，吾知其必不行也！欧美固有可学，而我中华精神自有可佳，我传统文化自有可贵；崇洋媚外者，非愚即诬也。

然则四书五经无误也？曰：持此论者亦非也。《孟子》云：“尽信《书》，不如无《书》。”王充固已攻五经之失矣，鲁迅亦屡言之矣。而其失何以知之？王充“博通众流百家之言”[⑩]，“受《论语》《尚书》”[⑪]；鲁迅兼通文理，“几乎读过十三经”[⑫]。不读经书，固不可知经书之失也。若论思想局限，凡古书皆有之；经书亦然，而其精华固不可掩，所谓县诸日月而不刊者也。“经者，常也，言常道也。”[⑬]究其实，有颠扑不破之常道，亦有怪异之辞、谬悠之说、伪托之作，不必为之讳也。“钼麑槐下之辞，浑良夫梦中之噪”，谁闻之欤？[⑭]是不可信也。但当文学作品看，又何奇之有也？所谓伪古文《尚书》，既定其伪，自不可信也。毛奇龄曾作《古文尚书冤辞》，吾人不必为作续篇，不可作也，此案不可翻也。“余然后知此晚出于魏晋间之书，盖不古不今、非伏非孔而欲别为一家之学者也。”[⑮]若作如是观，伪古文《尚书》亦无不可读也。自东晋至清初，千有余年，朝野上下尊之为经，罕斥其伪，涵咏之，援引之。哲人朱子偶论其可疑，作《四书集注》乃仍加征引。若不读伪古文，何由知其所自来也？何由明其志也？况且欲知伪古文如何做伪，不读其书，则何由知之也？真古文《尚书》散落吉光片羽，作伪者搜罗殆尽；后人披沙拣金，亦一快事也。即论今文《尚书》，又岂可尽信也哉？古史辨派论之多矣，而意犹未尽也。穷经书之真谛，是所望于来者。学而时习之，不亦说乎？多闻阙疑，经世致用，肯堂肯构，日就月将，后人庶几无愧于先哲也！

是为序。序之不当，人将为余正之；不然，余之将“以笨牛没世”⑯，是所惧也。

陈成国

一九九〇年八月十九、二十日

①朱熹：《乞修三礼劄子》。 ②《魏志·王朗传》注。 ③《北齐书·邢邵传》。 ④《论衡·正说》。 ⑤⑧⑫⑯《十四年的读经》，《鲁迅全集》卷三《华盖集》，人民文学出版社1981年版。 ⑥《柳河东集·答韦中立论师道书》。 ⑦章学诚：《文史通义·易教上》。 ⑨台湾师范大学陈大络教授：《木铎振天下 正气满人间》，1990年4月26日《中国文物报》。 ⑩《后汉书·王充传》。 ⑪《论衡·自纪》。 ⑬何良俊：《四友斋丛说》卷之一。 ⑭纪昀：《阅微草堂笔记》卷十一《槐西杂志》。 ⑮阎若璩：《尚书古文疏证》卷二。

目　录

四　书

五 经

颂

大　学

大学之道，在明明德，在亲民，在止于至善。

知止而后有定，定而后能静，静而后能安，安而后能虑，虑而后能得。

物有本末，事有终始。知所先后，则近道矣。

古之欲明明德于天下者，先治其国。欲治其国者，先齐其家。欲齐其家者，先修其身。欲修其身者，先正其心。欲正其心者，先诚其意。欲诚其意者，先致其知。致知在格物。

物格而后知至，知至而后意诚，意诚而后心正，心正而后身修，身修而后家齐，家齐而后国治，国治而后天下平。

自天子以至于庶人，壹是皆以修身为本。

其本乱而末治者否矣。其所厚者薄，而其所薄者厚，未之有也。

《康诰》曰：“克明德。”《大甲》曰：“顾諟天之明命。”《帝典》曰：“克明峻德。”皆自明也。

汤之《盘铭》曰：“苟日新，日日新，又日新。”《康诰》曰：“作新民。”《诗》曰：“周虽旧邦，其命维新。”是故君子无所不用其极。

《诗》云：“邦畿千里，维民所止。”《诗》云：“缗蛮黄鸟，止于丘隅。”子曰：“于止，知其所止，可以人而不如鸟乎？”《诗》云：“穆穆文王，於缉熙敬止！”为人君，止于仁；为人臣，止于敬；为人子，止于孝；为人父，止于慈；与国人交，止于信。

《诗》云：“瞻彼淇澳，菉竹猗猗。有斐君子，如切如磋，如琢如磨。瑟兮僩兮，赫兮喧兮。有斐君子，终不可諠兮！”“如切如磋”者，道学也。“如琢如磨”者，自修也。“瑟兮僩兮”者，恂栗也。“赫兮喧兮”者，威仪也。“有斐君子，终不可諠兮”者，道盛德至善，民之不能忘也。

《诗》云：“於戏，前王不忘！”君子贤其贤而亲其亲，小人乐其乐而利其利，此以没世不忘也。

子曰："听讼，吾犹人也。必也使无讼乎！"无情者不得尽其辞。大畏民志，此谓知本。

此谓知本，此谓知之至也。

所谓诚其意者，毋自欺也。如恶恶臭，如好好色，此之谓自谦。故君子必慎其独也。小人闲居为不善，无所不至，见君子而后厌然，掩其不善，而著其善。人之视己，如见其肺肝然，则何益矣。此谓诚于中，形于外，故君子必慎其独也。曾子曰："十目所视，十手所指，其严乎！"富润屋，德润身，心广体胖，故君子必诚其意。

所谓修身在正其心者：身有所忿懥，则不得其正；有所恐惧，则不得其正；有所好乐，则不得其正；有所忧患，则不得其正。心不在焉，视而不见，听而不闻，食而不知其味。此谓修身在正其心。

所谓齐其家在修其身者：人之其所亲爱而辟焉，之其所贱恶而辟焉，之其所畏敬而辟焉，之其所哀矜而辟焉，之其所敖惰而辟焉。故好而知其恶，恶而知其美者，天下鲜矣。故谚有之曰："人莫知其子之恶，莫知其苗之硕。"此谓身不修不可以齐其家。

所谓治国必先齐其家者，其家不可教而能教人者，无之。故君子不出家而成教于国：孝者，所以事君也；弟者，所以事长也；慈者，所以使众也。《康诰》曰："如保赤子。"心诚求之，虽不中不远矣。未有学养子而后嫁者也。一家仁，一国兴仁；一家让，一国兴让；一人贪戾，一国作乱：其机如此。此谓一言偾事，一人定国。尧、舜率天下以仁，而民从之。桀、纣率天下以暴，而民从之。其所令反其所好，而民不从。是故君子有诸己而后求诸人，无诸己而后非诸人。所藏乎身不恕，而能喻诸人者，未之有也。故治国在齐其家。《诗》云："桃之夭夭，其叶蓁蓁。之子于归，宜其家人。"宜其家人，而后可以教国人。《诗》云："宜兄宜弟。"宜兄宜弟，而后可以教国人。《诗》云："其仪不忒，正是四国。"其为父子兄弟足法，而后民法之也。此谓治国在齐其家。

所谓平天下在治其国者：上老老而民兴孝，上长长而民兴弟，上恤孤而民不倍，是以君子有絜矩之道也。

所恶于上，毋以使下；所恶于下，毋以事上；所恶于前，毋以先后；所恶于后，毋以从前；所恶于右，毋以交于左；所恶于左，毋以交于右：此之谓絜矩之道。

《诗》云：“乐只君子，民之父母。”民之所好好之，民之所恶恶之，此之谓民之父母。《诗》云：“节彼南山，维石岩岩。赫赫师尹，民具尔瞻。”有国者不可以不慎，辟则为天下僇矣。《诗》云：“殷之未丧师，克配上帝。仪监于殷，峻命不易。”道得众则得国，失众则失国。

是故君子先慎乎德。有德此有人，有人此有土，有土此有财，有财此有用。德者本也，财者末也。外本内末，争民施夺。是故财聚则民散，财散则民聚。是故言悖而出者，亦悖而入；货悖而入者，亦悖而出。

《康诰》曰：“惟命不于常。”道善则得之，不善则失之矣。

《楚书》曰：“楚国无以为宝，惟善以为宝。”

舅犯曰：“亡人无以为宝，仁亲以为宝。”

《秦誓》曰：“若有一个臣，断断兮无他技，其心休休焉，其如有容焉。人之有技，若己有之；人之彦圣，其心好之，不啻若自其口出。寔能容之，以能保我子孙，黎民尚亦有利哉！人之有技，媢嫉以恶之；人之彦圣，而违之俾不通：寔不能容，以不能保我子孙，黎民亦曰殆哉！”唯仁人放流之，迸诸四夷，不与同中国。此谓唯仁人为能爱人，能恶人。见贤而不能举，举而不能先，命也；见不善而不能退，退而不能远，过也。好人之所恶，恶人之所好，是谓拂人之性，菑必逮夫身。是故君子有大道，必忠信以得之，骄泰以失之。

生财有大道。生之者众，食之者寡，为之者疾，用之者舒，则财恒足矣。仁者以财发身，不仁者以身发财。未有上好仁而下不好义者也，未有好义其事不终者也，未有府库财非其财者也。

孟献子曰："畜马乘，不察于鸡豚；伐冰之家，不畜牛羊；百乘之家，不畜聚敛之臣。与其有聚敛之臣，宁有盗臣。"此谓国不以利为利，以义为利也。长国家而务财用者，必自小人矣。彼为善之，小人之使为国家，菑害并至。虽有善者，亦无如之何矣！此谓国不以利为利，以义为利也。

中　庸

天命之谓性，率性之谓道，修道之谓教。道也者，不可须臾离也，可离非道也。是故君子戒慎乎其所不睹，恐惧乎其所不闻。莫见乎隐，莫显乎微，故君子慎其独也。喜怒哀乐之未发，谓之中；发而皆中节，谓之和。中也者，天下之大本也；和也者，天下之达道也。致中和，天地位焉，万物育焉。

仲尼曰："君子中庸，小人反中庸。君子之中庸也，君子而时中；小人之中庸也，小人而无忌惮也。"

子曰："中庸其至矣乎！民鲜能久矣！"

子曰："道之不行也，我知之矣：知者过之，愚者不及也。道之不明也，我知之矣：贤者过之，不肖者不及也。人莫不饮食也，鲜能知味也。"

子曰："道其不行矣夫！"

子曰："舜其大知也与！舜好问而好察迩言，隐恶而扬善，执其两端，用其中于民，其斯以为舜乎！"

子曰："人皆曰'予知'，驱而纳诸罟擭陷阱之中，而莫之知辟也。人皆曰'予知'，择乎中庸，而不能期月守也。"

子曰："回之为人也，择乎中庸，得一善，则拳拳服膺而弗失之矣。"

子曰："天下国家可均也，爵禄可辞也，白刃可蹈也，中庸不可能也。"

子路问强。子曰："南方之强与？北方之强与？抑而强与？宽柔以教，不报无道，南方之强也，君子居之。衽金革，死而不厌，北方之强也，而强者居之。故君子和而不流，强哉矫！中立而不倚，强哉矫！国有道，不变塞焉，强哉矫！国无道，至死不变，强哉矫！"

子曰："素隐行怪，后世有述焉，吾弗为之矣。君子遵道而行，半涂而废，吾弗能已矣。君子依乎中庸，遁世不见知而不悔，唯圣者能之。”

君子之道费而隐。夫妇之愚，可以与知焉；及其至也，虽圣人亦有所不知焉。夫妇之不肖，可以能行焉；及其至也，虽圣人亦有所不能焉。天地之大也，人犹有所憾。故君子语大，天下莫能载焉；语小，天下莫能破焉。《诗》云：“鸢飞戾天，鱼跃于渊。”言其上下察也。君子之道，造端乎夫妇；及其至也，察乎天地。

子曰：“道不远人。人之为道而远人，不可以为道。《诗》云：‘伐柯，伐柯，其则不远。’执柯以伐柯，睨而视之，犹以为远。故君子以人治人，改而止。忠恕违道不远，施诸己而不愿，亦勿施于人。君子之道四，丘未能一焉：所求乎子，以事父，未能也；所求乎臣，以事君，未能也；所求乎弟，以事兄，未能也；所求乎朋友，先施之，未能也。庸德之行，庸言之谨；有所不足，不敢不勉，有余不敢尽；言顾行，行顾言，君子胡不慥慥尔！”

君子素其位而行，不愿乎其外。素富贵，行乎富贵；素贫贱，行乎贫贱；素夷狄，行乎夷狄；素患难，行乎患难；君子无入而不自得焉。在上位不陵下，在下位不援上，正己而不求于人，则无怨。上不怨天，下不尤人。故君子居易以俟命，小人行险以徼幸。子曰：“射有似乎君子；失诸正鹄，反求诸其身。”

君子之道，辟如行远必自迩，辟如登高必自卑。《诗》曰：“妻子好合，如鼓瑟琴。兄弟既翕，和乐且耽。宜尔室家，乐尔妻帑。”子曰：“父母其顺矣乎！”

子曰：“鬼神之为德，其盛矣乎！视之而弗见，听之而弗闻，体物而不可遗。使天下之人齐明盛服，以承祭祀。洋洋乎如在其上，如在其左右。《诗》曰：‘神之格思，不可度思！矧可射思！’夫微之显，诚之不可掩如此夫。”

子曰：“舜其大孝也与！德为圣人，尊为天子，富有四海之内。宗庙飨之，子孙保之。故大德必得其位，必得其禄，必得其名，必得其寿。故天之生物，必因其材而笃焉。故栽者培之，倾者覆之。《诗》曰：‘嘉乐君子，宪宪令德。宜民宜人，受禄于天。保佑命之，自天申之。’故大德者必受命。”

子曰：“无忧者，其惟文王乎！以王季为父，以武王为子，父作之，子述之。武王缵大王、王季、文王之绪，壹戎衣而有天下，身不失天下之显名。尊为天子，富有四海之内。宗庙飨之，子孙保之。武王末受命，周公成文、武之德，追王大王、王季，上祀先公以天子之礼。斯礼也，达乎诸侯大夫，及士庶人。父为大夫，子为士，葬以大夫，祭以士。父为士，子为大夫，葬以士，祭以大夫。期之丧，达乎大夫。三年之丧，达乎天子。父母之丧，无贵贱，一也。”

子曰：“武王、周公，其达孝矣乎！夫孝者，善继人之志，善述人之事者也。春秋修其祖庙，陈其宗器，设其裳衣，荐其时食。宗庙之礼，所以序昭穆也。序爵，所以辨贵贱也。序事，所以辨贤也。旅酬下为上，所以逮贱也。燕毛，所以序齿也。践其位，行其礼，奏其乐，敬其所尊，爱其所亲，事死如事生，事亡如事存，孝之至也。郊社之礼，所以事上帝也。宗庙之礼，所以祀乎其先也。明乎郊社之礼、禘尝之义，治国其如示诸掌乎！”

哀公问政。子曰：“文武之政，布在方策。其人存，则其政举；其人亡，则其政息。人道敏政，地道敏树。夫政也者，蒲卢也。故为政在人，取人以身，修身以道，修道以仁。仁者人也，亲亲为大；义者宜也，尊贤为大。亲亲之杀，尊贤之等，礼所生也。在下位不获乎上，民不可得而治矣！故君子不可以不修身；思修身，不可以不事亲；思事亲，不可以不知人；思知人，不可以不知天。”

“天下之达道五，所以行之者三。曰：君臣也，父子也，夫妇也，昆弟也，朋友之交也，五者天下之达道也。知，仁，勇，三者天下之达德也，所以行之者一也。或生而知之，或学而知之，或困而知之，及其知之，一也。或安而行之，或利而行之，或勉强而行之，及其成功，一也。子曰：好学近乎知，力行近乎仁，知耻近乎勇。知斯三者，则知所以修身；知所以修身，则知所以治人；知所以治人，则知所以治天下国家矣。”

“凡为天下国家有九经，曰：修身也，尊贤也，亲亲也，敬大臣也，体群臣也，子庶民也，来百工也，柔远人也，怀诸侯也。修身则道立，尊贤则不惑，亲亲则诸父昆弟不怨，敬大臣则不眩，体群臣则士之报礼重，子庶民则百姓劝，来百工则财用足，柔远人则四方归之，怀诸侯则天下畏之。齐明盛服，非礼不动，所以修身也；去谗远色，贱货而贵德，所以劝贤也；尊其位，重其禄，同其好恶，所以劝亲亲也；官盛任使，所以劝大臣也；忠信重禄，所以劝士也；时使薄敛，所以劝百姓也；日省月试，既禀称事，所以劝百工也；送往迎来，嘉善而矜不能，所以柔远人也；继绝世，举废国，治乱持危，朝聘以时，厚往而薄来，所以怀诸侯也。凡为天下国家有九经，所以行之者一也。”

“凡事豫则立，不豫则废。言前定则不跲，事前定则不困，行前定则不疚，道前定则不穷。在下位不获乎上，民不可得而治矣。获乎上有道：不信乎朋友，不获乎上矣。信乎朋友有道：不顺乎亲，不信乎朋友矣。顺乎亲有道：反诸身不诚，不顺乎亲矣。诚身有道：不明乎善，不诚乎身矣。诚者，天之道也；诚之者，人之道也。诚者不勉而中，不思而得，从容中道，圣人也。诚之者，择善而固执之者也。”

“博学之，审问之，慎思之，明辨之，笃行之。有弗学，学之弗能，弗措也；有弗问，问之弗知，弗措也；有弗思，思之弗得，弗措也；有弗辨，辨之弗明，弗措也；有弗行，行之弗笃，弗措也。人一能之己百之，人十能之己千之。果能此道矣，虽愚必明，虽柔必强。”

自诚明，谓之性。自明诚，谓之教。诚则明矣，明则诚矣。

唯天下至诚，为能尽其性；能尽其性，则能尽人之性；能尽人之性，则能尽物之性；能尽物之性，则可以赞天地之化育；可以赞天地之化育，则可以与天地参矣。

其次致曲。曲能有诚，诚则形，形则著，著则明，明则动，动则变，变则化。唯天下至诚为能化。

至诚之道，可以前知。国家将兴，必有祯祥。国家将亡，必有妖孽。见乎蓍龟，动乎四体。祸福将至：善，必先知之；不善，必先知之。故至诚如神。

诚者自成也，而道自道也。诚者物之终始，不诚无物。是故君子诚之为贵。诚者非自成己而已也，所以成物也。成己，仁也；成物，知也。性之德也，合外内之道也，故时措之宜也。

故至诚无息。不息则久，久则徵。徵则悠远，悠远则博厚，博厚则高明。博厚，所以载物也；高明，所以覆物也；悠久，所以成物也。博厚配地，高明配天，悠久无疆。如此者，不见而章，不动而变，无为而成。天地之道，可一言而尽也：其为物不贰，则其生物不测。天地之道：博也，厚也，高也，明也，悠也，久也。今夫天，斯昭昭之多，及其无穷也，日月星辰系焉，万物覆焉。今夫地，一撮土之多，及其广厚，载华岳而不重，振河海而不泄，万物载焉。今夫山，一卷石之多，及其广大，草木生之，禽兽居之，宝藏兴焉。今夫水，一勺之多，及其不测，鼋鼍、蛟龙、鱼鳖生焉，货财殖焉。《诗》曰："维天之命，於穆不已！"盖曰天之所以为天也。"於乎不显，文王之德之纯！"盖曰文王之所以为文也，纯亦不已。

大哉！圣人之道洋洋乎！发育万物，峻极于天。优优大哉！礼仪三百，威仪三千，待其人而后行。故曰：苟不至德，至道不凝焉。故君子尊德性而道问学，致广大而尽精微，极高明而道中庸。温故而知新，敦厚以崇礼。是故居上不骄，为下不倍；国有道，其言足以兴；国无道，其默足以容。《诗》曰："既明且哲，以保其身。"其此之谓与！

子曰："愚而好自用，贱而好自专，生乎今之世，反古之道：如此者，灾及其身者也。"非天子，不议礼，不制度，不考文。今天下车同轨，书同文，行同伦。虽有其位，苟无其德，不敢作礼乐焉；虽有其德，苟无其位，亦不敢作礼乐焉。子曰："吾说夏礼，杞不足徵也。吾学殷礼，有宋存焉。吾学周礼，今用之，吾从周。"

王天下有三重焉，其寡过矣乎！上焉者虽善无徵，无徵不信，不信民弗从；下焉者虽善不尊，不尊不信，不信民弗从。故君子之道：本诸身，徵诸庶民，考诸三王而不缪，建诸天地而不悖，质诸鬼神而无疑，百世以俟圣人而不惑。质诸鬼神而无疑，知天也；百世以俟圣人而不惑，知人也。是故君子动而世为天下道，行而世为天下法，言而世为天下则。远之则有望，近之则不厌。《诗》曰："在彼无恶，在此无射。庶几夙夜，以永终誉！"君子未有不如此而蚤有誉于天下者也。

仲尼祖述尧舜，宪章文武；上律天时，下袭水土。辟如天地之无不持载，无不覆帱，辟如四时之错行，如日月之代明。万物并育而不相害，道并行而不相悖，小德川流，大德敦化，此天地之所以为大也。

唯天下至圣为能聪明睿知，足以有临也；宽裕温柔，足以有容也；发强刚毅，足以有执也；齐庄中正，足以有敬也；文理密察，足以有别也。溥博渊泉，而时出之。溥博如天，渊泉如渊。见而民莫不敬，言而民莫不信，行而民莫不说。是以声名洋溢乎中国，施及蛮貊。舟车所至，人力所通，天之所覆，地之所载，日月所照，霜露所队：凡有血气者，莫不尊亲，故曰配天。

唯天下至诚，为能经纶天下之大经，立天下之大本，知天地之化育。夫焉有所倚？肫肫其仁！渊渊其渊！浩浩其天！苟不固聪明圣知达天德者，其孰能知之？

《诗》曰"衣锦"尚絅，恶其文之著也。故君子之道，暗然而日章；小人之道，的然而日亡。君子之道：淡而不厌，简而文，温而理，知远之近，知风之自，知微之显，可与入德矣。《诗》云："潜虽伏矣，亦孔之昭！"故君子内省不疚，无恶于志。君子之所不可及者，其唯人之所不见乎！《诗》云："相在尔室，尚不愧于屋漏。"故君子不动而敬，不言而信。《诗》曰："奏假无言，时靡有争。"是故君子不赏而民劝，不怒而民威于铁钺。《诗》曰："不显惟德！百辟其刑之。"是故君子笃恭而天下平。《诗》曰："予怀明德，不大声以色。"子曰："声色之于以化民，末也。"《诗》曰："德輶如毛"，毛犹有伦；"上天之载，无声无臭"，至矣！

论　语

学　而

子曰：“学而时习之，不亦说乎？有朋自远方来，不亦乐乎？人不知而不愠，不亦君子乎？”

有子曰：“其为人也孝弟，而好犯上者，鲜矣；不好犯上，而好作乱者，未之有也。君子务本，本立而道生。孝弟也者，其为仁之本与！”

子曰：“巧言令色，鲜矣仁！”

曾子曰：“吾日三省吾身：为人谋而不忠乎？与朋友交而不信乎？传不习乎？”

子曰：“道千乘之国：敬事而信，节用而爱人，使民以时。”

子曰：“弟子入则孝，出则弟，谨而信，泛爱众，而亲仁。行有余力，则以学文。”

子夏曰：“贤贤易色；事父母，能竭其力；事君，能致其身；与朋友交，言而有信：虽曰未学，吾必谓之学矣。”

子曰：“君子不重则不威，学则不固。主忠信。无友不如己者。过则勿惮改。”

曾子曰：“慎终追远，民德归厚矣。”

子禽问于子贡曰：“夫子至于是邦也，必闻其政，求之与？抑与之与？”子贡曰：“夫子温、良、恭、俭、让以得之。夫子之求之也，其诸异乎人之求之与？”

子曰：“父在，观其志；父没，观其行；三年无改于父之道：可谓孝矣。”

有子曰：“礼之用，和为贵。先王之道斯为美，小大由之。有所不行：知和而和，不以礼节之，亦不（可）行也。”

有子曰：“信近于义，言可复也；恭近于礼，远耻辱也；因不失其亲，亦可宗也。”

子曰：“君子食无求饱，居无求安，敏于事而慎于言，就有道而正焉，可谓好学也已。”

子贡曰："贫而无谄，富而无骄，何如？"子曰："可也。未若贫而乐〔道〕，富而好礼者也。"子贡曰："《诗》云：'如切如磋，如琢如磨。'其斯之谓与？"子曰："赐也，始可与言《诗》已矣！告诸往而知来者。"

子曰："不患人之不己知，患不知人也。"

为　政

子曰："为政以德，譬如北辰，居其所而众星共之。"

子曰："《诗》三百，一言以蔽之，曰'思无邪'。"

子曰："道之以政，齐之以刑，民免而无耻。道之以德，齐之以礼，有耻且格。"

子曰："吾十有五而志于学，三十而立，四十而不惑，五十而知天命，六十而耳顺，七十而从心所欲，不逾矩。"

孟懿子问孝。子曰："无违。"樊迟御，子告之曰："孟孙问孝于我，我对曰'无违'。"樊迟曰："何谓也？"子曰："生，事之以礼；死，葬之以礼，祭之以礼。"

孟武伯问孝。子曰："父母，唯其疾之忧。"

子游问孝。子曰："今之孝者，是谓能养。至于犬马，皆能有养；不敬，何以别乎？"

子夏问孝。子曰："色难。有事，弟子服其劳；有酒食，先生馔：曾是以为孝乎？"

子曰："吾与回言终日，不违如愚。退而省其私，亦足以发。回也不愚。"

子曰："视其所以，观其所由，察其所安。人焉廋哉？人焉廋哉？"

子曰："温故而知新，可以为师矣。"

子曰："君子不器。"

子贡问君子。子曰："先行其言而后从之。"

子曰："君子周而不比，小人比而不周。"

子曰："学而不思则罔，思而不学则殆。"

子曰："攻乎异端，斯害也已！"

子曰："由，诲女知之乎！知之为知之，不知为不知，是知也。"

子张学干禄。子曰："多闻阙疑，慎言其余，则寡尤。多见阙殆，慎行其余，则寡悔。言寡尤，行寡悔，禄在其中矣。"

哀公问曰："何为则民服？"孔子对曰："举直错诸枉，则民服。举枉错诸直，则民不服。"

季康子问："使民敬、忠以劝，如之何？"子曰："临之以庄则敬，孝慈则忠，举善而教不能则劝。"

或谓孔子曰："子奚不为政？"子曰："《书》云：'孝乎！惟孝，友于兄弟。'施于有政。是亦为政，奚其为为政？"

子曰："人而无信，不知其可也。大车无輗，小车无軏，其何以行之哉？"

子张问："十世可知也？"子曰："殷因于夏，礼所损益可知也；周因于殷，礼所损益可知也；其或继周者，虽百世可知也。"

子曰："非其鬼而祭之，谄也。见义不为，无勇也。"

八 佾

孔子谓："季氏八佾舞于庭，是可忍也，孰不可忍也？"

三家者以《雍》彻。子曰："'相维辟公，天子穆穆'，奚取于三家之堂？"

子曰："人而不仁，如礼何？人而不仁，如乐何？"

林放问礼之本。子曰："大哉问！礼，与其奢也，宁俭。丧，与其易也，宁戚。"

子曰："夷狄之有君，不如诸夏之亡也。"

季氏旅于泰山。子谓冉有曰："女弗能救与？"对曰："不能。"子曰："呜呼！曾谓泰山不如林放乎？"

子曰："君子无所争，必也射乎！揖让而升，下而饮，其争也君子。”

子夏问曰：“‘巧笑倩兮，美目盼兮，素以为绚兮。’何谓也?”子曰：“绘事后素。”曰：“礼后乎?”子曰：“起予者商也！始可与言《诗》已矣。”

子曰：“夏礼吾能言之，杞不足征也。殷礼吾能言之，宋不足征也。文献不足故也；足，则吾能征之矣。”

子曰：“禘，自既灌而往者，吾不欲观之矣。”

或问禘之说。子曰：“不知也。知其说者之于天下也，其如示诸斯乎！”指其掌。

祭如在，祭神如神在。子曰：“吾不与祭，如不祭。”

王孙贾问曰：“‘与其媚于奥，宁媚于灶’，何谓也?”子曰：“不然，获罪于天，无所祷也。”

子曰：“周监于二代，郁郁乎文哉！吾从周。”

子入大庙，每事问。或曰：“孰谓鄹人之子知礼乎？入大庙，每事问。”子闻之，曰：“是礼也。”

子曰：“射不主皮，为力不同科，古之道也。”

子贡欲去告朔之饩羊。子曰：“赐也，尔爱其羊，我爱其礼。”

子曰：“事君尽礼，人以为谄也。”

定公问：“君使臣，臣事君，如之何?”孔子对曰：“君使臣以礼，臣事君以忠。”

子曰：“《关雎》，乐而不淫，哀而不伤。”

哀公问社于宰我。宰我对曰：“夏后氏以松，殷人以柏，周人以栗，曰使民战栗。”子闻之，曰：“成事不说，遂事不谏，既往不咎。”

子曰：“管仲之器小哉！”或曰：“管仲俭乎?”曰：“管氏有三归，官事不摄，焉得俭?”“然则管仲知礼乎?”曰：“邦君树塞门，管氏亦树塞门。邦君为两君之好，有反坫，管氏亦有反坫。管氏而知礼，孰不知礼?”

子语鲁大师乐。曰：“乐其可知也：始作，翕如也；从之，纯如也，皦如也，绎如也，以成。”

仪封人请见。曰：“君子之至于斯也，吾未尝不得见也。”从者见之。出，曰："二三子何患于丧乎？天下之无道也久矣，天将以夫子为木铎。"

子谓《韶》："尽美矣，又尽善也。"谓《武》："尽美矣，未尽善也。"

子曰："居上不宽，为礼不敬，临丧不哀，吾何以观之哉？"

里 仁

子曰："里仁为美。择不处仁，焉得知？"

子曰："不仁者不可以久处约，不可以长处乐。仁者安仁，知者利仁。"

子曰："唯仁者能好人，能恶人。"

子曰："苟志于仁矣，无恶也。"

子曰："富与贵，是人之所欲也。不以其道得之，不处也。贫与贱，是人之所恶也。不以其道得之，不去也。君子去仁，恶乎成名？君子无终食之间违仁，造次必于是，颠沛必于是。"

子曰："我未见好仁者、恶不仁者。好仁者，无以尚之；恶不仁者，其为仁矣，不使不仁者加乎其身。有能一日用其力于仁矣乎？我未见力不足者。盖有之矣，我未之见也。"

子曰："人之过也，各于其党。观过，斯知仁矣。"

子曰："朝闻道，夕死可矣。"

子曰："士志于道，而耻恶衣恶食者，未足与议也。"

子曰："君子之于天下也，无适也，无莫也，义之与比。"

子曰："君子怀德，小人怀土。君子怀刑，小人怀惠。"

子曰："放于利而行，多怨。"

子曰："能以礼让为国乎？何有？不能以礼让为国，如礼何？"

子曰："不患无位，患所以立；不患莫己知，求为可知也。"

子曰："参乎！吾道一以贯之。"曾子曰："唯。"子出。门人问曰："何谓也？"曾子曰："夫子之道，忠恕而已矣。"

子曰："君子喻于义，小人喻于利。"

子曰："见贤思齐焉。见不贤而内自省也。"

子曰："事父母幾谏。见志不从，又敬不违，劳而不怨。"

子曰："父母在，不远游。游必有方。"

子曰："三年无改于父之道，可谓孝矣。"

子曰："父母之年，不可不知也。一则以喜，一则以惧。"

子曰："古者言之不出，耻躬之不逮也。"

子曰："以约失之者鲜矣。"

子曰："君子欲讷于言而敏于行。"

子曰："德不孤，必有邻。"

子游曰："事君数，斯辱矣；朋友数，斯疏矣。"

公冶长

子谓："公冶长可妻也。虽在缧绁之中，非其罪也。"以其子妻之。子谓："南容：邦有道，不废；邦无道，免于刑戮。"以其兄之子妻之。

子谓子贱："君子哉若人！鲁无君子者，斯焉取斯？"

子贡问曰："赐也何如？"子曰："女器也。"曰："何器也？"曰："瑚琏也。"

或曰："雍也仁而不佞。"子曰："焉用佞？御人以口给，屡憎于人。不知其仁，焉用佞？"

子使漆雕开仕。对曰："吾斯之未能信。"子说。

子曰："道不行，乘桴浮于海。从我者，其由与？"子路闻之喜。子曰："由也好勇过我，无所取材。"

孟武伯问："子路仁乎？"子曰："不知也。"又问。子曰："由也，千乘之国，可使治其赋也。不知其仁也。""求也何如？"子曰："求也，千室之邑，百乘之家，可使为之宰也。不知其仁也。""赤也何如？"子曰："赤也，束带立于朝，可使与宾客言也。不知其仁也。"

子谓子贡曰："女与回也孰愈？"对曰："赐也何敢望回？回

也闻一以知十，赐也闻一以知二。”子曰：“弗如也！吾与女弗如也。”

宰予昼寝，子曰：“朽木不可雕也，粪土之墙不可杇也。于予与何诛？”子曰：“始吾于人也，听其言而信其行；今吾于人也，听其言而观其行。于予与改是。”

子曰：“吾未见刚者。”或对曰：“申枨。”子曰：“枨也欲，焉得刚？”

子贡曰：“我不欲人之加诸我也，吾亦欲无加诸人。”子曰：“赐也，非尔所及也。”

子贡曰：“夫子之文章，可得而闻也；夫子之言性与天道，不可得而闻也。”

子路有闻，未之能行，唯恐有闻。

子贡问曰：“孔文子何以谓之文也？”子曰：“敏而好学，不耻下问，是以谓之文也。”

子谓：“子产有君子之道四焉，其行己也恭，其事上也敬，其养民也惠，其使民也义。”

子曰：“晏平仲善与人交，久而敬之。”

子曰：“臧文仲居蔡，山节藻棁，何如其知也？”

子张问曰：“令尹子文三仕为令尹，无喜色；三已之，无愠色；旧令尹之政，必以告新令尹。何如？”子曰：“忠矣。”曰：“仁矣乎？”曰：“未知。焉得仁？”“崔子弑齐君。陈文子有马十乘，弃而违之。至于他邦，则曰：‘犹吾大夫崔子也。’违之。之一邦，则又曰：‘犹吾大夫崔子也。’违之。何如？”子曰：“清矣。”曰：“仁矣乎？”曰：“未知。焉得仁？”

季文子三思而后行。子闻之，曰：“再，斯可矣。”

子曰：“宁武子邦有道则知，邦无道则愚。其知可及也，其愚不可及也。”

子在陈，曰：“归与！归与！吾党之小子狂简，斐然成章，不知所以裁之。”

子曰：“伯夷、叔齐不念旧恶，怨是用希。”

子曰："孰谓微生高直？或乞醯焉，乞诸其邻而与之。"

子曰："巧言、令色、足恭，左丘明耻之，丘亦耻之。匿怨而友其人，左丘明耻之，丘亦耻之。"

颜渊、季路侍。子曰："盍各言尔志？"子路曰："愿车马、（衣）轻裘，与朋友共。敝之而无憾。"颜渊曰："愿无伐善，无施劳。"子路曰："愿闻子之志。"子曰："老者安之，朋友信之，少者怀之。"

子曰："已矣乎！吾未见能见其过而内自讼者也。"

子曰："十室之邑，必有忠信如丘者焉，不如丘之好学也。"

雍　也

子曰："雍也可使南面。"仲弓问子桑伯子，子曰："可也简。"仲弓曰："居敬而行简，以临其民，不亦可乎？居简而行简，无乃大简乎？"子曰："雍之言然。"

哀公问："弟子孰为好学？"孔子对曰："有颜回者好学，不迁怒，不贰过。不幸短命死矣！今也则亡，未闻好学者也。"

子华使于齐，冉子为其母请粟。子曰："与之釜。"请益。曰："与之庾。"冉子与之粟五秉。子曰："赤之适齐也，乘肥马，衣轻裘。吾闻之也，君子周急不继富。"原思为之宰，与之粟九百，辞。子曰："毋！以与尔邻里乡党乎！"

子谓仲弓曰："犁牛之子骍且角，虽欲勿用，山川其舍诸？"

子曰："回也，其心三月不违仁。其余则日月至焉而已矣。"

季康子问："仲由可使从政也与？"子曰："由也果，于从政乎何有？"曰："赐也可使从政也与？"曰："赐也达，于从政乎何有？"曰："求也可使从政也与？"曰："求也艺，于从政乎何有？"

季氏使闵子骞为费宰。闵子骞曰："善为我辞焉。如有复我者，则吾必在汶上矣。"

伯牛有疾，子问之，自牖执其手，曰："亡之，命矣夫！斯人也而有斯疾也！斯人也而有斯疾也！"

子曰："贤哉，回也！一箪食，一瓢饮，在陋巷。人不堪其忧，回也不改其乐。贤哉，回也！"

冉求曰："非不说子之道，力不足也。"子曰："力不足者，中道而废。今女画。"

子谓子夏曰："女为君子儒，无为小人儒。"

子游为武城宰。子曰："女得人焉尔乎？"曰："有澹台灭明者，行不由径。非公事，未尝至于偃之室也。"

子曰："孟之反不伐。奔而殿，将入门，策其马，曰：'非敢后也，马不进也。'"

子曰："不有祝鮀之佞，而有宋朝之美，难乎免于今之世矣！"

子曰："谁能出不由户？何莫由斯道也？"

子曰："质胜文则野，文胜质则史。文质彬彬，然后君子。"

子曰："人之生也直，罔之生也幸而免。"

子曰："知之者不如好之者，好之者不如乐之者。"

子曰："中人以上，可以语上也；中人以下，不可以语上也。"

樊迟问知。子曰："务民之义，敬鬼神而远之，可谓知矣。"问仁。曰："仁者先难而后获，可谓仁矣。"

子曰："知者乐水，仁者乐山。知者动，仁者静。知者乐，仁者寿。"

子曰："齐一变，至于鲁；鲁一变，至于道。"

子曰："觚不觚，觚哉！觚哉！"

宰我问曰："仁者，虽告之曰'井有仁焉'，其从之也？"子曰："何为其然也？君子可逝也，不可陷也；可欺也，不可罔也。"

子曰："君子博学于文，约之以礼，亦可以弗畔矣夫！"

子见南子，子路不说。夫子矢之，曰："予所否者，天厌之！天厌之！"

子曰："中庸之为德也，其至矣乎！民鲜久矣。"

子贡曰："如有博施于民而能济众，何如？可谓仁乎？"子曰："何事于仁，必也圣乎！尧、舜其犹病诸！夫仁者，己欲立而立人，己欲达而达人。能近取譬，可谓仁之方也已。"

述　而

子曰："'述而不作，信而好古。'窃比于我老彭。"

子曰："默而识之，学而不厌，诲人不倦，何有于我哉？"

子曰："德之不修，学之不讲，闻义不能徙，不善不能改，是吾忧也。"

子之燕居，申申如也，夭夭如也。

子曰："甚矣吾衰也！久矣吾不复梦见周公。"

子曰："志于道，据于德，依于仁，游于艺。"

子曰："自行束脩以上，吾未尝无诲焉。"

子曰："不愤不启，不悱不发。举一隅不以三隅反，则不复也。"

子食于有丧者之侧，未尝饱也。子于是日哭，则不歌。

子谓颜渊曰："用之则行，舍之则藏，唯我与尔有是夫！"子路曰："子行三军，则谁与？"子曰："暴虎冯河，死而无悔者，吾不与也。必也临事而惧，好谋而成者也。"

子曰："富而可求也，虽执鞭之士，吾亦为之。如不可求，从吾所好。"

子之所慎：齐，战，疾。

子在齐闻《韶》，三月不知肉味。曰："不图为乐之至于斯也！"

冉有曰："夫子为卫君乎？"子贡曰："诺。吾将问之。"入，曰："伯夷、叔齐何人也？"曰："古之贤人也。"曰："怨乎？"曰："求仁而得仁，又何怨！"出，曰："夫子不为也。"

子曰："饭疏食，饮水，曲肱而枕之，乐亦在其中矣。不义而富且贵，于我如浮云。"

子曰："加我数年，五十以学《易》，可以无大过矣。"

子所雅言：《诗》，《书》。执礼，皆雅言也。

叶公问孔子于子路，子路不对。子曰："女奚不曰：其为人也，发愤忘食，乐以忘忧，不知老之将至云尔。”

子曰：“我非生而知之者，好古，敏以求之者也。”

子不语怪、力、乱、神。

子曰：“三人行，必有我师焉。择其善者而从之，其不善者而改之。”

子曰：“天生德于予，桓魋其如予何！”

子曰：“二三子以我为隐乎？吾无隐乎尔。吾无行而不与二三子者，是丘也。”

子以四教：文，行，忠，信。

子曰：“圣人，吾不得而见之矣；得见君子者，斯可矣。”子曰：“善人，吾不得而见之矣；得见有恒者，斯可矣。亡而为有，虚而为盈，约而为泰，难乎有恒矣。”

子钓而不纲，弋不射宿。

子曰：“盖有不知而作之者，我无是也。多闻择其善者而从之，多见而识之，知之次也。”

互乡难与言。童子见，门人惑。子曰：“与其进也，不与其退也，唯何甚！人洁己以进，与其洁也，不保其往也。”

子曰：“仁远乎哉？我欲仁，斯仁至矣。”

陈司败问：“昭公知礼乎？”孔子曰：“知礼。”孔子退。揖巫马期而进之，曰：“吾闻君子不党，君子亦党乎？君取于吴为同姓，谓之吴孟子。君而知礼，孰不知礼？”巫马期以告。子曰：“丘也幸，苟有过，人必知之。”

子与人歌而善，必使反之，而后和之。

子曰：“文莫吾犹人也？躬行君子，则吾未之有得。”

子曰：“若圣与仁，则吾岂敢？抑为之不厌，诲人不倦，则可谓云尔已矣。”公西华曰：“正唯弟子不能学也。”

子疾病，子路请祷。子曰：“有诸？”子路对曰：“有之。《诔》曰：‘祷尔于上下神祇。’”子曰：“丘之祷久矣。”

子曰：“奢则不孙，俭则固。与其不孙也，宁固。”

子曰：“君子坦荡荡，小人长戚戚。”

子温而厉，威而不猛，恭而安。

泰 伯

子曰：“泰伯，其可谓至德也已矣！三以天下让，民无得而称焉。”

子曰：“恭而无礼则劳，慎而无礼则葸，勇而无礼则乱，直而无礼则绞。君子笃于亲，则民兴于仁；故旧不遗，则民不偷。”

曾子有疾，召门弟子曰：“启予足！启予手！《诗》云：‘战战兢兢，如临深渊，如履薄冰。’而今而后，吾知免夫！小子！”

曾子有疾，孟敬子问之。曾子言曰：“鸟之将死，其鸣也哀；人之将死，其言也善。君子所贵乎道者三：动容貌，斯远暴慢矣；正颜色，斯近信矣；出辞气，斯远鄙倍矣。笾豆之事，则有司存。”

曾子曰：“以能问于不能，以多问于寡；有若无，实若虚，犯而不校，昔者吾友尝从事于斯矣。”

曾子曰：“可以托六尺之孤，可以寄百里之命，临大节而不可夺也，君子人与？君子人也。”

曾子曰：“士不可以不弘毅，任重而道远。仁以为己任，不亦重乎？死而后已，不亦远乎？”

子曰：“兴于《诗》。立于礼。成于乐。”

子曰：“民可使由之，不可使知之。”

子曰：“好勇疾贫，乱也。人而不仁，疾之已甚，乱也。”

子曰：“如有周公之才之美，使骄且吝，其余不足观也已。”

子曰：“三年学，不至于榖，不易得也。”

子曰：“笃信好学，守死善道。危邦不入，乱邦不居。天下有道则见，无道则隐。邦有道，贫且贱焉，耻也。邦无道，富且贵焉，耻也。”

子曰：“不在其位，不谋其政。”

子曰：“师挚之始，《关雎》之乱，洋洋乎盈耳哉！”

子曰："狂而不直，侗而不愿，悾悾而不信，吾不知之矣。"

子曰："学如不及，犹恐失之。"

子曰："巍巍乎！舜、禹之有天下也，而不与焉。"

子曰："大哉尧之为君也！巍巍乎！唯天为大，唯尧则之。荡荡乎！民无能名焉。巍巍乎其有成功也！焕乎其有文章！"

舜有臣五人而天下治。武王曰："予有乱（臣）十人。"孔子曰："才难，不其然乎？唐、虞之际，于斯为盛。有妇人焉，九人而已。三分天下有其二，以服事殷。周之德，其可谓至德也已矣。"

子曰："禹，吾无间然矣。菲饮食，而致孝乎鬼神；恶衣服，而致美乎黻冕；卑宫室，而尽力乎沟洫。禹，吾无间然矣！"

子 罕

子罕言利与命与仁。

达巷党人曰："大哉孔子！博学而无所成名。"子闻之，谓门弟子曰："吾何执？执御乎？执射乎？吾执御矣。"

子曰："麻冕，礼也；今也纯，俭。吾从众。拜下，礼也；今拜乎上，泰也。虽违众，吾从下。"

子绝四：毋意，毋必，毋固，毋我。

子畏于匡。曰："文王既没，文不在兹乎？天之将丧斯文也，后死者不得与于斯文也；天之未丧斯文也，匡人其如予何？"

大宰问于子贡曰："夫子圣者与？何其多能也？"子贡曰："固天纵之将圣，又多能也。"子闻之，曰："大宰知我乎！吾少也贱，故多能鄙事。君子多乎哉？不多也。"牢曰："子云：'吾不试，故艺。'"

子曰："吾有知乎哉？无知也。有鄙夫问于我，空空如也，我叩其两端而竭焉。"

子曰："凤鸟不至，河不出图，吾已矣夫！"

子见齐衰者、冕衣裳者与瞽者，见之，虽少必作；过之，必趋。

颜渊喟然叹曰："仰之弥高，钻之弥坚；瞻之在前，忽焉在后。夫子循循然善诱人，博我以文，约我以礼。欲罢不能，既竭吾才，如有所立卓尔。虽欲从之，末由也已。"

子疾病，子路使门人为臣。病间，曰："久矣哉，由之行诈也！无臣而为有臣，吾谁欺？欺天乎？且予与其死于臣之手也，无宁死于二三子之手乎？且予纵不得大葬，予死于道路乎？"

子贡曰："有美玉于斯，韫椟而藏诸？求善贾而沽诸？"子曰："沽之哉！沽之哉！我待贾者也。"

子欲居九夷。或曰："陋，如之何？"子曰："君子居之，何陋之有？"

子曰："吾自卫反鲁，然后乐正，《雅》《颂》各得其所。"

子曰："出则事公卿，入则事父兄，丧事不敢不勉，不为酒困，何有于我哉？"

子在川上，曰："逝者如斯夫！不舍昼夜。"

子曰："吾未见好德如好色者也。"

子曰："譬如为山，未成一篑，止，吾止也。譬如平地，虽覆一篑，进，吾往也。"

子曰："语之而不惰者，其回也与！"

子谓颜渊，曰："惜乎！吾见其进也，未见其止也。"

子曰："苗而不秀者有矣夫！秀而不实者有矣夫！"

子曰："后生可畏，焉知来者之不如今也？四十、五十而无闻焉，斯亦不足畏也已。"

子曰："法语之言，能无从乎？改之为贵。巽与之言，能无说乎？绎之为贵。说而不绎，从而不改，吾末如之何也已矣。"

子曰："主忠信，毋友不如己者，过则勿惮改。"

子曰："三军可夺帅也，匹夫不可夺志也。"

子曰："衣敝缊袍，与衣狐貉者立，而不耻者，其由也与？'不忮不求，何用不臧？'"子路终身诵之。子曰："是道也，何足以臧？"

子曰：“岁寒，然后知松柏之后凋也。”

子曰：“知者不惑，仁者不忧，勇者不惧。”

子曰：“可与共学，未可与适道；可与适道，未可与立；可与立，未可与权。”

“唐棣之华，偏其反而。岂不尔思？室是远而。”子曰：“未之思也。夫何远之有？”

乡 党

孔子于乡党，恂恂如也，似不能言者。其在宗庙朝廷，便便言，唯谨尔。

朝，与下大夫言，侃侃如也；与上大夫言，訚訚如也。君在，踧踖如也，与与如也。

君召使摈，色勃如也，足躩如也。揖所与立，左右手。衣前后，襜如也。趋进，翼如也。宾退，必复命曰：“宾不顾矣。”

入公门，鞠躬如也，如不容。立不中门，行不履阈。过位，色勃如也，足躩如也，其言似不足者。摄齐升堂，鞠躬如也，屏气似不息者。出，降一等，逞颜色，怡怡如也。没阶，趋进，翼如也。复其位，踧踖如也。

执圭，鞠躬如也，如不胜。上如揖，下如授。勃如战色，足蹜蹜，如有循。享礼，有容色。私觌，愉愉如也。

君子不以绀緅饰。红紫不以为亵服。当暑，袗絺绤，必表而出之。缁衣羔裘，素衣麑裘，黄衣狐裘。亵裘长。短右袂。必有寝衣，长一身有半。狐貉之厚以居。去丧，无所不佩。非帷裳，必杀之。羔裘玄冠不以吊。吉月，必朝服而朝。

齐，必有明衣，布。

齐，必变食，居必迁坐。食不厌精，脍不厌细。食饐而餲，鱼馁而肉败，不食。色恶，不食。臭恶，不食。失饪，不食。不时，不食。割不正，不食。不得其酱，不食。肉虽多，不使胜食气。惟酒无量，不及乱。沽酒市脯，不食。不撤姜食。不多食。

祭于公，不宿肉。祭肉不出三日。出三日，不食之矣。食不语，寝不言。虽疏食菜羹，（瓜）〔必〕祭，必齐如也。

席不正，不坐。

乡人饮酒，杖者出，斯出矣。乡人傩，朝服而立于阼阶。

问人于他邦，再拜而送之。

康子馈药。拜而受之，曰："丘未达，不敢尝。"

厩焚。子退朝，曰："伤人乎？"不问马。

君赐食，必正席先尝之。君赐腥，必熟而荐之。君赐生，必畜之。侍食于君，君祭，先饭。疾，君视之，东首，加朝服，拖绅。君命召，不俟驾行矣。

入太庙，每事问。

朋友死，无所归，曰："于我殡。"朋友之馈，虽车马，非祭肉，不拜。

寝不尸，居不（容）〔客〕。见齐衰者，虽狎，必变。见冕者与瞽者，虽亵，必以貌。凶服者，式之。式负版者。有盛馔，必变色而作。迅雷风烈，必变。

升车，必正立执绥。车中，不内顾，不疾言，不亲指。

色斯举矣，翔而后集。曰："山梁雌雉，时哉！时哉！"子路共之。三嗅而作。

先 进

子曰："'先进于礼乐，野人也；后进于礼乐，君子也。'如用之，则吾从先进。"

子曰："从我于陈、蔡者，皆不及门也。"德行：颜渊，闵子骞，冉伯牛，仲弓。言语：宰我，子贡。政事：冉有，季路。文学：子游，子夏。

子曰："回也非助我者也，于吾言无所不说。"

子曰："孝哉闵子骞！人不间于其父母昆弟之言。"

南容三复"白圭"，孔子以其兄之子妻之。

季康子问："弟子孰为好学？"孔子对曰："有颜回者好学，不幸短命死矣！今也则亡。"

颜渊死，颜路请子之车以为之椁。子曰："才不才，亦各言其子也。鲤也死，有棺而无椁，吾不徒行以为之椁。以吾从大夫之后，不可徒行也。"

颜渊死。子曰："噫！天丧予！天丧予！"

颜渊死，子哭之恸。从者曰："子恸矣。"曰："有恸乎？非夫人之为恸而谁为！"

颜渊死，门人欲厚葬之。子曰："不可。"门人厚葬之。子曰："回也视予犹父也，予不得视犹子也。非我也，夫二三子也。"

季路问事鬼神。子曰："未能事人，焉能事鬼？"曰："敢问死。"曰："未知生，焉知死？"

闵子侍侧，訚訚如也；子路，行行如也；冉有、子贡，侃侃如也。子乐。"若由也，不得其死然。"

鲁人为长府。闵子骞曰："仍旧贯，如之何？何必改作？"子曰："夫人不言，言必有中。"

子曰："由之瑟，奚为于丘之门？"门人不敬子路。子曰："由也升堂矣，未入于室也。"

子贡问："师与商也孰贤？"子曰："师也过，商也不及。"曰："然则师愈与？"子曰："过犹不及。"

"季氏富于周公，而求也为之聚敛而附益之。"子曰："非吾徒也。小子鸣鼓而攻之可也！"

柴也愚，参也鲁，师也辟，由也喭。

子曰："回也其庶乎！屡空。赐不受命，而货殖焉，亿则屡中。"

子张问善人之道。子曰："不践迹，亦不入于室。"

子曰："论笃是与，君子者乎？色庄者乎？"

子路问："闻斯行诸？"子曰："有父兄在，如之何其闻斯行之？"冉有问："闻斯行诸？"子曰："闻斯行之。"公西华曰："由也问'闻斯行诸'，子曰'有父兄在'；求也问'闻斯行诸'，子曰‘闻斯行之’。赤也惑，敢问。”子曰：“求也退，故进之；由也兼人，故退之。”

子畏于匡，颜渊后。子曰：“吾以女为死矣。”曰：“子在，回何敢死？”

季子然问：“仲由、冉求可谓大臣与？”子曰：“吾以子为异之问，曾由与求之问！所谓大臣者：以道事君，不可则止。今由与求也，可谓具臣矣。”曰：“然则从之者与？”子曰：“弑父与君，亦不从也。”

子路使子羔为费宰。子曰：“贼夫人之子。”子路曰：“有民人焉，有社稷焉。何必读书，然后为学？”子曰： “是故恶夫佞者。”

子路、曾皙、冉有、公西华侍坐。子曰：“以吾一日长乎尔，毋吾以也。居则曰：‘不吾知也！’如或知尔，则何以哉？”子路率尔而对曰：“千乘之国，摄乎大国之间，加之以师旅，因之以饥馑；由也为之，比及三年，可使有勇，且知方也。”夫子哂之。“求！尔何如？”对曰：“方六七十，如五六十，求也为之，比及三年，可使足民。如其礼乐，以俟君子。”“赤！尔何如？”对曰：“非曰能之，愿学焉。宗庙之事，如会同，端章甫，愿为小相焉。”“点！尔何如？”鼓瑟希，铿尔，舍瑟而作。对曰：“异乎三子者之撰。”子曰：“何伤乎？亦各言其志也。”曰：“莫春者，春服既成。冠者五六人，童子六七人，浴乎沂，风乎舞雩，咏而归。”夫子喟然叹曰：“吾与点也！”三子者出，曾皙后。曾皙曰：“夫三子者之言何如？”子曰：“亦各言其志也已矣。”曰：“夫子何哂由也？”曰：“为国以礼，其言不让，是故哂之。”“唯求则非邦也与？”“安见方六七十如五六十而非邦也者？”“唯赤则非邦也与？”“宗庙会同，非诸侯而何？赤也为之小，孰能为之大？”

颜 渊

颜渊问仁。子曰：“克己复礼为仁。一日克己复礼，天下归仁焉。为仁由己，而由人乎哉？”颜渊曰：“请问其目。”子曰：“非礼勿视，非礼勿听，非礼勿言，非礼勿动。”颜渊曰：“回虽不敏，请事斯语矣。”

仲弓问仁。子曰：“出门如见大宾，使民如承大祭。己所不欲，勿施于人。在邦无怨，在家无怨。”仲弓曰：“雍虽不敏，请事斯语矣。”

司马牛问仁。子曰：“仁者其言也讱。”曰：“其言也讱，斯谓之仁已乎？”子曰：“为之难，言之得无讱乎？”

司马牛问君子。子曰：“君子不忧不惧。”曰：“不忧不惧，斯谓之君子已乎？”子曰：“内省不疚，夫何忧何惧？”

司马牛忧曰：“人皆有兄弟，我独亡。”子夏曰：“商闻之矣：死生有命，富贵在天。君子敬而无失，与人恭而有礼，四海之内，皆兄弟也。君子何患乎无兄弟也？”

子张问明。子曰：“浸润之谮，肤受之诉，不行焉，可谓明也已矣。浸润之谮，肤受之诉，不行焉，可谓远也已矣。”

子贡问政。子曰：“足食，足兵，民信之矣。”子贡曰：“必不得已而去，于斯三者何先？”曰：“去兵。”子贡曰：“必不得已而去，于斯二者何先？”曰：“去食。自古皆有死，民无信不立。”

棘子成曰：“君子质而已矣，何以文为？”子贡曰：“惜乎夫子之说君子也，驷不及舌。文犹质也，质犹文也。虎豹之鞟犹犬羊之鞟。”

哀公问于有若曰：“年饥，用不足，如之何？”有若对曰：“盍彻乎？”曰：“二，吾犹不足，如之何其彻也？”对曰：“百姓足，君孰与不足？百姓不足，君孰与足？”

子张问崇德、辨惑。子曰：“主忠信，徙义，崇德也。爱之欲其生，恶之欲其死；既欲其生，又欲其死：是惑也。‘诚不以富，亦祇以异。’”

齐景公问政于孔子。孔子对曰：“君君，臣臣，父父，子子。”公曰：“善哉！信如君不君，臣不臣，父不父，子不子，虽有粟，吾得而食诸？”

子曰："片言可以折狱者，其由也与？"子路无宿诺。

子曰："听讼，吾犹人也。必也使无讼乎！"

子张问政。子曰："居之无倦，行之以忠。"

子曰："博学于文，约之以礼，亦可以弗畔矣夫！"

子曰："君子成人之美，不成人之恶。小人反是。"

季康子问政于孔子。孔子对曰："政者，正也。子帅以正，孰敢不正？"

季康子患盗，问于孔子。孔子对曰："苟子之不欲，虽赏之不窃。"

季康子问政于孔子，曰："如杀无道，以就有道，何如？"孔子对曰："子为政，焉用杀？子欲善，而民善矣。君子之德风，小人之德草。草上之风，必偃。"

子张问："士何如，斯可谓之达矣？"子曰："何哉，尔所谓达者？"子张对曰："在邦必闻，在家必闻。"子曰："是闻也，非达也。夫达也者，质直而好义，察言而观色，虑以下人。在邦必达，在家必达。夫闻也者，色取仁而行违，居之不疑。在邦必闻，在家必闻。"

樊迟从游于舞雩之下，曰："敢问崇德、修慝、辨惑。"子曰："善哉问！先事后得，非崇德与？攻其恶，无攻人之恶，非修慝与？一朝之忿，忘其身以及其亲，非惑与？"

樊迟问仁。子曰："爱人。"问知。子曰："知人。"樊迟未达。子曰："举直错诸枉，能使枉者直。"樊迟退，见子夏，曰："乡也吾见于夫子而问'知'，子曰：'举直错诸枉，能使枉者直'，何谓也？"子夏曰："富哉言乎！舜有天下，选于众，举皋陶，不仁者远矣。汤有天下，选于众，举伊尹，不仁者远矣。"

子贡问友。子曰："忠告而善道之，不可则止，毋自辱焉。"

曾子曰："君子以文会友，以友辅仁。"

子 路

子路问政。子曰："先之，劳之。"请益。曰："无倦。"

仲弓为季氏宰，问政。子曰："先有司，赦小过，举贤才。"曰："焉知贤才而举之？"曰："举尔所知。尔所不知，人其舍诸？"

子路曰："卫君待子而为政，子将奚先？"子曰："必也正名乎！"子路曰："有是哉，子之迂也！奚其正？"子曰："野哉由也！君子于其所不知，盖阙如也。名不正，则言不顺；言不顺，则事不成；事不成，则礼乐不兴；礼乐不兴，则刑罚不中；刑罚不中，则民无所措手足。故君子名之必可言也，言之必可行也。君子于其言，无所苟而已矣。"

樊迟请学稼，子曰："吾不如老农。"请学为圃，曰："吾不如老圃。"樊迟出。子曰："小人哉，樊须也！上好礼，则民莫敢不敬；上好义，则民莫敢不服；上好信，则民莫敢不用情。夫如是，则四方之民襁负其子而至矣，焉用稼？"

子曰："诵《诗》三百，授之以政，不达；使于四方，不能专对：虽多，亦奚以为？"

子曰："其身正，不令而行；其身不正，虽令不从。"

子曰："鲁卫之政，兄弟也。"

子谓："卫公子荆善居室。始有，曰：'苟合矣。'少有，曰：'苟完矣。'富有，曰：'苟美矣。'"

子适卫，冉有仆。子曰："庶矣哉！"冉有曰："既庶矣，又何加焉？"曰："富之。"曰："既富矣，又何加焉？"曰："教之。"

子曰："苟有用我者，期月而已可也，三年有成。"

子曰："'善人为邦百年，亦可以胜残去杀矣。'诚哉是言也！"

子曰："如有王者，必世而后仁。"

子曰："苟正其身矣，于从政乎何有？不能正其身，如正人何？”

冉子退朝。子曰：“何晏也？”对曰：“有政。”子曰：“其事也。如有政，虽不吾以，吾其与闻之。”

定公问：“一言而可以兴邦，有诸？”孔子对曰：“言不可以若是其幾也。人之言曰：‘为君难，为臣不易。’如知为君之难也，不幾乎一言而兴邦乎？”曰：“一言而丧邦，有诸？”孔子对曰：“言不可以若是其幾也。人之言曰：‘予无乐乎为君，惟其言而莫予违也。’如其善而莫之违也，不亦善乎？如不善而莫之违也，不幾乎一言而丧邦乎？”

叶公问政。子曰：“近者说，远者来。”

子夏为莒父宰，问政。子曰：“无欲速，无见小利。欲速，则不达；见小利，则大事不成。”

叶公语孔子曰：“吾党有直躬者，其父攘羊，而子证之。”孔子曰：“吾党之直者异于是。父为子隐，子为父隐，直在其中矣。”

樊迟问仁。子曰：“居处恭，执事敬，与人忠。虽之夷狄，不可弃也。”

子贡问曰：“何如斯可谓之士矣？”子曰：“行己有耻；使于四方，不辱君命：可谓士矣。”曰：“敢问其次。”曰：“宗族称孝焉，乡党称弟焉。”曰：“敢问其次。”曰：“言必信，行必果，硁硁然小人哉！抑亦可以为次矣。”曰：“今之从政者何如？”子曰：“噫！斗筲之人，何足算也！”

子曰：“不得中行而与之，必也狂狷乎！狂者进取，狷者有所不为也。”

子曰：“南人有言曰：‘人而无恒，不可以作巫医。’善夫！”“不恒其德，或承之羞。”子曰：“不占而已矣。”

子曰：“君子和而不同，小人同而不和。”

子贡问曰：“乡人皆好之，何如？”子曰：“未可也。”“乡人皆恶之，何如？”子曰：“未可也。不如乡人之善者好之，其不善者恶之。”

子曰：“君子易事而难说也：说之不以道，不说也；及其使人也，器之。小人难事而易说也：说之虽不以道，说也；及其使人也，求备焉。”

子曰：“君子泰而不骄，小人骄而不泰。”

子曰：“刚、毅，木、讷，近仁。”

子路问曰：“何如斯可谓之士矣？”子曰：“切切、偲偲，怡怡如也，可谓士矣。朋友切切、偲偲，兄弟怡怡。”

子曰：“善人教民七年，亦可以即戎矣。”

子曰：“以不教民战，是谓弃之。”

宪 问

宪问耻。子曰：“邦有道，穀；邦无道，穀：耻也。”

“克、伐、怨、欲不行焉，可以为仁矣？”子曰：“可以为难矣，仁则吾不知也。”

子曰：“士而怀居，不足以为士矣。”

子曰：“邦有道，危言危行；邦无道，危行言孙。”

子曰：“有德者必有言，有言者不必有德；仁者必有勇，勇者不必有仁。”

南宫适问于孔子，曰：“羿善射，奡荡舟，俱不得其死然。禹稷躬稼，而有天下。”夫子不答，南宫适出。子曰：“君子哉若人！尚德哉若人！”

子曰：“君子而不仁者有矣夫，未有小人而仁者也。”

子曰：“爱之，能勿劳乎？忠焉，能勿诲乎？”

子曰：“为命：裨谌草创之，世叔讨论之，行人子羽修饰之，东里子产润色之。”

或问子产。子曰：“惠人也。”问子西。曰：“彼哉！彼哉！”问管仲。曰：“人也。夺伯氏骈邑三百，饭疏食，没齿无怨言。”

子曰：“贫而无怨难，富而无骄易。”

子曰：“孟公绰为赵、魏老则优，不可以为滕、薛大夫。”

子路问成人。子曰：“若臧武仲之知，公绰之不欲，卞庄子之勇，冉求之艺，文之以礼乐，亦可以为成人矣。”曰：“今之成人者何必然？见利思义，见危授命，久要不忘平生之言，亦可以为成人矣。”

子问公叔文子于公明贾，曰：“信乎夫子不言、不笑、不取乎？”公明贾对曰：“以告者过也。夫子时然后言，人不厌其言；乐然后笑，人不厌其笑；义然后取，人不厌其取。”子曰：“其然，岂其然乎？”

子曰：“臧武仲以防求为后于鲁，虽曰不要君，吾不信也。”

子曰：“晋文公谲而不正，齐桓公正而不谲。”

子路曰：“桓公杀公子纠，召忽死之，管仲不死。”曰：“未仁乎？”子曰：“桓公九合诸侯，不以兵车，管仲之力也。如其仁！如其仁！”

子贡曰：“管仲非仁者与？桓公杀公子纠，不能死，又相之。”子曰：“管仲相桓公，霸诸侯，一匡天下，民到于今受其赐。微管仲，吾其被发左衽矣。岂若匹夫匹妇之为谅也，自经于沟渎而莫之知也。”

公叔文子之臣大夫僎，与文子同升诸公。子闻之曰：“可以为文矣。”

子言卫灵公之无道也，康子曰：“夫如是，奚而不丧？”孔子曰：“仲叔圉治宾客，祝鮀治宗庙，王孙贾治军旅。夫如是，奚其丧？”

子曰：“其言之不怍，则为之也难。”

陈成子弑简公。孔子沐浴而朝，告于哀公曰：“陈恒弑其君，请讨之。”公曰：“告夫三子！”孔子曰：“以吾从大夫之后，不敢不告也。君曰‘告夫三子’者？”之三子告，不可。孔子曰：“以吾从大夫之后，不敢不告也。”

子路问事君。子曰：“勿欺也，而犯之。”

子曰：“君子上达。小人下达。”

子曰：“古之学者为己，今之学者为人。”

蘧伯玉使人于孔子。孔子与之坐而问焉，曰：“夫子何为？”

对曰："夫子欲寡其过而未能也。"使者出。子曰："使乎！使乎！"

子曰："不在其位，不谋其政。"

曾子曰："君子思不出其位。"

子曰："君子耻其言（而）〔之〕过其行。"

子曰："君子道者三，我无能焉：仁者不忧，知者不惑，勇者不惧。"子贡曰："夫子自道也。"

子贡方人。子曰："赐也贤乎哉？夫我则不暇。"

子曰："不患人之不己知，患其不能也。"

子曰："不逆诈，不亿不信。抑亦先觉者，是贤乎！"

微生亩谓孔子曰："丘何为是栖栖者与？无乃为佞乎？"孔子曰："非敢为佞也，疾固也。"

子曰："骥不称其力，称其德也。"

或曰："以德报怨，何如？"子曰："何以报德？以直报怨，以德报德。"

子曰："莫我知也夫！"子贡曰："何为其莫知子也？"子曰："不怨天，不尤人。下学而上达。知我者其天乎！"

公伯寮诉子路于季孙。子服景伯以告，曰："夫子固有惑志于公伯寮，吾力犹能肆诸市朝。"子曰："道之将行也与？命也。道之将废也与？命也。公伯寮其如命何！"

子曰："贤者辟世，其次辟地，其次辟色，其次辟言。"子曰："作者七人矣。"

子路宿于石门。晨门曰："奚自？"子路曰："自孔氏。"曰："是知其不可而为之者与？"

子击磬于卫。有荷蒉而过孔氏之门者，曰："有心哉！击磬乎！"既而曰："鄙哉！硁硁乎！莫己知也，斯己而已矣。深则厉，浅则揭。"子曰："果哉！末之难矣。"

子张曰："《书》云：'高宗谅阴，三年不言。'何谓也？"子曰："何必高宗？古之人皆然。君薨，百官总己以听于冢宰三年。"

子曰："上好礼，则民易使也。"

子路问君子。子曰：“修己以敬。”曰：“如斯而已乎？”曰：“修己以安人。”曰：“如斯而已乎？”曰：“修己以安百姓。修己以安百姓，尧、舜其犹病诸！”

原壤夷俟。子曰：“幼而不孙弟，长而无述焉，老而不死，是为贼！”以杖叩其胫。

阙党童子将命。或问之曰：“益者与？”子曰：“吾见其居于位也，见其与先生并行也，非求益者也，欲速成者也。”

卫灵公

卫灵公问陈于孔子。孔子对曰：“俎豆之事，则尝闻之矣；军旅之事，未之学也。”明日遂行。

在陈绝粮，从者病，莫能兴。子路愠见，曰：“君子亦有穷乎？”子曰：“君子固穷，小人穷斯滥矣。”

子曰：“赐也，女以予为多学而识之者与？”对曰：“然。非与？”曰：“非也。予一以贯之。”

子曰：“由！知德者鲜矣。”

子曰：“无为而治者，其舜也与？夫何为哉？恭己正南面而已矣。”

子张问行。子曰：“言忠信，行笃敬，虽蛮貊之邦行矣；言不忠信，行不笃敬，虽州里行乎哉？立则见其参于前也，在舆则见其倚于衡也，夫然后行。”子张书诸绅。

子曰：“直哉史鱼！邦有道，如矢；邦无道，如矢。君子哉蘧伯玉！邦有道，则仕；邦无道，则可卷而怀之。”

子曰：“可与言而不与言，失人。不可与言而与之言，失言。知者不失人，亦不失言。”

子曰：“志士仁人，无求生以害仁，有杀身以成仁。”

子贡问为仁，子曰：“工欲善其事，必先利其器。居是邦也，事其大夫之贤者，友其士之仁者。”

颜渊问为邦。子曰：“行夏之时，乘殷之辂，服周之冕，乐则

《韶》舞。放郑声，远佞人。郑声淫，佞人殆。”

子曰：“人无远虑，必有近忧。”

子曰：“已矣乎！吾未见好德如好色者也。”

子曰：“臧文仲其窃位者与？知柳下惠之贤，而不与立也。”

子曰：“躬自厚而薄责于人，则远怨矣。”

子曰：“不曰‘如之何，如之何’者，吾末如之何也已矣。”

子曰：“群居终日，言不及义，好行小慧，难矣哉！”

子曰：“君子义以为质，礼以行之，孙以出之，信以成之。君子哉！”

子曰：“君子病无能焉，不病人之不己知也。”

子曰：“君子疾没世而名不称焉。”

子曰：“君子求诸己，小人求诸人。”

子曰：“君子矜而不争，群而不党。”

子曰：“君子不以言举人，不以人废言。”

子贡问曰：“有一言而可以终身行之者乎？”子曰：“其‘恕’乎！己所不欲，勿施于人。”

子曰：“吾之于人也，谁毁谁誉？如有所誉者，其有所试矣。斯民也，三代之所以直道而行也。”

子曰：“吾犹及史之阙文也，有马者借人乘之。今亡矣夫！”

子曰：“巧言乱德，小不忍则乱大谋。”

子曰：“众恶之，必察焉；众好之，必察焉。”

子曰：“人能弘道，非道弘人。”

子曰：“过而不改，是谓过矣。”

子曰：“吾尝终日不食，终夜不寝，以思，无益，不如学也。”

子曰：“君子谋道不谋食。耕也，馁在其中矣；学也，禄在其中矣。君子忧道不忧贫。”

子曰：“知及之，仁不能守之，虽得之，必失之。知及之，仁能守之，不庄以莅之，则民不敬。知及之，仁能守之，庄以莅之，动之不以礼，未善也。”

子曰：“君子不可小知，而可大受也。小人不可大受，而可小知也。”

子曰：“民之于仁也，甚于水火。水火，吾见蹈而死者矣，未见蹈仁而死者也。”

子曰：“当仁，不让于师。”

子曰：“君子贞而不谅。”

子曰：“事君，敬其事而后其食。”

子曰：“有教无类。”

子曰：“道不同，不相为谋。”

子曰：“辞达而已矣。”

师冕见，及阶，子曰：“阶也。”及席，子曰：“席也。”皆坐，子告之曰：“某在斯，某在斯。”师冕出。子张问曰：“与师言之道与？”子曰：“然。固相师之道也。”

季　氏

季氏将伐颛臾。冉有、季路见于孔子，曰：“季氏将有事于颛臾。”孔子曰：“求！无乃尔是过与？夫颛臾，昔者先王以为东蒙主，且在邦域之中矣，是社稷之臣也。何以伐为？”冉有曰：“夫子欲之，吾二臣者皆不欲也。”孔子曰：“求！周任有言曰：‘陈力就列，不能者止。’危而不持，颠而不扶，则将焉用彼相矣？且尔言过矣。虎兕出于柙，龟玉毁于椟中，是谁之过与？”冉有曰：“今夫颛臾，固而近于费。今不取，后世必为子孙忧。”孔子曰：“求！君子疾夫舍曰‘欲之’而必为之辞。丘也闻：有国有家者，不患寡而患不均，不患贫而患不安。盖均无贫，和无寡，安无倾。夫如是，故远人不服，则修文德以来之。既来之，则安之。今由与求也相夫子，远人不服而不能来也，邦分崩离析而不能守也，而谋动干戈于邦内。吾恐季孙之忧，不在颛臾，而在萧墙之内也。”

孔子曰：“天下有道，则礼乐征伐自天子出；天下无道，则礼乐征伐自诸侯出。自诸侯出，盖十世希不失矣；自大夫出，五世希不失矣；陪臣执国命，三世希不失矣。天下有道，则政不在大夫。天下有道，则庶人不议。”

孔子曰：“禄之去公室，五世矣。政逮于大夫，四世矣。故夫三桓之子孙，微矣。”

孔子曰：“益者三友，损者三友。友直，友谅，友多闻，益矣。友便辟，友善柔，友便佞，损矣。”

孔子曰：“益者三乐，损者三乐。乐节礼乐，乐道人之善，乐多贤友，益矣。乐骄乐，乐佚游，乐宴乐，损矣。”

孔子曰：“侍于君子有三愆：言未及之而言，谓之躁；言及之而不言，谓之隐；未见颜色而言，谓之瞽。”

孔子曰：“君子有三戒：少之时，血气未定，戒之在色；及其壮也，血气方刚，戒之在斗；及其老也，血气既衰，戒之在得。”

孔子曰：“君子有三畏：畏天命，畏大人，畏圣人之言。小人不知天命而不畏也，狎大人，侮圣人之言。”

孔子曰：“生而知之者，上也；学而知之者，次也；困而学之，又其次也；困而不学，民斯为下矣。”

孔子曰：“君子有九思：视思明，听思聪，色思温，貌思恭，言思忠，事思敬，疑思问，忿思难，见得思义。”

孔子曰：“见善如不及，见不善如探汤。吾见其人矣，吾闻其语矣。隐居以求其志，行义以达其道。吾闻其语矣，未见其人也。”

齐景公有马千驷，死之日，民无德而称焉。伯夷、叔齐饿于首阳之下，民到于今称之。其斯之谓与？

陈亢问于伯鱼曰：“子亦有异闻乎？”对曰：“未也。尝独立，鲤趋而过庭。曰：‘学《诗》乎？’对曰：‘未也。’‘不学《诗》，无以言。’鲤退而学《诗》。他日又独立，鲤趋而过庭。曰：‘学礼乎？’对曰：‘未也。’‘不学礼，无以立。’鲤退而学礼。闻斯二者。”陈亢退而喜曰：“问一得三：闻《诗》，闻礼，又闻君子之远其子也。”

邦君之妻，君称之曰“夫人”，夫人自称曰“小童”；邦人称之曰“君夫人”，称诸异邦曰“寡小君”；异邦人称之，亦曰“君夫人”。

阳　货

阳货欲见孔子，孔子不见，归孔子豚。孔子时其亡也，而往拜之，遇诸涂。谓孔子曰：“来！予与尔言。”曰：“怀其宝而迷其邦，可谓仁乎？”曰：“不可。”“好从事而亟失时，可谓知乎？”曰：“不可。”“日月逝矣，岁不我与。”孔子曰：“诺。吾将仕矣。”

子曰：“性相近也，习相远也。”

子曰：“唯上知与下愚不移。”

子之武城，闻弦歌之声。夫子莞尔而笑，曰：“割鸡焉用牛刀？”子游对曰：“昔者偃也闻诸夫子曰：‘君子学道则爱人，小人学道则易使也。’”子曰：“二三子！偃之言是也。前言戏之耳。”

公山弗扰以费畔，召，子欲往。子路不说，曰：“末之也已，何必公山氏之之也。”子曰：“夫召我者，而岂徒哉？如有用我者，吾其为东周乎？”

子张问仁于孔子。孔子曰：“能行五者于天下，为仁矣。”请问之。曰：“恭，宽，信，敏，惠。恭则不侮，宽则得众，信则人任焉，敏则有功，惠则足以使人。”

佛肸召，子欲往。子路曰：“昔者由也闻诸夫子曰：‘亲于其身为不善者，君子不入也。’佛肸以中牟畔，子之往也，如之何？”子曰：“然。有是言也。不曰坚乎，磨而不磷；不曰白乎，涅而不缁。吾岂匏瓜也哉？焉能系而不食？”

子曰：“由也，女闻六言六蔽矣乎？”对曰：“未也。”“居！吾语女。好仁不好学，其蔽也愚；好知不好学，其蔽也荡；好信不好学，其蔽也贼；好直不好学，其蔽也绞；好勇不好学，其蔽也乱；好刚不好学，其蔽也狂。”

子曰：“小子！何莫学夫《诗》？《诗》，可以兴，可以观，可以群，可以怨。迩之事父，远之事君。多识于鸟兽草木之名。”

子谓伯鱼曰：“女为《周南》《召南》矣乎？人而不为《周南》《召南》，其犹正墙面而立也与！”

子曰：“礼云礼云，玉帛云乎哉？乐云乐云，钟鼓云乎哉？”

子曰：“色厉而内荏，譬诸小人，其犹穿窬之盗也与？”

子曰：“乡原，德之贼也。”

子曰：“道听而涂说，德之弃也。”

子曰：“鄙夫可与事君也与哉？其未得之也，患得之；既得之，患失之。苟患失之，无所不至矣。”

子曰：“古者民有三疾，今也或是之亡也。古之狂也肆，今之狂也荡；古之矜也廉，今之矜也忿戾；古之愚也直，今之愚也诈而已矣。”

子曰：“巧言令色，鲜矣仁。”

子曰：“恶紫之夺朱也，恶郑声之乱雅乐也，恶利口之覆邦家者。”

子曰：“予欲无言。”子贡曰：“子如不言，则小子何述焉？”子曰：“天何言哉？四时行焉，百物生焉，天何言哉？”

孺悲欲见孔子，孔子辞以疾。将命者出户。取瑟而歌，使之闻之。

宰我问：“三年之丧，期已久矣。君子三年不为礼，礼必坏；三年不为乐，乐必崩。旧谷既没，新谷既升，钻燧改火，期可已矣。”子曰：“食夫稻，衣夫锦，于女安乎？”曰：“安。”“女安则为之！夫君子之居丧，食旨不甘，闻乐不乐，居处不安，故不为也。今女安，则为之！”宰我出。子曰：“予之不仁也！子生三年，然后免于父母之怀。夫三年之丧，天下之通丧也。予也有三年之爱于其父母乎？”

子曰：“饱食终日，无所用心，难矣哉！不有博弈者乎，为之犹贤乎已。”

子路曰：“君子尚勇乎？”子曰：“君子义以为上。君子有勇而无义为乱，小人有勇而无义为盗。”

子贡曰：“君子亦有恶乎？”子曰：“有恶：恶称人之恶者，恶居下流而讪上者，恶勇而无礼者，恶果敢而窒者。”曰：“赐也亦有恶乎？”“恶徼以为知者，恶不孙以为勇者，恶讦以为直者。”

子曰：“唯女子与小人为难养也，近之则不孙，远之则怨。”

子曰：“年四十而见恶焉，其终也已。”

微　子

“微子去之，箕子为之奴，比干谏而死。”孔子曰：“殷有三仁焉。”

柳下惠为士师，三黜。人曰：“子未可以去乎？”曰：“直道而事人，焉往而不三黜？枉道而事人，何必去父母之邦？”

齐景公待孔子，曰：“若季氏则吾不能，以季、孟之间待之。”曰：“吾老矣，不能用也。”孔子行。

齐人归女乐。季桓子受之，三日不朝。孔子行。

楚狂接舆歌而过孔子，曰：“凤兮！凤兮！何德之衰？往者不可谏，来者犹可追。已而！已而！今之从政者殆而！”孔子下，欲与之言。趋而辟之，不得与之言。

长沮、桀溺耦而耕，孔子过之，使子路问津焉。长沮曰：“夫执舆者为谁？”子路曰：“为孔丘。”曰：“是鲁孔丘与？”曰：“是也。”曰：“是知津矣。”问于桀溺，桀溺曰：“子为谁？”曰：“为仲由。”曰：“是鲁孔丘之徒与？”对曰：“然。”曰：“滔滔者天下皆是也，而谁以易之？且而与其从辟人之士也，岂若从辟世之士哉？”耰而不辍。子路行，以告。夫子怃然曰：“鸟兽不可与同群，吾非斯人之徒与而谁与？天下有道，丘不与易也。”

子路从而后，遇丈人，以杖荷蓧。子路问曰：“子见夫子乎？”丈人曰：“四体不勤，五谷不分。孰为夫子？”植其杖而芸。子路拱而立。止子路宿，杀鸡为黍而食之，见其二子焉。明日，子路行，以告。子曰：“隐者也。”使子路反见之。至则行矣。子路曰："不仕无义。长幼之节，不可废也；君臣之义，如之何其废之？欲洁其身，而乱大伦？君子之仕也，行其义也。道之不行，已知之矣。"

逸民：伯夷，叔齐，虞仲，夷逸，朱张，柳下惠，少连。子曰："不降其志，不辱其身，伯夷、叔齐与！"谓："柳下惠、少连，降志辱身矣。言中伦，行中虑，其斯而已矣。"谓："虞仲、夷逸，隐居放言，身中清，废中权。我则异于是，无可无不可。"

大师挚适齐，亚饭干适楚，三饭缭适蔡，四饭缺适秦。鼓方叔入于河，播鼗武入于汉，少师阳、击磬襄入于海。

周公谓鲁公曰："君子不施其亲，不使大臣怨乎不以。故旧无大故，则不弃也。无求备于一人。"

周有八士：伯达，伯适，仲突，仲忽，叔夜，叔夏，季随，季騧。

子 张

子张曰："士见危致命，见得思义，祭思敬，丧思哀，其可已矣。"

子张曰："执德不弘，信道不笃，焉能为有？焉能为亡？"

子夏之门人问交于子张。子张曰："子夏云何？"对曰："子夏曰：'可者与之，其不可者拒之。'"子张曰："异乎吾所闻：君子尊贤而容众，嘉善而矜不能。我之大贤与，于人何所不容？我之不贤与，人将拒我，如之何其拒人也？"

子夏曰："虽小道，必有可观者焉；致远恐泥，是以君子不为也。"

子夏曰："日知其所亡，月无忘其所能，可谓好学也已矣。"

子夏曰："博学而笃志，切问而近思，仁在其中矣。"

子夏曰："百工居肆以成其事，君子学以致其道。"

子夏曰："小人之过也必文。"

子夏曰："君子有三变：望之俨然，即之也温，听其言也厉。"

子夏曰："君子信而后劳其民，未信则以为厉己也；信而后谏，未信则以为谤己也。"

子夏曰："大德不逾闲，小德出入可也。"

子游曰："子夏之门人小子，当洒扫、应对、进退，则可矣。抑末也，本之则无。如之何？"子夏闻之，曰："噫！言游过矣！君子之道，孰先传焉？孰后倦焉？譬诸草木，区以别矣。君子之道，焉可诬也？有始有卒者，其惟圣人乎！"

子夏曰："仕而优则学，学而优则仕。"

子游曰："丧致乎哀而止。"

子游曰："吾友张也，为难能也。然而未仁。"

曾子曰："堂堂乎张也，难与并为仁矣。"

曾子曰："吾闻诸夫子：人未有自致者也，必也亲丧乎！"

曾子曰："吾闻诸夫子：孟庄子之孝也，其他可能也；其不改父之臣与父之政，是难能也。"

孟氏使阳肤为士师，问于曾子。曾子曰："上失其道，民散久矣。如得其情，则哀矜而勿喜。"

子贡曰："纣之不善，不如是之甚也。是以君子恶居下流，天下之恶皆归焉。"

子贡曰："君子之过也，如日月之食焉：过也，人皆见之；更也，人皆仰之。"

卫公孙朝问于子贡曰："仲尼焉学？"子贡曰："文、武之道，未坠于地，在人。贤者识其大者，不贤者识其小者，莫不有文、武之道焉。夫子焉不学？而亦何常师之有？"

叔孙武叔语大夫于朝，曰："子贡贤于仲尼。"子服景伯以告子贡。子贡曰："譬之宫墙：赐之墙也及肩，窥见室家之好。夫子之墙数仞，不得其门而入，不见宗庙之美，百官之富。得其门者或寡矣。夫子之云，不亦宜乎！"

叔孙武叔毁仲尼。子贡曰："无以为也，仲尼不可毁也。他人之贤者，丘陵也，犹可逾也。仲尼，日月也，无得而逾焉。人虽欲自绝，其何伤于日月乎？多见其不知量也！"

陈子禽谓子贡曰："子为恭也，仲尼岂贤于子乎？"子贡曰："君子一言以为知，一言以为不知，言不可不慎也。夫子之不可及也，犹天之不可阶而升也。夫子之得邦家者，所谓立之斯立，道之斯行，绥之斯来，动之斯和。其生也荣，其死也哀。如之何其可及也！"

尧　曰

尧曰："咨！尔舜！天之历数在尔躬。允执其中。四海困穷，天禄永终。"舜亦以命禹。

〔汤〕曰："予小子履，敢用玄牡，敢昭告于皇皇后帝：有罪不敢赦。帝臣不蔽，简在帝心。朕躬有罪，无以万方；万方有罪，罪在朕躬。"

周有大赉，善人是富。"虽有周亲，不如仁人。百姓有过，在予一人。"

谨权量，审法度，修废官，四方之政行焉。兴灭国，继绝世，举逸民，天下之民归心焉。所重：民、食、丧、祭。宽则得众，信则民任焉，敏则有功，公则说。

子张问于孔子曰："何如斯可以从政矣？"子曰："尊五美，屏四恶，斯可以从政矣。"子张曰："何谓五美？"子曰："君子惠而不费，劳而不怨，欲而不贪，泰而不骄，威而不猛。"子张曰："何谓惠而不费？"子曰："因民之所利而利之，斯不亦惠而不费乎？择可劳而劳之，又谁怨？欲仁而得仁，又焉贪？君子无众寡，无小大，无敢慢，斯不亦泰而不骄乎？君子正其衣冠，尊其瞻视，俨然人望而畏之，斯不亦威而不猛乎？"子张曰："何谓四恶？"子曰："不教而杀谓之虐；不戒视成谓之暴；慢令致期谓之贼；犹之与人也，出纳之吝，谓之有司。"

孔子曰："不知命，无以为君子也。不知礼，无以立也。不知言，无以知人也。"

孟　子

梁惠王上

孟子见梁惠王。王曰："叟！不远千里而来，亦将有以利吾国乎？"孟子对曰："王何必曰利？亦有仁义而已矣。王曰：'何以利吾国？'大夫曰：'何以利吾家？'士庶人曰：'何以利吾身？'上下交征利，而国危矣。万乘之国，弑其君者必千乘之家。千乘之国，弑其君者必百乘之家。万取千焉，千取百焉，不为不多矣。苟为后义而先利，不夺不餍。未有仁而遗其亲者也，未有义而后其君者也。王亦曰仁义而已矣，何必曰利？"

孟子见梁惠王。王立于沼上，顾鸿雁麋鹿，曰："贤者亦乐此乎？"孟子对曰："贤者而后乐此。不贤者虽有此，不乐也。《诗》云：'经始灵台，经之营之。庶民攻之，不日成之。经始勿亟，庶民子来。王在灵囿，麀鹿攸伏。麀鹿濯濯，白鸟鹤鹤。王在灵沼，於牣鱼跃。'文王以民力为台为沼，而民欢乐之，谓其台曰灵台，谓其沼曰灵沼，乐其有麋鹿鱼鳖。古之人与民偕乐，故能乐也。《汤誓》曰：'时日害丧？予及女偕亡！'民欲与之皆亡，虽有台池鸟兽，岂能独乐哉？"

梁惠王曰："寡人之于国也，尽心焉耳矣。河内凶，则移其民于河东，移其粟于河内。河东凶亦然。察邻国之政，无如寡人之用心者。邻国之民不加少，寡人之民不加多，何也？"孟子对曰："王好战，请以战喻。填然鼓之，兵刃既接，弃甲曳兵而走，或百步而后止，或五十步而后止。以五十步笑百步，则何如？"曰："不可。直不百步耳，是亦走也。"曰："王如知此，则无望民之多于邻国也。不违农时，谷不可胜食也。数罟不入洿池，鱼鳖不可胜食也。斧斤以时入山林，材木不可胜用也。谷与鱼鳖不可胜食，材木不可胜用，是使民养生丧死无憾也。养生丧死无憾，王道之始也。五亩之宅，树之以桑，五十者可以衣帛矣。鸡豚狗彘之畜，无失其时，七十者可以食肉矣。百亩之田，勿夺其时，数口之家可以无饥矣。谨庠序之教，申之以孝悌之义，颁白者不负戴于道路矣。七十者衣帛食内，黎民不饥不寒，然而不王者，未之有也。狗彘食人食而不知检，途有饿莩而不知发；人死，则曰：‘非我也，岁也。’是何异于刺人而杀之，曰：‘非我也，兵也。’王无罪岁，斯天下之民至焉。”

梁惠王曰：“寡人愿安承教。”孟子对曰：“杀人以梃与刃，有以异乎？”曰：“无以异也。”“以刃与政，有以异乎？”曰：“无以异也。”曰：“庖有肥肉，厩有肥马，民有饥色，野有饿莩，此率兽而食人也。兽相食，且人恶之；为民父母，行政不免于率兽而食人，恶在其为民父母也？仲尼曰：‘始作俑者，其无后乎？’为其象人而用之也。如之何其使斯民饥而死也！”

梁惠王曰：“晋国，天下莫强焉，叟之所知也。及寡人之身，东败于齐，长子死焉；西丧地于秦七百里；南辱于楚。寡人耻之，愿比死者一洒之。如之何则可？”孟子对曰：“地方百里而可以王。王如施仁政于民，省刑罚，薄税敛，深耕易耨，壮者以暇日修其孝悌忠信，入以事其父兄，出以事其长上，可使制梃以挞秦楚之坚甲利兵矣。彼夺其民时，使不得耕耨以养其父母，父母冻饿，兄弟妻子离散。彼陷溺其民，王往而征之，夫谁与王敌？故曰：‘仁者无敌。’王请勿疑。”

孟子见梁襄王。出，语人曰：“望之不似人君，就之而不见所畏焉。卒然问曰：‘天下恶乎定？’吾对曰：‘定于一。’‘孰能一之？’对曰：‘不嗜杀人者能一之。’‘孰能与之？’对曰：‘天下莫不与也。王知夫苗乎？七八月之间旱，则苗槁矣。天油然作云，沛然下雨，则苗浡然兴之矣。其如是，孰能御之？今夫天下之人牧，未有不嗜杀人者也。如有不嗜杀人者，则天下之民皆引领而望之矣！诚如是也，民归之，由水之就下，沛然谁能御之？’”

齐宣王问曰：“齐桓、晋文之事，可得闻乎？”孟子对曰：“仲尼之徒，无道桓、文之事者，是以后世无传焉，臣未之闻也。无以，则王乎？”曰：“德何如，则可以王矣？”曰：“保民而王，莫之能御也。”曰：“若寡人者，可以保民乎哉？”曰：“可。”曰：“何由知吾可也？”曰：“臣闻之胡龁曰：王坐于堂上，有牵牛而过堂下者，王见之，曰：‘牛何之？’对曰：‘将以衅钟。’王曰：‘舍之！吾不忍其觳觫，若无罪而就死地。’对曰：‘然则废衅钟与？’曰：‘何可废也？以羊易之。’不识有诸？”曰：“有之。”曰：“是心足以王矣。百姓皆以王为爱也，臣固知王之不忍也。”王曰：“然。诚有百姓者。齐国虽褊小，吾何爱一牛？即不忍其觳觫，若无罪而就死地，故以羊易之也。”曰：“王无异于百姓之以王为爱也，以小易大，彼恶知之？王若隐其无罪而就死地，则牛羊何择焉？”王笑曰：“是诚何心哉？我非爱其财而易之以羊也——宜乎百姓之谓我爱也。”曰：“无伤也。是乃仁术也，见牛未见羊也。君子之于禽兽也，见其生，不忍见其死；闻其声，不忍食其肉。是以君子远庖厨也。”

王说，曰：“《诗》云：‘他人有心，予忖度之。’夫子之谓也。夫我乃行之，反而求之，不得吾心。夫子言之，于我心有戚戚焉。此心之所以合于王者，何也？”曰：“有复于王者，曰‘吾力足以举百钧’——而不足以举一羽； ‘明足以察秋毫之末’——而不见舆薪。则王许之乎？”曰：“否。”“今恩足以及禽兽，而功不至于百姓者，独何与？然则一羽之不举，为不用力焉；舆薪之不见，为不用明焉；百姓之不见保，为不用恩焉。故王之不王，不为也，非不能也。”曰：“不为者与不能者之形何以异？”曰：“挟太山以超北海，语人曰：‘我不能。’是诚不能也。为长者折枝，语人曰：‘我不能。’是不为也，非不能也。故王之不王，非挟太山以超北海之类也；王之不王，是折枝之类也。老吾老，以及人之老；幼吾幼，以及人之幼：天下可运于掌。《诗》云：‘刑于寡妻，至于兄弟，以御于家邦。’言举斯心加诸彼而已。故推恩足以保四海，不推恩无以保妻子。古之人所以大过人者，无他焉，善推其所为而已矣。今恩足以及禽兽，而功不至于百姓者，独何与？权，然后知轻重。度，然后知长短。物皆然，心为甚。王请度之！”

“抑王兴甲兵、危士臣、构怨于诸侯，然后快于心与？”王曰：“否。吾何快于是？将以求吾所大欲也！”曰：“王之所大欲，可得闻与?”王笑而不言。曰:“为肥甘不足于口与?轻暖不足于体与?抑为采色不足视于目与?声音不足听于耳与?便嬖不足使令于前与?王之诸臣,皆足以供之,而王岂为是哉?”曰:“否。吾不为是也。”曰:“然则王之所大欲可知已。欲辟土地,朝秦、楚,莅中国而抚四夷也。以若所为,求若所欲,犹缘木而求鱼也。”王曰:“若是其甚与?”曰:“殆有甚焉。缘木求鱼,虽不得鱼,无后灾。以若所为,求若所欲,尽心力而为之,后必有灾。”曰:“可得闻与?”曰:“邹人与楚人战,则王以为孰胜?”曰:“楚人胜。”曰:“然则小固不可以敌大,寡固不可以敌众,弱固不可以敌强。海内之地,方千里者九,齐集有其一。以一服八,何以异于邹敌楚哉?盖亦反其本矣。今王发政施仁,使天下仕者皆欲立于王之朝,耕者皆欲耕于王之野,商贾皆欲藏于王之市,行旅皆欲出于王之涂,天下之欲疾其君者皆欲赴愬于王,其若是,孰能御之?”

王曰:“吾惛,不能进于是矣。愿夫子辅吾志,明以教我。我虽不敏,请尝试之。”曰:“无恒产而有恒心者,惟士为能。若民则无恒产,因无恒心。苟无恒心,放辟邪侈,无不为已。及陷于罪,然后从而刑之,是罔民也。焉有仁人在位,罔民而可为也?是故明君制民之产,必使仰足以事父母,俯足以畜妻子,乐岁终身饱,凶年免于死亡。然后驱而之善,故民之从之也轻。今也制民之产,仰不足以事父母,俯不足以畜妻子,乐岁终身苦,凶年不免于死亡。此惟救死而恐不赡,奚暇治礼义哉?王欲行之,则盍反其本矣。五亩之宅,树之以桑,五十者可以衣帛矣。鸡豚狗彘之畜,无失其时,七十者可以食肉矣。百亩之田,勿夺其时,八口之家可以无饥矣。谨庠序之教,申之以孝悌之义,颁白者不负戴于道路矣。老者衣帛食肉,黎民不饥不寒,然而不王者,未之有也。”

梁惠王下

庄暴见孟子，曰："暴见于王，王语暴以好乐，暴未有以对也。"曰："好乐何如？"孟子曰："王之好乐甚，则齐国其庶几乎？"他日见于王，曰："王尝语庄子以好乐，有诸？"王变乎色，曰："寡人非能好先王之乐也，直好世俗之乐耳。"曰："王之好乐甚，则齐其庶几乎！今之乐犹古之乐也。"曰："可得闻与？"曰："独乐乐，与人乐乐，孰乐？"曰："不若与人。"曰："与少乐乐，与众乐乐，孰乐？"曰："不若与众。""臣请为王言乐。今王鼓乐于此，百姓闻王钟鼓之声、管籥之音，举疾首蹙頞而相告曰：'吾王之好鼓乐，夫何使我至于此极也？父子不相见，兄弟妻子离散。'今王田猎于此，百姓闻王车马之音，见羽旄之美，举疾首蹙頞而相告曰：'吾王之好田猎，夫何使我至于此极也？父子不相见，兄弟妻子离散。'此无他，不与民同乐也。今王鼓乐于此，百姓闻王钟鼓之声、管籥之音，举欣欣然有喜色而相告曰：'吾王庶几无疾病与？何以能鼓乐也？'今王田猎于此，百姓闻王车马之音，见羽旄之美，举欣欣然有喜色而相告曰：'吾王庶几无疾病与？何以能田猎也？'此无他，与民同乐也。今王与百姓同乐，则王矣。"

齐宣王问曰："文王之囿方七十里，有诸？"孟子对曰："于传有之。"曰："若是其大乎？"曰："民犹以为小也。"曰："寡人之囿方四十里，民犹以为大，何也？"曰："文王之囿方七十里，刍荛者往焉，雉兔者往焉。与民同之，民以为小，不亦宜乎？臣始至于境，问国之大禁，然后敢入。臣闻郊关之内，有囿方四十里，杀其麋鹿者如杀人之罪。则是方四十里为阱于国中，民以为大，不亦宜乎？"

齐宣王问曰："交邻国有道乎？"孟子对曰："有。惟仁者为能以大事小，是故汤事葛，文王事昆夷。惟智者为能以小事大，故大王事獯鬻，勾践事吴。以大事小者，乐天者也。以小事大者，畏天者也。乐天者保天下，畏天者保其国。《诗》云：‘畏天之威，于时保之。’”王曰：“大哉言矣！寡人有疾，寡人好勇。”对曰：“王请无好小勇。夫抚剑疾视，曰：‘彼恶敢当我哉！’此匹夫之勇，敌一人者也。王请大之。《诗》云：‘王赫斯怒，爰整其旅。以遏徂莒，以笃周祜，以对于天下。’此文王之勇也。文王一怒而安天下之民。《书》曰：‘天降下民，作之君，作之师。惟曰其助上帝，宠之四方。有罪无罪，惟我在。天下曷敢有越厥志？’一人衡行于天下，武王耻之。此武王之勇也，而武王亦一怒而安天下之民。今王亦一怒而安天下之民，民惟恐王之不好勇也。”

齐宣王见孟子于雪宫。王曰：“贤者亦有此乐乎？”孟子对曰：“有。人不得，则非其上矣。不得而非其上者，非也。为民上而不与民同乐者，亦非也。乐民之乐者，民亦乐其乐。忧民之忧者，民亦忧其忧。乐以天下，忧以天下，然而不王者，未之有也。昔者齐景公问于晏子，曰：‘吾欲观于转附、朝儛，遵海而南，放于琅邪，吾何修而可以比于先王观也？’晏子对曰：‘善哉问也！天子适诸侯曰巡狩，巡狩者，巡所守也。诸侯朝于天子曰述职，述职者，述所职也。无非事者。春省耕而补不足，秋省敛而助不给。夏谚曰：“吾王不游，吾何以休？吾王不豫，吾何以助？一游一豫，为诸侯度。”今也不然：师行而粮食，饥者弗食，劳者弗息。睊睊胥谗，民乃作慝。方命虐民，饮食若流。流连荒亡，为诸侯忧。从流下而忘反，谓之流。从流上而忘反，谓之连。从兽无厌，谓之荒。乐酒无厌，谓之亡。先王无流连之乐、荒亡之行。惟君所行也。’景公说，大戒于国，出舍于郊。于是始兴发，补不足，召大师，曰：‘为我作君臣相说之乐。’盖《徵招》《角招》是也。其诗曰：‘畜君何尤？’畜君者，好君也。”

齐宣王问曰：“人皆谓我毁明堂，毁诸？已乎？”孟子对曰：“夫明堂者，王者之堂也。王欲行王政，则勿毁之矣。”王曰：“王政可得闻与？”对曰：“昔者文王之治岐也，耕者九一，仕者世禄，关市讥而不征，泽梁无禁，罪人不孥。老而无妻曰鳏，老而无夫曰寡，老而无子曰独，幼而无父曰孤。此四者，天下之穷民而无告者。文王发政施仁，必先斯四者。《诗》云：‘哿矣富人，哀此茕独！’”王曰：“善哉言乎！”曰：“王如善之，则何为不行？”王曰：“寡人有疾，寡人好货。”对曰：“昔者公刘好货，《诗》云：‘乃积乃仓，乃裹糇粮，于橐于囊，思戢用光。弓矢斯张，干戈戚扬，爰方启行。’故居者有积仓，行者有裹囊也，然后可以‘爰方启行’。王如好货，与百姓同之，于王何有？”王曰：“寡人有疾，寡人好色。”对曰：“昔者大王好色，爱厥妃。《诗》云：‘古公亶父，来朝走马。率西水浒，至于岐下。爰及姜女，聿来胥宇。’当是时也，内无怨女，外无旷夫。王如好色，与百姓同之，于王何有？”

孟子谓齐宣王曰：“王之臣，有托其妻子于其友而之楚游者。比其反也，则冻馁其妻子，则如之何？”王曰：“弃之。”曰：“士师不能治士，则如之何？”王曰：“已之。”曰：“四境之内不治，则如之何？”王顾左右而言他。

孟子见齐宣王，曰：“所谓故国者，非谓有乔木之谓也，有世臣之谓也。王无亲臣矣，昔者所进，今日不知其亡也。”王曰：“吾何以识其不才而舍之？”曰：“国君进贤，如不得已，将使卑逾尊，疏逾戚，可不慎与？左右皆曰贤，未可也。诸大夫皆曰贤，未可也。国人皆曰贤，然后察之；见贤焉，然后用之。左右皆曰不可，勿听。诸大夫皆曰不可，勿听。国人皆曰不可，然后察之；见不可焉，然后去之。左右皆曰可杀，勿听。诸大夫皆曰可杀，勿听。国人皆曰可杀，然后察之；见可杀焉，然后杀之。故曰国人杀之也。如此，然后可以为民父母。”

齐宣王问曰：“汤放桀，武王伐纣，有诸？”孟子对曰：“于传有之。”曰：“臣弑其君可乎？”曰：“贼仁者谓之贼。贼义者谓之残。残贼之人，谓之一夫。闻诛一夫纣矣，未闻弑君也。”

孟子谓齐宣王曰：“为巨室，则必使工师求大木。工师得大木，则王喜，以为能胜其任也。匠人斫而小之，则王怒，以为不胜其任矣。夫人幼而学之，壮而欲行之，王曰‘姑舍女所学而从我’，则何如？今有璞玉于此，虽万镒，必使玉人雕琢之。至于治国家，则曰‘姑舍女所学而从我’，则何以异于教玉人雕琢玉哉？”

齐人伐燕，胜之。宣王问曰：“或谓寡人勿取，或谓寡人取之。以万乘之国伐万乘之国，五旬而举之，人力不至于此。不取必有天殃，取之何如？”孟子对曰：“取之而燕民悦，则取之。古之人有行之者，武王是也。取之而燕民不悦，则勿取。古之人有行之者，文王是也。以万乘之国伐万乘之国，箪食壶浆，以迎王师，岂有他哉？避水火也。如水益深，如火益热，亦运而已矣。”

齐人伐燕，取之。诸侯将谋救燕。宣王曰：“诸侯多谋伐寡人者，何以待之？”孟子对曰：“臣闻七十里为政于天下者，汤是也。未闻以千里畏人者也。《书》曰：‘汤一征，自葛始。’天下信之。‘东面而征，西夷怨。南面而征，北狄怨。曰：“奚为后我？”’民望之，若大旱之望云霓也。归市者不止，耕者不变。诛其君而吊其民，若时雨降，民大悦。《书》曰：‘徯我后，后来其苏！’今燕虐其民，王往而征之，民以为将拯己于水火之中也，箪食壶浆，以迎王师。若杀其父兄，系累其子弟，毁其宗庙，迁其重器，如之何其可也？天下固畏齐之强也，今又倍地而不行仁政，是动天下之兵也。王速出令，反其旄倪，止其重器，谋于燕众，置君而后去之，则犹可及止也。”

邹与鲁哄。穆公问曰：“吾有司死者三十三人，而民莫之死也。诛之则不可胜诛，不诛，则疾视其长上之死而不救。如之何则可也？”孟子对曰：“凶年饥岁，君之民老弱转乎沟壑，壮者散而之四方者几千人矣；而君之仓廪实、府库充，有司莫以告，是上慢而残下也。曾子曰：‘戒之，戒之！出乎尔者，反乎尔者也。’夫民今而后得反之也，君无尤焉！君行仁政，斯民亲其上、死其长矣。”

滕文公问曰：“滕，小国也，间于齐、楚。事齐乎？事楚乎？”孟子对曰：“是谋非吾所能及也。无已，则有一焉：凿斯池也，筑斯城也，与民守之。效死而民弗去，则是可为也。”

滕文公问曰：“齐人将筑薛，吾甚恐。如之何则可？”孟子对曰："昔者大王居邠，狄人侵之。去之岐山之下居焉，非择而取之，不得已也。苟为善，后世子孙必有王者矣。君子创业垂统，为可继也。若夫成功，则天也。君如彼何哉？强为善而已矣。"

滕文公问曰："滕，小国也。竭力以事大国，则不得免焉，如之何则可？"孟子对曰："昔者大王居邠，狄人侵之。事之以皮币，不得免焉。事之以犬马，不得免焉。事之以珠玉，不得免焉。乃属其耆老而告之曰：'狄人之所欲者，吾土地也。吾闻之也：君子不以其所以养人者害人。二三子何患乎无君？我将去之！'去邠，逾梁山，邑于岐山之下居焉。邠人曰：'仁人也，不可失也。'从之者如归市。或曰：'世守也，非身之所能为也，效死勿去。'君请择于斯二者。"

鲁平公将出，嬖人臧仓者请曰："他日君出，则必命有司所之。今乘舆已驾矣，有司未知所之，敢请。"公曰："将见孟子。"曰："何哉，君所为轻身以先于匹夫者？以为贤乎？礼义由贤者出，而孟子之后丧逾前丧。君无见焉！"公曰："诺。"乐正子入见，曰："君奚为不见孟轲也？"曰："或告寡人曰：'孟子之后丧逾前丧。'是以不往见也。"曰："何哉，君所谓逾者？前以士，后以大夫；前以三鼎，而后以五鼎与？"曰："否。谓棺椁衣衾之美也。"曰："非所谓逾也，贫富不同也。"乐正子见孟子，曰："克告于君，君为来见也。嬖人有臧仓者沮君，君是以不果来也。"曰："行或使之，止或尼之。行、止，非人所能也。吾之不遇鲁侯，天也。臧氏之子，焉能使予不遇哉？"

公孙丑上

公孙丑问曰："夫子当路于齐，管仲、晏子之功，可复许乎？"孟子曰："子诚齐人也，知管仲、晏子而已矣。或问乎曾西曰：'吾子与子路孰贤？'曾西蹵然曰：'吾先子之所畏也。'曰：'然则吾子与管仲孰贤？'曾西艴然不悦，曰：'尔何曾比予于管仲？管仲得君如彼其专也，行乎国政如彼其久也，功烈如彼其卑也，尔何曾比予于是！'"曰："管仲，曾西之所不为也，而子为我愿之乎？"曰："管仲以其君霸，晏子以其君显。管仲、晏子，犹不足为与？"曰："以齐王，由反手也。"曰："若是，则弟子之惑滋甚。且以文王之德，百年而后崩，犹未洽于天下；武王、周公继之，然后大行。今言王若易然，则文王不足法与？"曰："文王何可当也！由汤至于武丁，贤圣之君六七作。天下归殷久矣，久则难变也。武丁朝诸侯、有天下，犹运之掌也。纣之去武丁未久也，其故家遗俗，流风善政，犹有存者；又有微子、微仲、王子比干、箕子、胶鬲，皆贤人也，相与辅相之。故久而后失之也。尺地莫非其有也，一民莫非其臣也，然而文王犹方百里起，是以难也。齐人有言曰：'虽有智慧，不如乘势。虽有镃基，不如待时。'今时则易然也。夏后、殷、周之盛，地未有过千里者也，而齐有其地矣；鸡鸣狗吠相闻，而达乎四境，而齐有其民矣。地不改辟矣，民不改聚矣，行仁政而王，莫之能御也。且王者之不作，未有疏于此时者也；民之憔悴于虐政，未有甚于此时者也。饥者易为食，渴者易为饮。孔子曰：'德之流行，速于置邮而传命。'当今之时，万乘之国行仁政，民之悦之，犹解倒悬也。故事半古之人，功必倍之，惟此时为然。"

公孙丑问曰："夫子加齐之卿相，得行道焉，虽由此霸王，不异矣。如此则动心否乎？"孟子曰："否。我四十不动心。"曰："若是，则夫子过孟贲远矣。"曰："是不难。告子先我不动心。"曰："不动心有道乎？"曰："有。北宫黝之养勇也，不肤挠，不目逃。思以一毫挫于人，若挞之于市朝。不受于褐宽博，亦不受于万乘之君。视刺万乘之君，若刺褐夫。无严诸侯。恶声至，必反之。孟施舍之所养勇也，曰：'视不胜犹胜也。量敌而后进，虑胜而后会，是畏三军者也。舍岂能为必胜哉？能无惧而已矣。'孟施舍似曾子，北宫黝似子夏。夫二子之勇，未知其孰贤，然而孟施舍守约也。昔者曾子谓子襄曰：'子好勇乎？吾尝闻大勇于夫子矣：自反而不缩，虽褐宽博，吾不惴焉；自反而缩，虽千万人，吾往矣。'孟施舍之守气，又不如曾子之守约也。"曰："敢问夫子之不动心，与告子之不动心，可得闻与？”“告子曰：‘不得于言，勿求于心。不得于心，勿求于气。’不得于心，勿求于气，可。不得于言，勿求于心，不可。夫志，气之帅也；气，体之充也。夫志，至焉；气，次焉。故曰：‘持其志，无暴其气。’”“既曰‘志，至焉；气，次焉’，又曰‘持其志，无暴其气’者，何也？”曰：“志壹则动气，气壹则动志也。今夫蹶者趋者，是气也，而反动其心。”

“敢问夫子恶乎长？”曰：“我知言，我善养吾浩然之气。”“敢问何谓浩然之气？”曰：“难言也。其为气也，至大至刚，以直养而无害，则塞于天地之间。其为气也，配义与道，无是，馁也。是集义所生者，非义袭而取之也。行有不慊于心，则馁矣。我故曰告子未尝知义，以其外之也。必有事焉而勿正，心勿忘，勿助长也。无若宋人然。宋人有闵其苗之不长而揠之者，芒芒然归，谓其人曰：‘今日病矣，予助苗长矣。’其子趋而往视之，苗则槁矣。天下之不助苗长者寡矣。以为无益而舍之者，不耘苗者也。助之长者，揠苗者也，非徒无益，而又害之。”“何谓知言？”曰：“诐辞知其所蔽，淫辞知其所陷，邪辞知其所离，遁辞知其所穷。生于其心，害于其政；发于其政，害于其事。圣人复起，必从吾言矣。”

“宰我，子贡，善为说辞。冉牛、闵子、颜渊，善言德行。孔子兼之，曰：‘我于辞命，则不能也。’然则夫子既圣矣乎？”曰：“恶！是何言也！昔者子贡问于孔子，曰：‘夫子圣矣乎？’孔子曰：‘圣则吾不能，我学不厌而教不倦也。’子贡曰：‘学不厌，智也；教不倦，仁也。仁且智，夫子既圣矣乎！’夫圣，孔子不居。——是何言也！”“昔者窃闻之：子夏、子游、子张，皆有圣人之一体；冉牛、闵子、颜渊，则具体而微。敢问所安？”曰：“姑舍是。”曰：“伯夷、伊尹何如？”曰：“不同道。非其君不事，非其民不使；治则进，乱则退：伯夷也。‘何事非君？何使非民？’治亦进，乱亦进：伊尹也。可以仕则仕，可以止则止，可以久则久，可以速则速：孔子也。皆古圣人也。吾未能有行焉，乃所愿，则学孔子也。”“伯夷、伊尹于孔子，若是班乎？”曰：“否。自有生民以来，未有孔子也。”“然则有同与？”曰：“有。得百里之地而君之，皆能以朝诸侯，有天下。行一不义、杀一不辜而得天下，皆不为也。是则同。”曰：“敢问其所以异？”曰：“宰我、子贡、有若，智足以知圣人，污不至阿其所好。宰我曰：‘以予观于夫子，贤于尧、舜远矣。’子贡曰：‘见其礼而知其政，闻其乐而知其德，由百世之后，等百世之王，莫之能违也。自生民以来，未有夫子也。’有若曰：‘岂惟民哉！麒麟之于走兽，凤凰之于飞鸟，泰山之于丘垤，河海之于行潦，类也。圣人之于民，亦类也。出于其类，拔乎其萃。自生民以来，未有盛于孔子也。’”

孟子曰：“以力假人者霸，霸必有大国。以德行仁者王，王不待大，汤以七十里，文王以百里。以力服人者，非心服也，力不赡也。以德服人者，中心悦而诚服也，如七十子之服孔子也。《诗》云：‘自西自东，自南自北，无思不服。’此之谓也。”

孟子曰：“仁则荣，不仁则辱。今恶辱而居不仁，是犹恶湿而居下也。如恶之，莫如贵德而尊士，贤者在位，能者在职。国家闲暇，及是时明其政刑，虽大国必畏之矣。《诗》云：‘迨天之未阴雨，彻彼桑土，绸缪牖户。今此下民，或敢侮予？’孔子曰：‘为此诗者，其知道乎？能治其国家，谁敢侮之！’今国家闲暇，及是时般乐怠敖，是自求祸也。祸福无不自己求之者。《诗》云：‘永言配命，自求多福。’《太甲》曰：‘天作孽，犹可违。自作孽，不可活。’此之谓也。”

孟子曰：“尊贤使能，俊杰在位，则天下之士皆悦而愿立于其朝矣。市，廛而不征，法而不廛，则天下之商皆悦而愿藏于其市矣。关，讥而不征，则天下之旅皆悦而愿出于其路矣。耕者助而不税，则天下之农皆悦而愿耕于其野矣。廛，无夫、里之布，则天下之民皆悦而愿为之氓矣。信能行此五者，则邻国之民仰之若父母矣。率其子弟，攻其父母，自生民以来未有能济者也。如此，则无敌于天下。无敌于天下者，天吏也。然而不王者，未之有也。”

孟子曰："人皆有不忍人之心。先王有不忍人之心，斯有不忍人之政矣。以不忍人之心，行不忍人之政，治天下可运之掌上。所以谓'人皆有不忍人之心'者，今人乍见孺子将入于井，皆有怵惕、恻隐之心，非所以内交于孺子之父母也，非所以要誉于乡党朋友也，非恶其声而然也。由是观之，无恻隐之心，非人也；无羞恶之心，非人也；无辞让之心，非人也；无是非之心，非人也。恻隐之心，仁之端也；羞恶之心，义之端也；辞让之心，礼之端也；是非之心，智之端也。人之有是四端也，犹其有四体也。有是四端而自谓不能者，自贼者也。谓其君不能者，贼其君者也。凡有四端于我者，知皆扩而充之矣，若火之始然、泉之始达。苟能充之，足以保四海；苟不充之，不足以事父母。"

孟子曰："矢人岂不仁于函人哉？矢人唯恐不伤人，函人唯恐伤人。巫、匠亦然。故术不可不慎也。孔子曰：'里仁为美。择不处仁，焉得智？'夫仁，天之尊爵也，人之安宅也。莫之御而不仁，是不智也。不仁不智，无礼无义，人役也。人役而耻为役，由弓人而耻为弓，矢人而耻为矢也。如耻之，莫如为仁。仁者如射。射者正己而后发，发而不中，不怨胜己者，反求诸己而已矣。"

孟子曰："子路，人告之以有过则喜。禹闻善言则拜。大舜有大焉：善与人同，舍己从人，乐取于人以为善；自耕稼、陶、渔以至为帝，无非取于人者。取诸人以为善，是与人为善者也，故君子莫大乎与人为善。"

孟子曰："伯夷，非其君不事，非其友不友，不立于恶人之朝，不与恶人言。立于恶人之朝，与恶人言，如以朝衣朝冠坐于涂炭。推恶恶之心，思与乡人立，其冠不正，望望然去之，若将浼焉。是故诸侯虽有善其辞命而至者，不受也。不受也者，是亦不屑就已。柳下惠，不羞污君，不卑小官，进不隐贤，必以其道。遗佚而不怨，厄穷而不悯，故曰：'尔为尔，我为我。虽袒裼裸裎于我侧，尔焉能浼我哉！'故由由然与之偕而不自失焉，援而止之而止。援而止之而止者，是亦不屑去已。"孟子曰："伯夷隘，柳下惠不恭。隘与不恭，君子不由也。”

公孙丑下

孟子曰：“天时不如地利，地利不如人和。三里之城，七里之郭，环而攻之而不胜。夫环而攻之，必有得天时者矣；然而不胜者，是天时不如地利也。城非不高也，池非不深也，兵革非不坚利也，米粟非不多也，委而去之，是地利不如人和也。故曰：域民不以封疆之界，固国不以山溪之险，威天下不以兵革之利。得道者多助，失道者寡助。寡助之至，亲戚畔之。多助之至，天下顺之。以天下之所顺，攻亲戚之所畔，故君子有不战，战必胜矣。”

孟子将朝王。王使人来曰：“寡人如就见者也，有寒疾，不可以风。朝将视朝，不识可使寡人得见乎？”对曰：“不幸而有疾，不能造朝。”明日，出吊于东郭氏。公孙丑曰：“昔者辞以病，今日吊，或者不可乎？”曰：“昔者疾，今日愈，如之何不吊？”王使人问疾，医来，孟仲子对曰：“昔者有王命，有采薪之忧，不能造朝。今病小愈，趋造于朝，我不识能至否乎？”使数人要于路，曰：“请必无归而造于朝。”不得已而之景丑氏宿焉。景子曰：“内则父子，外则君臣，人之大伦也。父子主恩，君臣主敬。丑见王之敬子也，未见所以敬王也。”曰：“恶！是何言也！齐人无以仁义与王言者，岂以仁义为不美也？其心曰‘是何足与言仁义也’云尔，则不敬莫大乎是。我非尧、舜之道不敢以陈于王前，故齐人莫如我敬王也。”景子曰：“否，非此之谓也。《礼》曰：‘父召，无诺。’‘君命召，不俟驾。’固将朝也，闻王命而遂不果，宜与夫礼若不相似然。”曰：“岂谓是与？曾子曰：‘晋、楚之富，不可及也。彼以其富，我以吾仁。彼以其爵，我以吾义。吾何慊乎哉？’夫岂不义而曾子言之？是或一道也。天下有达尊三：爵一，齿一，德一。朝廷莫如爵，乡党莫如齿，辅世长民莫如德。恶得有其一以慢其二哉？故将大有为之君，必有所不召之臣；欲有谋焉，则就之。其尊德乐道，不如是不足与有为也。故汤之于伊尹，学焉而后臣之，故不劳而王。桓公之于管仲，学焉而后臣之，故不劳而霸。今天下地丑德齐，莫能相尚，无他，好臣其所教，而不好臣其所受教。汤之于伊尹，桓公之于管仲，则不敢召。管仲且犹不可召，而况不为管仲者乎？”

陈臻问曰：“前日于齐，王馈兼金一百而不受；于宋，馈七十镒而受；于薛，馈五十镒而受。前日之不受是，则今日之受非也；今日之受是，则前日之不受非也：夫子必居一于此矣。”孟子曰：“皆是也。当在宋也，予将有远行。行者必以赆，辞曰‘馈赆’，予何为不受？当在薛也，予有戒心。辞曰：‘闻戒，故为兵馈之。’予何为不受？若于齐，则未有处也。无处而馈之，是货之也。焉有君子而可以货取乎？”

孟子之平陆，谓其大夫曰：“子之持戟之士，一日而三失伍，则去之否乎？”曰：“不待三。”“然则子之失伍也亦多矣。凶年饥岁，子之民老羸转于沟壑，壮者散而之四方者几千人矣。”曰：“此非距心之所得为也。”曰：“今有受人之牛羊而为之牧之者，则必为之求牧与刍矣。求牧与刍而不得，则反诸其人乎？抑亦立而视其死与？”曰：“此则距心之罪也。”他日，见于王，曰：“王之为都者，臣知五人焉。知其罪者，惟孔距心。”为王诵之。王曰：“此则寡人之罪也。”

孟子谓蚳蛙曰：“子之辞灵丘而请士师，似也，为其可以言也。今既数月矣，未可以言与？”蚳蛙谏于王而不用，致为臣而去。齐人曰：“所以为蚳蛙则善矣，所以自为，则吾不知也。”公都子以告。曰：“吾闻之也：有官守者，不得其职则去。有言责者，不得其言则去。我无官守，我无言责也，则吾进退岂不绰绰然有余裕哉？”

孟子为卿于齐，出吊于滕。王使盖大夫王驩为辅行。王驩朝暮见，反齐、滕之路，未尝与之言行事也。公孙丑曰：“齐卿之位，不为小矣。齐、滕之路，不为近矣。反之而未尝与言行事，何也？”曰：“夫既或治之，予何言哉？”

孟子自齐葬于鲁。反于齐，止于嬴。充虞请曰："前日不知虞之不肖，使虞敦匠，事严，虞不敢请。今愿窃有请也：木若以美然。"曰："古者棺椁无度。中古棺七寸，椁称之，自天子达于庶人。非直为观美也，然后尽于人心。不得，不可以为悦；无财，不可以为悦。得之为有财。古之人皆用之，吾何为独不然？且比化者，无使土亲肤，于人心独无恔乎？吾闻之：君子不以天下俭其亲。"

沈同以其私问曰："燕可伐与？"孟子曰："可。子哙不得与人燕，子之不得受燕于子哙。有仕于此，而子悦之，不告于王而私与之吾子之禄爵。夫士也，亦无王命而私受之于子，则可乎？何以异于是？"齐人伐燕。或问曰："劝齐伐燕，有诸？"曰："未也。沈同问：'燕可伐与？'吾应之曰：'可。'彼然而伐之也。彼如曰：'孰可以伐之？'则将应之曰：'为天吏，则可以伐之。'今有杀人者，或问之曰：'人可杀与？'则将应之曰：'可。'彼如曰：'孰可以杀之？'则将应之曰：'为士师，则可以杀之。'今以燕伐燕，何为劝之哉？"

燕人畔。王曰："吾甚惭于孟子。"陈贾曰："王无患焉。王自以为与周公孰仁且智？"王曰："恶！是何言也！"曰："周公使管叔监殷，管叔以殷畔。知而使之，是不仁也。不知而使之，是不智也。仁、智，周公未之尽也，而况于王乎？贾请见而解之。"见孟子，问曰："周公何人也？"曰："古圣人也。"曰："使管叔监殷，管叔以殷畔也，有诸？"曰："然。"曰："周公知其将畔而使之与？"曰："不知也。""然则圣人且有过与？"曰："周公弟也，管叔兄也。周公之过，不亦宜乎！且古之君子，过则改之；今之君子，过则顺之。古之君子，其过也如日月之食，民皆见之；及其更也，民皆仰之。今之君子，岂徒顺之？又从为之辞。"

孟子致为臣而归。王就见孟子，曰："前日愿见而不可得，得侍同朝，甚喜。今又弃寡人而归，不识可以继此而得见乎？"对曰："不敢请耳，固所愿也。"他日，王谓时子曰："我欲中国而授孟子室，养弟子以万钟，使诸大夫国人皆有所矜式，子盍为我言之？”时子因陈子而以告孟子。陈子以时子之言告孟子。孟子曰：“然。夫时子恶知其不可也？如使予欲富，辞十万而受万，是为欲富乎？季孙曰：‘异哉子叔疑！使己为政，不用，则亦已矣，又使其子弟为卿。人亦孰不欲富贵？而独于富贵之中，有私龙断焉。’古之为市也，以其所有，易其所无者，有司者治之耳。有贱丈夫焉，必求龙断而登之，以左右望而罔市利。人皆以为贱，故从而征之。征商自此贱丈夫始矣。”

孟子去齐，宿于昼。有欲为王留行者，坐而言。不应，隐几而卧。客不悦，曰：“弟子齐宿而后敢言，夫子卧而不听，请勿复敢见矣。”曰：“坐。我明语子。昔者鲁缪公无人乎子思之侧，则不能安子思。泄柳、申详，无人乎缪公之侧，则不能安其身。子为长者虑，而不及子思。子绝长者乎？长者绝子乎？”

孟子去齐。尹士语人曰：“不识王之不可以为汤、武，则是不明也。识其不可，然且至，则是干泽也。千里而见王，不遇故去，三宿而后出昼，是何濡滞也？士则兹不悦。”高子以告。曰：“夫尹士恶知予哉？千里而见王，是予所欲也。不遇故去，岂予所欲哉？予不得已也。予三宿而出昼，于予心犹以为速，——王庶几改之；王如改诸，则必反予。夫出昼而王不予追也，予然后浩然有归志。予虽然，岂舍王哉？王由足用为善。王如用予，则岂徒齐民安？天下之民举安。王庶几改之，予日望之。予岂若是小丈夫然哉？谏于其君而不受，则怒，悻悻然见于其面，去则穷日之力而后宿哉？”尹士闻之，曰：“士诚小人也。”

孟子去齐，充虞路问曰：“夫子若有不豫色然。前日虞闻诸夫子曰：‘君子不怨天，不尤人。’”曰：“彼一时，此一时也。五百年必有王者兴，其间必有名世者。由周而来，七百有余岁矣。以其数，则过矣；以其时考之，则可矣。夫天未欲平治天下也，如欲平治天下，当今之世，舍我其谁也？吾何为不豫哉！”

孟子去齐，居休。公孙丑问曰：“仕而不受禄，古之道乎？”曰：“非也。于崇，吾得见王。退而有去志，不欲变，故不受也。继而有师命，不可以请。久于齐，非我志也。”

滕文公上

滕文公为世子，将之楚，过宋而见孟子。孟子道性善，言必称尧、舜。世子自楚反，复见孟子。孟子曰："世子疑吾言乎？夫道一而已矣。成覸谓齐景公曰：'彼丈夫也，我丈夫也，吾何畏彼哉？'颜渊曰：'舜何人也？予何人也？有为者亦若是！'公明仪曰：'"文王，我师也。"周公岂欺我哉？'今滕，绝长补短，将五十里也，犹可以为善国。《书》曰：'若药不瞑眩，厥疾不瘳。'"

滕定公薨。世子谓然友曰："昔者孟子尝与我言于宋，于心终不忘。今也不幸至于大故，吾欲使子问于孟子，然后行事。"然友之邹，问于孟子。孟子曰："不亦善乎！亲丧固所自尽也。曾子曰：'生，事之以礼；死，葬之以礼，祭之以礼：可谓孝矣。'诸侯之礼，吾未之学也。虽然，吾尝闻之矣：三年之丧，齐、疏之服，饣粥之食，自天子达于庶人，三代共之。"然友反命，定为三年之丧。父兄百官皆不欲也，故曰："吾宗国鲁先君莫之行，吾先君亦莫之行也。至于子之身而反之，不可。且《志》曰：'丧祭从先祖。'"曰："吾有所受之也。"谓然友曰："吾他日未尝学问，好驰马试剑。今也父兄百官不我足也，恐其不能尽于大事，子为我问孟子。"然友复之邹问孟子。孟子曰："然，不可以他求者也。孔子曰：'君薨，听于冢宰，歠粥，面深墨，即位而哭。百官有司，莫敢不哀，先之也。上有好者，下必有甚焉者矣。君子之德，风也。小人之德，草也。草尚之风必偃。'是在世子。"然友反命，世子曰："然，是诚在我。"五月居庐，未有命戒。百官族人，可谓曰知。及至葬，四方来观之，——颜色之戚，哭泣之哀，——吊者大悦。

滕文公问为国。孟子曰："民事不可缓也。《诗》云：'昼尔于茅，宵尔索绹。亟其乘屋，其始播百谷。'民之为道也，有恒产者有恒心，无恒产者无恒心。苟无恒心，放僻邪侈，无不为已。及陷乎罪，然后从而刑之，是罔民也。焉有仁人在位，罔民而可为也？是故贤君必恭俭、礼下，取于民有制。阳虎曰：‘为富不仁矣，为仁不富矣。’夏后氏五十而贡，殷人七十而助，周人百亩而彻，其实皆什一也。彻者彻也，助者藉也。龙子曰：‘治地莫善于助，莫不善于贡。’贡者，校数岁之中以为常。乐岁，粒米狼戾，多取之而不为虐，则寡取之；凶年，粪其田而不足，则必取盈焉。为民父母，使民盻盻然，将终岁勤动，不得以养其父母，又称贷而益之，使老稚转乎沟壑，恶在其为民父母也？夫世禄，滕固行之矣。《诗》云：‘雨我公田，遂及我私。’惟助为有公田，由此观之，虽周亦助也。设为庠序学校以教之：庠者养也，校者教也，序者射也。夏曰校，殷曰序，周曰庠，学则三代共之，皆所以明人伦也。人伦明于上，小民亲于下。有王者起，必来取法，是为王者师也。《诗》云：‘周虽旧邦，其命维新。’文王之谓也。子力行之，亦以新子之国。”

使毕战问井地。孟子曰：“子之君将行仁政，选择而使子，子必勉之！夫仁政，必自经界始。经界不正，井地不钧，谷禄不平。是故暴君污吏必慢其经界。经界既正，分田制禄，可坐而定也。夫滕，壤地褊小，将为君子焉，将为野人焉。无君子莫治野人，无野人莫养君子。请野九一而助，国中什一使自赋。卿以下必有圭田，圭田五十亩。余夫二十五亩。死徙无出乡，乡田同井，出入相友，守望相助，疾病相扶持，则百姓亲睦。方里而井，井九百亩，其中为公田。八家皆私百亩，同养公田，公事毕，然后敢治私事，所以别野人也。此其大略也。若夫润泽之，则在君与子矣。”

有为神农之言者许行，自楚之滕，踵门而告文公曰：“远方之人，闻君行仁政，愿受一廛而为氓。”文公与之处。其徒数十人，皆衣褐，捆屦、织席以为食。陈良之徒陈相与其弟辛，负耒耜而自宋之滕，曰：“闻君行圣人之政，是亦圣人也。愿为圣人氓。”陈相见许行而大悦，尽弃其学而学焉。

陈相见孟子，道许行之言曰：“滕君则诚贤君也，虽然，未闻道也。贤者与民并耕而食，饔飧而治。今也滕有仓廪府库，则是厉民而以自养也，恶得贤？”孟子曰：“许子必种粟而后食乎？”曰：“然。”“许子必织布然后衣乎？”曰：“否。许子衣褐。”“许子冠乎？”曰：“冠。”曰：“奚冠？”曰：“冠素。”曰：“自织之与？”曰：“否。以粟易之。”曰：“许子奚为不自织？”曰：“害于耕。”曰：“许子以釜甑爨，以铁耕乎？”曰：“然。”“自为之与？”曰：“否。以粟易之。”“以粟易械器者，不为厉陶冶？陶冶亦以械器易粟者，岂为厉农夫哉？且许子何不为陶冶，舍皆取诸其宫中而用之？何为纷纷然与百工交易？何许子之不惮烦？”曰：“百工之事，固不可耕且为也。”“然则治天下独可耕且为与？有大人之事，有小人之事。且一人之身，而百工之所为备，如必自为而后用之，是率天下而路也。故曰：或劳心，或劳力。‘劳心者治人，劳力者治于人。治于人者食人，治人者食于人。’天下之通义也。”

“当尧之时，天下犹未平。洪水横流，泛滥于天下；草木畅茂，禽兽繁殖，五谷不登；禽兽逼人，兽蹄鸟迹之道交于中国。尧独忧之，举舜而敷治焉。舜使益掌火，益烈山泽而焚之，禽兽逃匿。禹疏九河，瀹济、漯，而注诸海；决汝、汉，排淮、泗，而注之江。然后中国可得而食也。当是时也，禹八年于外，三过其门而不入，虽欲耕，得乎？后稷教民稼穑、树艺五谷，五谷熟而民人育。人之有道也，饱食、暖衣，逸居而无教，则近于禽兽，圣人有忧之，使契为司徒，教以人伦：父子有亲，君臣有义，夫妇有别，长幼有序，朋友有信。放勋日劳之来之，匡之直之，辅之翼之，使自得之，又从而振德之。圣人之忧民如此，而暇耕乎？尧以不得舜为己忧，舜以不得禹、皋陶为已忧。夫以百亩之不易为己忧者，农夫也。分人以财谓之惠，教人以善谓之忠，为天下得人者谓之仁。是故以天下与人易，为天下得人难。孔子曰：‘大哉尧之为君！惟天为大，惟尧则之。荡荡乎，民无能名焉。君哉舜也！巍巍乎，有天下而不与焉。’尧、舜之治天下，岂无所用其心哉？亦不用于耕耳。”

“吾闻用夏变夷者，未闻变于夷者也。陈良，楚产也，悦周公仲尼之道，北学于中国。北方之学者，未能或之先也。彼所谓豪杰之士也，子之兄弟事之数十年，师死而遂倍之。昔者孔子没，三年之外，门人治任将归，入揖于子贡，相向而哭，皆失声，然后归。于贡反，筑室于场，独居三年，然后归。他日子夏、子张、子游以有若似圣人，欲以所事孔子事之，强曾子。曾子曰：'不可。江汉以濯之，秋阳以暴之，皓皓乎不可尚已！'今也南蛮鴃舌之人非先王之道，子倍子之师而学之，亦异于曾子矣。吾闻出于幽谷，迁于乔木者，未闻下乔木而入于幽谷者。《鲁颂》曰：'戎狄是膺，荆舒是惩。'周公方且膺之，子是之学，亦为不善变矣。""从许子之道，则市贾不贰，国中无伪。虽使五尺之童适市，莫之或欺。布帛长短同，则贾相若。麻缕丝絮轻重同，则贾相若。五谷多寡同，则贾相若。屦大小同，则贾相若。"曰："夫物之不齐，物之情也。或相倍蓰，或相什百，或相千万，子比而同之，是乱天下也。巨屦小屦同贾，人岂为之哉？从许子之道，相率而为伪者也，恶能治国家？"

墨者夷之因徐辟而求见孟子。孟子曰："吾固愿见。今吾尚病，病愈，我且往见。"夷子不来。他日，又求见孟子。孟子曰："吾今则可以见矣。不直，则道不见；我且直之。吾闻夷子墨者，墨之治丧也，以薄为其道也。夷子思以易天下，岂以为非是而不贵也？然而夷子葬其亲厚，则是以所贱事亲也。"徐子以告夷子。夷子曰："儒者之道，古之人'若保赤子'，此言何谓也？之则以为爱无差等，施由亲始。"徐子以告孟子，孟子曰："夫夷子，信以为人之亲其兄之子，为若亲其邻之赤子乎？彼有取尔也。赤子匍匐将入井，非赤子之罪也。且天之生物也，使之一本，而夷子二本故也。盖上世尝有不葬其亲者。其亲死，则举而委之于壑。他日过之，狐狸食之，蝇蚋姑嘬之。其颡有泚，睨而不视。夫泚也，非为人泚，中心达于面目。盖归反蘽梩而掩之，掩之诚是也，则孝子仁人之掩其亲，亦必有道矣。"徐子以告夷子。夷子怃然为间，曰："命之矣！"

滕文公下

陈代曰："不见诸侯，宜若小然。今一见之，大则以王，小则以霸。且《志》曰'枉尺而直寻'，宜若可为也。"孟子曰："昔齐景公田，招虞人以旌。不至，将杀之。'志士不忘在沟壑，勇士不忘丧其元。'孔子奚取焉？取非其招不往也。如不待其招而往，何哉？且夫枉尺而直寻者，以利言也。如以利，则枉寻直尺而利，亦可为与？昔者赵简子使王良与嬖奚乘，终日而不获一禽。嬖奚反命曰：'天下之贱工也。'或以告王良。良曰：'请复之。'强而后可。一朝而获十禽。嬖奚反命曰：'天下之良工也。'简子曰：'我使掌与女乘。'谓王良，良不可，曰：'吾为之范我驰驱，终日不获一；为之诡遇，一朝而获十。《诗》云："不失其驰，舍矢如破。"我不贯与小人乘，请辞。'御者且羞与射者比，比而得禽兽，虽若丘陵，弗为也。如枉道而从彼，何也？且子过矣，枉己者，未有能直人者也。"

景春曰："公孙衍、张仪岂不诚大丈夫哉？一怒而诸侯惧，安居而天下熄。"孟子曰："是焉得为大丈夫乎？子未学礼乎？丈夫之冠也，父命之。女子之嫁也，母命之，往送之门，戒之曰：'往之女家，必敬必戒，无违夫子。'以顺为正者，妾妇之道也。居天下之广居，立天下之正位，行天下之大道。得志，与民由之；不得志，独行其道。富贵不能淫，贫贱不能移，威武不能屈。此之谓大丈夫。"

周霄问曰："古之君子仕乎？"孟子曰："仕。《传》曰：'孔子三月无君，则皇皇如也。出疆必载质。'公明仪曰：'古之人三月无君则吊。'""三月无君则吊，不以急乎？"曰："士之失位也，犹诸侯之失国家也。《礼》曰：'诸侯耕助，以供粢盛。夫人蚕缫，以为衣服。牺牲不成，粢盛不洁，衣服不备，不敢以祭。''惟士无田，则亦不祭。'牲杀、器皿、衣服不备，不敢以祭，则不敢以宴，亦不足吊乎？""出疆必载质，何也？"曰："士之仕也，犹农夫之耕也。农夫岂为出疆舍其耒耜哉？”曰：“晋国亦仕国也，未尝闻仕如此其急。仕如此其急也，君子之难仕，何也？”曰：“丈夫生而愿为之有室，女子生而愿为之有家。父母之心，人皆有之。不待父母之命、媒妁之言，钻穴隙相窥，逾墙相从，则父母、国人皆贱之。古之人未尝不欲仕也，又恶不由其道。不由其道而往者，与钻穴隙之类也。”

彭更问曰：“后车数十乘，从者数百人，以传食于诸侯，不以泰乎？”孟子曰：“非其道，则一箪食不可受于人。如其道，则舜受尧之天下，不以为泰。子以为泰乎？”曰：“否。士无事而食，不可也。”曰：“子不通功易事、以羡补不足，则农有余粟，女有余布。子如通之，则梓、匠、轮、舆皆得食于子。于此有人焉，入则孝，出则悌，守先王之道，以待后之学者，而不得食于子。子何尊梓、匠、轮、舆，而轻为仁义者哉？”曰：“梓、匠、轮、舆，其志将以求食也。君子之为道也，其志亦将以求食与？”曰：“子何以其志为哉？其有功于子，可食而食之矣。且子食志乎？食功乎？”曰：“食志。”曰：“有人于此，毁瓦画墁，其志将以求食也，则子食之乎？”曰：“否。”曰：“然则子非食志也，食功也。”

万章问曰：“宋，小国也，今将行王政，齐、楚恶而伐之，则如之何？”孟子曰：“汤居亳，与葛为邻。葛伯放而不祀，汤使人问之曰：‘何为不祀？’曰：‘无以供牺牲也。’汤使遗之牛羊，葛伯食之，又不以祀。汤又使人问之曰：‘何为不祀？’曰：‘无以供粢盛也。’汤使亳众往为之耕，老弱馈食。葛伯率其民，要其有酒食黍稻者夺之，不授者杀之。有童子以黍肉饷，杀而夺之。《书》曰：‘葛伯仇饷。’此之谓也。为其杀是童子而征之，四海之内皆曰：‘非富天下也，为匹夫匹妇复仇也。’汤始征，自葛载。十一征而无敌于天下。东面而征，西夷怨。南面而征，北狄怨。曰：‘奚为后我？’民之望之，若大旱之望雨也。归市者弗止，芸者不变。诛其君，吊其民，如时雨降，民大悦。《书》曰：‘徯我后，后来其无罚。’‘有攸不惟臣，东征，绥厥士女。匪厥玄黄，绍我周王见休，惟臣附于大邑周。’其君子实玄黄于匪，以迎其君子；其小人箪食壶浆，以迎其小人。救民于水火之中，取其残而已矣。《太誓》曰：‘我武惟扬，侵于之疆，则取于残，杀伐用张，于汤有光。’不行王政云尔；苟行王政，四海之内皆举首而望之，欲以为君。齐、楚虽大，何畏焉？”

孟子谓戴不胜曰：“子欲子之王之善与？我明告子。有楚大夫于此，欲其子之齐语也，则使齐人傅诸？使楚人傅诸？”曰：“使齐人傅之。”曰：“一齐人傅之，众楚人咻之，虽日挞而求其齐也，不可得矣。引而置之庄、岳之间数年，虽日挞而求其楚，亦不可得矣。子谓‘薛居州，善士也’，使之居于王所。在于王所者，长幼卑尊皆薛居州也，王谁与为不善？在王所者，长幼卑尊皆非薛居州也，王谁与为善？一薛居州独如宋王何？”

公孙丑问曰：“不见诸侯何义？”孟子曰：“古者不为臣不见。段干木逾垣而辟之，泄柳闭门而不内，是皆已甚。迫，斯可以见矣。阳货欲见孔子，而恶无礼。大夫有赐于士，不得受于其家，则往拜其门。阳货瞰孔子之亡也，而馈孔子蒸豚。孔子亦瞰其亡也而往拜之。当是时，阳货先，岂得不见？曾子曰：‘胁肩谄笑，病于夏畦。’子路曰：‘未同而言，观其色赧赧然，非由之所知也。’由是观之，则君子之所养可知已矣。”

戴盈之曰：“什一，去关市之征，今兹未能。请轻之，以待来年然后已，何如？”孟子曰：“今有人日攘其邻之鸡者，或告之曰：‘是非君子之道。’曰：‘请损之，月攘一鸡，以待来年然后已。’——如知其非义，斯速已矣，何待来年？”

公都子曰：“外人皆称夫子好辩，敢问何也？”孟子曰：“予岂好辩哉！予不得已也。天下之生久矣，一治一乱。当尧之时，水逆行，泛滥于中国，蛇龙居之。民无所定，下者为巢，上者为营窟。《书》曰：‘洚水警余。’——洚水者，洪水也。——使禹治之。禹掘地而注之海，驱蛇龙而放之菹。水由地中行，江、淮、河、汉是也。险阻既远，鸟兽之害人者消，然后人得平土而居之。尧、舜既没，圣人之道衰，暴君代作。坏宫室以为污池，民无所安息。弃田以为园囿，使民不得衣食。邪说暴行又作。园囿污池，沛泽多而禽兽至。及纣之身，天下又大乱。周公相武王，诛纣伐奄，三年讨其君，驱飞廉于海隅而戮之；灭国者五十；驱虎豹犀象而远之。天下大悦。《书》曰：‘丕显哉！文王谟。丕承哉！武王烈。佑启我后人，咸以正无缺。’世衰道微，邪说暴行有作，臣弑其君者有之，子弑其父者有之。孔子惧，作《春秋》。《春秋》，天子之事也。是故孔子曰：‘知我者其惟《春秋》乎！罪我者其惟《春秋》乎！’圣王不作，诸侯放恣，处士横议。杨朱、墨翟之言盈天下。天下之言，不归杨，则归墨。杨氏为我，是无君也。墨氏兼爱，是无父也。无父无君，是禽兽也。公明仪曰：‘庖有肥肉，厩有肥马，民有饥色，野有饿莩。此率兽而食人也。’杨墨之道不息，孔子之道不著，是邪说诬民、充塞仁义也。仁义充塞，则率兽食人，人将相食。吾为此惧，闲先圣之道，距杨墨，放淫辞，邪说者不得作。——作于其心，害于其事；作于其事，害于其政。——圣人复起，不易吾言矣。昔者禹抑洪水而天下平，周公兼夷狄、驱猛兽而百姓宁，孔子成《春秋》而乱臣贼子惧。《诗》云：‘戎狄是膺，荆舒是惩，则莫我敢承。’无父无君，是周公所膺也。我亦欲正人心，息邪说，距诐行，放淫辞，以承三圣者。岂好辩哉？予不得已也。能言距杨、墨者，圣人之徒也。”

匡章曰：“陈仲子岂不诚廉士哉？居於陵，三日不食，耳无闻，目无见也。井上有李，螬食实者过半矣。匍匐往将食之，三咽，然后耳有闻，目有见。”孟子曰：“于齐国之士，吾必以仲子为巨擘焉。虽然，仲子恶能廉？充仲子之操，则蚓而后可者也。夫蚓，上食槁壤，下饮黄泉。仲子所居之室，伯夷之所筑与？抑亦盗跖之所筑与？所食之粟，伯夷之所树与？抑亦盗跖之所树与？是未可知也。”曰：“是何伤哉？彼身织屦，妻辟纑，以易之也。”曰：“仲子，齐之世家也。兄戴，盖禄万钟。以兄之禄为不义之禄而不食也，以兄之室为不义之室而不居也，避兄离母，处于於陵。他日归，则有馈其兄生鹅者，己频顣曰：‘恶用是鶃鶃者为哉？’他日，其母杀是鹅也，与之食之。其兄自外至，曰：‘是鶃鶃之肉也。’出而哇之。以母则不食，以妻则食之；以兄之室则弗居，以於陵则居之：是尚为能充其类也乎？若仲子者，蚓而后充其操者也。”

离娄上

孟子曰：“离娄之明，公输子之巧，不以规矩，不能成方员。师旷之聪，不以六律，不能正五音。尧、舜之道，不以仁政，不能平治天下。今有仁心仁闻，而民不被其泽，不可法于后世者，不行先王之道也。故曰：徒善不足以为政，徒法不能以自行。《诗》云：‘不愆不忘，率由旧章。’遵先王之法而过者，未之有也。圣人既竭目力焉，继之以规矩准绳，以为方员平直，不可胜用也；既竭耳力焉，继之以六律正五音，不可胜用也；既竭心思焉，继之以不忍人之政，而仁覆天下矣。故曰：为高必因丘陵，为下必因川泽。为政不因先王之道，可谓智乎？是以惟仁者宜在高位；不仁而在高位，是播其恶于众也。上无道揆也，下无法守也，朝不信道，工不信度，君子犯义，小人犯刑，国之所存者幸也。故曰：城郭不完，兵甲不多，非国之灾也；田野不辟，货财不聚，非国之害也；上无礼，下无学，贼民兴，丧无日矣。《诗》曰：‘天之方蹶，无然泄泄。’泄泄，犹沓沓也。事君无义，进退无礼，言则非先王之道者，犹沓沓也。故曰：责难于君谓之恭，陈善闭邪谓之敬。‘吾君不能’，谓之贼。”

孟子曰：“规矩，方员之至也。圣人，人伦之至也。欲为君尽君道，欲为臣尽臣道，二者皆法尧、舜而已矣。不以舜之所以事尧事君，不敬其君者也。不以尧之所以治民治民，贼其民者也。孔子曰：‘道二，仁与不仁而已矣。’暴其民甚，则身弑国亡；不甚，则身危国削。名之曰‘幽’、‘厉’，虽孝子慈孙，百世不能改也。《诗》云：‘殷鉴不远，在夏后之世。’此之谓也。”

孟子曰：“三代之得天下也以仁，其失天下也以不仁。国之所以废兴存亡者亦然。天子不仁，不保四海。诸侯不仁，不保社稷。卿大夫不仁，不保宗庙。士庶人不仁，不保四体。今恶死亡而乐不仁，是犹恶醉而强酒。”

孟子曰：“爱人，不亲，反其仁。治人，不治，反其智。礼人，不答，反其敬。行有不得者，皆反求诸己，其身正而天下归之。《诗》云：‘永言配命，自求多福。’”

孟子曰：“人有恒言，皆曰‘天下国家’。天下之本在国，国之本在家，家之本在身。”

孟子曰：“为政不难，不得罪于巨室。巨室之所慕，一国慕之；一国之所慕，天下慕之：故沛然德教溢乎四海。”

孟子曰：“天下有道，小德役大德，小贤役大贤。天下无道，小役大，弱役强。斯二者天也，顺天者存，逆天者亡。齐景公曰：‘既不能令，又不受命，是绝物也。’涕出而女于吴。今也小国师大国而耻受命焉，是犹弟子而耻受命于先师也。如耻之，莫若师文王。师文王，大国五年，小国七年，必为政于天下矣。《诗》云：‘商之孙子，其丽不亿。上帝既命，侯于周服。侯服于周，天命靡常。殷士肤敏，祼将于京。’孔子曰：‘仁不可为众也。夫国君好仁，天下无敌。’今也欲无敌于天下而不以仁，是犹执热而不以濯也。《诗》云：‘谁能执热，逝不以濯？’”

孟子曰：“不仁者可与言哉？安其危而利其菑，乐其所以亡者，不仁；而可与言，则何亡国败家之有！有孺子歌曰：‘沧浪之水清兮，可以濯我缨。沧浪之水浊兮，可以濯我足。’孔子曰：‘小子听之：清斯濯缨，浊斯濯足矣。自取之也。’夫人必自侮，然后人侮之；家必自毁，而后人毁之；国必自伐，而后人伐之。《太甲》曰：‘天作孽，犹可违。自作孽，不可活。’此之谓也。”

孟子曰：“桀纣之失天下也，失其民也。失其民者，失其心也。得天下有道：得其民，斯得天下矣。得其民有道：得其心，斯得民矣。得其心有道：所欲与之聚之，所恶勿施尔也。民之归仁也，犹水之就下、兽之走圹也。故为渊驱鱼者獭也，为丛驱爵者鹯也，为汤、武驱民者桀与纣也。今天下之君有好仁者，则诸侯皆为之驱矣，虽欲无王，不可得已。今之欲王者，犹七年之病求三年之艾也。苟为不畜，终身不得。苟不志于仁，终身忧辱，以陷于死亡。《诗》云：‘其何能淑？载胥及溺。’此之谓也。”

孟子曰：“自暴者，不可与有言也。自弃者，不可与有为也。言非礼义，谓之自暴也。‘吾身不能居仁由义’，谓之自弃也。仁，人之安宅也。义，人之正路也。旷安宅而弗居，舍正路而不由，哀哉！”

孟子曰：“道在迩而求诸远，事在易而求诸难。人人亲其亲、长其长而天下平。”

孟子曰：“居下位而不获于上，民不可得而治也。获于上有道：不信于友，弗获于上矣。信于友有道：事亲弗悦，弗信于友矣。悦亲有道：反身不诚，不悦于亲矣。诚身有道：不明乎善，不诚其身矣。是故诚者，天之道也；思诚者，人之道也。至诚而不动者，未之有也；不诚，未有能动者也。”

孟子曰：“伯夷辟纣，居北海之滨，闻文王作，兴曰：‘盍归乎来！吾闻西伯善养老者。’太公辟纣，居东海之滨，闻文王作，兴曰：‘盍归乎来！吾闻西伯善养老者。’二老者，天下之大老也，而归之，是天下之父归之也。天下之父归之，其子焉往？诸侯有行文王之政者，七年之内，必为政于天下矣。”

孟子曰：“求也为季氏宰，无能改于其德，而赋粟倍他日。孔子曰：‘求非我徒也，小子鸣鼓而攻之可也。’由此观之，君不行仁政而富之，皆弃于孔子者也。况于为之强战？争地以战，杀人盈野；争城以战，杀人盈城：此所谓率土地而食人肉，罪不容于死。故善战者服上刑，连诸侯者次之，辟草莱、任土地者次之。”

孟子曰：“存乎人者，莫良于眸子。眸子不能掩其恶。胸中正，则眸子瞭焉；胸中不正，则眸子眊焉。听其言也，观其眸子，人焉廋哉？”

孟子曰：“恭者不侮人，俭者不夺人。侮夺人之君，惟恐不顺焉，恶得为恭俭？恭俭岂可以声音笑貌为哉？”

淳于髡曰：“男女授受不亲，礼与？”孟子曰：“礼也。”曰：“嫂溺，则援之以手乎？”曰：“嫂溺不援，是豺狼也。男女授受不亲，礼也。嫂溺，援之以手者，权也。”曰：“今天下溺矣，夫子之不援，何也？”曰：“天下溺，援之以道。嫂溺，援之以手。子欲手援天下乎？”

公孙丑曰：“君子之不教子，何也？”孟子曰：“势不行也。教者必以正。以正不行，继之以怒。继之以怒，则反夷矣。‘夫子教我以正，夫子未出于正也。’则是父子相夷也。父子相夷，则恶矣。古者易子而教之，父子之间不责善。责善则离，离则不祥莫大焉。”

孟子曰：“事孰为大？事亲为大。守孰为大？守身为大。不失其身而能事其亲者，吾闻之矣。失其身而能事其亲者，吾未之闻也。孰不为事？事亲，事之本也。孰不为守？守身，守之本也。曾子养曾皙，必有酒肉。将彻，必请‘所与’。问：‘有余？’必曰：‘有。’曾皙死，曾元养曾子，必有酒肉。将彻，不请‘所与’。问：‘有余？’曰：‘亡矣。’将以复进也。此所谓养口体者也。若曾子，则可谓养志也。事亲若曾子者，可也。”

孟子曰：“人不足与適也，政不足间也。惟大人为能格君心之非。君仁，莫不仁。君义，莫不义。君正，莫不正。一正君而国定矣。”

孟子曰：“有不虞之誉，有求全之毁。”

孟子曰：“人之易其言也，无责耳矣。”

孟子曰：“人之患，在好为人师。”

乐正子从于子敖之齐。乐正子见孟子。孟子曰：“子亦来见我乎？”曰：“先生何为出此言也？”曰：“子来几日矣？”曰：“昔者。”曰：“‘昔者’，则我出此言也，不亦宜乎？”曰：“舍馆未定。”曰：“子闻之也：‘舍馆定，然后（求）〔来〕见长者’乎？”曰：“克有罪。”

孟子谓乐正子曰：“子之从于子敖来，徒铺啜也。我不意子学古之道，而以铺啜也！”

孟子曰：“不孝有三，无后为大。舜不告而娶，为无后也，君子以为犹告也。”

孟子曰：“仁之实，事亲是也。义之实，从兄是也。智之实，知斯二者弗去是也。礼之实，节文斯二者是也。乐之实，乐斯二者，乐则生矣。生则恶可已也？恶可已，则不知足之蹈之、手之舞之。”

孟子曰：“天下大悦而将归己，视天下悦而归己犹草芥也，惟舜为然。不得乎亲，不可以为人。不顺乎亲，不可以为子。舜尽事亲之道，而瞽瞍厎豫。瞽瞍厎豫，而天下化。瞽瞍厎豫，而天下之为父子者定。此之谓大孝。”

离娄下

孟子曰：“舜生于诸冯，迁于负夏，卒于鸣条，东夷之人也。文王生于岐周，卒于毕郢，西夷之人也。地之相去也千有余里，世之相后也千有余岁，得志行乎中国，若合符节。先圣后圣，其揆一也。”

子产听郑国之政，以其乘舆济人于溱、洧。孟子曰：“惠而不知为政。岁十一月徒杠成，十二月舆梁成，民未病涉也。君子平其政，行辟人可也，焉得人人而济之？故为政者每人而悦之，日亦不足矣。”

孟子告齐宣王曰：“君之视臣如手足，则臣视君如腹心。君之视臣如犬马，则臣视君如国人。君之视臣如土芥，则臣视君如寇仇。”王曰：“礼，为旧君有服。何如斯可为服矣？”曰：“谏行言听，膏泽下于民；有故而去，则君使人导之出疆，又先于其所往；去三年不反，然后收其田里。此之谓三有礼焉。如此，则为之服矣。今也为臣，谏则不行，言则不听，膏泽不下于民；有故而去，则君搏执之，又极之于其所往；去之日，遂收其田里。此之谓寇仇。寇仇何服之有？”

孟子曰：“无罪而杀士，则大夫可以去；无罪而戮民，则士可以徙。”

孟子曰：“君仁，莫不仁。君义，莫不义。”

孟子曰：“非礼之礼，非义之义，大人弗为。”

孟子曰："中也养不中，才也养不才，故人乐有贤父兄也。如中也弃不中，才也弃不才，则贤不肖之相去，其间不能以寸。"

孟子曰："人有不为也，而后可以有为。"

孟子曰："言人之不善，当如后患何！"

孟子曰："仲尼不为已甚者。"

孟子曰："大人者，言不必信，行不必果，惟义所在。"

孟子曰："大人者，不失其赤子之心者也。"

孟子曰："养生者不足以当大事，惟送死可以当大事。"

孟子曰："君子深造之以道，欲其自得之也。自得之，则居之安。居之安，则资之深。资之深，则取之左右逢其原。故君子欲其自得之也。"

孟子曰："博学而详说之，将以反说约也。"

孟子曰："以善服人者，未有能服人者也。以善养人，然后能服天下。天下不心服而王者，未之有也。"

孟子曰："言无实不祥。不祥之实，蔽贤者当之。"

徐子曰："仲尼亟称于水，曰：'水哉，水哉！'何取于水也？"孟子曰："原泉混混，不舍昼夜，盈科而后进，放乎四海。有本者如是，是之取尔。苟为无本，七、八月之间雨集，沟浍皆盈；其涸也可立而待也。故声闻过情，君子耻之。"

孟子曰："人之所以异于禽兽者几希，庶民去之，君子存之。舜明于庶物，察于人伦；由仁义行，非行仁义也。"

孟子曰："禹恶旨酒而好善言。汤执中，立贤无方。文王视民如伤，望道而未之见。武王不泄迩，不忘远。周公思兼三王，以施四事。其有不合者，仰而思之，夜以继日；幸而得之，坐以待旦。"

孟子曰："王者之迹熄而《诗》亡，《诗》亡然后《春秋》作。晋之《乘》，楚之《梼杌》，鲁之《春秋》，一也。'其事则齐桓、晋文，其文则史。'孔了曰：'其义则丘窃取之矣。'"

孟子曰："君子之泽，五世而斩。小人之泽，五世而斩。予未得为孔子徒也，予私淑诸人也。"

孟子曰："可以取，可以无取，取伤廉。可以与，可以无与，与伤惠。可以死，可以无死，死伤勇。"

逢蒙学射于羿，尽羿之道，思天下惟羿为愈己，于是杀羿。孟子曰："是亦羿有罪焉。"公明仪曰："宜若无罪焉。"曰："薄乎云尔，恶得无罪？郑人使子濯孺子侵卫，卫使庾公之斯追之。子濯孺子曰：'今日我疾作，不可以执弓。吾死矣夫？'问其仆曰：'追我者谁也？'其仆曰：'庾公之斯也。'曰：'吾生矣！'其仆曰：'庾公之斯，卫之善射者也。夫子曰吾生，何谓也？'曰：'庾公之斯学射于尹公之他，尹公之他学射于我。夫尹公之他，端人也，其取友必端矣。'庾公之斯至，曰：'夫子何为不执弓？'曰：'今日我疾作，不可以执弓。'曰：'小人学射于尹公之他，尹公之他学射于夫子。我不忍以夫子之道反害夫子。虽然，今日之事，君事也，我不敢废。'抽矢扣轮，去其金，发乘矢，而后反。"

孟子曰："西子蒙不洁，则人皆掩鼻而过之。虽有恶人，斋戒沐浴，则可以祀上帝。"

孟子曰："天下之言性也，则故而已矣。故者以利为本。所恶于智者，为其凿也。如智者若禹之行水也，则无恶于智矣。禹之行水也，行其所无事也。如智者亦行其所无事，则智亦大矣。天之高也，星辰之远也，苟求其故，千岁之日至可坐而致也。"

公行子有子之丧。右师往吊，入门，有进而与右师言者，有就右师之位而与右师言者。孟子不与右师言，右师不悦，曰："诸君子皆与驩言，孟子独不与驩言，是简驩也。"孟子闻之，曰："礼：朝廷不历位而相与言，不逾阶而相揖也。我欲行礼，子敖以我为简，不亦异乎？"

孟子曰："君子所以异于人者，以其存心也。君子以仁存心，以礼存心。仁者爱人，有礼者敬人。爱人者，人恒爱之。敬人者，人恒敬之。有人于此，其待我以横逆，则君子必自反也：'我必不仁也，必无礼也，此物奚宜至哉？'其自反而仁矣，自反而有礼矣，其横逆由是也，君子必自反也：'我必不忠。'自反而忠矣，其横逆由是也，君子曰：‘此亦妄人也已矣。如此，则与禽兽奚择哉？于禽兽又何难焉！’是故君子有终身之忧，无一朝之患也。乃若所忧则有之：舜，人也；我，亦人也。舜为法于天下，可传于后世，我由未免为乡人也，是则可忧也。忧之如何？如舜而已矣。若夫君子所患，则亡矣。非仁无为也，非礼无行也。如有一朝之患，则君子不患矣。”

“‘禹、稷当平世，三过其门而不入。’孔子贤之。‘颜子当乱世，居于陋巷，一箪食，一瓢饮；人不堪其忧，颜子不改其乐。’孔子贤之。”孟子曰：“禹、稷、颜回同道。禹思天下有溺者，由己溺之也。稷思天下有饥者，由己饥之也。是以如是其急也。禹、稷、颜子，易地则皆然。今有同室之人斗者，救之，虽被发缨冠而救之可也。乡邻有斗者，被发缨冠而往救之，则惑也，虽闭户可也。”

公都子曰：“匡章，通国皆称不孝焉。夫子与之游，又从而礼貌之，敢问何也？”孟子曰：“世俗所谓不孝者五：惰其四支，不顾父母之养，一不孝也。博弈好饮酒，不顾父母之养，二不孝也。好货财，私妻子，不顾父母之养，三不孝也。从耳目之欲，以为父母戮，四不孝也。好勇斗很，以危父母，五不孝也。章子有一于是乎？夫章子，子父责善而不相遇也。责善，朋友之道也。父子责善，贼恩之大者。夫章子岂不欲有夫妻子母之属哉？为得罪于父，不得近，出妻屏子，终身不养焉。其设心以为不若是，是则罪之大者。是则章子已矣。”

曾子居武城。有越寇。或曰：“寇至，盍去诸？”曰：“无寓人于我室，毁伤其薪木。寇退，则曰：‘修我墙屋，我将反。’”寇退，曾子反，左右曰：“待先生如此其忠且敬也，寇至则先去以为民望，寇退则反，殆于不可。”沈犹行曰：“是非汝所知也。昔沈犹有负刍之祸，从先生者七十人，未有与焉。”子思居于卫。有齐寇。或曰：“寇至，盍去诸？”子思曰：“如伋去，君谁与守？”孟子曰：“曾子、子思同道。曾子，师也，父兄也。子思，臣也，微也。曾子、子思易地则皆然。”

储子曰："王使人瞯夫子，果有以异于人乎？"孟子曰："何以异于人哉？尧、舜与人同耳。"

齐人有一妻一妾而处室者。其良人出，则必餍酒肉而后反。其妻问所与饮食者，则尽富贵也。其妻告其妾曰："良人出，则必餍酒肉而后反。问其与饮食者，尽富贵也，而未尝有显者来。吾将瞯良人之所之也。"蚤起，施从良人之所之，遍国中无与立谈者。卒之东郭墦间，之祭者乞其余；不足，又顾而之他：此其为餍足之道也。其妻归，告其妾曰："良人者，所仰望而终身也。今若此！"与其妾讪其良人，而相泣于中庭。而良人未之知也，施施从外来，骄其妻妾。由君子观之，则人之所以求富贵利达者，其妻妾不羞也而不相泣者，几希矣！

万章上

万章问曰："舜往于田，号泣于旻天。何为其号泣也？"孟子曰："怨慕也。"万章曰："父母爱之，喜而不忘。父母恶之，劳而不怨。然则舜怨乎？"曰："长息问于公明高曰：'舜往于田，则吾既得闻命矣。号泣于旻天、于父母，则吾不知也。'公明高曰：'是非尔所知也。'夫公明高以孝子之心为不若是恝。'我竭力耕田，共为子职而已矣。父母之不我爱，于我何哉？'帝使其子九男二女，百官牛羊仓廪备，以事舜于畎亩之中。天下之士多就之者，帝将胥天下而迁之焉。为不顺于父母，如穷人无所归。天下之士悦之，人之所欲也，而不足以解忧。好色，人之所欲；妻帝之二女，而不足以解忧。富，人之所欲；富有天下，而不足以解忧。贵，人之所欲；贵为天子，而不足以解忧。人悦之，好色，富，贵，无足以解忧者，惟顺于父母可以解忧。人少，则慕父母；知好色，则慕少艾；有妻子，则慕妻子；仕则慕君，不得于君则热中。大孝，终身慕父母。五十而慕者，予于大舜见之矣。"

万章问曰："《诗》云：'娶妻如之何？必告父母。'信斯言也，宜莫如舜。舜之不告而娶，何也？"孟子曰："告则不得娶。

男女居室，人之大伦也。如告，则废人之大伦以怼父母，是以不告也。”万章曰：“舜之不告而娶，则吾既得闻命矣。帝之妻舜而不告，何也？”曰：“帝亦知告焉则不得妻也。”万章曰：“父母使舜完廪，捐阶，瞽瞍焚廪。使浚井，出，从而掩之。象曰：‘谟盖都君咸我绩。牛羊，父母。仓廪，父母。干戈，朕。琴，朕。弤，朕。二嫂，使治朕栖。’象往入舜宫，舜在床琴。象曰：‘郁陶思君耳。’忸怩。舜曰：‘惟兹臣庶，汝其于予治。’不识舜不知象之将杀己与？”曰：“奚而不知也？象忧亦忧，象喜亦喜。”曰：“然则舜伪喜者与？”曰：“否。昔者有馈生鱼于郑子产，子产使校人畜之池。校人烹之，反命曰：‘始舍之，圉圉焉；少则洋洋焉，攸然而逝。’子产曰：‘得其所哉！得其所哉！’校人出，曰：‘孰谓子产智？予既烹而食之，曰：“得其所哉，得其所哉。”’故君子可欺以其方，难罔以非其道。彼以爱兄之道来，故诚信而喜之，奚伪焉？”

万章问曰：“象日以杀舜为事。立为天子，则放之，何也？”孟子曰：“封之也。或曰‘放焉’。”万章曰：“舜流共工于幽州，放驩兜于崇山，杀三苗于三危，殛鲧于羽山：四罪而天下咸服，诛不仁也。象至不仁，封之有庳。有庳之人奚罪焉？仁人固如是乎，在他人则诛之，在弟则封之？”曰：“仁人之于弟也，不藏怒焉，不宿怨焉，亲爱之而已矣。亲之欲其贵也，爱之欲其富也。封之有庳，富贵之也。身为天子，弟为匹夫，可谓亲爱之乎？”“敢问‘或曰放’者何谓也？”曰：“象不得有为于其国，天子使吏治其国而纳其贡税焉，故谓之‘放’。岂得暴彼民哉？虽然，欲常常而见之，故源源而来。‘不及贡，以政接于有庳。’此之谓也。”

咸丘蒙问曰：“语云：‘盛德之士，君不得而臣，父不得而子。’舜南面而立，尧帅诸侯北面而朝之，瞽瞍亦北面而朝之。舜见瞽瞍，其容有蹙。孔子曰：‘于斯时也，天下殆哉！岌岌乎！’不识此语诚然乎哉？”孟子曰：“否。此非君子之言，齐东野人之语也。尧老而舜摄也。《尧典》曰：‘二十有八载，放勋乃徂落。

百姓如丧考妣。三年，四海遏密八音。’孔子曰：‘天无二日，民无二王。’舜既为天子矣，又帅天下诸侯以为尧三年丧，是二天子矣。”咸丘蒙曰：“舜之不臣尧，则吾既得闻命矣。《诗》云：‘普天之下，莫非王土。率土之滨，莫非王臣。’而舜既为天子矣，敢问瞽瞍之非臣如何？”曰：“是诗也，非是之谓也。劳于王事，而不得养父母也。曰：‘此莫非王事，我独贤劳也。’故说《诗》者不以文害辞，不以辞害志；以意逆志，是为得之。如以辞而已矣，《云汉》之诗曰：‘周余黎民，靡有孑遗。’信斯言也，是周无遗民也。孝子之至，莫大乎尊亲。尊亲之至，莫大乎以天下养。为天子父，尊之至也。以天下养，养之至也。《诗》曰：‘永言孝思，孝思维则。’此之谓也。《书》曰：‘祗载见瞽瞍，夔夔齐栗，瞽瞍亦允若。’是为父不得而子也。”

万章曰：“尧以天下与舜，有诸？”孟子曰：“否。天子不能以天下与人。”“然则舜有天下也，孰与之？”曰：“天与之。”“天与之者，谆谆然命之乎？”曰：“否。天不言，以行与事示之而已矣。”曰：“以行与事示之者如之何？”曰：“天子能荐人于天，不能使天与之天下。诸侯能荐人于天子，不能使天子与之诸侯。大夫能荐人于诸侯，不能使诸侯与之大夫。昔者尧荐舜于天而天受之，暴之于民而民受之。故曰：‘天不言，以行与事示之而已矣。’”曰：“敢问荐之于天而天受之，暴之于民而民受之，如何？”曰：“使之主祭而百神享之，是天受之。使之主事而事治，百姓安之，是民受之也。天与之，人与之，故曰：‘天子不能以天下与人。’舜相尧，二十有八载，非人之所能为也，天也。尧崩，三年之丧毕，舜避尧之子于南河之南。天下诸侯朝觐者，不之尧之子而之舜；讼狱者，不之尧之子而之舜；讴歌者，不讴歌尧之子而讴歌舜。故曰：‘天也。’夫然后之中国，践天子位焉。而居尧之宫，逼尧之子，是篡也，非天与也。《泰誓》曰：‘天视自我民视，天听自我民听。’此之谓也。”

万章问曰：“人有言‘至于禹而德衰，不传于贤而传于子’，有诸？”孟子曰：“否，不然也。天与贤，则与贤；天与子，则与子。昔者舜荐禹于天。十有七年，舜崩。三年之丧毕，禹避舜之子于阳城，天下之民从之，若尧崩之后不从尧之子而从舜也。禹荐益于天。七年，禹崩。三年之丧毕，益避禹之子于箕山之阴。朝觐讼狱者不之益而之启，曰：‘吾君之子也。’讴歌者不讴歌益而讴歌启，曰：‘吾君之子也。’丹朱之不肖，舜之子亦不肖。舜之相尧、禹之相舜也，历年多，施泽于民久。启贤，能敬承继禹之道。益之相禹也，历年少，施泽于民未久。舜、禹、益相去久远，其子之贤不肖，皆天也，非人之所能为也。莫之为而为者，天也。莫之致而至者，命也。匹夫而有天下者，德必若舜、禹而又有天子荐之者，故仲尼不有天下。继世而有天下，天之所废，必若桀、纣者也，故益、伊尹、周公不有天下。伊尹相汤以王于天下。汤崩，太丁未立，外丙二年，仲壬四年。太甲颠覆汤之典刑，伊尹放之于桐三年。太甲悔过，自怨自艾，于桐处仁迁义三年，以听伊尹之训己也，复归于亳。周公之不有天下，犹益之于夏，伊尹之于殷也。孔子曰：‘唐、虞禅，夏后、殷、周继，其义一也。’”

万章问曰：“人有言‘伊尹以割烹要汤’，有诸？”孟子曰：“否，不然。伊尹耕于有莘之野，而乐尧、舜之道焉。非其义也，非其道也，禄之以天下弗顾也，系马千驷弗视也。非其义也，非其道也，一介不以与人，一介不以取诸人。汤使人以币聘之。嚣嚣然曰：‘我何以汤之聘币为哉？我岂若处畎亩之中，由是以乐尧、舜之道哉？’汤三使往聘之。既而幡然改曰：‘与我处畎亩之中，由是以乐尧、舜之道，吾岂若使是君为尧、舜之君哉？吾岂若使是民为尧、舜之民哉？吾岂若于吾身亲见之哉？天之生此民也，使先知觉后知，使先觉觉后觉也。予，天民之先觉者也。予将以斯道觉斯民也，非予觉之而谁也？’思天下之民，匹夫匹妇有不被尧、舜之泽者，若己推而内之沟中，其自任以天下之重如此，故就汤而说之以伐夏救民。吾未闻枉己而正人者也，况辱己以正天下者乎？圣人之行不同也，或远或近，或去或不去，归洁其身而已矣。吾闻其以尧、舜之道要汤，未闻以割烹也。《伊训》曰：

‘天诛造攻自牧宫，朕载自亳。’”

万章问曰：“或谓孔子于卫主痈疽，于齐主侍人瘠环，有诸乎？”孟子曰：“否，不然也。好事者为之也。于卫主颜雠由。弥子之妻与子路之妻，兄弟也。弥子谓子路曰：‘孔子主我，卫卿可得也。’子路以告。孔子曰：‘有命。’孔子进以礼，退以义，得之不得曰‘有命’。而主痈疽与侍人瘠环，是无义无命也。孔子不悦于鲁、卫。遭宋桓司马，将要而杀之。微服而过宋。是时孔子当厄，主司城贞子，为陈侯周臣。吾闻观近臣以其所为主；观远臣，以其所主。若孔子主痈疽与侍人瘠环，何以为孔子？”

万章问曰：“或曰：‘百里奚自鬻于秦养牲者，五羊之皮。食牛，以要秦缪公。’信乎？”孟子曰：“否，不然。好事者为之也。百里奚，虞人也。晋人以垂棘之璧与屈产之乘，假道于虞以伐虢。宫之奇谏。百里奚不谏，知虞公之不可谏而去。之秦，年已七十矣，曾不知以食牛干秦缪公之为污也，可谓智乎？不可谏而不谏，可谓不智乎？知虞公之将亡而先去之，不可谓不智也。时举于秦，知缪公之可与有行也而相之，可谓不智乎？相秦而显其君于天下，可传于后世，不贤而能之乎？自鬻以成其君，乡党自好者不为，而谓贤者为之乎？”

万章下

孟子曰：“伯夷目不视恶色，耳不听恶声；非其君不事，非其民不使；治则进，乱则退。横政之所出，横民之所止，不忍居也。思与乡人处，如以朝衣朝冠坐于涂炭也。当纣之时，居北海之滨，以待天下之清也。故闻伯夷之风者，顽夫廉，懦夫有立志。伊尹曰：‘何事非君？何使非民？’治亦进，乱亦进，曰：‘天之生斯民也，使先知觉后知，使先觉觉后觉。予，天民之先觉者也。予将以此道觉此民也。’思天下之民，匹夫匹妇有不与被尧、舜之泽者，如己推而内之沟中，其自任以天下之重也。柳下惠不羞污君，不辞小官；进不隐贤，必以其道，遗佚而不怨，厄穷而不悯。与乡人处，由由然不忍去也：‘尔为尔，我为我，虽袒裼裸裎于我侧，尔焉能浼我哉？’故闻柳下惠之风者，鄙夫宽，薄夫敦。孔子之去齐，接淅而行。去鲁，曰：‘迟迟吾行也，去父母国之道也。’可以速而速，可以久而久，可以处而处，可以仕而仕：孔子也。”孟子曰：“伯夷，圣之清者也。伊尹，圣之任者也。柳下惠，圣之和者也。孔子，圣之时者也。孔子之谓集大成。集大成也者，金声而玉振之也。金声也者，始条理也。玉振之也者，终条理也。始条理者，智之事也。终条理者，圣之事也。智，譬则巧也。圣，譬则力也。由射于百步之外也，其至，尔力也；其中，非尔力也。”

北宫锜问曰：“周室班爵禄也，如之何？”孟子曰：“其详不可得闻也。诸侯恶其害己也，而皆去其籍。然而轲也尝闻其略也。天子一位，公一位，侯一位，伯一位，子、男同一位，凡五等也。君一位，卿一位，大夫一位，上士一位，中士一位，下士一位，凡六等。天子之制，地方千里，公侯皆方百里，伯七十里，子、男五十里，凡四等。不能五十里，不达于天子，附于诸侯，曰附庸。天子之卿，受地视侯，大夫受地视伯，元士受地视子、男。大国地方百里，君十卿禄，卿禄四大夫，大夫倍上士，上士倍中士，中士倍下士，下士与庶人在官者同禄，禄足以代其耕也。次国地方七十里，君十卿禄，卿禄三大夫，大夫倍上士，上士倍中士，中士倍下士，下士与庶人在官者同禄，禄足以代其耕也。小国地方五十里，君十卿禄，卿禄二大夫，大夫倍上士，上士倍中士，中士倍下士，下士与庶人在官者同禄，禄足以代其耕也。耕者之所获，一夫百亩，百亩之粪，上农夫食九人，上次食八人，中食七人，中次食六人，下食五人。庶人在官者，其禄以是为差。”

万章问曰：“敢问友。”孟子曰：“不挟长，不挟贵，不挟兄弟而友。友也者，友其德也，不可以有挟也。孟献子，百乘之家也，有友五人焉：乐正裘，牧仲，其三人则予忘之矣。献子之与此五人者友也，无献子之家者也。此五人者，亦有献子之家则不与之友矣。非惟百乘之家为然也，虽小国之君亦有之。费惠公曰：‘吾于子思，则师之矣。吾于颜般，则友之矣。王顺、长息，则事我者也。’非惟小国之君为然也，虽大国之君亦有之。晋平公之于亥唐也，入云则入，坐云则坐，食云则食。虽疏食菜羹，未尝不饱，盖不敢不饱也。然终于此而已矣，弗与共天位也，弗与治天职也，弗与食天禄也。士之尊贤者也，非王公之尊贤也。舜尚见帝。帝馆甥于贰室，亦飨舜，迭为宾主，是天子而友匹夫也。用下敬上，谓之贵贵。用上敬下，谓之尊贤。贵贵、尊贤，其义一也。”

万章曰：“敢问交际何心也？”孟子曰：“恭也。”曰：“‘却之却之为不恭’，何哉？”曰：“尊者赐之，曰：‘其所取之者，义乎？不义乎？’而后受之，以是为不恭，故弗却也。”曰：“请无以辞却之，以心却之，曰：‘其取诸民之不义也。’而以他辞无受，不可乎？”曰：“其交也以道，其接也以礼，斯孔子受之矣。”万章曰：“今有御人于国门之外者，其交也以道，其馈也以礼，斯可受御与？”曰：“不可。《康诰》曰：‘杀越人于货，闵不畏死，凡民罔不譈。’是不待教而诛者也。殷受夏，周受殷，所不辞也。于今为烈，如之何其受之？”曰：“今之诸侯取之于民也，犹御也。苟善其礼际矣，斯君子受之。敢问何说也？”曰：“子以为有王者作，将比今之诸侯而诛之乎？其教之不改而后诛之乎？夫谓非其有而取之者盗也，充类至义之尽也。孔子之仕于鲁也，鲁人猎较，孔子亦猎较；猎较犹可，而况受其赐乎？”曰：“然则孔子之仕也，非事道与？”曰：“事道也。”“事道奚猎较也？”曰：“孔子先簿正祭器，不以四方之食供簿正。”曰：“奚不去也？”曰：“为之兆也。兆足以行矣，而不行，而后去，是以未尝有所终三年淹也。孔子有见行可之仕，有际可之仕，有公养之仕。于季桓子，见行可之仕也。于卫灵公，际可之仕也。于卫孝公，公养之仕也。”

孟子曰：“仕非为贫也，而有时乎为贫。娶妻非为养也，而有时乎为养。为贫者，辞尊居卑，辞富居贫。辞尊居卑，辞富居贫，恶乎宜乎？抱关击柝。孔子尝为委吏矣，曰：‘会计当而已矣。’尝为乘田矣，曰：‘牛羊茁壮长而已矣。’位卑而言高，罪也。立乎人之本朝而道不行，耻也。”

万章曰：“士之不托诸侯，何也？”孟子曰：“不敢也。诸侯失国而后托于诸侯，礼也。士之托于诸侯，非礼也。”万章曰：“君馈之粟，则受之乎？”曰：“受之。”“受之何义也？”曰：“君之于氓也，固周之。”曰：“周之则受，赐之则不受，何也？”曰：“不敢也。”曰：“敢问其不敢何也？”曰：“抱关击柝者，皆有常职以食于上。无常职而赐于上者，以为不恭也。”曰：“君馈之，则受之，不识可常继乎？”曰：“缪公之于子思也，亟问，亟馈鼎肉。子思不悦，于卒也摽使者出诸大门之外，北面稽首再拜而不受，曰：‘今而后知君之犬马畜伋！’盖自是台无馈也。悦贤不能举，又不能养也，可谓悦贤乎？”曰：“敢问国君欲养君子，如何斯可谓养矣？”曰：“以君命将之，再拜稽首而受。其后廪人继粟，庖人继肉，不以君命将之。子思以为鼎肉使己仆仆尔亟拜也，非养君子之道也。尧之于舜也，使其子九男事之，二女女焉，百官牛羊仓廪备，以养舜于畎亩之中，后举而加诸上位，故曰王公之尊贤者也。”

万章曰：“敢问不见诸侯，何义也？”孟子曰：“在国曰市井之臣，在野曰草莽之臣，皆谓庶人。庶人不传质为臣，不敢见于诸侯，礼也。”万章曰：“庶人，召之役，则往役；君欲见之，召之，则不往见之。何也？”曰：“往役，义也。往见，不义也。且君之欲见之也，何为也哉？”曰：“为其多闻也，为其贤也。”曰：“为其多闻也，则天子不召师，而况诸侯乎？为其贤也，则吾未闻欲见贤而召之也。缪公亟见于子思，曰：‘古千乘之国以友士，何如？’子思不悦，曰：‘古之人有言，曰事之云乎？岂曰友之云乎？’子思之不悦也，岂不曰：‘以位，则子君也，我臣也，何敢与君友也？以德，则子事我者也，奚可以与我友？’千乘之君，求与之友而不可得也，而况可召与？齐景公田，招虞人以旌，不至，将杀之。‘志士不忘在沟壑，勇士不忘丧其元。’孔子奚取焉？取非其招不往也。”曰：“敢问招虞人何以？”曰：“以皮冠。庶人以旃，士以旂，大夫以旌。以大夫之招招虞人，虞人死不敢往。以士之招招庶人，庶人岂敢往哉？况乎以不贤人之招招贤人乎？欲见贤人而不以其道，犹欲其入而闭之门也。夫义，路也；礼，门也。惟君子能由是路，出入是门也。《诗》云：‘周道如底，其直如矢。君子所履，小人所视。’”万章曰：“孔子‘君命召，不俟驾而行’。然则孔子非与？”曰：“孔子当仕有官职，而以其官召之也。”

孟子谓万章曰：“一乡之善士，斯友一乡之善士。一国之善士，斯友一国之善士。天下之善士，斯友天下之善士。以友天下之善士为未足，又尚论古之人。颂其诗，读其书，不知其人可乎？是以论其世也。是尚友也。”

齐宣王问卿。孟子曰：“王何卿之问也？”王曰：“卿不同乎？”曰：“不同。有贵戚之卿，有异姓之卿。”王曰：“请问贵戚之卿。”曰：“君有大过则谏，反覆之而不听，则易位。”王勃然变乎色。曰：“王勿异也。王问臣，臣不敢不以正对。”王色定，然后请问异姓之卿。曰：“君有过则谏，反覆之而不听，则去。”

告子上

告子曰：“性，犹杞柳也。义，犹桮棬也。以人性为仁义，犹以杞柳为桮棬。”孟子曰：“子能顺杞柳之性而以为桮棬乎？将戕贼杞柳，而后以为桮棬也。如将戕贼杞柳而以为桮棬，则亦将戕贼人以为仁义与？率天下之人而祸仁义者，必子之言夫！”

告子曰：“性犹湍水也，决诸东方则东流，决诸西方则西流。人性之无分于善不善也，犹水之无分于东西也。”孟子曰：“水信无分于东西，无分于上下乎？人性之善也，犹水之就下也。人无有不善，水无有不下。今夫水，搏而跃之，可使过颡；激而行之，可使在山。是岂水之性哉？其势则然也。人之可使为不善，其性亦犹是也。”

告子曰："生之谓性。"孟子曰："生之谓性也，犹白之谓白与？"曰："然。""白羽之白也，犹白雪之白；白雪之白，犹白玉之白与？"曰："然。""然则犬之性犹牛之性，牛之性犹人之性与？"

告子曰："食、色，性也。仁，内也，非外也。义，外也，非内也。"孟子曰："何以谓仁内义外也？"曰："彼长而我长之，非有长于我也。犹彼白而我白之，从其白于外也，故谓之外也。"曰："异于白马之白也，无以异于白人之白也。不识长马之长也，无以异于长人之长与？且谓长者义乎？长之者义乎？"曰："吾弟则爱之，秦人之弟则不爱也。是以我为悦者也，故谓之内。长楚人之长，亦长吾之长，是以长为悦者也，故谓之外也。"曰："耆秦人之炙，无以异于耆吾炙。夫物则亦有然者也，然则耆炙亦有外与？"

孟季子问公都子曰："何以谓义内也？"曰："行吾敬，故谓之内也。""乡人长于伯兄一岁，则谁敬？"曰："敬兄。""酌则谁先？"曰："先酌乡人。""所敬在此，所长在彼，果在外，非由内也。"公都子不能答，以告孟子。孟子曰："敬叔父乎？敬弟乎？彼将曰：'敬叔父。'曰：'弟为尸，则谁敬？'彼将曰：'敬弟。'子曰：'恶在其敬叔父也？'彼将曰：'在位故也。'子亦曰：'在位故也。'庸敬在兄，斯须之敬在乡人。"季子闻之，曰："敬叔父则敬，敬弟则敬，果在外，非由内也。"公都子曰："冬日则饮汤，夏日则饮水，然则饮食亦在外也？"

公都子曰："告子曰：'性无善无不善也。'或曰：'性可以为善，可以为不善。是故文、武兴则民好善，幽、厉兴则民好暴。'或曰：'有性善，有性不善。是故以尧为君而有象，以瞽瞍为父而有舜，以纣为兄之子且以为君，而有微子启、王子比干。'今曰'性善'，然则彼皆非与？"孟子曰："乃若其情，则可以为善矣，乃所谓善也。若夫为不善，非才之罪也。恻隐之心，人皆有之。羞恶之心，人皆有之。恭敬之心，人皆有之。是非之心，人皆有之。恻隐之心，仁也。羞恶之心，义也。恭敬之心，礼也。是非之心，智也。仁、义、礼、智，非由外铄我也，我固有之也，弗思耳矣。故曰：求则得之，舍则失之。或相倍蓰而无算者，不能尽其才者也。《诗》曰：‘天生蒸民，有物有则。民之秉彝，好是懿德。’孔子曰：‘为此诗者，其知道乎！故有物必有则，民之秉彝也，故好是懿德。’”

孟子曰：“富岁子弟多赖，凶岁子弟多暴。非天之降才尔殊也，其所以陷溺其心者然也。今夫麰麦，播种而耰之，其地同，树之时又同，浡然而生，至于日至之时，皆熟矣。虽有不同，则地有肥硗，雨露之养、人事之不齐也。故凡同类者，举相似也，何独至于人而疑之？圣人与我同类者。故龙子曰：‘不知足而为屦，我知其不为蒉也。’屦之相似，天下之足同也。口之于味，有同耆也。易牙，先得我口之所耆者也。如使口之于味也，其性与人殊，若犬、马之与我不同类也，则天下何耆皆从易牙之于味也？至于味，天下期于易牙，是天下之口相似也。惟耳亦然。至于声，天下期于师旷，是天下之耳相似也。惟目亦然。至于子都，天下莫不知其姣也。不知子都之姣者，无目者也。故曰：口之于味也，有同耆焉；耳之于声也，有同听焉；目之于色也，有同美焉。至于心，独无所同然乎？心之所同然者何也？谓理也，义也，圣人先得我心之所同然耳。故理、义之悦我心，犹刍豢之悦我口。”

孟子曰：“牛山之木尝美矣。以其郊于大国也，斧斤伐之，可以为美乎？是其日夜之所息，雨露之所润，非无萌蘖之生焉，牛羊又从而牧之，是以若彼濯濯也。人见其濯濯也，以为未尝有材焉，此岂山之性也哉？虽存乎人者，岂无仁义之心哉？其所以放其良心者，亦犹斧斤之于木也，旦旦而伐之，可以为美乎？其日夜之所息，平旦之气，其好恶与人相近也者几希，则其旦昼之所为，有梏亡之矣。梏之反复，则其夜气不足以存。夜气不足以存，则其违禽兽不远矣。人见其禽兽也，而以为未尝有才焉者，是岂人之情也哉？故苟得其养，无物不长；苟失其养，无物不消。孔子曰：‘操则存，舍则亡；出入无时，莫知其乡。’惟心之谓与！”

孟子曰：“无或乎王之不智也。虽有天下易生之物也，一日暴之，十日寒之，未有能生者也。吾见亦罕矣，吾退而寒之者至矣，吾如有萌焉何哉？今夫弈之为数，小数也。不专心致志，则不得也。弈秋，通国之善弈者也。使弈秋诲二人弈。其一人专心致志，惟弈秋之为听。一人虽听之，一心以为有鸿鹄将至，思援弓缴而射之。虽与之俱学，弗若之矣。为是其智弗若与？曰：非然也。”

孟子曰：“鱼，我所欲也。熊掌，亦我所欲也。二者不可得兼，舍鱼而取熊掌者也。生，亦我所欲也。义，亦我所欲也。二者不可得兼，舍生而取义者也。生亦我所欲，所欲有甚于生者，故不为苟得也。死亦我所恶，所恶有甚于死者，故患有所不辟也。如使人之所欲莫甚于生，则凡可以得生者，何不用也？使人之所恶莫甚于死者，则凡可以辟患者，何不为也？由是则生，而有不用也。由是则可以辟患，而有不为也。是故所欲有甚于生者，所恶有甚于死者。非独贤者有是心也，人皆有之，贤者能勿丧耳。一箪食，一豆羹，得之则生，弗得则死。嘑尔而与之，行道之人弗受；蹴尔而与之，乞人不屑也。万钟则不辨礼义而受之，万钟于我何加焉？为宫室之美、妻妾之奉、所识穷乏者得我与？乡为身死而不受，今为宫室之美为之；乡为身死而不受，今为妻妾之奉为之；乡为身死而不受，今为所识穷乏者得我而为之，是亦不可以已乎！此之谓失其本心。”

孟子曰：“仁，人心也。义，人路也。舍其路而弗由，放其心而不知求，哀哉！人有鸡犬放，则知求之；有放心而不知求。学问之道无他，求其放心而已矣。”

孟子曰：“今有无名之指，屈而不信，非疾痛害事也。如有能信之者，则不远秦、楚之路，为指之不若人也。指不若人，则知恶之；心不若人，则不知恶：此之谓不知类也。”

孟子曰：“拱把之桐、梓，人苟欲生之，皆知所以养之者。至于身，而不知所以养之者。岂爱身不若桐、梓哉？弗思甚也！”

孟子曰：“人之于身也，兼所爱。兼所爱，则兼所养也。无尺寸之肤不爱焉，则无尺寸之肤不养也。所以考其善不善者，岂有他哉？于己取之而已矣。体有贵贱，有小大。无以小害大。无以贱害贵。养其小者为小人，养其大者为大人。今有场师，舍其梧、槚，养其樲棘，则为贱场师焉。养其一指，而失其肩背而不知也，则为狼疾人也。饮食之人，则人贱之矣，为其养小以失大也。饮食之人无有失也，则口腹岂适为尺寸之肤哉？”

公都子问曰：“钧是人也，或为大人，或为小人，何也？”孟子曰：“从其大体，为大人。从其小体，为小人。”曰：“钧是人也，或从其大体，或从其小体，何也？”曰：“耳目之官，不思而蔽于物，物交物，则引之而已矣。心之官则思，思则得之，不思则不得也。(此)〔比〕天之所与我者，先立乎其大者，则其小者不能夺也。此为大人而已矣。”

孟子曰：“有天爵者，有人爵者。仁、义、忠、信，乐善不倦，此天爵也。公卿大夫，此人爵也。古之人修其天爵，而人爵从之。今之人修其天爵，以要人爵；既得人爵而弃其天爵：则惑之甚者也，终亦必亡而已矣。”

孟子曰：“欲贵者，人之同心也。人人有贵于已者，弗思耳矣。人之所贵者，非良贵也。赵孟之所贵，赵孟能贱之。《诗》云：‘既醉以酒，既饱以德。’言饱乎仁义也，所以不愿人之膏粱之味也。令闻广誉施于身，所以不愿人之文绣也。”

孟子曰：“仁之胜不仁也，犹水之胜火。今之为仁者，犹以一杯水救一车薪之火也；不熄，则谓之水不胜火：此又与于不仁之甚者也，亦终必亡而已矣！”

孟子曰：“五谷者，种之美者也。苟为不熟，不如荑稗。夫仁，亦在乎熟之而已矣。”

孟子曰：“羿之教人射，必志于彀；学者亦必志于彀。大匠诲人，必以规矩；学者亦必以规矩。”

告子下

任人有问屋庐子曰：“礼与食孰重？”曰：“礼重。”“色与礼孰重？”曰：“礼重。”曰：“以礼食，则饥而死；不以礼食，则得食，——必以礼乎？亲迎，则不得妻；不亲迎，则得妻，——必亲迎乎？”屋庐子不能对，明日之邹，以告孟子。孟子曰：“於答是也何有？不揣其本而齐其末，方寸之木可使高于岑楼。金重于羽者，岂谓一钩金与一舆羽之谓哉？取食之重者与礼之轻者而比之，奚翅食重？取色之重者与礼之轻者而比之，奚翅色重？”往应之曰：“紾兄之臂而夺之食，则得食；不紾则不得食，——则将紾之乎？逾东家墙而搂其处子，则得妻；不搂则不得妻，——则将搂之乎？”

曹交问曰：“‘人皆可以为尧、舜’，有诸？”孟子曰：“然。”“交闻文王十尺，汤九尺。今交九尺四寸以长，食粟而已，如何则可？”曰：“奚有于是？亦为之而已矣。有人于此，力不能胜一匹雏，则为无力人矣。今曰举百钧，则为有力人矣。然则举乌获之任，是亦为乌获而已矣。夫人岂以不胜为患哉？弗为耳。徐行后长者谓之弟，疾行先长者谓之不弟。夫徐行者，岂人所不能哉？所不为也。尧、舜之道，孝弟而已矣。子服尧之服，诵尧之言，行尧之行，是尧而已矣。子服桀之服，诵桀之言，行桀之行，是桀而已矣。”曰：“交得见于邹君，可以假馆，愿留而受业于门。”曰：“夫道，若大路然，岂难知哉？人病不求耳。子归而求之，有余师。”

公孙丑问曰：“高子曰：‘《小弁》，小人之诗也。’”孟子曰：“何以言之？”曰：“怨。”曰：“固哉，高叟之为《诗》也！有人于此，越人关弓而射之，则己谈笑而道之；无他，疏之也。其兄关弓而射之，则己垂涕泣而道之；无他，戚之也。《小弁》之怨，亲亲也。亲亲，仁也。固矣夫，高叟之为《诗》也！”曰：“《凯风》何以不怨？”曰：“《凯风》，亲之过小者也。《小弁》，亲之过大者也。亲之过大而不怨，是愈疏也。亲之过小而怨，是不可矶也。愈疏，不孝也。不可矶，亦不孝也。孔子曰：‘舜其至孝矣！五十而慕。’”

宋牼将之楚。孟子遇于石丘，曰：“先生将何之？”曰：“吾闻秦、楚构兵，我将见楚王说而罢之；楚王不悦，我将见秦王说而罢之。二王我将有所遇焉。”曰：“轲也请无问其详，愿闻其指。说之将何如？”曰：“我将言其不利也。”曰：“先生之志则大矣，先生之号则不可。先生以利说秦、楚之王，秦、楚之王悦于利，以罢三军之师，是三军之士乐罢而悦于利也。为人臣者，怀利以事其君；为人子者，怀利以事其父；为人弟者，怀利以事其兄：是君臣、父子、兄弟终去仁义，怀利以相接；然而不亡者，未之有也。先生以仁义说秦、楚之王，秦、楚之王悦于仁义而罢三军之师，是三军之士乐罢而悦于仁义也。为人臣者，怀仁义以事其君；为人子者，怀仁义以事其父；为人弟者，怀仁义以事其兄：是君臣、父子、兄弟去利，怀仁义以相接也；然而不王者，未之有也。何必曰利？”

孟子居邹。季任为任处守，以币交，受之而不报。处于平陆，储子为相，以币交，受之而不报。他日由邹之任，见季子；由平陆之齐，不见储子。屋庐子喜曰：“连得间矣。”问曰：“夫子之任见季子，之齐不见储子，为其为相与？”曰：“非也。《书》曰：‘享多仪，仪不及物，曰不享，惟不役志于享。’为其不成享也。”屋庐子悦。或问之，屋庐子曰：“季子不得之邹，储子得之平陆。”

淳于髡曰：“先名实者，为人也。后名实者，自为也。夫子在三卿之中，名实未加于上下而去之，仁者固如此乎？”孟子曰：“居下位，不以贤事不肖者，伯夷也。五就汤，五就桀者，伊尹也。不恶污君，不辞小官者，柳下惠也。三子者不同道，其趋一也。一者何也？曰：仁也。君子亦仁而已矣。何必同？”曰：“鲁缪公之时，公仪子为政，子柳、子思为臣，鲁之削也滋甚。若是乎贤者之无益于国也！”曰：“虞不用百里奚而亡，秦缪公用之而霸。不用贤则亡，削何可得与？”曰：“昔者王豹处于淇，而河西善讴。绵驹处于高唐，而齐右善歌。华周、杞梁之妻善哭其夫，而变国俗。有诸内必形诸外。为其事而无其功者，髡未尝睹之也。是故无贤者也，有则髡必识之。”曰：“孔子为鲁司寇，不用；从而祭，燔肉不至；不税冕而行。不知者以为为肉也，其知者以为为无礼也。乃孔子则欲以微罪行，不欲为苟去。君子之所为，众人固不识也。”

孟子曰：“五霸者，三王之罪人也。今之诸侯，五霸之罪人也。今之大夫，今之诸侯之罪人也。天子适诸侯，曰巡狩。诸侯朝于天子，曰述职。春省耕而补不足，秋省敛而助不给。入其疆，土地辟，田野治，养老尊贤，俊杰在位，则有庆，庆以地。入其疆，土地荒芜，遗老失贤，掊克在位，则有让。一不朝则贬其爵，再不朝则削其地，三不朝则六师移之。是故天子讨而不伐，诸侯伐而不讨。五霸者，搂诸侯以伐诸侯者也。故曰：五霸者，三王之罪人也。五霸桓公为盛。葵丘之会诸侯，束牲载书而不歃血。初命曰：‘诛不孝，无易树子，无以妾为妻。’再命曰：‘尊贤育才，以彰有德。’三命曰：‘敬老慈幼，无忘宾旅。’四命曰：‘士无世官，官事无摄，取士必得，无专杀大夫。’五命曰：‘无曲防，无遏籴，无有封而不告。’曰：‘凡我同盟之人，既盟之后，言归于好。’今之诸侯皆犯此五禁，故曰：今之诸侯，五霸之罪人也。长君之恶，其罪小。逢君之恶，其罪大。今之大夫，皆逢君之恶，故曰：今之大夫，今之诸侯之罪人也。”

鲁欲使慎子为将军。孟子曰：“不教民而用之，谓之殃民。殃民者，不容于尧、舜之世。一战胜齐，遂有南阳，然且不可。”慎子勃然不悦，曰：“此则滑釐所不识也。”曰：“吾明告子：天子之地方千里；不千里，不足以待诸侯。诸侯之地方百里；不百里，不足以守宗庙之典籍。周公之封于鲁，为方百里也；地非不足，而俭于百里。太公之封于齐也，亦为方百里也；地非不足也，而俭于百里。今鲁方百里者五，子以为有王者作，则鲁在所损乎？在所益乎？徒取诸彼以与此，然且仁者不为，况于杀人以求之乎？君子之事君也，务引其君以当道，志于仁而已。”

孟子曰：“今之事君者皆曰：‘我能为君辟土地，充府库。’今之所谓良臣，古之所谓民贼也。君不乡道，不志于仁，而求富之，是富桀也。‘我能为君约与国，战必克。’今之所谓良臣，古之所谓民贼也。君不乡道，不志于仁，而求为之强战，是辅桀也。由今之道，无变今之俗，虽与之天下，不能一朝居也。”

白圭曰：“吾欲二十而取一，何如？”孟子曰：“子之道，貉道也。万室之国，一人陶，则可乎？”曰：“不可。器不足用也。”曰：“夫貉，五谷不生，惟黍生之。无城郭宫室、宗庙祭祀之礼，无诸侯币帛饔飧，无百官有司，故二十取一而足也。今居中国，去人伦，无君子，如之何其可也？陶以寡，且不可以为国，况无君子乎？欲轻之于尧、舜之道者，大貉小貉也。欲重之于尧、舜之道者，大桀、小桀也。”

白圭曰：“丹之治水也，愈于禹。”孟子曰：“子过矣。禹之治水，水之道也，是故禹以四海为壑。今吾子以邻国为壑。水逆行，谓之洚水。洚水者，洪水也，仁人之所恶也。吾子过矣。”

孟子曰：“君子不亮，恶乎执？”

鲁欲使乐正子为政。孟子曰：“吾闻之，喜而不寐。”公孙丑曰：“乐正子强乎？”曰：“否。”“有知虑乎？”曰：“否。”“多闻识乎？”曰：“否。”“然则奚为喜而不寐？”曰：“其为人也好善。”“好善足乎？”曰：“好善优于天下，而况鲁国乎？夫苟好善，则四海之内，皆将轻千里而来告之以善。夫苟不好善，则人将曰：‘訑訑，予既已知之矣。’訑訑之声音颜色，距人于千里之外。士止于千里之外，则谗谄面谀之人至矣。与谗谄面谀之人居，国欲治，可得乎？”

陈子曰：“古之君子何如则仕？”孟子曰：“所就三，所去三。迎之致敬以有礼，言将行其言也，则就之；礼貌未衰，言弗行也，则去之。其次，虽未行其言也，迎之致敬以有礼，则就之；礼貌衰，则去之。其下，朝不食，夕不食，饥饿不能出门户；君闻之，曰：‘吾大者不能行其道，又不能从其言也，使饥饿于我土地，吾耻之。’周之。亦可受也，免死而已矣。”

孟子曰：“舜发于畎亩之中，傅说举于版筑之间，胶鬲举于鱼盐之中，管夷吾举于士，孙叔敖举于海，百里奚举于市。故天将降大任于是人也，必先苦其心志，劳其筋骨，饿其体肤，空乏其身行，拂乱其所为，所以动心忍性，曾益其所不能。人恒过，然后能改。困于心，衡于虑，而后作。征于色，发于声，而后喻。

入则无法家拂士，出则无敌国外患者，国恒亡。然后知生于忧患，而死于安乐也。”

孟子曰：“教亦多术矣。予不屑之教诲也者，是亦教诲之而已矣。”

尽心上

孟子曰：“尽其心者，知其性也。知其性，则知天矣。存其心，养其性，所以事天也。夭寿不贰，修身以俟之，所以立命也。

孟子曰：“莫非命也，顺受其正。是故知命者不立乎岩墙之下。尽其道而死者，正命也。桎梏死者，非正命也。”

孟子曰：“求则得之，舍则失之，是求有益于得也，求在我者也。求之有道，得之有命，是求无益于得也，求在外者也。”

孟子曰：“万物皆备于我矣。反身而诚，乐莫大焉。强恕而行，求仁莫近焉。”

孟子曰：“行之而不著焉，习矣而不察焉，终身由之而不知其道者，众也。”

孟子曰：“人不可以无耻。无耻之耻，无耻矣。”

孟子曰：“耻之于人大矣。为机变之巧者，无所用耻焉。不耻不若人，何若人有？”

孟子曰：“古之贤王好善而忘势，古之贤士何独不然？乐其道而忘人之势，故王公不致敬尽礼，则不得亟见之，见且由不得亟，而况得而臣之乎？”

孟子谓宋句践曰：“子好游乎？吾语子游：人知之，亦嚣嚣；人不知，亦嚣嚣。”曰：“何如斯可以嚣嚣矣？”曰：“尊德乐义，则可以嚣嚣矣。故士穷不失义，达不离道。穷不失义，故士得己焉。达不离道，故民不失望焉。古之人得志，泽加于民；不得志，修身见于世。穷则独善其身，达则兼善天下。”

孟子曰：“待文王而后兴者，凡民也。若夫豪杰之士，虽无文王犹兴。”

孟子曰："附之以韩、魏之家，如其自视欿然，则过人远矣。"

孟子曰："以佚道使民，虽劳不怨。以生道杀民，虽死不怨杀者。"

孟子曰："霸者之民，驩虞如也。王者之民，皞皞如也。杀之而不怨，利之而不庸，民日迁善而不知为之者。夫君子所过者化，所存者神，上下与天地同流，岂曰小补之哉！"

孟子曰："仁言，不如仁声之入人深也。善政，不如善教之得民也。善政民畏之，善教民爱之。善政得民财，善教得民心。"

孟子曰："人之所不学而能者，其良能也。所不虑而知者，其良知也。孩提之童，无不知爱其亲者；及其长也，无不知敬其兄也。亲亲，仁也。敬长，义也。无他，达之天下也。"

孟子曰："舜之居深山之中，与木石居，与鹿豕游，其所以异于深山之野人者几希。及其闻一善言，见一善行，若决江河，沛然莫之能御也。"

孟子曰："无为其所不为，无欲其所不欲，如此而已矣。"

孟子曰："人之有德慧术知者，恒存乎疢疾。独孤臣孽子，其操心也危，其虑患也深，故达。"

孟子曰："有事君人者，事是君则为容悦者也。有安社稷臣者，以安社稷为悦者也。有天民者，达可行于天下而后行之者也。有大人者，正己而物正者也。"

孟子曰："君子有三乐，而王天下不与存焉。父母俱存，兄弟无故，一乐也。仰不愧于天，俯不怍于人，二乐也。得天下英才而教育之，三乐也。君子有三乐，而王天下不与存焉。"

孟子曰："广土众民，君子欲之，所乐不存焉。中天下而立，定四海之民，君子乐之，所性不存焉。君子所性，虽大行不加焉，虽穷居不损焉，分定故也。君子所性，仁、义、礼、智根于心。其生色也，睟然见于面、盎于背、施于四体。四体不言而喻。"

孟子曰："伯夷辟纣，居北海之滨，闻文王作，兴曰：'盍归乎来？吾闻西伯善养老者。'太公辟纣，居东海之滨，闻文王作，兴曰：'盍归乎来？吾闻西伯善养老者。'天下有善养老，则仁人以为己归矣。五亩之宅，树墙下以桑，匹妇蚕之，则老者足以衣帛矣。五母鸡，二母彘，无失其时，老者足以无失肉矣。百亩之田，匹夫耕之，八口之家足以无饥矣。所谓西伯善养老者，制其田里，教之树、畜，导其妻、子，使养其老。五十非帛不暖，七十非肉不饱。不暖不饱，谓之冻馁。文王之民，无冻馁之老者，此之谓也。”

孟子曰：“易其田畴，薄其税敛，民可使富也。食之以时，用之以礼，财不可胜用也。民非水火不生活。昏暮叩人之门户，求水火，无弗与者，至足矣。圣人治天下，使有菽粟如水火。菽粟如水火，而民焉有不仁者乎？”

孟子曰：“孔子登东山而小鲁，登太山而小天下，故观于海者难为水，游于圣人之门者难为言。观水有术，必观其澜。日月有明，容光必照焉。流水之为物也，不盈科不行。君子之志于道也，不成章不达。”

孟子曰：“鸡鸣而起，孳孳为善者，舜之徒也。鸡鸣而起，孳孳为利者，跖之徒也。欲知舜与跖之分，无他，利与善之间也。”

孟子曰：“杨子取为我，拔一毛而利天下，不为也。墨子兼爱，摩顶放踵利天下，为之。子莫执中，执中为近之。执中无权，犹执一也。所恶执一者，为其贼道也，举一而废百也。”

孟子曰：“饥者甘食，渴者甘饮，是未得饮食之正也，饥渴害之也。岂惟口腹有饥渴之害？人心亦皆有害。人能无以饥渴之害为心害，则不及人不为忧矣。”

孟子曰：“柳下惠不以三公易其介。”

孟子曰：“有为者辟若掘井，掘井九轫而不及泉，犹为弃井也。”

孟子曰：“尧、舜，性之也。汤、武，身之也。五霸，假之也。久假而不归，恶知其非有也？”

公孙丑曰：“伊尹曰：‘予不狎于不顺。’放大甲于桐，民大悦。大甲贤，又反之，民大悦。贤者之为人臣也，其君不贤，则固可放与？”孟子曰：“有伊尹之志，则可。无伊尹之志，则篡也。”

公孙丑曰：“《诗》曰：‘不素餐兮。’君子之不耕而食，何也？”孟子曰：“君子居是国也，其君用之，则安富尊荣；其子弟从之，则孝悌忠信。‘不素餐兮’，孰大于是？”

王子垫问曰：“士何事？”孟子曰：“尚志。”曰：“何谓尚志？”曰：“仁义而已矣。杀一无罪，非仁也。非其有而取之，非义也。居恶在？仁是也。路恶在？义是也。居仁由义，大人之事备矣。”

孟子曰：“仲子，不义与之齐国而弗受，人皆信之。是舍箪食豆羹之义也。人莫大焉亡亲戚君臣上下。以其小者，信其大者，奚可哉？”

桃应问曰：“舜为天子，皋陶为士，瞽瞍杀人，则如之何？”孟子曰：“执之而已矣。”“然则舜不禁与？”曰：“夫舜恶得而禁之？夫有所受之也。”“然则舜如之何？”曰：“舜视弃天下，犹弃敝蹝也；窃负而逃，遵海滨而处，终身䜣然，乐而忘天下。”

孟子自范之齐，望见齐王之子，喟然叹曰：“居移气，养移体。大哉居乎！夫非尽人之子与！”孟子曰：“王子宫室、车马、衣服，多与人同。而王子若彼者，其居使之然也。况居天下之广居者乎？鲁君之宋，呼于垤泽之门。守者曰：‘此非吾君也，何其声之似我君也？’此无他，居相似也。”

孟子曰：“食而弗爱，豕交之也。爱而不敬，兽畜之也。恭敬者，币之未将者也。恭敬而无实，君子不可虚拘。”

孟子曰：“形、色，天性也。惟圣人然后可以践形。”

齐宣王欲短丧。公孙丑曰：“为期之丧，犹愈于已乎？”孟子曰：“是犹或紾其兄之臂，子谓之‘姑徐徐’云尔。亦教之孝悌而已矣。”王子有其母死者，其傅为之请数月之丧。公孙丑曰：“若此者，何如也？”曰：“是欲终之而不可得也，虽加一日愈于已。谓夫莫之禁而弗为者也。”

孟子曰：“君子之所以教者五。有如时雨化之者，有成德者，有达财者，有答问者，有私淑艾者。此五者，君子之所以教也。”

公孙丑曰："道则高矣美矣，宜若登天然，似不可及也。何不使彼为可几及而日孳孳也？"孟子曰："大匠不为拙工改废绳墨，羿不为拙射变其彀率。君子引而不发，跃如也。中道而立，能者从之。"

孟子曰："天下有道，以道殉身。天下无道，以身殉道。未闻以道殉乎人者也。"

公都子曰："滕更之在门也，若在所礼。而不答，何也？"孟子曰："挟贵而问，挟贤而问，挟长而问，挟有勋劳而问，挟故而问，皆所不答也。滕更有二焉。"

孟子曰："于不可已而已者，无所不已。于所厚者薄，无所不薄也。其进锐者，其退速。"

孟子曰："君子之于物也，爱之而弗仁；于民也，仁之而弗亲。亲亲而仁民，仁民而爱物。"

孟子曰："知者无不知也，当务之为急。仁者无不爱也，急亲贤之为务。尧、舜之知而不遍物，急先务也。尧、舜之仁不遍爱人，急亲贤也。不能三年之丧，而缌、小功之察；放饭流歠，而问无齿决：是之谓不知务。"

尽心下

孟子曰："不仁哉，梁惠王也！仁者以其所爱，及其所不爱。不仁者以其所不爱，及其所爱。"公孙丑曰："何谓也？""梁惠王以土地之故，糜烂其民而战之，大败；将复之，恐不能胜，故驱其所爱子弟以殉之。是之谓以其所不爱及其所爱也。"

孟子曰："《春秋》无义战，彼善于此，则有之矣。征者上伐下也，敌国不相征也。"

孟子曰："尽信《书》，则不如无《书》。吾于《武成》，取二三策而已矣。仁人无敌于天下。以至仁伐至不仁，而何其血之流杵也？"

孟子曰："有人曰：'我善为陈，我善为战。'大罪也。国君好仁，天下无敌焉。南面而征，北夷怨；东面而征，西夷怨。曰：‘奚为后我？’武王之伐殷也，革车三百两，虎贲三千人。王曰：‘无畏！宁尔也，非敌百姓也。’若崩厥角稽首。征之为言正也，各欲正己也，焉用战？”

孟子曰：“梓匠轮舆，能与人规矩，不能使人巧。”

孟子曰：“舜之饭糗茹草也，若将终身焉。及其为天子也，被袗衣，鼓琴，二女果，若固有之。”

孟子曰：“吾今而后知杀人亲之重也。杀人之父，人亦杀其父。杀人之兄，人亦杀其兄。然则非自杀之也，一间耳。”

孟子曰：“古之为关也，将以御暴。今之为关也，将以为暴。”

孟子曰：“身不行道，不行于妻子。使人不以道，不能行于妻子。”

孟子曰：“周于利者，凶年不能杀。周于德者，邪世不能乱。”

孟子曰：“好名之人能让千乘之国。苟非其人，箪食豆羹见于色。”

孟子曰：“不信仁贤，则国空虚。无礼义，则上下乱。无政事，则财用不足。”

孟子曰：“不仁而得国者有之矣。不仁而得天下者，未之有也。”

孟子曰：“民为贵，社稷次之，君为轻。是故得乎丘民而为天子，得乎天子为诸侯，得乎诸侯为大夫。诸侯危社稷，则变置。牺牲既成，粢盛既洁，祭祀以时，然而旱干水溢，则变置社稷。”

孟子曰：“圣人，百世之师也，伯夷、柳下惠是也。故闻伯夷之风者，顽夫廉，懦夫有立志；闻柳下惠之风者，薄夫敦，鄙夫宽。奋乎百世之上；百世之下，闻者莫不兴起也。非圣人而能若是乎？——而况于亲炙之者乎？”

孟子曰：“仁也者，人也。合而言之，道也。”

孟子曰：“孔子之去鲁，曰：‘迟迟吾行也。去父母国之道也。’去齐，接淅而行，去他国之道也。”

孟子曰：“君子之厄于陈、蔡之间，无上下之交也。”

貉稽曰："稽大不理于口。"孟子曰："无伤也。士憎兹多口。《诗》云：'忧心悄悄，愠于群小。'孔子也。'肆不殄厥愠，亦不陨厥问。'文王也。"

孟子曰："贤者以其昭昭，使人昭昭。今以其昏昏，使人昭昭。"

孟子谓高子曰："山径之蹊间介然用之而成路。为间不用，则茅塞之矣。今茅塞子之心矣。"

高子曰："禹之声，尚文王之声。"孟子曰："何以言之？"曰："以追蠡。"曰："是奚足哉？城门之轨，两马之力与？"

齐饥。陈臻曰："国人皆以夫子将复为发棠，殆不可复。"孟子曰："是为冯妇也。晋人有冯妇者，善搏虎，卒为善士。则之野，有众逐虎。虎负嵎，莫之敢撄。望见冯妇，趋而迎之。冯妇攘臂下车，众皆悦之。其为士者笑之。"

孟子曰："口之于味也，目之于色也，耳之于声也，鼻之于臭也，四肢之于安佚也，性也。有命焉，君子不谓性也。仁之于父子也，义之于君臣也，礼之于宾主也，知之于贤者也，圣人之于天道也，命也。有性焉，君子不谓命也。"

浩生不害问曰："乐正子，何人也？"孟子曰："善人也，信人也。""何谓善？何谓信？"曰："可欲之谓善。有诸己之谓信。充实之谓美。充实而有光辉之谓大。大而化之之谓圣。圣而不可知之之谓神。乐正子，二之中，四之下也。"

孟子曰："逃墨必归于杨，逃杨必归于儒。归，斯受之而已矣。今之与杨、墨辩者，如追放豚，既入其苙，又从而招之。"

孟子曰："有布缕之征、粟米之征、力役之征。君子用其一，缓其二。用其二而民有殍，用其三而父子离。"

孟子曰："诸侯之宝三：土地，人民，政事。宝珠玉者，殃必及身。"

盆成括仕于齐。孟子曰："死矣盆成括！"盆成括见杀，门人问曰："夫子何以知其将见杀？"曰："其为人也小有才，未闻君子之大道也，则足以杀其躯而已矣。"

孟子之滕，馆于上宫。有业屦于牖上，馆人求之弗得。或问之曰：“若是乎从者之廋也？”曰：“子以是为窃屦来与？”曰：“殆非也。”“夫（子）〔予〕之设科也，往者不追，来者不拒。苟以是心至，斯受之而已矣。”

孟子曰：“人皆有所不忍，达之于其所忍，仁也。人皆有所不为，达之于其所为，义也。人能充无欲害人之心，而仁不可胜用也。人能充无穿逾之心，而义不可胜用也。人能充无受‘尔’、‘汝’之实，无所往而不为义也。士未可以言而言，是以言餂之也。可以言而不言，是以不言餂之也。是皆穿逾之类也。”

孟子曰：“言近而指远者，善言也。守约而施博者，善道也。君子之言也，不下带而道存焉。君子之守，修其身而天下平。人病舍其田而芸人之田，所求于人者重，而所以自任者轻。”

孟子曰：“尧、舜，性者也。汤、武，反之也。动容周旋中礼者，盛德之至也。哭死而哀，非为生者也。经德不回，非以干禄也。言语必信，非以正行也。君子行法以俟命而已矣。”

孟子曰：“说大人则藐之，勿视其巍巍然。堂高数仞，榱题数尺，我得志弗为也。食前方丈，侍妾数百人，我得志弗为也。般乐饮酒，驱骋田猎，后车千乘，我得志弗为也。在彼者皆我所不为也，在我者皆古之制也，吾何畏彼哉？”

孟子曰：“养心莫善于寡欲。其为人也寡欲，虽有不存焉者，寡矣。其为人也多欲，虽有存焉者，寡矣。”

曾皙嗜羊枣，而曾子不忍食羊枣。公孙丑问曰：“脍炙与羊枣孰美？”孟子曰：“脍炙哉！”公孙丑曰：“然则曾子何为食脍炙而不食羊枣？”曰：“脍炙所同也，羊枣所独也。讳名不讳姓，姓所同也，名所独也。”

万章问曰：“孔子在陈，曰：‘盍归乎来？吾党之士狂简，进取不忘其初。’孔子在陈，何思鲁之狂士？”孟子曰：“孔子：‘不得中道而与之，必也狂狷乎？狂者进取，狷者有所不为也。’孔子岂不欲中道哉？不可必得，故思其次也。”“敢问何如斯可谓狂矣？”曰：“如琴张、曾皙、牧皮者，孔子之所谓狂矣。”“何以谓之狂也?”曰:“其志嘐嘐然,曰:‘古之人,古之人!’夷考其行,而不掩焉者也。狂者又不可得,欲得不屑不洁之士而与之,是獧也,是又其次也。”“孔子曰:‘过我门而不入我室,我不憾焉者,其惟乡原乎!乡原,德之贼也。’曰:何如斯可谓之乡原矣?”“曰:‘何以是嘐嘐也?言不顾行,行不顾言,则曰“古之人,古之人”。’‘行何为踽踽凉凉?生斯世也,为斯世也,善斯可矣。’阉然媚于世也者,是乡原也。”万子曰:“一乡皆称原人焉,无所往而不为原人,孔子以为德之贼,何哉?”曰:“非之无举也,刺之无刺也。同乎流俗,合乎污世。居之似忠信,行之似廉洁。众皆悦之,自以为是。而不可与入尧、舜之道,故曰‘德之贼’也。孔子曰:‘恶似而非者:恶莠,恐其乱苗也。恶佞,恐其乱义也。恶利口,恐其乱信也。恶郑声,恐其乱乐也。恶紫,恐其乱朱也。恶乡原,恐其乱德也。’君子反经而已矣。经正则庶民兴;庶民兴,斯无邪慝矣。”

孟子曰:“由尧、舜至于汤,五百有余岁。若禹、皋陶,则见而知之。若汤,则闻而知之。由汤至于文王,五百有余岁。若伊尹、莱朱,则见而知之。若文王,则闻而知之。由文王至于孔子,五百有余岁。若太公望、散宜生,则见而知之。若孔子,则闻而知之。由孔子而来,至于今,百有余岁。去圣人之世,若此其未远也。近圣人之居,若此其甚也。然而无有乎尔,则亦无有乎尔!”

周　易

乾

䷀乾下乾上　　乾：元亨，利贞。初九：潜龙，勿用。九二：见龙在田，利见大人。九三：君子终日乾乾，夕惕若；厉，无咎。九四：或跃在渊，无咎。九五：飞龙在天，利见大人。上九：亢龙，有悔。用九：见群龙无首，吉。

《彖》曰：大哉乾元，万物资始，乃统天。云行雨施，品物流形。大明终始，六位时成。时乘六龙以御天。乾道变化，各正性命。保合太和，乃利贞。首出庶物，万国咸宁。

《象》曰：天行健，君子以自强不息。“潜龙，勿用”，阳在下也。“见龙在田”，德施普也。“终日乾乾”，反复道也。“或跃在渊”，进无咎也。“飞龙在天”，大人造也。“亢龙有悔”，盈不可久也。“用九”，天德不可为首也。

《文言》曰：

元者，善之长也。亨者，嘉之会也。利者，义之和也。贞者，事之干也。君子体仁足以长人，嘉会足以合礼，利物足以和义，贞固足以干事。君子，行此四德者，故曰：“乾：元，亨，利，贞。”初九曰“潜龙，勿用”，何谓也？子曰：“龙德而隐者也。不易乎世，不成乎名；遁世无闷，不见是而无闷；乐则行之，忧则违之，确乎其不可拔：潜龙也。”九二曰“见龙在田，利见大人”，何谓也？子曰：“龙德而正中者也。庸言之信，庸行之谨；闲邪存其诚，善世而不伐；德博而化。《易》曰：‘见龙在田，利见大人’，君德也。”九三曰“君子终日乾乾，夕惕若；厉，无咎”，何谓也？子曰：“君子进德修业。忠信，所以进德也。修辞立其诚，所以居业也。知至至之，可与〔言〕[①] 幾也。知终终之，可与存义也。是故居上位而不骄，在下位而不忧。故乾乾因其时

---

① 阮元《校勘记》：“古本足利本‘与’下有‘言’字。”依文例，当据补。

而惕，虽危无咎矣。”九四曰“或跃在渊，无咎”，何谓也？子曰：“上下无常，非为邪也。进退无恒，非离群也。君子进德修业，欲及时也。故无咎。”九五曰“飞龙在天，利见大人”，何谓也？子曰：“同声相应，同气相求。水流湿，火就燥。云从龙，风从虎。圣人作而万物睹。本乎天者亲上，本乎地者亲下，则各从其类也。”上九曰“亢龙，有悔”，何谓也？子曰：“贵而无位，高而无民，贤人在下位而无辅，是以动而有悔也。”

“潜龙，勿用”，下也。“见龙在田”，时舍也。“终日乾乾”，行事也。“或跃在渊”，自试也。“飞龙在天”，上治也。“亢龙，有悔”，穷之灾也。乾元用九，天下治也。

“潜龙，勿用”，阳气潜藏。“见龙在田”，天下文明。“终日乾乾”，与时偕行。“或跃在渊”，乾道乃革。“飞龙在天”，乃位乎天德。“亢龙，有悔”，与时偕极。乾元用九，乃见天则。

乾元者，始而亨者也。利贞者，性情也。乾始能以美利利天下，不言所利，大矣哉！大哉乾乎！刚健中正，纯粹精也。六爻发挥，旁通情也。“时乘六龙”，以御天也。“云行雨施”，天下平也。君子以成德为行，日可见之行也。“潜”之为言也，隐而未见，行而未成，是以君子弗用也。君子学以聚之，问以辨之，宽以居之，仁以行之。《易》曰：“‘见龙在田，利见大人’，君德也。”九三，重刚而不中，上不在天，下不在田，故乾乾因其时而惕，虽危无咎矣。九四，重刚而不中，上不在天，下不在田，中不在人，故“或”之；“或”之者，疑之也，故无咎。夫“大人”者，与天地合其德，与日月合其明，与四时合其序，与鬼神合其吉凶，先天而天弗违，后天而奉天时；天且弗违，而况于人乎，况于鬼神乎？“亢”之为言也，知进而不知退，知存而不知亡，知得而不知丧。其唯圣人乎！知进退存亡而不失其正者，其唯圣人乎！

坤

䷁坤下坤上　　坤：元亨，利牝马之贞。君子有攸往，先迷后得主。利西南，得朋。东北，丧朋。安贞吉。

《象》曰：至哉坤元！万物资生，乃顺承天。坤厚载物，德合无疆，含弘光大，品物咸亨。牝马地类，行地无疆；柔顺利贞，君子攸行。先迷，失道；后顺，得常。西南得朋，乃与类行。东北丧朋，乃终有庆。安贞之吉，应地无疆。

《象》曰：地势坤。君子以厚德载物。

初六：履霜，坚冰至。《象》曰："履霜坚冰"，阴始凝也。驯致其道，至坚冰也。

六二：直方（大）①；不习，无不利。《象》曰：六二之动，直以方也。"不习，无不利"，地道光也。

六三：含章，可贞；或从王事，无成有终。《象》曰："含章，可贞"，以时发也。"或从王事"，知光大也。

六四：括囊，无咎无誉。《象》曰："括囊，无咎"，慎不害也。

六五：黄裳，元吉。《象》曰："黄裳，元吉"，文在中也。

上六：龙战于野，其血玄黄。《象》曰："龙战于野"，其道穷也。

用六：利永贞。《象》曰：用六"永贞"，以大终也。

《文言》曰：坤，至柔而动也刚，至静而德方，后得主而有常，含万物而化光。坤道其顺乎！承天而时行。积善之家，必有余庆；积不善之家，必有余殃。臣弑其君，子弑其父，非一朝一夕之故，其所由来者渐矣，由辩之不早辩也。《易》曰："履霜，坚冰至。"盖言顺也。直，其正也。方，其义也。君子敬以直内，

① "大"字衍，闻一多《周易义证类纂》引文详之。

义以方外，敬义立而德不孤。“直，方，（大）；不习，无不利”，则不疑其所行也。阴虽有美含之，以从王事，弗敢成也。地道也，妻道也，臣道也，地道无成而代有终也。天地变化，草木蕃；天地闭，贤人隐。《易》曰：“括囊，无咎无誉。”盖言谨也。君子黄中通理，正位居体，美在其中而畅于四支、发于事业，美之至也。阴（疑）〔凝〕① 于阳，必战，为其嫌于无阳也，故称龙焉；犹未离其类也，故称血焉。夫玄黄者，天地之杂也，天玄而地黄。

屯

䷂震下坎上　　屯：元亨，利贞。勿用有攸往。利建侯。

《彖》曰：《屯》，刚柔始交而难生，动乎险中，大亨贞。雷雨之动满盈，天造草昧，宜建侯而不宁。

《象》曰：云雷，屯；君子以经纶。

初九：磐桓，利居贞，利建侯。《象》曰：虽磐桓，志行正也。以贵下贱，大得民也。

六二：屯如邅如，乘马班如。匪寇，婚媾。女子贞，不字，十年乃字。《象》曰：六二之难，乘刚也。“十年乃字”，反常也。

六三：即鹿无虞，惟入于林中，君子几不如舍。往，吝。《象》曰：“即鹿无虞”，以从禽也。君子舍之，往吝穷也。

六四：乘马班如，求婚媾。往吉，无不利。《象》曰：求而往，明也。

九五：屯其膏，小贞吉，大贞凶。《象》曰：“屯其膏”，施未光也。

上六：乘马班如，泣血涟如。《象》曰：“泣血涟如”，何可长也？

① 据本卦初六爻辞改。

蒙

䷃坎下艮上　　蒙：亨。匪我求童蒙，童蒙求我。初筮，告；再三，渎，渎则不告。利贞。

《象》曰：《蒙》，山下有险，险而止，蒙。“蒙亨”，以亨行时中也。“匪我求童蒙，童蒙求我”，志应也。“初筮，告”，以刚中也。“再三，渎，渎则不告”，渎蒙也；蒙以养正，圣功也。

《象》曰：山下出泉，蒙。君子以果行育德。

初六：发蒙，利用刑人。用说桎梏以往，吝。《象》曰：“利用刑人”，以正法也。

九二：包蒙，吉。纳妇，吉。子克家。《象》曰：“子克家”，刚柔接也。

六三：勿用取女，见金夫，不有躬，无攸利。《象》曰：“勿用取女”，行不顺也。

六四：困蒙，吝。《象》曰：困蒙之吝，独远实也。

六五：童蒙，吉。《象》曰：童蒙之吉，顺以巽也。

上九：击蒙，不利为寇，利御寇。《象》曰：利用御寇，上下顺也。

需

䷄乾下坎上　　需：有孚，光亨。贞吉，利涉大川。

《象》曰：《需》，须也，险在前也。刚健而不陷，其义不困穷矣。“需，有孚，光亨，贞吉”，位乎天位，以正中也。“利涉大川”，往有功也。

《象》曰：云上于天，需；君子以饮食宴乐。

初九：需于郊，利用恒，无咎。《象》曰：“需于郊”，不犯难行也。“利用恒，无咎”，未失常也。

九二：需于沙，小有言，终吉。《象》曰：“需于沙”，衍在中也。虽小有言，以吉终也。

九三：需于泥，致寇至。《象》曰：“需于泥”，灾在外也。自我致寇，敬慎不败也。

六四：需于血，出自穴。《象》曰：“需于血”，顺以听也。

九五：需于酒食，贞吉。《象》曰：“酒食，贞吉”，以中正也。

上六：入于穴，有不速之客三人来，敬之，终吉。《象》曰：“不速之客来，敬之，终吉”，虽不当位，未大失也。

讼

䷅坎下乾上　　讼：有孚，窒惕，中吉，终凶。利见大人。不利涉大川。

《彖》曰：《讼》，上刚下险，险而健，讼。“讼，有孚，窒惕，中吉”，刚来而得中也。“终凶”，讼不可成也。“利见大人”，尚中正也。“不利涉大川”，入于渊也。

《象》曰：天与水违行，讼；君子以作事谋始。

初六：不永所事，小有言，终吉。《象》曰：“不永所事”，讼不可长也。虽小有言，其辩明也。

九二：不克讼，归，而逋其邑人三（百）〔四〕户，无眚。《象》曰：不克讼，归逋窜也。自下讼上，患至掇也。

六三：食旧德，贞厉，终吉。或从王事，无成。《象》曰：“食旧德”，从上吉也。

九四：不克讼，复即命，渝；安贞，吉。《象》曰：“复即命，渝；安贞”，不失也。

九五：讼，元吉。《象》曰：“讼，元吉”，以中正也。

上九：或锡之鞶带，终朝三褫之。《象》曰：以讼受服，亦不足敬也。

师

䷆坎下坤上　　师：贞（丈）〔大〕[1] 人，吉，无咎。

《彖》曰：师，众也。贞，正也。能以众正，可以王矣。刚中而应，行险而顺，以此毒天下而民从之，吉，又何咎矣！

《象》曰：地中有水，师；君子以容民恤众。

初六：师出以律。否臧，凶。《象》曰："师出以律"，失律凶也。

九二：在师中吉，无咎，王三锡命。《象》曰："在师中吉"，承天宠也。"王三锡命"，怀万邦也。

六三：师或舆尸，凶。《象》曰："师或舆尸"，大无功也。

六四：师左次，无咎。《象》曰："左次，无咎"，未失常也。

六五：田有禽。利执言，无咎。长子帅师，弟子舆尸，贞凶。《象》曰："长子帅师"，以中行也。"弟子舆尸"，使不当也。

上六：大君有命，开国承家，小人勿用。《象》曰："大君有命"，以正功也。"小人勿用"，必乱邦也。

比

䷇坤下坎上　　比：吉。原筮，元[2]永贞，无咎。不宁方来，后夫凶。

《彖》曰："《比》，吉也。比，辅也，下顺从也。原筮，元〔亨〕永贞，无咎"，以刚中也。"不宁方来"，上下应也。"后夫凶"，其道穷也。

《象》曰：地上有水，比；先王以建万国亲诸侯。

初六：有孚，比之，无咎。有孚，盈缶，终来有他，吉。

---

① 据李鼎祚《周易集解》，丈当作大。

② 高亨《周易古经今注》谓"元"下当有"亨"，其说与帛书《周易》不合。

《象》曰：《比》之初六，有他吉也。

六二：比之自内，贞吉。《象》曰："比之自内"，不自失也。

六三：比之匪人。《象》曰："比之匪人"，不亦伤乎！

六四：外比之，贞吉。《象》曰：外比于贤，以从上也。

九五：显比，王用三驱，失前禽，邑人不诫，吉。《象》曰："显比"之吉，位正中也。舍逆取顺，失前禽也。"邑人不诫"，上使中也。

上六：比之无首，凶。《象》曰："比之无首"，无所终也。

小畜

☴乾下巽上　　小畜：亨。密云不雨，自我西郊。

《彖》曰：《小畜》，柔得位而上下应之，曰小畜。健而巽，刚中而志行，乃亨。"密云不雨"，尚往也。"自我西郊"，施未行也。

《象》曰：风行天上，小畜；君子以懿文德。

初九：复自道，何其咎？吉。《象》曰："复自道"，其义吉也。

九二：牵复，吉。《象》曰：牵复在中，亦不自失也。

九三：舆说辐，夫妻反目。《象》曰："夫妻反目"，不能正室也。

六四：有孚，血去惕出，无咎。《象》曰："有孚""惕出"，上合志也。

九五：有孚挛如，富以其邻。《象》曰："有孚挛如"，不独富也。

上九：既雨既处，尚德载妇。贞厉。月几望，君子征，凶。《象》曰："既雨既处"，德积载也。"君子征，凶"，有所疑也。

履

䷉兑下乾上　〔履：〕[1] 履虎尾，不咥人，亨。

《彖》曰：《履》，柔履刚也。说而应乎乾，是以"履虎尾，不咥人，亨"。刚中正，履帝位而不疚，光明也。

《象》曰：上天下泽，履；君子以辩上下，定民志。

初九：素履，往无咎。《象》曰：素履之往，独行愿也。

九二：履道坦坦，幽人贞吉。《象》曰："幽人贞吉"，中不自乱也。

六三：眇能视，跛能履。履虎尾，咥人，凶。武人为于大君。《象》曰："眇能视"，不足以有明也。"跛能履"，不足以与行也。咥人之凶，位不当也。"武人为于大君"，志刚也。

九四：履虎尾，愬愬。终吉。《象》曰："愬愬""终吉"，志行也。

九五：夬履，贞厉。《象》曰："夬履，贞厉"，位正当也。

上九：视履，考祥，其旋，元吉。《象》曰：元吉在上，大有庆也。

泰

䷊乾下坤上　泰：小往大来，吉，亨。

《彖》曰：《泰》"小往大来，吉，亨"，则是天地交而万物通也，上下交而其志同也，内阳而外阴，内健而外顺，内君子而外小人，君子道长，小人道消也。

《象》曰：天地交，泰。后以财成天地之道，辅相天地之宜，以左右民。

---

① 依《周易》全经通例补"履"字。

初九：拔茅茹以其彙，征吉。《象》曰："拔茅""征吉"，志在外也。

九二：包荒用冯河，不遐遗。朋亡，得尚于中行。《象》曰："包荒""得尚于中行"，以光大也。

九三：无平不陂，无往不复，艰贞无咎。勿恤，其孚于食，有福。《象》曰："无往不复"，天地际也。

六四：翩翩，不富以其邻，不戒以孚。《象》曰："翩翩"，"不富"，皆失实也。"不戒以孚"，中心愿也。

六五：帝乙归妹，以祉。元吉。《象》曰："以祉""元吉"，中以行愿也。

上六：城复于隍，勿用师，自邑告命。贞吝。《象》曰："城复于隍"，其命乱也。

否

䷋坤下乾上　〔否：〕① 否之匪人，不利君子贞。大往小来。

《彖》曰："否之匪人，不利君子贞"，"大往小来"，则是天地不交而万物不通也，上下不交而天下无邦也，内阴而外阳，内柔而外刚，内小人而外君子，小人道长，君子道消也。

《象》曰：天地不交，否；君子以俭德辟难，不可荣以禄。

初六：拔茅茹以其彙，贞吉，亨。《象》曰："拔茅""贞吉"，志在君也。

六二：包承，小人吉，大人否，亨。《象》曰："大人否，亨"，不乱群也。

六三：包羞。《象》曰："包羞"，位不当也。

九四：有命，无咎，畴离祉。《象》曰："有命，无咎"，志

① 依《周易》全经通例补"否"字。

行也。

九五：休否，大人吉。其亡其亡，系于苞桑。《象》曰：大人之吉，位正当也。

上九：倾否，先否后喜。《象》曰：否终则倾，何可长也！

同人

䷌离下乾上　　〔同人：〕① 同人于野，亨，利涉大川，利君子贞。

《彖》曰：《同人》，柔得位得中而应乎乾，曰同人。《同人》曰"同人于野，亨，利涉大川"，乾行也。文明以健，中正而应，君子正也。唯君子为能通天下之志。

《象》曰：天与火，同人；君子以类族辨物。

初九：同人于门，无咎。《象》曰：出门同人，又谁咎也？

六二：同人于宗，吝。《象》曰："同人于宗"，吝道也。

九三：伏戎于莽，升其高陵，三岁不兴。《象》曰："伏戎于莽"，敌刚也。"三岁不兴"，安行也。

九四：乘其墉，弗克攻，吉。《象》曰："乘其墉"，义弗克也。其吉，则困而反则也。

九五：同人先号咷而后笑，大师克相遇。《象》曰：同人之先，以中直也。大师相遇，言相克也。

上九：同人于郊，无悔。《象》曰："同人于郊"，志未得也。

大　有

䷍乾下离上　　大有：元亨。

《彖》曰：《大有》，柔得尊位大中而上下应之，曰大有。其

① 依《周易》全经通例补此卦名。

德刚健而文明，应乎天而时行，是以元亨。

《象》曰：火在天上，大有；君子以遏恶扬善，顺天休命。

初九：无交害，匪咎。艰则无咎。《象》曰：《大有·初九》，无交害也。

九二：大车以载，有攸往，无咎。《象》曰：“大车以载”，积中不败也。

九三：公用亨于天子，小人弗克。《象》曰：“公用亨于天子”，小人害也。

九四：匪其彭，无咎。《象》曰：“匪其彭，无咎”，明辩哲也。

六五：厥孚交如威如，〔终〕① 吉。《象》曰：“厥孚交如”，信以发志也。“威如”之吉，易而无备也。

上九：自天祐之，吉，无不利。《象》曰：《大有》上吉，自天祐也。

谦

䷎艮下坤上　　谦：亨。君子有终。

《彖》曰：《谦》“亨”，天道下济而光明，地道卑而上行，天道亏盈而益谦，地道变盈而流谦，鬼神害盈而福谦，人道恶盈而好谦。谦尊而光，卑而不可逾，君子之终也。

《象》曰：地中有山，谦；君子以裒多益寡，称物平施。

初六：谦谦君子，用涉大川，吉。《象》曰：“谦谦君子”，卑以自牧也。

六二：鸣谦，贞吉。《象》曰：“鸣谦，贞吉”，中心得也。

九三：劳谦，君子有终，吉。《象》曰：“劳谦君子”，万民服也。

---

① 据马王堆出土帛书《周易》补入。

六四：无不利，㧑谦。《象》曰："无不利，㧑谦"，不违则也。

六五：不富以其邻，利用侵伐，无不利。《象》曰："利用侵伐"，征不服也。

上六：鸣谦，利用行师，征邑国。《象》曰："鸣谦"，志未得也，可用行师征邑国也。

豫

䷏坤下震上　　豫：利建侯、行师。

《彖》曰：《豫》，刚应而志行，顺以动，豫。豫顺以动，故天地如之，而况建侯、行师乎？天地以顺动，故日月不过而四时不忒。圣人以顺动，则刑罚清而民服。《豫》之时义大矣哉！

《象》曰：雷出地奋，豫；先王以作乐崇德，殷荐之上帝以配祖考。

初六：鸣豫，凶。《象》曰：初六"鸣豫"，志穷凶也。

六二：介于石，不终日，贞吉。《象》曰："不终日，贞吉"，以中正也。

六三：盱豫，悔。迟，有悔。《象》曰：盱豫有悔，位不当也。

九四：由豫，大有得。勿疑，朋盍簪。《象》曰："由豫，大有得"，志大行也。

六五：贞疾恒不死。《象》曰：六五"贞疾"，乘刚也。"恒不死"，中未亡也。

上六：冥豫，成有渝，无咎。《象》曰：冥豫在上，何可长也？

随

䷐震下兑上　　随：元亨，利贞。无咎。

《彖》曰：《随》，刚来而下柔，动而说，随。大亨，〔利〕贞，无咎，而天下随（时）〔之〕，《随》（时）之〔时〕[1] 义大矣哉！

《象》曰：泽中有雷，随；君子以向晦入宴息。

初九：官有渝，贞吉。出门交有功。《象》曰："官有渝"，从正吉也。"出门交有功"，不失也。

六二：系小子，失丈夫。《象》曰："系小子"，弗兼与也。

六三：系丈夫，失小子。随有求，得。利居贞。《象》曰："系丈夫"，志舍下也。

九四：随有获，贞凶。有孚在道，以明，何咎？《象》曰："随有获"，其义凶也。"有孚在道"，明功也。

九五：孚于嘉，吉。《象》曰："孚于嘉，吉"，位正中也。

上六：拘系之，乃从维之，王用亨于西山。《象》曰："拘系之"，上穷也。

蛊

☶☴巽下艮上　　蛊：元亨，利涉大川。先甲三日，后甲三日。

《彖》曰：《蛊》，刚上而柔下，巽而止，蛊。《蛊》"元亨"，而天下治也。"利涉大川"，往有事也。"先甲三日，后甲三日"，终则有始，天行也。

《象》曰：山下有风，蛊；君子以振民育德。

初六：幹父之蛊，有子考，无咎。厉，终吉。《象》曰："幹父之蛊"，意承考也。

九二：幹母之蛊，不可贞。《象》曰："幹母之蛊"，得中道也。

九三：幹父之蛊，小有悔，无大咎。《象》曰："幹父之蛊"，

---

① 据陆德明《周易音义》、朱熹《周易本义》校补。

终无咎也。

六四：裕父之蛊，往，见吝。《象》曰："裕父之蛊"，往未得也。

六五：幹父之蛊，用誉。《象》曰："幹父用誉"，承以德也。

上九：不事王侯，高尚其事〔，凶〕①。《象》曰："不事王侯"，志可则也。

临

☱☷兑下坤上　　临：元亨，利贞。至于八月，有凶。

《彖》曰：《临》，刚浸而长，说而顺，刚中而应，大亨以正，天之道也。"至于八月，有凶"，消不久也。

《象》曰：泽上有地，临；君子以教，思无穷，容保民无疆。

初九：咸临，贞吉。《象》曰："咸临，贞吉"，志行正也。

九二：咸临，吉，无不利。《象》曰："咸临，吉，无不利"，未顺命也。

六三：甘临，无攸利。既忧之，无咎。《象》曰："甘临"，位不当也。"既忧之"，咎不长也。

六四：至临，无咎。《象》曰："至临，无咎"，位当也。

六五：知临，大君之宜，吉。《象》曰："大君之宜"，行中之谓也。

上六：敦临，吉，无咎。《象》曰："敦临"之吉，志在内也。

观

☷☴坤下巽上　　观：盥而不荐，有孚颙若。

---

① 据马王堆出土帛书《周易》补入。

《彖》曰：大观在上，顺而巽，中正以观天下。《观》“盥而不荐，有孚颙若”，下观而化也。观天之神道而四时不忒，圣人以神道设教而天下服矣。

《象》曰：风行地上，观；先王以省方观民设教。

初六：童观，小人无咎，君子吝。《象》曰：初六“童观”，小人道也。

六二：窥观，利女贞。《象》曰：“窥观〔利〕① 女贞”，亦可丑也。

六三：观我生，进退。《象》曰：“观我生，进退”，未失道也。

六四：观国之光，利用宾于王。《象》曰：“观国之光”，尚宾也。

九五：观我生，君子无咎。《象》曰：“观我生”，观民也。

上九：观其生，君子无咎。《象》曰：“观其生”，志未平也。

噬　嗑

☲☳震下离上　　噬嗑：亨，利用狱。

《彖》曰：颐中有物，曰噬嗑。噬嗑而亨，刚柔分，动而明，雷电合而章，柔得中而上行。虽不当位，利用狱也。

《象》曰：“雷电”“噬嗑”，先王以明罚敕法。

初九：屦校灭趾，无咎。《象》曰：“屦校灭趾”，不行也。

六二：噬肤灭鼻，无咎。《象》曰：“噬肤灭鼻”，乘刚也。

六三：噬腊肉，遇毒，小吝，无咎。《象》曰：“遇毒”，位不当也。

九四：噬干胏，得金矢。利艰贞，吉。《象》曰：“利艰贞，吉”，未光也。

---

① 依阮元《校勘记》补“利”字，与上下文例合。

六五：噬干肉，得黄金。贞厉，无咎。《象》曰：“贞厉，无咎”，得当也。

上九：何校灭耳，凶。《象》曰：“何校灭耳”，聪不明也。

贲

☶☲离下艮上　　贲：亨，小利有攸往。

《彖》曰：《贲》“亨”，柔来而文刚，故亨；分刚上而文柔，故小利有攸往：天文也。文明以止，人文也。观乎天文以察时变，观乎人文以化成天下。

《象》曰：山下有火，贲；君子以明庶政，无敢折狱。

初九：贲其趾，舍车而徒。《象》曰：“舍车而徒”，义弗乘也。

六二：贲其须。《象》曰：“贲其须”，与上兴也。

九三：贲如濡如，永贞，吉。《象》曰：“永贞”之吉，终莫之陵也。

六四：贲如皤如，白马翰如，匪寇，婚媾。《象》曰：六四，当位疑也。“匪寇，婚媾”，终无尤也。

六五：贲于丘园，束帛戋戋。吝，终吉。《象》曰：六五之吉，有喜也。

上九：白贲，无咎。《象》曰：“白贲，无咎”，上得志也。

剥

☶☷坤下艮上　　剥：不利有攸往。

《彖》曰：《剥》，剥也，柔变刚也。“不利有攸往”，小人长也。顺而止之，观象也。君子尚消息盈虚，天行也。

《象》曰：山附于地，剥；上以厚下安宅。

初六：剥床以足。蔑贞，凶。《象》曰：“剥床以足”，以灭下也。

六二：剥床以辨。蔑贞，凶。《象》曰："剥床以辨"，未有与也。

六三：剥之，无咎。《象》曰："剥之，无咎"，失上下也。

六四：剥床以肤，凶。《象》曰："剥床以肤"，切近灾也。

六五：贯鱼，以宫人宠，无不利。《象》曰："以宫人宠"，终无尤也。

上九：硕果不食，君子得舆，小人剥庐。《象》曰："君子得舆"，民所载也。"小人剥庐"，终不可用也。

复

䷗震下坤上　　复：亨。出入无疾，朋来无咎。反复其道，七日来复。利有攸往。

《彖》曰：《复》"亨"，刚反动而以顺行，是以出入无疾，朋来无疚。"反复其道，七日来复"，天行也。"利有攸往"，刚长也。《复》其见天地之心乎！

《象》曰：雷在地中，复；先王以至日闭关，商旅不行，后不省方。

初九：不远复，无（祗）〔祇〕① 悔，元吉。《象》曰："不远"之复，以修身也。

六二：休复，吉。《象》曰："休复"之吉，以下仁也。

六三：频复，厉，无咎。《象》曰："频复"之厉，义无咎也。

六四：中行独复。《象》曰："中行独复"，以从道也。

六五：敦复，无悔。《象》曰："敦复无悔"，中以自考也。

上六：迷复，凶，有灾眚。用行师，终有大败，以其国君凶，至于十年不克征。《象》曰："迷复"之凶，反君道也。

---

① 据王引之《经义述闻》改。

无妄

䷘震下乾上　　无妄：元亨，利贞。其匪正，有眚。不利有攸往。

《象》曰：《无妄》，刚自外来而为主于内，动而健，刚中而应，大亨以正，天之命也。“其匪正，有眚，不利有攸往”，无妄之往，何之矣？天命不祐，行矣哉！

《象》曰：天下雷行物与，无妄；先王以茂对时育万物。

初九：无妄，往吉。《象》曰：无妄之往，得志也。

六二：不耕获，不菑畬，则利有攸往。《象》曰：“不耕获”，未富也。

六三：无妄之灾，或系之牛，行人之得，邑人之灾。《象》曰：行人得牛，邑人灾也。

九四：可贞，无咎。《象》曰：“可贞，无咎”，固有之也。

九五：无妄之疾，勿药有喜。《象》曰：无妄之药，不可试也。

上九：无妄，行有眚？无攸利？《象》曰：无妄之行，穷之灾也。

大畜

䷙乾下艮上　　大畜：利贞。不家食，吉。利涉大川。

《象》曰：《大畜》，刚健，笃实，辉光，日新其德。刚上而尚贤，能止健，大正也。“不家食，吉”，养贤也。“利涉大川”，应乎天也。

《象》曰：天在山中，大畜；君子以多识前言往行以畜其德。

初九：有厉。利已。《象》曰：“有厉”，“利已”，不犯灾也。

九二：舆说輹。《象》曰：“舆说輹”，中无尤也。

九三：良马逐，利艰贞。（曰）〔日〕① 闲舆卫，利有攸往。《象》曰："利有攸往"，上合志也。

六四：童牛之牿，元吉。《象》曰：六四"元吉"，有喜也。

六五：豶豕之牙，吉。《象》曰：六五之吉，有庆也。

上九：何天之衢，亨。《象》曰："何天之衢"，道大行也。

颐

䷚震下艮上　　颐：贞吉。观颐，自求口实。

《彖》曰：《颐》"贞吉"，养正则吉也。"观颐"，观其所养也。"自求口实"，观其自养也。天地养万物，圣人养贤以及万民，《颐》之时大矣哉！

《象》曰：山下有雷，颐；君子以慎言语，节饮食。

初九：舍尔灵龟，观我朵颐，凶。《象》曰："观我朵颐"，亦不足贵也。

六二：颠颐，拂经于丘颐。征，凶。《象》曰：六二"征凶"，行失类也。

六三：拂颐，贞凶。十年勿用，无攸利。《象》曰："十年勿用"，道大悖也。

六四：颠颐，吉。虎视耽耽，其欲逐逐，无咎。《象》曰："颠颐"之吉，上施光也。

六五：拂经，居贞吉。不可涉大川。《象》曰："居贞"之吉，顺以从上也。

上九：由颐，厉，吉。利涉大川。《象》曰："由颐，厉，吉"，大有庆也。

① 曰为日之形讹，据李鼎祚《周易集解》、朱熹《周易本义》改。

大过

䷛巽下兑上　　大过：栋桡，利有攸往，亨。

《彖》曰：《大过》，大者过也。栋桡，本末弱也。刚过而中，巽而说行。“利有攸往”，乃亨。《大过》之时大矣哉！

《象》曰：泽灭木，大过，君子以独立不惧，遁世无闷。

初六：藉用白茅，无咎。《象》曰：“藉用白茅”，柔在下也。

九二：枯杨生稊，老夫得其女妻，无不利。《象》曰：老夫女妻，过以相与也。

九三：栋桡，凶。《象》曰：栋桡之凶，不可以有辅也。

九四：栋隆，吉。有它吝。《象》曰：栋隆之吉，不桡乎下也。

九五：枯杨生华，老妇得其士夫，无咎无誉。《象》曰：“枯杨生华”，何可久也？老妇士夫，亦可丑也。

上六：过涉灭顶，凶，无咎。《象》曰：过涉之凶，不可咎也。

坎

䷜坎下坎上　　习坎：有孚，维心亨，行有尚。

《彖》曰：习坎，重险也。水流而不盈，行险而不失其信。“维心亨”，乃以刚中也。“行有尚”，往有功也。天险不可升也，地险山川丘陵也。王公设险以守其国，《险》之时用大矣哉！

《象》曰：水洊至，习坎；君子以常德行，习教事。

初六：习坎，入于坎窞，凶。《象》曰：习坎入坎，失道凶也。

九二：坎有险，求小得。《象》曰：“求小得”，未出中也。

六三：来之坎坎，险且枕。入于坎窞，勿用。《象》曰：“来之坎坎”，终无功也。

六四：樽酒，簋贰，用缶。纳约自牖。终无咎。《象》曰："樽酒，簋贰"，刚柔际也。

九五：坎不盈，（衹）〔坻〕① 既平，无咎。《象》曰："坎不盈"，中未大也。

上六：系用徽纆，寘于丛棘，三岁不得，凶。《象》曰：上六失道，凶三岁也。

离

☲离下离上　　离：利贞，亨。畜牝牛，吉。

《彖》曰：离，丽也。日月丽乎天，百谷草木丽乎土，重明以丽乎正，乃化成天下。柔丽乎中正，故亨，是以"畜牝牛，吉"也。

《象》曰：明两作，离；大人以继明照于四方。

初九：履错然，敬之，无咎。《象》曰："履错"之敬，以辟咎也。

六二：黄离，元吉。《象》曰："黄离，元吉"，得中道也。

九三：日昃之离，不鼓缶而歌，则大耋之嗟，凶。《象》曰："日昃之离"，何可久也？

九四：突如其来如，焚如，死如，弃如。《象》曰："突如其来如"，无所容也。

六五：出涕沱若，戚嗟若，吉。《象》曰：六五之吉，离王公也。

上九：王用出征有嘉。折首，获匪其丑，无咎。《象》曰："王用出征"，以正邦也。

---

① 陆德明《周易音义》引郑云当为坻，今从之。王引之《经义述闻》读为疷，阮元《校勘记》以为当作衹，亦通。

咸

䷞艮下兑上　　咸：亨，利贞。取女，吉。

《彖》曰：《咸》，感也。柔上而刚下，二气感应以相与，止而说，男下女，是以“亨，利贞”，“取女，吉”也。天地感而万物化生，圣人感人心而天下和平。观其所感而天地万物之情可见矣。

《象》曰：山上有泽，咸；君子以虚受人。

初六：咸其拇。《象》曰：“咸其拇”，志在外也。

六二：咸其腓，凶。居，吉。《象》曰：虽凶居吉，顺不害也。

九三：咸其股，执其随。往，吝。《象》曰：“咸其股”，亦不处也。志在随人，所执下也。

九四：贞吉。悔亡。憧憧往来，朋从尔思。《象》曰：“贞吉，悔亡”，未感害也。“憧憧往来”，未光大也。

九五：咸其脢，无悔。《象》曰：“咸其脢”，志末也。

上六：咸其辅颊、舌。《象》曰：“咸其辅颊、舌”，滕口说也。

恒

䷟巽下震上　　恒：亨，无咎。利贞，利有攸往。

《彖》曰：恒，久也。刚上而柔下，雷风相与；巽而动，刚柔皆应：恒。《恒》“亨，无咎，利贞”，久于其道也。天地之道恒，久而不已也。“利有攸往”，终则有始也。日月得天而能久照，四时变化而能久成，圣人久于其道而天下化成。观其所恒而天地万物之情可见矣。

《象》曰：雷风，恒；君子以立不易方。

初六：浚恒。贞凶。无攸利。《象》曰：“浚恒”之凶，始求深也。

九二：悔亡。《象》曰：九二“悔亡”，能久中也。

九三：不恒其德，或承之羞。贞吝。《象》曰：“不恒其德”，无所容也。

九四：田无禽。《象》曰：久非其位，安得禽也？

六五：恒其德。贞，妇人吉，夫子凶。《象》曰：妇人贞吉，从一而终也。夫子制义，从妇凶也。

上六：振恒，凶。《象》曰：振恒在上，大无功也。

遁

䷠艮下乾上　　遁：亨，小利贞。

《彖》曰：“遁亨”，遁而亨也。刚当位而应，与时行也。“小利贞”，浸而长也。《遁》之时义大矣哉！

《象》曰：天下有山，遁；君子以远小人，不恶而严。

初六：遁尾，厉。勿用有攸往。《象》曰：“遁尾”之厉，不往何灾也？

六二：执之用黄牛之革，莫之胜说。《象》曰：执用黄牛，固志也。

九三：系遁，有疾，厉。畜臣妾，吉。《象》曰：“系遁”之厉，有疾惫也。“畜臣妾，吉”，不可大事也。

九四：好遁，君子吉，小人否。《象》曰：君子好遁，小人否也。

九五：嘉遁，贞吉。《象》曰：“嘉遁，贞吉”，以正志也。

上九：肥遁，无不利。《象》曰：“肥遁，无不利”，无所疑也。

大壮

䷡乾下震上　　大壮：利贞。

《彖》曰："大壮"，大者壮也。刚以动，故壮。"大壮，利贞"，大者正也，正大而天地之情可见矣。

《象》曰：雷在天上，大壮；君子以非礼弗履。

初九：壮于趾，征，凶。有孚。《象》曰："壮于趾"，其孚穷也。

九二：贞吉。《象》曰：九二"贞吉"，以中也。

九三：小人用，壮。君子用，罔。贞厉。羝羊触藩，羸其角。《象》曰："小人用，壮"，君子罔也。

九四：贞吉，悔亡。藩决不羸，壮于大舆之輹。《象》曰："藩决不羸"，尚往也。

六五：丧羊于易，无悔。《象》曰："丧羊于易"，位不当也。

上六：羝羊触藩，不能退，不能遂。无攸利。艰则吉。《象》曰："不能退，不能遂"，不详也。"艰则吉"，咎不长也。

晋

☷☲坤下离上　　晋：康侯用锡马蕃庶，昼日三接。

《彖》曰：《晋》，进也。明出地上，顺而丽乎大明，柔进而上行，是以"康侯用锡马蕃庶，昼日三接"也。

《象》曰：明出地上，晋；君子以自昭明德。

初六：晋如摧如，贞吉。罔孚，裕，无咎。《象》曰："晋如摧如"，独行正也。"裕，无咎"，未受命也。

六二：晋如愁如，贞吉。受兹介福于其王母。《象》曰："受兹介福"，以中正也。

六三：众允，悔亡。《象》曰："众允"之志，上行也。

九四：晋如鼫鼠，贞厉。《象》曰："鼫鼠，贞厉"，位不当也。

六五：悔亡，（失）〔矢〕① 得，勿恤。往，吉，无不利。《象》曰：“（失）〔矢〕得，勿恤，往”，有庆也。

上九：晋其角，维用伐邑。厉，吉。无咎，贞吝。《象》曰：“维用伐邑”，道未光也。

明　夷

䷣离下坤上　　明夷：利艰贞。

《彖》曰：明入地中，明夷。内文明而外柔顺，以蒙大难，文王以之。“利艰贞”，晦其明也。内难而能正其志，箕子以之。

《象》曰：明入地中，明夷；君子以莅众，用晦而明。

初九：“明夷于飞，垂其〔左〕② 翼。君子于行，三日不食。”有攸往，主人有言。《象》曰：“君子于行”，义不食也。

六二：明夷夷于左股。用拯马壮，吉。《象》曰：六二之吉，顺以则也。

九三：明夷〔夷〕③ 于南狩，得其大首。不可疾，贞。《象》曰：“南狩”之志，乃大得也。

六四：入于左腹，获明夷之心，于出明庭。《象》曰：“入于左腹”，获心意也。

六五：箕子之明夷，利贞。《象》曰：箕子之贞，明不可息也。

上六：不明晦，初登于天，后入于地。《象》曰：“初登于天”，照四国也。“后入于地”，失则也。

---

① 据马王堆出土帛书《周易》改。李鼎祚《周易集解》引荀爽本亦作矢。

② 据马王堆出土帛书《周易》补入。

③ 据马王堆出土帛书《周易》补入。

家　人

䷤离下巽上　　家人：利女贞。

《彖》曰：《家人》，女正位乎内，男正位乎外，男女正，天地之大义也。家人有严君焉，父母之谓也。父父子子、兄兄弟弟、夫夫妇妇而家道正，正家而天下定矣。

《象》曰：风自火出，《家人》；君子以言有物而行有恒。

初九：闲有家，悔亡。《象》曰："闲有家"，志未变也。

六二：无攸遂，在中馈。贞吉。《象》曰：六二之吉，顺以巽也。

九三：家人嗃嗃，悔厉，吉。妇子嘻嘻，终吝。《象》曰："家人嗃嗃"，未失也。"妇子嘻嘻"，失家节也。

六四：富家，大吉。《象》曰："富家，大吉"，顺在位也。

九五：王假有家，勿恤。吉。《象》曰："王假有家"，交相爱也。

上九：有孚，威如。终吉。《象》曰："威如"之吉，反身之谓也。

睽

䷥兑下离上　　睽：小事吉。

《彖》曰：《睽》，火动而上，泽动而下，二女同居，其志不同行。说而丽乎明，柔进而上行，得中而应乎刚，是以小事吉。天地睽而其事同也，男女睽而其志通也，万物睽而其事类也。《睽》之时用大矣哉！

《象》曰：上火下泽，睽；君子以同而异。

初九：悔亡。丧马勿逐，自复。见恶人，无咎。《象》曰："见恶人"，以辟咎也。

九二：遇主于巷，无咎。《象》曰："遇主于巷"，未失道也。

六三：见舆曳，其牛掣，其人天且劓。无初，有终。《象》曰："见舆曳"，位不当也。"无初有终"，遇刚也。

九四：睽孤遇元夫，交孚。厉，无咎。《象》曰："交孚""无咎"，志行也。

六五：悔亡。厥宗噬肤，往，何咎？《象》曰："厥宗噬肤，往"，有庆也。

上九：睽孤见豕负涂，载鬼一车。先张之弧，后说之弧。匪寇，婚媾。往遇雨，则吉。《象》曰："遇雨"之吉，群疑亡也。

蹇

䷦艮下坎上　　蹇：利西南，不利东北。利见大人。贞吉。

《彖》曰：《蹇》，难也，险在前也，见险而能止，知矣哉！《蹇》"利西南"，往得中也。"不利东北"，其道穷也。"利见大人"，往有功也。当位"贞吉"，以正邦也。《蹇》之时用大矣哉！

《象》曰：山上有水，蹇；君子以反身修德。

初六：往蹇来誉。《象》曰："往蹇来誉"，宜待也。

六二：王臣蹇蹇，匪躬之故。《象》曰："王臣蹇蹇"，终无尤也。

九三：往蹇来反。《象》曰："往蹇来反"，内喜之也。

六四：往蹇来连。《象》曰："往蹇来连"，当位实也。

九五：大蹇朋来。《象》曰："大蹇朋来"，以中节也。

上六：往蹇来硕，吉。利见大人。《象》曰："往蹇来硕"，志在内也。"利见大人"，以从贵也。

解

䷧坎下震上　　解：利西南。无所往，其来复，吉。有攸往，夙吉。

《彖》曰：《解》，险以动，动而免乎险，解。《解》"利西南”，往得众也。“其来复，吉”，乃得中也。“有攸往，夙吉”，往有功也。天地解而雷雨作，雷雨作而百果草木皆甲坼，《解》之时大矣哉！

《象》曰：雷雨作，解；君子以赦过宥罪。

初六：无咎。《象》曰：刚柔之际，义无咎也。

九二：田获三狐，得黄矢。贞吉。《象》曰：九二“贞吉”，得中道也。

六三：负且乘，致寇至。贞吝。《象》曰：“负且乘”，亦可丑也。自我致戎，又谁咎也？

九四：解而拇，朋至斯孚。《象》曰：“解而拇”，未当位也。

六五：君子维有解，吉。有孚于小人。《象》曰：“君子有解”，小人退也。

上六：公用射隼于高墉之上，获之。无不利。《象》曰：“公用射隼”，以解悖也。

损

䷨兑下艮上　　损：有孚，元吉，无咎，可贞。利有攸往。曷之用？二簋可用享。

《彖》曰：《损》，损下益上，其道上行。损而“有孚，元吉，无咎，可贞”。“利有攸往”，“曷之用二簋，可用享”。二簋应有时，损刚益柔有时。损益盈虚，与时偕行。

《象》曰：山下有泽，损；君子以惩忿窒欲。

初九：已事遄往，无咎。酌损之。《象》曰：“已事遄往”，尚合志也。

九二：利贞。征，凶。弗损，益之。《象》曰：九二“利贞”，中以为志也。

六三：三人行则损一人，一人行则得其友。《象》曰：　人行，三则疑也。

六四：损其疾，使遄有喜，无咎。《象》曰：“损其疾”，亦可喜也。

六五：或益之十朋之龟，弗克违，元吉。《象》曰：六五“元吉”，自上祐也。

上九：弗损，益之，无咎，贞吉。利有攸往，得臣无家。《象》曰：“弗损，益之”，大得志也。

益

䷩震下巽上　　益：利有攸往。利涉大川。

《彖》曰：《益》，损上益下，民说无疆；自上下下，其道大光。“利有攸往”，中正有庆。“利涉大川”，木道乃行。益动而巽，日进无疆。天施地生，其益无方。凡《益》之道，与时偕行。

《象》曰：风雷，益；君子以见善则迁，有过则改。

初九：利用为大作，元吉，无咎。《象》曰：“元吉，无咎”，下不厚事也。

六二：或益之十朋之龟，弗克违，永贞吉。王用享于帝，吉。《象》曰：“或益之”，自外来也。

六三：益之用凶事，无咎。有孚，中行告公用圭。《象》曰：“益用凶事”，固有之也。

六四：中行告公，从。利用为（依）〔家〕[1] 迁国。《象》曰：“告公，从”，以益志也。

九五：有孚，惠心勿问，元吉。有孚，惠我德。《象》曰：“有孚，惠心”，勿问之矣。“惠我德”，大得志也。

上九：莫益之，或击之。立心勿恒，凶。《象》曰：“莫益之”，偏辞也。“或击之”，自外来也。

---

① 据马王堆出土帛书《周易》改。

夬

☱☰乾下兑上　夬：扬于王庭，孚号。有厉，告自邑。不利即戎。利有攸往。

《彖》曰：《夬》，决也，刚决柔也。健而说，决而和。“扬于王庭”，柔乘五刚也。“孚号有厉”，其危乃光也。“告自邑，不利即戎”，所尚乃穷也。“利有攸往”，刚长乃终也。

《象》曰：泽上于天，《夬》；君子以施禄及下，居德则忌。

初九：壮于前趾。往，不胜为咎。《象》曰：不胜而往，咎也。

九二：惕号，莫夜有戎，勿恤。《象》曰：“有戎，勿恤”，得中道也。

九三：壮于頄，有凶。君子夬夬独行，遇雨若濡。有愠，无咎。《象》曰：“君子夬夬”，终无咎也。

九四：臀无肤，其行次且。牵羊，悔亡。闻言不信。《象》曰：“其行次且”，位不当也。“闻言不信”，聪不明也。

九五：苋陆夬夬中行，无咎。《象》曰：“中行无咎”，中未光也。

上六：无号，终有凶。《象》曰：“无号”之凶，终不可长也。

姤

☰☴巽下乾上　姤：女壮，勿用取女。

《彖》曰：《姤》，遇也，柔遇刚也。“勿用取女”，不可与长也。天地相遇，品物咸章也。刚遇中正，天下大行也。《姤》之时义大矣哉！

《象》曰：天下有风，姤；后以施命诰四方。

初六：系于金柅，贞吉。有攸往，（见）凶。〔见〕羸豕孚蹢蹢。《象》曰："系于金柅"，柔道牵也。

九二：包有鱼。无咎，不利宾。《象》曰："包有鱼"，义不及宾也。

九三：臀无肤，其行次且。厉，无大咎。《象》曰："其行次且"，行未牵也。

九四：包无鱼，起凶。《象》曰："无鱼"之凶，远民也。

九五：以杞包瓜，含章，有陨自天。《象》曰：九五"含章"，中正也。"有陨自天"，志不舍命也。

上九：姤其角，吝，无咎。《象》曰："姤其角"，上穷吝也。

萃

䷬坤下兑上　　萃：（亨，）① 王假有庙。利见大人。亨，利贞。用大牲，吉。利有攸往。

《彖》曰：《萃》，聚也；顺以说，刚中而应，故聚也。"王假有庙"，致孝享也。"利见大人，亨"，聚以正也。"用大牲，吉，利有攸往"，顺天命也。观其所聚而天地万物之情可见矣。

《象》曰：泽上于地，萃；君子以除戎器，戒不虞。

初六：有孚不终，乃乱乃萃。若号，一握为笑，勿恤。往，无咎。《象》曰："乃乱乃萃"，其志乱也。

六二：引吉，无咎。孚乃利用禴。《象》曰："引吉，无咎"，中未变也。

六三：萃如嗟如，无攸利。往，无咎，小吝。《象》曰："往，无咎"，上巽也。

九四：大吉，无咎。《象》曰："大吉，无咎"，位不当也。

九五：萃有位，无咎。匪孚，元永贞。悔亡。《象》曰："萃有位"，志未光也。

---

① 此亨字衍，据《周易》卦辞文例可知。马王堆出土帛书《周易》正无此亨字。

上六：赍咨涕洟，无咎。《象》曰：“赍咨涕洟”，未安上也。

升

䷭巽下坤上　　升：元亨。用见大人，勿恤。南征，吉。

《彖》曰：柔以时升。巽而顺，刚中而应，是以大亨。“用见大人，勿恤”，有庆也。“南征，吉”，志行也。

《象》曰：地中生木，升；君子以顺德，积小以高大。

初六：允升，大吉。《象》曰：“允升，大吉”，上合志也。

九二：孚乃利用禴，无咎。《象》曰：九二之孚，有喜也。

九三：升虚邑。《象》曰：“升虚邑”，无所疑也。

六四：王用亨于岐山，吉，无咎。《象》曰：“王用亨于岐山”，顺事也。

六五：贞吉。升阶。《象》曰：“贞吉”“升阶”，大得志也。

上六：冥升，利于不息之贞。《象》曰：冥升在上，消不富也。

困

䷮坎下兑上　　困：亨。贞，大人吉。无咎。有言不信。

《彖》曰：《困》，刚掩也。险以说，困而不失其所亨，其唯君子乎！“贞，大人吉”，以刚中也。“有言不信”，尚口乃穷也。

《象》曰：泽无水，困；君子以致命遂志。

初六：臀困于株木，入于幽谷，三岁不觌。《象》曰：“入于幽谷”，幽不明也。

九二：困于酒食，朱绂方来。利用亨祀。征，凶。无咎。《象》曰：“困于酒食”，中有庆也。

六三：困于石，据于蒺藜。入于其宫，不见其妻。凶。《象》曰：“据于蒺藜”，乘刚也。“入于其宫，不见其妻”，不祥也。

九四：来徐徐，困于金车。吝，有终。《象》曰：“来徐徐”，志在下也。虽不当位，有与也。

九五：劓刖，困于赤绂，乃徐有说。利用祭祀。《象》曰：鼻刖，志未得也。“乃徐有说”，以中直也。“利用祭祀”，受福也。

上六：困于葛藟，于臲卼。曰动，悔，有悔。征，吉。《象》曰：“困于葛藟。”未当也。“动，悔，有悔”，吉行也。

井

䷯巽下坎上　　井：改邑不改井，无丧无得，往来井井。汔至，亦未繘井，羸其瓶，凶。

《彖》曰：巽乎水而上水，《井》。井，养而不穷也。“改邑不改井”，乃以刚中也。“汔至亦未繘井”，未有功也。“羸其瓶”，是以凶也。

《象》曰：木上有水，井；君子以劳民劝相。

初六：井泥不食。旧井无禽。《象》曰：“井泥不食”，下也。“旧井无禽”，时舍也。

九二：井谷射鲋，瓮敝漏。《象》曰：“井谷射鲋”，无与也。

九三：井渫不食，为我心恻，可用汲。王明，并受其福。《象》曰：“井渫不食”，行恻也。求王明，受福也。

六四：井甃，无咎。《象》曰：“井甃，无咎”，修井也。

九五：井洌，寒泉，食。《象》曰：“寒泉”之食，中正也。

上六：井收勿幕，有孚，元吉。《象》曰：元吉在上，大成也。

革

䷰离下兑上　　革：巳日乃孚。元亨，利贞。悔亡。

《彖》曰：《革》，水火相息，二女同居，其志不相得，曰“革”。“巳日乃孚”，革而信之。文明以说，大亨以正。革而当，其悔乃亡。天地革而四时成。汤武革命，顺乎天而应乎人。《革》之时大矣哉！

《象》曰：泽中有火，革；君子以治历明时。

初九：巩用黄牛之革。《象》曰：“巩用黄牛”，不可以有为也。

六二：巳日乃革之。征，吉。无咎。《象》曰：“巳日革之”，行有嘉也。

九三：征，凶。贞厉。革言三就，有孚。《象》曰：“革言三就”，又何之矣？

九四：悔亡。有孚，改命，吉。《象》曰：“改命”之吉，信志也。

九五：大人虎变。未占，有孚。《象》曰：“大人虎变”，其文炳也。

上六：君子豹变，小人革面。征，凶。居，贞吉。《象》曰：“君子豹变”，其文蔚也。“小人革面”，顺以从君也。

鼎

☲巽下离上　　鼎：元（吉）① 亨。

《彖》曰：《鼎》，象也。以木巽火，亨饪也。圣人亨以享上帝，而大亨以养圣贤。巽而耳目聪明，柔进而上行，得中而应乎刚，是以元亨。

《象》曰：木上有火，鼎；君子以正位凝命。

初六：鼎颠趾，利出否。得妾以其子。无咎。《象》曰：“鼎颠趾”未悖也。“利出否”，以从贵也。

九二：鼎有实，我仇有疾，不我能即。吉。《象》曰：“鼎有实”，慎所之也。“我仇有疾”，终无尤也。

---

① 吉字衍，由下彖辞可知。

九三：鼎耳革，其行塞。雉膏不食，方雨亏悔。终吉。《象》曰：“鼎耳革”，失其义也。

九四：鼎折足，覆公餗，其形渥。凶。《象》曰：“覆公餗”，信如何也？

六五：鼎黄耳金铉，利贞。《象》曰：“鼎黄耳”，中以为实也。

上九：鼎玉铉，大吉，无不利。《象》曰：玉铉在上，刚柔节也。

震

䷲震下震上　　震：亨。震来虩虩。笑言哑哑。震惊百里，不丧匕鬯。

《彖》曰：《震》，亨。“震来虩虩”，恐致福也。“笑言哑哑”，后有则也。“震惊百里”，惊远而惧迩也。〔“不丧匕鬯”，〕①出可以守宗庙社稷，以为祭主也。

《象》曰：洊雷，震；君子以恐惧修省。

初九：震来虩虩，后笑言哑哑，吉。《象》曰：“震来虩虩”，恐致福也。“笑言哑哑”，后有则也。

六二：震来厉，亿丧贝，跻于九陵。勿逐，七日得。《象》曰：“震来厉”，乘刚也。

六三：震苏苏。震行无眚。《象》曰：“震苏苏”，位不当也。

九四：震遂泥。《象》曰：“震遂泥”，未光也。

六五：震往来厉，意无丧有事。《象》曰：“震往来厉”，危行也。其事在中，大无丧也。

上六：震索索，视矍矍。征，凶。震不于其躬，于其邻。无咎。婚媾有言。《象》曰：“震索索”，中未得也。虽凶，无咎，

① 据文义句法及王绯注、孔颖达疏补入。

畏邻戒也。

艮

䷳艮下艮上　〔艮:〕① 艮其背，不获其身。行其庭，不见其人。无咎。

《彖》曰：《艮》，止也。时止则止，时行则行。动静不失其时，其道光明。艮其止，止其所也。上下敌应，不相与也。是以不获其身，行其庭不见其人，无咎也。

《象》曰：兼山，艮；君子以思不出其位。

初六：艮其趾，无咎。利永贞。《象》曰："艮其趾"，未失正也。

六二：艮其腓，不拯其随，其心不快。《象》曰："不拯其随"，未退听也。

九三：艮其限，列其夤，厉熏心。《象》曰："艮其限"，危熏心也。

六四：艮其身，无咎。《象》曰："艮其心"，止诸躬也。

六五：艮其辅，言有序。悔亡。《象》曰："艮其辅"，以中正也。

上九：敦艮，吉。《象》曰："敦艮"之吉，以厚终也。

渐

䷴艮下巽上　渐：女归，吉。利贞。

《彖》曰：《渐》之进也，女归吉也。进得位，往有功也。进以正，可以正邦也。其位，刚得中也。止而巽，动不穷也。

《象》曰：山上有木，渐；君子以居贤德善俗。

---

① 依《周易》全经文例补此卦名。

初六：鸿渐于干，小子厉，有言，无咎。《象》曰：小子之厉，义无咎也。

六二：鸿渐于磐，饮食衎衎。吉。《象》曰："饮食衎衎"，不素饱也。

九三：鸿渐于陆，夫征不复，妇孕不育。凶，利御寇。《象》曰："夫征不复"，离群丑也。"妇孕不育"，失其道也。"利用御寇"，顺相保也。

六四：鸿渐于木，或得其桷。无咎。《象》曰："或得其桷"，顺以巽也。

九五：鸿渐于陵，妇三岁不孕，终莫之胜。吉。《象》曰："终莫之胜，吉"，得所愿也。

上九：鸿渐于陆[①]，其羽可用为仪。吉。《象》曰："其羽可用为仪，吉"，不可乱也。

归　妹

䷵兑下震上　　归妹：征，凶。无攸利。

《彖》曰：《归妹》，天地之大义也。天地不交而万物不兴。《归妹》，人之终始也，说以动，所归妹也。"征，凶"，位不当也。"无攸利"，柔乘刚也。

《象》曰：泽上有雷，《归妹》；君子以永终知敝。

初九：归妹以娣。跛能履。征，吉。《象》曰："归妹以娣"，以恒也。"跛能履"，吉相承也。

九二：眇能视。利幽人之贞。《象》曰："利幽人之贞"，未变常也。

六三：归妹以须，反归以娣。《象》曰："归妹以须"，未当也。

---

① 江永、王引之、俞樾以为陆当作阿，但帛书《周易》作陆，不当轻改。宋人以为当作逵，疏矣。

九四：归妹愆期，迟归有时。《象》曰："愆期"之志，有待而行也。

六五：帝乙归妹，其君之袂不如其娣之袂良。月几望，吉。《象》曰：帝乙归妹，不知其娣之袂良也。其位在中，以贵行也。

上六：女承筐无实，士刲羊无血。无攸利。《象》曰：上六"无实"，承虚筐也。

丰

䷶离下震上　　丰：亨，王假之。勿忧。宜日中。

《彖》曰：丰，大也。明以动，故丰。"王假之"，尚大也。"勿忧，宜日中"，宜教天下也。日中则昃，月盈则食。天地盈虚，与时消息。而况于人乎？况于鬼神乎？

《象》曰：雷电皆至，丰；君子以折狱致刑。

初九：遇其配主，虽旬无咎。往，有尚。《象》曰："虽旬无咎"，过旬灾也。

六二：丰其蔀，日中见斗[①]。往，得疑疾。有孚发若，吉。《象》曰："有孚发若"，信以发志也。

九三：丰其沛，日中见沬。折其右肱。无咎。《象》曰："丰其沛"，不可大事也。"折其右肱"，终不可用也。

九四：丰其蔀，日中见斗。遇其夷主，吉。《象》曰："丰其蔀"，位不当也。"日中见斗"，幽不明也。"遇其夷主，吉"，行也。

六五：来章，有庆誉。吉。《象》曰：六五之吉，有庆也。

上六：丰其屋，蔀其家。窥其户，阒其无人，三岁不觌。凶。《象》曰："丰其屋"，天际翔也。"窥其户，阒其无人"，自藏也。

---

① 见斗，陆德明《周易音义》云："孟作见主。"今按：帛书《周易》作斗。

旅

䷷艮下离上　　旅：小亨。旅贞吉。

《象》曰：《旅》“小亨”，柔得中乎外而顺乎刚，止而丽乎明，是以“小亨，旅贞吉”也。《旅》之时义大矣哉！

《象》曰：山上有火，旅；君子以明慎用刑而不留狱。

初六：旅琐琐，斯其所，取灾。《象》曰：“旅琐琐”，志穷灾也。

六二：旅即次，怀其资。得童仆，贞。《象》曰：“得童仆，贞”，终无尤也。

九三：旅焚其次，丧其童仆，贞厉。《象》曰：“旅焚其次”，亦以伤矣。以旅与下，其义丧也。

九四：旅于处，得其资斧，我心不快。《象》曰：“旅于处”，未得位也。“得其资斧”，心未快也。

六五：射雉一矢亡，终以誉命。《象》曰：“终以誉命”，上逮也。

上九：鸟焚其巢，旅人先笑后号咷。丧牛于易。凶。《象》曰：以旅在上，其义焚也。“丧牛于易”，终莫之闻也。

巽

䷸巽下巽上　　巽：小亨。利有攸往。利见大人。

《象》曰：重巽以申命，刚巽乎中正而志行，柔皆顺乎刚，是以“小亨，利有攸往，利见大人”。

《象》曰：随风，巽；君子以申命行事。

初六：进退，利武人之贞。《象》曰：“进退”，志疑也。“利武人之贞”，志治也。

九二：巽在床下，用史巫纷若。吉，无咎。《象》曰：“纷若”之吉，得中也。

九三：频巽，吝。《象》曰："频巽"之吝，志穷也。

六四：悔亡。田获三品。《象》曰："田获三品"，有功也。

九五：贞吉。悔亡。无不利。无初，有终。先庚三日，后庚三日，吉。《象》曰：九五之吉，位正中也。

上九：巽在床下，丧其资斧。贞凶。《象》曰："巽在床下"，上穷也。"丧其资斧"，正乎凶也。

兑

䷹兑下兑上　　兑：亨，利贞。

《彖》曰：《兑》，说也。刚中而柔外，说以利贞，是以顺乎天而应乎人。说以先民，民忘其劳。说以犯难，民忘其死。《说》之大，民劝矣哉！

《象》曰：丽泽，兑；君子以朋友讲习。

初九：和兑。吉。《象》曰："和兑"之吉，行未疑也。

九二：孚兑。吉。悔亡。《象》曰："孚兑"之吉，信志也。

六三：来兑。凶。《象》曰："来兑"之凶，位不当也。

九四：商兑未宁，介疾有喜。《象》曰：九四之喜，有庆也。

九五：孚于剥，有厉。《象》曰："孚于剥"，位正当也。

上六：引兑。《象》曰：上六"引兑"，未光也。

涣

䷺坎下巽上　　涣：亨，王假有庙。利涉大川。利贞。

《彖》曰：《涣》"亨"，刚来而不穷，柔得位乎外而上同。"王假有庙"，王乃在中也。"利涉大川"，乘木有功也。

《象》曰：风行水上，涣；先王以享于帝立庙。

初六：用拯马壮，吉。《象》曰：初六之吉，顺也。

九二：涣奔其机。悔亡。《象》曰："涣奔其机"，得愿也。

六三：涣其躬，无悔。《象》曰："涣其躬"，志在外也。

六四：涣其群，元吉。涣有丘，匪夷所思。《象》曰：“涣其群，元吉”，光大也。

九五：涣汗其大，号涣，王居无咎。《象》曰：“王居，无咎”，正位也。

上九：涣其血去逖出，无咎。《象》曰：“涣其血”，远害也。

节

䷻兑下坎上　　节：亨。苦节，不可贞。

《彖》曰：《节》“亨”，刚柔分而刚得中。“苦节不可贞”，其道穷也。说以行险，当位以节，中正以通。天地节而四时成，节以制度，不伤财，不害民。

《象》曰：泽上有水，节；君子以制数度，议德行。

初九：不出户庭，无咎。《象》曰：“不出户庭”，知通塞也。

九二：不出门庭，凶。《象》曰：“不出门庭，凶”，失时极也。

六三：不节若，则嗟若。无咎。《象》曰：“不节”之嗟，又谁咎也？

六四：安节，亨。《象》曰：“安节”之亨，承上道也。

九五：甘节，吉。往，有尚。《象》曰：“甘节”之吉，居位中也。

上六：苦节，贞凶。（悔亡。）《象》曰：“苦节”“贞凶”，其道穷也。

中　孚

䷼兑下巽上　　中孚：豚鱼吉。利涉大川。利贞。

《彖》曰：《中孚》，柔在内而刚得中，说而巽，孚乃化邦也。“豚鱼吉”，信及豚鱼也。“利涉大川”，乘木舟虚也。中孚以利贞，乃应乎天也。

《象》曰：泽上有风，中孚；君子以议狱缓死。

初九：虞，吉。有它，不燕。《象》曰：初九“虞，吉”，志未变也。

九二：鸣鹤在阴，其子和之。我有好爵，吾与尔靡之。《象》曰：“其子和之”，中心愿也。

六三：得敌，或鼓或罢，或泣或歌。《象》曰：“或鼓或罢”，位不当也。

六四：月几亡，马匹亡。无咎。《象》曰：“马匹亡”，绝类上也。

九五：有孚挛如，无咎。《象》曰：“有孚挛如”，位正当也。

上九：翰音登于天。贞，凶。《象》曰：“翰音登于天”，何可长也？

小 过

䷽艮下震上　　小过：亨，利贞。可小事，不可大事。飞鸟遗之音，不宜上，宜下。大吉。

《彖》曰：《小过》，小者过而亨也。过以利贞，与时行也。柔得中，是以小事吉也。刚失位而不中，是以不可大事也。有飞鸟之象焉。“飞鸟遗之音，不宜上，宜下，大吉”，上逆而下顺也。

《象》曰：山上有雷，小过；君子以行过乎恭，丧过乎哀，用过乎俭。

初六：飞鸟以，凶。《象》曰：“飞鸟以，凶”，不可如何也。

六二：过其祖，遇其妣。不及其君，遇其臣。无咎。《象》曰：“不及其君”，臣不可过也。

九三：弗过防之，从或戕之。凶。《象》曰：“从或戕之”，凶如何也！

九四：无咎。弗过遇之，往厉必戒。勿用永贞。《象》曰：“弗过遇之”，位不当也。“往厉必戒”，终不可长也。

六五：密云不雨，自我西郊。公弋，取彼在穴。《象》曰：

“密云不雨”，已上也。

上六：弗遇过之，飞鸟离之。凶。是谓灾眚。《象》曰：“弗遇过之”，已亢也。

既　济

䷾离下坎上　　既济：亨小，利贞。初吉，终乱。

《彖》曰：《既济》“亨”，小者亨也。“利贞”，刚柔正而位当也。“初吉”，柔得中也。终止则乱，其道穷也。

《象》曰：水在火上，既济；君子以思患而豫防之。

初九：曳其轮，濡其尾。无咎。《象》曰：“曳其轮”，义无咎也。

六二：妇丧其茀，勿逐，七日得。《象》曰：“七日得”，以中道也。

九三：高宗伐鬼方，三年克之。小人勿用。《象》曰：“三年克之”，惫也。

六四：繻有衣袽，终日戒。《象》曰：“终日戒”，有所疑也。

九五：东邻杀牛，不如西邻之禴祭，实受其福。《象》曰：东邻杀牛，不如西邻之时也。“实受其福”，吉大来也。

上六：濡其首，厉。《象》曰：“濡其首，厉”，何可久也！

未　济

䷿坎下离上　　未济：亨。小狐汔济，濡其尾。无攸利。

《彖》曰：《未济》“亨”，柔得中也。“小狐汔济”，未出中也。“濡其尾，无攸利”，不续终也。虽不当位，刚柔应也。

《象》曰：火在水上，未济；君子以慎辨物居方。

初六：濡其尾，吝。《象》曰：“濡其尾”，亦不知极也。

九二：曳其轮，贞吉。《象》曰：九二“贞吉”，中以行正也。

六三：未济。征，凶。利涉大川。《象》曰："未济，征，凶"，位不当也。

九四：贞吉。悔亡。震用伐鬼方，三年，有赏于大国。《象》曰："贞吉，悔亡"，志行也。

六五：贞吉。无悔。君子之光，有孚。吉。《象》曰："君子之光"，其晖吉也。

上九：有孚于饮酒，无咎。濡其首，有孚失是。《象》曰：饮酒濡首，亦不知节也。

系辞上

天尊地卑，乾坤定矣。卑高以陈，贵贱位矣。动静有常，刚柔断矣。方以类聚，物以群分，吉凶生矣。在天成象，在地成形，变化见矣。是故刚柔相摩，八卦相荡。鼓之以雷霆，润之以风雨；日月运行，一寒一暑。乾道成男，坤道成女；乾知大始，坤作成物。乾以易知，坤以简能；易则易知，简则易从。易知则有亲，易从则有功；有亲则可久，有功则可大；可久则贤人之德，可大则贤人之业。易、简而天下之理得矣。天下之理得而〔《易》〕①成位乎其中矣。

圣人设卦，观象系辞焉而明吉凶，刚柔相推而生变化。是故吉凶者失得之象也，悔吝者忧虞之象也，变化者进退之象也，刚柔者昼夜之象也。六爻之动，三极之道也。是故君子所居而安者，《易》之（序）〔象〕② 也；所乐而玩者，爻之辞也。是故君子居则观其象而玩其辞，动则观其变而玩其占，是以自天祐之，吉无不利。

---

① 陆德明《周易音义》云："马、王肃作'而易成位乎其中'。"揆之文义，衡以文法，有"易"字者是也。虞本亦有"易"字。

② 下文"观其象而玩其辞"，则此"序"当作"象"可知。虞本正作"象"，是也。

《彖》者，言乎象者也。爻者，言乎变者也。吉凶者，言乎其失得也。悔吝者，言乎其小疵也。无咎者，善补过也。是故列贵贱者存乎位，齐小大者存乎卦，辩吉凶者存乎辞，忧悔吝者存乎介，震无咎者存乎悔。是故卦有小大，辞有险易，——辞也者，各指其所之。

《易》与天地准，故能弥纶天地之道。仰以观于天文，俯以察于地理，是故知幽明之故。原始反终，故知死生之说。精气为物，游魂为变，是故知鬼神之情状。与天地相似，故不违。知周乎万物而道济天下，故不过。旁行而不流，乐天知命，故不忧。安土敦乎仁，故能爱。范围天地之化而不过，曲成万物而不遗，通乎昼夜之道而知，故神无方而《易》无体。

一阴一阳之谓道。继之者善也，成之者性也。仁者见之谓之仁，知者见之谓之知。百姓日用而不知，故君子之道鲜矣。显诸仁，藏诸用，鼓万物而不与圣人同忧，盛德大业至矣哉！富有之谓大业，日新之谓盛德。生生之谓易。成象之谓乾，效法之谓坤。极数知来之谓占。通变之谓事。阴阳不测之谓神。

夫易广矣大矣！以言乎远则不御，以言乎迩则静而正，以言乎天地之间则备矣。夫乾，其静也专，其动也直，是以大生焉。夫坤，其静也翕，其动也辟，是以广生焉。广大配天地，变通配四时，阴阳之义配日月，易简之善配至德。

子曰：易其至矣乎！夫易，圣人所以崇德而广业也。知崇礼卑，崇效天，卑法地。天地设位而易行乎其中矣。成性存存，道义之门。圣人有以见天下之赜，而拟诸其形容，象其物宜，是故谓之象；圣人有以见天下之动，而观其会通以行其典礼，系辞焉以断其吉凶，是故谓之爻：言天下之至赜而不可恶也，言天下之至动而不可乱也。拟之而后言，议之而后动，拟议以成其变化。

“鸣鹤在阴，其子和之。我有好爵，吾与尔靡之。”子曰：君子居其室，出其言善，则千里之外应之，况其迩者乎？居其室，出其言不善，则千里之外违之，况其迩者乎？言出乎身，加乎民。行发乎迩，见乎远。言行，君子之枢机。枢机之发，荣辱之主也。

言行，君子之所以动天地也，可不慎乎？

“同人先号咷而后笑。”子曰：君子之道，或出或处，或默或语。二人同心，其利断金。同心之言，其臭如兰。

“初六：藉用白茅，无咎。”子曰：苟错诸地而可矣，藉之用茅，何咎之有？慎之至也！夫茅之为物薄而用可重也，慎斯术也以往，其无所失矣。

“劳谦，君子有终，吉。”子曰：劳而不伐，有功而不德，厚之至也，语以其功下人者也。德言盛，礼言恭。谦也者，致恭以存其位者也。

“亢龙有悔。”子曰：贵而无位，高而无民，贤人在下位而无辅，是以动而有悔也。

“不出户庭，无咎。”子曰：乱之所生也，则言语以为阶。君不密则失臣，臣不密则失身，几事不密则害成，是以君子慎密而不出也。

子曰：作《易》者其知盗乎？《易》曰：“负且乘，致寇至。”负也者，小人之事也。乘也者，君子之器也。小人而乘君子之器，盗思夺之矣。上慢下暴，盗思伐之矣。慢藏诲盗，冶容诲淫。《易》曰：“负且乘，致寇至。”盗之招也。

〔天一，地二。天三，地四。天五，地六。天七，地八。天九，地十。天数五，地数五；五位相得而各有合。天数二十有五，地数三十，凡天地之数五十有五。此所以成变化而行鬼神也。〕①大衍之数五十，其用四十有九。分而为二以象两，挂一以象三，揲之以四以象四时，归奇于扐以象闰。五岁再闰，故再扐而后(挂)〔卦〕。(天数五，地数五；五位相得而各有合。天数二十有五，地数三十，凡天地之数五十有五。此所以成变化而行鬼神也。)乾之策二百一十有六，坤之策百四十有四，凡三百有六十，当期之日。二篇之策，万有一千五百二十，当万物之数也。是故

---

① “天一”至“地十”，本在“子曰夫易何为者也”之前。“天数五”至“行鬼神也”，本在“大衍”数句之后。朱熹《周易本义》谓之为错简，移置于此。今从之。

四营而成《易》，十有八变而成卦，八卦而小成。引而伸之，触类而长之，天下之能事毕矣。显道神德行，是故可与酬酢，可与祐神矣。子曰：知变化之道者，其知神之所为乎！

《易》有圣人之道四焉：以言者尚其辞，以动者尚其变，以制器者尚其象，以卜筮者尚其占。是以君子将有为也，将有行也，问焉而以言。其受命也如响，无有远近幽深，遂知来物。非天下之至精，其孰能与于此？参伍以变，错综其数。通其变，遂成天下之文；极其数，遂定天下之象。非天下之至变，其孰能与于此？《易》，无思也，无为也，寂然不动，感而遂通天下之故。非天下之至神，其孰能与于此？夫《易》，圣人之所以极深而研幾也。唯深也，故能通天下之志。唯几也，故能成天下之务。唯神也，故不疾而速，不行而至。子曰：《易》有圣人之道四焉者，此之谓也。

（天一，地二。天三，地四。天五，地六。天七，地八。天九，地十。）子曰：夫《易》何为者也？夫《易》，开物成务，冒天下之道，如斯而已者也。是故圣人以通天下之志，以定天下之业，以断天下之疑。是故蓍之德圆而神，卦之德方以知，六爻之义易以贡。圣人以此洗心，退藏于密，吉凶与民同患，神以知来，知以藏往。其孰能与于此哉？古之聪明睿知、神武而不杀者夫！是以明于天之道而察于民之故，是兴神物以前民用，圣人以此斋戒以神明其德夫！是故阖户谓之坤，辟户谓之乾，一阖一辟谓之变，往来不穷谓之通，见乃谓之象，形乃谓之器，制而用之谓之法，利用出入、民咸用之谓之神。是故《易》有太极，是生两仪，两仪生四象，四象生八卦，八卦定吉凶，吉凶生大业。是故法象莫大乎天地，变通莫大乎四时，悬象著明莫大乎日月，崇高莫大乎富贵，备物致用、立成器以为天下利莫大乎圣人，探赜索隐、钩深致远以定天下之吉凶、成天下之亹亹者莫大乎蓍龟。是故天生神物，圣人则之；天地变化，圣人效之；天垂象，见吉凶，圣人象之；河出图，洛出书，圣人则之。《易》有四象，所以示也；系辞焉，所以告也；定之以吉凶，所以断也。

《易》曰："自天祐之，吉无不利。"子曰：祐者助也，天之所助者顺也，人之所助者信也。履信思乎顺，又以尚贤也，是以"自天祐之，吉无不利"也。

子曰：书不尽言，言不尽意。然则圣人之意其不可见乎？子曰：圣人立象以尽意，设卦以尽情伪，系辞焉以尽其言，变而通之以尽利，鼓之舞之以尽神。乾坤其《易》之缊邪？乾坤成列，而《易》立乎其中矣。乾坤毁，则无以见《易》。《易》不可见，则乾坤或几乎息矣。是故形而上者谓之道，形而下者谓之器，化而裁之谓之变，推而行之谓之通，举而措之天下之民谓之事业。是故夫象，圣人有以见天下之赜而拟诸其形容、象其物宜，是故谓之象。圣人有以见天下之动而观其会通以行其典礼，系辞焉以断其吉凶，是故谓之爻。极天下之赜者存乎卦。鼓天下之动者存乎辞。化而裁之存乎变。推而行之存乎通。神而明之存乎其人。默而成之，不言而信，存乎德行。

系辞下

八卦成列，象在其中矣。因而重之，爻在其中矣。刚柔相推，变在其中矣。系辞焉而命之，动在其中矣。吉凶悔吝者，生乎动者也。刚柔者，立本者也。变通者，趣时者也。吉凶，贞胜者也。天地之道，贞观者也。日月之道，贞明者也。天下之动，贞夫一者也。夫《乾》，确然示人易矣。夫《坤》，隤然示人简矣。爻也者，效此者也。象也者，像此者也。爻象动乎内，吉凶见乎外，功业见乎变，圣人之情见乎辞。天地之大德曰生，圣人之大宝曰位，何以守位曰仁，何以聚人曰财，理财、正辞、禁民为非曰义。

古者包牺氏之王天下也，仰则观象于天，俯则观法于地，观鸟兽之文与地之宜，近取诸身，远取诸物，于是始作八卦，以通神明之德，以类万物之情。作结绳而为罔罟，以佃以渔，盖取诸《离》。包牺氏没，神农氏作，斫木为耜，揉木为耒，耒耨之利以教天下，盖取诸《益》。日中为市，致天下之民，聚天下之货，交易而退，各得其所，盖取诸《噬嗑》。神农氏没，黄帝尧舜氏作，通其变，使民不倦；神而化之，使民宜之；易穷则变，变则通，通则久；是以自天祐之，吉无不利，黄帝尧舜垂衣裳而天下治：盖取诸《乾》《坤》。刳木为舟，剡木为楫，舟楫之利以济不通，致远以利天下，盖取诸《涣》。服牛乘马，引重致远以利天下，盖取诸《随》。重门击柝以待暴客，盖取诸《豫》。断木为杵，掘地为臼；臼杵之利，万民以济：盖取诸《小过》。弦木为弧，剡木为矢；弧矢之利，以威天下：盖取诸《睽》。上古穴居而野处，后世圣人易之以宫室，上栋下宇，以待风雨，盖取诸《大壮》。古之葬者，厚衣之以薪，葬之中野，不封不树，丧期无数；后世圣人易之以棺椁，盖取诸《大过》。上古结绳而治，后世圣人易之以书契，百官以治，万民以察，盖取诸《夬》。

是故《易》者象也，象也者像也；《彖》者材也；《爻》也者，效天下之动者也。是故吉凶生而悔吝著也。

阳卦多阴，阴卦多阳，其故何也？阳卦奇，阴卦耦，其德行何也？阳一君而二民，君子之道也。阴二君而一民，小人之道也。

《易》曰："憧憧往来，朋从尔思。"子曰：天下何思何虑？天下同归而殊涂，一致而百虑，天下何思何虑！日往则月来，月往则日来，日月相推而明生焉。寒往则暑来，暑往则寒来，寒暑相推而岁成焉。往者屈也，来者信也，屈信相感而利生焉。尺蠖之屈，以求信也。龙蛇之蛰，以存身也。精义入神，以致用也。利用安身，以崇德也。过此以往，未之或知也。穷神知化，德之盛也。

《易》曰："困于石，据于蒺藜。入于其宫，不见其妻。凶。"子曰：非所困而困焉，名必辱。非所据而据焉，身必危。既辱且危，死期将至，妻其可得见邪？

《易》曰："公用射隼于高墉之上，获之，无不利。"子曰：隼者，禽也。弓矢者，器也。射之者，人也。君子藏器于身，待时而动，何不利之有？动而不括，是以出而有获，语成器而动者也。

子曰：小人不耻不仁，不畏不义，不见利不劝，不威不惩。小惩而大诫，此小人之福也。《易》曰："（履）〔屦〕校灭趾，无咎。"此之谓也。善不积不足以成名，恶不积不足以灭身。小人以小善为无益而弗为也，以小恶为无伤而弗去也。故恶积而不可掩，罪大而不可解。《易》曰："何校灭耳，凶。"

子曰：危者，安其位者也。亡者，保其存者也。乱者，有其治者也。是故君子安而不忘危，存而不忘亡，治而不忘乱，是以身安而国家可保也。《易》曰："其亡其亡，系于苞桑。"

子曰：德薄而位尊，知小而谋大，力（小）〔少〕[①] 而任重，鲜不及矣！《易》曰："鼎折足，覆公餗，其形渥。凶。"言不胜其任也。

子曰：知几其神乎！君子上交不谄，下交不渎，其知几乎？几者动之微，吉之先见者也。君子见几而作，不俟终日。《易》曰："介于石，不终日。贞吉。"介如石焉，宁用终日，断可识矣。君子知微知彰，知柔知刚，万夫之望。

子曰：颜氏之子，其殆庶几乎！有不善未尝不知，知之未尝复行也。《易》曰："不远复，无祇悔。元吉。"

天地絪缊，万物化醇。男女构精，万物化生。《易》曰："三人行则损一人，一人行则得其友。"言致一也。

子曰：君子安其身而后动，易其心而后语，定其交而后求。君子修此三者，故全也。危以动，则民不与也。惧以语，则民不应也。无交而求，则民不与也。莫之与，则伤之者至矣。《易》曰："莫益之，或击之。立心勿恒，凶。"

子曰：《乾》《坤》，其《易》之门邪！乾，阳物也。坤，阴物也。阴阳合德而刚柔有体，以体天地之撰，以通神明之德。其称名也杂而不越，於稽其类，其衰世之意邪？夫《易》，彰往而察来，而微显阐幽，开而当名。辨物正言，断辞则备矣。其称名

① 据阮元《校勘记》改。

也小，其取类也大。其旨远，其辞文，其言曲而中，其事肆而隐，因贰以济民行，以明失得之报。

《易》之兴也，其于中古乎？作《易》者，其有忧患乎？是故《履》，德之基也；《谦》，德之柄也；《复》，德之本也；《恒》，德之固也；《损》，德之修也；《益》，德之裕也；《困》，德之辨也；《井》，德之地也；《巽》，德之制也。《履》，和而至。《谦》，尊而光。《复》，小而辨于物。《恒》，杂而不厌。《损》，先难而后易。《益》，长裕而不设。《困》，穷而通。《井》，居其所而迁。《巽》，称而隐。《履》以和行。《谦》以制礼。《复》以自知。《恒》以一德。《损》以远害。《益》以兴利。《困》以寡怨。《井》以辨义。《巽》以行权。

《易》之为书也不可远，为道也屡迁，变动不居，周流六虚；上下无常，刚柔相易，不可为典要，唯变所适。其出入以度外内，使知惧；又明于忧患与故，无有师保，如临父母。初率其辞而揆其方，既有典常；苟非其人，道不虚行。

《易》之为书也，原始要终以为质也。六爻相杂，唯其时务也。其初难知，其上易知，本末也；初辞拟之，卒成之终。若夫杂物撰德，辨是与非，则非其中爻不备。噫！亦要存亡吉凶，则居可知矣。知者观其《彖》辞，则思过半矣。二与四，同功而异位，其善不同。二多誉；四多惧，近也。柔之为道不利远者，其要无咎，其用柔中也。三与五，同功而异位。三多凶，五多功，贵贱之等也；其柔危，其刚胜邪？

《易》之为书也，广大悉备，有天道焉，有人道焉，有地道焉。兼三才而两之，故六。六者非它也，三才之道也。道有变动，故曰爻。爻有等，故曰物。物相杂，故曰文。文不当，故吉凶生焉。

《易》之兴也，其当殷之末世、周之盛德邪？当文王与纣之事邪？是故其辞危，危者使平，易者使倾。其道甚大，百物不废。惧以终始，其要无咎。此之谓《易》之道也。

夫乾，天下之至健也，德行恒易以知险；夫坤，天下之至顺也，德行恒简以知阻：能说诸心，能研诸（侯之）[①] 虑，定天下之吉凶，成天下之亹亹者。是故变化云为，吉事有祥，象事知器，占事知来。天地设位，圣人成能；人谋鬼谋，百姓与能。八卦以象告，《爻》《彖》以情言，刚柔杂居而吉凶可见矣。变动以利言，吉凶以情迁，是故爱恶相攻而吉凶生，远近相取而悔吝生，情伪相感而利害生。凡《易》之情近而不相得，则凶或害之，悔且吝。将叛者其辞惭，中心疑者其辞枝，吉人之辞寡，躁人之辞多，诬善之人其辞游，失其守者其辞屈。

说　卦

昔者圣人之作《易》也，幽赞于神明而生蓍，参天两地而倚数，观变于阴阳而立卦，发挥于刚柔而生爻，和顺于道德而理于义，穷理尽性以至于命。昔者圣人之作《易》也，将以顺性命之理，是以立天之道曰阴与阳，立地之道曰柔与刚，立人之道曰仁与义，兼三才而两之，故《易》六画而成卦；分阴分阳，迭用柔刚，故《易》六位而成章。天地定位，山泽通气，（雷风相薄，）水火（不）相射，〔雷风相搏，〕[②] 八卦相错。数往者顺，知来者逆，是故《易》逆数也。

雷以动之，风以散之，雨以润之，日以烜之。艮以止之，兑以说之，乾以君之，坤以藏之。

帝出乎震，齐乎巽，相见乎离，致役乎坤，说言乎兑，战乎乾，劳乎坎，成言乎艮。万物出乎震，震，东方也。“齐乎巽”，巽，东南也；齐也者，言万物之洁齐也。离也者，明也，万物皆相见，南方之卦也；圣人南面而听天下，向明而治，盖取诸此也。坤也者，地也，万物皆致养焉，故曰“致役乎坤”。兑，正秋也，万物之所说也，故曰“说言乎兑”。“战乎乾”，乾，西北之卦也；

① 朱熹《周易本义》云：“‘侯之’二字衍。”是也。

② 据马王堆出土帛书《周易》删改。

言阴阳相薄也。坎者，水也，正北方之卦也，劳卦也，万物之所归也，故曰“劳乎坎”。艮，东北之卦也，万物之所成终而所成始也，故曰“成言乎艮”。

神也者，妙万物而为言者也。动万物者莫疾乎雷，桡万物者莫疾乎风，燥万物者莫熯乎火，说万物者莫说乎泽，润万物者莫润乎水，终万物、始万物者莫盛乎艮，故水火相逮，雷风不相悖，山泽通气，然后能变化，既成万物也。

乾，健也。坤，顺也。震，动也。巽，入也。坎，陷也。离，丽也。艮，止也。兑，说也。

乾为马。坤为牛。震为龙。巽为鸡。坎为豕。离为雉。艮为狗。兑为羊。

乾为首。坤为腹。震为足。巽为股。坎为耳。离为目。艮为手。兑为口。

乾，天也，故称乎父。坤，地也，故称乎母。震一索而得男，故谓之长男。巽一索而得女，故谓之长女。坎再索而得男，故谓之中男。离再索而得女，故谓之中女。艮三索而得男，故谓之少男。兑三索而得女，故谓之少女。

乾为天，为圜，为君，为父，为玉，为金，为寒，为冰，为大赤，为良马，为老马，为瘠马，为驳马，为木果。

坤为地，为母，为布，为釜，为吝啬，为均，为子母牛，为大舆，为文，为众，为柄，其于地也为黑。

震为雷，为龙，为玄黄，为旉，为大涂，为长子，为决躁，为苍筤竹，为萑苇；其于马也为善鸣，为馵足，为作足，为的颡；其于稼也为反生；其究为健，为蕃鲜。

巽为木，为风，为长女，为绳直，为工，为白，为长，为高，为进退，为不果，为臭；其于人也为寡发，为广颡，为多白眼，为近利，市三倍；其究为躁卦。

坎为水，为沟渎，为隐伏，为矫輮，为弓轮；其于人也为加忧，为心病，为耳痛；为血卦，为赤；其于马也为美脊，为亟心，为下首，为薄蹄，为曳；其于舆也为多眚；为通，为月，为盗；

其于木也为坚、多心。

离为火，为日，为电，为中女，为甲胄，为戈兵；其于人也为大腹；为乾卦，为鳖，为蟹，为蠃，为蚌，为龟；其于木也为科、上槁。

艮为山，为径路，为小石，为门阙，为果蓏，为阍寺，为指，为狗，为鼠，为黔喙之属；其于木也为坚、多节。

兑为泽，为少女，为巫，为口舌，为毁折，为附决；其于地也为刚卤；为妾，为羊。

序 卦

有天地，然后万物生焉。盈天地之间者唯万物，故受之以《屯》；屯者盈也，屯者物之始生也。物生必蒙，故受之以《蒙》；蒙者蒙也，物之稚也。物稚不可不养也，故受之以《需》；需者饮食之道也。饮食必有讼，故受之以《讼》。讼必有众起，故受之以《师》；师者众也。众必有所比，故受之以《比》；比者比也。比必有所畜，故受之以《小畜》。物畜然后有礼，故受之以《履》。履而泰然后安，故受之以《泰》；泰者通也。物不可以终通，故受之以《否》。物不可以终否，故受之以《同人》。与人同者物必归焉，故受之以《大有》。有大者不可以盈，故受之以《谦》。有大而能谦必豫，故受之以《豫》。豫必有随，故受之以《随》。以喜随人者必有事，故受之以《蛊》；蛊者事也。有事而后可大，故受之以《临》；临者大也。物大然后可观，故受之以《观》。可观而后有所合，故受之以《噬嗑》；嗑者合也。物不可以苟合而已，故受之以《贲》；贲者饰也。致饰然后亨则尽矣，故受之以《剥》；剥者剥也。物不可以终尽，剥穷上反下，故受之以《复》。复则不妄矣，故受之以《无妄》。有无妄然后可畜，故受之以《大畜》。物畜然后可养，故受之以《颐》；颐者养也。不养则不可动，故受之以《大过》。物不可以终过，故受之以《坎》；坎者陷也。陷必有所丽，故受之以《离》；离者丽也。

有天地然后有万物，有万物然后有男女，有男女然后有夫妇，有夫妇然后有父子，有父子然后有君臣，有君臣然后有上下，有上下然后礼义有所错。夫妇之道不可以不久也，故受之以《恒》；恒者久也。物不可以久居其所，故受之以《遁》；遁者退也。物不可以终遁，故受之以《大壮》。物不可以终壮，故受之以《晋》；晋者进也。进必有所伤，故受之以《明夷》；夷者伤也。伤于外者必反其家，故受之以《家人》。家道穷必乖，故受之以《睽》；睽者乖也。乖必有难，故受之以《蹇》；蹇者难也。物不可以终难，故受之以《解》；解者缓也。缓必有所失，故受之以《损》。损而不已必益，故受之以《益》。益而不已必决，故受之以《夬》；夬者决也。决必有所遇，故受之以《姤》；姤者遇也。物相遇而后聚，故受之以《萃》；萃者聚也。聚而上者谓之升，故受之以《升》。升而不已必困，故受之以《困》。困乎上者必反下，故受之以《井》。井道不可不革，故受之以《革》。革物者莫若鼎，故受之以《鼎》。主器者莫若长子，故受之以《震》；震者动也。物不可以终动，止之，故受之以《艮》；艮者止也。物不可以终止，故受之以《渐》；渐者进也。进必有所归，故受之以《归妹》。得其所归者必大，故受之以《丰》；丰者大也。穷大者必失其居，故受之以《旅》。旅而无所容，故受之以《巽》；巽者入也。入而后说之，故受之以《兑》；兑者说也。说而后散之，故受之以《涣》；涣者离也。物不可以终离，故受之以《节》。节而信之，故受之以《中孚》。有其信者必行之，故受之以《小过》。有过物者必济，故受之以《既济》。物不可穷也，故受之以《未济》终焉。

杂 卦

《乾》刚，《坤》柔。《比》乐，《师》忧。《临》《观》之义，或与或求。《屯》见而不失其居，《蒙》杂而著。

《震》，起也。《艮》，止也。《损》《益》，盛衰之始也。《大畜》，时也。《无妄》，灾也。《萃》聚而《升》不来也，《谦》轻而《豫》怠也。《噬嗑》，食也。《贲》，无色也。《兑》见而《巽》伏也，《随》无故也，《蛊》则饬也。〔《涣》，离也。《节》，止也。〕

《剥》，烂也。《复》，反也。〔《解》，缓也。《蹇》，难也。〕

《晋》昼也，《明夷》诛也，《井》通而《困》相遇也。《咸》，速也。《恒》，久也。（《涣》，离也。《节》，止也。《解》，缓也。《蹇》，难也。）

《睽》，外也。《家人》，内也。《否》《泰》，反其类也。《大壮》则止，《遁》则退也。

《大有》众也，《同人》亲也。《革》，去故也；《鼎》，取新也。《小过》过也，《中孚》信也。〔《需》不进也，《讼》不亲也，《大过》颠也。〕

《丰》，多故也；亲寡，《旅》也。《离》上而《坎》下也。《小畜》寡也，《履》不处也。（《需》不进也，《讼》不亲也，《大过》颠也。）

《姤》遇也，柔遇刚也。《渐》，女归待男行也。《颐》养正也，《既济》定也。《归妹》女之终也，《未济》男之穷也。《夬》决也，刚决柔也；君子道长，小人道忧也。

尚　书

尧　典

曰若稽古：

帝尧曰放勋。钦，明，文，思，安安。允恭克让，光被四表，格于上下。克明俊德：以亲九族，九族既睦；平章百姓，百姓昭明；协和万邦，黎民於变时雍。

乃命羲、和：钦若昊天，历象日月星辰，敬授（人）〔民〕①时。分命羲仲：宅嵎夷曰旸谷，寅宾出日，平秩东作。日中，星鸟，以殷仲春。厥民析，鸟兽孳尾。申命羲叔：宅南〔曰大〕②交，平秩南讹，敬致。日永，星火，以正仲夏。厥民因，鸟兽希革。分命和仲：宅西曰昧谷，寅饯纳日，平秩西成。宵中，星虚，以殷仲秋。厥民夷，鸟兽毛毨。申命和叔：宅朔方曰幽都，平在朔易。日短，星昴，以正仲冬。厥民隩，鸟兽氄毛。帝曰："咨！汝羲暨和：期三百有六旬有六日，以闰月定四时，成岁。允釐百工，庶绩咸熙。"

帝曰："畴咨若时？登庸。"放齐曰："胤子朱，启明。"帝曰："吁，嚚讼，可乎？"

帝曰："畴咨若予采？"驩兜曰："都，共工！方鸠僝功。"帝曰："吁，静言庸违，象恭滔天！"

帝曰："咨！四岳：汤汤洪水方割，荡荡怀山襄陵，浩浩滔天；下民其咨。有能俾乂？"佥曰："於，鲧哉！"帝曰："吁，咈哉！方命，圮族。"岳曰："异哉！试可乃已。"帝曰："往，钦哉！"九载绩用弗成。

帝曰："咨！四岳：朕在位七十载，汝能庸命。巽朕位？"岳曰："否德忝帝位。"曰："明明扬侧陋。"师锡帝曰："有鳏在下，

---

① 据阮元《校勘记》改。

② 王引之《经义述闻》于此补入"曰大"二字，今从之。曾星笠先生据郑注于"南交"下补"曰明都"三字，亦通。

曰虞舜。”帝曰：“俞，予闻。如何？”岳曰：“瞽子。父顽，母嚚，象傲。克谐，以孝烝烝，乂不格奸。”帝曰：“我其试哉。女于时，观厥刑于二女。”釐降二女于妫汭，嫔于虞，帝曰：“钦哉！”

舜　典①

（曰若稽古：帝舜曰重华，协于帝。浚哲文明，温恭允塞。玄德升闻，乃命以位。）

慎徽五典，五典克从。纳于百揆，百揆时叙。宾于四门，四门穆穆。纳于大麓，烈风雷雨弗迷。

帝曰：“格，汝舜！询事考言，乃言底可绩，三载。汝陟帝位！”舜让于德，弗嗣。

正月上日，受终于文祖。在璿玑玉衡，以齐七政。肆类于上帝，禋于六宗，望于山川，遍于群神。辑五瑞，既月乃日，觐四岳群牧，班瑞于群后。

岁二月，东巡守。至于岱宗，柴；望秩于山川。肆觐东后，协时月正日，同律度量衡。修五礼，五玉、三帛、二生、一死贽，如五器，卒乃复。五月南巡守，至于南岳，如岱礼。八月西巡守，至于西岳，如初。十有一月朔巡守，至于北岳，如西礼。归，格于艺祖，用特。五载一巡守，群后四朝。敷奏以言，明试以功，车服以庸。

肇十有二州，封十有二山，浚川。象以典刑，流宥五刑，鞭作官刑，扑作教刑，金作赎刑。眚灾肆赦，怙终贼刑。钦哉，钦哉！惟刑之恤哉！流共工于幽（洲）〔州〕，放驩兜于崇山，窜三苗于三危，殛鲧于羽山，四罪而天下咸服。

二十有八载，帝乃殂落。百姓如丧考妣，三载四海遏密八音。

---

① 今文《尚书》无此篇目而合其文于《尧典》，但无篇首“乃命以位”以上二十八字。

月正元日，舜格于文祖。询于四岳，辟四门，明四目，达四聪。

“咨，十有二牧！”曰：“食哉惟时！柔远能迩，惇德允元，而难任人，蛮夷率服。”

舜曰：“咨！四岳：有能奋庸熙帝之载？使宅百揆、亮采，惠畴？”佥曰：“伯禹作司空！”帝曰：“俞。咨！禹：汝平水土，惟时懋哉！”禹拜稽首，让于稷、契暨皋陶。帝曰：“俞！汝往哉！”

帝曰：“弃！黎民阻饥，汝后稷，播时百谷。”

帝曰：“契！百姓不亲，五品不逊。汝作司徒，敬敷五教，在宽。”

帝曰：“皋陶！蛮夷猾夏，寇贼奸宄。汝作士。五刑有服，五服三就；五流有宅，五宅三居：惟明克允！”

帝曰：“畴若予工？”佥曰：“垂哉！”帝曰：“俞。咨！垂，汝共工。”垂拜稽首，让于殳、斨暨伯与。帝曰：“俞，往哉！汝谐。”

帝曰：“畴若予上下草木鸟兽？”佥曰：“益哉！”帝曰：“俞。咨！益，汝作朕虞。”益拜稽首，让于朱、虎、熊、罴。帝曰：“俞，往哉！汝谐。”

帝曰：“咨，四岳！有能典朕三礼？”佥曰：“伯夷！”帝曰：“俞。咨！伯，汝作秩宗，夙夜惟寅，直哉惟清。”伯拜稽首，让于夔、龙。帝曰：“俞，往，钦哉！”

帝曰：“夔！命汝典乐，教胄子：直而温，宽而栗，刚而无虐，简而无傲。诗言志，歌永言，声依永，律和声。八音克谐，无相夺伦；神人以和。”（夔曰：“於！予击石拊石，百兽率舞。”）①

帝曰：“龙！朕堲谗说殄行，震惊朕师。命汝作纳言，夙夜出纳朕命，惟允！”

① 蔡沈《书集传》引苏氏曰：“此《益稷》之文，简编脱误，复见于此。”其说是也。

帝曰："咨！汝（二）〔三〕[①] 十有二人，钦哉！惟时亮天功！"三载考绩。三考黜陟幽明，庶绩咸熙。分北三苗。

舜生三十徵，庸（三）〔二〕[②] 十，在位五十载，陟方乃死。

大禹谟[③]

曰若稽古：

大禹曰文命，敷于四海，祗承于帝。曰："后克艰厥后，臣克艰厥臣，政乃乂，黎民敏德。"帝曰："俞！允若兹，嘉言罔攸伏，野无遗贤，万邦咸宁；稽于众，舍己从人；不虐无告，不废困穷：惟帝时克。"

益曰："都！帝德广运，乃圣乃神，乃武乃文。皇天眷命，奄有四海，为天下君。"禹曰："惠迪吉，从逆凶，惟（影）〔景〕响！"

益曰："吁，戒哉！儆戒无虞，罔失法度。罔游于逸，罔淫于乐。任贤勿贰，去邪勿疑。疑谋勿成，百志惟熙。罔违道以干百姓之誉，罔咈百姓以从己之欲。无怠无荒，四夷来王。"禹曰："於，帝念哉！德惟善政，政在养民。水、火、金、木、土、谷，惟修。正德、利用、厚生，惟和。九功，惟叙。九叙，惟歌。戒之用休，董之用威，劝之以九歌，俾勿坏。"帝曰："俞！地平天成，六府三事允治，万世永赖，时乃功！"

帝曰："格，汝禹！朕宅帝位三十有三载，耄期，倦于勤。汝惟不怠，总朕师。"禹曰："朕德罔克，民不依。皋陶迈种德，德乃降，黎民怀之。帝念哉！念兹在兹，释兹在兹，名言兹在兹，允出兹在兹。惟帝念功！"

帝曰："皋陶！惟兹臣庶，罔或干予正。汝作士，明于五刑以

---

① 此二当作三，王氏《经义述闻》已言之。

② 据《史记·五帝本纪》所说推算，三十当作二十。

③ 此伪古文。

弼五教，期于予治，刑期于无刑，民协于中，时乃功。懋哉！”皋陶曰：“帝德罔愆。临下以简，御众以宽。罚弗及嗣，赏延于世。宥过无大，刑故无小。罪疑惟轻，功疑惟重。与其杀不辜，宁失不经。好生之德洽于民心，兹用不犯于有司。”帝曰：“俾予从欲以治，四方风动，惟乃之休。”

帝曰：“来，禹！降水儆予。成允成功，惟汝贤。克勤于邦，克俭于家，不自满假，惟汝贤。汝惟不矜，天下莫与汝争能。汝惟不伐，天下莫与汝争功。予懋乃德，嘉乃丕绩。天之历数在汝躬，汝终陟元后！人心惟危，道心惟微。惟精惟一，允执厥中。无稽之言勿听，弗询之谋勿庸。可爱非君？可畏非民？众非元后何戴？后非众罔与守邦。钦哉！慎乃有位，敬修其可愿！四海困穷，天禄永终！惟口出好兴戎。朕言不再。”禹曰：“枚卜功臣，惟吉之从。”帝曰：“禹！官占惟（先）〔克〕① 蔽志，昆命于元龟。朕志先定，询谋佥同，鬼神其依，龟筮协从。卜不习吉！”禹拜稽首，固辞。帝曰：“毋！惟汝谐！”

正月朔旦，受命于神宗，率百官，若帝之初。

帝曰：“咨，禹！惟时有苗弗率，汝徂征。”禹乃会群后，誓于师，曰：“济济有众，咸听朕命：蠢兹有苗，昏迷不恭，侮慢自贤，反道败德；君子在野，小人在位；民弃不保，天降之咎。肆予以尔众士，奉辞（罚）〔伐〕罪。尔尚一乃心力，其克有勋！”

三旬，苗民逆命。益赞于禹曰：“惟德动天，无远弗届。满招损，谦受益，时乃天道。帝初于历山，往于田，日号泣于旻天、于父母；负罪引慝，祗载见瞽瞍，夔夔齐栗，瞽亦允若。至诚感神，矧兹有苗！”禹拜昌言，曰“俞！”班师振旅。帝乃诞敷文德，舞干羽于两阶。七旬，有苗格。

---

① 据阮元《校勘记》改。

皋陶谟

曰若稽古：

皋陶曰：“允迪厥德，谟明弼谐。”禹曰：“俞，如何？”皋陶曰：“都！慎厥身，修思永；惇叙九族，庶明励翼。迩可远，在兹。”禹拜昌言，曰：“俞！”

皋陶曰：“都！在知人，在安民。”禹曰：“吁，咸若时，惟帝其难之！知人则哲，能官人。安民则惠，黎民怀之。能哲而惠，何忧乎驩兜？何迁乎有苗？何畏乎巧言、令色、孔壬？”

皋陶曰：“都！亦行有九德。亦言，其人有德，乃言曰：载采采。”禹曰：“何？”皋陶曰：“宽而栗，柔而立，愿而恭，乱而敬，扰而毅，直而温，简而廉，刚而塞，强而义，彰厥有常吉哉！日宣三德，夙夜浚明有家；日严祗敬六德，亮采有邦：翕受敷施，九德咸事。俊乂在官，百僚师师，百工惟时。抚于五辰，庶绩其凝，无教逸欲。有邦兢兢业业，一日二日万几，无旷庶官。天工，人其代之：天叙有典，敕我五典五惇哉！天秩有礼，自我五礼（有）〔五〕[①]庸哉！同寅协恭和衷哉！天命有德，五服五章哉！天讨有罪，五刑五用哉！政事懋哉懋哉！天聪明，自我民聪明。天明畏，自我民明威。达于上下，敬哉有土！”

皋陶曰：“朕言惠可底行？”禹曰：“俞！乃言底可绩。”皋陶曰：“予未有知，思曰赞赞襄哉！”

益　稷[②]

帝曰：“来，禹！汝亦昌言。”禹拜，曰：“都，帝！予何言？予思日孜孜。”皋陶曰：“吁！如何？”禹曰：“洪水滔天，浩浩怀

---

① 据陆德明《尚书音义》及孔疏改。

② 今文《尚书》无此篇目，而合其文于《皋陶谟》。

山襄陵，下民昏垫。予乘四载，随山刊木，暨益奏庶鲜食。予决九川距四海，浚畎浍距川；暨稷播，奏庶艰食。鲜食，懋迁有无，化居。烝民乃粒，万邦作乂。”皋陶曰：“俞！（师）〔斯〕① 汝昌言。”

禹曰：“都，帝！慎乃在位。”帝曰：“俞！”禹曰：“安汝止，惟几惟康。其弼（直）〔德〕，惟动丕应。徯志以昭受上帝〔命〕②，天其申命用休。”帝曰：“吁，臣哉邻哉，邻哉臣哉！”禹曰：“俞！”

帝曰：“臣作朕股肱耳目。予欲左右有民，汝翼。予欲宣力四方，汝为。予欲观古人之象，——日、月、星辰、山、龙、华虫，作会；宗彝、藻、火、粉米、黼、黻、絺绣；——以五采彰施于五色作服，汝明。予欲闻六律、五声、八音，在治忽以出纳五言，汝听。予违，汝弼。汝无面从，退有后言。钦四邻！庶顽谗说，若不在时，侯以明之，挞以记之，书用识哉，欲并生哉。工以纳言，时而飏之，格则承之庸之，否则威之。”

禹曰：“俞哉，帝！光天之下，至于海隅苍生，万邦黎献，共惟帝臣。惟帝时举，敷纳以言，明庶以功，车服以庸。谁敢不让，敢不敬应？帝不时敷，同，日奏罔功。

“无若丹朱傲，惟慢游是好、傲虐是作，罔昼夜頟頟，罔水行舟，朋淫于家，用殄厥世。予创若时！”

〔禹曰：“予〕③ 娶于涂山，辛壬癸甲，启呱呱而泣，予弗子，惟荒度土功。弼成五服，至于五千。州十有二师，外薄四海，咸建五长，各迪有功。苗顽弗即工，帝其念哉！”

帝曰：“迪朕德，时乃功，惟叙。皋陶方祗厥叙；方施象刑，惟明。”

---

① 据《史记·夏本纪》及江声、段玉裁说改。

② 据《史记·夏本纪》及孙星衍说补正。

③ “禹曰予”三字，据《史记·夏本纪》及孙星衍、曾星笠先生说补入。承上文，不补亦可。

夔曰："戛击鸣球、搏拊、琴瑟以咏。"祖考来格，虞宾在位，群后德让。下管鼗鼓，合止柷敔，笙镛以间，鸟兽跄跄。《箫韶》九成，凤皇来仪。夔曰："於！予击石拊石，百兽率舞。"

"庶尹允谐"，帝庸作歌曰："敕天之命，惟时惟几。"乃歌曰："股肱喜哉！元首起哉！百工熙哉！"

皋陶拜手稽首，飏言曰："念哉！率作兴事，慎乃宪，钦哉！屡省乃成，钦哉！"乃赓载歌曰："元首明哉！股肱良哉！庶事康哉！"又歌曰："元首丛脞哉，股肱惰哉，万事堕哉！"帝拜，曰："俞！往，钦哉！"

禹　贡

禹敷土，随山刊木，奠高山大川。

冀州：既载壶口，治梁及岐。既修太原，至于岳阳。覃怀底绩，至于衡漳。厥土惟白壤，厥赋惟上上错，厥田惟中中。恒、卫既从，大陆既作。（岛）〔鸟〕夷皮服，夹右碣石入于河。

济、河惟兖州。九河既道，雷夏既泽，灉、沮会同。桑土既蚕，是降丘宅土。厥土黑坟，厥草惟繇，厥木惟条。厥田惟中下，厥赋贞，作十有三载乃同。厥贡漆丝，厥篚织文。浮于济、漯，达于河。

海、岱惟青州。嵎夷既略，潍、淄其道。厥土白坟，海滨广斥。厥田惟上下，厥赋中上。厥贡：盐、絺，海物惟错；岱畎丝、枲，铅、松、怪石；莱夷作牧，厥篚檿丝。浮于汶，达于济。

海、岱及淮惟徐州。淮、沂其乂，蒙、羽其艺。大野既猪，东原底平。厥土赤埴坟，草木（渐）〔蔪〕包。厥田惟上中，厥赋中中。厥贡：惟土五色，羽畎夏翟，峄阳孤桐，泗滨浮磬，淮夷蠙珠暨鱼，厥篚玄纤缟。浮于淮、泗，达于（河）〔菏〕。

淮、海惟扬州。彭蠡既猪，阳鸟攸居。三江既入，震泽底定。篠簜既敷，厥草惟夭，厥木惟乔。厥土惟涂泥，厥田惟下下，厥赋下上〔上〕错。厥贡：惟金三品，瑶、琨、篠簜，齿、革、羽、毛惟木。（岛）〔鸟〕夷卉服，厥篚织贝，厥包橘、柚，锡贡。沿于江、海，达于淮、泗。

荆及衡阳惟荆州。江、汉朝宗于海，九江孔殷，沱、潜既道，云土梦作乂。厥土惟涂泥，厥田惟下中，厥赋上下。厥贡：羽、毛、齿、革惟金三品，杶、榦、栝、柏，砺、砥、砮、丹惟箘、簵、楛；三邦厎贡，厥名包匭、菁茅；厥篚玄纁、玑组，九江纳锡大龟。浮于江、沱、潜、汉，逾于洛，至于南河。

荆、河惟豫州。伊、洛、瀍、涧既入于河，荥波既猪，导菏泽，被孟猪。厥土惟壤，下土坟垆。厥田惟中上，厥赋错上中。厥贡：漆、枲、絺、纻，厥篚纤、纩，锡贡磬错。浮于洛，达于河。

华阳、黑水惟梁州。岷、嶓既艺，沱、潜既道，蔡、蒙旅平，和夷厎绩。厥土青黎，厥田惟下上，厥赋下中三错。厥贡：璆、铁、银、镂、砮、磬，熊、罴、狐、狸，织皮、西倾因桓是来。浮于潜，逾于沔，入于渭，乱于河。

黑水、西河惟雍州。弱水既西，泾属渭汭，漆沮既从，沣水攸同。荆、岐既旅，终南、惇物，至于鸟鼠。原隰厎绩，至于猪野。三危既宅，三苗丕叙。厥土惟黄壤，厥田惟上上，厥赋中下，厥贡惟球、琳、琅玕。浮于积石，至于龙门、西河，会于渭汭。织皮、昆仑、析支、渠搜，西戎即叙。

导岍及岐，至于荆山，逾于河。壶口、雷首至于太岳。厎柱、析城至于王屋。大行、恒山至于碣石，入于海。西倾、朱圉、鸟鼠至于太华。熊耳、外方、桐柏至于陪尾。导嶓冢至于荆山，内方至于大别；岷山之阳至于衡山，过九江，至于敷浅原。

导弱水至于合黎，余波入于流沙。导黑水至于三危，入于南海。导河、积石至于龙门，南至于华阴，东至于厎柱，又东至于孟津，东过洛汭至于大伾，北过降水至于大陆，又北播为九河，同为逆河，入于海。嶓冢导漾，东流为汉，又东为沧浪之水；过三澨至于大别，南入于江；东汇泽为彭蠡，东为北江，入于海。岷山导江，东别为沱，又东至于（澧）〔醴〕，过九江至于东陵，东迆北会于汇，东为中江，入于海。导沇水，东流为济，入于河，溢为荥；东出于陶丘北，又东至于菏；又东北会于汶，又北东入于海。导淮自桐柏，东会于泗、沂，东入于海。导渭自鸟鼠同穴，东会于沣，又东会于泾；又东过漆沮，入于河。导洛自熊耳，东北会于涧、瀍，又东会于伊，又东北入于河。

九州攸同：四隩既宅，九山刊旅，九川涤源，九泽既陂。四海会同，六府孔修：庶土交正，厎慎财赋，咸则三壤成赋。中邦锡土、姓："祗台德先，不距朕行。"

五百里甸服：百里赋纳总，二百里纳铚，三百里纳秸服，四百里粟，五百里米。

五百里侯服：百里采，二百里男邦，（三）〔二〕① 百里诸侯。

五百里绥服：三百里揆文教，二百里奋武卫。

五百里要服：三百里夷，二百里蔡。

五百里荒服：三百里蛮，二百里流。

东渐于海，西被于流沙，朔、南暨声教，讫于四海。禹锡玄圭，告厥成功。

甘　誓

大战于甘。乃召六卿，王曰：

"嗟！六事之人，予誓告汝：有扈氏威侮五行，怠弃三正，天用勦绝其命。今予惟恭行天之罚。左不攻于左，汝不恭命。右不攻于右，汝不恭命。御非其马之正，汝不恭命。用命赏于祖。弗用命，戮于社；予则孥戮汝！"

① 皮锡瑞《今文尚书考证》以为此三当作二，是也。

五子之歌[1]

太康尸位，以逸豫灭厥德，黎民咸贰。及盘游无度，畋于有洛之表，十旬弗反。有穷后羿因民弗忍，距于河。厥弟五人御其母以从，徯于洛之汭。五子咸怨，述大禹之戒以作歌。

其一曰："皇祖有训：民可近，不可下。民惟邦本，本固邦宁。予视天下，愚夫愚妇一能胜予。一人三失，怨岂在明？不见是图。予临兆民，懔乎若朽索之驭六马。为人上者，奈何不敬？"

其二曰："训有之：内作色荒，外作禽荒，甘酒嗜音，峻宇雕墙。有一于此，未或不亡。"

其三曰："惟彼陶唐，有此冀方。今失厥道，乱其纪纲，乃底灭亡。"

其四曰："明明我祖，万邦之君。有典有则，贻厥子孙。关石和钧，王府则有。荒坠厥绪，覆宗绝祀。"

其五曰："呜呼曷归？予怀之悲。万姓仇予，予将畴依？郁陶乎予心，颜厚有忸怩。弗慎厥德，虽悔可追？"

胤　征[2]

惟仲康肇位四海，胤侯命掌六师。羲、和废厥职，酒荒于厥邑。胤后承王命徂征，告于众曰：

"嗟，予有众：圣有谟训，明徵定保：'先王克谨天戒，臣人克有常宪。百官修辅，厥后惟明明。'每岁孟春，遒人以木铎徇于路：'官师相规，工执艺事以谏。其或不恭，邦有常刑！'

"惟时羲、和，颠覆厥德，沈乱于酒；畔官离次，俶扰天纪，遐弃厥司。乃季秋月朔，辰弗集于房；瞽奏鼓，啬夫驰，庶人走。

① 此伪古文。

② 此伪古文。

羲、和尸厥官，罔闻知；昏迷于天象，以干先王之诛。

“《政典》曰：‘先时者杀无赦，不及时者杀无赦！’今予以尔有众奉将天罚。尔众士同力王室，尚弼予钦承天子威命。火炎崐冈，玉石俱焚。天吏逸德，烈于猛火。歼厥渠魁，胁从罔治。旧染污俗，咸与惟新。呜呼！威克厥爱，允济；爱克厥威，允罔功。其尔众士，懋戒哉！”

汤　誓

王曰：“格，尔众庶！悉听朕言：

“非台小子敢行称乱；有夏多罪，天命殛之。今尔有众，汝曰：‘我后不恤我众，舍我穑事而割正夏[①]。’予惟闻汝众言：夏氏有罪。予畏上帝，不敢不正！今汝其曰：‘夏罪其如台？’夏王率遏众力，率割夏邑。有众率怠弗协，曰：‘时日曷丧？予及汝皆亡！’夏德若兹，今朕必往！

“尔尚辅予一人，致天之罚。予其大赉汝！尔无不信，朕不食言。尔不从誓言，予则孥戮汝，罔有攸赦！”

仲虺之诰[②]

成汤放桀于南巢，惟有惭德，曰：“予恐来世以台为口实。”仲虺乃作《诰》，曰：

“呜呼！惟天生民有欲，无主乃乱。惟天生聪明，时乂。有夏昏德，民坠涂炭。天乃锡王勇智，表正万邦，缵禹旧服；兹率厥典，奉若天命。夏王有罪，矫诬上天以布命于下，帝用不臧。式商受命，用爽厥师。

“简贤附势，寔繁有徒。肇我邦（予）〔于〕有夏，若苗之有

---

① 或谓此“夏”字衍。揆之文意，恐不然。

② 此伪古文。

莠，若粟之有秕，小大战战，罔不惧于非辜。矧予之德言足听闻？

“惟王不迩声色，不殖货利。德懋，懋官。功懋，懋赏。用人惟己，改过不吝。克宽克仁，彰信兆民。乃葛伯仇饷，初征自葛。东征西夷怨，南征北狄怨。曰：‘奚独后予？’攸徂之民，室家相庆，曰：‘徯予后，后来其苏！’民之戴商，厥惟旧哉！

“佑贤辅德，显忠遂良。兼弱攻昧，取乱侮亡。推亡固存，邦乃其昌。德日新，万邦惟怀；志自满，九族乃离。王懋昭大德，建中于民，以义制事，以礼制心，垂裕后昆！予闻曰：‘能自得师者王，谓人莫己若者亡。’好问则裕，自用则小。呜呼！慎厥终，惟其始。殖有礼，覆昏暴。钦崇天道，永保天命！”

汤　诰①

王归自克夏，至于亳，诞告万方。王曰：

“嗟！尔万方有众，明听予一人诰。

“惟皇上帝，降衷于下民，若有恒性。克绥厥猷，惟后。

“夏王灭德作威，以敷虐于尔万方百姓。尔万方百姓罹其凶害，弗忍荼毒，并告无辜于上下神祇。天道福善祸淫，降灾于夏，以彰厥罪。肆台小子，将天命明威，不敢赦；敢用玄牡，敢昭告于上天神后，请罪有夏；聿求元圣，与之戮力，以与尔有众请命！上天孚佑下民，罪人黜伏。天命弗僭，贲若草木，兆民允殖。

“俾予一人辑宁尔邦家。兹朕未知获戾于上下，栗栗危惧，若将陨于深渊。凡我造邦，无从匪彝，无即慆淫，各守尔典，以承天休。尔有善，朕弗敢蔽；罪当朕躬，弗敢自赦：惟简在上帝之心。其尔万方有罪，在予一人。予一人有罪，无以尔万方。呜呼！尚克时忱，乃亦有终。”

① 此伪古文。

伊　训①

惟元祀十有二月乙丑，伊尹祠于先王，奉嗣王祗见厥祖。侯甸群后咸在，百官总己以听冢宰。伊尹乃明言烈祖之成德，以训于王，曰：

“呜呼！古有夏先后，方懋厥德，罔有天灾，山川鬼神亦莫不宁，暨鸟兽鱼鳖咸若。于其子孙弗率，皇天降灾，假手于我，有命：造攻自鸣条。朕哉自亳。

“惟我商王，布昭圣武，代虐以宽，兆民允怀。今王嗣厥德，罔不在初：立爱惟亲，立敬惟长；始于家邦，终于四海。

“呜呼！先王肇修人纪，从谏弗咈，先民时若；居上克明，为下克终；与人不求备，检身若不及：以至于有万邦，兹惟艰哉！敷求哲人，俾辅于尔后嗣。制官刑，儆于有位，曰：‘敢有恒舞于宫，酣歌于室，时谓巫风。敢有殉于货色，恒于游畋，时谓淫风。敢有侮圣言，逆忠直，远耆德，比顽童，时谓乱风。惟兹三风十愆，卿士有一于身，家必丧；邦君有一于身，国必亡。臣下不匡，其刑墨。’具训于蒙士。

“呜呼！嗣王祗厥身，念哉！圣谟洋洋，嘉言孔彰。惟上帝不常：作善，降之百祥；作不善，降之百殃。尔惟德罔小，万邦惟庆。尔惟不德罔大，坠厥宗！”

太甲上②

惟嗣王不惠于阿衡，伊尹作书曰：

“先王顾諟天之明命，以承上下神祇、社稷宗庙，罔不（祇）〔祗〕肃。天监厥德，用集大命，抚绥万方。惟尹躬克左右厥辟

① 此伪古文。

② 此《太甲》上中下三篇，皆伪古文。

宅师，肆嗣王丕承基绪。惟尹躬先见于西邑夏，自周有终，相亦惟终。其后嗣王罔克有终，相亦罔终。嗣王戒哉！祗尔厥辟！辟不辟，忝厥祖。”

王惟庸，罔念闻。伊尹乃言曰：

“先王昧爽丕显，坐以待旦；旁求俊彦，启迪后人。无越厥命以自覆！

“慎乃俭德，惟怀永图。若虞机张，往省括于度，则释。钦厥止，率乃祖攸行；惟朕以怿，万世有辞。”

王未克变。伊尹曰：“兹乃不义，习与性成。予弗狎于弗顺！营于桐宫，密迩先王其训，无俾世迷！”

王徂桐宫居忧，克终允德。

太甲中

惟三祀十有二月朔，伊尹以冕服奉嗣王归于亳，作书曰：“民非后，罔克胥匡以生。后非民，罔以辟四方。皇天眷佑有商，俾嗣王克终厥德，实万世无疆之休。”

王拜手稽首，曰：“予小子不明于德，自厎不类。欲败度，纵败礼，以速戾于厥躬。天作孽，犹可违；自作孽，不可逭。既往背师保之训，弗克于厥初；尚赖匡救之德，图惟厥终！”

伊尹拜手稽首，曰：“修厥身，允德协于下，惟明后！先王子惠困穷，民服厥命，罔有不悦。并其有邦厥邻，乃曰：‘徯我后，后来无罚。’王懋乃德，视乃厥①祖，无时豫怠；奉先思孝，接下思恭；视远惟明，听德惟聪。朕承王之休无斁！”

太甲下

伊尹申诰于王，曰：

① 据阮元《校勘记》以及伪孔传，作“烈”者非是。

“呜呼！惟天无亲，克敬惟亲。民罔常怀，怀于有仁。鬼神无常享，享于克诚。天位艰哉！

“德惟治，否德乱。与治同道，罔不兴。与乱同事，罔不亡。终始慎厥与，惟明明后。先王惟时懋敬厥德，克配上帝。今王嗣有令绪，尚监兹哉！

“若升高，必自下。若陟遐，必自迩。无轻民事，惟难。无安厥位，惟危。慎终于始。有言逆于汝心，必求诸道。有言逊于汝志，必求诸非道。

“呜呼！弗虑胡获？弗为胡成？一人元良，万邦以贞。君罔以辩言乱旧政，臣罔以宠利居成功，邦其永孚于休！”

咸有一德[①]

伊尹既复政厥辟，将告归，乃陈戒于德，曰：

“呜呼！天难谌，命靡常。常厥德，保厥位。厥德匪常，九有以亡。夏王弗克庸德，慢神虐民；皇天弗保，监于万方，启迪有命，眷求一德，俾作神主。惟尹躬暨汤咸有一德，克享天心，受天明命，以有九有之师，爰革夏正。非天私我有商，惟天佑于一德。非商求于下民，惟民归于一德。德惟一，动罔不吉；德二三，动罔不凶。惟吉凶不僭，在人；惟天降灾祥，在德。

“今嗣王新服厥命，惟新厥德；终始惟一，时乃日新。任官惟贤才，左右惟其人。臣为上为德，为下为民，其难其慎，惟和惟一。德无常师，主善为师。善无常主，协于克一。俾万姓咸曰：‘大哉王言！’又曰：‘一哉王心！’克绥先王之禄，永厎烝民之生。

“呜呼！七世之庙，可以观德。万夫之长，可以观政。后非民，罔使；民非后，罔事。无自广以狭人！匹夫匹妇不获自尽，

① 此亦伪古文。

民主罔与成厥功!”

盘庚上①

盘庚迁于殷。民不适有居，率吁众戚出矢言，曰：“我王来，既爰宅于兹，重我民，无尽刘。不能胥匡以生，卜稽曰其如台？先王有服，恪谨天命，兹犹不常宁；不常厥邑，于今五邦。今不承于古，罔知天之断命，矧曰其克从先王之烈？若颠木之有由蘖，天其永我命于兹新邑，绍复先王之大业，厎绥四方。”盘庚敩于民，由乃在位以常旧服、正法度，曰：“无或敢伏小人之攸箴!”

王命众，悉至于庭。王若曰：

“格，汝众！予告汝训汝，猷黜乃心，无傲从康。古我先王，亦惟图任旧人共政。王播告之修，不匿厥指，王用丕钦；罔有逸言，民用丕变。今汝聒聒，起信险肤，予弗知乃所讼！非予自荒兹德，惟汝含德，不惕予一人。予若观火。予亦拙谋作乃逸。若网在纲，有条而不紊。若农服田，力穑乃亦有秋。汝克黜乃心，施实德于民，至于婚友，丕乃敢大言汝有积德。乃不畏戎毒于远迩，惰农自安，不昏作劳，不服田亩，越其罔有黍稷。汝不和吉言于百姓，惟汝自生毒，乃败祸奸宄以自灾于厥身。乃既先恶于民，乃奉其恫，汝悔身何及？相时憸民，犹胥顾于箴言，其发有逸口；矧予制乃短长之命！汝曷弗告朕而胥动，以浮言恐沈于众？若火之燎于原，不可向迩，其犹可扑灭？则惟汝众自作弗靖，非予有咎。

“迟任有言曰：‘人惟求旧。器非求旧，惟新。’古我先王暨乃祖乃父，胥及逸勤，予敢动用非罚？世选尔劳，予不掩尔善。兹予大享于先王，尔祖其从与享之。作福作灾，予亦不敢动用非德。

---

① 《盘庚》上中下三篇，蔡沈《书集传》云：“今文古文皆有，但今文三篇合一。”

“予告汝于难，若射之有志。汝无〔老〕侮（老）成人，无弱孤有幼。各长于厥居，勉出乃力，听予一人之作猷。无有远迩，用罪伐厥死，用德彰厥善。邦之臧，惟汝众。邦之不臧，惟予一人有佚罚。凡尔众，其惟致告：自今至于后日，各恭尔事，齐乃位，度乃口。——罚及尔身，弗可悔！”

盘庚中

盘庚作，惟涉河以民迁。乃话民之弗率，诞告用亶。其有众咸造，勿亵在王庭。盘庚乃登，进厥民，曰：

“明听朕言，无荒失朕命！

“呜呼！古我前后，罔不惟民之承保，后胥戚鲜，以不浮于天。时殷降大虐，先王不怀厥攸作，视民利用迁。汝曷弗念我古后之闻？承汝俾汝惟喜康共，非汝有咎比于罚。予若吁怀兹新邑，亦惟汝故，以丕从厥志？今予将试以汝迁，安定厥邦。汝不忧朕心之攸困，乃咸大不宣乃心，钦念以忱动予一人。尔惟自鞠自苦。若乘舟，汝弗济，臭厥载。尔忱不属，惟胥以沈。不其或稽，自怒曷瘳？汝不谋长以思乃灾，汝诞劝忧。今其有今罔后，汝何生在上？今予命汝一，无起秽以自臭，恐人倚乃身、迂乃心。”

“予迓续乃命于天。予岂汝威？用奉畜汝众。予念我先神后之劳尔先。予（丕）〔不〕① 克羞尔，用怀尔；然失于政，陈于兹，高后丕乃崇降罪疾，曰：‘曷虐朕民？’汝万民乃不生生，暨予一人猷同心，先后丕降与汝罪疾，曰：‘曷不暨朕幼孙有比？’故有爽德，自上其罚汝，汝罔能迪。古我先后既劳乃祖乃父，汝共作我畜民。汝有戕则在乃心；我先后绥乃祖乃父，乃祖乃父乃断弃汝，不救乃死。‘兹予有乱政同位，具乃贝玉。’乃祖（先）〔乃〕父丕乃告我高后曰：‘作丕刑于朕孙！’迪高后丕乃崇降弗祥。

① 探文意，此丕当作不。孙星衍说可参。

“呜呼！今予告汝：不易！永敬大恤，无胥绝远！汝分猷念以相从，各设中于乃心。乃有不吉不迪，颠越不恭，暂遇奸宄，我乃劓殄灭之，无遗育，无俾易种于兹新邑！往哉生生！今予将试以汝迁，永建乃家！”

盘庚下

盘庚既迁，奠厥攸居，乃正厥位，绥爰有众，曰：

“无戏怠，懋建大命！今予其敷心腹肾肠，历告尔百姓于朕志，罔罪尔众。尔无共怒，协比谗言予一人。

“古我先王将多于前功，适于山，用降我凶，德嘉绩于朕邦。今我民用荡析离居，罔有定极。尔谓朕：‘曷震动万民以迁？’肆上帝将复我高祖之德，乱越我家。朕及笃敬，恭承民命，用永地于新邑。肆予冲人，非废厥谋，吊由灵各；非敢违卜，用宏兹贲。

“呜呼！邦伯、师、长、百执事之人，尚皆隐哉！予其懋简相尔念敬我众。朕不肩好货，敢恭生生？鞠人，谋人之保居，叙钦。今我既羞告尔于朕志若否，罔有弗钦。无总于货宝，生生自庸！式敷民德，永肩一心！”

说命上①

王宅忧亮阴，三祀。既免丧，其惟弗言。

群臣咸谏于王曰：“呜呼！知之曰明哲，明哲实作则。天子惟君万邦，百官承式。王言惟作命，不言，臣下罔攸禀令。”

王庸作书以诰，曰：“以台正于四方，惟恐德弗类，兹故弗言，恭默思道。梦帝赉予良弼，其代予言。”

乃审厥象，俾以形旁求于天下。说筑傅岩之野，惟肖；爰立

① 《说命》上中下三篇，皆伪古文。

作相。王置诸其左右，命之曰："朝夕纳诲，以辅台德。若金，用汝作砺。若济巨川，用汝作舟楫。若岁大旱，用汝作霖雨。启乃心，沃朕心。若药弗瞑眩，厥疾弗瘳。若跣弗视地，厥足用伤。惟暨乃僚，罔不同心以匡乃辟，俾率先王，迪我高后，以康兆民。呜呼！钦予时命，其惟有终！"

说复于王，曰："惟木从绳则正，后从谏则圣。后克圣，臣不命，其承；畴敢不祗若王之休命！"

说命中

惟说命总百官，乃进于王曰：

"呜呼！明王奉若天道，建邦设都，树后王君公，承以大夫师长，不惟逸豫，惟以乱民。

"惟天聪明，惟圣时宪，惟臣钦若，惟民从乂。

"惟口起羞，惟甲胄起戎，惟衣裳在笥，惟干戈省厥躬。王惟戒兹，允兹克明，乃罔不休。

"惟治乱在庶官。官不及私昵，惟其能。爵罔及恶德，惟其贤。

"虑善以动，动惟厥时。

"有其善，丧厥善；矜其能，丧厥功。

"惟事事，乃其有备，有备无患。

"无启宠、纳侮，无耻过、作非。惟厥攸居，政事惟醇。

"黩于祭祀，时谓弗钦。礼烦则乱，事神则难。"

王曰："旨哉，说！乃言惟服。乃不良于言，予罔闻于行。"

说拜稽首，曰："非知之艰，行之惟艰。王忱不艰，允协于先王成德。惟说不言，有厥咎。"

说命下

王曰："来，汝说！台小子旧学于甘盘，既乃遁于荒野，入宅于河，自河徂亳，暨厥终罔显。尔惟训于朕志。若作酒醴，尔惟麴糵。若作和羹，尔惟盐梅。尔交修予，罔予弃。予惟克迈乃训。”

说曰：“王！人求多闻，时惟建事。学于古训，乃有获。事不师古以克永世，匪说攸闻。惟学逊志，务时敏，厥修乃来。允怀于兹，道积于厥躬。惟教学半，念终始典于学，厥德修，罔觉。监于先王成宪，其永无愆。惟说式克钦承，旁招俊乂，列于庶位。”

王曰：“呜呼！说！四海之内，咸仰朕德，时乃风。股肱惟人，良臣惟圣。昔先正保衡作我先王，乃曰：‘予弗克俾厥后惟尧舜。’其心愧耻，若挞于市。一夫不获，则曰‘时予之辜’。佑我烈祖，格于皇天。尔尚明保予，罔俾阿衡专美有商。惟后非贤不乂，惟贤非后不食。其尔克绍乃辟于先王，永绥民！”

说拜稽首，曰：“敢对扬天子之休命！”

高宗肜日

高宗肜日，越有雊雉。

祖己曰：“惟先格王，正厥事！”乃训于王，曰：“惟天监下民，典厥义。降年有永有不永，非天夭民，民中绝命。民有不若德，不听罪。天既孚命，正厥德，乃曰‘其如台’！呜呼！王司敬民，罔非天胤，典祀无丰于昵！”

西伯戡黎

西伯既戡黎。祖伊恐，奔告于王，曰：“天子！天既讫我殷命，格人元龟，罔敢知吉。非先王不相我后人，惟王淫戏用自绝。故天弃我，不有康食。不虞天性，不迪率典；今我民罔弗欲丧，曰：‘天曷不降威？’大命不挚，今王其如台？”

王曰：“呜呼！我生不有命在天？”

祖伊反，曰：“呜呼！乃罪多，参在上，乃能责命于天？殷之即丧，指乃功，不无戮于尔邦！”

微　子

微子若曰：“父师、少师：殷其弗或乱正四方。我祖厎遂陈于上，我用沈酗于酒，用乱败厥德于下。殷罔不小大，好草窃奸宄；卿士师师非度。凡有辜罪，乃罔恒获；小民方兴，相为敌仇。今殷其沦丧，若涉大水，其无津涯。殷遂丧，越至于今！”

曰：“父师、少师！我其发出狂？吾家耄逊于荒？今尔无指告予，颠隮若之何其？”

父师若曰：“王子！天毒降灾荒殷邦，方兴沈酗于酒；乃罔畏畏，咈其耇长、旧有位人。今殷民乃攘窃神祇之牺牷牲用以容，将食无灾。降监殷民，用乂仇敛，召敌仇不怠。罪合于一，多瘠罔诏。商今其有灾，我兴受其败。商其沦丧，我罔为臣仆。诏王子出！迪我旧云刻子：‘王子弗出，我乃颠隮。’自靖！人自献于先王。我不顾，行遁！”

泰誓上[①]

惟十有三年春，大会于孟津。王曰：

“嗟！我友邦冢君越我御事、庶士，明听誓：

“惟天地万物父母，惟人万物之灵，亶聪明作元后，元后作民父母。今商王受弗敬上天，降灾下民，沈湎冒色，敢行暴虐：罪人以族，官人以世；惟宫室、台榭、陂池、侈服，以残害于尔万姓；焚炙忠良，刳剔孕妇。皇天震怒，命我文考肃将天威，大勋未集。肆予小子发以尔友邦冢君，观政于商。惟受罔有悛心，乃

---

① 《泰誓》上中下三篇，皆伪古文。

夷居，弗事上帝神（祇）〔祇〕，遗厥先宗庙弗祀，牺牲粢盛既于凶盗，乃曰‘吾有民有命’，罔惩其侮。

“天佑下民，作之君，作之师，惟其克相上帝，宠绥四方。有罪无罪，予曷敢有越厥志？‘同力度德，同德度义。’受有臣亿万，惟亿万心。予有臣三千，惟一心。商罪贯盈，天命诛之；予弗顺天，厥罪惟钧。予小子夙夜祇惧，受命文考，类于上帝，宜于冢土，以尔有众厎天之罚。天矜于民，民之所欲天必从之。尔尚弼予一人，永清四海，时哉弗可失！”

泰誓中

惟戊午，王次于河朔，群后以师毕会。王乃徇师而誓，曰：

“呜呼！西土有众，咸听朕言！我闻吉人为善，惟日不足；凶人为不善，亦惟日不足。今商王受力行无度，播弃犁老，昵比罪人，淫酗肆虐；臣下化之，朋家作仇，胁权相灭；无辜吁天，秽德彰闻。惟天惠民，惟辟奉天。有夏桀弗克若天，流毒下国，天乃佑命成汤降黜夏命。惟受罪浮于桀，剥丧元良，贼虐谏辅，谓己有天命，谓敬不足行，谓祭无益，谓暴无伤。厥鉴惟不远，在彼夏王。天其以予乂民！朕梦协朕卜，袭于休祥，戎商必克。受有亿兆夷人，离心离德；予有乱（臣）① 十人，同心同德。虽有周亲，不如仁人。天视自我民视，天听自我民听。百姓有过，在予一人。今朕必往！

“我武惟扬，侵于之疆。取彼凶残，我伐用张。于汤有光！

“勖哉夫子！罔或无畏，宁执非敌。百姓懔懔，若崩厥角。呜呼！乃一德一心，立定厥功，惟克永世！”

---

① 据阮元《校勘记》删臣字。

泰誓下

时厥明，王乃大巡六师，明誓众士。王曰：

“呜呼！我西土君子：天有显道，厥类惟彰。今商王受狎侮五常，荒怠弗敬；自绝于天，结怨于民；斮朝涉之胫，剖贤人之心；作威杀戮，毒痡四海；崇信奸回，放黜师保；屏弃典刑，囚奴正士；郊社不修，宗庙不享；作奇技淫巧以悦妇人。上帝弗顺，祝降时丧。尔其孜孜，奉予一人，恭行天罚。

“古人有言曰：‘抚我则后，虐我则仇。’独夫受洪惟作威，乃汝世仇。‘树德务滋，除恶务本。’肆予小子，诞以尔众士殄歼乃仇。尔众士其尚迪果毅，以登乃辟！功多有厚赏，不迪有显戮！

“呜呼！惟我文考若日月之照临，光于四方，显于西土。惟我有周，诞受多方。予克受，非予武，惟朕文考无罪；受克予，非朕文考有罪，惟予小子无良。”

牧　誓

时甲子昧爽，王朝至于商郊牧野，乃誓。王左杖黄钺，右秉白旄以麾，曰：“逖矣，西土之人！”

王曰：“嗟！我友邦冢君御事，司徒、司马、司空、亚旅、师氏、千夫长、百夫长，及庸、蜀、羌、髳、微、卢、彭、濮人：称尔戈，比尔干，立尔矛，予其誓！”

王曰：“古人有言曰：‘牝鸡无晨。牝鸡之晨，惟家之索。’今商王受，惟妇言是用；昏弃厥肆祀，弗答；昏弃厥遗王父母弟，不迪；乃惟四方之多罪逋逃，是崇是长，是信是使，是以为大夫卿士，俾暴虐于百姓，以奸宄于商邑。

“今予发，惟恭行天之罚。今日之事，不愆于六步七步，乃止齐焉。夫子勖哉！不愆于四伐、五伐、六伐、七伐，乃止齐焉。勖哉夫子！尚桓桓，如虎如貔，如熊如罴于商郊！弗迓克奔，以役西土。勖哉夫子！尔所弗勖，其于尔躬有戮！”

武　成[1]

惟一月壬辰旁死魄，越翼日癸巳，王朝步自周，于征伐商。(厥四月哉生明，王来自商，至于丰。乃偃武修文，归马于华山之阳，放牛于桃林之野，示天下弗服。丁未祀于周庙，邦甸侯卫骏奔走，执豆笾；越三日庚戌，柴望，大告武成。既生魄，庶邦冢君暨百工受命于周。王若曰：“呜呼！群后：惟先王建邦启土，公刘克笃前烈，至于大王肇基王迹，王季其勤王家。我文考文王克成厥勋，诞膺天命，以抚方夏；大邦畏其力，小邦怀其德；惟九年，大统未集。予小子其承厥志。”)

厎商之罪，告于皇天后土、所过名山大川，曰：“惟有道曾孙周王发，将有大正于商。今商王受无道，暴殄天物，害虐烝民，为天下逋逃主、萃渊薮。予小子既获仁人，敢祗承上帝以遏乱略，华夏蛮貊罔不率俾。（恭天成命，肆予东征，绥厥士女。惟其士女，篚厥玄黄，昭我周王。天休震动，用附我大邑周。）惟尔有神，尚克相予，以济兆民，无作神羞。”

既戊午，师逾孟津。癸亥，陈于商郊，俟天休命。甲子昧爽，受率其旅若林，会于牧野，罔有敌于我师。前徒倒戈，攻于后以北，血流漂杵。一戎衣，天下大定。乃反商政，政由旧。释箕子囚，封比干墓，式商容闾，散鹿台之财，发巨桥之粟，大赉于四海，而万姓悦服。

〔厥四月哉生明，王来自商，至于丰。乃偃武修文，归马于华山之阳，放牛于桃林之野，示天下弗服。丁未，祀于周庙，邦甸侯卫骏奔走，执豆笾。越三日庚戌，柴望，大告武成。既生魄，庶邦冢君暨百工受命于周。〕

---

① 此伪古文。

〔王若曰："呜呼！群后：惟先王建邦启土，公刘克笃前烈，至于大王肇基王迹，王季其勤王家。我文考文王克成厥勋，诞膺天命，以抚方夏；大邦畏其力，小邦怀其德；惟九年，大统未集。予小子其承厥志，恭天成命。肆予东征，绥厥士女。惟其士女，篚厥玄黄，昭我周王；天休震动，用附我大邑周。"〕①

列爵惟五，分土惟三。建官惟贤，位事惟能。重民五教，惟食、丧、祭。惇信明义，崇德报功，垂拱而天下治。

洪　范

惟十有三祀，王访于箕子。王乃言曰："呜呼，箕子！惟天阴骘下民，相协厥居；我不知其彝伦攸叙。"箕子乃言曰：

"我闻在昔鲧陻洪水，汩陈其五行。帝乃震怒，不畀洪范九畴，彝伦攸斁。鲧则殛死，禹乃嗣兴。天乃锡禹洪范九畴，彝伦攸叙。

"初一曰五行。次二曰敬用五事。次三曰农用八政。次四曰协用五纪。次五曰建用皇极。次六曰乂用三德。次七曰明用稽疑。次八曰念用庶徵。次九曰向用五福，威用六极。

"一，五行：一曰水，二曰火，三曰木，四曰金，五曰土。水曰润下，火曰炎上，木曰曲直，金曰从革，土爰稼穑。润下作咸，炎上作苦，曲直作酸，从革作辛，稼穑作甘。

"二，五事：一曰貌，二曰言，三曰视，四曰听，五曰思。貌曰恭，言曰从，视曰明，听曰聪，思曰睿。恭作肃，从作乂，明作哲，聪作谋，睿作圣。

"三，八政：一曰食，二曰货，三曰祀，四曰司空，五曰司徒，六曰司寇，七曰宾，八曰师。

"四，五纪：一曰岁，二曰月，三曰日，四曰星辰，五曰

① 《武成》编简错乱，先后失序，蔡沈《书集传》曾考正其文。本文多从之。

历数。

“五，皇极。皇建其有极，敛时五福，用敷锡厥庶民，惟时厥庶民于汝极。锡汝保极：凡厥庶民，无有淫朋；人无有比德，惟皇作极。凡厥庶民，有猷、有为、有守，汝则念之；不协于极，不罹于咎，皇则受之；而康而色，曰‘予攸好德’，汝则锡之福，时人斯其惟皇之极。无虐茕独而畏高明，人之有能、有为，使羞其行，而邦其昌。凡厥正人，既富方穀；汝弗能使有好于而家，时人斯其辜。于其无好（德），汝虽锡之福，其作汝用咎。无偏无（陂）〔颇〕①，遵王之义。无有作好，遵王之道。无有作恶，遵王之路。无偏无党，王道荡荡。无党无偏，王道平平。无反无侧，王道正直。会其有极，归其有极。曰皇极之敷言，是彝是训，于帝其训。凡厥庶民，极之敷言，是训是行，以近天子之光。曰天子作民父母，以为天下王。

“六，三德：一曰正直，二曰刚克，三曰柔克。平康正直，强弗友刚克，燮友柔克。沈潜刚克，高明柔克。惟辟作福，惟辟作威，惟辟玉食。臣无有作福、作威、玉食。臣之有作福、作威、玉食，其害于而家，凶于而国。人用侧颇僻，民用僭忒。

“七，稽疑。择建立卜筮人，乃命卜筮，曰雨，曰霁，曰（蒙）〔雺〕，曰（驿）〔圛〕②，曰克，曰贞，曰悔，凡七。卜五，占用二，衍忒。立时人作卜筮。三人占，则从二人之言。汝则有大疑，谋及乃心，谋及卿士，谋及庶人，谋及卜筮。汝则从，龟从，筮从，卿士从，庶民从，是之谓大同：身其康强，子孙其逢，吉。汝则从，龟从，筮从，卿士逆，庶民逆，吉。卿士从，龟从，筮从，汝则逆，庶民逆，吉。庶民从，龟从，筮从，汝则逆，卿士逆，吉。汝则从，龟从，筮逆，卿士逆，庶民逆，作内吉，作外凶。龟筮共违于人，用静吉，用作凶。

“八，庶徵：曰雨，曰旸，曰燠，曰寒，曰风。曰时五者来

---

① 德字衍，陂当作颇，阮元《校勘记》详之。

② 据阮元《校勘记》改。

备，各以其叙，庶草蕃庑。一极备，凶。一极无，凶。曰休徵：曰肃，时雨若；曰乂，时旸若；曰晢，时燠若；曰谋，时寒若；曰圣，时风若。曰咎徵：曰狂，恒雨若；曰僭，恒旸若；曰豫，恒燠若；曰急，恒寒若；曰蒙，恒风若。曰王省惟岁，卿士惟月，师尹惟日。岁月日时无易，百谷用成，乂用明，俊民用章，家用平康。日月岁时既易，百谷用不成，乂用昏不明，俊民用微，家用不宁。庶民惟星，星有好风，星有好雨。日月之行，则有冬有夏。月之从星，则以风雨。

“九，五福：一曰寿，二曰富，三曰康宁，四曰攸好德，五曰考终命。六极：一曰凶、短、折，二曰疾，三曰忧，四曰贫，五曰恶，六曰弱。”

旅　獒

惟克商，遂通道于九夷八蛮。西旅厎贡厥獒，太保乃作《旅獒》，用训于王。曰：

“呜呼，明王慎德！四夷咸宾，无有远迩，毕献方物惟服食器用。王乃昭德之致于异姓之邦，无替厥服；分宝玉于伯叔之国，时庸展亲。人不易物，惟德其物。

“德盛不狎侮。狎侮君子，罔以尽人心。狎侮小人，罔以尽其力。不役耳目，百度惟贞。玩人丧德，玩物丧志。志以道宁，言以道接。不作无益害有益，功乃成。不贵异物贱用物，民乃足。犬马非其土性不畜，珍禽奇兽不育于国。不宝远物，则远人格；所宝惟贤，则迩人安。

“呜呼！夙夜罔或不勤！不矜细行，终累大德。为山九仞，功亏一篑。允迪兹，生民保厥居，惟乃世王！”

金　縢

既克商二年，王有疾，弗豫。二公曰：“我其为王穆卜。”周公曰：“未可以戚我先王？”

公乃自以为功，为三坛，同墠。为坛于南方，北面，周公立焉；植璧秉珪，乃告太王、王季、文王。史乃册祝，曰：“惟尔元孙某，遘厉虐疾。若尔三王，是有丕子之责于天，以旦代某之身。予仁若考，能多材多艺，能事鬼神。乃元孙不若旦多材多艺，不能事鬼神。乃命于帝庭，敷佑四方，用能定尔子孙于下地，四方之民罔不祗畏。呜呼！无坠天之降宝命，我先王亦永有依归。今我即命于元龟。尔之许我，我其以璧与珪归俟尔命；尔不许我，我乃屏璧与珪。”乃卜三龟，一习吉。启籥见书，乃并是吉。公曰：“体，王其罔害。予小子新命于三王，惟永终是图；兹攸俟，能念予一人。”公归，乃纳册于金縢之匮中。王翼日乃瘳。

武王既丧，管叔及其群弟乃流言于国，曰：“公将不利于孺子。”周公乃告二公曰：“我之弗辟，我无以告我先王。”周公居东二年，则罪人斯得。于后，公乃为诗以贻王，名之曰《鸱鸮》。王亦未敢诮公。

秋，大熟，未获，天大雷电以风。禾尽偃，大木斯拔，邦人大恐。王与大夫尽弁，以启金縢之书，乃得周公所自以为功代武王之说。二公及王乃问诸史与百执事。对曰：“信！噫公命，我勿敢言。”王执书以泣，曰：“其勿穆卜！昔公勤劳王家，惟予冲人弗及知。今天动威以彰周公之德，惟朕小子其新逆，——我国家礼亦宜之。”

王出郊，天乃雨，反风，禾则尽起。二公命邦人：凡大木所偃，尽起而筑之。岁则大熟。

大 诰

王若曰：“猷！大诰尔多邦越尔御事：

“弗吊！天降割于我家，不少延。洪惟我幼冲人，嗣无疆大历服，弗造哲迪民康，矧曰其有能格知天命？

“已！予惟小子，若涉渊水，予惟往求朕攸济。敷贲敷前人受命，兹不忘大功。予不敢闭于天降威，用（宁）〔文〕王遗我大宝龟，绍天明。即命曰：‘有大艰于西土，西土人亦不静。越兹蠢殷小腆，诞敢纪其叙。天降威，知我国有疵，民不康，曰：“予复！”反鄙我周邦。今蠢今翼日民献有十夫予翼，以于敉（宁）〔文〕武图功。我有大事，休？’朕卜并吉。

“肆予告我友邦君越尹氏、庶士、御事曰：予得吉卜，予惟以尔庶邦于伐殷逋播臣。尔庶邦君越庶士、御事，罔不反，曰：‘艰大，民不静，亦惟在王宫邦君室越予小子考翼，不可征。王害不违卜？’肆予冲人永思艰，曰：呜呼！允蠢，鳏寡哀哉！予造天役，遗大投艰于朕身。越予冲人不卬自恤，义尔邦君越尔多士、尹氏、御事绥予曰：‘无毖于恤，不可不成乃（宁）〔文〕考图功！’

“已！予惟小子，不敢替上帝命。天休于（宁）〔文〕王，兴我小邦周，（宁）〔文〕王惟卜用，克绥受兹命。今天其相民，矧亦惟卜用？呜呼！天明畏，弼我丕丕基！”

王曰：“尔惟旧人，尔（丕）〔不〕克远省？尔知（宁）〔文〕王若勤哉！天閟毖我成功所，予不敢不极卒（宁）〔文〕王图事。肆予大化诱我友邦君：天棐忱，辞其考我民？予曷其不于前（宁）〔文〕人图功攸终？天亦惟用勤毖我民，若有疾，予曷敢不于前（宁）〔文〕人攸受休毕！”

王曰：“若昔朕其逝，朕言艰日思。若考作室，既底法，厥子乃弗肯堂，矧肯构？厥父菑，厥子乃弗肯播，矧肯获？厥考翼其肯曰‘予有后，弗弃基’？肆予曷敢不越卬敉（宁）〔文〕王大命！若兄考，乃有（友）[①] 伐厥子，民养其劝弗救？”

王曰：“呜呼！肆哉，尔庶邦君越尔御事。爽邦由哲，亦惟十人迪知上帝命。越天棐忱，尔时罔敢易法，矧今天降戾于周邦？惟大艰人诞邻胥伐于厥室，尔亦不知天命不易！予永念曰：天惟

① 曾星笠先生《尚书正读》以此“友”为羡文，今从之。

丧殷。若啬夫，予曷敢不终朕亩？天亦惟休于前（宁）〔文〕人，予曷其极卜，敢弗于从率（宁）〔文〕人有指疆土？矧今卜并吉！肆朕诞以尔东征。天命不僭，卜陈惟若兹！”

微子之命①

王若曰：“猷，殷王元子！惟稽古崇德象贤，统承先王；修其礼物，作宾于王家；与国咸休，永世无穷。

“呜呼！乃祖成汤，克齐圣广渊。皇天眷佑，诞受厥命，抚民以宽，除其邪虐，功加于时，德垂后裔。尔惟践修厥猷，旧有令闻：恪慎克孝，肃恭神人。予嘉乃德，曰笃不忘。上帝时歆，下民祗协。庸建尔于上公，尹兹东夏。

“钦哉！往敷乃训，慎乃服命，率由典常，以蕃王室。弘乃烈祖，律乃有民，永绥厥位，毗予一人；世世享德，万邦作式，俾我有周无斁。呜呼！往哉惟休，无替朕命！”

康　诰

惟三月哉生魄，周公初基作新大邑于东国洛。四方民大和会。侯甸男邦，采卫百工，播民和见，士于周。周公咸勤，乃洪大诰治。

王若曰：“孟侯，朕其弟，小子封！惟乃丕显考文王，克明德慎罚，不敢侮鳏寡，庸庸，（祗祗）〔祗祗〕，威威，显民，用肇造我区夏越我一二邦，以修我西土。惟时怙冒闻于上帝，帝休，天乃大命文王：殪戎殷，诞受厥命越厥邦厥民。惟时叙，乃寡兄勖。肆汝小子封，在兹东土。”

王曰：“呜呼！封，汝念哉！今民将在（祗）〔祗〕遹乃文

① 此伪古文。

考，绍闻衣德言。往敷求于殷先哲王用保乂民。汝丕远惟商耇成人，宅心知训。别求闻由古先哲王，用康保民，弘〔覆〕于天若，德裕乃身，不废在王命。”

王曰：“呜呼！小子封，恫瘝乃身，敬哉！天畏棐忱，民情大可见，小人难保。往尽乃心，无康好逸豫，乃其乂民。我闻曰：‘怨不在大，亦不在小。惠不惠，懋不懋。’已！汝惟小子，乃服惟弘。王应保殷民，亦惟助王宅天命，作新民。”

王曰：“呜呼！封，敬明乃罚。人有小罪，非眚，乃惟终自作不典，式尔，有厥罪小，乃不可不杀。乃有大罪，非终，乃惟眚灾，适尔，既道极厥辜，时乃不可杀。”

王曰：“呜呼！封，有叙时，乃大明服，惟民其敕懋和。若有疾，惟民其毕弃咎。若保赤子，惟民其康乂。非汝封刑人杀人，无或刑人杀人。非汝封又曰劓刵人，无或劓刵人。”

王曰：“外事，汝陈时臬司师，兹殷罚有伦。”又曰：“要囚，服念五六日至于旬时，丕蔽要囚。”

王曰：“汝陈时臬事罚，蔽殷彝用其义刑义杀，勿庸以次汝封。乃汝尽逊曰时叙，惟曰未有逊事。已！汝惟小子，未其有若汝封之心。朕心朕德惟乃知。凡民自得罪，寇攘奸宄，杀越人于货，暋不畏死，罔弗憝。”

王曰：“封！元恶大憝，矧惟不孝不友。子弗（祗）〔祗〕服厥父事，大伤厥考心；于父不能字厥子，乃疾厥子；于弟弗念天显，乃弗克恭厥兄；兄亦不念鞠子哀，大不友于弟：惟吊兹，不于我政人得罪，天惟与我民彝大泯乱。曰：乃其速由文王作罚，刑兹无赦！不率大戛，矧惟外庶子、训人惟厥正人越小臣、诸节；乃别播敷，造民大誉，弗念弗庸，瘝厥君：时乃引恶，惟朕憝。已！汝乃其速由，兹义率杀！亦惟君惟长，不能厥家人越厥小臣、外正。惟威惟虐，大放王命，乃非德用乂。汝亦罔不克敬典，乃由裕民，惟文王之敬忌。乃裕民曰：‘我惟有及。’则予一人以怿。”

王曰：“封！爽惟民迪吉康，我时其惟殷先哲王德，用康乂民作求；矧今民罔迪不适，不迪则罔政在厥邦！”

王曰：“封！予惟不可不监，告汝德之说于罚之行。今惟民不静，未戾厥心，迪屡未同。爽惟天其罚殛我，我其不怨。惟厥罪无在大，亦无在多，矧曰其尚显闻于天？”

王曰：“呜呼！封，敬哉！无作怨，勿用非谋非彝蔽时忱，丕则敏德，用康乃心，顾乃德，远乃猷裕；乃以民宁，不汝瑕殄。”

王曰：“呜呼！肆汝小子封：惟命不于常，汝念哉！无我殄享。明乃服命，高乃听，用康乂民。”

王若曰：“往哉，封！勿替敬，典听朕诰，汝乃以殷民世享。”

酒　诰

王若曰：“明大命于妹邦！乃穆考文王肇国在西土，厥诰毖庶邦、庶士越少正、御事，朝夕曰：‘祀兹酒。’惟天降命，肇我民，惟元祀。天降威，我民用大乱丧德，亦罔非酒惟行；越小大邦用丧，亦罔非酒惟辜。文王诰教：小子、有正、有事无彝酒；越庶国，饮惟祀，德将无醉。惟曰我民迪小子，惟土物爱，厥心臧。聪听祖考之彝训，越小大德。小子惟一妹土，嗣尔股肱，纯其艺黍稷，奔走事厥考厥长。肇牵车牛，远服贾用，孝养厥父母。厥父母庆，自洗腆，致用酒。庶士有正越庶伯君子，其尔典听朕教：尔大克羞耇惟君，尔乃饮食醉饱。丕惟曰尔克永观省，作稽中德，尔尚克羞馈祀。尔乃自介用逸，兹乃允惟王正事之臣。兹亦惟天若元德，永不忘在王家。”

王曰：“封！我西土棐徂，邦君、御事、小子尚克用文王教，不腆于酒，故我至于今克受殷之命。”

王曰：“封！我闻惟曰：在昔殷先哲王迪畏天显小民，经德秉哲。自成汤咸至于帝乙，成王畏相惟御事，厥棐有恭，不敢自暇自逸，矧曰其敢崇饮？越在外服，侯甸男卫邦伯；越在内服，百僚、庶尹、惟亚、惟服、宗工越百姓里居：罔敢湎于酒。不惟不敢，亦不暇，惟助成王德显，越尹人（祇）〔祗〕辟。我闻亦惟曰：在今后嗣王酣身，厥命罔显于民（祇）〔祗〕，保越怨，不易。诞惟厥纵淫泆于非彝，用燕丧威仪，民罔不衋伤心。惟荒腆于酒，不惟自息乃逸。厥心疾很，不克畏死。辜在商邑，越殷国灭无罹。弗惟德馨香祀登闻于天，诞惟民怨、庶群自酒腥闻在上，故天降丧于殷，罔爱于殷，惟逸。天非虐，惟民自速辜。”

王曰：“封！予不惟若兹多诰。古人有言曰：‘人无于水监，当于民监。’今惟殷坠厥命，我其可不大监？抚于时，予惟曰：汝劼毖殷献臣，侯甸男卫，矧太史友、内史友越献臣、百宗工，矧惟尔事服休、服采，矧惟若畴——圻父薄违、农父若保、宏父定辟，矧汝刚制于酒！厥或诰曰：‘群饮。’汝勿佚，尽执拘以归于周，予其杀！又惟殷之迪诸臣惟工乃湎于酒，勿庸杀之，姑惟教之。有斯明享，乃不用我教辞，惟我一人弗恤，弗蠲乃事，时同于杀。”

王曰：“封！汝典听朕毖，勿辩乃司民湎于酒！”

梓　材

王曰：“封！以厥庶民暨厥臣达大家，以厥臣达王惟邦君，汝若恒。越曰我有师师、司徒、司马、司空、尹、旅，曰：‘予罔厉杀人。亦厥君先敬劳。’肆徂，厥敬劳。肆往奸宄、杀人、历人，宥。肆亦见厥君事，戕败人，宥。王启监，厥乱为民，曰：‘无胥戕，无胥虐。至于敬寡，至于属妇，合由以容。’王其效邦君越御事，厥命曷以？引养引恬。自古王若兹监，罔攸辟。

“惟曰：若稽田，既勤敷菑，惟其陈修，为厥疆畎。若作室家，既勤垣墉，惟其涂塈茨。若作梓材，既勤朴斫，惟其涂丹雘。

“今王惟曰：先王既勤用明德，怀为夹，庶邦享作，兄弟方来。亦既用明德，后式典集，庶邦丕享。皇天既付中国民越厥疆土于先王，肆王惟德，用和怿先后迷民，用怿先王受命。已！若兹监，惟曰欲至于万年，惟王子子孙孙永保民！”

召　诰

惟二月既望，越六日乙未，王朝步自周，则至于丰。惟太保先周公相宅。越若来三月，惟丙午朏。越三日戊申，太保朝至于洛，卜宅。厥既得卜，则经营。越三日庚戌，太保乃以庶殷攻位于洛汭。越五日甲寅，位成。若翼日乙卯，周公朝至于洛，则达观于新邑营。越三日丁巳，用牲于郊，牛二。越翼日戊午，乃社于新邑，牛一，羊一，豕一。越七日甲子，周公乃朝用书，命庶殷侯甸男邦伯。厥既命殷庶，庶殷丕作。太保乃以庶邦冢君出取币，乃复入，锡周公，曰，拜手稽首：

“旅王若公，诰告庶殷越自乃御事：

“呜呼！皇天上帝改厥元子兹大国殷之命，惟王受命无疆惟休，亦无疆惟恤。呜呼！曷其奈何弗敬？天既遐终大邦殷之命，兹殷多先哲王在天，越厥后王后民，兹服厥命。厥终：智藏，瘝在；夫知保抱携持厥妇子，以哀吁天；徂厥亡，出执。呜呼！天亦哀于四方民，其眷命用懋，王其疾敬德！

“相古先民有夏，天迪从子保，面稽天若，今时既坠厥命。今相有殷，天迪格保，面稽天若，今时既坠厥命。今冲子嗣，则无遗寿耇，曰：‘其稽我古人之德。’矧曰：‘其有能稽谋自天？’呜呼！有王虽小，元子哉！其丕能諴于小民，今休。王不敢后，用顾畏于民岩。王来绍上帝，自服于土中。旦曰：‘其作大邑，其自时配皇天，毖祀于上下；其自时中乂。王厥有成命治民，今休。’王先服殷御事，比（介）〔迩〕于我有周御事，节性，惟日其迈。王敬作，所不可不敬德！

“我不可不监于有夏，亦不可不监于有殷。我不敢知：曰有夏服天命，惟有历年；我不敢知：曰不其延。惟不敬厥德，乃早坠厥命。我不敢知：曰有殷受天命，惟有历年；我不敢知：曰不其延。惟不敬厥德，乃早坠厥命。今王嗣受厥命，我亦惟兹二国命，嗣若功。

“王乃初服。呜呼！若生子，罔不在厥初生，自贻哲命。今天其命哲，命吉凶，命历年；知今我初服，宅新邑。肆惟王其疾敬德，王其德之用，祈天永命。其惟王勿以小民淫用非彝亦敢殄戮，用乂民，若有功。其惟王位在德元，小民乃惟刑用于天下，越王显。上下勤恤，其曰‘我受天命，丕若有夏历年，式勿替有殷历年’，欲王以小民受天永命。”

拜手稽首，曰：“予小臣，敢以王之仇民、百君子越友民，保受王威命明德。王末有成命，王亦显。我非敢勤，惟恭奉币，用供王能祈天永命。”

洛　诰

周公拜手稽首，曰：“朕复子明辟。王如弗敢及天基命、定命，予乃胤保，大相东土，其基作民明辟。予惟乙卯朝至于洛师，我卜河朔黎水，我乃卜涧水东、瀍水西，惟洛食；我又卜瀍水东，亦惟洛食。伻来，以图及献卜。”

王拜手稽首，曰：“公不敢不敬天之休，来相宅，其作周匹，休。公既定宅，伻来，来视予卜，休，恒吉。我二人共贞。公其以予万亿年，敬天之休。”拜手稽首诲言。

周公曰：“王肇称殷礼，祀于新邑，咸秩无文。予齐百工，伻从王于周。予惟曰：‘庶有事。’今王即命，曰：‘记功。宗以功，作元祀。’惟命曰：‘汝受命笃弼，丕视功载，乃汝其悉自教工。’孺子其朋，孺子其朋，其往！无若火始焰焰，厥攸灼叙，弗其绝。厥若彝及抚事，如予。惟以在周工往新邑，伻向即有僚，明作有功，惇大成裕，汝永有辞。”

公曰：“已！汝惟冲子，惟终。汝其敬识百辟享，亦识其有不享。享多仪，仪不及物，惟曰不享。惟不役志于享，凡民惟曰不享，惟事其爽侮。乃惟孺子颁，朕不暇听。朕教汝于棐民彝，汝乃是不蘉，乃时惟不永哉！笃叙乃正父，罔不若予，不敢废乃命。汝往，敬哉！兹予其明农哉！彼裕我民，无远用戾！”

王若曰："公，明保予冲子！公称丕显德，以予小子扬文武烈，奉答天命，和恒四方民，居师，惇宗将礼，称秩元祀，咸秩无文。惟公德明光于上下，勤施于四方，旁作穆穆，迓衡不迷。文武勤教，予冲子夙夜毖祀。"王曰："公功棐迪笃，罔不若时。"

王曰："公！予小子其退，即辟于周，命公后。四方迪乱未定，于宗礼亦未克敉。公功迪将其后，监我士师工，诞保文武受民，乱为四辅。"王曰："公定，予往已！公功肃将祗欢，公无困（哉）〔我〕。我惟无斁其康事，公勿替刑，四方其世享。"

周公拜手稽首，曰："王命予来承保乃文祖受命民，越乃光烈考武王弘朕恭！孺子来相宅，其大惇典殷献民，乱为四方新辟，作周恭先。曰其自时中乂，万邦咸休，惟王有成绩。予旦以多子越御事笃前人成烈，答其师，作周孚先。考朕昭子刑，乃单文祖德。伻来毖殷，乃命宁予以秬鬯二卣，曰：'明禋'，'拜手稽首休享'。予不敢宿，则禋于文王、武王：惠笃叙，无有遘自疾，万年厌于乃德，殷乃引考；王伻殷，乃承叙万年，其永观朕子怀德。"

戊辰，王在新邑，烝祭。岁，文王，骍牛一；武王，骍牛一。王命作册逸祝册，惟告周公其后。王宾，杀，禋，咸格。王入大室，祼。王命周公后，作册逸诰，在十有二月。

惟周公诞保文武受命，惟七年。

多　士

惟三月，周公初于新邑洛，用告商王士。王若曰：

"尔殷遗多士！弗吊旻天，大降丧于殷。我有周佑命，将天明威，致王罚，敕殷命终于帝。肆尔多士：非我小国敢弋殷命。惟天不畀允罔固，乱弼我。我其敢求位？惟帝不畀。惟我下民秉为，惟天明畏。

"我闻曰：'上帝引逸。'有夏不适逸则，惟帝降格，向于时。夏弗克庸帝，大淫泆，有辞。惟时天罔念闻，厥惟废元命，降致罚，乃命尔先祖成汤革夏，俊民甸四方。自成汤至于帝乙，罔不明德恤祀，亦惟天丕建保乂有殷。殷王亦罔敢失帝，罔不配天其泽。在今后嗣王，诞罔显于天，矧曰其有听念于先王勤家？诞淫厥泆，罔顾于天显民祇。惟时上帝不保，降若兹大丧。惟天不畀不明厥德，凡四方小大邦丧，罔非有辞于罚。”

王若曰：“尔殷多士！今惟我周王丕灵承帝事。有命曰：‘割殷！’告敕于帝。惟我事不贰适，惟尔王家我适。予其曰：‘惟尔洪无度，我不尔动，自乃邑。’予亦念天即于殷大戾，肆不正。”

王曰：“猷！告尔多士：予惟时其迁居西尔。非我一人奉德不康宁，时惟天命。无违！朕不敢有后，无我怨。惟尔知：惟殷先人有册有典，殷革夏命。今尔又曰：‘夏迪简在王庭，有服在百僚。’予一人惟听用德，肆予敢求尔于天邑商？予惟率肆矜尔。非予罪，时惟天命。”

王曰：“多士！昔朕来自奄，予大降尔四国民命。我乃明致天罚，移尔遐逖，比事臣我宗多逊。”

王曰：“告尔殷多士：今予惟不尔杀，予惟时命有申。今朕作大邑于兹洛，予惟四方罔攸宾，亦惟尔多士攸服奔走、臣我多逊。尔乃尚有尔土，尔乃尚宁干止。尔克敬，天惟畀矜尔；尔不克敬，尔不啻不有尔土，予亦致天之罚于尔躬！今尔惟时宅尔邑，继尔居，尔厥有干有年于兹洛。尔小子乃兴，从尔迁。”

王曰：“又曰时予，乃或〔诲〕① 言尔攸居。”

无 逸

周公曰：“呜呼！君子所其无逸。先知稼穑之艰难，（乃逸，）则知小人之依。相小人：厥父母勤劳稼穑，厥子乃不知稼穑之艰难，乃逸，乃谚；既诞，否则侮厥父母，曰：‘昔之人无闻知。’”

---

① 据段玉裁《古文尚书撰异》补入。

周公曰："呜呼！我闻曰：昔在殷王中宗，严恭寅畏，天命自度，治民祗惧，不敢荒宁，肆中宗之享国七十有五年。其在高宗，时旧劳于外，爰暨小人。作其即位，乃或亮阴，三年不言；其惟不言，言乃雍。不敢荒宁，嘉靖殷邦。至于小大，无时或怨。肆高宗之享国五十有九年。其在祖甲，不义惟王，旧为小人；作其即位，爰知小人之依，能保惠于庶民，不敢侮鳏寡：肆祖甲之享国三十有三年。自时厥后，立王生则逸，生则逸，不知稼穑之艰难，不闻小人之劳，惟耽乐之从。自时厥后，亦罔或克寿，或十年，或七、八年，或五、六年，或四、三年。"

周公曰："呜呼！厥亦惟我周大王、王季，克自抑畏。文王卑服，即康功田功；徽柔懿恭，怀保小民，惠鲜鳏寡：自朝至于日中昃，不遑暇食，用咸和万民。文王不敢盘于游田，以庶邦惟正之供。文王受命惟中身，厥享国五十年。"

周公曰："呜呼！继自今嗣王，则其无淫于观、于逸、于游、于田；以万民惟正之供，无皇曰：'今日耽乐。'乃非民攸训，非天攸若，时人丕则有愆。无若殷王受之迷乱，酗于酒德哉！"

周公曰："呜呼！我闻曰：古之人犹胥训告，胥保惠，胥教诲，民无或胥诪张为幻。此厥不听，人乃训之，乃变乱先王之正刑，至于小大，民否则厥心违怨，否则厥口诅祝。"

周公曰："呜呼！自殷王中宗及高宗，及祖甲，及我周文王，兹四人迪哲。厥或告之曰：'小人怨汝詈汝！'则皇自敬德；厥愆，曰：'朕之愆，允若时。'不啻不敢含怒。此厥不听，人乃或诪张为幻，曰：'小人怨汝詈汝！'则信之；则若时：不永念厥辟，不宽绰厥心，乱罚无罪，杀无辜。怨有同，是丛于厥身。"

周公曰："呜呼！嗣王其监于兹！"

君　奭

周公若曰："君奭！弗吊天降丧于殷，殷既坠厥命，我有周既受。我不敢知：曰厥基永孚于休。若天棐忱，我亦不敢知：曰其终出于不祥。呜呼！君已曰：‘时我！’我亦不敢宁于上帝命，弗永远念天威越我民罔尤违：惟人。在我后嗣子孙，大弗克恭上下，遏佚前人光在家，不知天命不易，天难谌，乃其坠命，弗克经历。嗣前人，恭明德，在今。予小子旦非克有正，迪惟前人光，施于我冲子。又曰：‘天不可信。’我道惟（宁）〔文〕王德延，天不庸释于文王受命。”

公曰：“君奭！我闻在昔成汤既受命，时则有若伊尹，格于皇天。在太甲，时则有若保衡。在太戊，时则有若伊陟、臣扈，格于上帝。巫咸乂王家。在祖乙，时则有若巫贤。在武丁，时则有若甘盘。率惟兹有陈，保乂有殷，故殷礼陟配天，多历年所。天惟纯佑命，则商实百姓、王人，罔不秉德明恤。小臣屏侯甸，矧咸奔走。惟兹惟德称，用乂厥辟。故一人有事于四方，若卜筮，罔不是孚。”

公曰：“君奭！天寿平格，保乂有殷。有殷嗣，天灭威。今汝永念，则有固命，厥乱明我新造邦。”

公曰：“君奭：在昔上帝割申劝（宁）〔文〕王之德，其集大命于厥躬？惟文王尚克修和我有夏。亦惟有若虢叔，有若闳夭，有若散宜生，有若泰颠，有若南宫括。”

又曰：“无能往来，兹迪彝教，文王蔑德降于国人。亦惟纯佑秉德，迪知天威。乃惟时昭文王，迪见冒闻于上帝，惟时受有殷命哉！武王惟兹四人尚迪有禄，后暨武王诞将天威，咸刘厥敌。惟兹四人昭武王，惟冒丕单称德。今在予小子旦，若游大川，予往，暨汝奭其济。小子同未在位，诞无我责；收罔勖不及，耇造德不降，我则鸣鸟不闻，矧曰其有能格？”

公曰：“呜呼！君肆其监于兹！我受命无疆惟休，亦大惟艰。告君：乃猷裕我，不以后人迷。”

公曰：“前人敷乃心，乃悉命汝，作汝民极，曰：‘汝明勖偶王，在亶。乘兹大命，惟文王德丕承，无疆之恤。’”

公曰：“君！告汝：朕允保奭。其汝克敬，以予监于殷丧大否，肆念我天威。予不允，惟若兹诰？予惟曰：‘襄我二人，汝有合哉！’言曰：‘在时二人，天休兹至。惟时二人弗戡。’其汝克敬德，明我俊民，在让后人于丕时。呜呼！笃棐时二人，我式克至于今日休？我咸成文王功于不怠丕冒，海隅出日，罔不率俾。”

公曰：“君！予不惠若兹多诰。予惟用闵于天越民。”

公曰：“呜呼！君！惟乃知：民德亦罔不能厥初，惟其终。祗若兹。往，敬用治！”

蔡仲之命[①]

惟周公位冢宰，正百公，群叔流言。乃致辟管叔于商；囚蔡叔于郭邻，以车七乘；降霍叔于庶人，三年不齿。蔡仲克庸祗德，周公以为卿士。叔卒，乃命诸王，邦之蔡。

王若曰：“小子胡！惟尔率德改行，克慎厥猷，肆予命尔侯于东土。往即乃封，敬哉！尔尚盖前人之愆，惟忠惟孝。尔乃迈迹自身，克勤无怠，以垂宪乃后。率乃祖文王之彝训，无若尔考之违王命！皇天无亲，惟德是辅。民心无常，惟惠之怀。为善不同，同归于治；为恶不同，同归于乱。尔其戒哉！

“慎厥初，惟厥终，终以不困。不惟厥终，终以困穷。

“懋乃攸绩，睦乃四邻，以蕃王室，以和兄弟，康济小民。

“率自中，无作聪明乱旧章；详乃视听，罔以侧言改厥度：则予一人汝嘉。”

王曰：“呜呼！小子胡，汝往哉！无荒弃朕命！”

多　方

惟五月丁亥，王来自奄，至于宗周。周公曰：

“王若曰：猷！告尔四国多方惟尔殷侯尹民：我惟大降尔命，

---

① 此伪古文。

尔罔不知。洪惟〔图〕天之命，弗永寅念于祀，惟帝降格于夏。有夏诞厥逸，不肯戚言于民，乃大淫昏，不克终日劝于帝之迪，乃尔攸闻。厥图帝之命，不克开于民之丽，乃大降罚，崇乱有夏。因甲于内乱，不克灵承于旅。罔丕惟进之恭，洪舒于民。亦惟有夏之民叨懫日钦，劓割夏邑。天惟时求民主，乃大降显休命于成汤，刑殄有夏。惟天不畀纯，乃惟以尔多方之义民不克永于多享，惟夏之恭多士大不克明保享于民，乃胥惟虐于民，至于百为，大不克开。乃惟成汤，克以尔多方简代夏作民主：慎厥丽，乃劝；厥民刑，用劝。以至于帝乙，罔不明德慎罚，亦克用劝；要囚，殄戮多罪，亦克用劝；开释无辜，亦克用劝。今至于尔辟，弗克以尔多方享天之命。呜呼！”

“王若曰：诰告尔多方，非天庸释有夏，非天庸释有殷，乃惟尔辟以尔多方大淫图天之命，屑有辞。乃惟有夏图厥政，不集于享；天降时丧，有邦间之。乃惟尔商后王逸厥逸，图厥政，不蠲烝；天惟降时丧。惟圣罔念作狂，惟狂克念作圣。天惟五年须暇之子孙，诞作民主，罔可念听。天惟求尔多方，大动以威，开厥顾天。惟尔多方罔堪顾之。惟我周王灵承于旅，克堪用德，惟典神天。天惟式教我用休，简畀殷命，尹尔多方。今我曷敢多诰？我惟大降尔四国民命：尔曷不忱裕之于尔多方？尔曷不夹介乂我周王，享天之命？今尔尚宅尔宅、畋尔田，尔曷不惠王熙天之命？尔乃迪屡不静，尔心未爱，尔乃不大宅天命，尔乃屑播天命，尔乃自作不典，图忱于正！我惟时其教告之，我惟时其战要囚之，至于再，至于三。乃有不用我降尔命，我乃其大罚（殛）〔极〕①之！非我有周秉德不康宁，乃惟尔自速辜！”

“王曰：呜呼！猷！告尔有方多士暨殷多士：今尔奔走臣我监五祀，越惟有胥伯小大多正，尔罔不克臬。自作不和，尔惟和哉！尔室不睦，尔惟和哉！尔邑克明，尔惟克勤乃事。尔尚不忌于凶

---

① 据段玉裁《古文尚书撰异》改。

德，亦则以穆穆在乃位，克阅于乃邑谋介尔。乃自时洛邑，尚永力畋尔田。天惟畀矜尔，我有周惟其大介赉尔，迪简在王庭，尚尔事，有服在大僚。”

“王曰：呜呼！多士，尔不克劝忱我命，尔亦则惟不克享，凡民惟曰不享。尔乃惟逸惟颇，大远王命，则惟尔多方探天之威；我则致天之罚，离逖尔土！”

“王曰：我不惟多诰，我惟祇告尔命。”

“又曰：时惟尔初！不克敬于和，则无我怨！”

立 政

周公若曰：“拜手稽首，告嗣天子王矣。”用咸戒于王，曰：“王左右：常伯、常任、准人、缀衣、虎贲。”

周公曰：“呜呼！休兹知恤，鲜哉！古之人迪惟有夏，乃有室大竞，吁俊，尊上帝迪，知忱恂于九德之行。乃敢告教厥后，曰：‘拜手稽首后矣！’曰：‘宅乃事，宅乃牧，宅乃准，兹惟后矣。谋面，用丕训德，则乃宅人，兹乃三宅无义民。桀德惟乃弗，作往任，是惟暴德，罔后。亦越成汤陟，丕厘上帝之耿命，乃用三有宅，克即宅，曰三有俊，克即俊；严惟丕式，克用三宅三俊。其在商邑，用协于厥邑；其在四方，用丕式见德。呜呼！其在受德，暋，惟羞刑暴德之人同于厥邦，乃惟庶习逸德之人同于厥政。帝钦罚之，乃伻我有夏，式商受命，奄甸万姓。

“亦越文王、武王克知三有宅心，灼见三有俊心，以敬事上帝，立民长伯。立政：任人、准夫、牧，作三事；虎贲、缀衣、趣马、小尹、左右携仆，百司庶府；大都小伯、艺人，表臣百司；太史、尹伯，庶常吉士；司徒，司马，司空，亚旅；夷、微、卢烝；三亳阪尹。文王惟克厥宅心，乃克立兹常事司牧人，以克俊有德。文王罔攸兼于庶言。庶狱庶慎，惟有司之牧夫是训用违。庶狱庶慎，文王罔敢知于兹。亦惟武王率惟敉功，不敢替厥义德；率惟谋从容德，以并受此丕丕基。

“呜呼！孺子王矣，继自今，我其立政。立事、准人、牧夫，我其克灼知厥若，丕乃俾乱，相我受民，和我庶狱庶慎。时则勿有间之，自一话一言。我则末惟成德之彦，以乂我受民。

“呜呼！予旦已受人之徽言，咸告孺子王矣。继自今，文子文孙其勿误于庶狱庶慎，惟正是乂之。自古商人亦越我周文王立政：立事、牧夫、准人，则克宅之，克由绎之，兹乃俾乂，国则罔有。立政用憸人，不训于德，是罔显在厥世。继自今，立政其勿以憸人，其惟吉士，用劢相我国家。今文子文孙，孺子王矣。其勿误于庶狱，惟有司之牧夫。其克诘尔戎兵，以陟禹之迹，方行天下，至于海表，罔有不服：以觐文王之耿光，以扬武王之大烈。

“呜呼！继自今，后王立政，其惟克用常人。”

周公若曰：“太史司寇苏公：式敬尔由狱，以长我王国。兹式有慎，以列用中罚！”

周　官①

惟周王抚万邦，巡侯甸，四征弗庭，绥厥兆民。六服群辟，罔不承德。归于宗周，董正治官，王曰：

“若昔大猷，制治于未乱，保邦于未危。”曰：“唐、虞稽古，建官惟百，内有百揆四岳，外有州牧侯伯；庶政惟和，万国咸宁。夏商官倍，亦克用乂。明王立政，不惟其官，惟其人。

“今予小子祗勤于德，夙夜不逮，仰惟前代时若，训迪厥官。立太师、太傅、太保，兹惟三公：论道经邦，燮理阴阳。官不必备，惟其人。少师、少傅、少保，曰三孤：贰公弘化，寅亮天地，弼予一人。冢宰掌邦治，统百官，均四海。司徒掌邦教，敷五典，扰兆民。宗伯掌邦礼，治神人，和上下。司马掌邦政，统六师，平邦国。司寇掌邦禁，诘奸慝，刑暴乱。司空掌邦土，居四民，

① 此伪古文。

时地利。六卿分职，各率其属，以倡九牧，阜成兆民。六年，五服一朝。又六年，王乃时巡，考制度于四岳；诸侯各朝于方岳，大明黜陟。”

王曰：“呜呼！凡我有官君子，钦乃攸司，慎乃出令；令出惟行，弗惟反；以公灭私，民其允怀。学古入官，议事以制，政乃不迷。其尔典常作之师，无以利口乱厥官。蓄疑败谋，怠忽荒政。不学墙面，莅事惟烦。戒尔卿士！功崇惟志，业广惟勤。惟克果断，乃罔后艰。位不期骄，禄不期侈。恭俭惟德，无载尔伪。作德心逸日休，作伪心劳日拙。居宠思危，罔不惟畏；弗畏入畏。推贤让能，庶官乃和；不和政厖。举能其官，惟尔之能；称匪其人，惟尔不任。”

王曰：“呜呼！三事暨大夫：敬尔有官，乱尔有政，以佑乃辟；永康兆民，万邦惟无斁！”

君　陈①

王若曰：“君陈！惟尔令德孝恭，惟孝友于兄弟，克施有政。命汝尹兹东郊，敬哉！

“昔周公师保万民，民怀其德。往慎乃司兹！率厥常，懋昭周公之训，惟民其乂！

“我闻曰：‘至治馨香，感于神明。黍稷非馨，明德惟馨。’尔尚式时周公之猷训，惟日孜孜，无敢逸豫！

“凡人未见圣，若不克见；既见圣，亦不克由圣。尔其戒哉！尔惟风，下民惟草。

“图厥政，莫或不艰。有废有兴，出入自尔师虞；庶言同则绎。

“尔有嘉谋嘉猷，则入告尔后于内；尔乃顺之于外，曰：‘斯

---

① 此伪古文。

谋斯猷，惟我后之德。’呜呼！臣人咸若，时惟良显哉！”

王曰：“君陈！尔惟弘周公丕训，无依势作威，无倚法以削。宽而有制，从容以和。殷民在辟，予曰‘辟’，尔惟勿辟；予曰‘宥’，尔惟勿宥：惟厥中。有弗若于汝政，弗化于汝训，辟以止辟，乃辟。狃于奸宄，败常乱俗，三细不宥。

“尔无忿疾于顽，无求备于一夫。必有忍，其乃有济；有容，德乃大。简厥修，亦简其或不修；进厥良，以率其或不良。惟民生厚，因物有迁；违上所命，从厥攸好。尔克敬典在德，时乃罔不变，允升于大猷。惟予一人膺受多福，其尔之休，终有辞于永世！”

顾　命

惟四月哉生魄，王不怿。甲子，王乃洮颒水，相被冕服，凭玉几。乃同，召太保奭、芮伯、彤伯、毕公、卫侯，毛公、师氏、虎臣、百尹、御事，王曰：

“呜呼！疾大渐，惟幾。病日臻。既弥留，恐不获誓言嗣，兹予审训命汝。

“昔君文王武王，宣重光，奠丽陈教，则肄肄不违，用克达殷集大命。在后之侗，敬迓天威，嗣守文武大训，无敢昏逾。今天降疾，殆弗兴弗悟。尔尚明时朕言，用敬保元子钊，弘济于艰难；柔远能迩，安劝小大庶邦，思夫人自乱于威仪，尔无以钊冒贡于非幾兹！”

既受命，还，出，缀衣于庭。

越翼日乙丑，王崩。太保命仲桓，南宫毛俾爰齐侯吕伋，以二干戈、虎贲百人，逆子钊于南门之外。延入翼室，恤宅宗。丁卯，命作册度。越七日癸酉，伯相命士须材：

狄设黼扆、缀衣。牖间南向，敷重篾席，黼纯，华玉仍几。西序东向，敷重厎席，缀纯，文贝仍几。东序西向，敷重丰席，画纯，雕玉仍几。西夹南向，敷重笋席，玄纷纯，漆仍几。越玉五重，陈宝。赤刀、大训、弘璧、琬、琰，在西序。大玉、夷玉、天球、河图，在东序。胤之舞衣、大贝、鼖鼓，在西房。兑之戈，和之弓，垂之竹弓，在东房。大辂在宾阶面，缀辂在阼阶面，先辂在左塾之前，次辂在右塾之前。

二人雀弁，执惠，立于毕门之内。四人綦弁，执戈上刃，夹两阶戺。一人冕，执刘，立于东堂。一人冕，执钺，立于西堂。一人冕，执戣，立于东垂。一人冕，执瞿，立于西垂。一人冕，执锐，立于侧阶。

王麻冕黼裳，由宾阶隮。卿士、邦君麻冕蚁裳，入，即位。太保、太史、太宗皆麻冕彤裳。太保承介圭，上宗奉同、瑁，由阼阶隮。太史秉书，由宾阶隮，御王。册命曰：

“皇后凭玉几，道扬末命：命汝嗣训，临君周邦；率循大卞，燮和天下，用答扬文武之光训！”

王再拜，兴，答曰：“眇眇予末小子，其能而乱四方，以敬忌天威！”乃受同、瑁，王三宿、三祭、三咤。上宗曰：“飨！”

太保受同，降盥，以异同秉璋以酢，授宗人同，拜。王答拜。太保受同，祭，哜，宅；授宗人同，拜。王答拜。太保降，收。

诸侯出庙门俟。

康王之诰①

王出在应门之内。太保率西方诸侯入应门左，毕公率东方诸侯入应门右，皆布乘黄朱。宾称奉圭兼币，曰：“一二臣卫，敢执壤奠。”皆再拜稽首。王义嗣德，答拜。

太保暨芮伯咸进，相揖，皆再拜稽首，曰：“敢敬告天子：皇天改大邦殷之命，惟周文武诞受羑若，克恤西土。惟新陟王毕协赏罚，戡定厥功，用敷遗后人休。今王敬之哉！张皇六师，无坏

① 今文《尚书》无此篇名，但合其文于《顾命》。

我高祖寡命！”

王若曰：“庶邦侯甸男卫！惟予一人钊报诰：昔君文武丕平富，不务咎，厎至齐信，用昭明于天下；则亦有熊罴之士、不二心之臣，保乂王家，用端命于上帝。皇天用训厥道，付畀四方，乃命建侯树屏，在我后之人。今予一二伯父，尚胥暨顾，绥尔先公之臣服于先王。虽尔身在外，乃心罔不在王室，用奉恤厥若，无遗鞠子羞！”

群公既皆听命，相揖，趋出。王释冕，反，丧服。

毕　命①

惟十有二年六月，庚午朏。越三日壬申，王朝步自宗周，至于丰，以成周之众，命毕公保釐东郊。王若曰：

“呜呼！父师：惟文王武王敷大德于天下，用克受殷命。惟周公左右先王，绥定厥家，毖殷顽民，迁于洛邑，密迩王室，式化厥训。既历三纪，世变风移，四方无虞，予一人以宁。

“道有升降，政由俗革。不臧厥臧，民罔攸劝。惟公懋德，克勤小物；弼亮四世，正色率下，罔不祗师言。嘉绩多于先王，予小子垂拱仰成。”

王曰：“呜呼！父师：今予祗命公以周公之事，往哉！旌别淑慝，表厥宅里。（彰）〔章〕善瘅恶，树之风声。弗率训典，殊厥井疆，俾克畏慕。申画郊圻，慎固封守，以康四海。政贵有恒，辞尚体要，不惟好异。商俗靡靡，利口惟贤，余风未殄。公其念哉！

“我闻曰：世禄之家，鲜克由礼；以荡陵德，实悖天道，敝化奢丽，万世同流。兹殷庶士，席宠惟旧，怙侈灭义；服美于人，骄淫矜侉：将由恶终。虽收放心，闲之惟艰。资富能训，惟以永

① 此伪古文。

年；惟德惟义，时乃大训。不由古训，于何其训？”

王曰：“呜呼！父师：邦之安危，惟兹殷士。不刚不柔，厥德允修。惟周公克慎厥始，惟君陈克和厥中，惟公克成厥终。三后协心，同底于道。道洽政治，泽润生民。四夷左衽，罔不咸赖。予小子永膺多福！

“公其惟时成周建无穷之基，亦有无穷之闻。子孙训其成式，惟乂。呜呼！罔曰弗克，惟既厥心。罔曰民寡，惟慎厥事。钦若先王成烈，以休于前政！”

君　牙[①]

王若曰：“呜呼！君牙：惟乃祖乃父，世笃忠贞，服劳王家，厥有成绩，纪于太常。惟予小子，嗣守文、武、成、康遗绪；亦惟先（正）〔王〕[②] 之臣，克左右乱四方。心之忧危，若蹈虎尾，涉于春冰。今命尔予翼，作股肱心膂；缵乃旧服，无忝祖考。弘敷五典，式和民则；尔身克正，罔敢弗正。民心罔中，惟尔之中。夏暑雨，小民惟曰怨咨；冬祁寒，小民亦惟曰怨咨：厥惟艰哉！思其艰以图其易，民乃宁。

“呜呼！丕显哉，文王谟！丕承哉，武王烈！启佑我后人，咸以正罔缺。尔惟敬明乃训，用奉若于先王，对扬文武之光命，追配于前人！”

王若曰：“君牙！乃惟由先正旧典时式，民之治乱在兹。率乃祖考之攸行，昭乃辟之有乂！”

---

① 此伪古文。

② “正”当作“王”，阮元《校勘记》详之。

冏命[①]

王若曰："伯冏！惟予弗克于德，嗣先人，宅丕后，怵惕惟厉；中夜以兴，思免厥愆。

"昔在文、武，聪明齐圣。小大之臣咸怀忠良，其侍御仆从罔匪正人，以旦夕承弼厥辟。出入起居，罔有不钦。发号施令，罔有不臧。下民（祇）〔祗〕若，万邦咸休。惟予一人无良，实赖左右前后有位之士匡其不及，绳愆纠谬，格其非心，俾克绍先烈。

"今予命汝作大正，正于群仆侍御之臣，懋乃后德，交修不逮。慎简乃僚，无以巧言令色、便辟侧媚，其惟吉士。仆臣正，厥后克正；仆臣谀，厥后自圣：后德惟臣，不德惟臣。尔无昵于憸人充耳目之官，迪上以非先王之典。非人其吉，惟货其吉，若时瘝厥官，惟尔大弗克（祇）〔祗〕厥辟，惟予汝辜！"

王曰："呜呼！钦哉！永弼乃后于彝宪！"

吕刑

惟吕命，王享国百年，耄，荒度作刑，以诘四方。

王曰："若古有训：蚩尤惟始作乱，延及于平民，罔不寇贼，鸱义奸宄，夺攘矫虔。苗民弗用灵，制以刑，惟作五虐之刑曰法：杀戮无辜，爰始淫为劓、刵、椓、黥。越兹丽刑并制，罔差有辞；民兴胥渐，泯泯棼棼，罔中于信，以覆诅盟；虐威庶戮，方告无辜于上，——上帝监民：罔有馨香德，刑发闻惟腥！

"皇帝哀矜庶戮之不辜，报虐以威，遏绝苗民，无世在下。乃命重、黎绝地天通，罔有降格；群后之逮在下，明明棐常，鳏寡无盖。

"皇帝清问下民，鳏寡有辞于苗；德威惟畏，德明惟明。乃命

① 此伪古文。

三后恤功于民：伯夷降典，折民惟刑；禹平水土，主名山川；稷降播种，农殖嘉谷。三后成功，惟殷于民。士制百姓于刑之中，以教祗德。穆穆在上，明明在下，灼于四方，罔不惟德之勤，故乃明于刑之中，率乂于民棐彝。典狱：非讫于威，惟讫于富；敬忌，罔有择言在身；惟克天德，自作元命，配享在下。

王曰："嗟！四方司政典狱，非尔惟作天牧？今尔何监？非时伯夷播刑之迪？其今尔何惩？惟时苗民匪察于狱之丽，罔择吉人观于五刑之中，惟时庶威夺货、断制五刑以乱无辜。上帝不蠲，降咎于苗，苗民无辞于罚，乃绝厥世。"

王曰："呜呼，念之哉！伯父、伯兄、仲叔、季弟，幼子、童孙，皆听朕言，庶有格命。今尔罔不由慰（日）〔曰〕勤，尔罔或戒不勤。天齐于民，俾我一日，非终惟终在人。尔尚敬逆天命，以奉我一人；虽畏勿畏，虽休勿休，惟敬五刑，以成三德。一人有庆，兆民赖之，其宁惟永。"

王曰："吁！来，有邦有土！告尔祥刑：在今尔安百姓，何择非人？何敬非刑？何度非及？

"两造具备，师听五辞。五辞简孚，正于五刑；五刑不简，正于五罚；五罚不服，正于五过。五过之疵，惟官，惟反，惟内，惟货，惟（来）〔求〕①。其罪惟均，其审克之！

"五刑之疑有赦，五罚之疑有赦，其审克之！简孚有众，惟貌有稽。无简不听，具严天威。

"墨辟疑赦，其罚百锾，阅实其罪；劓辟疑赦，其罚惟倍，阅实其罪；剕辟疑赦，其罚倍差，阅实其罪；宫辟疑赦，其罚六百锾，阅实其罪；大辟疑赦，其罚千锾，阅实其罪。墨罚之属千，劓罚之属千，剕罚之属五百，宫罚之属三百，大辟之罚其属二百：五刑之属三千。上下比罪，无僭乱辞，勿用不行，惟察惟法，其审克之！上刑适轻，下服；下刑适重，上服：轻重诸罚有权。刑

① 陆德明《尚书音义》："来，马本作求，云：有求，请赇也。"今从之。

罚世轻世重，惟齐非齐，有伦有要。

“罚惩非死，人极于病。非佞折狱，惟良折狱，罔非在中。察辞于差，非从惟从。哀敬折狱；明启刑书，胥占：咸庶中正。其刑其罚，其审克之！狱成而孚，输而孚。其刑上备，有并两刑。”

王曰：“呜呼！敬之哉，官伯族姓！朕言多惧，朕敬于刑。有德惟刑。今天相民，作配在下。明清于单辞。民之乱，罔不中听狱之两辞，无或私家于狱之两辞。狱货非宝，惟府辜功；报以庶尤，永畏惟罚。非天不中，惟人，在命。天罚不极，庶民罔有令政在于天下。”

王曰：“呜呼！嗣孙今往，何监非德？于民之中，尚明听之哉！哲人惟刑，无疆之辞属于五极，咸中有庆。受王嘉师，监于兹祥刑！”

文侯之命

王若曰：“父义和！丕显文武，克慎明德，昭升于上，敷闻在下。惟时上帝集厥命于文王。亦惟先正克左右昭事厥辟，越小大谋猷罔不率从，肆先祖怀在位。呜呼！闵予小子嗣，造天丕愆，殄资泽于下民。侵戎，我国家纯。即我御事，罔或耆寿俊在厥服，予则罔克。”曰：“惟祖惟父，其伊恤朕躬！呜呼！有绩予一人永绥在位？父义和！汝克（绍）〔昭〕① 乃显祖，汝肇刑文武，用会绍乃辟，追孝于前文人。汝多修，扞我于艰。若汝，予嘉。”

王曰：“父义和：其归视尔师，宁尔邦！用赉尔秬鬯一卣，彤弓一，彤矢百，（卢）〔兹〕弓一，（卢）〔兹〕② 矢百，马四匹。父往哉！柔远能迩，惠康小民，无荒宁。简恤尔都，用成尔显德！”

---

① 此绍当作昭，阮元《校勘记》详之。

② 卢当作兹，段玉裁《古文尚书撰异》详之。

费　誓

公曰："嗟，人无哗！听命：

"徂兹淮夷、徐戎并兴。善敹乃甲胄，敿乃干，无敢不吊！备乃弓矢，锻乃戈矛，砺乃锋刃，无敢不善！

"今惟淫舍牿牛马，杜乃擭，敜乃阱，无敢伤牿！牿之伤，汝则有常刑！马牛其风，臣妾逋逃，勿敢越逐！祗复之，我商赉尔。乃越逐，不复，汝则有常刑！无敢寇攘！逾垣墙，窃马牛，诱臣妾，汝则有常刑！

"甲戌，我惟征徐戎。峙乃糗粮，无敢不逮！——汝则有大刑！鲁人三郊、三遂，峙乃桢干。

"甲戌，我惟筑。无敢不供！——汝则有无余刑，非杀。鲁人三郊、三遂，峙乃刍茭，无敢不多！——汝则有大刑！"

秦　誓

公曰："嗟！我士，听无哗！予誓告汝群言之首。

"古人有言曰：'民讫自若，是多盘。责人斯无难。惟受责俾如流，是惟艰哉！'我心之忧，日月逾迈，若弗云来。惟古之谋人，则曰'未就予忌'。惟今之谋人，姑将以为亲。虽则云然，尚猷询兹黄发，则罔所愆。

"番番良士，旅力既愆，我尚有之。仡仡勇夫，射御不违，我尚不欲。惟截截善谝言，俾君子易辞，我皇多有之。

"昧昧我思之：如有一介臣，断断猗，无他技，其心休休焉，其如有容。人之有技，若己有之；人之彦圣，其心好之。不啻如自其口出，是能容之。以保我子孙黎民，亦职有利哉！

"人之有技，冒疾以恶之；人之彦圣，而违之，俾不达。是不能容。以不能保我子孙黎民，亦曰殆哉！

"邦之杌陧，曰由一人。邦之荣怀，亦尚一人之庆！"

诗　经

风

周 南

关 雎

关关雎鸠，在河之洲。窈窕淑女，君子好逑。

参差荇菜，左右流之。窈窕淑女，寤寐求之。求之不得，寤寐思服。悠哉悠哉，辗转反侧。

参差荇菜，左右采之。窈窕淑女，琴瑟友之。

参差荇菜，左右芼之。窈窕淑女，钟鼓乐之。

葛 覃

葛之覃兮，施于中谷，维叶萋萋。黄鸟于飞，集于灌木，其鸣喈喈。

葛之覃兮，施于中谷，维叶莫莫。是刈是濩，为絺为绤，服之无斁。

言告师氏，言告言归："薄污我私，薄浣我衣。害浣害否？归宁父母。"

卷　耳

采采卷耳，不盈顷筐。嗟我怀人，寘彼周行。
陟彼崔嵬，我马虺隤。我姑酌彼金罍，维以不永怀。
陟彼高冈，我马玄黄。我姑酌彼兕觥，维以不永伤。
陟彼砠矣，我马瘏矣，我仆痡矣，云何吁矣！

樛　木

南有樛木，葛藟累之。乐只君子，福履绥之。
南有樛木，葛藟荒之。乐只君子，福履将之。
南有樛木，葛藟萦之。乐只君子，福履成之。

螽　斯

螽斯羽，诜诜兮。宜尔子孙，振振兮。
螽斯羽，薨薨兮。宜尔子孙，绳绳兮。
螽斯羽，揖揖兮。宜尔子孙，蛰蛰兮。

桃　夭

桃之夭夭，灼灼其华。之子于归，宜其室家。
桃之夭夭，有蕡其实。之子于归，宜其家室。
桃之夭夭，其叶蓁蓁。之子于归，宜其家人。

兔　罝

肃肃兔罝，椓之丁丁。赳赳武夫，公侯干城。
肃肃兔罝，施于中逵。赳赳武夫，公侯好仇。

肃肃兔罝，施于中林。赳赳武夫，公侯腹心。

芣 苢

采采芣苢，薄言采之。采采芣苢，薄言有之。
采采芣苢，薄言掇之。采采芣苢，薄言捋之。
采采芣苢，薄言袺之。采采芣苢，薄言襭之。

汉 广

南有乔木，不可休（息）〔思〕①。汉有游女，不可求思。汉之广矣，不可泳思。江之永矣，不可方思。

翘翘错薪，言刈其楚。之子于归，言秣其马。汉之广矣，不可泳思。江之永矣，不可方思。

翘翘错薪，言刈其蒌。之子于归，言秣其驹。汉之广矣，不可泳思。江之永矣，不可方思。

汝 坟

遵彼汝坟，伐其条枚。未见君子，惄如调饥。
遵彼汝坟，伐其条肄。既见君子，不我遐弃。
鲂鱼赪尾，王室如毁。虽则如毁，父母孔迩。

麟之趾

麟之趾，振振公子。於嗟麟兮！
麟之定，振振公姓。於嗟麟兮！
麟之角，振振公族。於嗟麟兮！

---

① 戴震《毛郑诗考正》以为“息”当作“思”，是也。按：韩《诗》正作“思”。

召　南

鹊　巢

维鹊有巢，维鸠居之。之子于归，百两御之。
维鹊有巢，维鸠方之。之子于归，百两将之。
维鹊有巢，维鸠盈之。之子于归，百两成之。

采　蘩

于以采蘩？于沼于沚。于以用之？公侯之事。
于以采蘩？于涧之中。于以用之？公侯之宫。
被之僮僮，夙夜在公。被之祁祁，薄言还归。

草　虫

喓喓草虫，趯趯阜螽。未见君子，忧心忡忡。亦既见止，亦既觏止，我心则降。

陟彼南山，言采其蕨。未见君子，忧心惙惙。亦既见止，亦既觏止，我心则说。

陟彼南山，言采其薇。未见君子，我心伤悲。亦既见止，亦既觏止，我心则夷。

采　蘋

于以采蘋？南涧之滨。于以采藻？于彼行潦。
于以盛之？维筐及筥。于以湘之？维锜及釜。
于以奠之？宗室牖下。谁其尸之？有齐季女。

甘　棠

蔽芾甘棠，勿翦勿伐，召伯所茇。
蔽芾甘棠，勿翦勿败，召伯所憩。
蔽芾甘棠，勿翦勿拜，召伯所说。

行　露

厌浥行露，岂不夙夜？谓行多露。

谁谓雀无角？何以穿我屋？谁谓女无家？何以速我狱？虽速我狱，室家不足。

谁谓鼠无牙？何以穿我墉？谁谓女无家？何以速我讼？虽速我讼，亦不女从。

羔　羊

羔羊之皮，素丝五纥。退食自公，委蛇委蛇。
羔羊之革，素丝五緎。委蛇委蛇，自公退食。
羔羊之缝，素丝五总。委蛇委蛇，退食自公。

殷其雷

殷其雷，在南山之阳。何斯违斯？莫敢或遑。振振君子，归哉归哉！

殷其雷，在南山之侧。何斯违斯？莫敢遑息。振振君子，归哉归哉！

殷其雷，在南山之下。何斯违斯？莫或遑处。振振君子，归哉归哉！

摽有梅

摽有梅，其实七兮。求我庶士，迨其吉兮。
摽有梅，其实三兮。求我庶士，迨其今兮。
摽有梅，顷筐塈之。求我庶士，迨其谓之！

小　星

嘒彼小星，三五在东。肃肃宵征，夙夜在公。寔命不同！
嘒彼小星，维参与昴。肃肃宵征，抱衾与裯。寔命不犹！

江有汜

江有汜。之子归，不我以。不我以，其后也悔。
江有渚。之子归，不我与。不我与，其后也处。
江有沱。之子归，不我过。不我过，其啸也歌！

野有死麕

野有死麕，白茅包之。有女怀春，吉士诱之。
林有朴樕，野有死鹿。白茅纯束，有女如玉。
舒而脱脱兮，无感我帨兮，无使尨也吠。

何彼襛矣

何彼襛矣？唐棣之华。曷不肃雍？王姬之车。
何彼襛矣？华如桃李。平王之孙，齐侯之子。
其钓维何？维丝伊缗。齐侯之子，平王之孙。

驺 虞

彼茁者葭，壹发五豝。於差乎驺虞！
彼茁者蓬，壹发五豵。於嗟乎驺虞！

邶　风

柏　舟

泛彼柏舟，亦泛其流。耿耿不寐，如有隐忧。微我无酒，以敖以游。

我心匪鉴，不可以茹。亦有兄弟，不可以据。薄言往愬，逢彼之怒。

我心匪石，不可转也。我心匪席，不可卷也。威仪棣棣，不可选也。

忧心悄悄，愠于群小。觏闵既多，受侮不少。静言思之，寤辟有摽！

日居月诸，胡迭而微？心之忧矣，如匪澣衣。静言思之，不能奋飞。

绿　衣

绿兮衣兮，绿衣黄里。心之忧矣，曷维其已！

绿兮衣兮，绿衣黄裳。心之忧矣，曷维其亡！

绿兮丝兮，女所治兮。我思古人，俾无訧兮。

絺兮绤兮，凄其以风。我思古人，实获我心。

燕　燕

燕燕于飞，差池其羽。之子于归，远送于野。瞻望弗及，泣涕如雨。

燕燕于飞，颉之颃之。之子于归，远于将之。瞻望弗及，伫立以泣。

燕燕于飞，下上其音。之子于归，远送于南。瞻望弗及，实劳我心。

仲氏任只，其心塞渊。终温且惠，淑慎其身。先君之思，以勖寡人。

日　月

日居月诸，照临下土。乃如之人兮，逝不古处。胡能有定？宁不我顾。

日居月诸，下土是冒。乃如之人兮，逝不相好。胡能有定？宁不我报。

日居月诸，出自东方。乃如之人兮，德音无良。胡能有定？俾也可忘。

日居月诸，东方自出。父兮母兮！畜我不卒。胡能有定？报我不述。

终　风

终风且暴，顾我则笑。谑浪笑敖，中心是悼。

终风且霾，惠然肯来。莫往莫来，悠悠我思。

终风且曀，不日有曀。寤言不寐，愿言则嚏。

曀曀其阴，虺虺其雷。寤言不寐，愿言则怀。

击　鼓

击鼓其镗，踊跃用兵。土国城漕，我独南行。
从孙子仲，平陈与宋。不我以归，忧心有忡。
爰居爰处，爰丧其马。于以求之？于林之下。
死生契阔，与子成说。执子之手，与子偕老。
於嗟阔兮，不我活兮！於嗟洵兮，不我信兮！

凯　风

凯风自南，吹彼棘心。棘心夭夭，母氏劬劳。
凯风自南，吹彼棘薪。母氏圣善，我无令人。
爰有寒泉，在浚之下。有子七人，母氏劳苦。
睍睆黄鸟，载好其音。有子七人，莫慰母心。

雄　雉

雄雉于飞，泄泄其羽。我之怀矣，自诒伊阻。
雄雉于飞，下上其音。展矣君子，实劳我心。
瞻彼日月，悠悠我思。道之云远，曷云能来？
百尔君子，不知德行。不忮不求，何用不臧？

匏有苦叶

匏有苦叶，济有深涉。深则厉，浅则揭。
有弥济盈，有鷕雉鸣。济盈不濡轨，雉鸣求其牡。
雍雍鸣雁，旭日始旦。士如归妻，迨冰未泮。
招招舟子，人涉卬否。人涉卬否，卬须我友。

谷 风

习习谷风，以阴以雨。黾勉同心，不宜有怒。采葑采菲，无以下体。德音莫违，及尔同死。

行道迟迟，中心有违。不远伊迩，薄送我畿。谁谓荼苦？其甘如荠。宴尔新昏，如兄如弟。

泾以渭浊，湜湜其（沚）〔止〕①。宴尔新昏，不我屑以。毋逝我梁，毋发我笱。我躬不阅，遑恤我后。

就其深矣，方之舟之。就其浅矣，泳之游之。何有何亡？黾勉求之。凡民有丧，匍匐救之。

不我能慉，反以我为仇。既阻我德，贾用不售。昔育恐育鞫，及尔颠覆。既生既育，比予于毒。

我有旨蓄，亦以御冬。宴尔新昏，以我御穷。有洸有溃，既诒我肄。不念昔者，伊余来塈。

式 微

式微式微，胡不归？微君之故，胡为乎中露？
式微式微，胡不归？微君之躬，胡为乎泥中？

旄 丘

旄丘之葛兮，何诞之节兮？叔兮伯兮，何多日也！
何其处也？必有与也。何其久也？必有以也。
狐裘蒙戎，匪车不东。叔兮伯兮，靡所与同。
琐兮尾兮，流离之子。叔兮伯兮，褎如充耳。

---

① 此“沚”当作“止”，阮元，校勘记》详之。

简 兮

简兮简兮，方将万舞。日之方中，在前上处。硕人俣俣，公庭万舞。

有力如虎，执辔如组。左手执籥，右手秉翟。赫如渥赭，公言“锡爵”。

山有榛，隰有苓。云谁之思？西方美人。彼美人兮，西方之人兮！

泉 水

毖彼泉水，亦流于淇。有怀于卫，靡日不思。娈彼诸姬，聊与之谋。

出宿于泲，饮饯于祢。女子有行，远父母兄弟。问我诸姑，遂及伯姊。

出宿于干，饮饯于言。载脂载辖，还车言迈。遄臻于卫，不瑕有害？

我思肥泉，兹之永叹。思须与漕，我心悠悠。驾言出游，以写我忧。

北 门

出自北门，忧心殷殷。终窭且贫，莫知我艰。已焉哉！天实为之，谓之何哉！

王事适我，政事一埤益我。我入自外，室人交遍谪我。已焉哉！天实为之，谓之何哉！

王事敦我，政事一埤遗我。我入自外，室人交遍摧我。已焉哉！天实为之，谓之何哉！

北　风

北风其凉，雨雪其雱。惠而好我，携手同行。其虚其邪，既亟只且！

北风其喈，雨雪其霏。惠而好我，携手同归。其虚其邪，既亟只且！

莫赤匪狐，莫黑匪乌。惠而好我，携手同车。其虚其邪，既亟只且！

静　女

静女其姝，俟我于城隅。爱而不见，搔首踟蹰。

静女其娈，贻我彤管。彤管有炜，说怿女美。

自牧归荑，洵美且异。匪女之为美，美人之贻。

新　台

新台有泚，河水弥弥。燕婉之求，籧篨不鲜。

新台有洒，河水浼浼。燕婉之求，籧篨不殄。

鱼网之设，鸿则离之。燕婉之求，得此戚施。

二子乘舟

二子乘舟，泛泛其景。愿言思子，中心养养。

二子乘舟，泛泛其逝。愿言思子，不瑕有害？

鄘　风

柏　舟

泛彼柏舟，在彼中河。髧彼两髦，实维我仪。之死矢靡它！母也天只，不谅人只！

泛彼柏舟，在彼河侧。髧彼两髦，实维我特。之死矢靡慝！母也天只，不谅人只！

墙有茨

墙有茨，不可扫也。中冓之言，不可道也。所可道也，言之丑也！

墙有茨，不可襄也。中冓之言，不可详也。所可详也，言之长也！

墙有茨，不可束也。中冓之言，不可读也。所可读也，言之辱也！

君子偕老

君子偕老，副笄六珈，委（委）佗〔委〕[1] 佗，如山如河；

① 据重文例改。

象服是宜。子之不淑，云如之何？

玼兮玼兮，其之翟也。鬒发如云，不屑髢也。玉之瑱也，象之揥也。扬且之（晳）〔皙〕① 也。胡然而天也，胡然而帝也！

瑳兮瑳兮，其之展也。蒙彼绉𫄨，是绁袢也。子之清扬，扬且之颜也。展如之人兮，邦之媛也！

桑　中

爰采唐矣，沬之乡矣。云谁之思？美孟姜矣。期我乎桑中，要我乎上宫，送我乎淇之上矣。

爰采麦矣，沬之北矣。云谁之思？美孟弋矣。期我乎桑中，要我乎上宫，送我乎淇之上矣。

爰采葑矣，沬之东矣。云谁之思？美孟庸矣。期我乎桑中，要我乎上宫，送我乎淇之上矣。

鹑之奔奔

鹑之奔奔，鹊之强强。人之无良，我以为兄。

鹊之强强，鹑之奔奔。人之无良，我以为君。

定之方中

定之方中，作于楚宫。揆之以日，作于楚室。树之榛、栗、椅、桐、梓、漆，爰伐琴瑟。

升彼虚矣，以望楚矣。望楚与堂，景山与京。降观于桑。卜云其吉，终然允臧。

灵雨既零，命彼倌人：星言夙驾，说于桑田。匪直也人，秉

① 阮元《校勘记》说“晳”当作“皙”，今从之。

心塞渊。騋牝三千。

蝃　蝀

蝃蝀在东，莫之敢指。女子有行，远父母兄弟。
朝隮于西，崇朝其雨。女子有行，远兄弟父母。
乃如之人也，怀昏姻也，大无信也，不知命也！

相　鼠

相鼠有皮，人而无仪；人而无仪，不死何为？
相鼠有齿，人而无止；人而无止，不死何俟？
相鼠有体，人而无礼；人而无礼，胡不遄死！

干　旄

孑孑干旄，在浚之郊。素丝纰之，良马四之。彼姝者子，何以畀之？

孑孑干旟，在浚之都。素丝组之，良马五之。彼姝者子，何以予之？

孑孑干旌，在浚之城。素丝祝之，良马六之。彼姝者子，何以告之？

载　驰

载驰载驱，归唁卫侯。驱马悠悠，言至于漕。大夫跋涉，我心则忧。

既不我嘉，不能旋反。视尔不臧，我思不远？既不我嘉，不能旋济。视尔不臧，我思不閟？

陟彼阿丘，言采其蝱。女子善怀，亦各有行。许人尤之，众稚且狂。

我行其野，芃芃其麦。控于大邦，谁因谁极？大夫君子，无我有尤。百尔所思，不如我所之！

卫　风

淇　奥

瞻彼淇奥，绿竹猗猗。有匪君子，如切如磋，如琢如磨。瑟兮僩兮，赫兮咺兮！有匪君子，终不可谖兮。

瞻彼淇奥，绿竹青青。有匪君子，充耳琇莹，会弁如星。瑟兮僩兮，赫兮咺兮！有匪君子，终不可谖兮。

瞻彼淇奥，绿竹如箦。有匪君子，如金如锡，如圭如璧。宽兮绰兮，猗重较兮。善戏谑兮，不为虐兮。

考　槃

考槃在涧，硕人之宽。独寐寤言，永矢弗谖。

考槃在阿，硕人之薖。独寐寤歌，永矢弗过。

考槃在陆，硕人之轴。独寐寤宿，永矢弗告。

硕　人

硕人其颀，衣锦褧衣。齐侯之子，卫侯之妻；东宫之妹，邢侯之姨，谭公维私。

手如柔荑，肤如凝脂；领如蝤蛴，齿如瓠犀，螓首蛾眉。巧笑倩兮，美目盼兮！

硕人敖敖，说于农郊。四牡有骄，朱幩镳镳，翟茀以朝。大夫夙退，无使君劳。

河水洋洋，北流活活。施罛涉涉，鳣鲔发发。葭菼揭揭，庶姜孽孽，庶士有朅。

氓

氓之蚩蚩，抱布贸丝。匪来贸丝，来即我谋。送子涉淇，至于顿丘。匪我愆期，子无良媒。将子无怒，秋以为期。

乘彼垝垣，以望复关。不见复关，泣涕涟涟。既见复关，载笑载言。尔卜尔筮，体无咎言。以尔车来，以我贿迁。

桑之未落，其叶沃若。於嗟鸠兮，无食桑葚。於嗟女兮，无与士耽。士之耽兮，犹可说也。女之耽兮，不可说也！

桑之落矣，其黄而陨。自我徂尔，三岁食贫。淇水汤汤，渐车帷裳。女也不爽，士贰其行。士也罔极，二三其德。

三岁为妇，靡室劳矣。夙兴夜寐，靡有朝矣。言既遂矣，至于暴矣。兄弟不知，咥其笑矣。静言思之，躬自悼矣！

“及尔偕老”，老使我怨。淇则有岸，隰则有泮。总角之宴，言笑晏晏。信誓旦旦，不思其反。反是不思，亦已焉哉！

竹　竿

籊籊竹竿，以钓于淇。岂不尔思？远莫致之。

泉源在左，淇水在右。女子有行，远兄弟父母。

淇水在右，泉源在左。巧笑之瑳，佩玉之傩。

淇水滺滺，桧楫松舟。驾言出游，以写我忧。

芄　兰

芄兰之支，童子佩觿。虽则佩觿，能不我知。容兮遂兮，垂带悸兮！

芄兰之叶，童子佩韘。虽则佩韘，能不我甲。容兮遂兮，垂带悸兮！

河　广

谁谓河广？一苇杭之。谁谓宋远？跂予望之。
谁谓河广？曾不容刀。谁谓宋远？曾不崇朝。

伯　兮

伯兮朅兮，邦之桀兮！伯也执殳，为王前驱。
自伯之东，首如飞蓬。岂无膏沐？谁适为容？
其雨其雨，杲杲出日。愿言思伯，甘心首疾。
焉得谖草？言树之背。愿言思伯，使我心痗。

有　狐

有狐绥绥，在彼淇梁。心之忧矣，之子无裳。
有狐绥绥，在彼淇厉。心之忧矣，之子无带。
有狐绥绥，在彼淇侧。心之忧矣，之子无服。

木　瓜

投我以木瓜，报之以琼琚。匪报也，永以为好也！
投我以木桃，报之以琼瑶。匪报也，永以为好也！
投我以木李，报之以琼玖。匪报也，永以为好也！

王　风

黍　离

彼黍离离，彼稷之苗。行迈靡靡，中心摇摇。知我者，谓我心忧；不知我者，谓我何求。悠悠苍天，此何人哉！

彼黍离离，彼稷之穗。行迈靡靡，中心如醉。知我者，谓我心忧；不知我者，谓我何求。悠悠苍天，此何人哉！

彼黍离离，彼稷之实。行迈靡靡，中心如噎。知我者，谓我心忧；不知我者，谓我何求。悠悠苍天，此何人哉！

君子于役

君子于役，不知其期。曷〔其〕① 至哉？鸡栖于埘。日之夕矣，羊牛下来。君子于役，如之何勿思？

君子于役，不日不月。曷其有佸？鸡栖于桀。日之夕矣，羊牛下括。君子于役，苟无饥渴？

君子阳阳

君子阳阳，左执簧，右招我由房。其乐只且！

① “曷至哉”，《诗经考文》云：“古本作‘曷其至哉’。”今据补。

君子陶陶，左执翿，右招我由敖。其乐只且！

扬之水

扬之水，不流束薪。彼其之子，不与我戍申。怀哉怀哉！曷月予还归哉？

扬之水，不流束楚。彼其之子，不与我戍甫。怀哉怀哉！曷月予还归哉？

扬之水，不流束蒲。彼其之子，不与我戍许。怀哉怀哉！曷月予还归哉？

中谷有蓷

中谷有蓷，暵其干矣。有女仳离，慨其叹矣。慨其叹矣，遇人之艰难矣！

中谷有蓷，暵其脩矣。有女仳离，条其啸矣。条其啸矣，遇人之不淑矣！

中谷有蓷，暵其湿矣。有女仳离，啜其泣矣。啜其泣矣，何嗟及矣！

兔　爰

有兔爰爰，雉离于罗。我生之初，尚无为；我生之后，逢此百罹。尚寐无吪！

有兔爰爰，雉离于罦。我生之初，尚无造；我生之后，逢此百忧。尚寐无觉！

有兔爰爰，雉离于罿。我生之初，尚无庸；我生之后，逢此百凶。尚寐无聪！

葛　藟

绵绵葛藟，在河之浒。终远兄弟，谓他人父。谓他人父，亦莫我顾。

绵绵葛藟，在河之涘。终远兄弟，谓他人母。谓他人母，亦莫我有。

绵绵葛藟，在河之漘。终远兄弟，谓他人昆。谓他人昆，亦莫我闻。

采　葛

彼采葛兮。一日不见，如三月兮。
彼采萧兮。一日不见，如三秋兮。
彼采艾兮。一日不见，如三岁兮！

大　车

大车槛槛，毳衣如菼。岂不尔思？畏子不敢。
大车哼哼，毳衣如璊。岂不尔思？畏子不奔。
穀则异室，死则同穴。谓予不信，有如皦日！

丘中有麻

丘中有麻，彼留子嗟。彼留子嗟，将其来施（施）。
丘中有麦，彼留子国。彼留子国，将其来食。
丘中有李，彼留之子。彼留之子，贻我佩玖。

郑　风

缁　衣

缁衣之宜兮；敝，予又改为兮。适子之馆兮；还，予授子之粲兮。

缁衣之好兮；敝，予又改造兮。适子之馆兮；还，予授子之粲兮。

缁衣之席兮；敝，予又改作兮。适子之馆兮；还，予授子之粲兮。

将仲子

将仲子兮，无逾我里，无折我树杞。岂敢爱之？畏我父母。仲可怀也，父母之言亦可畏也。

将仲子兮，无逾我墙，无折我树桑。岂敢爱之？畏我诸兄。仲可怀也，诸兄之言亦可畏也。

将仲子兮，无逾我园，无折我树檀。岂敢爱之？畏人之多言。仲可怀也，人之多言亦可畏也。

叔于田

叔于田，巷无居人。岂无居人？不如叔也，洵美且仁。

叔于狩，巷无饮酒。岂无饮酒？不如叔也，洵美且好。

叔适野，巷无服马。岂无服马？不如叔也，洵美且武。

大叔于田

(大)[①] 叔于田，乘乘马。执辔如组，两骖如舞。叔在薮，火烈具举。襢裼暴虎，献于公所。“将叔无狃，戒其伤女！”

叔于田，乘乘黄。两服上襄，两骖雁行。叔在薮，火烈具扬。叔善射忌，又良御忌，抑磬控忌，抑纵送忌。

叔于田，乘乘鸨。两服齐首，两骖如手。叔在薮，火烈具阜。叔马慢忌，叔发罕忌，抑释掤忌，抑鬯弓忌。

清　人

清人在彭，驷介旁旁。二矛重英，河上乎翱翔。
清人在消，驷介麃麃。二矛重乔，河上乎逍遥。
清人在轴，驷介陶陶。左旋右抽，中军作好。

羔　裘

羔裘如濡，洵直且侯。彼其之子，舍命不渝。
羔裘豹饰，孔武有力。彼其之子，邦之司直。
羔裘晏兮，三英粲兮！彼其之子，邦之彦兮！

遵大路

遵大路兮，掺执子之祛兮。无我恶兮，不寁故也！
遵大路兮，掺执子之手兮。无我魗兮，不寁好也！

---

① 据陆德明《毛诗音义》删。

女曰鸡鸣

女曰“鸡鸣”。士曰“昧旦”。“子兴视夜。”“明星有烂。将翱将翔，弋凫与雁。”

“弋言加之，与子宜之。宜言饮酒，与子偕老。琴瑟在御，莫不静好。”

“知子之来之，杂佩以赠之。知子之顺之，杂佩以问之。知子之好之，杂佩以报之。”

有女同车

有女同车，颜如舜华。将翱将翔，佩玉琼琚。彼美孟姜，洵美且都。

有女同行，颜如舜英。将翱将翔，佩玉将将。彼美孟姜，德音不忘。

山有扶苏

山有扶苏，隰有荷华。不见子都，乃见狂且。

山有乔松，隰有游龙。不见子充，乃见狡童。

萚　兮

萚兮萚兮，风其吹女。叔兮伯兮，倡予和女。

萚兮萚兮，风其漂女。叔兮伯兮，倡予要女。

狡　童

彼狡童兮，不与我言兮。维子之故，使我不能餐兮。

彼狡童兮，不与我食兮。维子之故，使我不能息兮。

褰　裳

子惠思我，褰裳涉溱。子不我思，岂无他人？狂童之狂也且！
子惠思我，褰裳涉洧。子不我思，岂无他士？狂童之狂也且！

丰

子之丰兮，俟我乎巷兮。悔予不送兮！
子之昌兮，俟我乎堂兮。悔予不将兮！
衣锦褧衣，裳锦褧裳。叔兮伯兮，驾，予与行。
裳锦褧裳，衣锦褧衣。叔兮伯兮，驾，予与归。

东门之墠

东门之墠，茹藘在阪。其室则迩，其人甚远。
东门之栗，有践家室。岂不尔思？子不我即。

风　雨

风雨凄凄，鸡鸣喈喈。既见君子，云胡不夷？
风雨潇潇，鸡鸣膠膠。既见君子，云胡不瘳？
风雨如晦，鸡鸣不已。既见君子，云胡不喜？

子　衿

青青子衿，悠悠我心。纵我不往，子宁不嗣音？
青青子佩，悠悠我思。纵我不往，子宁不来？
挑兮达兮，在城阙兮。一日不见，如三月兮！

扬之水

扬之水，不流束楚。终鲜兄弟，维予与女。无信人之言，人实迋女。

扬之水，不流束薪。终鲜兄弟，维予二人。无信人之言，人实不信。

出其东门

出其东门，有女如云。虽则如云，匪我思存。缟衣綦巾，聊乐我员。

出其闉阇，有女如荼。虽则如荼，匪我思且。缟衣茹藘，聊可与娱。

野有蔓草

野有蔓草，零露漙兮。有美一人，清扬婉兮。邂逅相遇，适我愿兮。

野有蔓草，零露瀼瀼。有美一人，婉如清扬。邂逅相遇，与子皆臧。

溱　洧

溱与洧，方涣涣兮。士与女，方秉蕑兮。女曰：“观乎?”士曰：“既且。”“且往观乎洧之外，洵訏且乐!”维士与女，伊其相谑，赠之以勺药。

溱与洧，浏其清矣。士与女，殷其盈矣。女曰：“观乎?”士曰：“既且。”“且往观乎洧之外，洵訏且乐!”维士与女，伊其将谑，赠之以勺药。

齐 风

鸡 鸣

“鸡既鸣矣，朝既盈矣。”“匪鸡则鸣，苍蝇之声。”
“东方明矣，朝既昌矣。”“匪东方则明，月出之光。”
“虫飞薨薨，甘与子同梦。会且归矣，无庶予（子）〔于〕① 憎！”

还

子之还兮，遭我乎猺之间兮。并驱从两肩兮，揖我谓我儇兮。
子之茂兮，遭我乎猺之道兮。并驱从两牡兮，揖我谓我好兮。
子之昌兮，遭我乎猺之阳兮。并驱从两狼兮，揖我谓我臧兮。

著

俟我于著乎而。充耳以素乎而，尚之以琼华乎而。
俟我于庭乎而。充耳以青乎而，尚之以琼莹乎而。
俟我于堂乎而。充耳以黄乎而，尚之以琼英乎而。

① 陈奂《诗毛氏传疏》以为此“子”当作“于”。今从之。

东方之日

东方之日兮。彼姝者子，在我室兮。在我室兮，履我即兮。
东方之月兮。彼姝者子，在我闼兮。在我闼兮，履我发兮。

东方未明

东方未明，颠倒衣裳。颠之倒之，自公召之。
东方未晞，颠倒裳衣。倒之颠之，自公令之。
折柳樊圃，狂夫瞿瞿。不能辰夜，不夙则莫。

南　山

南山崔崔，雄狐绥绥。鲁道有荡，齐子由归。既曰归止，曷又怀止？

葛屦五两，冠緌双止。鲁道有荡，齐子庸止。既曰庸止，曷又从止？

蓺麻如之何？衡从其亩。取妻如之何？必告父母。既曰告止，曷又鞠止？

析薪如之何？匪斧不克。取妻如之何？匪媒不得。既曰得止，曷又极止！

甫　田

无田甫田，维莠骄骄。无思远人，劳心忉忉！
无田甫田，维莠桀桀。无思远人，劳心怛怛！
婉兮娈兮，总角丱兮。未几见兮，突而弁兮。

卢　令

卢令令，其人美且仁。
卢重环，其人美且卷。
卢重镅，其人美且偲。

敝　笱

敝笱在梁，其鱼鲂鳏。齐子归止，其从如云。
敝笱在梁，其鱼鲂屿。齐子归止，其从如雨。
敝笱在梁，其鱼唯唯。齐子归止，其从如水。

载　驱

载驱薄薄，簟茀朱鞹。鲁道有荡，齐子发夕。
四骊济济，垂辔沵沵。鲁道有荡，齐子岂弟。
汶水汤汤，行人彭彭。鲁道有荡，齐子翱翔。
汶水滔滔，行人儦儦。鲁道有荡，齐子游敖。

猗　嗟

猗嗟昌兮，颀而长兮。抑若扬兮，美目扬兮。巧趋跄兮，射则臧兮。

猗嗟名兮，美目清兮，仪既成兮。终日射侯，不出正兮。展我甥兮！

猗嗟娈兮，清扬婉兮。舞则选兮，射则贯兮。四矢反兮，以御乱兮。

魏　风

葛　屦

纠纠葛屦，可以履霜。掺掺女手，可以缝裳。要之襋之，好人服之。

好人提提，宛然左辟，佩其象揥。维是褊心，是以为刺。

汾沮洳

彼汾沮洳，言采其莫。彼其之子，美无度。美无度，殊异乎公路。

彼汾一方，言采其桑。彼其之子，美如英。美如英，殊异乎公行。

彼汾一曲，言采其荬。彼其之子，美如玉。美如玉，殊异乎公族。

园有桃

园有桃，其实之殽。心之忧矣，我歌且谣。不我知者，谓我“士也骄”。彼人是哉？子曰何其？心之忧矣，其谁知之？其谁知之？盖亦勿思。

园有棘，其实之食。心之忧矣，聊以行国。不我知者，谓我“士也罔极”。彼人是哉？子曰何其？心之忧矣，其谁知之？其谁知之？盖亦勿思。

陟 岵

陟彼岵兮，瞻望父兮。父曰："嗟，予子！行役夙夜无已。上慎旃哉！犹来无止。"

陟彼屺兮，瞻望母兮。母曰："嗟，予季！行役夙夜无寐。上慎旃哉！犹来无弃。"

陟彼冈兮，瞻望兄兮。兄曰："嗟，予弟！行役夙夜必偕。上慎旃哉！犹来无死。"

十亩之间

十亩之间兮，桑者闲闲兮，行与子还兮。

十亩之外兮，桑者泄泄兮，行与子逝兮。

伐 檀

坎坎伐檀兮，寘之河之干兮。河水清且涟猗。不稼不穑，胡取禾三百廛兮？不狩不猎，胡瞻尔庭有县貆兮？彼君子兮，不素餐兮！

坎坎伐辐兮，寘之河之侧兮。河水清且直猗。不稼不穑，胡取禾三百亿兮？不狩不猎，胡瞻尔庭有县特兮？彼君子兮，不素食兮！

坎坎伐轮兮，寘之河之漘兮。河水清且沦猗。不稼不穑，胡取禾三百囷兮？不狩不猎，胡瞻尔庭有县鹑兮？彼君子兮，不素飧兮！

硕 鼠

硕鼠硕鼠，无食我黍！三岁贯女，莫我肯顾。逝将去女，适彼乐土。（乐土）〔适彼〕① 乐土，爰得我所。

硕鼠硕鼠，无食我麦！三岁贯女，莫我肯德。逝将去女，适彼乐国。（乐国）〔适彼〕乐国，爰得我直。

硕鼠硕鼠，无食我苗！三岁贯女，莫我肯劳。逝将去女，适彼乐郊。（乐郊）〔适彼〕乐郊，谁之永号？

---

① 据重文通例改。下同。

唐　风

蟋　蟀

蟋蟀在堂，岁聿其莫。今我不乐，日月其除。无已大康，职思其居。好乐无荒，良士瞿瞿。

蟋蟀在堂，岁聿其逝。今我不乐，日月其迈。无已大康，职思其外。好乐无荒，良士蹶蹶。

蟋蟀在堂，役车其休。今我不乐，日月其慆。无已大康，职思其忧。好乐无荒，良士休休！

山有枢

山有枢，隰有榆。子有衣裳，弗曳弗娄。子有车马，弗驰弗驱。宛其死矣，他人是愉。

山有栲，隰有杻。子有廷内，弗洒弗埽。子有钟鼓，弗鼓弗考。宛其死矣，他人是保。

山有漆，隰有栗。子有酒食，何不日鼓瑟？且以喜乐，且以永日。宛其死矣，他人入室。

扬之水

扬之水，白石凿凿。素衣朱襮，从子于沃。既见君子，云何不乐？

扬之水，白石皓皓。素衣朱绣，从子于鹄。既见君子，云何其忧？

扬之水，白石粼粼。我闻有命，不敢以告人。

椒　聊

椒聊之实，蕃衍盈升。彼其之子，硕大无朋。椒聊且，远条且。

椒聊之实，蕃衍盈匊。彼其之子，硕大且笃。椒聊且，远条且。

绸　缪

绸缪束薪，三星在天。今夕何夕？见此良人。子兮子兮！如此良人何！

绸缪束刍，三星在隅。今夕何夕？见此邂逅。子兮子兮！如此邂逅何！

绸缪束楚，三星在户。今夕何夕？见此粲者。子兮子兮！如此粲者何！

杕　杜

有杕之杜，其叶湑湑。独行踽踽。岂无他人？不如我同父。嗟行之人，胡不比焉？人无兄弟，胡不佽焉？

有杕之杜，其叶菁菁。独行睘睘。岂无他人？不如我同姓。嗟行之人，胡不比焉？人无兄弟，胡不佽焉？

羔　裘

羔裘豹祛，自我人居居。岂无他人？维子之故。

羔裘豹褎，自我人究究。岂无他人？维子之好。

鸨 羽

肃肃鸨羽，集于苞栩。王事靡盬，不能蓺稷黍。父母何怙？悠悠苍天，曷其有所？

肃肃鸨翼，集于苞棘。王事靡盬，不能蓺黍稷。父母何食？悠悠苍天，曷其有极？

肃肃鸨行，集于苞桑。王事靡盬，不能蓺稻粱。父母何尝？悠悠苍天，曷其有常？

无 衣

岂曰无衣七兮？不如子之衣，安且吉兮！

岂曰无衣六兮？不如子之衣，安且燠兮！

有杕之杜

有杕之杜，生于道左。彼君子兮，噬肯适我。中心好之，曷饮食之？

有杕之杜，生于道周。彼君子兮，噬肯来游。中心好之，曷饮食之？

葛 生

葛生蒙楚，蔹蔓于野。予美亡此，谁与？独处。

葛生蒙棘，蔹蔓于域。予美亡此，谁与？独息。

角枕粲兮，锦衾烂兮！予美亡此，谁与？独旦。

夏之日，冬之夜。百岁之后，归于其居。

冬之夜，夏之日。百岁之后，归于其室。

采　苓

采苓采苓，首阳之巅。人之为言，苟亦无信。舍旃舍旃，苟亦无然。人之为言，胡得焉？

采苦采苦，首阳之下。人之为言，苟亦无与。舍旃舍旃，苟亦无然。人之为言，胡得焉？

采葑采葑，首阳之东。人之为言，苟亦无从。舍旃舍旃，苟亦无然。人之为言，胡得焉！

秦 风

车 邻

有车邻邻，有马白颠。未见君子，寺人之令。

阪有漆，隰有栗。既见君子，并坐鼓瑟。今者不乐，逝者其耋。

阪有桑，隰有杨。既见君子，并坐鼓簧。今者不乐，逝者其亡！

驷 驖

驷驖孔阜，六辔在手。公之媚子，从公于狩。

奉时辰牡，辰牡孔硕。公曰“左之”，舍拔则获。

游于北园，四马既闲。輶车鸾镳，载猃歇骄。

小 戎

小戎俴收，五楘梁辀。游环胁驱，阴靷鋈续。文茵畅毂，驾我骐异。言念君子，温其如玉。在其板屋，乱我心曲。

四牡孔阜，六辔在手。骐骝是中，騧骊是骖。龙盾之合，鋈以觼軜。言念君子，温其在邑。方何为期？胡然我念之？

俴驷孔群，厹矛鋈錞。蒙伐有苑，虎韔镂膺。交韔二弓，竹闭绲縢。言念君子，载寝载兴。厌厌良人，秩秩德音。

蒹葭

蒹葭苍苍，白露为霜。所谓伊人，在水一方。溯洄从之，道阻且长。溯游从之，宛在水中央。

蒹葭萋萋，白露未晞。所谓伊人，在水之湄。溯洄从之，道阻且跻。溯游从之，宛在水中坻。

蒹葭采采，白露未已。所谓伊人，在水之涘。溯洄从之，道阻且右。溯游从之，宛在水中沚。

终南

终南何有？有条有梅。君子至止，锦衣狐裘。颜如渥丹，其君也哉！

终南何有，有纪有堂。君子至止，黻衣绣裳。佩玉将将，寿考不亡。

黄鸟

交交黄鸟，止于棘。谁从穆公？子车奄息。维此奄息，百夫之特。临其穴，惴惴其栗。彼苍者天！歼我良人。如可赎兮，人百其身。

交交黄鸟，止于桑。谁从穆公？子车仲行。维此仲行，百夫之防。临其穴，惴惴其栗。彼苍者天！歼我良人。如可赎兮，人百其身。

交交黄鸟，止于楚。谁从穆公？子车鍼虎。维此鍼虎，百夫之御。临其穴，惴惴其栗。彼苍者天！歼我良人。如可赎兮，人百其身。

晨　风

鴥彼晨风，郁彼北林。未见君子，忧心钦钦。如何如何？忘我实多！

山有苞栎，隰有六驳。未见君子，忧心靡乐。如何如何？忘我实多！

山有苞棣，隰有树檖。未见君子，忧心如醉。如何如何？忘我实多！

无　衣

岂曰无衣？与子同袍。王于兴师，修我戈矛，与子同仇。

岂曰无衣？与子同泽。王于兴师，修我矛戟，与子偕作。

岂曰无衣？与子同裳。王于兴师，修我甲兵，与子偕行。

渭　阳

我送舅氏，曰至渭阳。何以赠之？路车乘黄。

我送舅氏，悠悠我思。何以赠之？琼瑰玉佩。

权　舆

於我乎，夏屋渠渠。今也每食无余。於嗟乎！不承权舆。

於我乎，每食四簋。今也每食不饱。於嗟乎！不承权舆。

陈　风

宛　丘

子之汤兮，宛丘之上兮。洵有情兮！而无望兮？
坎其击鼓，宛丘之下。无冬无夏，值其鹭羽。
坎其击缶，宛丘之道。无冬无夏，值其鹭翿。

东门之枌

东门之枌，宛丘之栩。子仲之子，婆娑其下。
穀旦于差，南方之原。不绩其麻，市也婆娑。
穀旦于逝，越以鬷迈。视尔如荍，贻我握椒。

衡　门

衡门之下，可以栖迟。泌之洋洋，可以乐饥。
岂其食鱼，必河之鲂？岂其取妻，必齐之姜？
岂其食鱼，必河之鲤？岂其取妻，必宋之子？

东门之池

东门之池，可以沤麻。彼美淑姬，可与晤歌。
东门之池，可以沤纻。彼美淑姬，可与晤语。

东门之池，可以沤菅。彼美淑姬，可与晤言。

东门之杨

东门之杨，其叶牂牂。昏以为期，明星煌煌。
东门之杨，其叶肺肺。昏以为期，明星晢晢。

墓　门

墓门有棘，斧以斯之。夫也不良，国人知之。知而不已，谁昔然矣。

墓门有梅，有鸮萃止。夫也不良，歌以（讯之）〔谇止〕。（讯）〔谇〕①予不顾，颠倒思予。

防有鹊巢

防有鹊巢，邛有旨苕。谁侜予美？心焉忉忉！
中唐有甓，邛有旨鹝。谁侜予美？心焉惕惕！

月　出

月出皎兮，佼人僚兮，舒窈纠兮，劳心悄兮！
月出皓兮，佼人懰兮，舒懮受兮，劳心慅兮！
月出照兮，佼人燎兮，舒夭绍兮，劳心（惨）〔懆〕兮！

株　林

胡为乎株林？从夏南。匪适株林，从夏南。

---

① 据戴震《毛郑诗考正》、阮元《校勘记》及本诗句法改。

驾我乘马，说于株野。乘我乘驹，朝食于株。

泽　陂

彼泽之陂，有蒲与荷。有美一人，伤如之何！寤寐无为，涕泗滂沱！

彼泽之陂，有蒲与蕳。有美一人，硕大且卷。寤寐无为，中心悁悁！

彼泽之陂，有蒲菡萏。有美一人，硕大且俨。寤寐无为，辗转伏枕。

桧　风

羔　裘

羔裘逍遥，狐裘以朝。岂不尔思？劳心忉忉！
羔裘翱翔，狐裘在堂。岂不尔思？我心忧伤！
羔裘如膏，日出有曜。岂不尔思？中心是悼！

素　冠

庶见素冠兮，棘人栾栾兮，劳心慱慱兮！
庶见素衣兮，我心伤悲兮，聊与子同归兮。
庶见素韠兮，我心蕴结兮，聊与子如一兮。

隰有苌楚

隰有苌楚，猗傩其枝。夭之沃沃，乐子之无知。
隰有苌楚，猗傩其华。夭之沃沃，乐子之无家。
隰有苌楚，猗傩其实。夭之沃沃，乐子之无室。

匪　风

匪风发兮，匪车偈兮。顾瞻周道，中心怛兮！
匪风飘兮，匪车嘌兮。顾瞻周道，中心吊兮！
谁能亨鱼？溉之釜鬵。谁将西归？怀之好音。

曹　风

蜉　蝣

蜉蝣之羽，衣裳楚楚。心之忧矣，于我归处。
蜉蝣之翼，采采衣服。心之忧矣，于我归息。
蜉蝣掘阅，麻衣如雪。心之忧矣，于我归说。

候　人

彼候人兮，何戈与祋。彼其之子，三百赤芾。
维鹈在梁，不濡其翼。彼其之子，不称其服。
维鹈在梁，不濡其咮。彼其之子，不遂其媾。
荟兮蔚兮，南山朝隮。婉兮娈兮，季女斯饥。

鸤　鸠

鸤鸠在桑，其子七兮。淑人君子，其仪一兮。其仪一兮，心如结兮。

鸤鸠在桑，其子在梅。淑人君子，其带伊丝。其带伊丝，其弁伊骐。

鸤鸠在桑，其子在棘。淑人君子，其仪不忒。其仪不忒，正是四国。

鸤鸠在桑，其子在榛。淑人君子，正是国人。正是国人，胡不万年！

下　泉

(洌)〔洌〕彼下泉，浸彼苞稂。忾我寤叹，念彼周京。
(洌)〔洌〕彼下泉，浸彼苞萧。忾我寤叹，念彼京周。
(洌)〔洌〕彼下泉，浸彼苞蓍。忾我寤叹，念彼京师。
芃芃黍苗，阴雨膏之。四国有王，郇伯劳之。

豳　风

七　月

七月流火，九月授衣。一之日觱发，二之日栗烈。无衣无褐，何以卒岁？三之日于耜，四之日举趾。同我妇子，馌彼南亩，田畯至喜。

七月流火，九月授衣。春日载阳，有鸣仓庚。女执懿筐，遵彼微行，爰求柔桑。春日迟迟，采蘩祁祁。女心伤悲，殆及公子同归。

七月流火，八月萑苇。蚕月条桑，取彼斧斨，以伐远扬，猗彼女桑。七月鸣（鵙）〔鶪〕，八月载绩。载玄载黄，我朱孔阳，为公子裳。

四月秀葽，五月鸣蜩。八月其获，十月陨萚。一之日于貉，取彼狐狸，为公子裘。二之日其同，载缵武功。言私其豵，献豜于公。

五月斯螽动股，六月莎鸡振羽。七月在野，八月在宇，九月在户，十月蟋蟀入我床下。穹窒熏鼠，塞向墐户。嗟我妇子，曰为改岁，入此室处。

六月食郁及薁，七月亨葵及菽。八月剥枣，十月获稻。为此春酒，以介眉寿。七月食瓜，八月断壶。九月叔苴，采荼薪樗，食我农夫。

九月筑场圃，十月纳禾稼：黍稷重穋，禾麻（菽麦）〔麦菽〕①。嗟我农夫！我稼既同，上入执宫功：昼尔于茅，宵尔索绹；亟其乘屋，其始播百谷。

二之日凿冰冲冲，三之日纳于凌阴。四之日其蚤，献羔祭韭。九月肃霜，十月涤场。朋酒斯飨，曰杀羔羊。跻彼公堂，称彼兕觥："万寿无疆！"

鸱 鸮

鸱鸮鸱鸮：既取我子，无毁我室！恩斯勤斯，鬻子之闵斯！

迨天之未阴雨，彻彼桑土，绸缪牖户。今女下民，或敢侮予。

予手拮据，予所捋荼。予所蓄租，予口卒瘏。曰予未有室家。

予羽谯谯，予尾翛翛。予室翘翘，风雨所漂摇。予维音哓哓！

东 山

我徂东山，慆慆不归。我来自东，零雨其濛。我东曰归，我心西悲。制彼裳衣，勿士行枚。蜎蜎者蠋，烝在桑野。敦彼独宿，亦在车下。

我徂东山，慆慆不归。我来自东，零雨其濛。果蠃之实，亦施于宇。伊威在室，蠨蛸在户。町畽鹿场，熠燿宵行。不可畏也，伊可怀也！

我徂东山，慆慆不归。我来自东，零雨其濛。鹳鸣于垤，妇叹于室。洒埽穹窒，我征聿至。有敦瓜苦，烝在栗薪。自我不见，于今三年。

我徂东山，慆慆不归。我来自东，零雨其濛。仓庚于飞，熠燿其羽。之子于归，皇驳其马。亲结其缡，九十其仪。其新孔嘉，

---

① "菽麦"误倒，今乙之以求叶韵。

其旧如之何？

破 斧

既破我斧，又缺我斨。周公东征，四国是皇。哀我人斯，亦孔之将！

既破我斧，又缺我锜。周公东征，四国是吪。哀我人斯，亦孔之嘉！

既破我斧，又缺我銶。周公东征，四国是遒。哀我人斯，亦孔之休！

伐 柯

伐柯如何？匪斧不克。取妻如何？匪媒不得。
伐柯伐柯，其则不远。我觏之子，笾豆有践。

九 罭

九罭之鱼，鳟鲂。我觏之子，衮衣绣裳。
鸿飞遵渚。公归无所，于女信处。
鸿飞遵陆。公归不复，于女信宿。
是以有衮衣兮，无以我公归兮，无使我心悲兮！

狼 跋

狼跋其胡，载疐其尾。公孙硕肤，赤舄几几。
狼疐其尾，载跋其胡。公孙硕肤，德音不瑕。

雅

小 雅

鹿鸣之什

鹿 鸣

呦呦鹿鸣，食野之苹。我有嘉宾，鼓瑟吹笙。吹笙鼓簧，承筐是将。人之好我，示我周行？

呦呦鹿鸣，食野之蒿。我有嘉宾，德音孔昭。视民不恌，君子是则是效。我有旨酒，嘉宾式燕以敖。

呦呦鹿鸣，食野之芩。我有嘉宾，鼓瑟鼓琴。鼓瑟鼓琴，和乐且湛。我有旨酒，以燕乐嘉宾之心。

四 牡

四牡騑騑，周道倭迟。岂不怀归？王事靡盬，我心伤悲。

四牡騑騑，啴啴骆马。岂不怀归？王事靡盬，不遑启处。

翩翩者鵻，载飞载下，集于苞栩。王事靡盬，不遑将父。

翩翩者鵻，载飞载止，集于苞杞。工事靡盬，不遑将母。

驾彼四骆，载骤骎骎。岂不怀归？是用作歌，将母来谂。

皇皇者华

皇皇者华，于彼原隰。駪駪征夫，每怀靡及。
我马维驹，六辔如濡。载驰载驱，周爰咨诹。
我马维骐，六辔如丝。载驰载驱，周爰咨谋。
我马维骆，六辔沃若。载驰载驱，周爰咨度。
我马维骃，六辔既均。载驰载驱，周爰咨询。

常　棣

常棣之华，鄂不韡韡？凡今之人，莫如兄弟。
死丧之威，兄弟孔怀。原隰裒矣，兄弟求矣。
脊令在原，兄弟急难。每有良朋，况也永叹！
兄弟阋于墙，外御其务。每有良朋，烝也无戎。
丧乱既平，既安且宁；虽有兄弟，不如友生。
傧尔笾豆，饮酒之饫。兄弟既具，和乐且孺。
妻子好合，如鼓瑟琴。兄弟既翕，和乐且湛。
宜尔（家室）〔室家〕，乐尔妻帑。是究是图，亶其然乎！

伐　木

伐木丁丁，鸟鸣嘤嘤。出自幽谷，迁于乔木。嘤其鸣矣，求其友声。相彼鸟矣，犹求友声；矧伊人矣，不求友生？神之听之，终和且平。

伐木许许，酾酒有藇。既有肥羜，以速诸父。宁适不来？微我弗顾。於粲洒埽，陈馈八簋。既有肥牡，以速诸舅。宁适不来？微我有咎。

伐木于阪，酾酒有衍。笾豆有践，兄弟无远。民之失德，乾糇以愆。有酒湑我，无酒酤我。坎坎鼓我，蹲蹲舞我。迨我暇矣，饮此湑矣。

天　保

天保定尔，亦孔之固。俾尔单厚，何福不除？俾尔多益，以莫不庶。

天保定尔，俾尔戬穀。罄无不宜，受天百禄。降尔遐福，维日不足。

天保定尔，以莫不兴。如山如阜，如冈如陵。如川之方至，以莫不增。

吉蠲为馔，是用孝享。禴祠烝尝，于公先王。君曰：“卜尔，万寿无疆！”

神之吊矣，诒尔多福。民之质矣，日用饮食。群黎百姓，遍为尔德。

如月之恒，如日之升。如南山之寿，不骞不崩。如松柏之茂，无不尔或承。

采　薇

采薇采薇，薇亦作止。曰归曰归，岁亦莫止。靡室靡家，猃狁之故。不遑启居，猃狁之故。

采薇采薇，薇亦柔止。曰归曰归，心亦忧止。忧心烈烈，载饥载渴。我戍未定，靡使归聘。

采薇采薇，薇亦刚止。曰归曰归，岁亦阳止。王事靡盬，不遑启处。忧心孔疚，我行不来。

彼尔维何？维常之华。彼路斯何？君子之车。戎车既驾，四牡业业。岂敢定居？一月三捷。

驾彼四牡，四牡骙骙。君子所依，小人所腓。四牡翼翼，象弭鱼服。岂不（日）〔曰〕戒？猃狁孔棘。

昔我往矣，杨柳依依。今我来思，雨雪霏霏。行道迟迟，载渴载饥。我心伤悲，莫知我哀！

出　车

我出我车，于彼牧矣。自天子所，谓我来矣。召彼仆夫，谓之载矣。王事多难，维其棘矣。

我出我车，于彼郊矣。设此旐矣，建彼旄矣。彼旟旐斯，胡不旆旆？忧心悄悄，仆夫况瘁。

王命南仲：往城于方。出车彭彭，旂旐央央。天子命我，城彼朔方。赫赫南仲，玁狁于襄。

昔我往矣，黍稷方华。今我来思，雨雪载涂。王事多难，不遑启居。岂不怀归？畏此简书。

喓喓草虫，趯趯阜螽。未见君子，忧心忡忡。既见君子，我心则降。赫赫南仲，薄伐西戎。

春日迟迟，卉木萋萋，仓庚喈喈，采蘩祁祁。执讯获丑，薄言还归。赫赫南仲，玁狁于夷。

杕　杜

有杕之杜，有睆其实。王事靡盬，继嗣我日。日月阳止，女心伤止，征夫遑止。

有杕之杜，其叶萋萋。王事靡盬，我心伤悲。卉木萋止，女心悲止，征夫归止。

陟彼北山，言采其杞。王事靡盬，忧我父母。檀车幝幝，四牡痯痯，征夫不远。

匪载匪来，忧心孔疚。期逝不至，而多为恤。卜筮偕止，会言近止，征夫迩止。

鱼　丽

鱼丽于罶，鲿鲨。君子有酒，旨且多。
鱼丽于罶，鲂鳢。君子有酒，多且旨。
鱼丽于罶，鰋鲤。君子有酒，旨且有。
物其多矣，维其嘉矣。
物其旨矣，维其偕矣。
物其有矣，维其时矣。

南有嘉鱼之什

南有嘉鱼

南有嘉鱼，烝然罩罩。君子有酒，嘉宾式燕以乐。
南有嘉鱼，烝然汕汕。君子有酒，嘉宾式燕以衎。
南有樛木，甘瓠累之。君子有酒，嘉宾式燕绥之。
翩翩者雏，烝然来思。君子有酒，嘉宾式燕又思。

南山有台

南山有台，北山有莱。乐只君子，邦家之基。乐只君子，万寿无期。

南山有桑，北山有杨。乐只君子，邦家之光。乐只君子，万寿无疆。

南山有杞，北山有李。乐只君子，民之父母。乐只君子，德音不已。

南山有栲，北山有杻。乐只君子，遐不眉寿。乐只君子，德音是茂。

南山有枸，北山有楰。乐只君子，遐不黄耇。乐只君子，（保艾）〔艾保〕尔后。

蓼萧

蓼彼萧斯，零露湑兮。既见君子，我心写兮。燕笑语兮，是以有誉处兮。

蓼彼萧斯，零露瀼瀼。既见君子，为龙为光。其德不爽，寿考不忘。

蓼彼萧斯，零露泥泥。既见君子，孔燕岂弟。宜兄宜弟，令德寿岂。

蓼彼萧斯，零露浓浓。既见君子，鞗革（忡忡）〔冲冲〕。和鸾雍雍，万福攸同。

湛露

湛湛露斯，匪阳不晞。厌厌夜饮，不醉无归。

湛湛露斯，在彼丰草。厌厌夜饮，在宗载考。

湛湛露斯，在彼杞棘。显允君子，莫不令德。

其桐其椅，其实离离。岂弟君子，莫不令仪。

彤弓

彤弓弨兮，受言藏之。我有嘉宾，中心贶之。钟鼓既设，一朝飨之。

彤弓弨兮，受言载之。我有嘉宾，中心喜之。钟鼓既设，一朝右之。

彤弓弨兮，受言櫜之。我有嘉宾，中心好之。钟鼓既设，一朝酬之。

菁菁者莪

菁菁者莪，在彼中阿。既见君子，乐且有仪。
菁菁者莪，在彼中沚。既见君子，我心则喜。
菁菁者莪，在彼中陵。既见君子，锡我百朋。
泛泛杨舟，载沉载浮。既见君子，我心则休。

六　月

六月栖栖，戎车既饬。四牡骙骙，载是常服。猃狁孔炽，我是用（急）〔戒〕①。王于出征，以匡王国。

比物四骊，闲之维则。维此六月，既成我服。我服既成，于三十里。王于出征，以佐天子。

四牡修广，其大有颙。薄伐猃狁，以奏肤公。有严有翼，共武之服。共武之服，以定王国。

猃狁匪茹，整居焦获。侵镐及方，至于泾阳。织文鸟章，白旆央央。元戎十乘，以先启行。

戎车既安，如轻如轩。四牡既佶，既佶且闲。薄伐猃狁，至于大原。文武吉甫，万邦为宪。

吉甫燕喜，既多受祉。来归自镐，我行永久。饮御诸友，炰鳖脍鲤。侯谁在矣，张仲孝友。

采　芑

薄言采芑，于彼新田，于此菑亩。方叔莅止，其车三千，师干之试。方叔率止，乘其四骐，四骐翼翼。路车有奭，簟茀鱼服，

① “急”字误，阮元《校勘记》详之。

钩膺鞗革。

薄言采芑，于彼新田，于此中乡。方叔莅止，其车三千，旂旐央央。方叔率止，约（軝）〔軧〕错衡，八鸾玱玱。服其命服，朱芾斯皇，有玱葱珩。

鴥彼飞隼，其飞戾天，亦集爰止。方叔莅止，其车三千，师干之试。方叔率止，钲人伐鼓，陈师鞠旅。显允方叔，伐鼓渊渊，振旅阗阗。

蠢尔（蛮荆）〔荆蛮〕①，大邦为仇。方叔元老，克壮其犹。方叔率止，执讯获丑。戎车啴啴，啴啴焞焞，如霆如雷。显允方叔，征伐玁狁，（蛮荆）〔荆蛮〕② 来威。

车　攻

我车既攻，我马既同。四牡庞庞，驾言徂东。
田车既好，四牡孔阜。东有甫草，驾言行狩。
之子于苗，选徒嚣嚣。建旐设旄，（搏兽）〔薄狩〕③ 于敖。
驾彼四牡，四牡奕奕。赤芾金舄，会同有绎。
决拾既佽，弓矢既调。射夫既同，助我举柴。
四黄既驾，两骖不猗。不失其驰，舍矢如破。
萧萧马鸣，悠悠旆旌。徒御不（惊）〔警〕④，大庖不盈。
之子于征，有闻无声。允矣君子，展也大成。

吉　日

吉日维戊，既伯既祷。田车既好，四牡孔阜。升彼大阜，从

---

① “蛮荆”误倒，阮元《校勘记》详之。今据乙。
② “蛮荆”误倒，阮元《校勘记》详之。今据乙。
③ 据阮元《校勘记》改。
④ 据阮元《校勘记》改。

其群丑。

吉日庚午，既差我马。兽之所同，麀鹿麌麌。漆沮之从，天子之所。

瞻彼中原，其祁孔有。儦儦俟俟，或群或友。悉率左右，以燕天子。

既张我弓，既挟我矢。发彼小豝，殪此大兕。以御宾客，且以酌醴。

鸿雁之什

鸿　雁

鸿雁于飞，肃肃其羽。之子于征，劬劳于野。爰及矜人，哀此鳏寡。

鸿雁于飞，集于中泽。之子于垣，百堵皆作。虽则劬劳，其究安宅。

鸿雁于飞，哀鸣嗸嗸。维此哲人，谓我劬劳。维彼愚人，谓我宣骄。

庭　燎

夜如何其？夜未央，庭燎之光。君子至止，鸾声将将。

夜如何其？夜未艾，庭燎晢晢。君子至止，鸾声哕哕。

夜如何其？夜乡晨，庭燎有辉。君子至止，言观其旂。

沔　水

沔彼流水，朝宗于海。鴥彼飞隼，载飞载止。嗟我兄弟，邦人诸友，莫肯念乱，谁无父母？

沔彼流水，其流汤汤。鴥彼飞集，载飞载扬。念彼不迹，载起载行。心之忧矣，不可弭忘。

鴥彼飞隼，率彼中陵。民之讹言，宁莫之惩？我友敬矣，谗言其兴？

鹤 鸣

鹤鸣于九皋，声闻于野。鱼潜在渊，或在于渚。乐彼之园，爰有树檀，其下维萚。它山之石，可以为错。

鹤鸣于九皋，声闻于天。鱼在于渚，或潜在渊。乐彼之园，爰有树檀，其下维榖。它山之石，可以攻玉。

祈 父

祈父！予王之爪牙。胡转予于恤，靡所止居？

祈父！予王之爪士。胡转予于恤，靡所底止？

祈父！亶不聪！胡转予于恤，有母之尸饔？

白 驹

皎皎白驹，食我场苗。絷之维之，以永今朝。所谓伊人，于焉逍遥。

皎皎白驹，食我场藿。絷之维之，以永今夕。所谓伊人，于焉嘉客。

皎皎白驹，贲然来思。尔公尔侯，逸豫无期。慎尔优游，勉尔遁思。

皎皎白驹，在彼空谷。生刍一束，其人如玉。毋金玉尔音，而有遐心！

黄　鸟

黄鸟黄鸟，无集于榖，无啄我粟。此邦之人，不我肯穀。言旋言归，复我邦族。

黄鸟黄鸟，无集于桑，无啄我粱。此邦之人，不可与明。言旋言归，复我诸兄。

黄鸟黄鸟，无集于栩，无啄我黍。此邦之人，不可与处。言旋言归，复我诸父。

我行其野

我行其野，蔽芾其樗。昏姻之故，言就尔居。尔不我畜，复我邦家。

我行其野，言采其蓫。昏姻之故，言就尔宿。尔不我畜，言归思复。

我行其野，言采其葍。不思旧姻，求尔新特。成不以富，亦(祇)〔祗〕① 以异。

斯　干

秩秩斯干，幽幽南山。如竹苞矣，如松茂矣。兄及弟矣，式相好矣，无相犹矣。

似续妣祖，筑室百堵，西南其户。爰居爰处，爰笑爰语。

约之阁阁，椓之橐橐。风雨攸除，鸟鼠攸去。君子攸芋。

如跂斯翼，如矢斯棘，如鸟斯革，如翚斯飞，君子攸跻。

殖殖其庭，有觉其楹。哙哙其正，哕哕其冥。君子攸宁。

---

① 此处“祇”当作“祗”，阮元《校勘记》详之。

下莞上簟，乃安斯寝。乃寝乃兴，乃占我梦。吉梦维何？维熊维罴，维虺维蛇。

大人占之：维熊维罴，男子之祥；维虺维蛇，女子之祥。

乃生男子，载寝之床，载衣之裳，载弄之璋。其泣喤喤，朱芾斯皇，室家君王。

乃生女子，载寝之地，载衣之裼，载弄之瓦，无非无仪，唯酒食是议，无父母诒罹。

无　羊

谁谓尔无羊？三百维群。谁谓尔无牛？九十其犉。尔羊来思，其角濈濈。尔牛来思，其耳湿湿。或降于阿，或饮于池，或寝或讹。

尔牧来思，何蓑何笠，或负其糇。三十维物，尔牲则具。

尔牧来思，以薪以蒸，以雌以雄。尔羊来思，矜矜兢兢，不骞不崩。麾之以肱，毕来既升。

牧人乃梦：众维鱼矣，旐维旟矣。大人占之：众维鱼矣，实维丰年。旐维旟矣，室家溱溱。

节南山之什

节南山

节彼南山，维石岩岩。赫赫师尹，民具尔瞻。忧心如（惔）〔炎〕①，不敢戏谈。国既卒斩，何用不监？

节彼南山，有实其猗。赫赫师尹，不平谓何？天方荐瘥，丧

---

① 惔当作炎，说详段玉裁《诗经小学》。

乱弘多。民言无嘉，憯莫惩嗟。

尹氏大师，维周之氐。秉国之均，四方是维。天子是毗，俾民不迷。不吊昊天，不宜空我师！

弗躬弗亲，庶民弗信。弗问弗仕，勿罔君子。式夷式（已）〔已〕，无小人殆。琐琐姻亚，则无朊仕。

昊天不佣，降此鞠讻。昊天不惠，降此大戾。君子如届，俾民心阕。君子如夷，恶怒是违。

不吊昊天，乱靡有定。式月斯生，俾民不宁。忧心如酲，谁秉国成？不自为政，卒劳百姓。

驾彼四牡，四牡项领。我瞻四方，蹙蹙靡所骋。

方茂尔恶，相尔矛矣。既夷既怿，如相酬矣。

昊天不平，我王不宁。不惩其心，覆怨其正。

家父作诵，以究王讻。式讹尔心，以畜万邦。

正　月

正月繁霜，我心忧伤。民之讹言，亦孔之将。念我独兮，忧心京京。哀我小心，癙忧以痒。

父母生我，胡俾我瘉？不自我先，不自我后。好言自口，莠言自口。忧心愈愈，是以有侮。

忧心茕茕，念我无禄。民之无辜，并其臣仆。哀我人斯，于何从禄？瞻乌爰止，于谁之屋？

瞻彼中林，侯薪侯蒸。民今方殆，视天梦梦。既克有定，靡人弗胜。有皇上帝，伊谁云憎？

谓山盖卑，为冈为陵。民之讹言，宁莫之惩？召彼故老，讯之占梦。具曰“予圣”，谁知乌之雌雄？

谓天盖高，不敢不局。谓地盖厚，不敢不蹐。维号斯言，有伦有脊。哀今之人，胡为虺蜴？

瞻彼阪田，有菀其特。天之扤我，如不我克。彼求我则，如不我得。执我仇仇，亦不我力。

心之忧矣，如或结之。今兹之正，胡然厉矣！燎之方扬，宁或灭之。赫赫宗周，褒姒威之。

终其永怀，又窘阴雨。其车既载，乃弃尔辅。载输尔载，“将伯助予”。

无弃尔辅，员于尔辐。屡顾尔仆，不输尔载。终逾绝险，曾是不意！

鱼在于沼，亦匪克乐。潜虽伏矣，亦孔之炤。忧心惨惨，念国之为虐。

彼有旨酒，又有嘉殽。洽比其邻，昏姻孔云。念我独兮，忧心殷殷！

仳仳彼有屋，蔌蔌方有穀。民今之无禄，天夭是椓。哿矣富人，哀此茕独！

十月之交

十月之交，朔月辛卯。日有食之，亦孔之丑。彼月而微，此日而微。今此下民，亦孔之哀。

日月告凶，不用其行。四国无政，不用其良。彼月而食，则维其常；此日而食，于何不臧！

烨烨震电，不宁不令。百川沸腾，山冢（崒）〔卒〕崩。高岸为谷，深谷为陵。哀今之人，胡憯莫惩？

皇父卿士，番维司徒。家伯维宰，仲允膳夫。棸子内史，蹶维趣马。楀维师氏，艳妻煽方处。

抑此皇父，岂曰不时？胡为我作，不即我谋？彻我墙屋，田卒污莱。曰“予不戕，礼则然矣”。

皇父孔圣，作都于向。择三有事，亶侯多藏。不憖遗一老，俾守我王。择有车马，以居徂向。

黾勉从事，不敢告劳。无罪无辜，谗口嚣嚣。下民之孽，匪降自天。噂沓背憎，职竞由人。

悠悠我里，亦孔之痗。四方有羡，我独居忧。民莫不逸，我独不敢休！天命不彻，我不敢效我友自逸。

雨无正

浩浩昊天，不骏其德，降丧饥馑，斩伐四国。（旻）〔昊〕① 天疾威，弗虑弗图。舍彼有罪，既伏其辜。若此无罪，沦胥以铺。

周宗既灭，靡所止戾。正大夫离居，莫知我勚。三事大夫，莫肯夙夜。邦君诸侯，莫肯朝夕。庶曰“式臧”，覆出为恶。

如何昊天，辟言不信？如彼行迈，则靡所臻。凡百君子，各敬尔身。胡不相畏，不畏于天？

戎成不退，饥成不遂。曾我暬御，憯憯日瘁。凡百君子，莫肯用（讯）〔谇〕②。听言则答，谮言则退。

哀哉不能言，匪舌是出，维躬是瘁。哿矣能言，巧言如流，俾躬处休。

维曰（予）〔于〕③ 仕，孔棘且殆。云不可使，得罪于天子。亦云可使，怨及朋友。

谓尔迁于王都，曰予未有室家。鼠思泣血，无言不疾。昔尔出居，谁从作尔室？

小　旻

旻天疾威，敷于下土。谋犹回遹，何日斯沮？谋臧不从，不臧覆用。我视谋犹，亦孔之邛。

潝潝訿訿，亦孔之哀。谋之其臧，则具是违；谋之不臧，则具是依。我视谋犹，伊于胡底？

我龟既厌，不我告犹。谋夫孔多，是用不集。发言盈庭，谁

---

① 郑笺孔疏皆以为昊字，今据改。

② 讯当作谇，戴震《毛郑诗考正》详之。

③ 据毛传改。

敢执其咎？如匪行迈谋，是用不得于道。

哀哉为犹！匪先民是程，匪大犹是经。维迩言是听，维迩言是争。如彼筑室于道谋，是用不溃于成。

国虽靡止，或圣或否。民虽靡朊，或哲或谋，或肃或艾。如彼泉流，无沦胥以败。

不敢暴虎，不敢冯河。人知其一，莫知其他。战战兢兢，如临深渊，如履薄冰。

小　宛

宛彼鸣鸠，翰飞戾天。我心忧伤，念昔先人。明发不寐，有怀二人。

人之齐圣，饮酒温克。彼昏不知，壹醉日富。各敬尔仪，天命不又。

中原有菽，庶民采之。螟蛉有子，蜾蠃负之。教诲尔子，式穀似之。

题彼脊令，载飞载鸣。我日斯迈，而月斯征。夙兴夜寐，无忝尔所生。

交交桑扈，率场啄粟。哀我填寡，宜岸宜狱。握粟出卜，自何能穀？

温温恭人，如集于木。惴惴小心，如临于谷。战战兢兢，如履薄冰！

小　弁

弁彼鸒斯，归飞提提。民莫不穀，我独于罹。何辜于天？我罪伊何？心之忧矣，云如之何！

踧踧周道，鞫为茂草。我心忧伤，惄焉如捣。假寐永叹，维忧用老。心之忧矣，疢如疾首！

维桑与梓，必恭敬止。靡瞻匪父，靡依匪母。不属于毛，不

（罹）〔离〕于里。天之生我，我辰安在？

菀彼柳斯，鸣蜩嘒嘒。有漼者渊，萑苇淠淠。譬彼舟流，不知所届。心之忧矣，不遑假寐！

鹿斯之奔，维足伎伎。雉之朝雊，尚求其雌。譬彼坏木，疾用无枝。心之忧矣，宁莫之知！

相彼投兔，尚或先之。行有死人，尚或墐之。君子秉心，维其忍之。心之忧矣，涕既陨之！

君子信谗，如或酬之。君子不惠，不舒究之。伐木掎矣，析薪（扡）〔杝〕矣。舍彼有罪，予之佗矣！

莫高匪山，莫浚匪泉。君子无易由言，耳属于垣。无逝我梁，无发我笱。我躬不阅，遑恤我后。

巧 言

悠悠昊天，曰父母且。无罪无辜，乱如此幠！昊天已威，予慎无罪。昊天大幠，予慎无辜。

乱之初生，僭始既涵。乱之又生，君子信谗。君子如怒，乱庶遄沮；君子如祉，乱庶遄已。

君子屡盟，乱是用长。君子信盗，乱是用暴。盗言孔甘，乱是用餤。匪其止共，维王之邛。

奕奕寝庙，君子作之。秩秩大猷，圣人莫之。他人有心，予忖度之。跃跃毚兔，遇犬获之。

荏染柔木，君子树之。往来行言，心焉数之。蛇蛇硕言，出自口矣；巧言如簧，颜之厚矣！

彼何人斯？居河之麋。无拳无勇，职为乱阶。既微且尰，尔勇伊何？为犹将多，尔居徒几何？

何人斯

彼何人斯？其心孔艰。胡逝我梁，不入我门？伊谁云从？维暴之云。

二人从行，谁为此祸？胡逝我梁，不入唁我？始者不如今，云不我可。

彼何人斯？胡逝我陈？我闻其声，不见其身。不愧于人？不畏于天？

彼何人斯？其为飘风。胡不自北？胡不自南？胡逝我梁？祇搅我心。

尔之安行，亦不遑舍。尔之亟行，遑脂尔车？壹者之来，云何其盱？

尔还而入，我心易也。还而不入，否难知也。壹者之来，俾我祇也。

伯氏吹埙，仲氏吹篪。及尔如贯，谅不我知。出此三物，以诅尔斯。

为鬼为蜮，则不可得。有靦面目，视人罔极。作此好歌，以极反侧。

巷伯

萋兮斐兮，成是贝锦。彼谮人者，亦已大甚！

哆兮侈兮，成是南箕。彼谮人者，谁适与谋？

缉缉翩翩，谋欲谮人。慎尔言也，谓尔不信。

捷捷幡幡，谋欲谮言。岂不尔受？既其女迁。

骄人好好，劳人草草。苍天苍天！视彼骄人，矜此劳人！

彼谮人者，谁适与谋？取彼谮人，投畀豺虎；豺虎不食，投畀有北；有北不受，投畀有昊！

杨园之道，猗于亩丘。寺人孟子，作为此诗。凡百君子，敬而听之！

谷风之什

谷　风

习习谷风，维风及雨。将恐将惧，维予与女。将安将乐，女转弃予。

习习谷风，维风及颓。将恐将惧，寘予于怀。将安将乐，弃予如遗。

习习谷风，维山崔嵬。无草不死，无木不萎。忘我大德，思我小怨。

蓼　莪

蓼蓼者莪，匪莪伊蒿。哀哀父母，生我劬劳。

蓼蓼者莪，匪莪伊蔚。哀哀父母，生我劳瘁。

瓶之罄矣，维罍之耻。鲜民之生，不如死之久矣！无父何怙？无母何恃？出则衔恤，入则靡至。

父兮生我，母兮鞠我，拊我畜我，长我育我，顾我复我，出入腹我。欲报之德，昊天罔极！

南山烈烈，飘风发发。民莫不穀，我独何害？

南山律律，飘风弗弗。民莫不穀，我独不卒！

大　东

有饛簋飧，有捄棘匕。周道如砥，其直如矢。君子所履，小人所视。眷言顾之，潸焉出涕！

小东大东，杼柚其空。纠纠葛屦，可以履霜。佻佻公子，行彼周行。既往既来，使我心疚。

有（洌）〔冽〕氿泉，无浸获薪。契契寤叹，哀我惮人。薪是获薪，尚可载也；哀我惮人，亦可息也！

东人之子，职劳不来。西人之子，粲粲衣服。舟人之子，熊罴是裘。私人之子，百僚是试。

或以其酒，不以其浆。鞙鞙佩璲，不以其长。维天有汉，监亦有光。跂彼织女，终日七襄。

虽则七襄，不成报章。睆彼牵牛，不以服箱。东有启明，西有长庚。有捄天毕，载施之行。

维南有箕，不可以簸扬。维北有斗，不可以挹酒浆。维南有箕，载翕其舌。维北有斗，西柄之揭。

四　月

四月维夏，六月徂暑。先祖匪人，胡宁忍予？
秋日凄凄，百卉具腓。乱离瘼矣，爰其适归。
冬日烈烈，飘风发发。民莫不穀，我独何害！
山有嘉卉，侯栗侯梅。废为残贼，莫知其尤。
相彼泉水，载清载浊。我日构祸，曷云能穀？
滔滔江汉，南国之纪。尽瘁以仕，宁莫我有。
匪鹑匪鸢，翰飞戾天。匪鳣匪鲔，潜逃于渊。
山有蕨薇，隰有杞桋。君子作歌，维以告哀。

北　山

陟彼北山，言采其杞。偕偕士子，朝夕从事。王事靡盬，忧我父母。

溥天之下，莫非王土。率土之滨，莫非王臣。大夫不均，我从事独贤。

四牡彭彭，王事傍傍。嘉我未老，鲜我方将；旅力方刚，经营四方。

或燕燕居息，或尽瘁事国。或息偃在床，或不已于行。

或不知叫号，或惨惨劬劳。或栖迟偃仰，或王事鞅掌。
或湛乐饮酒，或惨惨畏咎。或出入风议，或靡事不为。

无将大车

无将大车，祇自尘兮。无思百忧，祇自（疷）〔疧〕① 兮。
无将大车，维尘冥冥。无思百忧，不出于颎。
无将大车，维尘雍兮。无思百忧，祇自重兮！

小　明

明明上天，照临下土。我征徂西，至于艽野。二月初吉，载离寒暑。心之忧矣，其毒大苦！念彼共人，涕零如雨。岂不怀归？畏此罪罟。

昔我往矣，日月方除。曷云其还？岁聿云莫。念我独兮，我事孔庶。心之忧矣，惮我不暇。念彼共人，眷眷怀顾。岂不怀归？畏此谴怒。

昔我往矣，日月方奥。曷云其还？政事愈蹙。岁聿云莫，采萧获菽。心之忧矣，自诒伊戚。念彼共人，兴言出宿。岂不怀归？畏此反覆。

嗟尔君子，无恒安处。靖共尔位，正直是与。神之听之，式穀以女。

嗟尔君子，无恒安息。靖共尔位，好是正直。神之听之，介尔景福！

鼓　钟

鼓钟将将，淮水汤汤，忧心且伤。淑人君子，怀允不忘。

---

① 依段玉裁《诗经小学》《六书音均表》改。

鼓钟喈喈，淮水湝湝，忧心且悲。淑人君子，其德不回。

鼓钟伐鼛，淮有三洲，忧心且妯。淑人君子，其德不犹。

鼓钟钦钦，鼓瑟鼓琴，笙磬同音。以《雅》以《南》，以籥不僭。

楚　茨

楚楚者茨，言抽其棘。自昔何为？我蓺黍稷。我黍与与，我稷翼翼。我仓既盈，我庾维亿。以为酒食，以飨以祀，以妥以侑，以介景福。

济济跄跄，絜尔牛羊，以往烝尝。或剥或亨，或肆或将。祝祭于祊，祀事孔明。先祖是皇，神保是飨，孝孙有庆。报以介福，万寿无疆！

执爨踖踖，为俎孔硕，或燔或炙。君妇莫莫，为豆孔庶。为宾为客，献酬交错。礼仪卒度，笑语卒获。神保是格，报以介福，万寿攸酢！

我孔熯矣，式礼莫愆。工祝致告，徂赉孝孙。苾芬孝祀，神嗜饮食。卜尔百福，如几如式。既齐既稷，既匡既敕。永锡尔极，时万时亿。

礼仪既备，钟鼓既戒。孝孙徂位，工祝致告。神具醉止，皇尸载起。（鼓钟）〔钟鼓〕送尸，神保聿归。诸宰君妇，废彻不迟。诸父兄弟，备言燕私。

乐具入奏，以绥后禄。尔肴既将，莫怨具庆。既醉既饱，小大稽首。神嗜饮食，使君寿考。孔惠孔时，维其尽之。子子孙孙，勿替引之。

信南山

信彼南山，维禹甸之。畇畇原隰，曾孙田之。我疆我理，南东其亩。

上天同云，雨雪雰雰。益之以霡霂，既优既渥，既沾既足，生我百穀。

疆埸翼翼，黍稷彧彧。曾孙之穑，以为酒食。畀我尸宾，寿考万年。

中田有庐，疆埸有瓜。是剥是菹，献之皇祖。曾孙寿考，受天之祜。

祭以清酒，从以骍牡，享于祖考。执其鸾刀，以启其毛，取其血膋。

是烝是享，苾苾芬芬，祀事孔明。先祖是皇，报以介福，万寿无疆！

甫田之什

甫　田

倬彼甫田，岁取十千。我取其陈，食我农人，自古有年。今适南亩，或耘或耔，黍稷薿薿。攸介攸止，烝我髦士。

以我齐明，与我牺羊，以社以方。我田既臧，农夫之庆。琴瑟击鼓，以御田祖，以祈甘雨，以介我稷黍，以穀我士女。

曾孙来止，以其妇子，馌彼南亩。田畯至喜，攘其左右，尝其旨否。禾易长亩，终善且有。曾孙不怒，农夫克敏。

曾孙之稼，如茨如梁。曾孙之庾，如坻如京。乃求千斯仓，乃求万斯箱。黍稷稻粱，农夫之庆。报以介福，万寿无疆。

大　田

大田多稼，既种既戒，既备乃事。以我覃耜，俶载南亩。播厥百谷，既庭且硕，曾孙是若。

既方既皂，既坚既好，不稂不莠。去其螟螣，及其蟊贼，无害我田稚。田祖有神，秉畀炎火。

有渰（萋萋）〔凄凄〕，兴（雨祈祈）〔云祁祁〕①。雨我公田，遂及我私。彼有不获稚，此有不敛穧；彼有遗秉，此有滞穗：伊寡妇之利。

曾孙来止，以其妇子，馌彼南亩。田畯至喜。来方禋祀，以其骍黑，与其黍稷，以享以祀，以介景福。

瞻彼洛矣

瞻彼洛矣，维水泱泱。君子至止，福禄如茨。韎韐有奭，以作六师。

瞻彼洛矣，维水泱泱。君子至止，鞞琫有珌。君子万年，保其家室。

瞻彼洛矣，维水泱泱。君子至止，福禄既同。君子万年，保其家邦。

裳裳者华

裳裳者华，其叶湑兮。我觏之子，我心写兮。我心写兮，是以有誉处兮。

裳裳者华，芸其黄矣。我觏之子，维其有章矣。维其有章矣，是以有庆矣。

裳裳者华，或黄或白。我觏之子，乘其四骆。乘其四骆，六辔沃若。

左之左之，君子宜之。右之右之，君子有之。维其有之，是以似之。

① 依段玉裁《说文解字注》、《诗经小学》、阮元《校勘记》改。

桑　扈

交交桑扈，有莺其羽。君子乐胥，受天之祜。
交交桑扈，有莺其领。君子乐胥，万邦之屏。
之屏之翰，百辟为宪。不戢不难，受福不那。
兕觥其觩，旨酒思柔。彼交匪敖，万福来求。

鸳　鸯

鸳鸯于飞，毕之罗之。君子万年，福禄宜之。
鸳鸯在梁，戢其左翼。君子万年，宜其遐福。
乘马在厩，摧之秣之。君子万年，福禄艾之。
乘马在厩，秣之摧之。君子万年，福禄绥之。

頍　弁

有頍者弁，实维伊何？尔酒既旨，尔肴既嘉。岂伊异人？兄弟匪他。茑与女萝，施于松柏。未见君子，忧心弈弈。既见君子，庶几说怿。

有頍者弁，实维何期？尔酒既旨，尔肴既时。岂伊异人？兄弟具来。茑与女萝，施于松上。未见君子，忧心怲怲。既见君子，庶几有臧。

有頍者弁，实维在首。尔酒既旨，尔肴既阜。岂伊异人？兄弟甥舅。如彼雨雪，先集维霰。死丧无日，无几相见。乐酒今夕，君子维宴。

车　舝

间关车之舝兮，思娈季女逝兮。匪饥匪渴，德音来括。虽无好友，式燕且喜。

依彼平林，有集维鷮。辰彼硕女，令德来教。式燕且誉，好尔无射。

虽无旨酒，式饮庶几。虽无嘉肴，式食庶几。虽无德与女，式歌且舞。

陟彼高冈，析其柞薪。析其柞薪，其叶湑兮。鲜我觏尔，我心写兮！

高山仰止，景行行止。四牡騑騑，六辔如琴。觏尔新昏，以慰我心。

青　蝇

营营青蝇，止于樊。岂弟君子，无信谗言。
营营青蝇，止于棘。谗人罔极，交乱四国。
营营青蝇，止于榛。谗人罔极，构我二人。

宾之初筵

宾之初筵，左右秩秩。笾豆有楚，肴核维旅。酒既和旨，饮酒孔偕。钟鼓既设，举酬逸逸。大侯既抗，弓矢斯张。射夫既同，献尔发功。发彼有的，以祈尔爵。

籥舞笙鼓，乐既和奏，烝衎烈祖。以洽百礼，百礼既至。有壬有林，锡尔纯嘏，子孙其湛。其湛曰乐，各奏尔能。宾载手仇，室人入又。酌彼康爵，以奏尔时。

宾之初筵，温温其恭。其未醉止，威仪反反。曰既醉止，威仪幡幡。舍其坐迁，屡舞僊僊。其未醉止，威仪抑抑。曰既醉止，威仪怭怭。是曰既醉，不知其秩。

宾既醉止，载号载呶。乱我笾豆，屡舞僛僛。是曰既醉，不知其邮。侧弁之俄，屡舞傞傞。既醉而出，并受其福。醉而不出，是谓伐德。饮酒孔嘉，维其令仪。

凡此饮酒，或醉或否。既立之监，或佐之史。彼醉不臧，不醉反耻。式勿从谓，无俾大怠。匪言勿言，匪由勿语。由醉之言，俾出童羖。三爵不识，矧敢多又？

鱼藻之什

鱼　藻

鱼在在藻，有颁其首。王在在镐，岂乐饮酒。
鱼在在藻，有莘其尾。王在在镐，饮酒乐岂。
鱼在在藻，依于其蒲。王在在镐，有那其居。

采　菽

采菽采菽，筐之筥之。君子来朝，何锡予之？虽无予之，路车乘马。又何予之？玄衮及黼。

觱沸槛泉，言采其芹。君子来朝，言观其旂。其旂淠淠，鸾声嘒嘒。载骖载驷，君子所届。

赤芾在股，邪幅在下。彼交匪纾，天子所予。乐只君子，天子命之。乐只君子，福禄申之。

维柞之枝，其叶蓬蓬。乐只君子，殿天子之邦。乐只君子，万福攸同。平平左右，亦是率从。

泛泛杨舟，绋缅维之。乐只君子，天子葵之。乐只君子，福禄膍之。优哉游哉，亦是戾矣！

角　弓

骍骍角弓，翩其反矣。兄弟昏姻，无胥远矣。
尔之远矣，民胥然矣。尔之教矣，民胥效矣。

此令兄弟，绰绰有裕。不令兄弟，交相为瘉。

民之无良，相怨一方。受爵不让，至于（已）〔己〕斯亡。

老马反为驹，不顾其后。如食宜饇，如酌孔取。

毋教猱升木，如涂涂附。君子有徽猷，小人与属。

雨雪瀌瀌，见晛曰消。莫肯下遗，式居娄骄。

雨雪浮浮，见晛曰流。如蛮如髦，我是用忧。

菀　柳

有菀者柳，不尚息焉。上帝甚蹈，无自昵焉。俾予靖之，后予极焉。

有菀者柳，不尚愒焉。上帝甚蹈，无自瘵焉。俾予靖之，后予迈焉。

有鸟高飞，亦傅于天。彼人之心，于何其臻？曷予靖之，居以凶矜？

都人士

（彼都人士，狐裘黄黄。其容不改，出言有章。行归于周，万民所望。）①

彼都人士，台笠缁撮。彼君子女，绸直如发。我不见兮，我心不说。

彼都人士，充耳琇实。彼君子女，谓之尹吉。我不见兮，我心（苑）〔菀〕结。

彼都人士，垂带而厉。彼君子女，卷发如虿。我不见兮，言从之迈。

匪伊垂之，带则有余。匪伊卷之，发则有旟。我不见兮，云

---

① 此章不可信，说见王先谦《诗三家义集疏》。

何盱矣！

采　绿

终朝采绿，不盈一匊。予发曲局，薄言归沐。
终朝采蓝，不盈一襜。五日为期，六日不詹。
之子于狩，言韔其弓。之子于钓，言纶之绳。
其钓维何？维鲂及鱮。维鲂及鱮，薄言观者。

黍　苗

芃芃黍苗，阴雨膏之。悠悠南行，召伯劳之。
我任我辇，我车我牛。我行既集，盖云归哉？
我徒我御，我师我旅。我行既集，盖云归处？
肃肃谢功，召伯营之。烈烈征师，召伯成之。
原隰既平，泉流既清。召伯有成，王心则宁。

隰　桑

隰桑有阿，其叶有难。既见君子，其乐如何！
隰桑有阿，其叶有沃。既见君子，云何不乐？
隰桑有阿，其叶有幽。既见君子，德音孔胶。
心乎爱矣，遐不谓矣？中心（藏）〔臧〕① 之，何日忘之！

白　华

白华菅兮，白茅束兮。之子之远，俾我独兮。

---

① “藏”当作“臧”，阮元《校勘记》详之。

英英白云，露彼菅茅。天步艰难，之子不犹。
滮池北流，浸彼稻田。啸歌伤怀，念彼硕人。
樵彼桑薪，卬烘于煁。维彼硕人，实劳我心！
鼓钟于宫，声闻于外。念子懆懆，视我迈迈。
有鹙在梁，有鹤在林。维彼硕人，实劳我心！
鸳鸯在梁，戢其左翼。之子无良，二三其德。
有扁斯石，履之卑兮。之子之远，俾我（疷）〔疧〕① 兮。

绵　蛮

绵蛮黄鸟，止于丘阿。道之云远，我劳如何！饮之食之，教之诲之。命彼后车，谓之载之。

绵蛮黄鸟，止于丘隅。岂敢惮行？畏不能趋。饮之食之，教之诲之。命彼后车，谓之载之。

绵蛮黄鸟，止于丘侧。岂敢惮行？畏不能极。饮之食之，教之诲之。命彼后车，谓之载之。

瓠　叶

幡幡瓠叶，采之亨之。君子有酒，酌言尝之。
有兔斯首，炮之燔之。君子有酒，酌言献之。
有兔斯首，燔之炙之。君子有酒，酌言酢之。
有兔斯首，燔之炮之。君子有酒，酌言酬之。

渐渐之石

渐渐之石，维其高矣。山川悠远，维其劳矣。武人东征，不

---

① 据段玉裁《六书音均表》改。

皇朝矣。

渐渐之石，维其卒矣。山川悠远，曷其没矣。武人东征，不皇出矣。

有豕白蹢，烝涉波矣。月离于毕，俾滂沱矣。武人东征，不皇他矣。

苕之华

苕之华，芸其黄矣。心之忧矣，维其伤矣！
苕之华，其叶青青。知我如此，不如无生！
牂羊坟首，三星在罶。人可以食，鲜可以饱。

何草不黄

何草不黄？何日不行？何人不将，经营四方？
何草不玄？何人不矜？哀我征夫，独为匪民！
匪兕匪虎，率彼旷野。哀我征夫，朝夕不暇。
有芃者狐，率彼幽草。有栈之车，行彼周道。

大　雅

文王之什

文　王

文王在上，於昭于天。周虽旧邦，其命维新。有周不显，帝命不时。文王陟降，在帝左右。

亹亹文王，令闻不已。陈锡哉周，侯文王孙子。文王孙子，本支百世。凡周之士，不显亦世。

世之不显，厥犹翼翼。思皇多士，生此王国。王国克生，维周之桢。济济多士，文王以宁。

穆穆文王，於缉熙敬止。假哉天命，有商孙子。商之孙子，其丽不亿。上帝既命，侯于周服。

侯服于周，天命靡常。殷士肤敏，裸将于京。厥作裸将，常服黼冔。王之荩臣，无念尔祖。

无念尔祖，聿修厥德。永言配命，自求多福。殷之未丧师，克配上帝。宜鉴于殷，骏命不易！

命之不易，无遏尔躬。宜昭义问，有虞殷自天。上天之载，无声无臭。仪刑文王，万邦作孚！

大　明

明明在下，赫赫在上。天难忱斯，不易维王。天位殷適，使不挟四方。

挚仲氏任，自彼殷商，来嫁于周，曰嫔于京；乃及王季，维德之行。大任有身，生此文王。

维此文王，小心翼翼。昭事上帝，聿怀多福。厥德不回，以受方国。

天监在下，有命既集。文王初载，天作之合。在洽之阳，在渭之涘。文王嘉止，大邦有子。

大邦有子，伣天之妹。文定厥祥，亲迎于渭。造舟为梁，不显其光！

有命自天，命此文王，于周于京。缵女维莘，长子维行，笃生武王。保右命尔，燮伐大商。

殷商之旅，其会如林。矢于牧野，维予侯兴。上帝临女，无贰尔心！

牧野洋洋，檀车煌煌，驷騵彭彭。维师尚父，时维鹰扬，凉彼武王。肆伐大商，会朝清明。

绵

绵绵瓜瓞，民之初生，自土沮漆。古公亶父，陶复陶穴，未有家室。

古公亶父，来朝走马。率西水浒，至于岐下。爰及姜女，聿来胥宇。

周原朊朊，堇荼如饴。爰始爰谋，爰契我龟：曰止曰时，筑室于兹。

乃慰乃止，乃左乃右。乃疆乃理，乃宣乃亩。自西徂东，周爰执事。

乃召司空，乃召司徒，俾立室家。其绳则直，缩版以载，作庙翼翼。

捄之陾陾，度之薨薨，筑之登登，削屡冯冯。百堵皆兴，鼛鼓弗胜。

乃立皋门，皋门有伉。乃立应门，应门将将。乃立冢土，戎丑攸行。

肆不殄厥愠，亦不陨厥问。柞棫拔矣，行道兑矣。混夷駾矣，维其喙矣。

虞芮质厥成，文王蹶厥生。予曰有疏附，予曰有先后，予曰有奔奏，予曰有御侮。

棫　朴

芃芃棫朴，薪之槱之。济济辟王，左右趣之。
济济辟王，左右奉璋。奉璋峨峨，髦士攸宜。
淠彼泾舟，烝徒楫之。周王于迈，六师及之。
倬彼云汉，为章于天。周王寿考，遐不作人？
追琢其章，金玉其相。勉勉我王，纲纪四方。

旱　麓

瞻彼旱麓，榛楛济济。岂弟君子，干禄岂弟。
瑟彼玉瓒，黄流在中。岂弟君子，福禄攸降。
鸢飞戾天，鱼跃于渊。岂弟君子，遐不作人？
清酒既载，骍牡既备。以享以祀，以介景福。
瑟彼柞棫，民所燎矣。岂弟君子，神所劳矣。
莫莫葛藟，施于条枚。岂弟君子，求福不回。

思　齐

思齐大任，文王之母。思媚周姜，京室之妇。大姒嗣徽音，则百斯男。

惠于宗公，神罔时怨，神罔时恫。刑于寡妻，至于兄弟，以御于家邦。

雍雍在宫，肃肃在庙。不显亦临，无射亦保。

肆戎疾不殄，烈假不瑕。不闻亦式，不谏亦入。

肆成人有德，小子有造。古之人无斁，誉髦斯士。

皇　矣

皇矣上帝，临下有赫。监观四方，求民之莫。维此二国，其政不获。维彼四国，爰究爰度。上帝耆之，憎其式廓。乃眷西顾，此维与宅。

作之屏之，其菑其翳。修之平之，其灌其栵。启之辟之，其柽其椐。攘之剔之，其檿其柘。帝迁明德，串夷载路。天立厥配，受命既固。

帝省其山，柞棫斯拔，松柏斯兑。帝作邦作对，自大伯王季。维此王季，因心则友；则友其兄，则笃其庆，载锡之光。受禄无丧，奄有四方。

维此（王季）〔文王〕①，帝度其心，貊其德音。其德克明，克明克类，克长克君，王此大邦。克顺克比，比于文王。其德靡悔，既受帝祉，施于孙子。

帝谓文王：无然畔援，无然歆羡，诞先登于岸。密人不恭，敢距大邦，侵阮徂共。王赫斯怒，爰整其旅，以按徂旅；以笃于

① 据昭公二十八年《左传》《乐记》注改。

周祜，以对于天下。

依其在京，侵自阮疆，陟我高冈。无矢我陵，我陵我阿；无饮我泉，我泉我池。度其鲜原，居岐之阳，在渭之将。万邦之方，下民之王。

帝谓文王：予怀明德。不大声以色，不长夏以革。不识不知，顺帝之则。帝谓文王：询尔仇方，同尔（兄弟）〔弟兄〕[1]。以尔钩援，与尔临冲，以伐崇墉。

临冲闲闲，崇墉言言。执讯连连，攸馘安安。是类是祃，是致是附，四方以无侮。临冲茀茀，崇墉仡仡。是伐是肆，是绝是忽，四方以无拂。

灵　台

经始灵台，经之营之。庶民攻之，不日成之。经始勿亟，庶民子来。

王在灵囿，麀鹿攸伏。麀鹿濯濯，白鸟翯翯。王在灵沼，於牣鱼跃。

虡业维枞，贲鼓维镛。於论鼓钟，於乐辟雍。

於论鼓钟，於乐辟雍。鼍鼓逢逢，蒙瞍奏公。

下　武

下武维周，世有哲王。三后在天，王配于京。

王配于京，世德作求。永言配命，成王之孚。

成王之孚，下土之式。永言孝思，孝思维则。

媚兹一人，应侯顺德。永言孝思，昭哉嗣服。

昭兹来许，绳其祖武。於万斯年，受天之祜。

---

① 据《后汉书·伏湛传》《太平御览》兵部六十七引文改。

受天之祜，四方来贺。於万斯年，不遐有佐。

文王有声

文王有声，遹骏有声。遹求厥宁，遹观厥成。文王烝哉！
文王受命，有此武功。既伐于崇，作邑于丰。文王烝哉！
筑城伊淢，作丰伊匹。匪棘其欲，遹追来孝。王后烝哉！
王公伊濯，维丰之垣。四方攸同，王后维翰。王后烝哉！
丰水东注，维禹之绩。四方攸同，皇王维辟。皇王烝哉！
镐京辟雍，自西自东，自南自北，无思不服。皇王烝哉！
考卜维王，宅是镐京。维龟正之，武王成之。武王烝哉！
丰水有芑，武王岂不仕？诒厥孙谋，以燕翼子。武王烝哉！

生民之什

生　民

厥初生民，时维姜嫄。生民如何？克禋克祀，以弗无子。履帝武敏歆，攸介攸止；载震载夙，载生载育，时维后稷。

诞弥厥月，先生如达。不（拆）〔坼〕不副，无菑无害。以赫厥灵，上帝不宁。不康禋祀，居然生子。

诞寘之隘巷，牛羊腓字之。诞寘之平林，会伐平林。诞寘之寒冰，鸟覆翼之。鸟乃去矣，后稷呱矣！实覃实讦，厥声载路。

诞实匍匐，克岐克嶷，以就口食。蓺之荏菽，荏菽旆旆。禾役穟穟，麻麦幪幪，瓜瓞唪唪。

诞后稷之穑，有相之道。茀厥丰草，种之黄茂：实方实苞，实种实褎；实发实秀，实坚实好。实颖实栗，即有邰家室。

诞降嘉种，维秬维秠，维穈维芑。恒之秬秠，是获是亩；恒之穈芑，是任是负：以归肇祀。

诞我祀如何？或舂或揄，或簸或蹂；释之叟叟，烝之浮浮；载谋载惟，取萧祭脂；取羝以軷，载燔载烈：以兴嗣岁。

卬盛于豆，于豆于登，其香始升。上帝居歆，胡臭亶时！后稷肇祀，庶无罪悔，以迄于今。

行苇

敦彼行苇，牛羊勿践履。方苞方体，维叶泥泥。戚戚兄弟，莫远具尔。或肆之筵，或授之几。

肆筵设席，授几有缉御。或献或酢，洗爵奠斝。醓醢以荐，或燔或炙。嘉肴脾臄，或歌或咢。

敦弓既坚，四鍭既钧。舍矢既均，序宾以贤。敦弓既句，既挟四鍭。四鍭如树，序宾以不侮。

曾孙维主，酒醴维醹。酌以大斗，以祈黄耇。黄耇台背，以引以翼。寿考维祺，以介景福。

既醉

既醉以酒，既饱以德。君子万年，介尔景福。

既醉以酒，尔肴既将。君子万年，介尔昭明。

昭明有融，高朗令终。令终有俶，公尸嘉告。

其告维何？笾豆静嘉。朋友攸摄，摄以威仪。

威仪孔时，君子有孝子。孝子不匮，永锡尔类。

其类维何？室家之壸。君子万年，永锡祚胤。

其胤维何？天被尔禄。君子万年，景命有仆。

其仆维何？厘尔女士。厘尔女士，从以孙子。

凫鹥

凫鹥在泾，公尸来燕来宁。尔酒既清，尔肴既馨。公尸燕饮，福禄来成。

凫鹥在沙，公尸来燕来宜。尔酒既多，尔肴既嘉。公尸燕饮，福禄来为。

凫鹥在渚，公尸来燕来处。尔酒既湑，尔肴伊脯。公尸燕饮，福禄来下。

凫鹥在潨，公尸来燕来宗。既燕于宗，福禄攸降。公尸燕饮，福禄来崇。

凫鹥在亹，公尸来止熏熏。旨酒欣欣，燔炙芬芬。公尸燕饮，无有后艰。

假 乐

假乐君子，显显令德。宜民宜人，受禄于天。保右命之，自天申之。

干禄百福，子孙千亿。穆穆皇皇，宜君宜王。不愆不忘，率由旧章。

威仪抑抑，德音秩秩。无怨无恶，率由群匹。受福无疆，四方之纲。

之纲之纪，燕及朋友。百辟卿士，媚于天子。不解于位，民之攸塈。

公 刘

笃公刘！匪居匪康，乃埸乃疆，乃积乃仓；乃裹糇粮，于橐于囊，思辑用光；弓矢斯张，干戈戚扬，爰方启行。

笃公刘！于胥斯原，既庶既繁。既顺乃宣，而无永叹。陟则在巘，复降在原。何以舟之？维玉及瑶，鞞琫容刀。

笃公刘！逝彼百泉，瞻彼溥原。乃陟南冈，乃觏于京。京师之野：于时处处，于时庐旅；于时言言，于时语语。

笃公刘！于京斯依，跄跄济济；俾筵俾几，既登乃依。乃造其曹，执豕于牢，酌之用匏。食之饮之，君之宗之。

笃公刘！既溥既长，既景乃冈，相其阴阳。观其流泉，其军三单，度其隰原。彻田为粮，度其夕阳，豳居允荒。

笃公刘！于豳斯馆，涉渭为乱，取厉取锻。止基乃理，爰众爰有。夹其皇涧，溯其过涧。止旅乃密，芮鞫之即。

泂酌

泂酌彼行潦，挹彼注兹，可以馀饎。岂弟君子，民之父母。

泂酌彼行潦，挹彼注兹，可以濯罍。岂弟君子，民之攸归。

泂酌彼行潦，挹彼注兹，可以濯溉。岂弟君子，民之攸塈。

卷阿

有卷者阿，飘风自南。岂弟君子，来游来歌，以矢其音。

伴奂尔游矣，优游尔休矣。岂弟君子，俾尔弥尔性，似先公酋矣。

尔土宇昄章，亦孔之厚矣。岂弟君子，俾尔弥尔性，百神尔主矣。

尔受命长矣，茀禄尔康矣。岂弟君子，俾尔弥尔性，纯嘏尔常矣。

有冯有翼，有孝有德，以引以翼。岂弟君子，四方为则。

颙颙卬卬，如圭如璋，令闻令望。岂弟君子，四方为纲。

凤皇于飞，翙翙其羽，亦集爰止。蔼蔼王多吉士，维君子使，媚于天子。

凤皇于飞，翙翙其羽，亦傅于天。蔼蔼王多吉人，维君子命，媚于庶人。

凤皇鸣矣，于彼高冈。梧桐生矣，于彼朝阳。菶菶萋萋，雝雝喈喈。

君子之车，既庶且多。君子之马，既闲且驰。矢诗不多，维以遂歌。

民劳

民亦劳止，汔可小康。惠此中国，以绥四方。无纵诡随，以谨无良。式遏寇虐，憯不畏明。柔远能迩，以定我王。

民亦劳止，汔可小休。惠此中国，以为民逑。无纵诡随，以谨惛怓。式遏寇虐，无俾民忧。无弃尔劳，以为王休。

民亦劳止，汔可小息。惠此京师，以绥四国。无纵诡随，以谨罔极。式遏寇虐，无俾作慝。敬慎威仪，以近有德。

民亦劳止，汔可小愒。惠此中国，俾民忧泄。无纵诡随，以谨丑厉。式遏寇虐，无俾正败。戎虽小子，而式弘大。

民亦劳止，汔可小安。惠此中国，国无有残。无纵诡随，以谨缱绻。式遏寇虐，无俾正反。王欲玉女，是用大谏。

板

上帝板板，下民卒瘅。出话不然，为犹不远。靡圣管管，不实于亶。犹之未远，是用大谏。

天之方难，无然宪宪。天之方蹶，无然泄泄。辞之辑矣，民之洽矣。辞之怿矣，民之莫矣。

我虽异事，及尔同僚。我即尔谋，听我嚣嚣。我言维服，勿以为笑。先民有言："询于刍荛。"

天之方虐，无然谑谑。老夫灌灌，小子跻跻。匪我言耄，尔用忧谑。多将熇熇，不可救药。

天之方懠，无为夸毗。威仪卒迷，善人载尸。民之方殿屎，则莫我敢葵。丧乱蔑资，曾莫惠我师。

天之牖民，如埙如篪，如璋如圭，如取如携。携无曰益，牖民孔易。民之多辟，无自立辟。

价人维藩，大师维垣。大邦维屏，大宗维翰。怀德维宁，宗子维城。无俾城坏，无独斯畏。

敬天之怒，无敢戏豫。敬天之渝，无敢驰驱。昊天曰明，及尔出王。昊天曰旦，及尔游衍。

荡之什

荡

荡荡上帝，下民之辟。疾威上帝，其命多辟。天生烝民，其命匪谌。靡不有初，鲜克有终。

文王曰：咨，咨女殷商！曾是强御，曾是掊克；曾是在位，曾是在服。天降慆德，女兴是力。

文王曰：咨，咨女殷商！而秉义类，强御多怼。流言以对，寇攘式内。侯作侯祝，靡届靡究。

文王曰：咨，咨女殷商！女炰烋于中国，敛怨以为德。不明尔德，时无背无侧。尔德不明，以无陪无卿。

文王曰：咨，咨女殷商！天不湎尔以酒，不义从式。既愆尔止，靡明靡晦。式号式呼，俾昼作夜。

文王曰：咨，咨女殷商！如蜩如螗，如沸如羹。小大近丧，人尚乎由行。内奰于中国，覃及鬼方。

文王曰：咨，咨女殷商！匪上帝不时，殷不用旧。虽无老成人，尚有典刑。曾是莫听，大命以倾！

文王曰：咨，咨女殷商！人亦有言：颠沛之揭，枝叶未有害，本实先拨。殷鉴不远，在夏后之世！

抑

抑抑威仪，维德之隅。人亦有言：靡哲不愚。庶人之愚，亦职维疾。哲人之愚，亦维斯戾。

无竞维人，四方其训之。有觉德行，四国顺之。讦谟定命，远犹辰告。敬慎威仪，维民之则。

其在于今，兴迷乱于政。颠覆厥德，荒湛于酒。女虽湛乐从，弗念厥绍。罔敷求先王，克共明刑。

肆皇天弗尚，如彼泉流，无沦胥以亡。夙兴夜寐，洒扫庭内，维民之章。修尔车马，弓矢戎兵；用戒戎作，用逷蛮方。

质尔（人民）〔民人〕，谨尔侯度，用戒不虞。慎尔出话，敬尔威仪，无不柔嘉。白圭之玷，尚可磨也；斯言之玷，不可为也。

无易由言，无曰苟矣。莫扪朕舌，言不可逝矣。无言不仇，无德不报。惠于朋友，庶民小子。子孙绳绳，万民靡不承。

视尔友君子，辑柔尔颜，不遐有愆。相在尔室，尚不愧于屋漏。无曰“不显，莫予云觏”。神之格思，不可度思，矧可射思！

辟尔为德，俾臧俾嘉。淑慎尔止，不愆于仪。不僭不贼，鲜不为则。投我以桃，报之以李。彼童而角，实虹小子。

荏染柔木，言缗之丝。温温恭人，维德之基。其维哲人，告之〔诂〕话（言）①，顺德之行。其维愚人，覆谓我僭，民各有心。

於（呼）〔乎〕小子，未知臧否。匪手携之，言示之事。匪面命之，言提其耳。借曰未知，亦既抱子。民之靡盈，谁夙知而莫成？

昊天孔昭，我生靡乐。视尔梦梦，我心（惨惨）〔懆懆〕②。诲尔谆谆，听我藐藐。匪用为教，覆用为虐。借曰未知，亦聿既耄。

於乎小子，告尔旧止。听用我谋，庶无大悔。天方艰难，曰丧厥国。取譬不远，昊天不忒。回遹其德，俾民大棘。

---

① “话言”当作“诂话”，依段玉裁说（见《说文解字注》）。

② 阮元《校勘记》：“此以韵求之，当作懆懆。”其说是，今从之。

桑柔

菀彼桑柔，其下侯旬。捋采其刘，瘼此下民。不殄心忧，仓兄填兮！倬彼昊天，宁不我矜。

四牡骙骙，旟旐有翩。乱生不夷，靡国不泯。民靡有黎，具祸以烬。於乎有哀，国步斯频！

国步蔑资，天不我将。靡所止疑，云徂何往。君子实维，秉心无竞。谁生厉阶？至今为梗！

忧心殷殷，念我土宇。我生不辰，逢天僤怒。自西徂东，靡所定处。多我觏痻，孔棘我圉。

为谋为毖，乱（况）〔兄〕① 斯削。告尔忧恤，诲尔序爵。谁能执热，逝不以濯？其何能淑？载胥及溺。

如彼溯风，亦孔之僾。民有肃心，荓云不逮。好是稼穑，力民代食。稼穑维宝，代食维好。

天降丧乱，灭我立王。降此蟊贼，稼穑卒痒。哀恫中国，具赘卒荒！靡有旅力，以念穹苍。

维此惠君，民人所瞻。秉心宣犹，考慎其相。维彼不顺，自独俾臧。自有肺肠，俾民卒狂。

瞻彼中林，甡甡其鹿。朋友已谮，不胥以穀。人亦有言：进退维谷。

维此圣人，瞻言百里。维彼愚人，覆狂以喜。匪言不能，胡斯畏忌。

维此良人，弗求弗迪。维彼忍心，是顾是复。民之贪乱，宁为荼毒！

大风有隧，有空大谷。维此良人，作为式穀。维彼不顺，征以中垢。

---

① 依阮元《校勘记》改。

大风有隧，贪人败类。听言则对，诵言如醉。匪用其良，覆俾我悖。

嗟尔朋友，予岂不知而作？如彼飞虫，时亦弋获。既之阴女，反予来赫！

民之罔极，职凉善背。为民不利，如云不克。民之回遹，职竞用力。

民之未戾，职盗为寇。凉曰不可，覆背善詈。虽曰匪予，既作尔歌。

云 汉

倬彼云汉，昭回于天。王曰：於乎！何辜今之人？天降丧乱，饥馑荐臻。靡神不举，靡爱斯牲，圭璧既卒，宁莫我听？

旱既大甚，蕴隆虫虫。不殄禋祀，自郊徂宫。上下奠瘗，靡神不宗。后稷不克，上帝不临。耗斁下土，宁丁我躬！

旱既大甚，则不可推。兢兢业业，如霆如雷。周余黎民，靡有孑遗。昊天上帝，则不我遗。胡不相畏？先祖于摧！

旱既大甚，则不可沮。赫赫炎炎，云我无所。大命近止，靡瞻靡顾。群公先正，则不我助。父母先祖，胡宁忍予？

旱既大甚，涤涤山川。旱魃为虐，如（惔）〔炎〕如焚。我心惮暑，忧心如（薰）〔熏〕！群公先正，则不我闻。昊天上帝，宁俾我遁？

旱既大甚，黾勉畏去。胡宁瘨我以旱，憯不知其故。祈年孔夙，方社不莫。昊天上帝，则不我虞。敬恭明神，宜无悔怒？

旱既大甚，散无友纪。鞫哉庶正，疚哉冢宰！趣马师氏，膳夫左右。靡人不周，无不能止。瞻卬昊天，云如何里！

瞻卬昊天，有嘒其星。大夫君子，昭假无赢。大命近止，无弃尔成。何求为我？以戾庶正。瞻卬昊天，曷惠其宁？

崧　高

崧高维岳，骏极于天。维岳降神，生甫及申。维申及甫，维周之翰。四国于蕃，四方于宣。

亹亹申伯，王缵之事。于邑于谢，南国是式。王命召伯：定申伯之宅；登是南邦，世执其功。

王命申伯："式是南邦！因是谢人，以作尔庸。"王命召伯："彻申伯土田。"王命傅御：迁其私人。

申伯之功，召伯是营。有俶其城，寝庙既成。既成藐藐，王锡申伯：四牡蹻蹻，钩膺濯濯。

王遣申伯：路车乘马。"我图尔居，莫如南土。锡尔介圭，以作尔宝。往（近）〔迈〕[①] 王舅，南土是保！"

申伯信迈，王饯于郿。申伯还南，谢于诚归。王命召伯：彻申伯土疆。以峙其粻，式遄其行。

申伯番番，既入于谢，徒御啴啴。周邦咸喜：戎有良翰！不显申伯，王之元舅，文武是宪。

申伯之德，柔惠且直。揉此万邦，闻于四国。吉甫作诵，其诗孔硕，其风肆好，以赠申伯。

烝　民

天生烝民，有物有则。民之秉彝，好是懿德。天监有周，昭假于下。保兹天子，生仲山甫。

仲山甫之德，柔嘉维则。令仪令色，小心翼翼。古训是式，威仪是力。天子是若，明命使赋。

王命仲山甫：式是百辟！缵戎祖考，王躬是保。出纳王命，

---

① 据段玉裁《诗经小学》改。

王之喉舌。赋政于外，四方爰发。

肃肃王命，仲山甫将之。邦国若否，仲山甫明之。既明且哲，以保其身。夙夜匪解，以事一人。

人亦有言：柔则茹之，刚则吐之。维仲山甫：柔亦不茹，刚亦不吐；不侮矜寡，不畏强御。

人亦有言：德輶如毛，民鲜克举之，我（仪）〔义〕① 图之。维仲山甫举之，爱莫助之。衮职有阙，维仲山甫补之。

仲山甫出祖，四牡业业。征夫捷捷，每怀靡及。四牡彭彭，八鸾锵锵。王命仲山甫，城彼东方。

四牡骙骙，八鸾喈喈。仲山甫徂齐，式遄其归。吉甫作诵，穆如清风。仲山甫永怀，以慰其心。

韩　奕

奕奕梁山，维禹甸之，有倬其道。韩侯受命，王亲命之："缵戎祖考！无废朕命，夙夜匪解。虔共尔位，朕命不易。干不庭方，以佐戎辟。"

四牡奕奕，孔修且张。韩侯入觐，以其介圭，入觐于王。王锡韩侯：淑旂绥章，簟茀错衡；玄衮赤舄，钩膺镂钖；鞹鞃浅幭，鞗革金厄。

韩侯出祖，出宿于屠。显父饯之，清酒百壶。其殽维何？炰鳖鲜鱼。其蔌维何？维笋及蒲。其赠维何？乘马路车。笾豆有且，侯氏燕胥。

韩侯取妻，汾王之甥，蹶父之子。韩侯迎止，于蹶之里。百两彭彭，八鸾锵锵，不显其光。诸娣从之，祁祁如云。韩侯顾之，烂其盈门。

蹶父孔武，靡国不到。为韩姞相攸，莫如韩乐。孔乐韩土：

① 据阮元《校勘记》改。

川泽讦讦，鲂鲂甫甫，麀鹿噳噳，有熊有罴，有猫有虎。庆既令居，韩姞燕誉。

溥彼韩城，燕师所完。以先祖受命，因时百蛮。王锡韩侯：其追其貊，奄受北国，因以其伯。实墉实壑，实亩实（藉）〔籍〕。献其貔皮，赤豹黄罴。

江　汉

江汉浮浮，武夫滔滔。匪安匪游，淮夷来求。既出我车，既设我旟。匪安匪舒，淮夷来铺。

江汉汤汤，武夫洸洸。经营四方，告成于王。四方既平，王国庶定。时靡有争，王心载宁。

江汉之浒，王命召虎：式辟四方，彻我疆土。匪疚匪棘，王国来极。于疆于理，至于南海。

王命召虎："来旬来宣。文武受命，召公维翰。无曰予小子，召公是似。肇敏戎公，用锡尔祉！"

"釐尔圭瓒，秬鬯一卣，告于文人。锡山土田，于周受命，自召祖命。"虎拜稽首："天子万年！"

虎拜稽首，对扬王休，作召公考。天子万寿！明明天子，令闻不已。矢其文德，洽此四国。

常　武

赫赫明明，王命卿士，南仲大祖，大师皇父："整我六师，以修我戎；既敬既戒，惠此南国。"

王谓尹氏，命程伯休父："左右陈行，戒我师旅。率彼淮浦，省此徐土。"不留不处，三事就绪。

赫赫业业，有严天子。王舒保作，匪绍匪游，徐方绎骚。震惊徐方，如雷如霆，徐方震惊。

王奋厥武，如震如怒。进厥虎臣，阚如虓虎。铺敦淮濆，仍执丑虏。截彼淮浦，王师之所。

王旅啴啴，如飞如翰，如江如汉，如山之苞，如川之流。绵绵翼翼，不测不克，濯征徐国。

王犹允塞，徐方既来。徐方既同，天子之功。四方既平，徐方来庭。徐方不回，王曰还归。

瞻　卬

瞻卬昊天，则不我惠。孔填不宁，降此大厉。邦靡有定，士民其瘵。蟊贼蟊疾，靡有夷届。罪罟不收，靡有夷瘳。

人有土田，女反有之。人有民人，女覆夺之。此宜无罪，女反收之。彼宜有罪，女覆说之。

哲夫成城，哲妇倾城。懿厥哲妇，为枭为鸱。妇有长舌，维厉之阶。乱匪降自天，生自妇人。

匪教匪诲，时维妇寺。鞫人忮忒，谮始竟背。岂曰不极，伊胡为慝？如贾三倍，君子是识。妇无公事，休其蚕织。

天何以刺？何神不富？舍尔介狄，维予胥忌。不吊不祥，威仪不类。人之云亡，邦国殄瘁。

天之降罔，维其优矣。人之云亡，心之忧矣！天之降罔，维其幾矣。人之云亡，心之悲矣！

觱沸槛泉，维其深矣。心之忧矣，宁自今矣？不自我先，不自我后。藐藐昊天，无不克巩。无忝皇祖，式救尔后！

召　旻

旻天疾威，天笃降丧。瘨我饥馑，民卒流亡。我居圉卒荒！

天降罪罟，蟊贼内讧。昏椓靡共，溃溃回遹，实靖夷我邦。

皋皋訿訿，曾不知其玷。兢兢业业，孔填不宁，我位孔贬。

如彼岁旱，草不溃茂，如彼栖苴。我相此邦，无不溃止。

维昔之富，不如时。维今之疚，不如兹。彼疏斯粺，胡不自替，职兄斯引？

池之竭矣，不云自频。泉之竭矣，不云自中。溥斯害矣，职兄斯弘，不灾我躬。

昔先王受命，有如召公，日辟国百里。今也日蹙国百里。於乎哀哉！维今之人，不尚有旧！

颂

周 颂

清庙之什

清 庙

於穆清庙，肃雍显相。济济多士，秉文之德。对越在天，骏奔走在庙。不显不承，无射于人斯！

维天之命

维天之命，於穆不已。於乎不显，文王之德之纯！假以溢我，我其收之。骏惠我文王，曾孙笃之。

维 清

维清缉熙，文王之典，肇禋。迄用有成，维周之祯。

烈 文

烈文辟公，锡兹祉福。惠我无疆，子孙保之。无封靡于尔邦，维王其崇之。念兹戎功，继序其皇之。无竞维人，四方其训之。不显维德，百辟其刑之。於乎，前王不忘！

天　作

天作高山，大王荒之。彼作矣，文王康之。彼徂矣岐，有夷之行，子孙保之。

昊天有成命

昊天有成命，二后受之。成王不敢康，夙夜基命宥密。於缉熙，单厥心，肆其靖之！

我　将

我将我享，维羊维牛，维天其右之。仪式刑文王之典，日靖四方。伊嘏文王，既右飨之。我其夙夜，畏天之威，于时保之。

时　迈

时迈其邦，昊天其子之，实右序有周。薄言震之，莫不震叠。怀柔百神，及河乔岳。允王维后！

明昭有周，式序在位。载戢干戈，载櫜弓矢。我求懿德，肆于时夏。允王保之！

执　竞

执竞武王，无竞维烈。不显成康，上帝是皇。自彼成康，奄有四方，斤斤其明。钟鼓喤喤，磬管将将，降福穰穰。降福简简，威仪反反。既醉既饱，福禄来反。

思　文

思文后稷，克配彼天。立我烝民，莫匪尔极。贻我来牟，帝命率育。无此疆尔界，陈常于时夏。

臣工之什

臣　工

嗟嗟臣工，敬尔在公。王厘尔成，来咨来茹。嗟嗟保介，维莫之春，亦又何求？如何新畬？於皇来牟，将受厥明；明昭上帝，迄用康年。命我众人，庤乃钱镈，奄观铚艾。

噫嘻

噫嘻成王！既昭假尔：率时农夫，播厥百穀。骏发尔私，终三十里；亦服尔耕，十千维耦。

振　鹭

振鹭于飞，于彼西雍。我客戾止，亦有斯容。在彼无恶，在此无斁；庶几夙夜，以永终誉！

丰　年

丰年多黍多稌。亦有高廪，万亿及秭。为酒为醴，烝畀祖妣，以洽百礼；降福孔皆。

有瞽

有瞽有瞽，在周之庭。设业设虡，崇牙树羽，应田县鼓，鞉磬柷圉。既备乃奏，箫管备举。喤喤厥声，肃雍和鸣，先祖是听。我客戾止，永观厥成。

潜

猗与漆沮！潜有多鱼：有鳣有鲔，鲦鲿鰋鲤。以享以祀，以介景福。

雍

有来雍雍，至止肃肃。相维辟公，天子穆穆。於荐广牡，相予肆祀。假哉皇考！绥予孝子。宣哲维人，文武维后。燕及皇天，克昌厥后。绥我眉寿，介以繁祉。既右烈考，亦右文母。

载见

载见辟王，曰求厥章。龙旂阳阳，和铃央央。鞗革有鸧，休有烈光。率见昭考，以孝以享，以介眉寿。永言保之，思皇多祜。烈文辟公，绥以多福，俾缉熙于纯嘏。

有客

有客有客，亦白其马。有萋有且，敦琢其旅。有客宿宿，有客信信。言授之絷，以絷其马。薄言追之，左右绥之。既有淫威，降福孔夷。

武

於皇武王！无竞维烈。允文文王！克开厥后。嗣武受之，胜殷遏刘，耆定尔功。

闵予小子之什

闵予小子

闵予小子，遭家不造，嬛嬛在疚。於乎皇考！永世克孝。念兹皇祖，陟降庭止。维予小子，夙夜敬止。於乎皇王，继序思不忘！

访　落

访予落止，率时昭考。於乎悠哉！朕未有艾。将予就之，继犹判涣。维予小子，未堪家多难。绍庭上下，陟降厥家。休矣皇考！以保明其身。

敬　之

敬之敬之！天维显思。命不易哉！无曰高高在上。陟降厥士，日监在兹。维予小子，不聪敬止。日就月将，学有缉熙于光明。佛时仔肩，示我显德行。

小　毖

予其惩，而毖后患。莫予荓蜂，自求辛螫。肇允彼桃虫，拼飞维鸟。未堪家多难，予又集于蓼！

载芟

载芟载柞，其耕泽泽。千耦其耘，徂隰徂畛。侯主侯伯，侯亚侯旅，侯强侯以。有嗿其馌，思媚其妇，有依其士。

有略其耜，俶载南亩。播厥百穀，实函斯活。驿驿其达，有厌其杰。厌厌其苗，绵绵其麃。载获济济，有实其积，万亿及秭。

为酒为醴，烝畀祖妣，以洽百礼。有飶其香，邦家之光。有椒其馨，胡考之宁！匪且有且，匪今斯今，振古如兹！

良耜

畟畟良耜，俶载南亩。播厥百穀，实函斯活。或来瞻女，载筐及筥，其饷伊黍。其笠伊纠，其镈斯赵，以薅荼蓼。荼蓼朽止，黍稷茂止。获之挃挃，积之栗栗。其崇如墉，其比如栉，以开百室。百室盈止，妇子宁止。杀时犉牡，有捄其角。以似以续，续古之人。

丝衣

丝衣其紑，载弁俅俅。自堂徂基，自羊徂牛，鼐鼎及鼒。兕觥其觩，旨酒思柔。不吴不敖，胡考之休！

酌

於铄王师！遵养时晦。时纯熙矣，是用大介，我龙受之。蹻蹻王之造，载用有嗣。实维尔公，允师！

桓

绥万邦，娄丰年，天命匪解。桓桓武王，保有厥士，于以四方，克定厥家。於昭于天，皇以间之。

赉

文王既勤止，我应受之，敷时绎思。我徂维求定，时周之命。於绎思！

般

於皇时周！陟其高山，嶞山乔岳，允犹翕河。敷天之下，裒时之对。时周之命！

鲁　颂

駉

駉駉（牡）〔牧〕[1] 马，在坰之野。薄言駉者！有驈有皇，有骊有黄，以车彭彭。思无疆，思马斯臧！

駉駉（牡）〔牧〕马，在坰之野。薄言駉者！有骓有駓，有骍有骐，以车伾伾。思无期，思马斯才！

駉駉（牡）〔牧〕马，在坰之野。薄言駉者！有驒有骆，有駵有雒，以车绎绎。思无斁，思马斯作！

駉駉（牡）〔牧〕马，在坰之野。薄言駉者！有骃有騢，有驔有鱼，以车（祛祛）〔祛祛〕。思无邪，思马斯徂！

有　駜

有駜有駜，駜彼乘黄。夙夜在公，在公明明。振振鹭，鹭于下。鼓咽咽，醉言舞。于胥乐兮！

有駜有駜，駜彼乘牡。夙夜在公，在公饮酒。振振鹭，鹭于飞。鼓咽咽，醉言归。于胥乐兮！

有駜有駜，駜彼乘駽。夙夜在公，在公载燕。自今以始，岁其有。君子有穀，诒孙子。于胥乐兮！

---

① “牡”当作“牧”，由传笺疏可知。阮元《校勘记》亦详之。

泮　水

思乐泮水，薄采其芹。鲁侯戾止，言观其旂。其旂茷茷，鸾声哕哕。无小无大，从公于迈。

思乐泮水，薄采其藻。鲁侯戾止，其马蹻蹻。其马蹻蹻，其音昭昭。载色载笑，匪怒伊教。

思乐泮水，薄采其茆。鲁侯戾止，在泮饮酒。既饮旨酒，永锡难老。顺彼长道，屈此群丑。

穆穆鲁侯，敬明其德；敬慎威仪，维民之则。允文允武，昭假烈祖。靡有不孝，自求伊祜。

明明鲁侯，克明其德。既作泮宫，淮夷攸服。矫矫虎臣，在泮献馘。淑问如皋陶，在泮献囚。

济济多士，克广德心。桓桓于征，狄彼东南。烝烝皇皇，不吴不扬。不告于讻，在泮献功。

角弓其觩，束矢其搜。戎车孔博，徒御无斁。既克淮夷，孔淑不逆。式固尔犹，淮夷卒获。

翩彼飞鸮，集于泮林。食我桑黮，怀我好音。憬彼淮夷，来献其琛：元龟象齿，大赂南金。

閟　宫

閟宫有侐，实实枚枚。赫赫姜嫄，其德不回。上帝是依，无灾无害，弥月不迟。是生后稷，降之百福。黍稷重穋，稙稚菽麦。奄有下国，俾民稼穑。有稷有黍，有稻有秬。奄有下土，缵禹之绪。

后稷之孙，实维大王。居岐之阳，实始翦商。至于文武，缵大王之绪。致天之届，于牧之野。“无贰无虞，上帝临女。”敦商之旅，克咸厥功。

王曰：“叔父！建尔元子，俾侯于鲁。大启尔宇，为周室辅。”乃命鲁公，俾侯于东。锡之山川，土田附庸。

周公之孙，庄公之子。龙旂承祀，六辔耳耳。春秋匪解，享祀不忒：皇皇后帝，皇祖后稷。享以骍牺，是飨是宜，降福既多。“周公皇祖，亦其福女。”

秋而载尝，夏而楅衡。白牡骍刚，牺尊将将。毛炰胾羹，笾豆大房。万舞洋洋，孝孙有庆。“俾尔炽而昌，俾尔寿而臧。保彼东方，鲁邦是（尝）〔常〕。”

不亏不崩，不震不腾。三寿作朋，如冈如陵。公车千乘，朱英绿縢，二矛重弓。公徒三万，贝胄朱綅，烝徒增增。戎狄是膺，荆舒是惩，则莫我敢承。

“俾尔昌而炽，俾尔寿而富。黄发台背，寿胥与试。俾尔昌而大，俾尔耆而艾。万有千岁，眉寿无有害！”

泰山岩岩，鲁邦所詹。奄有龟蒙，遂荒大东。至于海邦，淮夷来同。莫不率从，鲁侯之功！

保有凫绎，遂荒徐宅。至于海邦，淮夷蛮貊。及彼南夷，莫不率从。莫敢不诺，鲁侯是若！

天锡公纯嘏，眉寿保鲁。居常与许，复周公之宇。鲁侯燕喜，令妻寿母。宜大夫庶士，邦国是有。既多受祉，黄发儿齿。

徂来之松，新甫之柏。是断是度，是寻是尺。松桷有舄，路寝孔硕，新庙奕奕。奚斯所作，孔曼且硕，万民是若！

商　颂

那

猗与那与！置我鞉鼓。奏鼓简简，衎我烈祖。汤孙奏假，绥我思成。鞉鼓渊渊，嘒嘒管声。既和且平，依我磬声。於赫汤孙！穆穆厥声。庸鼓有斁，万舞有奕。我有嘉客，亦不夷怿。自古在昔，先民有作。温恭朝夕，执事有恪。顾予烝尝，汤孙之将！

烈　祖

嗟嗟烈祖！有秩斯祜。申锡无疆，及尔斯所。既载清酤，赉我思成。亦有和羹，既戒既平。鬷假无言，时靡有争。绥我眉寿，黄耇无疆。约軝错衡，八鸾鸧鸧，以假以享。我受命溥将，自天降康，丰年穰穰。来假来飨，降福无疆。顾予烝尝，汤孙之将！

玄　鸟

天命玄鸟，降而生商，宅殷土芒芒。古帝命武汤，正域彼四方。方命厥后，奄有九有。商之先后，受命不殆，在武丁孙子。武丁孙子，武王靡不胜。龙旂十乘，大糦是承。邦畿千里，维民所止，肇域彼四海。四海来假，来假祁祁。景员维河，殷受命咸宜，百禄是何。

长 发

浚哲维商，长发其祥。洪水芒芒，禹敷下土方。外大国是疆，幅陨既长；有娀方将，帝立子生商。

玄王桓拨，受小国是达，受大国是达。率履不越，遂视既发。相土烈烈，海外有截。

帝命不违，至于汤齐。汤降不迟，圣敬日跻。昭假迟迟，上帝是祇，帝命式于九围。

受小球大球，为下国缀旒，何天之休。不竞不絿，不刚不柔。敷政优优，百禄是遒。

受小共大共，为下国骏厖，何天之龙。敷奏其勇，不震不动，不戁不竦，百禄是总。

武王载旆，有虔秉钺。如火烈烈，则莫我敢曷。苞有三蘖，莫遂莫达，九有有截。韦、顾既伐，昆吾、夏桀。

昔在中叶，有震且业。允也天子，降予卿士。实维阿衡，实左右商王。

殷 武

挞彼殷武，奋伐荆楚。罙入其阻，裒荆之旅。有截其所，汤孙之绪。

维女荆楚，居国南乡。昔有成汤：自彼氐羌，莫敢不来享，莫敢不来王，曰商是常！

天命多辟，设都于禹之绩。岁事来辟，勿予祸適，稼穑匪解。

天命降监，下民有严。不僭不滥，不敢怠遑。命于下国，封建厥福。

商邑翼翼，四方之极。赫赫厥声，濯濯厥灵。寿考且宁，以保我后生。

陟彼景山，松柏丸丸。是断是迁，方斫是虔。松桷有梴，旅楹有闲，寝成孔安。

礼　记

曲礼上

《曲礼》曰：

毋不敬。俨若思。安定辞。安民哉！

敖不可长，欲不可从，志不可满，乐不可极。

贤者狎而敬之，畏而爱之。爱而知其恶，憎而知其善。积而能散。安安而能迁。临财毋苟得，临难毋苟免。很，毋求胜；分，毋求多。疑事毋质，直而勿有。

若夫坐，如尸；立，如齐；礼，从宜；使，从俗。

夫礼者，所以定亲疏、决嫌疑、别同异、明是非也。礼不妄说人，不辞费。礼不逾节，不侵侮，不好狎。修身践言，谓之善行。行修言道，礼之质也。礼闻取于人，不闻取人。礼闻来学，不闻往教。

道德仁义，非礼不成。教训正俗，非礼不备。分争辨讼，非礼不决。君臣、上下、父子、兄弟，非礼不定。宦学事师，非礼不亲。班朝治军，莅官行法，非礼，威严不行。祷祠、祭祀，供给鬼神，非礼，不诚不庄。是以君子恭敬撙节退让以明礼。鹦鹉能言，不离飞鸟。猩猩能言，不离禽兽。今人而无礼，虽能言，不亦禽兽之心乎？夫唯禽兽无礼，故父子聚麀。是故圣人作，为礼以教人，使人以有礼，知自别于禽兽。

太上贵德，其次务施报。礼尚往来：往而不来，非礼也；来而不往，亦非礼也。人有礼则安，无礼则危，故曰礼者不可不学也。夫礼者，自卑而尊人。虽负贩者，必有尊也，而况富贵乎？富贵而知好礼，则不骄不淫。贫贱而知好礼，则志不慑。

人生十年曰幼，学；二十曰弱，冠；三十曰壮，有室；四十曰强，而仕；五十曰艾，服官政；六十曰耆，指使；七十曰老，而传；八十、九十曰耄；七年曰悼。悼与耄虽有罪，不加刑焉。

百年曰期，颐。

大夫七十而致事，若不得谢，则必赐之几杖；行役以妇人；适四方，乘安车。自称曰“老夫”，于其国则称名。越国而问焉，必告之以其制。

谋于长者，必操几杖以从之。长者问，不辞让而对，非礼也。

凡为人子之礼，冬温而夏凊，昏定而晨省。在丑夷不争。

夫为人子者，三赐不及车马，故州闾乡党称其孝也，兄弟亲戚称其慈也，僚友称其弟也，执友称其仁也，交游称其信也。见父之执，不谓之进，不敢进；不谓之退，不敢退；不问，不敢对。此孝子之行也。

夫为人子者，出必告，反必面；所游必有常，所习必有业；恒言不称老。年长以倍，则父事之。十年以长，则兄事之。五年以长，则肩随之。群居五人，则长者必异席。

为人子者，居不主奥，坐不中席，行不中道，立不中门；食飨不为概，祭祀不为尸；听于无声，视于无形；不登高，不临深；不苟訾，不苟笑。

孝子不服暗，不登危，惧辱亲也。父母存，不许友以死；不有私财。

为人子者，父母存，冠衣不纯素。孤子当室，冠衣不纯采。

幼子常视毋诳，童子不衣裘裳。立必正方，不倾听。长者与之提携，则两手奉长者之手，负剑辟咡；诏之，则掩口而对。

从于先生，不越路而与人言。遭先生于道，趋而进，正立拱手。先生与之言，则对；不与之言，则趋而退。

从长者而上丘陵，则必乡长者所视。

登城不指。城上不呼。

将适舍，求毋固。将上堂，声必扬。户外有二屦，言闻则入，言不闻则不入。将入户，视必下。入户奉扃，视瞻毋回。户开亦开，户阖亦阖。有后入者，阖而勿遂。毋践屦，毋踖席，抠衣趋隅。必慎唯诺。

大夫、士出入君门，由闑右，不践阈。

凡与客入者，每门让于客。客至于寝门，则主人请入为席，然后出迎客；客固辞，主人肃客而入；主人入门而右，客入门而左；主人就东阶，客就西阶。客若降等，则就主人之阶；主人固辞，然后客复就西阶。主人与客让登，主人先登；客从之。拾级聚足，连步以上。上于东阶，则先右足；上于西阶，则先左足。

帷薄之外不趋。堂上不趋。执玉不趋。堂上接武，堂下布武。室中不翔。并坐不横肱。授立不跪，授坐不立。

凡为长者粪之礼：必加帚于箕上；以袂拘而退，其尘不及长者；以箕自乡而扱之。奉席如桥衡，请席何乡，请衽何趾。席南乡北乡，以西方为上；东乡西乡，以南方为上。

若非饮食之客，则布席，席间函丈。主人跪正席。客跪，抚席而辞。客彻重席，主人固辞。客践席，乃坐。主人不问，客不先举。将即席，容毋怍。两手抠衣，去齐尺。衣毋拨，足毋蹶。

先生书策、琴瑟在前，坐而迁之，戒勿越。虚坐尽后，食坐尽前。坐必安，执尔颜。长者不及，毋儳言。正尔容，听必恭。毋剿说，毋雷同。必则古昔，称先王。侍坐于先生，先生问焉，终则对。请业则起，请益则起。父召，无“诺”；先生召，无“诺”；“唯”而起。侍坐于所尊敬，毋余席。见同等不起。烛至，起。食至，起。上客，起。烛不见跋。尊客之前不叱狗。让食不唾。

侍坐于君子，君子欠伸、撰杖屦、视日蚤莫，侍坐者请出矣。侍坐于君子，君子问更端，则起而对。侍坐于君子，若有告者曰“少闲，愿有复也”，则左右屏而待。毋侧听。毋噭应。毋淫视。毋怠荒。游毋倨，立毋跛，坐毋箕，寝毋伏。敛发毋髢，冠毋免。劳毋袒，暑毋褰裳。

侍坐于长者，屦不上于堂，解屦不敢当阶。就屦，跪而举之，屏于侧。乡长者而屦，跪而迁屦，俯而纳屦。

离坐离立，毋往参焉。离立者不出中间。

男女不杂坐，不同椸（枷），不同巾栉，不亲授。嫂叔不通问。诸母不漱裳。外言不入于梱，内言不出于梱。

女子许嫁，缨。非有大故，不入其门。姑、姊、妹、女子子已嫁而反，兄弟弗与同席而坐，弗与同器而食。父子不同席。

男女非有行媒，不相知名；非受币，不交不亲。故日月以告君，齐戒以告鬼神，为酒食以召乡党僚友，以厚其别也。

取妻不取同姓，故买妾不知其姓，则卜之。寡妇之子，非有见焉，弗与为友。

贺取妻者曰："某子使某，闻子有客，使某羞。"

贫者不以货财为礼，老者不以筋力为礼。

名子者不以国，不以日月，不以隐疾，不以山川。

男女异长。男子二十，冠而字。父前子名，君前臣名。女子许嫁，笄而字。

凡进食之礼：左殽右胾；食居人之左，羹居人之右；脍炙处外，醯酱处内，葱渫处末，酒浆处右；以脯脩置者，左朐右末。客若降等执食兴辞，主人兴辞于客，然后客坐。主人延客祭。祭食，祭所先进。殽之序，遍祭之。三饭，主人延客食胾，然后辩殽。主人未辩，客不虚口。

侍食于长者，主人亲馈，则拜而食；主人不亲馈，则不拜而食。

共食不饱，共饭不泽手。

毋抟饭。毋放饭。毋流歠。毋咤食。毋啮骨。毋反鱼肉。毋投与狗骨。毋固获。毋扬饭。饭黍毋以箸。毋嚃羹。毋絮羹。毋刺齿。毋歠醢。客絮羹，主人辞不能亨。客歠醢，主人辞以窭。濡肉齿决，干肉不齿决。毋嘬炙。

卒食，客自前跪，彻饭齐，以授相者。主人兴辞于客，然后客坐。

侍饮于长者，酒进则起，拜受于尊所；长者辞，少者反席而饮。长者举未釂，少者不敢饮。

长者赐，少者贱者不敢辞。赐果于君前，其有核者，怀其核。御食于君，君赐余，器之溉者不写，其余皆写。

馂余不祭。父不祭子，夫不祭妻。

御同于长者，虽贰不辞。偶坐不辞。

羹之有菜者用梜，其无菜者不用梜。

为天子削瓜者副之，巾以絺。为国君者华之，巾以绤。为大夫累之，士疐之，庶人龁之。

父母有疾，冠者不栉，行不翔，言不惰，琴瑟不御，食肉不至变味，饮酒不至变貌，笑不至矧，怒不至詈。疾止复故。

有忧者侧席而坐，有丧者专席而坐。

水潦降，不献鱼鳖。献鸟者佛其首，畜鸟者则勿佛也。献车马者执策绥，献甲者执胄，献杖者执末，献民虏者操右袂，献粟者执右契，献米者操量鼓，献孰食者操酱齐，献田宅者操书致。

凡遗人弓者：张弓尚筋，弛弓尚角；右手执箫，左手承弣；尊卑垂帨。若主人拜，则客还辟辟拜。主人自受，由客之左，接下承弣，乡与客并，然后受。进剑者左首。进戈者前其鐏，后其刃。进矛戟者前其镦。

进几杖者拂之。效马效羊者右牵之，效犬者左牵之。执禽者左首。饰羔雁者以缋。受珠玉者以掬。受弓剑者以袂。饮玉爵者弗挥。凡以弓剑、苞苴、箪笥问人者，操以受命，如使之容。

凡为君使者，已受命，君言不宿于家。君言至，则主人出拜君言之辱；使者归，则必拜送于门外。若使人于君所，则必朝服而命之；使者反，则必下堂而受命。

博闻强识而让，敦善行而不怠，谓之君子。君子不尽人之欢，不竭人之忠，以全交也。

礼曰：君子抱孙不抱子。此言孙可以为王父尸，子不可以为父尸。为君尸者，大夫、士见之，则下之。君知所以为尸者，则自下之；尸必式。乘必以几。

齐者不乐不吊。

居丧之礼：毁瘠不形，视听不衰，升降不由阼阶，出入不当门隧。居丧之礼：头有创则沐，身有疡则浴；有疾则饮酒食肉，疾止复初。不胜丧，乃比于不慈不孝。五十不致毁，六十不毁，七十唯衰麻在身，饮酒食肉，处于内。

生与来日，死与往日。

知生者吊。知死者伤。知生而不知死，吊而不伤。知死而不知生，伤而不吊。

吊丧弗能赙，不问其所费。问疾弗能遗，不问其所欲。见人弗能馆，不问其所舍。赐人者不曰“来取”，与人者不问其所欲。

适墓不登垄，助葬必执绋。临丧不笑。揖人必违其位。望柩不歌。入临不翔。当食不叹。邻有丧，舂不相；里有殡，不巷歌。适墓不歌，哭日不歌。送丧不由径，送葬不辟途潦。临丧则必有哀色，执绋不笑，临乐不叹，介胄则有不可犯之色。故君子戒慎，不失色于人。

国君抚式，大夫下之。大夫抚式，士下之。

礼不下庶人。刑不上大夫。刑人不在君侧。

兵车不式。武车绥旌。德车结旌。

史载笔，士载言。前有水，则载青旌。前有尘埃，则载鸣鸢。前有车骑，则载（飞）鸿。前有士师，则载虎皮。前有挚兽，则载貔貅。行，前朱（鸟）〔雀〕而后玄武，左青龙而右白虎；招摇在上，急缮其怒；进退有度，左右有局，各司其局。

父之仇，弗与共戴天。兄弟之仇，不反兵。交游之仇，不同国。

四郊多垒，此卿、大夫之辱也。地广大，荒而不治，此亦士之辱也。

临祭不惰。祭服敝则焚之，祭器敝则埋之，龟策敝则埋之，牲死则埋之。凡祭于公者，必自彻其俎。

卒哭乃讳。礼不讳嫌名，二名不遍讳。逮事父母，则讳王父母。不逮事父母，则不讳王父母。君所无私讳，大夫之所有公讳。《诗》《书》不讳。临文不讳。庙中不讳。夫人之讳，虽质君之前，臣不讳也。妇讳不出门。大功、小功不讳。入竟而问禁，入国而问俗，入门而问讳。

外事以刚日，内事以柔日。

凡卜筮日，旬之外曰“远某日”，旬之内曰“近某日”。丧事先远日，吉事先近日，曰：“为日，假尔泰龟有常，假尔泰筮有常。”

卜筮不过三。卜筮不相袭。

龟为卜，策为筮。卜筮者，先圣王之所以使民信时日、敬鬼神、畏法令也，所以使民决嫌疑、定犹与也。故曰：疑而筮之，则弗非也。日而行事，则必践之。

君车将驾，则仆执策立于马前。已驾，仆展軨，效驾，奋衣由右上，取贰绥；跪乘，执策分辔，驱之，五步而立。君出就车，则仆并辔授绥，左右攘辟。

车驱而驺，至于大门，君抚仆之手，而顾命车右就车。门闾、沟渠，必步。

凡仆人之礼，必授人绥。若仆者降等，则受，不然则否。若仆者降等，则抚仆之手；不然，则自下拘之。

客车不入大门。妇人不立乘。犬马不上于堂。

故君子式黄发，下卿位，入国不驰，入里必式。

君命召，虽贱人，大夫、士必自御之。

介者不拜，为其拜而蓌拜。

祥车旷左。乘君之乘车，不敢旷左；左必式。

仆御妇人，则进左手，后右手。御国君，则进右手，后左手而俯。国君不乘奇车。

车上不广咳，不妄指。立视五巂，式视马尾，顾不过毂。国中以策彗恤勿驱，尘不出轨。

国君下齐牛，式宗庙。大夫、士下公门，式路马。乘路马，必朝服，载鞭策，不敢授绥，左必式。步路马，必中道。以足蹙路马刍，有诛。齿路马，有诛。

曲礼下

凡奉者当心，提者当带。

执天子之器，则上衡；国君，则平衡；大夫，则绥之；士，则提之。

凡执主器，执轻如不克。执主器，操币圭璧，则尚左手；行不举足，车轮曳踵；立则磬折，垂佩。主佩倚，则臣佩垂；主佩垂，则臣佩委。执玉，其有藉者则裼，无藉者则袭。

国君不名卿老、世妇。大夫不名世臣、侄娣。士不名家相、长妾。

君大夫之子，不敢自称曰“余小子”。大夫、士之子，不敢自称曰“嗣子某”，不敢与世子同名。

君使士射，不能，则辞以疾，言曰：“某有负薪之忧。”

侍于君子，不顾望而对，非礼也。

君子行礼，不求变俗。祭祀之礼，居丧之服，哭泣之位，皆如其国之故，谨（修）〔循〕其法而审行之。

去国三世，爵禄有列于朝，出入有诏于国，若兄弟宗族犹存，则反告于宗后。

去国三世，爵禄无列于朝，出入无诏于国，唯兴之日，从新国之法。

君子已孤不更名；已孤暴贵，不为父作谥。

居丧未葬，读丧礼。既葬，读祭礼。丧〔毕〕复常，读乐章。居丧不言乐，祭事不言凶，公庭不言妇女。

振书、端书于君前，有诛。倒策、侧龟于君前，有诛。

龟策、几杖、席盖、重素、袗絺绤，不入公门。苞屦、扱衽、厌冠，不入公门。书方、衰、凶器，不以告，不入公门。

公事不私议。

君子将营宫室，宗庙为先，厩库为次，居室为后。凡家造，祭器为先，牺赋为次，养器为后。

无田禄者，不设祭器。有田禄者，先为祭服。君子虽贫，不粥祭器；虽寒，不衣祭服；为宫室，不斩于丘木。

大夫、士去国，祭器不逾竟，大夫寓祭器于大夫，士寓祭器于士。

大夫、士去国，逾竟，为坛位，乡国而哭；素衣、素裳，素冠；彻缘，鞮屦，素幂；乘髦马，不蚤鬋，不祭食；不说人以“无罪”；妇人不当御；三月而复服。

大夫、士见于国君，君若劳之，则还辟，再拜稽首；君若迎拜，则还辟，不敢答拜。

大夫、士相见，虽贵贱不敌，主人敬客则先拜客，客敬主人则先拜主人。凡非吊丧，非见国君，无不答拜者。

大夫见于国君，国君拜其辱。士见于大夫，大夫拜其辱。同国始相见，主人拜其辱。君于士，不答拜也；非其臣，则答拜之。

大夫于其臣，虽贱，必答拜之。

男女相答拜也。

国君春田不围泽，大夫不掩群，士不取麛卵。

岁凶，年谷不登，君膳不祭肺，马不食谷，驰道不除，祭事不县；大夫不食粱，士饮酒不乐。

君无故玉不去身。大夫无故不彻县。士无故不彻琴瑟。

士有献于国君，他日君问之曰："安取彼？"再拜稽首而后对。

大夫私行出疆，必请，反必有献。士私行出疆，必请，反必告。君劳之，则拜；问其行，拜而后对。

国君去其国，止之曰："奈何去社稷也？"大夫，曰："奈何去宗庙也？"士，曰："奈何去坟墓也？"国君死社稷，大夫死众，士死制。

君天下，曰"天子"。朝诸侯，分职授政任功，曰"予一人"。践阼，临祭祀，内事曰"孝王某"，外事曰"嗣王某"。临诸侯，畛于鬼神，曰"有天王某甫"。崩，曰"天王崩"。复，曰"天子复矣"。告丧，曰"天王登假"。措之庙，立之主，曰"帝"。天子未除丧，曰"予小子"。生名之，死亦名之。

天子有后，有夫人，有世妇，有嫔，有妻，有妾。

天子建天官，先六大，曰大宰、大宗、大史、大祝、大士、大卜，典司六典。天子之五官，曰司徒、司马、司空、司士、司寇，典司五众。天子之六府，曰司土、司木、司水、司草、司器、司货，典司六职。天子之六工，曰土工、金工、石工、木工、兽工、草工，典制六材。

五官致贡曰享。

五官之长曰伯，是职方。其摈于天子也，曰"天子之吏"。天子同姓，谓之"伯父"；异姓，谓之"伯舅"。自称于诸侯，曰

“天子之老”。于外，曰“公”；于其国，曰“君”。

九州之长，入天子之国，曰“牧”。天子同姓，谓之“叔父”；异姓，谓之“叔舅”。于外，曰“侯”；于其国，曰“君”。

其在东夷、北狄、西戎、南蛮，虽大曰“子”。于内，自称曰“不穀”；于外，自称曰“王老”。

庶方小侯，入天子之国，曰“某人”。于外，曰“子”。自称曰“孤”。

天子当依而立，诸侯北面而见天子，曰覲。天子当宁而立，诸公东面，诸侯西面，曰朝。

诸侯未及期相见，曰遇；相见于郤地，曰会。诸侯使大夫问于诸侯，曰聘；约信，曰誓；莅牲，曰盟。

诸侯见天子，曰“臣某侯某”。其与民言，自称曰“寡人”。其在凶服，曰“适子孤”。临祭祀，内事，曰“孝子某侯某”；外事，曰“曾孙某侯某”。死曰“薨”。复，曰“某甫复矣”。既葬，见天子，曰“类见”。言谥曰“类”。

诸侯使人使于诸侯，使者自称曰“寡君之老”。

天子穆穆。诸侯皇皇。大夫济济。士跄跄。庶人僬僬。

天子之妃曰后，诸侯曰夫人，大夫曰孺人，士曰妇人，庶人曰妻。公侯有夫人，有世妇，有妻，有妾。夫人自称于天子，曰“老妇”；自称于诸侯，曰“寡小君”；自称于其君，曰“小童”。自世妇以下，自称曰“婢子”。

子于父母，则自名也。

列国之大夫，入天子之国，曰“某士”；自称曰“陪臣某”。于外曰“子”，于其国曰“寡君之老”。使（者），自称曰某。

天子不言出。诸侯不生名。君子不亲恶。诸侯失地，名；灭同姓，名。

为人臣之礼，不显谏。三谏而不听，则逃之。子之事亲也，三谏而不听，则号泣而随之。

君有疾饮药，臣先尝之。亲有疾饮药，子先尝之。医不三世，不服其药。

儗人必于其伦。

问天子之年，对曰："闻之，始服衣若干尺矣。"问国君之年，长，曰："能从宗庙社稷之事矣。"幼，曰："未能从宗庙社稷之事也。"问大夫之子，长，曰："能御矣。"幼，曰："未能御也。"问士之子，长，曰："能典谒矣。"幼，曰："未能典谒也。"问庶人之子，长，曰："能负薪矣。"幼，曰："未能负薪也。"

问国君之富，数地以对，山泽之所出。问大夫之富，曰："有宰食力，祭器衣服不假。"问士之富，以车数对。问庶人之富，数畜以对。

天子祭天地，祭四方，祭山川，祭五祀，岁遍。诸侯方祀，祭山川，祭五祀，岁遍。大夫祭五祀，岁遍。士祭其先。

凡祭：有其废之，莫敢举也；有其举之，莫敢废也。

非其所祭而祭之，名曰淫祀。淫祀无福。

天子以牺牛，诸侯以肥牛，大夫以索牛，士以羊豕。

支子不祭，祭必告于宗子。

凡祭宗庙之礼，牛曰一元大武，豕曰刚鬣，豚曰腯肥，羊曰柔毛，鸡曰翰音，犬曰羹献，雉曰疏趾，兔曰明视；脯曰尹祭，槁鱼曰商祭，鲜鱼曰脡祭；水曰清涤，酒曰清酌；黍曰芗合，粱曰芗萁，稷曰明粢，稻曰嘉蔬；韭曰丰本，盐曰咸鹾；玉曰嘉玉，币曰量币。

天子死曰崩，诸侯曰薨，大夫曰卒，士曰不禄，庶人曰死。

在床曰尸，在棺曰柩。

羽鸟曰降，四足曰渍。

死寇曰兵。

祭王父曰皇祖考，王母曰皇祖妣，父曰皇考，母曰皇妣，夫曰皇辟。

生曰父，曰母，曰妻；死曰考，曰妣，曰嫔。

寿考曰卒，短折曰不禄。

天子视不上于袷，不下于带。国君绥视。大夫衡视。士视五步。凡视，上于面则敖，下于带则忧，倾则奸。

君命，大夫与士肄。在官言官，在府言府，在库言库，在朝言朝。

朝言不及犬马。辍朝而顾，不有异事，必有异虑。故辍朝而顾，君子谓之固。在朝言礼，问礼对以礼。

大飨不问卜，不饶富。

凡挚，天子鬯，诸侯圭，卿羔，大夫雁，士雉，庶人之挚匹。童子委挚而退。

野外军中无挚，以缨、拾、矢可也。

妇人之挚：椇，榛，脯，脩，枣，栗。

纳女于天子，曰“备百姓”；于国君，曰“备酒浆”；于大夫，曰“备扫洒”。

檀弓上

公仪仲子之丧，檀弓免焉。

仲子舍其孙而立其子。檀弓曰：“何居？我未之前闻也。”趋而就子服伯子于门右，曰：“仲子舍其孙而立其子，何也？”伯子曰：“仲子亦犹行古之道也。昔者文王舍伯邑考而立武王，微子舍其孙腯而立衍也。夫仲子亦犹行古之道也。”

子游问诸孔子。孔子曰：“否。立孙。”

事亲有隐而无犯，左右就养无方，服勤至死，致丧三年。

事君有犯而无隐，左右就养有方，服勤至死，方丧三年。

事师无犯无隐，左右就养无方，服勤至死，心丧三年。

季武子成寝。杜氏之葬在西阶之下，请合葬焉，许之。入宫而不敢哭。武子曰：“合葬非古也。自周公以来，未之有改也。吾许其大，而不许其细，何居？”命之哭。

子上之母死而不丧。门人问诸子思曰：“昔者子之先君子丧出母乎？”曰：“然。”“子之不使白也丧之，何也？”子思曰：“昔者吾先君子无所失道。道隆则从而隆，道污则从而污。伋则安能？为伋也妻者，是为白也母。不为伋也妻者，是不为白也母。”故孔氏之不丧出母，自子思始也。

孔子曰：“拜而后稽颡，颓乎其顺也。稽颡而后拜，颀乎其至也。三年之丧，吾从其至者。”

孔子既得合葬于防，曰：“吾闻之，古也墓而不坟。今丘也，东西南北之人也，不可以弗识也。”于是封之，崇四尺。

孔子先反，门人后。雨甚，至，孔子问焉，曰：“尔来何迟也？”曰：“防墓崩。”孔子不应。三，孔子泫然流涕，曰：“吾闻之，古不修墓。”

孔子哭子路于中庭。有人吊者，而夫子拜之。既哭，进使者而问故。使者曰：“醢之矣！”遂命覆醢。

曾子曰：“朋友之墓有宿草而不哭焉。”

子思曰："丧三日而殡，凡附于身者必诚必信，勿之有悔焉耳矣。三月而葬，凡附于棺者必诚必信，勿之有悔焉耳矣。丧三年，以为极，亡则弗之忘矣。故君子有终身之忧，而无一朝之患。故忌日不乐。"

孔子少孤，不知其墓。殡于五父之衢，人之见之者皆以为葬也；其慎也，盖殡也。问于郰曼父之母，然后得合葬于防。

邻有丧，舂不相。里有殡，不巷歌。丧冠不緌。

有虞氏瓦棺。夏后氏堲周。殷人棺椁。周人墙置翣。周人以殷人之棺椁葬长殇，以夏后氏之堲周葬中殇、下殇，以有虞氏之瓦棺葬无服之殇。

夏后氏尚黑，大事敛用昏，戎事乘骊，牲用玄。殷人尚白，大事敛用日中，戎事乘翰，牲用白。周人尚赤，大事敛用日出，戎事乘騵，牲用骍。

穆公之母卒，使人问于曾子曰："如之何？"对曰："申也闻诸申之父曰：哭泣之哀，齐斩之情，饘粥之食，自天子达。布幕，卫也。缪幕，鲁也。"

晋献公将杀其世子申生。公子重耳谓之曰："子盖言子之志于公乎？"世子曰："不可。君安骊姬，是我伤公之心也。"曰："然则盖行乎？"世子曰："不可。君谓我欲弑君也。天下岂有无父之国哉？吾何行如之？"

使人辞于狐突曰："申生有罪，不念伯氏之言也，以至于死。申生不敢爱其死。虽然，吾君老矣，子少，国家多难，伯氏不出而图吾君；伯氏苟出而图吾君，申生受赐而死！"再拜稽首乃卒。是以为恭世子也。

鲁人有朝祥而莫歌者，子路笑之。

夫子曰："由！尔责于人，终无已夫？三年之丧，亦已久矣夫！"

子路出，夫子曰："又多乎哉？逾月则其善也。"

鲁庄公及宋人战于乘丘。县贲父御，卜国为右。

马惊，败绩，公队，佐车授绥。公曰："末之卜也。"县贲父曰："他日不败绩，而今败绩，是无勇也。"遂死之。

圉人浴马，有流矢在白肉。公曰："非其罪也！"遂诔之。士之有诔，自此始也。

曾子寝疾，病。乐正子春坐于床下，曾元、曾申坐于足。童子隅坐而执烛。

童子曰："华而睆，大夫之箦与？"子春曰："止！"曾子闻之，瞿然曰："呼！"曰："华尔睆，大夫之箦与？"曾子曰："然。斯季孙之赐也，我未之能易也。元起易箦！"曾元曰："夫子之病革矣，不可以变。幸而至于旦，请敬易之。"曾子曰："尔之爱我也不如彼。君子之爱人也以德，细人之爱人也以姑息。吾何求哉？吾得正而毙焉，斯已矣！"

举扶而易之。反席未安而没。

始死，充充如有穷。既殡，瞿瞿如有求而弗得。既葬，皇皇如有望而弗至。练而慨然，祥而廓然。

邾娄复之以矢，盖自战于升陉始也。鲁妇人之髽而吊也，自败于台鲐始也。

南宫绍之妻之姑之丧，夫子诲之髽，曰："尔毋从从尔。尔毋扈扈尔。盖榛以为笄，长尺而总八寸。"

孟献子禫，县而不乐，比御而不入。夫子曰："献子加于人一等矣。"

孔子既祥，五日弹琴而不成声，十日而成笙歌。

有子盖既祥而丝屦组缨。

死而不吊者三：畏，厌，溺。

子路有姊之丧，可以除之矣，而弗除也。孔子曰："何弗除也？"子路曰："吾寡兄弟而弗忍也。"孔子曰："先王制礼，行道之人皆弗忍也。"子路闻之，遂除之。

大公封于营丘，比及五世，皆反葬于周。君子曰："乐，乐其所自生。礼，不忘其本。古之人有言曰：'狐死正丘首，仁也。'"

伯鱼之母死，期而犹哭。夫子闻之，曰："谁与哭者？"门人曰："鲤也。"夫子曰："嘻，其甚也！"伯鱼闻之，遂除之。

舜葬于苍梧之野，盖三妃未之从也。季武子曰："周公盖祔。"

曾子之丧，浴于爨室。

大功废业。或曰："大功，诵可也。"

子张病，召申祥而语之曰："君子曰终，小人曰死。吾今日其庶几乎！"

曾子曰："始死之奠，其余阁也与！"

曾子曰："小功不为位也者，是委巷之礼也。子思之哭嫂也为位，妇人倡踊。申祥之哭言思也亦然。"

古者冠缩缝，今也衡缝。故丧冠之反吉，非古也。

曾子谓子思曰："伋！吾执亲之丧也，水浆不入于口者七日。”子思曰：“先王之制礼也，过之者，俯而就之；不至焉者，跂而及之。故君子之执亲之丧也，水浆不入于口者三日，杖而后能起。”

曾子曰：“小功不税。则是远兄弟终无服也，而可乎？”

伯高之丧，孔氏之使者未至，冉子摄束帛乘马而将之。孔子曰：“异哉！徒使我不诚〔礼〕于伯高。”

伯高死于卫，赴于孔子。孔子曰：“吾恶乎哭诸？兄弟，吾哭诸庙。父之友，吾哭诸庙门之外。师，吾哭诸寝。朋友，吾哭诸寝门之外。所知，吾哭诸野。于野则已疏，于寝则已重。夫由赐也见我，吾哭诸赐氏。”遂命子贡为之主，曰：“为尔哭也来者，拜之。知伯高而来者，勿拜也。”

曾子曰：“丧有疾，食肉饮酒，必有草木之滋焉。”以为姜桂之谓也。

子夏丧其子而丧其明。曾子吊之，曰：“吾闻之也，朋友丧明则哭之。”曾子哭。子夏亦哭，曰：“天乎！予之无罪也。”曾子怒，曰：“商！女何无罪也？吾与女事夫子于洙、泗之间，退而老于西河之上。使西河之民疑女于夫子，尔罪一也。丧尔亲，使民未有闻焉，尔罪二也。丧尔子，丧尔明，尔罪三也。而曰……女何无罪与！”子夏投其杖而拜，曰：“吾过矣，吾过矣！吾离群而索居，亦已久矣！”

夫昼居于内，问其疾可也。夜居于外，吊之可也。是故君子非有大故，不宿于外；非致齐也，非疾也，不昼夜居于内。

高子皋之执亲之丧也，泣血三年，未尝见齿。君子以为难。

衰，与其不当物也，宁无衰。齐衰不以边坐，大功不以服勤。

孔子之卫，遇旧馆人之丧，入而哭之哀。出，使子贡说骖而赙之。

子贡曰：“于门人之丧，未有所说骖。说骖于旧馆，无乃已重乎？”夫子曰：“予乡者入而哭之，遇于一哀而出涕；予恶夫涕之无从也？小子行之！”

孔子在卫。有送葬者，而夫子观之，曰：“善哉为丧乎！足以为法矣，小子识之。”子贡曰：“夫子何善尔也？”曰：“其往也如慕，其反也如疑。”子贡曰：“岂若速反而虞乎？”子曰：“小子识之。我未之能行也。”

颜渊之丧，馈祥肉。孔子出受之，入，弹琴而后食之。

孔子与门人立，拱而尚右。二三子亦皆尚右。孔子曰：“二三子之嗜学也。我则有姊之丧故也。”二三子皆尚左。

孔子蚤作，负手曳杖，消摇于门，歌曰：“泰山其颓乎！梁木其坏乎！哲人其萎乎！”既歌而入，当户而坐。

子贡闻之，曰：“泰山其颓，则吾将安仰？梁木其坏，（哲人其萎，）则吾将安放？夫子殆将病也？”遂趋而入。

夫子曰：“赐！尔来何迟也！夏后氏殡于东阶之上，则犹在阼也。殷人殡于两楹之间，则与宾主夹之也。周人殡于西阶之上，则犹宾之也。而丘也，殷人也。予畴昔之夜，梦坐奠于两楹之间。夫明王不兴，而天下其孰能宗予？予殆将死也。”盖寝疾七日而没。

孔子之丧，门人疑所服。子贡曰：“昔者夫子之丧颜渊，若丧子而无服；丧子路亦然。请丧夫子若丧父而无服。”

孔子之丧，公西赤为志焉：饰棺墙，置翣，设披，周也；设崇，殷也；绸练设旐，夏也。

子张之丧，公明仪为志焉：褚幕丹质，蚁结于四隅，殷士也。

子夏问于孔子曰：“居父母之仇，如之何？”夫子曰：“寝苫，枕干，不仕，弗与共天下也。遇诸市朝，不反兵而斗。”曰：“请问居昆弟之仇如之何？”曰：“仕，弗与共国。衔君命而使，虽遇之不斗。”曰：“请问居从父昆弟之仇，如之何？”曰：“不为魁。主人能，则执兵而陪其后。”

孔子之丧，二三子皆绖而出。群居则绖，出则否。

易墓，非古也。

子路曰：“吾闻诸夫子：丧礼，与其哀不足而礼有余也，不若礼不足而哀有余也。祭礼，与其敬不足而礼有余也，不若礼不足而敬有余也。”

曾子吊于负夏。主人既祖，填池，推柩而反之，降妇人而后行礼。从者曰：“礼与？”曾子曰：“夫祖者且也，且，胡为其不可以反宿也？”

从者又问诸子游曰：“礼与？”子游曰：“饭于牖下，小敛于户内，大敛于阼，殡于客位，祖于庭，葬于墓，所以即远也。故丧事有进而无退。”

曾子闻之，曰：“多矣乎予出祖者！”

曾子袭裘而吊，子游裼裘而吊。曾子指子游而示人曰：“夫夫也，为习于礼者，如之何其裼裘而吊也？”

主人既小敛，袒、括发。子游趋而出，袭裘带绖而入。曾子曰：“我过矣，我过矣！夫夫是也！”

子夏既除丧而见，予之琴，和之而不和，弹之而不成声。作而曰：“哀未忘也。先王制礼，而弗敢过也。”

子张既除丧而见，予之琴，和之而和，弹之而成声。作而曰："先王制礼，不敢不至焉。"

司寇惠子之丧，子游为之麻衰、牡麻绖。文子辞曰："子辱与弥牟之弟游，又辱为之服，敢辞。"子游曰："礼也。"文子退，反哭。

子游趋而就诸臣之位，文子又辞曰："子辱与弥牟之弟游，又辱为之服，又辱临其丧，敢辞。"子游曰："固以请。"

文子退，扶適子南面而立，曰："子辱与弥牟之弟游，又辱为之服，又辱临其丧，虎也敢不复位？"子游趋而就客位。

将军文子之丧，既除丧而后越人来吊。主人深衣练冠，待于庙，垂涕洟。

子游观之，曰："将军文氏之子，其庶几乎！亡于礼者之礼也，其动也中。"

幼名，冠字，五十以"伯"、"仲"，死谥，周道也。绖也者，实也。

掘中霤而浴，毁灶以缀足；及葬，毁宗躐行，出于大门：殷道也。学者行之。

子柳之母死，子硕请具，子柳曰："何以哉？"子硕曰："请粥庶弟之母。"子柳曰："如之何其粥人之母以葬其母也？不可！"

既葬，子硕欲以赙布之余具祭器，子柳曰："不可。吾闻之也，君子不家于丧。请班诸兄弟之贫者。"

君子曰：谋人之军师，败则死之。谋人之邦邑，危则亡之。

公叔文子升于瑕丘，蘧伯玉从。文子曰："乐哉斯丘也！死则我欲葬焉。"蘧伯玉曰："吾子乐之，则瑗请前。"

弁人有其母死而孺子泣者。孔子曰："哀则哀矣，而难为继也。夫礼，为可传也，为可继也，故哭踊有节。"

叔孙武叔之母死，既小敛，举者出户；出户袒，且投其冠，括发。子游曰："知礼。"

扶君，卜人师扶右，射人师扶左。君薨以是举。

从母之夫，舅之妻，（二夫）〔夫二〕人相为服：君子未之言也。或曰：同爨缌。

丧事欲其纵纵尔，吉事欲其折折尔，故丧事虽遽不陵节，吉事虽止不怠。故骚骚尔则野，鼎鼎尔则小人。君子盖犹犹尔。

丧具，君子耻具。一日二日而可为也者，君子弗为也。

丧服：兄弟之子犹子也，盖引而进之也；嫂叔之无服也，盖推而远之也；姑、姊妹之薄也，盖有受我而厚之者也。

食于有丧者之侧，未尝饱也。

曾子与客立于门侧，其徒趋而出。曾子曰："尔将何之？"曰："吾父死，将出哭于巷。"曰："反，哭于尔次。"曾子北面而吊焉。

孔子曰："之死而致死之，不仁而不可为也。之死而致生之，不知而不可为也。是故竹不成用，瓦不成味，木不成斫，琴瑟张而不平，竽笙备而不和，有钟磬而无簨虡。其曰明器，神明之也。"

有子问于曾子曰："（问）〔闻〕丧于夫子乎？"曰："闻之矣：丧欲速贫，死欲速朽。"有子曰："是非君子之言也。"曾子曰："参也闻诸夫子也。"有子又曰："是非君子之言也。"曾子曰：

“参也与子游闻之。”有子曰：“然。然则夫子有为言之也。”

曾子以斯言告于子游。子游曰：“甚哉，有子之言似夫子也！昔者夫子居于宋，见桓司马自为石椁，三年而不成。夫子曰：‘若是其靡也，死不如速朽之愈也。’死之欲速朽，为桓司马言之也。南宫敬叔反，必载宝而朝。夫子曰：‘若是其货也，丧不如速贫之愈也。’丧之欲速贫，为敬叔言之也。”

曾子以子游之言告于有子。有子曰：“然。吾固曰‘非夫子之言也’。”曾子曰：“子何以知之？”有子曰：“夫子制于中都，四寸之棺，五寸之椁，以斯知不欲速朽也。昔者夫子失鲁司寇，将之荆，盖先之以子夏，又申之以冉有，以斯知不欲速贫也。”

陈庄子死，赴于鲁。鲁人欲勿哭。

缪公召县子而问焉。县子曰：“古之大夫，束脩之问不出竟；虽欲哭之，安得而哭之？今之大夫，交政于中国；虽欲勿哭，焉得而弗哭？且臣闻之：哭有二道，有爱而哭之，有畏而哭之。”公曰：“然。然则如之何而可？”县子曰：“请哭诸异姓之庙。”于是与哭诸县氏。

仲宪言于曾子曰：“夏后氏用明器，示民无知也。殷人用祭器，示民有知也。周人兼用之，示民疑也。”曾子曰：“其不然乎！其不然乎！夫明器，鬼器也；祭器，人器也。夫古之人胡为而死其亲乎！”

公叔木有同母异父之昆弟死，问于子游。子游曰：“其大功乎？”狄仪有同母异父之昆弟死，问于子夏。子夏曰：“我未之前闻也。鲁人则为之齐衰。”狄仪行齐衰。今之齐衰，狄仪之问也。

子思之母死于卫。柳若谓子思曰：“子，圣人之后也，四方于子乎观礼，子盖慎诸！”子思曰：“吾何慎哉？吾闻之：有其礼，无其财，君子弗行也。有其礼，有其财，无其时，君子弗行也。

吾何慎哉!”

县子琐曰:“吾闻之:古者不降,上下各以其亲。滕伯文为孟虎齐衰,其叔父也;为孟皮齐衰,其叔父也。”

后木曰:“丧,吾闻诸县子曰:‘夫丧,不可不深长思也。买棺外内易。’我死则亦然。”

曾子曰:“尸未设饰,故帷堂。小敛而彻帷。”仲梁子曰:“夫妇方乱,故帷堂。小敛而彻帷。”

小敛之奠,子游曰:“于东方。”曾子曰:“于西方。敛斯席矣。”

小敛之奠在西方,鲁礼之末失也。

县子曰:“绤衰繐裳,非古也。”

子蒲卒,哭者呼“灭”。子皋曰:“若是野哉!”哭者改之。

杜桥之母之丧,宫中无相,以为沽也。

夫子曰:“始死、羔裘玄冠者,易之而已。”羔裘玄冠,夫子不以吊。

子游问丧具,夫子曰:“称家之有亡。”子游曰:“有(无)〔亡〕恶乎齐?”夫子曰:“有,毋过礼。苟亡矣,敛首足形,还葬,县棺而封,人岂有非之者哉?”

司士贲告于子游曰:“请袭于床。”子游曰:“诺。”县子闻之,曰:“汰哉叔氏!专以礼许人。”

宋襄公葬其夫人,醯醢百瓮。曾子曰:“既曰明器矣,而又实之。”

孟献子之丧,司徒〔敬子使〕旅归四〔方〕布。夫子曰:“可也。”读赗,曾子曰:“非古也。是再告也。”

成子高寝疾。庆遗人，请曰："子之病革矣，如至乎大病，则如之何？"子高曰："吾闻之也：'生有益于人，死不害于人。'吾纵生无益于人，吾可以死害于人乎哉？我死，则择不食之地而葬我焉！"

子夏问诸夫子曰："居君之母与妻之丧，……""居处言语饮食衎尔。"

宾客至，无所馆。夫子曰："生于我乎馆，死于我乎殡。"

国子高曰："葬也者，藏也。藏也者，欲人之弗得见也。是故衣足以饰身，棺周于衣，椁周于棺，土周于椁，反壤树之哉？"

孔子之丧，有自燕来观者，舍于子夏氏。子夏曰："圣人之葬人与？人之葬圣人也，子何观焉？昔者夫子言之曰：'吾见封之若堂者矣，见若坊者矣，见若覆夏屋者矣，见若斧者矣，〔吾〕从若斧者焉。'马鬣封之谓也。今一日而三斩板、而已封，尚行夫子之志乎哉！"

妇人不葛带。
有荐新，如朔奠。
既葬，各以其服除。
池视重霤。
君即位而为椑，岁壹漆之，藏焉。
复，楔齿，缀足，饭，设饰，帷堂，并作。父兄命赴者。
君复于小寝、大寝、小祖、大祖、库门、四郊。
丧不剥，奠也与？祭肉也与！
既殡，旬而布材与明器。
朝奠日出，夕奠逮日。
父母之丧，哭无时，使必知其反也。

练：练衣黄里，縓缘。葛要绖。绳屦无絇。角瑱。鹿裘：衡，长，祛；祛，裼之可也。

有殡，闻远兄弟之丧，虽缌必往。非兄弟，虽邻不往。所识，其兄弟不同居者皆吊。

天子之棺四重。水兕革，棺被之，其厚三寸；杝棺一，梓棺二：四者皆周。棺束：缩二，衡三，衽每束一。柏椁以端长六尺。

天子之哭诸侯也，爵弁、绖，缁衣。或曰："使有司哭之。"为之不以乐食。

天子之殡也，菆涂龙輴以椁，加斧于椁上，毕涂屋：天子之礼也。

唯天子之丧，有别姓而哭。

鲁哀公诔孔丘曰："天不遗耆老，莫相予位焉。呜呼哀哉，尼父！"

国亡大县邑，公、卿、大夫、士皆厌冠，哭于大庙三日，君不举。或曰：君举而哭于后土。

孔子恶野哭者。

未仕者不敢税人。如税人，则以父兄之命。

士备入而后朝夕踊。

祥而缟。是月禫，徙月乐。

君于士有赐帟。

檀弓下

君之適长殇，车三乘。公之庶长殇，车一乘。大夫之適长殇，车一乘。

公之丧，诸达官之长杖。

君于大夫将葬，吊于宫；及出，命引之，三步则止。如是者三，君退。朝亦如之，哀次亦如之。

五十无车者，不越疆而吊人。

季武子寝疾，蟜固不说齐衰而入见，曰：“斯道也，将亡矣！士唯公门说齐衰。”武子曰：“不亦善乎！君子表微。”及其丧也，曾点倚其门而歌。

大夫吊，当事而至，则辞焉。吊于人，是日不乐。妇人不越疆而吊人。行吊之日，不饮酒食肉焉。吊于葬者必执引；若从柩，及圹，皆执绋。丧，公吊之；必有拜者，虽朋友、州里舍人可也。吊曰：“寡君承事。”主人曰：“临。”君遇柩于路，必使人吊之。大夫之丧，庶子不受吊。

妻之昆弟为父后者死，哭之适室。子为主，袒、免、哭、踊。夫入门右。使人立于门外，告来者。狎则入哭。父在，哭于妻之室。非为父后者，哭诸异室。

有殡，闻远兄弟之丧，哭于侧室；无侧室，哭于门内之右。同国则往哭之。

子张死，曾子有母之丧，齐衰而往哭之。或曰：“齐衰不以吊。”曾子曰：“我吊也与哉？”

有若之丧，悼公吊焉，子游摈由左。

齐（谷）〔告〕王姬之丧，鲁庄公为之大功。或曰：由鲁嫁，故为之服姊妹之服。或曰：外祖母也，故为之服。

晋献公之丧，秦穆公使人吊公子重耳，且曰：“寡人闻之，亡国恒于斯，得国恒于斯。虽吾子俨然在忧服之中，丧亦不可久也，时亦不可失也，孺子其图之！”以告舅犯。舅犯曰：“孺子其辞焉。丧人无宝，仁亲以为宝。父死之谓何！又因以为利，而天下其孰能说之？孺子其辞焉！”公子重耳对客曰：“君惠吊亡臣，重耳身丧父死，不得与于哭泣之哀，以为君忧。父死之谓何！或敢有他志，以辱君义？”稽颡而不拜，哭而起，起而不私。子显以致命于穆公。穆公曰：“仁夫公子重耳！夫稽颡而不拜，则未为后也，故不成拜。哭而起，则爱父也。起而不私，则远利也。”

帷殡非古也，自敬姜之哭穆伯始也。

丧礼，哀戚之至也。节哀，顺变也，君子念始之者也。

复，尽爱之道也；有祷祠之心焉，望反诸幽，求诸鬼神之道也。北面，求诸幽之义也。

拜稽颡，哀戚之至隐也。稽颡，隐之甚也。

饭用米贝，弗忍虚也。不以食道，用美焉尔。

铭，明旌也。以死者为不可别已，故以其旗识〔识〕之。爱之，斯录之矣；敬之，斯尽其道焉耳。

重，主道也。殷主缀重焉。周主重彻焉。

奠以素器，以生者有哀素之心也。唯祭祀之礼，主人自尽焉尔。岂知神之所飨？亦以主人有齐敬之心也。

辟踊，哀之至也。有算，为之节文也。

袒括发，变也。愠，哀之变也。去饰，去美也。袒括发，去饰之甚也。有所袒，有所袭，哀之节也。

弁、绖葛而葬，与神交之道也。有敬心焉。

周人弁而葬，殷人冔而葬。

歠主人、主妇、室老，为其病也，君命食之也。

反哭升堂，反诸其所作也。主妇入于室，反诸其所养也。

反哭之吊也，哀之至也。反而亡焉，失之矣！于是为甚。殷既封而吊，周反哭而吊。孔忆曰：“殷已悫，吾从周。”

葬于北方北首，三代之达礼也，之幽之故也。

既封，主人赠，而祝宿虞尸。

既反哭，主人与有司视虞牲。有司以几筵舍奠于墓左，反。日中而虞。

葬日虞，弗忍一日离也。是月也，以虞易奠。

卒哭曰“成事”。是日也，以吉祭易丧祭。明日，祔于祖父。其变而之吉祭也，比至于祔，必于是日也接，不忍一日末有所归也。

殷练而祔，周卒哭而祔，孔子善殷。

君临臣丧，以巫祝桃茢执戈，恶之也，所以异于生也。

丧有死之道焉，先王之所〔以〕难言也。

丧之朝也，顺死者之孝心也。其哀离其室也，故至于祖考之庙而后行。殷朝而殡于祖，周朝而遂葬。

孔子谓：为明器者，知丧道矣，备物而不可用也。哀哉！死者而用生者之器也，不殆于用殉乎哉？其曰明器，神明之也。涂车、刍灵，自古有之，明器之道也。孔子谓“为刍灵者善”；谓：“为俑者不仁，〔不〕殆于用人乎哉？”

穆公问于子思曰：“为旧君反服，古与？”子思曰：“古之君子，进人以礼，退人以礼，故有旧君反服之礼也。今之君子，进人若将加诸膝，退人若将队诸渊。毋为戎首，不亦善乎？又何反服（之礼）之有！”

悼公之丧，季昭子问于孟敬子曰：“为君何食？”敬子曰：“食粥，天下之达礼也。吾三臣者之不能居公室也，四方莫不闻矣。勉而为瘠，则吾能，毋乃使人疑夫不以情居瘠者乎哉？我则食食。”

卫司徒敬子死。子夏吊焉，主人未小敛，绖而往。子游吊焉，主人既小敛，子游出，绖反哭。子夏曰：“闻之也与？”曰：“闻诸夫子：主人未改服，则不绖。”

曾子曰：“晏子可谓知礼也已，恭敬之有焉。”有若曰：“晏子一狐裘三十年，遣车一乘，及墓而反。国君七个，遣车七乘；大夫五个，遣车五乘。晏子焉知礼？”曾子曰：“国无道，君子耻盈，礼焉。国奢，则示之以俭；国俭，则示之以礼。”

国昭子之母死。问于子张曰："葬及墓，男子妇人安位？"子张曰："司徒敬子之丧，夫子相：男子西乡，妇人东乡。"曰："噫！毋！"曰："我丧也，斯沾。尔专之。宾为宾焉，主为主焉，妇人从男子皆西乡。"

穆伯之丧，敬姜昼哭。文伯之丧，昼夜哭。孔子曰："知礼矣。"

文伯之丧，敬姜据其床而不哭，曰："昔者吾有斯子也，吾以将为贤人也。吾未尝以就公室。今及其死也，朋友诸臣未有出涕者，而内人皆行哭失声。斯子也，必多旷于礼矣夫！"

季康子之母死，陈亵衣。敬姜曰："妇人不饰，不敢见舅姑。将有四方之宾来，亵衣何为陈于斯？"命彻之。

有子与子游立，见孺子慕者。有子谓子游曰："予壹不知夫丧之踊也，予欲去之久矣。情在于斯，其是也夫！"子游曰："礼有微情者，有以故兴物者。有直情而径行者，戎狄之道也。礼道则不然。人喜则斯陶，陶斯咏，咏斯犹，犹斯舞；（舞斯愠，）愠斯戚，戚斯叹，叹斯辟，辟斯踊矣！品节斯，斯之谓礼。人死，斯恶之矣；无能也，斯倍之矣。是故制绞衾，设蒌翣，为使人勿恶也。始死，脯醢之奠。将行，遣而行之，既葬而食之，未有见其飨之者也。自上世以来，未之有舍也，为使人勿倍也。故子之所刺于礼者，亦非礼之訾也。"

吴侵陈，斩祀杀厉。师还出竟，陈大宰嚭使于师。夫差谓行人仪曰："是夫也多言，盍尝问焉？师必有名，人之称斯师也者，则谓之何？"大宰嚭曰："古之侵伐者，不斩祀，不杀厉，不获二毛。今斯师也，杀厉与？其不谓之杀厉之师与？"曰："反尔地，归尔子，则谓之何？"曰："君王讨敝邑之罪，又矜而赦之，师与有无名乎？"

颜丁善居丧：始死，皇皇焉，如有求而弗得；及殡，望望焉，如有从而弗及；既葬，慨焉，如不及其反而息。

子张问曰："《书》云：'高宗三年不言，言乃欢。'有诸？"仲尼曰："胡为其不然也！古者天子崩，王世子听于冢宰三年。"

知悼子卒，未葬。平公饮酒，师旷、李调侍，鼓钟。杜蒉自外来，闻钟声，曰：“安在？”曰：“在寝。”杜蒉入寝，历阶而升，酌，曰：“旷饮斯！”又酌，曰：“调饮斯！”又酌，堂上北面坐饮之，降，趋而出。平公呼而进之，曰：“蒉！曩者尔心或开予，是以不与尔言。尔饮旷何也？”曰：“子卯不乐。知悼子在堂，斯其为子卯也大矣！旷也大师也，不以诏，是以饮之也。”“尔饮调何也？”曰：“调也，君之亵臣也。为一饮一食，忘君之疾，是以饮之也。”“尔饮何也？”曰：“蒉也宰夫也，非刀匕是共，又敢与知防，是以饮之也。”平公曰：“寡人亦有过焉。酌而饮寡人！”杜蒉洗而扬觯。公谓侍者曰：“如我死，则必无废斯爵也！”至于今，既毕献，斯扬觯，谓之“杜举”。

公叔文子卒，其子戍请谥于君，曰：“日月有时，将葬矣，请所以易其名者。”君曰：“昔者卫国凶饥，夫子为粥与国之饿者，是不亦惠乎？昔者卫国有难，夫子以其死卫寡人，不亦贞乎？夫子听卫国之政，修其班制，以与四邻交，卫国之社稷不辱，不亦文乎？故谓夫子‘贞惠文子’。”

石骀仲卒，无適子，有庶子六人。卜所以为后者，曰：“沐浴佩玉则兆。”五人者皆沐浴佩玉。石祁子曰：“孰有执亲之丧而沐浴佩玉者乎？”不沐浴佩玉。石祁子兆，卫人以龟为有知也。

陈子车死于卫。其妻与其家大夫谋以殉葬，定而后陈子亢至，以告，曰：“夫子疾，莫养于下，请以殉葬。”子亢曰：“以殉葬，非礼也。虽然，则彼疾当养者，孰若妻与宰？得已，则吾欲已；不得已，则吾欲以二子者之为之也。”于是弗果用。

子路曰：“伤哉贫也！生无以为养，死无以为礼也。”孔子曰：“啜菽饮水，尽其欢，斯之谓孝。敛（手）〔首〕足形，还葬而无椁，称其财，斯之谓礼。”

卫献公出奔，反于卫，及郊，将班邑于从者而后入。柳庄曰：“如皆守社稷，则孰执羁靮而从？如皆从，则孰守社稷？君反其国而有私也，毋乃不可乎！”弗果班。

卫有大史曰柳庄，寝疾。公曰：“若疾革，虽当祭必告。”公再拜稽首，请于尸曰：“有臣柳庄也者，非寡人之臣，社稷之臣也。闻之死，请往。”不释服而往，遂以襚之，与之邑裘氏与县潘氏，书而纳诸棺曰：“世（世）① 万子孙无变也！”

陈乾昔寝疾，属其兄弟，而命其子尊己曰：“如我死，则必大为我棺，使吾二婢子夹我。”陈乾昔死，其子曰：“以殉葬，非礼也，况又同棺乎？”弗果杀。

仲遂卒于垂，壬午犹绎，万入去籥。仲尼曰：“非礼也，卿卒不绎。”

季康子之母死，公输若方小。敛，般请以机封。将从之。公肩假曰：“不可！夫鲁有初：公室视丰碑，三家视桓楹。般！尔以人之母尝巧，则岂不得以？其（母）〔毋〕以尝巧者乎？则病者乎？噫！”弗果从。

战于郎。公叔禺人遇负杖入保者息，曰：“使之虽病也，任之虽重也，君子不能为谋也，士弗能死也，不可。我则既言矣！”与其邻（重）〔童〕汪踦往，皆死焉。鲁人欲勿殇（重）〔童〕汪踦，问于仲尼，仲尼曰：“能执干戈以卫社稷，虽欲勿殇也，不亦可乎！”

子路去鲁，谓颜渊曰：“何以赠我？”曰：“吾闻之也：去国，则哭于墓而后行；反其国不哭，展墓而入。”谓子路曰：“何以处我？”子路曰：“吾闻之也：过墓则式，过祀则下。”

工尹商阳与陈弃疾追吴师，及之。陈弃疾谓工尹商阳曰：“王事也。子手弓而可。”手弓。“子射诸！”射之，毙一人，韔弓。又及，谓之；又毙二人。每毙一人，掩其目。止其御曰：“朝不坐，燕不与。杀三人，亦足以反命矣！”孔子曰：“杀人之中，又有礼焉。”

---

① 此“世”字衍。说见于省吾先生《关于商周时代对于“禾”“积”或土地有限度的赏赐》（收入《中国考古学会第一次年会论文集》，文物出版社 1980 年）。

诸侯伐秦，曹（桓）〔宣〕公卒于会。诸侯请含。使之袭。

襄公朝于荆，康王卒。荆人曰：“必请袭!”鲁人曰：“非礼也!”荆人强之。巫先拂柩，荆人悔之。

滕成公之丧，使子叔敬叔吊、进书，子服惠伯为介。及郊，为懿伯之忌不入。惠伯曰：“政也。不可以叔父之私，不将公事。”遂入。

哀公使人吊蒉尚，遇诸道，辟于路，画宫而受吊焉。曾子曰：“蒉尚不如杞梁之妻之知礼也！齐庄公袭莒于夺，杞梁死焉。其妻迎其柩于路而哭之哀，庄公使人吊之。对曰：‘君之臣不免于罪，则将肆诸市朝，而妻妾执。君之臣免于罪，则有先人之敝庐在。君无所辱命。’”

孺子䵍之丧，哀公欲设拨，问于有若。有若曰：“其可也。君之三臣犹设之。”颜柳曰：“天子龙輴而椁帱，诸侯輴而设帱，为榆沉，故设拨。三臣者废輴而设拨，窃礼之不中者也。而君何学焉?”

悼公之母死，哀公为之齐衰。有若曰：“为妾齐衰，礼与?”公曰：“吾得已乎哉！鲁人以妻我。”

季子皋葬其妻，犯人之禾。申祥以告，曰：“请庚之。”子皋曰：“孟氏不以是罪予，朋友不以是弃予，以吾为邑长于斯也。买道而葬，后难继也。”

仕而未有禄者，君有馈焉，曰献。使焉，曰“寡君”。违而君薨，弗为服也。

虞而立尸，有几筵。卒哭而讳，生事毕而鬼事始已。

既卒哭，宰夫执木铎以命于宫曰：“舍故而讳新。”自寝门至于库门。

二名不（偏）〔遍〕讳。夫子之母名“征在”，言“在”不称“征”，言“征”不称“在”。

军有忧，则素服哭于库门之外。赴车不载橐韔。

有焚其先人之室，则三日哭。故曰：新宫火，亦三日哭。

孔子过泰山侧。有妇人哭于墓者而哀，夫子式而听之。

使子（路）〔贡〕问之，曰：“子之哭也，壹似重有忧者。”而曰：“然。昔者吾舅死于虎，吾夫又死焉，今吾子又死焉。”夫子曰：“何为不去也？”曰：“无苛政。”

夫子曰：“小子识之：苛政猛于虎也！”

鲁人有周丰也者，哀公执挚请见之。而曰：“不可。”公曰：“我其已夫！”使人问焉，曰：“有虞氏未施信于民而民信之，夏后氏未施敬于民而民敬之，何施而得斯于民也？”对曰：“墟墓之间，未施哀于民而民哀。社稷宗庙之中，未施敬于民而民敬。殷人作誓而民始畔，周人作会而民始疑。苟无礼义、忠信、诚悫之心以莅之，虽固结之，民其不解乎？”

丧不虑居，毁不危身。

丧不虑居，为无庙也。毁不危身，为无后也。

延陵季子适齐，于其反也，其长子死，葬于嬴博之间。

孔子曰：“延陵季子，吴之习于礼者也。”往而观其葬焉。

其坎深不至于泉。其敛以时服。既葬而封，广轮掩坎，其高可隐也。既封，左袒，右还其封且号者三，曰：“骨肉归复于土，命也。若魂气则无不之也，无不之也！”而遂行。

孔子曰：“延陵季子之于礼也，其合矣乎！”

邾娄考公之丧，徐君使容居来吊含，曰：“寡君使容居坐含，进侯玉。其使容居以含。”有司曰：“诸侯之来辱敝邑者，易则易，于则于。易于杂者，未之有也。”容居对曰：“容居闻之：事君不敢忘其君，亦不敢遗其祖。昔我先君驹王西讨，济于河，无所不用斯言也。容居鲁人也，不敢忘其祖。”

子思之母死于卫。赴于子思。子思哭于庙。门人至，曰：“庶氏之母死，何为哭于孔氏之庙乎？”子思曰：“吾过矣！吾过矣！”遂哭于他室。

天子崩，三日，祝先服；五日，官长服；七日，国中男女服；三月，天下服。

虞人致百祀之木，可以为棺椁者，斩之。不至者，废其祀，刎其人。

齐大饥，黔敖为食于路，以待饿者而食之。

有饿者蒙袂辑屦，贸贸然来。黔敖左奉食，右执饮，曰：“嗟来！食！”扬其目而视之，曰：“予唯不食嗟来之食以至于斯也！”从而谢焉。终不食而死。

曾子闻之，曰：“微与！其嗟也可去，其谢也可食。”

邾娄定公之时，有弑其父者，有司以告。公瞿然失席，曰：“是寡人之罪也！”曰：“寡人尝学断斯狱矣：臣弑君，凡在官者，杀无赦；子弑父，凡在宫者杀无赦；杀其人，坏其室，洿其宫而猪焉。盖君逾月而后举爵。”

晋献文子成室，晋大夫发焉。张老曰：“美哉轮焉！美哉奂焉！歌于斯，哭于斯，聚国族于斯。”文子曰：“武也得歌于斯，哭于斯，聚国族于斯，是全要领以从先大夫于九（京）〔原〕也。”北面再拜稽首。君子谓之善颂善祷。

仲尼之畜狗死，使子贡埋之，曰：“吾闻之也：敝帷不弃，为埋马也；敝盖不弃，为埋狗也。丘也贫，无盖。于其封也，亦予之席，毋使其首陷焉。”路马死，埋之以帷。

季孙之母死，哀公吊焉。曾子与子贡吊焉，阍人为君在，弗内也。曾子与子贡入于其厩而修容焉。子贡先入，阍人曰：“乡者已告矣。”曾子后入，阍人辟之。涉内霤，卿大夫皆辟位，公降一等而揖之。君子言之曰：“尽饰之道，斯其行者远矣。”

阳门之介夫死，司城子罕入而哭之哀。晋人之觇宋者，反报于晋侯曰：“阳门之介夫死，而子罕哭之哀，而民说，殆不可伐也。”

孔子闻之曰：“善哉觇国乎！《诗》云：‘凡民有丧，扶服救之。’虽微晋而已，天下其孰能当之！”

鲁庄公之丧，既葬，而绖不入库门。士大夫既卒哭，麻不入。

孔子之故人曰原壤，其母死，夫子助之沐椁。原壤登木曰：“久矣予之不托于音也！”歌曰：“狸首之斑然，执女手之卷然。”

夫子为弗闻也者而过之。从者曰：“子未可以已乎？”夫子曰：“丘闻之：亲者毋失其为亲也，故者毋失其为故也。”

赵文子与叔誉观乎九原。文子曰：“死者如可作也，吾谁与归？”叔誉曰：“其阳处父乎？”文子曰：“行并〔廉〕植于晋国，不没其身，其知不足称也。”“其舅犯乎？”文子曰：“见利不顾其君，其仁不足称也。我则随武子乎！利其君，不忘其身；谋其身，不遗其友。”晋人谓文子知人。

文子其中退然如不胜衣，其言呐呐然如不出诸其口。所举于晋国，管库之士七十有余家。生不交利，死不属其子焉。

叔仲皮学子柳。叔仲皮死。其妻鲁人也，衣衰而缪绖。叔仲衍以告，请繐衰而环绖，曰：“昔者吾丧姑、姊妹亦如斯，末吾禁也。”退，使其妻繐衰而环绖。

成人有其兄死而不为衰者，闻子皋将为成宰，遂为衰。成人曰：“蚕则绩而蟹有匡，范则冠而蝉有緌，兄则死而子皋为之衰。”

乐正子春之母死，五日而不食，曰："吾悔之！自吾母而不得吾情，吾恶乎用吾情！"

岁旱，穆公召县子而问然，曰："天久不雨，吾欲暴尪而奚若？"曰："天久不雨，而暴人之疾子，虐，毋乃不可与！""然则吾欲暴巫而奚若？"曰："天则不雨，而望之愚妇人，于以求之，毋乃已疏乎！""徙市则奚若？"曰："天子崩，巷市七日。诸侯薨，巷市三日。为之徙市，不亦可乎！"

孔子曰："卫人之祔也离之。鲁人之祔也合之，善夫！"

王　制

王者之制禄爵：公、侯、伯、子、男，凡五等。诸侯之上大夫卿、下大夫、上士、中士、下士，凡五等。

天子之田方千里，公、侯田方百里，伯七十里，子、男五十里。不能五十里者，不合于天子，附于诸侯，曰附庸。天子之三公之田视公、侯，天子之卿视伯，天子之大夫视子、男，天子之元士视附庸。

制：农田百亩。百亩之分，上农夫食九人，其次食八人，其次食七人，其次食六人，下农夫食五人。庶人在官者，其禄以是为差也。

诸侯之下士视上农夫，禄足以代其耕也。中士倍下士，上士倍中士，下大夫倍上士，卿四大夫禄，君十卿禄。次国之卿三大夫禄，君十卿禄。小国之卿倍大夫禄，君十卿禄。

次国之上卿，位当大国之中，中当其下，下当其上大夫。小国之上卿，位当大国之下卿，中当其上大夫，下当其下大夫。其有中士、下士者，数各居其上之三分。

凡四海之内九州，州方千里，州建百里之国三十，七十里之国六十，五十里之国百有二十，凡二百一十国。名山大泽不以封，其余以为附庸闲田。八州，州二百一十国。

天子之县内，方百里之国九，七十里之国二十有一，五十里之国六十有三，凡九十三国。名山大泽不以朌。其余以禄士，以为闲田。

凡九州，千七百七十三国，天子之元士、诸侯之附庸不与。

天子百里之内以共官，千里之内以为御。

千里之外设方伯，五国以为属，属有长；十国以为连，连有帅；三十国以为卒，卒有正；二百一十国以为州，州有伯。八州，八伯，五十六正，百六十八帅，三百三十六长。八伯各以其属，属于天子之老二人，分天下以为左右，曰二伯。

千里之内曰甸。千里之外曰采，曰流。

天子三公、九卿、二十七大夫、八十一元士。大国三卿，皆命于天子；下大夫五人，上士二十七人。次国三卿，二卿命于天子，一卿命于其君；下大夫五人，上士二十七人。小国二卿，皆命于其君；下大夫五人，上士二十七人。

天子使其大夫为三监，监于方伯之国，国三人。

天子之县内诸侯，禄也；外诸侯，嗣也。

制：三公一命卷，若有加，则赐也，不过九命；次国之君不过七命，小国之君不过五命，大国之卿不过三命，下卿再命，小国之卿与下大夫一命。

凡官民材，必先论之。论辨，然后使之。任事，然后爵之。位定，然后禄之。

爵人于朝，与士共之。刑人于市，与众弃之。是故公家不畜刑人，大夫弗养士，遇之途弗与言也。屏之四方，唯其所之，不及以政，亦弗（故）〔欲〕生也。

诸侯之于天子也，比年一小聘，三年一大聘，五年一朝。

天子五年一巡守。岁二月东巡守，至于岱宗，柴而望祀山川。

觐诸侯，问百年者就见之。命大师陈诗，以观民风。命市纳贾，以观民之所好恶、志淫好辟。命典礼，考时月，定日，同律、礼乐、制度、衣服，正之。山川神祇有不举者为不敬，不敬者君削以地。宗庙有不顺者为不孝，不孝者君绌以爵。变礼易乐者为不从，不从者君流。革制度衣服者为畔，畔者君讨。有功德于民者，加地进律。

五月南巡守，至于南岳，如东巡守之礼。八月西巡守，至于西岳，如南巡守之礼。十有一月北巡守，至于北岳，如西巡守之礼。归假于祖祢，用特。

天子将出，类乎上帝，宜乎社，造乎祢。诸侯将出，宜乎社，造乎祢。

天子无事，与诸侯相见，曰朝。考礼、正刑、一德，以尊于天子。天子赐诸侯乐，则以柷将之；赐伯、子、男乐，则以鼗将之。诸侯，赐弓矢然后征，赐铁钺然后杀，赐圭瓒然后为鬯，未赐圭瓒则资鬯于天子。

天子命之教，然后为学。小学在公宫南之左，大学在郊。天子曰辟雍，诸侯曰頖宫。

天子将出征，类乎上帝，宜乎社，造乎祢，祃于所征之地；受命于祖，受成于学。出征执有罪，反，释奠于学，以讯馘告。

天子、诸侯无事，则岁三田，一为干豆，二为宾客，三为充君之庖。无事而不田，曰不敬。田不以礼，曰暴天物。天子不合围，诸侯不掩群。天子杀则下大绥，诸侯杀则下小绥，大夫杀则止佐车，佐车止则百姓田猎。獭祭鱼，然后虞人入泽梁。豺祭兽，然后田猎。鸠化为鹰，然后设罻罗。草木零落，然后入山林。昆虫未蛰，不以火田。不麑，不卵，不杀胎，不殀夭，不覆巢。

冢宰制国用，必于岁之杪。五谷皆入，然后制国用。用地小大，视年之丰耗。以三十年之通制国用，量入以为出。

祭用数之仂。丧三年不祭，唯祭天地社稷为越绋而行事。丧用三年之仂。丧祭，用不足曰暴，有余曰浩。祭，丰年不奢，凶年不俭。

国无九年之蓄，曰不足；无六年之蓄，曰急；无三年之蓄，曰国非其国也。

三年耕，必有一年之食。九年耕，必有三年之食。以三十年之通，虽有凶旱水溢，民无菜色，然后天子食，日举以乐。

天子七日而殡，七月而葬。诸侯五日而殡，五月而葬。大夫、士、庶人三日而殡，三月而葬。

三年之丧，自天子达。

庶人县封，葬不为雨止，不封不树，丧不贰事。自天子达于庶人，丧从死者，祭从生者；支子不祭。

天子七庙：三昭三穆，与大祖之庙而七。诸侯五庙：二昭二穆，与大祖之庙而五。大夫三庙：一昭一穆，与大祖之庙而三。士一庙。庶人祭于寝。

天子诸侯宗庙之祭，春曰礿，夏曰禘，秋曰尝，冬曰烝。

天子祭天地，诸侯祭社稷，大夫祭五祀。

天子祭天下名山大川。五岳视三公，四渎视诸侯。诸侯祭名山大川之在其地者。天子、诸侯祭因国之在其地而无主后者。

天子犆礿，祫禘、祫尝、祫烝。诸侯礿则不禘，禘则不尝，尝则不烝，烝则不礿。诸侯礿犆，禘一犆一祫，尝祫，烝祫。

天子社稷皆大牢。诸侯社稷皆少牢。大夫、士宗庙之祭，有田则祭，无田则荐。庶人春荐韭，夏荐麦，秋荐黍，冬荐稻；韭以卵，麦以鱼，黍以豚，稻以雁。祭天地之牛角茧栗，宗庙之牛角握，宾客之牛角尺。诸侯无故不杀牛，大夫无故不杀羊，士无故不杀犬豕，庶人无故不食珍。

庶羞不逾牲。燕衣不逾祭服。寝不逾庙。

古者公田藉而不税，市廛而不税，关讥而不征，林麓川泽以时入而不禁。夫圭田无征。

用民之力，岁不过三日。

田里不粥，墓地不请。

司空执度度地，居民山川沮泽，时四时，量地远近，兴事任力。

凡使民，任老者之事，食壮者之食。

凡居民材，必因天地寒暖燥湿，广谷大川异制。民生其间者异俗，刚柔、轻重、迟速异齐，五味异和，器械异制，衣服异宜。修其教，不易其俗。齐其政，不易其宜。

中国戎夷五方之民，皆有性也，不可推移。东方曰夷，被发文身，有不火食者矣。南方曰蛮，雕题交趾，有不火食者矣。西方曰戎，被发衣皮，有不粒食者矣。北方曰狄，衣羽毛穴居，有不粒食者矣。中国、夷、蛮、戎、狄，皆有安居、和味、宜服、利用、备器。

五方之民，言语不通，嗜欲不同。达其志，通其欲，东方曰寄，南方曰象，西方曰狄鞮，北方曰译。

凡居民，量地以制邑，度地以居民，地邑民居，必参相得也。无旷土，无游民，食节事时，民咸安其居，乐事劝功，尊君亲上，然后兴学。

司徒修六礼以节民性，明七教以兴民德，齐八政以防淫，一道德以同俗，养耆老以致孝，恤孤独以逮不足，上贤以崇德，简不肖以绌恶。

命乡简不帅教者以告。耆老皆朝于庠。元日习射上功，习乡上齿，大司徒帅国之俊士与执事焉。不变，命国之右乡简不帅教者移之左，命国之左乡简不帅教者移之右，如初礼。不变，移之郊，如初礼。不变，移之遂，如初礼。不变，屏之远方，终身不齿。

命乡论秀士，升之司徒，曰选士；司徒论选士之秀者，而升之学，曰俊士。升于司徒者不征于乡，升于学者不征于司徒，曰造士。

乐正崇四术，立四教，顺先王《诗》《书》《礼》《乐》以造士。春秋教以《礼》《乐》，冬夏教以《诗》《书》。王大子、王子、群后之大子，〔公〕卿大夫、元士之適子，国之俊选，皆造焉。

凡入学以齿。将出学，小胥、大胥、小乐正简不帅教者以告于大乐正，大乐正以告于王。

王命三公、九卿、大夫、元士皆入学。不变，王亲视学。不变，王三日不举，屏之远方，西方曰棘，东方曰寄；终身不齿。

大乐正论造士之秀者以告于王，而升诸司马，曰进士。

司马辨论官材。论进士之贤者以告于王而定其论，论定，然后官之；任官，然后爵之；位定，然后禄之。大夫废其事，终身不仕，死以士礼葬之。

有发，则命大司徒教士以车甲。

凡执技，论力，适四方，裸股肱，决射御。凡执技以事上者，祝、史、射、御、医、卜及百工。凡执技以事上者，不贰事，不移官，出乡不与士齿。仕于家者，出乡不与士齿。

司寇正刑明辟，以听狱讼。必三刺。有旨无简，不听。附从轻，赦从重。

凡制五刑，必即天论。邮罚丽于事。

凡听五刑之讼，必原父子之亲、立君臣之义以权之，意论轻重之序、慎测浅深之量以别之，悉其聪明、致其忠爱以尽之。

疑狱，泛与众共之。众疑，赦之。必察小大之比以成之。

成狱辞，史以狱成告于正，正听之。正以狱成告于大司寇，大司寇听之棘木之下。大司寇以狱之成告于王，王命三公参听之。

三公以狱之成告于王，王三又，然后制刑。

凡作刑罚，轻无赦。刑者侀也，侀者成也，一成而不可变。故君子尽心焉。

析言破律，乱名改作，执左道以乱政，杀。作淫声、异服、奇技、奇器以疑众，杀。行伪而坚、言伪而辩、学非而博、顺非而泽以疑众，杀。假于鬼神、时日、卜筮以疑众，杀。此四诛者，不以听。

凡执禁以齐众，不赦过。

有圭璧（金）〔宗〕璋，不粥于市。命服命车，不粥于市。宗庙之器，不粥于市。牺牲，不粥于市。戎器，不粥于市。用器不中度，不粥于市。兵车不中度，不粥于市。布帛精粗不中数，幅广狭不中量，不粥于市。奸色乱正色，不粥于市。锦文珠玉成器，不粥于市。衣服饮食，不粥于市。五谷不时，果实未孰，不粥于市。木不中伐，不粥于市。禽兽鱼鳖不中杀，不粥于市。

关执禁以讥，禁异服，识异言。

大史典礼，执简记，奉讳恶。

天子齐戒受谏。

司会以岁之成质于天子。冢宰齐戒受质。大乐正、大司寇、市三官以其成从质于天子。

大司徒、大司马、大司空齐戒受质。百官各以其成质于三官。大司徒、大司马、大司空以百官之成质于天子。

百官齐戒受质，然后休老劳农，成岁事，制国用。

凡养老，有虞氏以燕礼，夏后氏以飨礼，殷人以食礼。

周人修而兼用之：五十养于乡。六十养于国。七十养于学，达于诸侯。八十拜君命，一坐再至，瞽亦如之。九十使人受。

五十异粻。六十宿肉。七十贰膳。八十常珍。九十饮食不离寝，膳饮从于游可也。

六十岁制。七十时制。八十月制。九十日修，唯绞、紟、衾、冒，死而后制。

五十始衰。六十非肉不饱。七十非帛不暖。八十非人不暖。九十虽得人不暖矣。

五十杖于家。六十杖于乡。七十杖于国。八十杖于朝。九十者，天子欲有问焉，则就其室，以珍从。

七十不俟朝。八十月告存。九十日有秩。

五十不从力政。六十不与服戎。七十不与宾客之事。八十齐丧之事弗及也。

五十而爵。六十不亲学。七十致政，唯衰麻为丧。

有虞氏养国老于上庠，养庶老于下庠。夏后氏养国老于东序，养庶老于西序。殷人养国老于右学，养庶老于左学。周人养国老于东胶，养庶老于虞庠，虞庠在国之（西）〔四〕郊。

有虞氏皇而祭，深衣而养老。夏后氏收而祭，燕衣而养老。殷人冔而祭，缟衣而养老。周人冕而祭，玄衣而养老。

凡三王养老皆引年。八十者，一子不从政。九十者，其家不从政。废疾非人不养者，一人不从政。父母之丧，三年不从政。齐衰、大功之丧，三月不从政。将徙于诸侯，三月不从政。自诸侯来徙家，期不从政。

少而无父者谓之孤。老而无子者谓之独。老而无妻者谓之矜。老而无夫者谓之寡。此四者，天民之穷而无告者也，皆有常饩。

瘖、聋、跛、躃、断者、侏儒、百工，各以其器食之。

道路，男子由右，妇人由左，车从中央。

父之齿随行。兄之齿雁行。朋友不相逾。

轻任并。重任分。(班)〔斑〕白〔者〕不提挈。

君子耆老不徒行。庶人耆老不徒食。

大夫祭器不假。祭器未成，不造燕器。

方一里者，为田九百亩。方十里者，为方一里者百，为田九万亩。方百里者，为方十里者百，为田九十亿亩。方千里者，为方百里者百，为田九万亿亩。

自恒山至于南河，千里而近。自南河至于江，千里而近。自江至于衡山，千里而遥。自东河至于东海，千里而遥。自东河至于西河，千里而近。自西河至于流沙，千里而遥。西不尽流沙，南不尽衡山，东不尽东海，北不尽恒山，凡四海之内，断长补短，方三千里，为田八十万亿一万亿亩。方百里者，为田九十亿亩。山陵、林麓、川泽、沟渎、城郭、宫室、途巷，三分去一，其余六十亿亩。

古者以周尺八尺为步，今以周尺六尺四寸为步。古者百亩，当今东田百四十六亩三十步。古者百里，当今百二十一里六十步四尺二寸二分。

方千里者，为方百里者百。封方百里者三十国，其余方百里者七十。又封方七十里者六十，为方百里者二十九，方十里者四十。其余方百里者四十，方十里者六十。又封方五十里者百二十，为方百里者三十。其余方百里者十，方十里者六十。名山大泽不以封。其余以为附庸闲田。诸侯之有功者，取于闲田以禄之。其有削地者，归之闲田。

天子之县内方千里者，为方百里者百。封方百里者九，其余方百里者九十一。又封方七十里者二十一，为方百里者十，方十里者二十九。其余方百里者八十，方十里者七十一。又封方五十里者六十三，为方百里者十五，方十里者七十五。其余方百里者六十四，方十里者九十六。

诸侯之下士禄食九人，中士食十八人，上士食三十六人，下大夫食七十二人，卿食二百八十八人，君食二千八百八十人。次国之卿食二百一十六人，君食二千一百六十人。小国之卿食百四十四人，君食千四百四十人。次国之卿，命于其君者，如小国之卿。天子之大夫为三监，监于诸侯之国者，其禄视诸侯之卿，其爵视次国之君，其禄取之于方伯之地。方伯为朝天子，皆有汤沐之邑于天子之县内，视元士。

诸侯世子世国，大夫不世爵，使以德，爵以功。未赐爵，视天子之元士，以君其国。诸侯之大夫，不世爵禄。

六礼：冠、昏、丧、祭、乡、相见。

七教：父子、兄弟、夫妇、君臣、长幼、朋友、宾客。

八政：饮食、衣服、事为、异别、度、量、数、制。

月　令

孟春之月，日在营室，昏参中，旦尾中。其日甲乙。其帝大皞，其神句芒。其虫鳞。其音角，律中大蔟。其数八。其味酸，其臭膻。其祀户，祭先脾。

东风解冻，蛰虫始振，鱼上冰，獭祭鱼，鸿雁来。

天子居青阳左个；乘鸾路，驾仓龙，载青旂；衣青衣，服仓玉；食麦与羊。其器疏以达。

是月也，以立春。先立春三日，大史谒之天子曰：“某日立春。盛德在木。”天子乃齐。立春之日，天子亲帅三公、九卿、诸侯、大夫，以迎春于东郊。还反，赏公卿、诸侯、大夫于朝。命相布德和令，行庆施惠，下及兆民；庆赐遂行，毋有不当。乃命大史守典奉法，司天日月星辰之行，宿离不贷，毋失经纪，以初为常。

是月也：天子乃以元日祈穀于上帝。乃择元辰，天子亲载耒耜，措之（于参）〔参于〕保介之御间；帅三公、九卿、诸侯、大夫，躬耕帝藉。天子三推，（三）公五推，卿、诸侯九推；反，执爵于大寝，三公、九卿、诸侯、大夫皆御，命曰“劳酒”。

是月也：天气下降，地气上腾，天地和同，草木萌动。王命布农事，命田舍东郊，皆修封疆，审端（经）〔径〕术；善相丘陵、阪险、原隰、土地所宜、五谷所殖，以教道民。必躬亲之。田事既饬，先定准直，农乃不惑。

是月也：命乐正入学习舞；乃修祭典，命祀山林川泽，牺牲毋用牝；禁止伐木；毋覆巢，毋杀孩虫、胎夭、飞鸟，毋麑毋卵；毋聚大众，毋置城郭；掩骼埋胔。

是月也：不可以称兵，称兵必天殃。兵戎不起，不可从我始。毋变天之道，毋绝地之理，毋乱人之纪。

孟春行夏令，则〔风〕雨（水）不时，草木蚤落，国时有恐；行秋令，则其民大疫，猋风暴雨总至，藜莠蓬蒿并兴；行冬令，则水潦为败，雪霜大挚，首种不入。

仲春之月，日在奎，昏弧中，旦建星中。其日甲乙。其帝大皞，其神句芒。其虫鳞。其音角，律中夹钟。其数八。其味酸，其臭膻。其祀户，祭先脾。

始雨水。桃始华。仓庚鸣，鹰化为鸠。

天子居青阳大庙；乘鸾路，驾仓龙，载青旂；衣青衣，服仓玉；食麦与羊。其器疏以达。

是月也：安萌牙，养幼少，存诸孤。择元日，命民社。命有司省囹圄，去桎梏，毋肆掠，止狱讼。

是月也：玄鸟至。至之日以大牢祠于高禖，天子亲往，后妃帅九嫔御。乃礼天子所御，带以弓韣，授以弓矢于高禖之前。

是月也：日夜分，雷乃发声，始电。蛰虫咸动，启户始出。先雷三日，奋（木）铎以令兆民曰：“雷将发声，有不戒其容止者，生子不备，必有凶灾！”日夜分，则同度量，钧衡石，角斗甬，正权概。

是月也：耕者少舍，乃修阖扇，寝庙毕备。毋作大事以妨农（之）事。

是月也：毋竭川泽，毋漉陂池，毋焚山林。天子乃鲜羔开冰，先荐寝庙。上丁，命乐正习舞，释菜；天子乃帅三公、九卿、诸侯、大夫，亲往视之。仲丁，又命乐正入学习（舞）〔乐〕。

是月也：祀不用牺牲，用圭璧，更皮币。

仲春行秋令，则其国大水，寒气总至，寇戎来征。行冬令，则阳气不胜，麦乃不孰，民多相掠。行夏令，则国乃大旱，暖气早来，虫螟为害。

季春之月，日在胃，昏七星中，旦牵牛中。其日甲乙。其帝大皞，其神句芒。其虫鳞。其音角，律中姑洗。其数八。其味酸，其臭膻。其祀户，祭先脾。

桐始华，田鼠化为鴽，虹始见，萍始生。

天子居青阳右个；乘鸾路，驾仓龙，载青旂；衣青衣，服仓玉；食麦与羊。其器疏以达。

是月也：天子乃荐鞠衣于先帝。命舟牧覆舟，五覆五反，乃告舟备具于天子焉；天子始乘舟。荐鲔于寝庙，乃为麦祈实。

是月也：生气方盛，阳气发泄，句者毕出，萌者尽达，不可以内。天子布德行惠，命有司发仓廪，赐贫穷，振乏绝；开府库，出币帛，周天下；勉诸侯，聘名士，礼贤者。

是月也，命司空曰："时雨将降，下水上腾。循行国邑，周视原野，修利堤防，道达沟渎，开通道路，毋有障塞。田猎罝罘、罗罔、毕翳，喂兽之药，毋出九门。"

是月也，命野虞无伐桑柘。鸣鸠拂其羽，戴胜降于桑，具曲植籧筐。后妃齐戒，亲东乡躬桑，禁妇女毋观，省妇使，以劝蚕事。蚕事既登，分茧称丝效功，以共郊庙之服，无有敢惰。

是月也，命工师，令百工，审五库之量：金、铁，皮、革、筋，角、齿，羽、箭、干，脂、胶、丹、漆，毋或不良。百工咸理，监工日号："毋悖于时，毋或作为淫巧以荡上心！"

是月之末，择吉日大合乐，天子乃率三公、九卿、诸侯、大夫亲往视之。

是月也：乃合累牛腾马游牝于牧；牺牲驹犊，举书其数；命国难，九门磔攘，以毕春气。

季春行冬令，则寒气时发，草木皆肃，国有大恐；行夏令，则民多疾疫，时雨不降，山林不收；行秋令，则天多沉阴，淫雨蚤降，兵革并起。

孟夏之月，日在毕，昏翼中，旦婺女中。其日丙丁。其帝炎帝，其神祝融。其虫羽。其音徵，律中中吕。其数七。其味苦，其臭焦。其祀灶，祭先肺。

蝼蝈鸣，蚯蚓出，王瓜生，苦菜秀。

天子居明堂左个；乘朱路，驾赤骝，载赤旂；衣朱衣，服赤玉；食菽与鸡。其器高以粗。

是月也，以立夏。先立夏三日，大史谒之天子曰："某日立夏，盛德在火。"天子乃齐。立夏之日，天子亲帅三公、九卿、大夫以迎夏于南郊；还反，行赏，封诸侯，庆赐遂行，无不欣说。乃命乐师习合礼乐，命太尉赞桀俊，遂贤良，举长大，行爵出禄，必当其位。

是月也：继长增高，毋有坏堕；毋起土功，毋发大众，毋伐大树。

是月也：天子始絺；命野虞出行田原，为天子劳农劝民，毋或失时；命司徒巡行县鄙，命农勉作，毋休于都。

是月也：驱兽毋害五谷，毋大田猎；农乃登麦；天子乃以彘尝麦，先荐寝庙。

是月也：聚畜百药；靡草死，麦秋至；断薄刑，决小罪，出轻系；蚕事〔既〕毕，后妃献茧，乃收茧税，以桑为均，贵贱长幼如一，以给郊庙之服。

是月也，天子饮酎，用礼乐。

孟夏行秋令，则苦雨数来，五谷不滋，四鄙入保；行冬令，则草木蚤枯，后乃大水，败其城郭；行春令，则（蝗虫）〔虫蝗〕为灾，暴风来格，秀草不实。

仲夏之月，日在东井，昏亢中，旦危中。其日丙丁。其帝炎帝，其神祝融。其虫羽。其音徵，律中蕤宾。其数七。其味苦，其臭焦。其祀灶，祭先肺。

小暑至，螳螂生，（䴗）〔鵙〕始鸣，反舌无声。

天子居明堂太庙；乘朱路，驾赤骝，载赤骝；衣朱衣，服赤玉；食菽与鸡。其器高以粗。养壮佼。

是月也：命乐师修鞀鞞鼓，均琴瑟管箫，执干戚戈羽，调竽笙篪簧，饬钟磬柷敔。命有司为民祈祀山川百源，大雩帝，用盛乐；乃命百县雩祀百辟、卿士有益于民者，以祈谷实；农乃登黍。

是月也：天子乃以雏尝黍，羞以含桃，先荐寝庙；令民毋艾蓝以染，毋烧灰，毋暴布；门闾毋闭，关市毋索；挺重囚，益其食；游牝别群，则絷腾驹；班马政。

是月也：日长至，阴阳争，死生分。君子齐戒，处必掩身，毋躁；止声色，毋或进；薄滋味，毋致和；节耆欲，定心气；百官静事毋（刑）〔径〕；以定晏阴之所成。鹿角解，蝉始鸣，半夏生，木堇荣。

是月也：毋用火南方，可以居高明，可以远眺望，可以升山陵，可以处台榭。

仲夏行冬令，则雹冻伤谷，道路不通，暴兵来至；行春令，则五谷晚孰，百螣时起，其国乃饥；行秋令，则草木零落，果实早成，民殃于疫。

季夏之月，日在柳，昏火中，旦奎中。其日丙丁。其帝炎帝，其神祝融。其虫羽。其音徵，律中林钟。其数七。其味苦，其臭焦。其祀灶，祭先肺。

温风始至，蟋蟀居壁，鹰乃学习，腐草为萤。

天子居明堂右个；乘朱路，驾赤骝，载赤旂；衣朱衣，服赤玉；食菽与鸡。其器高以粗。命渔师伐蛟、取鼍、登龟、取鼋。命泽人纳材苇。

是月也：命四监，大合百县之秩刍，以养牺牲；令民无不咸出其力，以共皇天上帝、名山大川、四方之神，以祠宗庙社稷之灵，以为民祈福。

是月也：命妇官染采，黼黻文章必以法故，无或差贷；黑黄仓赤，莫不质良，毋敢诈伪；以给郊庙祭祀之服，以为旗章，以别贵贱等（给）〔级〕之度。

是月也，树木方盛。乃命虞人入山行木，毋有斩伐。不可以兴土功，不可以合诸侯，不可以起兵动众。毋举大事以摇养气，毋发令而待，以妨神农之事也。水潦盛昌，神农将持功，举大事则有天殃。

是月也：土润溽暑，大雨时行，烧薙行水，利以杀草，如以热汤。可以粪田畴，可以美土疆。

季夏行春令，则谷实鲜落，国多风咳，民乃迁徙；行秋令，则丘隰水潦，禾稼不孰，乃多女灾；行冬令，则风寒不时，鹰隼蚤鸷，四鄙入保。

中央土，其日戊巳；其帝黄帝，其神后土；其虫倮；其音宫，律中黄钟之宫；其数五；其味甘，其臭香；其祀中霤，祭先心。

天子居大庙大室；乘大路，驾黄骝，载黄旂；衣黄衣，服黄玉；食稷与牛。其器圜以闳。

孟秋之月，日在翼，昏建星中，旦毕中。其日庚辛。其帝少皞，其神蓐收。其虫毛。其音商，律中夷则。其数九。其味辛，其臭腥。其祀门，祭先肝。

凉风至，白露降，寒蝉鸣，鹰乃祭鸟，用始行戮。

天子居总章左个；乘戎路，驾白骆，载白旂；衣白衣，服白玉；食麻与犬。其器廉以深。

是月也，以立秋。先立秋三日，大史谒之天子曰：“某日立秋，盛德在金。”天子乃齐。立秋之日，天子亲帅三公、九卿、诸侯、大夫以迎秋于西郊；还反，赏军帅武人于朝。天子乃命将帅选士厉兵，简练桀俊，专任有功以征不义，诘诛暴慢以明好恶，顺彼远方。

是月也：命有司修法制，缮囹圄，具桎梏，禁止奸，慎罪邪，务搏执；命理瞻伤、察创、视折、审断，决狱讼，必端平，戮有罪，严断刑。天地始肃，不可以赢。

是月也：农乃登谷。天子尝新，先荐寝庙。命百官始收敛，完堤防，谨壅塞，以备水潦；修宫室，坏墙垣，补城郭。

是月也，毋以封诸侯、立大官，毋以割地、行大使、出大币。

孟秋行冬令，则阴气大胜，介虫败谷，戎兵乃来；行春令，则其国乃旱，阳气复还，五谷无实；行夏令，则国多火灾，寒热不节，民多疟疾。

仲秋之月，日在角，昏牵牛中，旦觜觿中。其日庚辛。其帝少皞，其神蓐收。其虫毛。其音商，律中南吕。其数九。其味辛，其臭腥。其祀门，祭先肝。

盲风至，鸿雁来，玄鸟归，群鸟养羞。

天子居总章大庙；乘戎路，驾白骆，载白旂；衣白衣，服白玉；食麻与犬。其器廉以深。

是月也：养衰老，授几杖，行糜粥饮食。乃命司服，具饬衣裳，文绣有恒，制有小大，度有（长）短〔长〕。衣服有量，必循其故。冠带有常。乃命有司申严百刑，斩杀必当，毋或枉桡；枉桡不当，反受其殃。

是月也：乃命宰祝循行牺牲，视全具；案刍豢，瞻肥瘠；察物色，必比类；量小大，视长短，皆中度。五者备当，上帝其飨。天子乃难，以达秋气；以犬尝麻，先荐寝庙。

是月也，可以筑城郭，建都邑，穿窦窖，修囷仓。乃命有司趣民收敛，务畜菜，多积聚。乃劝种麦，毋或失时；其有失时，行罪无疑。

是月也：日夜分，雷〔乃〕始收（声），蛰虫坏户；杀气浸盛，阳气日衰，水始涸。日夜分，则同度量，平权衡，正钧石，角斗甬。

是月也：易关市，来商旅，纳货贿，以便民事。四方来集，远乡皆至，则财不匮，上无乏用，百事乃遂。凡举大事，毋逆（大）〔天〕数，必顺其时，慎因其类。

仲秋行春令，则秋雨不降，草木生荣，国乃有恐；行夏令，则其国乃旱，蛰虫不藏，五谷复生；行冬令，则风灾数起，收雷先行，草木蚤死。

季秋之月，日在房，昏虚中，旦柳中。其日庚辛。其帝少皞，其神蓐收。其虫毛。其音商，律中无射。其数九。其味辛，其臭腥。其祀门，祭先肝。

鸿雁来，宾爵入大水为蛤，鞠有黄华，豺乃祭兽戮禽。

天子居总章右个；乘戎路，驾白骆，载白旂；衣白衣，服白玉；食麻与犬。其器廉以深。

是月也：申严号令，命百官贵贱无不务内，以会天地之藏，无有宣出；乃命冢宰：农事备收，举五谷之要，藏帝藉之收于神仓，祇敬必饬。

是月也，霜始降，则百工休。乃命有司曰："寒气总至，民力不堪，其皆入室！"上丁，命乐正入学习吹。

是月也：大飨帝，尝，牺牲告备于天子。合诸侯，制百县，为来岁受朔日与诸侯所税于民轻重之法、贡职之数，以远近土地所宜为度，以给郊庙之事，无有所私。

是月也：天子乃教于田猎，以习五戎，班马政；命仆及七驺咸驾，载旌旐，授车以级，整设于屏外。司徒搢扑；北面〔以〕誓之。天子乃厉饰，执弓挟矢以猎；命主祠祭禽于四方。

是月也：草木黄落，乃伐薪为炭。蛰虫咸俯在（内）〔穴〕，皆墐其户。乃趣狱刑，毋留有罪。收禄秩之不当、供养之不宜者。

是月也，天子乃以犬尝稻，先荐寝庙。

季秋行夏令，则其国大水，冬藏殃败，民多鼽嚏；行冬令，则国多盗贼，边竟不宁，土地分裂；行春令，则暖风来至，民气解惰，师兴不居。

孟冬之月，日在尾，昏危中，旦七星中。其日壬癸。其帝颛顼，其神玄冥。其虫介。其音羽，律中应钟。其数六。其味咸，其臭朽。其祀行，祭先肾。

水始冰，地始冻，雉入大水为蜃，虹藏不见。

天子居玄堂左个；乘玄路，驾铁骊，载玄旂；衣黑衣，服玄玉；食黍与彘。其器闳以奄。

是月也，以立冬。先立冬三日，大史谒之天子曰：“某日立冬，盛德在水。”天子乃齐。立冬之日，天子亲帅三公、九卿、大夫以迎冬于北郊；还反，赏死事，恤孤寡。

是月也：命大史衅龟策，占兆审卦，吉凶是察，阿党则罪，无有掩蔽。

是月也，天子始裘。命有司曰：“天气上腾，地气下降，天地不通，闭塞而成冬。”命百官谨盖藏。命司徒循行积聚，无有不敛；坏城郭，戒门闾；修键闭，慎管籥；固封疆，备边竟；完要塞，谨关梁，塞徯径；饬丧纪，辨衣裳，审棺椁之薄厚，（茔）〔营〕丘垄之（大）小〔大〕、高卑、（厚）薄〔厚〕之度，贵贱之等级。

是月也：命工师效功，陈祭器，案度程，毋或作为淫巧以荡上心；必功致为上。物勒工名，以考其诚；功有不当，必行其罪，以穷其情。

是月也，大饮烝。天子乃祈来年于天宗，大割祠于公社及门闾，腊先祖五祀；劳农以休息之。天子乃命将帅讲武、习射御、角力。

是月也，乃命水虞渔师收水泉池泽之赋。毋或敢侵削众庶兆民，以为天子取怨于下；其有若此者，行罪无赦。

孟冬行春令，则冻闭不密，地气上泄，民多流亡；行夏令，则国多暴风，方冬不寒，蛰虫复出；行秋令，则雪霜不时，小兵时起，土地侵削。

仲冬之月，日在斗，昏东壁中，旦轸中。其日壬癸。其帝颛顼，其神玄冥。其虫介。其音羽，律中黄钟。其数六。其味咸，其臭朽。其祀行。祭先肾。

冰益壮，地始坼，鹖旦不鸣，虎始交。

天子居玄堂大庙；乘玄路，驾铁骊，载玄旂；衣黑衣，服玄玉；食黍与彘。其器闳以奄。饬死事。命有司曰：土事毋作，慎毋发盖，毋发室屋及起大众，以固而闭。地气（沮）〔且〕泄，是谓发天地之房，诸蛰则死，民必疾疫，又随以丧。命之曰畅月。

是月也：命奄尹申宫令，审门（间）〔闾〕，谨房室，必重闭。省妇事，毋得淫，虽有贵戚近习，毋有不禁。乃命大酋：秫稻必齐，曲蘖必时，湛炽必洁，水泉必香，陶器必良，火齐必得。兼用六物，大酋监之，毋有差贷。天子命有司祈祀四海、大川、名源、渊泽、井泉。

是月也：农有不收藏积聚者，马牛畜兽有放佚者，取之不诘。山林薮泽，有能取蔬食、田猎禽兽者，野虞教道之；其有相侵夺者，罪之不赦。

是月也，日短至，阴阳争，诸生荡。君子齐戒，处必掩身。身欲宁，去声色，禁耆欲，安形性，事欲静，以待阴阳之所定。芸始生，荔挺出，蚯蚓结，麋角解，水泉动。日短至，则伐木取竹箭。

是月也：可以罢官之无事、去器之无用者，涂阙廷门闾，筑囹圄，此〔所〕以助天地之闭藏也。

仲冬行夏令，则其国乃旱，氛雾冥冥，雷乃发声；行秋令，则天时雨汁，瓜瓠不成，国有大兵；行春令，则蝗虫为败，水泉咸竭，民多疥疠。

季冬之月，日在婺女，昏娄中，日氐中。其日壬癸。其帝颛顼，其神玄冥。其虫介。其音羽，律中大吕。其数六。其味咸，其臭朽。其祀行，祭先肾。

雁北乡，鹊始巢，雉雊，鸡乳。

天子居玄堂右个：乘玄路，驾铁骊，载玄旂；衣黑衣，服玄玉；食黍与彘。其器闳以奄。命有司大难，旁磔，出土牛，以送寒气。征鸟厉疾。乃毕山川之祀，及帝之大臣、天之神祇。

是月也：命渔师始渔，天子亲往。乃尝鱼，先荐寝庙。冰方盛，水泽腹坚。命取冰，冰以入。令告民出五种。命农计耦耕事，修耒耜，具田器。命乐师大合吹而罢。乃命四监收秩薪柴，以共郊庙及百祀之薪燎。

是月也：日穷于次，月穷于纪，星回于天，数将几终，岁且更始。专而农民，毋有所使。天子乃与公卿、大夫共饬国典，论时令，以待来岁之宜。乃命大史次诸侯之列，赋之牺牲，以共皇天上帝社稷之飨。乃命同姓之邦，共寝庙之刍豢；命宰历卿大夫至于庶民土田之数，而赋牺牲，以共山林名川之祀。凡在天下九州之民者，无不咸献其力，以共皇天上帝、社稷寝庙、山林名川之祀。

季冬行秋令，则白露蚤降，介虫为妖，四鄙入保；行春令，则胎夭多伤，国多固疾，命之曰“逆”；行夏令，则水潦败国，时雪不降，冰冻消释。

曾子问

曾子问曰：“君薨而世子生，如之何？”孔子曰：“卿、大夫、士，从摄主，北面于西阶南。大祝裨冕，执束帛，升自西阶，尽等，不升堂，命毋哭。祝声三，告曰：‘某之子生，敢告。’升，奠币于殡东几上，哭降。众主人、卿、大夫、士，房中皆哭，不踊，尽一哀，反位。遂朝奠。小宰升，举币。

“三日，众主人、卿、大夫、士如初位，北面；大宰、大宗、大祝皆裨冕；少师奉子以衰，祝先，子从，宰、宗人从，入门，哭者止。子升自西阶，殡前北面。祝立于殡东南隅。祝声三，曰：‘某之子某，从执事，敢见。’子拜稽颡哭。祝、宰、宗人、众主人、卿、大夫、士，哭踊，三者三；降东反位。皆袒。子踊，房中亦踊，三者三；袭衰杖；亦出。大宰命祝、史以名遍告于五祀山川。”

曾子问曰：“如已葬而世子生，则如之何？”孔子曰：“大宰、大宗从大祝而告于祢。三月，乃名于祢，以名遍告及社稷、宗庙、山川。”

孔子曰：“诸侯适天子，必告于祖，奠于祢。冕而出视朝，命祝史告于（社稷）宗庙、山川。乃命国家五官而后行，道而出。告者五日而遍，过是非礼也。凡告用牲币，反亦如之。

“诸侯相见，必告于祢。朝服而出视朝，命祝史告于五庙、所过山川。亦命国家五官道而出。反必亲告于祖祢。乃命祝史告至于前所告者，而后听朝而入。”

曾子问曰：“并有丧，如之何？何先何后？”孔子曰：“葬，先轻而后重；其奠也，先重而后轻：礼也。自启及葬不奠。行葬不哀次。反葬奠，而后辞于殡，遂修葬事。其虞也，先重而后轻，礼也。”孔子曰：“宗子虽七十，无无主妇。非宗子，虽无主妇可也。”

曾子问曰：“将冠子，冠者至，揖让而入，闻齐衰、大功之丧，如之何？”孔子曰：“内丧则废，外丧则冠而不醴，彻馔而扫，即位而哭。如冠者未至，则废。如将冠子而未及期日，而有齐衰、大功、小功之丧，则因丧服而冠。”“除丧不改冠乎？”孔子曰：“天子赐诸侯、大夫冕弁服于大庙。归设奠，服赐服，於斯乎有冠醮，无冠醴。父没而冠，则已冠扫地而祭于祢，已祭而见伯父、叔父，而后飨冠者。”

曾子问曰：“祭如之何则不行旅酬之事矣？”孔子曰：“闻之：小祥者，主人练祭而不旅，奠酬于宾，宾弗举，礼也。昔者鲁昭公练而举酬行旅，非礼也。孝公大祥，奠酬弗举，亦非礼也。”

曾子问曰：“大功之丧，可以与于馈奠之事乎？”孔子曰：“岂大功耳！自斩衰以下皆可，礼也。”曾子曰：“不以轻服而重相为乎？”孔子曰：“非此之谓也。天子、诸侯之丧，斩衰者奠。大夫，齐衰者奠。士则朋友奠，不足则取于大功以下者，不足则反之。”曾子问曰：“小功可以与于祭乎？”孔子曰：“何必小功耳！自斩衰以下与祭，礼也。”曾子曰：“不以轻丧而重祭乎？”孔子曰：“天子诸侯之丧祭也，不斩衰者不与祭。大夫，齐衰者与祭。士祭不足，则取于兄弟大功以下者。”曾子问曰：“相识有丧服，可以与于祭乎？”孔子曰：“缌不祭，又何助于人？”

曾子问曰：“废丧服，可以与于馈奠之事乎？”孔子曰：“说衰与奠，非礼也。以摈相可也。”

曾子问曰： “昏礼既纳币，有吉日，女之父母死，则如之何？”孔子曰：“婿使人吊。如婿之父母死，则女之家亦使人吊。父丧称父，母丧称母。父母不在，则称伯父、世母。婿已葬，婿之伯父致命女氏曰：‘某之子有父母之丧，不得嗣为兄弟，使某致命。’女氏许诺而弗敢嫁，礼也。婿免丧，女之父母使人请，婿弗取而后嫁之，礼也。女之父母死，婿亦如之。”

曾子问曰：“亲迎，女在途，而婿之父母死，如之何？”孔子曰：“女改服，布深衣，缟总，以趋丧。女在途，而女之父母死，则女反。”“如婿亲迎，女未至，而有齐衰、大功之丧，则如之何？”孔子曰：“男不入，改服于外次。女入，改服于内次。然后即位而哭。”

曾子问曰：“除丧则不复昏礼乎？”孔子曰：“祭，过时不祭，礼也。又何反于初？”

孔子曰：“嫁女之家，三夜不息烛，思相离也。取妇之家，三日不举乐，思嗣亲也。三月而庙见，称来妇也。择日而祭于祢，成妇之义也。”

曾子问曰：“女未庙见而死，则如之何？”孔子曰：“不迁于祖，不祔于皇姑，婿不杖，不菲，不次，归葬于女氏之党，示未成妇也。”曾子问曰：“取女有吉日而女死，如之何？”孔子曰：“婿齐衰而吊，既葬而除之。夫死亦如之。”

曾子问曰：“丧有二孤，庙有二主，礼与？”孔子曰：“天无二日，土无二王。尝禘郊社，尊无二上。未知其为礼也。昔者齐桓公亟举兵，作伪主以行；及反，藏诸祖庙。庙有二主，自桓公始也。丧之二孤：则昔者卫灵公适鲁，遭季桓子之丧，卫君请吊，哀公辞不得命；公为主，客入吊，康子立于门右，北面；公揖让，升自东阶，西乡；客升自西阶吊，公拜，兴哭，康子拜稽颡于位，有司弗辩也。今之二孤，自季康子之过也。”

曾子问曰：“古者师行必以迁庙主行乎？”孔子曰：“天子巡守，以迁庙主行，载于齐车，言必有尊也。今也取七庙之主以行，则失之矣。当七庙五庙无虚主。虚主者，唯天子崩、诸侯薨与去其国，与祫祭于祖，为无主耳。吾闻诸老聃曰：‘天子崩，国君薨，则祝取群庙之主而藏诸祖庙，礼也。卒哭成事，而后主各反其庙。君去其国，大宰取群庙之主以从，礼也。祫祭于祖，则祝迎四庙之主。主出庙、入庙，必跸。’老聃云。”

曾子问曰：“古者师行无迁主，则何主？”孔子曰：“主命。”问曰：“何谓也？”孔子曰：“天子诸侯将出，必以币帛皮圭告于祖祢，遂奉以出。载于齐车以行，每舍奠焉，而后就舍。反必告，设奠；卒，敛币玉，藏诸两阶之间，乃出。盖贵命也。”

子游问曰：“丧慈母如母，礼与？”孔子曰：“非礼也。古者男子外有傅，内有慈母，君命所使教子也，何服之有？昔者鲁昭公少丧其母，有慈母良；及其死也，公弗忍也，欲丧之。有司以闻曰：‘古之礼慈母无服。今也君为之服，是逆古之礼而乱国法也。若终行之，则有司将书之，以遗后世。无乃不可乎？’公曰：‘古者天子练冠以燕居。’公弗忍也，遂练冠以丧慈母。丧慈母，自鲁昭公始也。”

曾子问曰：“诸侯旅见天子，入门，不得终礼，废者几？”孔子曰：“四。”“请问之。”曰：“大庙火，日食，后之丧，雨沾服失容，则废。如诸侯皆在而日食，则从天子救日，各以其方色与其兵。大庙火，则从天子救火，不以方色与兵。”

曾子问曰：“诸侯相见，揖让入门，不得终礼，废者几？”孔子曰：“六。”“请问之。”曰：“天子崩，大庙火，日食，后、夫人之丧，雨沾服失容，则废。”

曾子问曰：“天子尝、禘、郊、社、五祀之祭，簠簋既陈，天子崩，后之丧，如之何？”孔子曰：“废。”曾子问曰：“当祭而日食、大庙火，其祭也如之何？”孔子曰：“接祭而已矣。如牲至未杀，则废。天子崩，未殡，五祀之祭不行。既殡而祭，其祭也，尸入，三饭不侑、酳不酢而已矣。自启至于反哭，五祀之祭不行。已葬而祭，祝毕献而已。”

曾子问曰：“诸侯之祭社稷，俎豆既陈，闻天子崩、后之丧，君薨、夫人之丧，如之何？”孔子曰：“废。自薨比至于殡，自启至于反哭，奉帅天子。”

曾子问曰：“大夫之祭，鼎俎既陈，笾豆既设，不得成礼，废者几？”孔子曰：“九。”“请问之。”曰：“天子崩，后之丧，君薨，夫人之丧，君之大庙火，日食，三年之丧，齐衰，大功，皆废。外丧自齐衰以下，行也。其齐衰之祭也，尸入，三饭不侑、酳不酢而已矣。大功，酢而已矣。小功，缌，室中之事而已矣。士之所以异者，缌不祭。所祭，于死者无服则祭。”

曾子问曰：“三年之丧，吊乎？”孔子曰：“三年之丧，练不群立，不旅行。君子礼以饰情，三年之丧而吊哭，不亦虚乎！”

曾子问曰：“大夫、士有私丧，可以除之矣；而有君服焉，其除之也如之何？”孔子曰：“有君丧服于身，不敢私服，又何除焉？于是乎有过时而弗除也。君之丧服除而后殷祭，礼也。”

曾子〔问〕曰："父母之丧，弗除可乎？"孔子曰："先王制礼，过时弗举，礼也。非弗能勿除也，患其过于制也，故君子过时不祭，礼也。"

曾子问曰："君薨既殡，而臣有父母之丧，则如之何？"孔子曰："归居于家，有殷事则之君所，朝夕否。"

曰："君既启，而臣有父母之丧，则如之何？"孔子曰："归哭而反送君。"曰："君未殡，而臣有父母之丧，则如之何？"孔子曰："归殡，反于君所，有殷事则归，朝夕否。大夫，室老行事；士则子孙行事。大夫内子有殷事，亦之君所，朝夕否。"

贱不诔贵，幼不诔长，礼也。唯天子，称天以诔之。诸侯相诔，非礼也。

曾子问曰："君出疆，以三年之戒，以椑从；君薨，其入如之何？"孔子曰："共殡服，则子麻弁绖、疏衰、菲、杖。入自阙，升自西阶。如小敛，则子免而从柩。入自门，升自阼阶。君、大夫、士一节也。"

曾子问曰："君之丧既引，闻父母之丧，如之何？"孔子曰："遂，既封而归。不俟子。"

曾子问曰："父母之丧既引，及途，闻君薨，如之何？"孔子曰："遂，既封，改服而往。"

曾子问曰："宗子为士，庶子为大夫，其祭也如之何？"孔子曰："以上牲祭于宗子之家，祝曰：'孝子某，为介子某，荐其常事。'若宗子有罪居于他国，庶子为大夫，其祭也，祝曰：'孝子某，使介子某，执其常事。'摄主不厌祭，不旅，不假，不绥祭，不配。布奠于宾，宾奠而不举。不归肉，其辞于宾曰：'宗兄

(宗弟、宗子)① 在他国，使某辞。'"

曾子问曰："宗子去在他国，庶子无爵而居者可以祭乎？"孔子曰："祭哉！""请问其祭如之何？"孔子曰："望墓而为坛，以时祭。若宗子死，告于墓，而后祭于家。宗子死，称名不言孝，身没而已。子游之徒有庶子祭者，以此若义也。今之祭者，不首其义，故诬于祭也。"

曾子问曰："祭必有尸乎？若厌祭亦可乎？"孔子曰："祭成丧者必有尸。尸必以孙，孙幼则使人抱之；无孙则取于同姓可也。祭殇必厌，盖弗成也。祭成丧而无尸，是殇之也。"

孔子曰："有阴厌，有阳厌。"曾子问曰："殇不祔祭，何谓阴厌阳厌？"孔子曰："宗子为殇而死，庶子弗为后也。其吉祭特牲。祭殇不举〔肺〕，无肵俎，无玄酒，不告利成，是谓阴厌。凡殇与无后者，祭于宗子之家，当室之白，尊于东房，是谓阳厌。"

曾子问曰："葬引〔既〕至于堩，日有食之，则有变乎？且不乎？"孔子曰："昔者吾从老聃助葬于巷党，及堩，日有食之。老聃曰：'丘！止柩就道右，止哭以听变。'既明，反而后行。曰：'礼也。'反葬而丘问之曰：'夫柩不可以反者也。日有食之，不知其已之迟数，则岂如行哉？'老聃曰：'诸侯朝天子，见日而行，逮日而舍奠。大夫使，见日而行，逮日而舍。夫柩不蚤出，不莫宿。见星而行者，唯罪人与奔父母之丧者乎！日有食之，安知其不见星也？且君子行礼，不以人之亲痁患。'吾闻诸老聃云。"

曾子问曰："为君使而卒于舍，礼曰'公馆复，私馆不复'；凡所使之国，有司所授舍，则公馆已，何谓'私馆不复'也？"

---

① 或称"宗兄"，或称"宗弟"，或称"宗子"，因人而异。此处括弧不表示衍文。

孔子曰："善乎问之也！自卿、大夫、〔士〕之家曰私馆，公馆与公所为曰公馆。'公馆复'，此之谓也。"

曾子问曰："下殇，土周葬于园，遂舆机而往，途迩故也。今墓远，则其葬也如之何？"孔子曰："吾闻诸老聃曰：'昔者史佚有子而死，下殇也，墓远。召公谓之曰："何以不棺敛于宫中？"史佚曰："吾敢乎哉？"召公言于周公。周公曰："岂不可？"史佚行之。'下殇用棺衣棺，自史佚始也。"

曾子问曰："卿大夫将为尸于公，受宿矣，而有齐衰内丧，则如之何？"孔子曰："出舍于公馆以待事，礼也。"孔子曰："尸弁冕而出，卿、大夫、士皆下之，尸必式。必有前驱。"

子夏问曰："三年之丧，卒哭，金革之事无辟也者，礼与？初有司与？"孔子曰："夏后氏三年之丧，既殡而致事。殷人既葬而致事。〔周人卒哭而致事。〕《记》曰：'君子不夺人之亲，亦不可夺亲也。'此之谓乎！"

子夏曰："金革之事无辟也者，非与？"孔子曰："吾闻诸老聃曰：'昔者鲁公伯禽有为为之也。'今以三年之丧从其利者，吾弗知也！"

文王世子

文王之为世子，朝于王季日三。鸡初鸣而衣服，至于寝门外，问内竖之御者曰："今日安否何如？"内竖曰："安。"文王乃喜。及日中又至，亦如之。及莫又至，亦如之。其有不安节，则内竖以告文王，文王色忧，行不能正履。王季复膳，然后亦复初。

食上，必在视寒暖之节。食下，问所膳，命膳宰曰："末有原。"应曰："诺！"然后退。

武王帅而行之，不敢有加焉。文王有疾，武王不说冠带而养。文王一饭，亦一饭；文王再饭，亦再饭。旬有二日乃间。

文王谓武王曰："女何梦矣?"武王对曰："梦帝与我九龄。"文王曰："女以为何也?"武王曰："西方有九国焉，君王其终抚诸?"文王曰："非也。古者谓'年龄'，齿亦龄也。我百，尔九十，吾与尔三焉。"文王九十七乃终，武王九十三而终。

成王幼，不能莅阼。周公相，践阼而治；抗世子法于伯禽，欲令成王之知父子、君臣、长幼之道也。成王有过，则挞伯禽，所以示成王世子之道也。

——文王之为世子也。

凡学世子及学士，必时。春夏学干戈，秋冬学羽籥，皆于东序。小乐正学干，大胥赞之；籥师学戈，籥师丞赞之。胥鼓《南》。春诵夏弦，大师诏之。瞽宗秋学礼，执礼者诏之。冬读《书》，典书者诏之。礼在瞽宗，《书》在上庠。

凡祭与养老乞言、合语之礼，皆小乐正诏之于东序。大乐正学舞干戚、语说、命乞言，皆大乐正授数。大司成论说在东序。

凡侍坐于大司成者，远近间三席，可以问。终则负墙。列事未尽，不问。

凡学，春官释奠于其先师，秋、冬亦如之。凡始立学者，必释奠于先圣先师，及行事必以币。凡释奠者，必有合也，有国故则否。

凡大合乐，必遂养老。

凡语于郊者，必取贤敛才焉，或以德进，或以事举，或以言扬。曲艺皆誓之，以待又语。三而一有焉，乃进其等，以其序；谓之郊人，远之于成均，以及取爵于上尊也。

始立学者，既兴器用币，然后释菜，不舞不授器；乃退，傧于东序，一献，无介语。可也。

——教世子。

凡三王教世子必以礼乐。乐所以修内也，礼所以修外也。礼乐交错于中，发形于外，是故其成也怿，恭敬而温文。立大傅、少傅以养之，欲其知父子、君臣之道也。大傅审父子、君臣之道以示之。少傅奉世子以观大傅之德行而审喻之。大傅在前，少傅在后，入则有保，出则有师，是以教喻而德成也。师也者，教之以事而喻诸德者也。保也者，慎其身以辅翼之，而归诸道者也。《记》曰：“虞、夏、商、周，有师保，有疑丞。设四辅及三公，不必备，唯其人。”语使能也。君子曰：“德，德成而教尊，教尊而官正，官正而国治，君之谓也。”

仲尼曰：“昔者周公摄政，践阼而治，抗世子法于伯禽，所以善成王也。闻之曰：‘为人臣者，杀其身，有益于君，则为之。’况于其身以善其君乎？周公优为之。是故知为人子，然后可以为人父；知为人臣，然后可以为人君；知事人，然后能使人。成王幼，不能莅阼，以为世子，则无为也。是故抗世子法于伯禽，使之与成王居，欲令成王之知父子、君臣、长幼之义也。

“君之于世子也，亲则父也，尊则君也。有父之亲，有君之尊，然后兼天下而有之。是故养世子不可不慎也。行一物而三善皆得者，唯世子而已，其齿于学之谓也。故世子齿于学，国人观之曰：‘将君我而与我齿让，何也？’曰：‘有父在则礼然。’然而众知父子之道矣。其二曰：‘将君我而与我齿让，何也？’曰：‘有君在则礼然。’然而众著于君臣之义也。其三曰：‘将君我而与我齿让，何也？’曰：‘长长也。’然而众知长幼之节矣。故父在斯为子，君在斯谓之臣，居子与臣之节，所以尊君亲亲也。故学之为父子焉，学之为君臣焉，学之为长幼焉。父子、君臣、长幼之道得而国治。语曰：‘乐正司业，父师司成。一有元良，万国以贞。’世子之谓也。”

——周公践阼

庶子之正于公族者，教之以孝弟、睦友、子爱，明父子之义、长幼之序。其朝于公，内朝则东面北上，臣有贵者以齿；其在外朝，则以官，司士为之。其在宗庙之中，则如外朝之位，宗人授事，以爵以官。其登馂、献、受爵，则以上嗣。

庶子治之，虽有三命，不逾父兄。其公大事，则以其丧服之精粗为序，虽于公族之丧亦如之，以次主人。若公与族燕，则异姓为宾，膳宰为主人；公与父兄齿。族食，世降一等。

其在军，则守于公祢。公若有出疆之政，庶子以公族之无事者守于公宫，正室守大庙，诸父守（贵宫）贵室，诸子诸孙守下宫下室。

五庙之孙，祖庙未毁，虽为庶人，冠、取妻必告，死必赴，练、祥则告。族之相为也，宜吊不吊，宜免不免，有司罚之。至于赗赙承含，皆有正焉。

公族其有死罪，则磬于甸人。其刑罪，则纤刳，亦告于甸人。公族无宫刑。狱成，有司谳于公，其死罪，则曰："某之罪在大辟。"其刑罪，则曰："某之罪在小辟。"公曰："宥之。"有司又曰："在辟。"公又曰："宥之。"有司又曰："在辟。"及三宥，不对，走出，致刑于甸人。公又使人追之，曰："虽然，必赦之。"有司对曰："无及也。"反命于公。公素服不举，为之变；如其伦之丧，无服，亲哭之。

公族朝于内朝，内亲也。虽有贵者以齿，明父子也。外朝以官，体异姓也。宗庙之中，以爵为位，崇德也。宗人授事以官，尊贤也。登馂、受爵以上嗣，尊祖之道也。丧纪以服之轻重为序，不夺人亲也。公与族燕则以齿，而孝弟之道达矣。其族食世降一等，亲亲之杀也。战则守于公祢，孝爱之深也。正室守大庙，尊宗室，而君臣之道著矣。诸父诸兄守贵室，子弟守下室，而让道达矣。

五庙之孙，祖庙未毁，虽及庶人，冠、取妻必告，死必赴，不忘亲也。亲未绝而列于庶人，贱无能也。敬吊、临、赙、赗，睦友之道也。古者庶子之官治，而邦国有伦；邦国有伦，而众乡方矣。公族之罪，虽亲不以犯有司，正术也，所以体百姓也。刑于隐者，不与国人虑兄弟也。弗吊，弗为服，哭于异姓之庙，为忝祖，远之也。素服居外，不听乐，私丧之也，骨肉之亲无绝也。公族无宫刑，不翦其类也。

天子视学，大昕鼓征，所以警众也。众至，然后天子至，乃命有司行事，兴秩节，祭先师先圣焉。有司卒事反命，始之养也。适东序，释奠于先老，遂设三老、五更、群老之席位焉。适馔省醴，养老之珍具，遂发咏焉；退，修之以孝养也。反，登歌《清庙》；既歌而语，以成之也，言父子、君臣、长幼之道，合德音之致：礼之大者也。下管《象》，舞《大武》，大合众以事，达有神，兴有德也。正君臣之位、贵贱之等焉，而上下之义行矣。有司告以乐阕，王乃命公、侯、伯、子、男及群吏曰："反，养老（幼）于东序。"终之以仁也。

是故圣人之记事也，虑之以大，爱之以敬，行之以礼，修之以孝养，纪之以义，终之以仁。是故古之人一举事，而众皆知其德之备也。古之君子举大事必慎其终始，而众安得不喻焉？《兑命》曰："念终始典于学。"

《世子》之《记》曰："朝夕至于大寝之门外，问于内竖曰：'今日安否何如？'内竖曰：'今日安。'世子乃有喜色。其有不安节，则内竖以告世子，世子色忧不满容；内竖言'复初'，然后亦复初。朝夕之食上，世子必在视寒暖之节；食下，问所膳羞，必知所进，以命膳宰，然后退。若内竖言疾，则世子亲齐、玄而养。膳宰之馔，必敬视之；疾之药，必亲尝之。尝馔善，则世子亦能食；尝馔寡，世子亦不能饱。以至于复初，然后亦复初。"

礼 运

昔者仲尼与于蜡宾，事毕，出游于观之上，喟然而叹。仲尼之叹，盖叹鲁也。

言偃在侧，曰："君子何叹？"孔子曰："大道之行也，与三代之英，丘未之逮也，而有志焉。大道之行也，天下为公，选贤与能，讲信修睦，故人不独亲其亲，不独子其子；使老有所终，壮有所用，幼有所长，矜寡、孤独、废疾者皆有所养；男有分，女有归。货，恶其弃于地也，不必藏于己。力，恶其不出于身也，不必为己。是故谋闭而不兴，盗窃乱贼而不作。故外户而不闭，是谓大同。

“今大道既隐，天下为家，各亲其亲，各子其子，货、力为己；大人世及以为礼，城郭沟池以为固，礼义以为纪，以正君臣，以笃父子，以睦兄弟，以和夫妇，以设制度，以立田里，以贤勇知，以功为己。故谋用是作，而兵由此起。禹、汤、文、武、成王、周公，由此其选也。此六君子者，未有不谨于礼者也，以著其义，以考其信，著有过，刑仁讲让，示民有常。如有不由此者，在势者去，众以为殃。是谓小康。”

言偃复问曰：“如此乎礼之急也?”孔子曰：“夫礼，先王以承天之道，以治人之情，故失之者死，得之者生。《诗》曰：‘相鼠有体，人而无礼。人而无礼，胡不遄死!’是故夫礼，必本于天，殽于地，列于鬼神，达于丧、祭、射、（御）〔乡〕[①]、冠、昏、朝、聘。故圣人以礼示之，故天下国家可得而正也。”

言偃复问曰：“夫子之极言礼也，可得而闻与?”孔子曰：“我欲观夏道，是故之杞，而不足征也，吾得《夏时》焉。我欲观殷道，是故之宋，而不足征也，吾得《坤乾》焉。《坤乾》之义，《夏时》之等，吾以是观之。夫礼之初，始诸饮食，其燔黍捭豚，污尊而抔饮，蒉桴而土鼓，犹若可以致其敬于鬼神。及其死也，升屋而号，告曰：‘皋，某复!’然后饭腥而苴孰。故天望而地藏也，体魄则降，知气在上。故死者北首，生者南乡，皆从其初。昔者先王未有宫室，冬则居营窟，夏则居橧巢；未有火化，食草木之实、鸟兽之肉，饮其血，茹其毛；未有（麻）丝〔麻〕，衣其羽皮。后圣有作，然后修火之利，范金，合土，以为台榭宫室牖户；以炮，以燔，以亨，以炙，以为醴酪；治其（麻）丝〔麻〕，以为布帛；以养生送死，以事鬼神上帝，皆从其朔。故玄

---

① 据邵懿辰《礼经通论》改。

酒在室，醴醆在户，粢醍在堂，澄酒在下，陈其牺牲，备其鼎俎，列其琴瑟、管磬、钟鼓，修其祝嘏，以降上神与其先祖，以正君臣，以笃父子，以睦兄弟，以齐上下，夫妇有所，是谓承天之祜。作其祝号，玄酒以祭，荐其血毛，腥其俎，孰其殽；与其越席，疏布以幂；衣其浣帛；醴醆以献，荐其燔炙。君与夫人交献，以嘉魂魄，是谓合莫。然后退而合亨，体其犬、豕、牛、羊，实其簠、簋、笾、豆、铏、羹，祝以孝告，嘏以慈告，是谓大祥。此礼之大成也。"

孔子曰："呜呼哀哉！我观周道，幽、厉伤之，吾舍鲁何适矣！鲁之郊禘，非礼也，周公其衰矣！

"杞之郊也，禹也。宋之郊也，契也。是天子之事守也。故天子祭天地，诸侯祭社稷，祝嘏莫敢易其常古，是谓大假。

"祝嘏辞说，藏于宗祝巫史，非礼也，是谓幽国。醆斝及尸君，非礼也，是谓僭君。冕弁兵革，藏于私家，非礼也，是谓胁君。大夫具官，祭器不假，声乐皆具，非礼也，是谓乱国。故仕于公曰臣，仕于家曰仆。三年之丧与新有昏者，期不使。以衰裳入朝，与家仆杂居齐齿，非礼也，是谓君与臣同国。故天子有田以处其子孙，诸侯有国以处其子孙，大夫有采〔地〕以处其子孙，是谓制度。故天子适诸侯，必舍其祖庙，而不以礼籍入，是谓天子坏法乱纪；诸侯非问疾吊丧而入诸臣之家，是谓君臣为谑。是故礼者君之大柄也，所以别嫌明微，傧鬼神，考制度，别仁义，所以治政安君也。故政不正则君位危，君位危则大臣倍、小臣窃。刑肃而俗敝，则法无常；法无常而礼无列，礼无列则士不事也。刑肃而俗敝，则民弗归也。是谓疵国。

"故政者君之所以藏身也，是故夫政必本于天，殽以降命。命降于社之谓殽地，降于祖庙之谓仁义，降于山川之谓兴作，降于五祀之谓制度。此圣人所以藏身之固也。

"故圣人参于天地、并于鬼神以治政也；处其所存，礼之序也；玩其所乐，民之治也。故天生时而地生财，人其父生而师教之，四者君以正用之，故君者立于无过之地也。

“故君者所明也，非明人者也；君者所养也，非养人者也；君者所事也，非事人者也。故君明人则有过，养人则不足，事人则失位。故百姓则君以自治也，养君以自安也，事君以自显也。故礼达而分定，故人皆爱其死而患其生。故用人之知去其诈，用人之勇去其怒，用人之仁去其贪。故国有患，君死社稷，谓之义；大夫死宗庙，谓之变。

“故圣人耐以天下为一家，以中国为一人者，非意之也，必知其情，辟于其义，明于其利，达于其患，然后能为之。何谓人情？喜，怒，哀，惧，爱，恶，欲，七者弗学而能。何谓人义？父慈，子孝，兄良，弟弟，夫义，妇听，长惠，幼顺，君仁，臣忠，十者谓之人义。讲信修睦，谓之人利。争夺相杀，谓之人患。故圣人之所以治人七情，修十义，讲信修睦，尚辞让，去争夺，舍礼何以治之？饮食男女，人之大欲存焉。死亡贫苦，人之大恶存焉。故欲、恶者，心之大端也。人藏其心，不可测度也。美恶皆在其心，不见其色也，欲一以穷之，舍礼何以哉？

“故人者，其天地之德、阴阳之交、鬼神之会、五行之秀气也。故天秉阳、垂日星，地秉阴、窍于山川，播五行于四时，和而后月生也。是以三五而盈，三五而阙。五行之动，迭相竭也。五行、四时、十二月，还相为本也。五声、六律、十二管，还相为宫也。五味、六和、十二食，还相为（质）〔滑〕也。五色、六章、十二衣，还相为质也。故人者，天地之心也，五行之端也，食味、别声、被色而生者也。

“故圣人作则，必以天地为本，以阴阳为端，以四时为柄，以日星为纪，月以为量，鬼神以为徒，五行以为质，礼义以为器，人情以为田，四灵以为畜。以天地为本，故物可举也。以阴阳为端，故情可睹也。以四时为柄，故事可劝也。以日星为纪，故事可列也。月以为量，故功有艺也。鬼神以为徒，故事有守也。五行以为质，故事可复也。礼义以为器，故事行有考也。人情以为田，故人以为奥也。四灵以为畜，故饮食有由也。

“何谓四灵？麟、凤、龟、龙，谓之四灵。故龙以为畜，故鱼鲔不淰；凤以为畜，故鸟不（獝）〔翿〕；麟以为畜，故兽不狘；龟以为畜，故人情不失。

“故先王秉蓍龟，列祭祀，瘗缯，宣祝嘏辞说，设制度。故国有礼，官有御，事有职，礼有序，故先王患礼之不达于下也。故祭帝于郊，所以定天位也；祀社于国，所以列地利也；祖庙，所以本仁也；山川，所以傧鬼神也；五祀，所以本事也。故宗祝在庙，三公在朝，三老在学，王前巫而后史，卜筮瞽侑皆在左右，王中心无为也，以守至正。故礼行于郊，而百神受职焉；礼行于社，而百货可极焉；礼行于祖庙，而孝慈服焉；礼行于五祀，而正法则焉。故自郊社、祖庙、山川、五祀，义之修而礼之藏也。

“是故夫礼，必本于大一，分而为天地，转而为阴阳，变而为四时，列而为鬼神，其降曰命，其官于天也。夫礼必本于天，动而之地，列而之事，变而从时，协于分艺。其居人也曰养，其行之以货力、辞让、饮食、冠昏、丧祭、射（御）〔乡〕、朝聘。故礼义也者，人之大端也，所以讲信修睦，而固人之肌肤之会、筋骸之束也；所以养生、送死、事鬼神之大端也，所以达天道、顺人情之大窦也。故唯圣人为知礼之不可以已也。故坏国、丧家、亡人，必先去其礼。

“故礼之于人也，犹酒之有糵也，君子以厚，小人以薄。故圣王修义之柄、礼之序，以治人情。故人情者，圣王之田也，修礼以耕之，陈义以种之，讲学以耨之，本仁以聚之，播乐以安之。故礼也者，义之实也；协诸义而协，则礼虽先王未之有，可以义起也。义者，艺之分、仁之节也。协于艺，讲于仁，得之者强。仁者，义之本也，顺之体也，得之者尊。故治国不以礼，犹无耜而耕也；为礼不本于义，犹耕而弗种也；为义而不讲之以学，犹种而弗耨也；讲之以学而不合之以仁，犹耨而弗获也；合之以仁而不安之以乐，犹获而弗食也；安之以乐而不达于顺，犹食而弗肥也。四体既正，肤革充盈，人之肥也；父子笃，兄弟睦，夫妇和，家之肥也。大臣法，小臣廉，官职相序，君臣相正，国之肥也；天子以德为车，以乐为御，诸侯以礼相与，大夫以法相序，士以信相考，百姓以睦相守，天下之肥也。是谓大顺。大顺者，所以养生、送死、事鬼神之常也。故事大积焉而不苑，并行而不缪，细行而不失；深而通，茂而有间，连而不相及也，动而不相害也：此顺之至也。故明于顺，然后能守危也。故礼之不同也，不丰也，不杀也，所以持情而合危也。

“故圣王所以顺，山者不使居川，不使渚者居中原，而弗敝也。用水、火、金、木，饮食必时。合男女，颁爵位，必当年德。用民必顺。故无水旱昆虫之灾，民无凶饥妖孽之疾。故天不爱其道，地不爱其宝，人不爱其情。故天降膏露，地出醴泉，山出器车，河出马图，凤皇麒麟皆在郊棷，龟龙在宫沼，其余鸟兽之卵胎皆可俯而窥也。则是无故，先王能修礼以达义、体信以达顺故。此顺之实也。”

礼 器

礼器，是故大备。大备，盛德也。

礼，释回，增美质，措则正，施则行。其在人也，如竹箭之有筠也，如松柏之有心也，二者居天下之大端矣，故贯四时而不改柯易叶。故君子有礼，则外谐而内无怨。故物无不怀仁，鬼神飨德。

先王之立礼也，有本有文。忠信，礼之本也。义理，礼之文也。无本不立，无文不行。礼也者，合于天时，设于地财，顺于鬼神，合于人心，理万物者也。是故天时有生也，地理有宜也，人官有能也，物曲有利也。故天不生，地不养，君子不以为礼，鬼神弗飨也。居山以鱼鳖为礼，居泽以鹿豕为礼，君子谓之不知礼。故必举其定国之数，以为礼之大经；礼之大伦，以地广狭；礼之薄厚，与年之上下。是故年虽大杀，众不匡惧，则上之制礼也节矣。

礼，时为大，顺次之，体次之，宜次之，称次之。尧授舜，舜授禹，汤放桀，武王伐纣，时也。《诗》云：“匪革其犹，聿追来孝。”天地之祭，宗庙之事，父子之道，君臣之义，伦也。社稷山川之事，鬼神之祭，体也。丧祭之用，宾客之交，义也。羔豚而祭，百官皆足；大牢而祭，不必有余：此之谓称也。

诸侯以龟为宝，以圭为瑞，家不宝龟、不藏圭、不台门，言有称也。

礼有以多为贵者。天子七庙，诸侯五，大夫三，士一。天子之豆二十有六，诸公十有六，诸侯十有二，上大夫八，下大夫六。诸侯七介七牢，大夫五介五牢。天子之席五重，诸侯之席三重，大夫再重。天子崩，七月而葬，五重八翣；诸侯五月而葬，三重六翣；大夫三月而葬，再重四翣。此以多为贵也。

有以少为贵者。天子无介，祭天特牲。天子适诸侯，诸侯膳以犊。诸侯相朝，灌用郁鬯，无笾豆之荐。大夫聘礼以脯醢。天子一食，诸侯再，大夫、士三，食力无数。大路繁缨一就，次路繁缨（七）〔五〕就。圭璋，特；琥璜，爵。鬼神之祭单席。诸侯视朝，大夫特，士旅之。此以少为贵也。

有以大为贵者。宫室之量，器皿之度，棺椁之厚，丘封之大，此以大为贵也。

有以小为贵者。宗庙之祭，贵者献以爵，贱者献以散，尊者举觯，卑者举角。五献之尊，门外缶，门内壶，君尊瓦甒。此以小为贵也。

有以高为贵者。天子之堂九尺，诸侯七尺，大夫五尺，士三尺。天子、诸侯台门。此以高为贵也。

有以下为贵者。至敬不坛，扫地而祭。天子、诸侯之尊废禁，大夫、士棜禁。此以下为贵也。

礼有以文为贵者。天子龙衮，诸侯黼，大夫黻，士玄衣纁裳。天子之冕，朱绿藻，十有二旒；诸侯九，上大夫七，下大夫五，士三。此以文为贵也。

有以素为贵者。至敬无文。父党无容。大圭不琢。大羹不和。大路素而越席。牺尊疏布鼏。樿杓。此以素为贵也。

孔子曰：“礼不可不省也。”礼不同，不丰，不杀，此之谓也。盖言称也。

礼之以多为贵者，以其外心者也。德发扬，诩万物，大理物博，如此则得不以多为贵乎？故君子乐其发也。礼之以少为贵者，以其内心者也。德产之致也精微，观天下之物无可以称其德者，如此则得不以少为贵乎？是故君子慎其独也。古之圣人，内之为尊，外之为乐，少之为贵，多之为美，是故先王之制礼也，不可多也，不可寡也，唯其称也。

是故君子大牢而祭，谓之礼；匹士大牢而祭，谓之攘。管仲镂簋、朱纮，山节、藻棁，君子以为滥矣。晏平仲祀其先人，豚肩不掩豆，浣衣濯冠以朝，君子以为隘矣。是故君子之行礼也，不可不慎也。——众之纪也，纪散而众乱。孔子曰：“‘我战则克，祭则受福。’盖得其道矣。”

君子曰：“祭祀不祈。不麾蚤。不乐葆大。不善嘉事。牲不及肥大。荐不美多品。”

孔子曰：“臧文仲安知礼？夏父弗綦逆祀，而弗止也。燔柴于奥。夫奥者，老妇之祭也，盛于盆，尊于瓶。”

礼也者，犹体也。体不备，君子谓之不成人。设之不当，犹不备也。礼有大，有小，有显，有微，大者不可损，小者不可益，显者不可掩，微者不可大也。故经礼三百，曲礼三千，其致一也。未有入室而不由户者。

君子之于礼也，有所竭情尽慎，致其敬而诚若，有美而文而诚若。君子之于礼也，有直而行也，有曲而杀也，有经而等也，有顺而讨也，有摲而播也，有推而进也，有放而文也，有放而不致也，有顺而摭也。三代之礼一也，民共由之。或素或青，夏造殷因。〔夏立尸而卒祭。殷坐尸；〕周坐尸，诏侑（武）〔无〕方，其礼亦然。其道一也。（夏立尸而卒祭，殷坐尸，）周旅酬六尸。曾子曰：“周礼其犹醵与！”

君子曰：礼之近人情者，非其至者也。郊血，大飨腥，三献爓，一献孰。是故君子之于礼也，非作而致其情也，此有由始也。是故七介以相见也，不然则已悫；三辞三让而至，不然则已蹙。故鲁人将有事于上帝，必先有事于頖宫；晋人将有事于河，必先有事于恶池；齐人将有事于泰山，必先有事于配林。三月系，七日戒，三日宿，慎之至也。故礼有摈诏，乐有相步，温之至也。

礼也者，反本（修）〔循〕古，不忘其初者也。故凶事不诏，朝事以乐，醴酒之用，玄酒之尚，割刀之用，鸾刀之贵，莞簟之安，而稿鞂之设。是故先王之制礼也，必有主也，故可述而多学也。

君子曰："无节于内者，观物弗之察矣。欲察物而不由礼，弗之得矣。"故作事不以礼，弗之敬矣；出言不以礼，弗之信矣。故曰：礼也者，物之致也。

是故昔先王之制礼也，因其财物而致其义焉尔。故作大事必顺天时，为朝夕必放于日月，为高必因丘陵，为下必因川泽。是故天时雨泽，君子达亹亹焉。

是故昔先王尚有德，尊有道，任有能，举贤而置之，聚众而誓之。是故因天事天，因地事地，因名山升中于天，因吉土以飨帝于郊。升中于天，而凤皇降，龟龙假；飨帝于郊，而风雨节，寒暑时。是故圣人南面而立，而天下大治。

天道至教，圣人至德。庙堂之上，罍尊在阼，牺尊在西。庙堂之下，县鼓在西，应鼓在东。君在阼，夫人在房。大明生于东，月生于西。此阴阳之分，夫妇之位也。君西酌牺象，夫人东酌罍尊，礼交动乎上，乐交应乎下，和之至也。

礼也者，反其所自生。乐也者，乐其所自成。是故先王之制礼也以节事，修乐以道志。故观其礼乐而治乱可知也。蘧伯玉曰："君子之人达。"故观其器而知其工之巧，观其发而知其人之知。

故曰：君子慎其所以与人者。

大庙之内敬矣：君亲牵牲，大夫赞币而从；君亲制祭，夫人荐盎；君亲割牲，夫人荐酒；卿大夫从君，命妇从夫人：洞洞乎其敬也！属属乎其忠也！勿勿乎其欲其飨之也！纳牲诏于庭，血毛诏于室，羹定诏于堂，三诏皆不同位，盖道求而未之得也。设祭于堂，为祊乎外，故曰：于彼乎？于此乎？

一献质，三献文，五献察，七献神。

大飨其王事与！三牲、鱼腊，四海九州之美味也。笾豆之荐，四时之和气也。内金，示和也。束帛加璧，尊德也。龟为前列，先知也。金次之，见情也。丹、漆、丝、纩、竹、箭，与众共财也。其余无常货，各以其国之所有，则致远物也。其出也，《肆夏》而送之，盖重礼也。

祀帝于郊，敬之至也。宗庙之祭，仁之至也。丧礼，忠之至也。备服器，仁之至也。宾客之用币，义之至也。故君子欲观仁义之道，礼其本也。

君子曰：甘受和，白受采，忠信之人可以学礼。苟无忠信之人，则礼不虚道。是以得其人之为贵也。

孔子曰："诵诗三百，不足以一献。一献之礼，不足以大飨。大飨之礼，不足以大旅。大旅具矣，不足以飨帝。""毋轻议礼！"

子路为季氏宰。季氏祭，逮暗而祭；日不足，继之以烛。虽有强力之容、肃敬之心，皆倦怠矣。有司跛倚以临祭，其为不敬大矣！他日祭，子路与，室事交乎户，堂事交乎阶，质明而始行事，晏朝而退。孔子闻之，曰："谁谓由也而不知礼乎！"

郊特牲

郊特牲，而社稷大牢。天子适诸侯，诸侯膳用犊。诸侯适天子，天子赐之礼大牢。贵诚之义也，故天子牲孕弗食也，祭帝弗用也。

大路繁缨一就，先路三就，次路五就。

郊血，大飨腥，三献爓，一献孰。至敬不飨味，而贵气臭也。诸侯为宾，灌用郁鬯。灌用臭也，大飨尚腶脩而已矣。

大飨，君三重席而酢焉。三献之介，君专席而酢焉。此降尊以就卑也。

飨（禘）〔礿〕有乐，而食尝无乐，阴阳之义也。凡饮，养阳气也。凡食，养阴气也。故春（禘）〔礿〕而秋尝，春飨孤子，秋食耆老，其义一也，而食尝无乐。饮，养阳气也，故有乐。食，养阴气也，故无声。凡声，阳也。

鼎俎奇而笾豆偶，阴阳之义也。笾豆之实，水土之品也，不敢用亵味而贵多品，所以交于旦明之义也。

宾入大门而奏《肆夏》，示易以敬也。卒爵而乐阕，孔子屡叹之。奠酬而工升歌，发德也。歌者在上，匏竹在下，贵人声也。乐由阳来者也，礼由阴作者也，阴阳和而万物得。

旅币无方，所以别土地之宜，而节远迩之期也。龟为前列，先知也。以钟次之，以和居参之也。虎豹之皮，示服猛也。束帛加璧，往德也。

庭燎之百，由齐桓公始也。大夫之奏《肆夏》也，由赵文子始也。

朝觐，大夫之私觌非礼也。大夫执圭而使，所以申信也；不敢私觌，所以致敬也。而庭实私觌，何为乎诸侯之庭？为人臣者无外交，不敢贰君也。

大夫而飨君，非礼也。大夫强而君杀之，义也（由三桓始也）。天子无客礼，莫敢为主焉。君适其臣，升自阼阶，不敢有其室也。

觐礼，天子不下堂而见诸侯。下堂而见诸侯，天子之失礼也，由夷王以下。

诸侯之宫县，而祭以白牡，击玉磬，朱干设钖，冕而舞《大武》，乘大路，诸侯之僭礼也。台门而旅树，反坫，绣黼丹朱中衣，大夫之僭礼也。

故天子微，诸侯僭；大夫强，诸侯胁；于此相贵以等，相觌以货，相赂以利，而天下之礼乱矣。诸侯不敢祖天子，大夫不敢祖诸侯，而公庙之设于私家，非礼也，由三桓始也。

天子存二代之后，犹尊贤也。尊贤不过二代。

诸侯不臣寓公，故古者寓公不继世。

君之南乡，答阳之义也。臣之北面，答君也。大夫之臣不稽首，非尊家臣，以辟君也。

大夫有献弗亲，君有赐不面拜，为君之答己也。

乡人裼。孔子朝服立于阼，存室神也。

孔子曰："射之以乐也，何以听？何以射？"孔子曰："士，使之射，不能则辞以疾，县弧之义也。"

孔子曰："三日齐，一日用之，犹恐不敬。二日伐鼓，何居？"

孔子曰："绎之于库门内，祊之于东方，朝市之于西方，失之矣。"

社祭土而主阴气也，君南乡于北墉下，答阴之义也。日用甲，用日之始也。天子大社，必受霜露风雨，以达天地之气也。是故丧国之社屋之，不受天阳也；薄社北牖，使阴明也。

社，所以神地之道也。地载万物，天垂象。取财于地，取法于天，是以尊天而亲地也，故教民美报焉。家主中霤，而国主社，示本也。唯为社事，单出里；唯为社田，国人毕作；唯社，丘乘共粢盛：所以报本反始也。

季春出火，为焚也。然后简其车赋而历其卒伍，而君亲誓社，以习军旅，左之右之，坐之起之，以观其习变也。而流示之禽，而盐诸利，以观其不犯命也。求服其志，不贪其得。故以战则克，以祭则受福。

天子适四方，先柴。

郊之祭也，迎长日之至也，大报天而主日也。兆于南郊，就阳位也。扫地而祭，于其质也。器用陶匏，以象天地之性也。于郊，故谓之郊。牲用骍，尚赤也；用犊，贵诚也。

郊之用辛也。周之始郊，日以至。

卜郊，受命于祖庙，作龟于祢宫，尊祖亲考之义也。卜之日，王立于泽，亲听誓命，受教谏之义也。献命库门之内，戒百官也。大庙之命，戒百姓也。

祭之日，王皮弁以听祭报，示民严上也。丧者不哭，不敢凶服，泛扫反道，乡为田烛。弗命而民听上。

祭之日，王被衮以象天；戴冕璪十有二旒，则天数也；乘素车，贵其质也；旂十有二旒，龙章而设日月，以象天也。天垂象，圣人则之，郊所以明天道也。

帝牛不吉，以为稷牛。帝牛必在涤三月，稷牛唯具，所以别事天神与人鬼也。

万物本乎天，人本乎祖，此所以配上帝也。郊之祭也，大报本反始也。

天子大蜡八。伊耆氏始为蜡。蜡也者，索也；岁十二月，合聚万物而索飨之也。蜡之祭也，主先啬而祭司啬也。祭百种，以报啬也。

飨农及邮表畷、禽兽，仁之至，义之尽也。古之君子，使之必报之。迎猫，为其食田鼠也。迎虎，为其食田豕也。迎而祭之也。

祭坊与水庸，事也。曰："土反其宅，水归其壑，昆虫毋作，草木归其泽。"

皮弁素服而祭。素服，以送终也。葛带榛杖，丧杀也。蜡之祭，仁之至，义之尽也。黄衣黄冠而祭，息田夫也。野夫黄冠。黄冠，草服也。

大罗氏，天子之掌鸟兽者也。诸侯贡属焉，草笠而至，尊野服也。罗氏致鹿与女，而诏客告也，以戒诸侯曰："好田、好女者亡其国。”

天子树瓜华，不敛藏之种也。八蜡，以记四方。四方年不顺成，八蜡不通，以谨民财也。顺成之方，其蜡乃通，以移民也。既蜡而收，民息已，故既蜡君子不兴功。

恒豆之菹，水草之和气也；其醢，陆产之物也。加豆，陆产也；其醢，水物也。笾豆之荐，水土之品也，不敢用常亵味而贵多品，所以交于神明之义也，非食味之道也。

先王之荐可食也，而不可耆也。卷冕路车，可陈也，而不可好也。《武》，壮而不可乐也。宗庙之威，而不可安也。宗庙之器，可用也，而不可便其利也。所以交于神明者，不可以同于所安乐之义也。

酒醴之美，玄酒明水之尚，贵五味之本也。黼黻文绣之美，疏布之尚，反女功之始也。莞簟之安，而蒲越、稿鞂之尚，明之也。大羹不和，贵其质也。大圭不琢，美其质也。丹漆雕几之美，素车之乘，尊其朴也。贵其质而已矣，所以交于神明者，不可同于所安亵之甚也，如是而后宜。

鼎俎奇而笾豆偶，阴阳之义也。黄目，郁气之上尊也。黄者，中也；目者，气之清明者也；言酌于中而清明于外也。

祭天，扫地而祭焉，于其质而已矣。醯醢之美，而煎盐之尚，贵天产也。割刀之用，而鸾刀之贵，贵其义也，声和而后断也。

冠义：始冠之，缁布之冠也。大古冠布，齐则缁之。其緌也，孔子曰：“吾未之闻也。”冠而敝之可也。適子冠于阼，以著代也；醮于客位，加有成也；三加弥尊，喻其志也；冠而字之，敬其名也。委貌，周道也。章甫，殷道也。毋追，夏后氏之道也。周弁，殷冔，夏收，三王共皮弁素积。

无大夫冠礼，而有其昏礼。古者五十而后爵，何大夫冠礼之有？诸侯之有冠礼，夏之末造也。

天子之元子，士也。天下无生而贵者也。继世以立诸侯，象贤也。以官爵人，德之杀也。

死而谥，今也。古者生无爵，死无谥。

礼之所尊，尊其义也。失其义，陈其数，祝史之事也。故其数可陈也，其义难知也；知其义而敬守之，天子之所以治天下也。

天地合，而后万物兴焉。夫昏礼，万世之始也。取于异姓，所以附远厚别也。

币必诚，辞无不腆，告之以直信。信，事人也。信，妇德也。壹与之齐，终身不改，故夫死不嫁。

男子亲迎，男先于女，刚柔之义也。天先乎地，君先乎臣，其义一也。

执挚以相见，敬章别也。男女有别，然后父子亲；父子亲，然后义生；义生，然后礼作；礼作，然后万物安。无别无义，禽兽之道也。

婿亲御授绥，亲之也。亲之也者，亲之也。敬而亲之，先王之所以得天下也。出乎大门而先，男帅女，女从男，夫妇之义由此始也。

妇人，从人者也，幼从父兄，嫁从夫，夫死从子。夫也者，夫也。夫也者，以知帅人者也。玄冕齐戒，鬼神阴阳也。将以为社稷主，为先祖后，而可以不致敬乎？

共牢而食，同尊卑也；故妇人无爵，从夫之爵，坐以夫之齿。器用陶匏，尚礼然也。三王作牢，用陶匏。

厥明（妇盥馈），舅姑卒食。妇馂余，私之也。舅姑降自西阶，妇降自阼阶，授之室也。

昏礼不用乐，幽阴之义也。乐，阳气也。昏礼不贺，人之序也。

有虞氏之祭也，尚用气。血、腥、爓，祭用气也。殷人尚声：臭味未成，涤荡其声；乐三阕，然后出迎牲。声音之号，所以诏告于天地之间也。周人尚臭：灌用鬯臭，郁合鬯，臭阴达于渊泉。灌以圭璋，用玉气也；既灌，然后迎牲，致阴气也。萧合黍稷，臭阳达于墙屋，故既奠，然后焫萧合（膻）〔馨〕芗。凡祭，慎诸此。魂气归于天，形魄归于地，故祭求诸阴阳之义也。殷人先求诸阳。周人先求诸阴。

诏祝于室，坐尸于堂，用牲于庭，升首于室。直祭祝于主，索祭祝于祊。不知神之所在，于彼乎？于此乎？或诸远人乎？祭于祊，尚曰求诸远者与？

祊之为言倞也。肵之为言敬也。富也者，福也。首也者，直也。相，飨之也。嘏，长也，大也。尸，陈也。毛、血，告幽全之物也；告幽全之物者，贵纯之道也。血祭，盛气也。祭肺肝心，贵气主也。祭黍稷加肺，祭齐加明水，报阴也。取膟膋燔燎，升首，报阳也。明水涚齐，贵新也。凡涚，新之也。其谓之明水也，由主人之挈著此水也。

君再拜稽首，肉袒亲割，敬之至也。敬之至也，服也。拜，服也。稽首，服之甚也。肉袒，服之尽也。

祭称"孝孙孝子"，以其义称也；称"曾孙某"，谓国家也。祭祀之相，主人自致其敬、尽其嘉，而无与让也。腥、肆、爓、腍祭，岂知神之所飨也？主人自尽其敬而已矣。

举斝角，诏妥尸。古者尸无事则立，有事而后坐也。尸，神象也。祝，将命也。

缩酌用茅，明酌也。醆酒涚于清，汁献涚于醆酒，犹明、清与醆酒于旧泽之酒也。

祭有祈焉，有报焉，有由辟焉。

齐之玄也，以阴幽思也，故君子三日齐，必见其所祭者。

内　则

后王命冢宰，降德于众兆民。

子事父母：鸡初鸣，咸盥漱。栉、縰、笄、总、拂髦、冠、緌缨、端、韠、绅、搢笏。左右佩用，左佩纷帨、刀、砺、小觿、金燧，右佩玦、捍、管、遰、大觿、木燧。偪、屦、著綦。妇事舅姑，如事父母：鸡初鸣，咸盥漱，栉、縰、笄、总、衣绅；左佩纷帨、刀、砺、小觿、金燧；右佩箴、管、线、纩施縏帙、大觿、木燧，衿缨，綦屦。以适父母、舅姑之所。

及所，下气怡声，问衣燠寒；疾痛苛痒，而敬抑搔之。出入则或先或后，而敬扶持之。进盥，少者奉槃，长者奉水，请沃盥；盥卒，授巾。问所欲而敬进之，柔色以温之。饘、酏、酒、醴、芼、羹、菽、麦、蕡、稻、黍、粱、秫，唯所欲。枣、栗、饴、蜜以甘之，堇、荁、枌、榆、免、薨、滫、瀡以滑之，脂、膏以膏之。父母、舅姑必尝之而后退。

男女未冠笄者，鸡初鸣，咸盥漱，栉、縰、拂髦，总角，衿缨，皆佩容臭，昧爽而朝，问“何食饮矣”、若已食则退，若未食则左长者视具。

凡内外，鸡初鸣，咸盥漱，衣服，敛枕簟，洒扫室堂及庭，布席，各从其事。孺子蚤寝晏起，唯所欲，食无时。由命士以上，父子皆异宫。昧爽而朝，慈以旨甘。日出而退，各从其事。日入而夕，慈以旨甘。

父母、舅姑将坐，奉席请何乡；将衽，长者奉席请何趾，少者执床与坐，御者举几，敛席与簟，县衾，箧枕，敛簟而襡之。

父母、舅姑之衣、衾、簟、席、枕、几，不传；杖、屦，祗敬之，勿敢近；敦、牟、卮、匜，非馂莫敢用。与恒食饮，非馂，莫之敢饮食。父母在，朝夕恒食，子妇佐馂，既食恒馂。父没母存，冢子御食，群子妇佐馂如初。旨甘〔柔〕滑，孺子馂。

在父母、舅姑之所，有命之，应“唯”，敬对，进退周旋慎齐。升降出入揖游，不敢哕噫、嚏咳、欠伸、跛倚、睇视，不敢唾洟。寒不敢袭，痒不敢搔。不有敬事，不敢袒裼。不涉不撅。亵衣衾不见里。父母唾洟不见；冠带垢，和灰请漱；衣裳垢，和灰请浣；衣裳绽裂，纫箴请补缀。五日则燂汤请浴，三日具沐。其间面垢，燂潘请靧；足垢，燂汤请洗。少事长，贱事贵，共帅时。

男不言内，女不言外。非祭非丧，不相授器。其相授，则女受以篚。其无篚，则皆坐，奠之，而后取之。外内不共井，不共湢浴，不通寝席，不通乞假。男女不通衣裳。内言不出，外言不入。

男子入内，不啸不指；夜行以烛，无烛则止。女子出门，必拥蔽其面；夜行以烛，无烛则止。道路，男子由右，女子由左。

子妇孝者敬者，父母、舅姑之命勿逆勿怠。若饮食之，虽不耆，必尝而待。加之衣服，虽不欲，必服而待。加之事，人(待)〔代〕[1] 之，己虽弗欲，姑与之，而姑使之，而后复之。子妇有勤劳之事，虽甚爱之，姑纵之，而宁数休之。

子妇未孝未敬，勿庸疾怨，姑教之。若不可教，而后怒之；不可怒，子放妇出，而不表礼焉。

父母有过，下气怡色，柔声以谏。谏若不入，起敬起孝，说则复谏；不说，与其得罪于乡党州闾，宁孰谏。父母怒，不说，而挞之流血，不敢疾怨，起敬起孝。

父母有婢子若庶子庶孙，甚爱之；虽父母没，没身敬之不衰。子有二妾，父母爱一人焉，子爱一人焉，由衣服饮食，由执事，毋敢视父母所爱，虽父母没不衰。子甚宜其妻，父母不说，出。子不宜其妻，父母曰："是善事我。"子行夫妇之礼焉，没身不衰。

父母虽没，将为善，思贻父母令名，必果。将为不善，思贻父母羞辱，必不果。

舅没则姑老，冢妇所祭祀宾客，每事必请于姑。介妇请于冢妇。舅姑使冢妇，毋怠。不友无礼于介妇。舅姑若使介妇，毋敢敌耦于冢妇，不敢并行，不敢并命，不敢并坐。

凡妇不命适私室，不敢退。妇将有事，大小必请于舅姑。子妇无私货，无私蓄，无私器，不敢私假，不敢私与。妇或赐之饮食、衣服、布帛、佩帨、茝兰，则受而献诸舅姑；舅姑受之，则喜，如新受赐；若反赐之，则辞；不得命，如更受赐，藏以待乏。

---

① 据孔疏及《四部备要》本改。

妇若有私亲兄弟，将与之，则必复请其故赐而后与之。

适子庶子，祗事宗子宗妇；虽贵富，不敢以贵富入宗子之家；虽众车徒舍于外，以寡约入。子弟犹归器、衣服、裘衾、车马，则必献其上，而后敢服用其次也；若非所献，则不敢以入于宗子之门，不敢以贵富加于父兄宗族。若富，则具二牲，献其贤者于宗子，夫妇皆齐而宗敬焉；终事，而后敢私祭。

饭：黍，稷，稻，粱，白黍，黄粱。稰，穛。

膳：肜，臐，膮，（醢）牛炙；醢，牛胾，醢，牛脍；羊炙，羊胾，醢，豕炙；醢，豕胾，芥酱，鱼脍；雉，兔，鹑，鷃。

饮：重醴，稻醴，清糟；黍醴，清糟；粱醴，清糟。或以酏为醴，黍酏，浆，水，醷，滥。

酒：清，白。

羞：糗饵粉、〔餈、〕（酏）〔餈〕。

食：蜗醢而苽食、雉羹，麦食、脯羹、鸡羹，析稌、犬羹、兔羹；和糁不蓼。濡豚，包苦实蓼；濡鸡，醢，酱，实蓼；濡鱼，卵酱实蓼；濡鳖，醢，酱，实蓼。腶脩，蚳醢；脯羹，兔醢；麋肤，鱼醢；鱼脍，芥酱；麋腥，醢，酱；桃诸，梅诸，卵盐。

凡食齐视春时，羹齐视夏时，酱齐视秋时，饮齐视冬时。凡和，春多酸，夏多苦，秋多辛，冬多咸，调以滑甘。牛宜稌；羊宜黍，豕宜稷，犬宜粱，雁宜麦，鱼宜苽。春宜羔豚，膳膏芗；夏宜腒鱐，膳膏臊；秋宜犊麛，膳膏腥；冬宜鲜羽，膳膏膻。牛脩，鹿脯，田豕脯，麋脯，麕脯，麋、鹿、田豕、麕皆有轩；雉、兔，皆有芼。爵、鷃、蜩、范。芝，栭，菱，椇，枣，栗，榛，柿，瓜，桃，李，梅，杏，（楂）〔柤〕，梨，姜，桂。

大夫燕食，有脍无脯，有脯无脍。士不贰羹胾。庶人耆老不徒食。

脍，春用葱，秋用芥。豚，春用韭，秋用蓼。脂用葱，膏用薤。三牲用藙。和用醯。兽用梅。鹑羹，鸡羹，驾，酿之蓼。鲂鲂烝，雏烧，雉，芗无蓼。

不食雏鳖。狼去肠，狗去肾，狸去正脊，兔去尻，狐去首，豚去脑，鱼去乙，鳖去丑。

肉曰脱之，鱼曰作之，枣曰新之，栗曰撰之，桃曰胆之，柤、梨曰攒之。

牛夜鸣则庮，羊泠毛而毳，膻。狗赤股而躁，臊。鸟皫色而沙鸣，郁。豕望视而交睫，腥。马黑脊而般臂，漏。雏尾不盈握，弗食；舒雁翠，鹄鸮胖，舒凫翠，鸡肝，雁肾，鸨奥，鹿胃。

肉腥，细者为脍，大者为轩。或曰：麋鹿鱼为菹，麕为辟鸡，野豕为轩，兔为宛脾。切葱若薤，实诸醯以柔之。

羹食：自诸侯以下至于庶人，无等。大夫无秩膳。大夫七十而有阁。天子之阁，左达五，右达五。公、侯、伯于房中五。大夫于阁三。士于坫一。

凡养老，有虞氏以燕礼，夏后氏以飨礼，殷人以食礼，周人修而兼用之。凡五十养于乡，六十养于国，七十养于学，达于诸侯。八十拜君命，一坐再至，瞽亦如之；九十者使人受。五十异粻，六十宿肉，七十贰膳，八十常珍；九十饮食不违寝，膳饮从于游可也。六十岁制，七十时制，八十月制；九十日修，唯绞紟衾冒死而后制。五十始衰，六十非肉不饱，七十非帛不暖，八十非人不暖，九十虽得人不暖矣。五十杖于家，六十杖于乡，七十杖于国，八十杖于朝；九十者，天子欲有问焉，则就其室，以珍从。七十不俟朝，八十月告存，九十日有秩。五十不从力政，六十不与服戎，七十不与宾客之事，八十齐、丧之事弗及也。五十而爵，六十不亲学，七十致政。凡自七十以上，唯衰麻为丧。凡三王养老，皆引年。八十者，一子不从政；九十者，其家不从政，瞽亦如之。凡父母在，子虽老不坐。有虞氏养国老于上庠，养庶老于下庠。夏后氏养国老于东序，养庶老于西序。殷人养国老于右学，养庶老于左学。周人养国老于东胶，养庶老于虞庠，虞庠在国之（西）〔四〕郊。有虞氏皇而祭，深衣而养老。夏后氏收而祭，燕衣而养老。殷人冔而祭，缟衣而养老。周人冕而祭，玄衣而养老。

曾子曰：“孝子之养老也。乐其心，不违其志；乐其耳目，安其寝处，以其饮食（忠）〔中心〕① 养之。孝子之身终，终身也者，非终父母之身，终其身也。是故父母之所爱亦爱之，父母之所敬亦敬之，至于犬马尽然，而况于人乎？”

凡养老，五帝宪，三王有乞言。五帝宪，养气体而不乞言，有善则记之为惇史。三王亦宪，既养老而后乞言，亦微其礼，皆有惇史。

淳熬：煎醢加于陆稻上，沃之以膏，曰淳熬。淳毋：煎醢加于黍食上，沃之以膏，曰淳毋。炮：取豚若（将）〔牂〕，封之刳之，实枣于其腹中，编萑以苴之，涂之以（谨）〔墐〕涂。炮之，涂皆干，擘之。濯手以摩之，去其皽。为稻粉，糔溲之以为酏，以付豚；煎诸膏，膏必灭之；钜镬汤，以小鼎芗脯于其中，使其汤毋灭鼎。三日三夜毋绝火，而后调之以醯醢。

捣珍：取牛、羊、麋、鹿、麕之肉，必脄，每物与牛若一；捶，反侧之，去其饵，孰出之，去其皽，柔其肉。

渍：取牛肉必新杀者，薄切之必绝其理，湛诸美酒，期朝而食之以醢若醯、醷。

为熬：捶之，去其皽，编萑，布牛肉焉；屑桂与姜，以洒诸上而盐之，干而食之。施羊亦如之。施麋，施鹿，施麕，皆如牛羊。欲濡肉，则释而煎之以醢。欲干肉，则捶而食之。

糁：取牛、羊、豕之肉，三如一，小切之，与稻米，稻米二肉一，合以为饵煎之。

肝膋：取狗肝一，幪之以其膋，濡炙之，举焦其膋，不蓼。取稻米，举糔溲之，小切狼臅膏，以与稻米为（酏）〔餈〕。

---

① 忠为“中心”之合文。据孔疏改。

礼始于谨夫妇。为宫室，辨外内。男子居外，女子居内。深宫固门，阍寺守之；男不入，女不出。男女不同椸（枷）。不敢县于夫之楎椸，不敢藏于夫之箧笥。不敢共湢浴。夫不在，敛枕箧簟席，襡器而藏之。少事长，贱事贵，咸如之。

夫妇之礼，唯及七十，同藏无间，故妾虽老，年未满五十，必与五日之御。将御者，齐、漱、浣，慎衣服，栉、縰、笄、总、（角）、拂髦、衿缨、綦屦。虽婢妾，衣服饮食，必后长者。妻不在，妾御莫敢当夕。

妻将生子，及月辰，居侧室。夫使人日再问之，作而自问之，妻不敢见，使姆衣服而对。至于子生，夫复使人日再问之。夫齐，则不入侧室之门。子生，男子设弧于门左，女子设帨于门右。三日始负子，男射女否。

国君世子生，告于君。接以大牢，宰掌具。三日，卜士负之，吉者宿齐，朝服寝门外，诗负之。射人以桑弧蓬矢六，射天地四方。保受乃负之。宰醴负子，赐之束帛。卜士之妻，大夫之妾，使食子。

凡接子择日，冢子则大牢，庶人特豚，士特豕，大夫少牢，国君世子大牢。其非冢子，则皆降一等。

异为孺子室于宫中。择于诸母与可者，必求其宽裕、慈惠、温良、恭敬、慎而寡言者，使为子师；其次为慈母，其次为保母，皆居子室。他人无事不往。

三月之末，择日，翦发为鬌，男角女羁，否则男左女右。是日也，妻以子见于父，贵人则为衣服，由命士以下皆漱浣。男女夙兴，沐浴，衣服，具视朔食。夫入门，升自阼阶，立于阼，西乡；妻抱子出自房，当楣立，东面。姆先，相曰："母某敢用时日，祇见孺子。"夫对曰："钦有帅！"父执子之右手，咳而名之。妻对曰："记有成！"遂左还授师。子师辩告诸妇诸母名。妻遂适寝。夫告宰名。宰辩告诸男名。书曰"某年某月某日某生"而藏之。宰告闾史。闾史书为二，其一藏诸闾府，其一献诸州史。州史献诸州伯，州伯命藏诸州府。夫入，食如养礼。

世子生，则君沐浴，朝服，夫人亦如之，皆立于阼阶，西乡；世妇抱子，升自西阶；君名之，乃降。適子、庶子见于外寝，抚其首，咳而名之，礼帅初，无辞。

凡名子，不以日月，不以国，不以隐疾。大夫、士之子，不敢与世子同名。

妾将生子，及月辰，夫使人日一问之。子生三月之末，漱浣夙齐，见于内寝，礼之如始入室。君已食，彻焉，使之特馂。遂入御。

公庶子生，就侧室。三月之末，其母沐浴，朝服见于君，摈者以其子见。君所有赐，君名之。众子，则使有司名之。

庶人无侧室者，及月辰，夫出居群室。其问之也，与子见父之礼，无以异也。

凡父在，孙见于祖，祖亦名之；礼如子见父，无辞。

食子者三年而出，见于公宫，则劬。大夫之子有食母。士之妻自养其子。

由命士以上及大夫之子，旬而见。冢子，未食而见，必执其右手。適子、庶子，已食而见，必循其首。

子能食食，教以右手；能言，男“唯”女“俞”；男鞶革，女鞶丝。六年，教之数与方名。七年，男女不同席，不共食。八年，出入门户及即席饮食，必后长者；始教之让。九年，教之数日。十年，出就外傅，居宿于外，学书计；衣不帛襦袴；礼帅初，朝夕学幼仪，请肄简、谅。十有三年，学乐诵《诗》，舞《勺》。成童，舞《象》，学射御。二十而冠，始学礼，可以衣裘帛，舞《大夏》，惇行孝弟，博学不教，内而不出。三十而有室，始理男事，博学无方，孙友视志。四十始仕，方物出谋发虑，道合则服从，不可则去。五十命为大夫，服官政。七十致事。凡男拜，尚左手。

女子十年不出，姆教婉娩听从，执麻枲，治丝茧，织纴组紃，学女事，以共衣服。观于祭祀，纳酒浆、笾豆、菹醢，礼相助奠。

十有五年而笄。二十而嫁，有故，二十三年而嫁。聘则为妻，奔则为妾。凡女拜，尚右手。

玉藻

天子玉藻，十有二旒，前后邃延，龙卷以祭。玄（端）〔冕〕而朝日于东门之外，听朔于南门之外。闰月则阖门左扉，立于其中。皮弁以日视朝，遂以食；日中而馂，奏而食；日少牢，朔月大牢；五饮：上水、浆、酒、醴、酏；卒食，玄端而居。动则左史书之，言则右史书之。御瞽几声之上下。年不顺成，则天子素服，乘素车，食无乐。

诸侯玄（端）〔冕〕以祭，裨冕以朝，皮弁以听朔于大庙，朝服以日视朝于内朝。朝，辨色始入；君日出而视之，退适路寝听政，使人视大夫；大夫退，然后适小寝，释服。又朝服以食，特牲三俎，祭肺。夕深衣，祭牢肉。朔月少牢，五俎四簋。子卯，稷食菜羹。夫人与君同庖。

君无故不杀牛，大夫无故不杀羊，士无故不杀犬、豕。君子远庖厨，凡有血气之类，弗身践也。至于八月不雨，君不举。年不顺成，君衣布搢本，关梁不租，山泽列而不赋，土功不兴，大夫不得造车马。

卜人定龟，史定墨，君定体。

君羔幦虎犆。大夫齐车，鹿幦豹犆，朝车。士齐车，鹿幦豹犆。

君子之居恒当户，寝恒东首。若有疾风、迅雷、甚雨，则必变，虽夜必兴，衣服冠而坐。

日五盥，沐稷而靧粱，栉用椫栉，发晞用象栉，进禨进羞，工乃升歌。

浴用二巾，上絺下绤。出杅，履蒯席，连用汤；履蒲席，衣布晞身，乃屦，进饮。

将适公所，宿齐戒，居外寝，沐浴。史进象笏，书思对命。既服，习容观，玉声乃出。揖私朝，辉如也，登车则有光矣。

天子搢珽，方正于天下也。诸侯荼，前诎后直，让于天子也。大夫前诎后诎，无所不让也。

侍坐则必退席；不退，则必引而去君之党。登席不由前，为躐席。徒坐不尽席尺，读书、食则齐。豆，去席尺。

若赐之食，而君客之，则命之祭，然后祭。先饭，辩尝羞，饮而俟。若有尝羞者，则俟君之食，然后食，饭饮而俟。君命之羞，羞近者。命之品尝之，然后唯所欲。凡尝远食，必顺近食。君未覆手，不敢飧。君既食，又饭飧。饭飧者，三饭也。君既彻，执饭与酱，乃出授从者。

凡侑食，不尽食，食于人不饱。唯水酱不祭，若祭，为已傺卑。

君若赐之爵，则越席再拜稽首受，登席，祭之，饮卒爵，而俟君卒爵，然后授虚爵。

君子之饮酒也，受一爵而色洒如也，二爵而言言斯，礼已三爵而油油以退。退则坐取屦，隐辟而后屦，坐左纳右，坐右纳左。

凡尊，必上玄酒。唯君面尊。唯飨野人皆酒。大夫侧尊用棜，士侧尊用禁。

始冠，缁布冠，自诸侯下达，冠而敝之可也。玄冠朱组缨，天子之冠也。缁布冠缋緌，诸侯之冠也。玄冠丹组缨，诸侯之齐冠也。玄冠綦组缨，士之齐冠也。缟冠玄武，子姓之冠也。缟冠素纰，既祥之冠也。垂緌五寸，惰游之士也。玄冠缟武，不齿之服也。居冠属武。自天子下达，有事然后緌。五十不散送，亲没不髦，大帛不緌。玄冠紫緌，自鲁桓公始也。

朝玄端。夕深衣。深衣三袪，缝齐倍要，衽当旁，袂可以回肘。长、中继掩尺。袷二寸。袪尺二寸，缘广寸半。以帛里布，非礼也。士不衣织。无君者不贰采。衣正色，裳间色。非列采不入公门，振絺绤不入公门，表裘不入公门，袭裘不入公门。纩为茧，缊为袍，禅为絅，帛为褶。朝服之以缟也，自季康子始也。

孔子曰："朝服而朝，卒朔然后服之。"曰："国家未道，则不充其服焉。"唯君有黼裘以誓省，大裘非古也。

君衣狐白裘，锦衣以裼之。君之右虎裘，厥左狼裘。士不衣狐白。君子狐青裘豹褎，玄绡衣以裼之；麑裘青豻褎，绞衣以裼之；羔裘豹饰，缁衣以裼之；狐裘，黄衣以裼之。锦衣狐裘，诸侯之服也。犬羊之裘不裼。不文饰也，不裼。裘之裼也，见美也。吊则袭，不尽饰也。君在则裼，尽饰也。服之袭也，充美也。是故尸袭，执玉、龟，袭。无事则裼，弗敢充也。

笏：天子以球玉，诸侯以象，大夫以鱼（须）〔颁〕文竹，士竹本象可也。见于天子，与射，无说笏。入大庙说笏，非古也。小功不说笏，当事免则说之。既搢必盥；虽有执于朝，弗有盥矣。凡有指画于君前，用笏；造受命于君前，则书于笏。笏毕用也，因饰焉。笏度二尺有六寸，其中博三寸，其杀六分而去一。

〔天子素带朱里，终辟。〕而〔诸侯〕素带①，终辟。大夫素带，辟垂。士练带，率下辟。居士锦带。弟子缟带。并纽约用组，〔三寸，长齐于带。绅长制：士三尺，有司二尺有五寸。子游曰："参分带下，绅居二焉。"绅、韠结三齐。大夫大带四寸。杂带：君朱绿，大夫玄华，士缁辟二寸，再缭四寸。凡带有率无箴功。肆束及带，勤者有事则收之，走则拥之。〕韠：君朱，大夫素，士爵韦；圜，杀，直，天子直，公侯前后方，大夫前方、后挫角，士前后正。韠下广二尺，上广一尺，长三尺，其颈五寸，肩、革

① 兴国本据注疏补"诸侯"二字于"而"字之前，今移置于"而"字之后。

带博二寸。(大夫大带四寸。杂带：君朱绿，大夫玄华，士缁辟二寸，再缭四寸。凡带有率无箴功。)一命缊韨幽衡，再命赤韨幽衡，三命赤韨葱衡。(天子素带朱里，终辟。)

王后袆衣，夫人揄狄。(三寸，长齐于带。绅长制：士三尺，有司二尺有五寸。子游曰："参分带下，绅居二焉。"绅韠结三齐。)君命屈狄，再命（袆）〔鞠〕衣，一命襢衣，士褖衣。唯世妇命于奠茧，其他则皆从男子。

凡侍于君，绅垂，足如履齐，颐霤，垂拱，视下而听上，视带以及袷，听乡任左。

凡君召以三节，二节以走，一节以趋。在官不俟屦，在外不俟车。

士于大夫，不敢拜迎，而拜送。士于尊者先拜，进面，答之拜则走。

士于君所言，大夫没矣则称谥若字，名士。与大夫言，名士，字大夫。

于大夫所，有公讳，无私讳。凡祭不讳，庙中不讳。教学临文不讳。

古之君子必佩玉。右徵角，左宫（月）〔羽〕①。趋以《采齐》，行以《肆夏》。周还中规，折还中矩。进则揖之，退则扬之，然后玉锵鸣也。故君子在车则闻鸾和之声，行则鸣佩玉，是以非辟之心无自入也。

君在不佩玉，左结佩，右设佩，居则设佩，朝则结佩，齐则綪结佩而爵韠。凡带必有佩玉，唯丧否。佩玉有冲牙。

君子无故，玉不去身。君子于玉比德焉。天子佩白玉而玄组绶。公侯佩山玄玉而朱组绶。大夫佩水苍玉而（纯）〔缁〕组绶，

① 据孔疏改。

世子佩瑜玉而綦组绶。士佩瓀玟而缊组绶。孔子佩象环五寸而綦组绶。

童子之节也：缁布衣，锦缘，锦绅并纽，锦束发，皆朱锦也。（肆束及带，勤者有事则收之，走则拥之。）童子不裘不帛，不屦絇，无缌服；听事不麻，无事则立主人之（北南）〔南，北〕面；见先生，从人而入。

侍食于先生、异爵者，后祭先饭。客祭，主人辞曰："不足祭也。"客飧，主人辞以疏。主人自置其酱，则客自彻之。一室之人，非宾客，一人彻。壹食之人，一人彻。凡燕食，妇人不彻。

食枣、桃、李，弗致于核。瓜祭上环，食中，弃所操。凡食果实者，后君子；火孰者，先君子。

有庆，非君赐，不贺。有忧者……（勤者有事则收之，走则拥之。）

孔子食于季氏，不辞，不食肉而飧。

君赐车马，乘以拜赐；衣服，服以拜赐。君未有命，弗敢即乘、服也。君赐，稽首，据掌，致诸地。酒肉之赐弗再拜。凡赐君子，与小人，不同日。

凡献于君，大夫使宰，士亲，皆再拜稽首送之。膳于君，有荤、桃、茢，于大夫去茢，于士去荤，皆造于膳宰。大夫不亲拜，为君之答己也。

大夫拜赐而退。士待诺而退；又拜；弗答拜。大夫亲赐士，士拜受，又拜于其室，衣服弗服以拜。敌者不在，拜于其室。凡于尊者有献，而弗敢以闻。士于大夫不承贺。下大夫于上大夫承贺。亲在，行礼于人称父；人或赐之，则称父拜之。

礼不盛，服不充，故大裘不裼，乘路车不式。

父命呼，"唯"而不"诺"，手执业则投之，食在口则吐之，走而不趋。亲老，出不易方，复不过时；亲瘠，色容不盛：此孝子之疏节也。父没而不能读父之书，手泽存焉尔。母没而杯圈不能饮焉，口泽之气存焉尔。

君入门，介拂阑；大夫，中枨与阑之间；士介拂枨。宾入不中门，不履阈。公事自阑西，私事自阑东。

君与尸行，接武；大夫，继武；士，中武。徐趋皆用是；疾趋则欲发，而手足毋移。圈豚行，不举足，齐如流，席上亦然。端行，颐霤如矢；弁行，剡剡起屦。执龟玉，举前曳踵，蹜蹜如也。

凡行容惕惕，庙中齐齐，朝廷济济翔翔。

君子之容舒迟，见所尊者齐遬。足容重，手容恭，目容端，口容止，声容静，头容直，气容肃，立容德，色容庄。坐如尸。燕居告温温。

凡祭，容貌颜色，如见所祭者。

丧容累累，色容颠颠，视容瞿瞿梅梅，言容茧茧。

戎容暨暨，言容詻詻，色容厉肃，视容清明。立容辨，卑毋谄；头颈必中，山立，时行；盛气颠实，扬休，玉色。

凡自称：天子曰“予一人”，伯曰“天子之力臣”。诸侯之于天子，曰“某土之守臣某”；其在边邑，曰“某屏之臣某”。其于敌以下，曰“寡人”。小国之君曰“孤”，摈者亦曰“孤”。上大夫曰“下臣”，摈者曰“寡君之老”。下大夫自名，摈者曰“寡大夫”。世子自名，摈者曰“寡君之适”。公子曰“臣孽”。士曰“传遽之臣”，于大夫曰“外私”。大夫私事使，私人摈则称名；公士摈，则曰“寡大夫”、“寡君之老”。大夫有所往，必与公士为宾也。

明堂位

昔者周公朝诸侯于明堂之位，天子负斧依南乡而立。三公，中阶之前，北面东上。诸侯之位，阼阶之东，西面北上。诸伯之国，西阶之西，东面北上。诸子之国，门东，北面东上。诸男之国，门西，北面东上。九夷之国，东门之外，西面北上。八蛮之国，南门之外，北面东上。六戎之国，西门之外，东面南上。五狄之国，北门之外，南面东上。九采之国，应门之外，北面东上。四塞，世告至。此周公明堂之位也。

明堂也者，明诸侯之尊卑也。

昔殷纣乱天下，脯鬼侯以飨诸侯，是以周公相武王以伐纣。武王崩，成王幼弱，周公践天子之位以治天下。六年，朝诸侯于明堂，制礼作乐，颁度量，而天下大服。七年，致政于成王。成王以周公为有勋劳于天下，是以封周公于曲阜，地方七百里，革车千乘，命鲁公世世祀周公以天子之礼乐。

是以鲁君孟春乘大路，载弧韣，旂十有二旒，日月之章，祀帝于郊，配以后稷，天子之礼也。季夏六月，以禘礼祀周公于大庙：牲用白牡，尊用牺、象、山罍，郁尊用黄目，灌用玉瓒大圭，荐用玉豆、雕篹；爵用玉盏仍雕，加以璧散、璧角；俎用梡、嶡；升歌《清庙》，下管《象》；朱干玉戚，冕而舞《大武》；皮弁素积，裼而舞《大夏》。昧，东夷之乐也；任，南蛮之乐也。纳夷蛮之乐于大庙，言广鲁于天下也。君卷冕立于阼，夫人副袆立于房中；君肉袒迎牲于门，夫人荐豆、笾；卿大夫赞君，命妇赞夫人；各扬其职。百官废职服大刑，而天下大服。是故夏礿、秋尝、冬烝、春社、秋省而遂大蜡，天子之祭也。

大庙，天子明堂。库门，天子皋门。雉门，天子应门。振木铎于朝，天子之政也。山节，藻棁，复庙，重檐，刮楹，达乡，反坫，出尊，崇坫康圭，疏屏，天子之庙饰也。

鸾车，有虞氏之路也。钩车，夏后氏之路也。大路，殷路也。乘路，周路也。

有虞氏之旂。夏后氏之绥。殷之大白。周之大赤。

夏后氏骆马黑鬣。殷人白马黑首。周人黄马蕃鬣。夏后氏牲尚黑。殷白牡。周骍刚。

泰，有虞氏之尊也。山罍，夏后氏之尊也。著，殷尊也。牺、象，周尊也。

爵：夏后氏以盏，殷以斝，周以爵。

灌尊：夏后氏以鸡夷，殷以斝，周以黄目。其勺，夏后氏以龙勺，殷以疏勺，周以蒲勺。

土鼓、蒉桴、苇籥，伊耆氏之乐也。拊搏、玉磬、揩击、大琴、大瑟、中琴、小瑟，四代之乐器也。

鲁公之庙，文世室也。武公之庙，武世室也。

米廪，有虞氏之庠也。序，夏后氏之序也。瞽宗，殷学也。泮宫，周学也。

崇鼎、贯鼎、大璜、封父龟，天子之器也。越棘、大弓，天子之戎器也。

夏后氏之（鼓）足〔鼓〕，殷楹鼓，周县鼓。垂之和钟，叔之离磬，女娲之笙簧。夏后氏之龙簨虡，殷之崇牙，周之璧翣。有虞氏之两敦，夏后氏之四琏，殷之六瑚，周之八簋。

俎：有虞氏以梡，夏后氏以嶡，殷以椇，周以房俎。

夏后氏以楬豆，殷玉豆，周献豆。

有虞氏服韨，夏后氏山，殷火，周龙章。

有虞氏祭首，夏后氏祭心，殷祭肝，周祭肺。夏后氏尚明水，殷尚醴，周尚酒。

有虞氏官五十，夏后氏官百，殷二百，周三百。

有虞氏之绥，夏后氏之绸练，殷之崇牙，周之璧翣。

凡四代之服、器、官，鲁兼用之。是故鲁，王礼也，天下传之久矣，君臣未尝相弑也，礼乐、刑法、政俗未尝相变也。天下以为有道之国，是故天下资礼乐焉。

丧服小记

斩衰，括发以麻。为母括发以麻，免而以布。齐衰，恶笄、〔带〕以终丧。男子冠而妇人笄，男子免而妇人髽。其义：为男子则免，为妇人则髽。

苴杖，竹也。削杖，桐也。

祖父卒，而后为祖母后者三年。

为父母、长子稽颡。大夫吊之，虽缌必稽颡。妇人为夫与长子稽颡，其余则否。

男主必使同姓。妇主必使异姓。

为父后者，为出母无服。

亲亲以三为五，以五为九，上杀，下杀，旁杀，而亲毕矣。

王者禘其祖之所自出，以其祖配之，而立四庙。庶子王亦如之。

别子为祖，继别为宗，继祢者为小宗。有五世而迁之宗，其继高祖者也，是故祖迁于上，宗易于下。尊祖故敬宗，敬宗所以尊祖祢也。庶子不祭祖者，明其宗也。

庶子不为长子斩，不继祖与祢故也。庶子不祭殇与无后者。殇与无后者从祖祔食。庶子不祭祢者，明其宗也。

亲亲，尊尊，长长，男女之有别，人道之大者也。

从服者，所从亡则已。属从者，所从虽没也，服。妾从女君而出，则不为女君之子服。

礼，不王不禘。

世子不降妻之父母。其为妻也，与大夫之適子同。

父为士，子为天子、诸侯，则祭以天子、诸侯；其尸服以士服。父为天子、诸侯，子为士，祭以士；其尸服以士服。

妇当丧而出，则除之。为父母丧：未练而出，则三年；既练而出，则已；未练而反，则期；既练而反，则遂之。

再期之丧，三年也。期之丧，二年也。九月、七月之丧，三时也。五月之丧，二时也。三月之丧，一时也。故期而祭，礼也；期而除丧，道也；祭不为除丧也。三年而后葬者，必再祭；其祭之间不同时，而除丧。大功者，主人之丧；有三年者，则必为之再祭。朋友，虞、祔而已。士妾有子而为之缌，无子则已。

生不及祖父母、诸父昆弟，而父税丧，己则否。（为君之父、母、妻、长子，君已除丧而后闻丧，则不税。）降而在缌、小功者，则税之。〔为君之父、母、妻、长子，君已除丧而后闻丧，则不税。〕近臣，君服斯服矣。其余从而服，不从而税。君虽未知丧，臣服已。

虞杖不入于室，祔杖不升于堂。

为君母后者，君母卒，则不为君母之党服。

绖杀五分而去一。杖大如绖。

妾为君之长子，与女君同。

除丧者，先重者。易服者，易轻者。

无事不辟庙门。哭皆于其次。

复与书铭，自天子达于士，其辞一也。男子称名。妇人书姓与伯仲，如不知姓，则书氏。

斩衰之葛，与齐衰之麻同。齐衰之葛，与大功之麻同。麻同，皆兼服之。

报葬者报虞，三月而后卒哭。

父母之丧偕，先葬者不虞、祔，待后事。其葬服斩衰。

大夫降其庶子。其孙不降其父。大夫不主士之丧。

为慈母之父母无服。夫为人后者，其妻为舅姑大功。

士祔于大夫，则易牲。

继父不同居也者，必尝同居，皆无主后。同财而祭其祖祢为同居，有主后者为异居。

哭朋友者，于门外之右，南面。

祔葬者，不筮宅。士、大夫不得祔于诸侯，祔于诸祖父之为士、大夫者，其妻祔于诸祖姑，妾祔于妾祖姑。亡则中一以上而祔，祔必以其昭穆。诸侯不得祔于天子，天子、诸侯、大夫可以祔于士。

为母之君母，母卒则不服。

宗子，母在为妻禫。

为慈母后者，为庶母可也，为祖庶母可也。为父、母、妻、长子禫。慈母与妾母，不世祭也。

丈夫冠而不为殇，妇人笄而不为殇。为殇后者，以其服服之。

久而不葬者，唯主丧者不除。其余以麻终月数者，除丧则已。箭笄、〔带〕终丧三年。

齐衰三月，与大功同者绳屦。

练，筮日筮尸，视濯，皆要绖、杖、绳屦。有司告具而后去杖。筮日筮尸，有司告事毕而后杖，拜送宾。大祥，吉服而筮尸。

庶子在父之室，则为其母不禫。庶子不以杖即位。父不主庶子之丧，则孙以杖即位可也。父在，庶子为妻，以杖即位可也。

诸侯吊于异国之臣，则其君为主。诸侯吊，必皮弁锡衰。所吊虽已葬，主人必免。主人未丧服，则君亦不锡衰。

养有疾者不丧服，遂以主其丧。非养者入主人之丧，则不易已之丧服。养尊者必易服，养卑者否。

妾无妾祖姑者，易牲而祔于女君可也。

妇之丧，虞、卒哭，其夫若子主之，祔则舅主之。士不摄大夫，士摄大夫唯宗子。主人未除丧，有兄弟自他国至，则主人不免而为主。

陈器之道，多陈之而省纳之可也，省陈之而尽纳之可也。

奔兄弟之丧，先之墓而后之家，为位而哭。所知之丧，则哭于宫而后之墓。

父不为众子次于外。

与诸侯为兄弟者，服斩。

下殇小功，带澡麻不绝（本），诎而反以报之。

妇祔于祖姑，祖姑有三人，则祔于亲者。其妻为大夫而卒，而后其夫不为大夫，而祔于其妻，则不易牲；妻卒而后夫为大夫，而祔于其妻，则以大夫牲。

为父后者，为出母无服。无服也者，丧者不祭故也。

妇人不为主而杖者，姑在为夫杖。母为长子，削杖。女子子在室，为父母，其主丧者不杖，则子一人杖。

缌、小功，虞、卒哭则免。既葬而不报虞，则虽主人皆冠，及虞则皆免。为兄弟既除丧已，及其葬也，反服其服；报虞，卒哭则免，如不报虞则除之。远葬者，比反，哭者皆冠，及郊而后免，反哭。君吊，虽不当免时也，主人必免，不散麻；虽异国之君，免也，亲者皆免。

除殇之丧者，其祭也必玄。除成丧者，其祭也朝服缟冠。

奔父之丧，括发于堂上，袒，降踊，袭绖于东方；奔母之丧，不括发，袒于堂上，降踊，袭免于东方，绖。即位成踊，出门，哭止。三日而五哭三袒。

适妇不为舅后者，则姑为之小功。

大 传

礼，不王不禘。王者禘其祖之所自出，以其祖配之。诸侯及其大祖。大夫、士有大事，省于其君，干祫及其高祖。

牧之野，武王之大事也。既事而退，柴于上帝，祈于社，设奠于牧室；遂率天下诸侯，执豆笾，逡奔走，追王大王亶父、王季历、文王昌，不以卑临尊也。

上治祖祢，尊尊也。下治子孙，亲亲也。旁治昆弟，合族以食，序以昭穆，别之以礼义，人道竭矣。

圣人南面而听天下，所且先者五，民不与焉。一曰治亲，二曰报功，三曰举贤，四曰使能，五曰存爱。五者一得于天下，民无不足、无不赡者。五者一物纰缪，民莫得其死。圣人南面而治天下，必自人道始矣。立权度量，考文章，改正朔，易服色，殊徽号，异器械，别衣服，此其所得与民变革者也。其不可得变革者则有矣：亲亲也，尊尊也，长长也，男女有别，此其不可得与民变革者也。

同姓从宗，合族属。异姓主名，治际会。名著而男女有别。

其夫属乎父道者，妻皆母道也。其夫属乎子道者，妻皆妇道也。谓弟之妻妇者，是嫂亦可谓之母乎？名者，人治之大者也，可无慎乎！

四世而缌，服之穷也。五世袒免，杀同姓也。六世，亲属竭矣。其庶姓别于上，而戚单于下，昏姻可以通乎？系之以姓而弗别，缀之以食而弗殊，虽百世而昏姻不通者，周道然也。

服术有六：一曰亲亲，二曰尊尊，三曰名，四曰出入，五曰长幼，六曰从服。从服有六：有属从，有徒从，有从有服而无服，有从无服而有服，有从重而轻，有从轻而重。自仁率亲，等而上之至于祖，名曰轻。自义率祖，顺而下之至于祢，名曰重。一轻一重，其义然也。

君有合族之道，族人不得以其戚戚君，位也。

庶子不祭，明其宗也。庶子不得为长子三年，不继祖也。别子为祖，继别为宗，继祢者为小宗。有百世不迁之宗，有五世则迁之宗。百世不迁者，别子之后也。宗其继别子（之所自出）者，百世不迁者也。宗其继高祖者，五世则迁者也。尊祖故敬宗。敬宗，尊祖之义也。

有小宗而无大宗者，有大宗而无小宗者，有无宗亦莫之宗者，公子是也。公子有宗道。公子之公，为其士大夫之庶者，宗其士大夫之適者，公子之宗道也。

绝族无移服，亲者属也。自仁率亲，等而上之至于祖。自义率祖，顺而下之至于祢。是故人道亲亲也，亲亲故尊祖，尊祖故敬宗，敬宗故收族，收族故宗庙严，宗庙严故重社稷，重社稷故爱百姓，爱百姓故刑罚中，刑罚中故庶民安，庶民安故财用足，财用足故百志成，百志成故礼俗刑，礼俗刑然后乐。《诗》云：“不显不承，无斁于人斯。”此之谓也。

少 仪

闻始见君子者，辞曰：“某固愿闻名于将命者。”不得阶主。敌者，曰：“某固愿见。”

罕见曰闻名。亟见曰朝夕。瞽曰闻名。适有丧者曰比。童子曰听事。适公卿之丧，则曰听役于司徒。

君将适他，臣如致金玉货贝于君，则曰“致马资于有司”。敌者，曰“赠从者”。

臣致襚于君，则曰“致废衣于贾人”。敌者，曰“襚”。亲者兄弟，不以襚进。

臣为君丧，纳货贝于君，则曰“纳甸于有司”。

赗马入庙门。赙马与其币、大白兵车，不入庙门。赙者既致命，坐委之，摈者举之，主人无亲受也。

受立，授立，不坐。性之直者，则有之矣。

始入而辞，曰：“辞矣。”即席，曰：“可矣。”排阖说屦于户内者，一人而已矣。有尊长在则否。

问品味，曰：“子亟食于某乎？”问道艺，曰：“子习于某乎？子善于某乎？”

不疑在躬。不度民械。不愿于大家。不訾重器。

泛扫曰扫。扫席前曰拚。拚席不以鬣。执箕膺擖。

不贰问。问卜筮，曰：“义与？志与？”义则可问。志则否。

尊长于己逾等，不敢问其年。燕见不将命。遇于道，见则面，不请所之。丧俟事，不特吊。侍坐弗使：不执琴瑟，不画地，手无容，不翣也。寝则坐而将命。侍射则约矢。侍投则拥矢。胜则洗而以请，客亦如之；不角，不擢马。

执君之乘车则坐。仆者右带剑，负良绥，申之面，拖诸幦。以散绥升。执辔然后步。

请见不请退。朝廷曰退。燕游曰归。师役曰罢。

侍坐于君子，君子欠伸、运笏、泽剑首、还屦、问日之蚤莫，虽请退可也。

事君者量而后入，不入而后量。凡乞假于人，为人从事者亦然。然，故上无怨，而下远罪也。

不窥密。不旁狎。不道旧故。不戏色。

为人臣下者，有谏而无讪，有亡而无疾。颂而无谄，谏而无骄。怠则张而相之，废则扫而更之，谓之社稷之役。

毋拔来。毋报往。毋渎神。毋循枉。毋测未至。士依于德，游于艺。工依于法，游于说。毋訾衣服成器。毋身质言语。

言语之美，穆穆皇皇。朝廷之美，济济翔翔。祭祀之美，齐齐皇皇。车马之美，匪匪翼翼。鸾和之美，肃肃雍雍。

问国君之子长幼，长，则曰："能从社稷之事矣。"幼，则曰："能御。""未能御。"问大夫之子长幼，长，则曰："能从乐人之事矣。"幼，则曰："能正于乐人。""未能正于乐人。"问士之子长幼，长，则曰："能耕矣。"幼，则曰："能负薪。""未能负薪。"

执玉，执龟策，不趋。堂上不趋，城上不趋。武车不式，介者不拜。

妇人吉事，虽有君赐，肃拜。为尸坐则不手拜，肃拜。为丧主则不手拜。

葛绖而麻带。

取俎进俎，不坐。执虚如执盈，入虚如有人。

凡祭于室中，堂上无跣。燕则有之。

未尝，不食新。

仆于君子，君子升下则授绥，始乘则式。君子下行，然后还立。乘贰车则式，佐车则否。贰车者，诸侯七乘，上大夫五乘，下大夫三乘。有贰车者之乘马（服车），不齿，观君子之衣服、服剑、乘马、〔服车，〕弗贾。

其以乘壶酒、束脩、一犬赐人若献人，则陈酒、执脩以将命，亦曰“乘壶酒、束脩、一犬”。其以鼎肉，则执以将命。其禽，加于一双，则执一双以将命，委其余。犬则执绁。守犬、田犬，则授摈者；既受，乃问犬名。牛则执纼，马则执靮，皆右之；臣则左之。车则说绥，执以将命。甲，若有以前之，则执以将命；无以前之，则袒櫜奉胄。器则执盖。弓则以左手屈韣执拊。剑则启椟盖袭之，加夫襓与剑焉。笏、书、脩、苞苴、弓、茵、席、枕、〔颖〕、几、（颖）杖、琴、瑟、戈有刃者椟、策、籥，其执之，皆尚左手。刀却刃，授颖；削授拊。凡有刺刃者，以授人则辟刃。

乘兵车，出先刃，入后刃。军尚左，卒尚右。

宾客主恭，祭祀主敬，丧事主哀，会同主诩。

军旅思险，隐情以虞。

燕侍食于君子，则先饭而后已。毋放饭，毋流歠。小饭而亟之。数噍，毋为口容。客自彻，辞焉，则止。

客爵居左，其饮居右。介爵，酢爵，僎爵，皆居右。

羞濡鱼者，进尾。冬右腴，夏右鳍。祭膴。

凡齐，执之以右，居之以左。赞币自左，诏辞自右。

酌尸之仆，如君之仆。其在车，则左执辔，右受爵，祭左右轨范，乃饮。

凡羞有俎者，则于俎内祭。君子不食圂腴。小子走而不趋，举爵则坐祭立饮。凡洗必盥。牛羊之肺，离而不提心。凡羞有(湆)〔涪〕者，不以齐。为君子择葱薤，则绝其本末。羞首者，进喙祭耳。尊者，以酌者之左为上尊。尊壶者面其鼻。饮酒者、机者、醮者，有折俎不坐。未步爵，不尝羞。牛与羊、鱼之腥，聂而切之为脍。麋鹿为菹，野豕为轩，皆聂而不切。麕为辟鸡，兔为宛脾，皆聂而切之。切葱若薤，实之醯以柔之。其有折俎者，取祭反之，不坐；燔亦如之。尸则坐。

衣服在躬而不知其名，为罔。

其未有烛而〔有〕后至者，则以在者告；道瞽亦然。凡饮酒，为献主者，执烛抱燋，客作而辞，然后以授人。执烛不让，不辞，不歌。

洗，盥，执食饮者，勿气。有问焉，则辟咡而对。

为人祭曰致福，为已祭而致膳于君子曰膳，祔练曰告。凡膳告于君子，主人展之，以授使者于阼阶之南，南面再拜稽首送；反命，主人又再拜稽首。其礼：大牢，则以牛左肩臂臑，折九个；少牢，则以羊左肩七个；特豕，则以豕左肩五个。

国家靡敝，则车不雕几，甲不组縢，食器不刻镂，君子不履丝屦，马不常秣。

学　记

发虑宪，求善良，足以谀闻，不足以动众。就贤体远，足以动众，未足以化民。君子如欲化民成俗，其必由学乎！

玉不琢，不成器。人不学，不知道。是故古之王者建国君民，教学为先。《兑命》曰："念终始典于学。"其此之谓乎！

虽有嘉肴，弗食，不知其旨也。虽有至道，弗学，不知其善也。是故学然后知不足，教然后知困。知不足，然后能自反也。知困，然后能自强也。故曰"教学相长"也。《兑命》曰："学学半。"其此之谓乎？

古之教者，家有塾，党有庠，术有序，国有学。比年入学，中年考校。一年，视离经辨志。三年，视敬业乐群。五年，视博习亲师。七年，视论学取友，谓之小成。九年，知类通达，强立而不反，谓之大成。夫然后足以化民易俗，近者说服而远者怀之。此大学之道也。《记》曰："蛾子时术之。"其此之谓乎？

大学始教，皮弁，祭菜，示敬道也。《宵雅》肄三，官其始也。入学鼓箧，孙其业也。夏、楚二物，收其威也。未卜禘，不视学，游其志也。时观而弗语，存其心也。幼者听而弗问，学不躐等也。此七者，教之大伦也。《记》曰："凡学，官先事，士先志。"其此之谓乎？

大学之教也，时。教必有正业，退息必有居。学：不学操缦，不能安弦；不学博依，不能安诗；不学杂服，不能安礼；不兴其艺，不能乐学。故君子之于学也，藏焉修焉，息焉游焉。夫然，故安其学而亲其师，乐其友而信其道，是以虽离师辅而不反〔也〕。《兑命》曰："敬孙务时敏，厥修乃来。"其此之谓乎？

今之教者，呻其占毕，多其讯言，及于数进而不顾其安，使人不由其诚，教人不尽其材。其施之也悖，其求之也佛。夫然，故隐其学而疾其师，苦其难而不知其益也，虽终其业，其去之必速。教之不刑，其此之由乎？

大学之法：禁于未发之谓豫，当其可之谓时，不陵节而施之谓孙，相观而善之谓摩。此四者，教之所由兴也。

发然后禁，则扞格而不胜。时过然后学，则勤苦而难成。杂施而不孙，则坏乱而不修。独学而无友，则孤陋而寡闻。燕朋逆其师。燕辟废其学。此六者，教之所由废也。

君子既知教之所由兴，又知教之所由废，然后可以为人师也。故君子之教喻也，道而弗牵，强而弗抑，开而弗达。道而弗牵则和，强而弗抑则易，开而弗达则思。和易以思，可谓善喻矣。

学者有四失，教者必知之。人之学也，或失则多，或失则寡，或失则易，或失则止。此四者，心之莫同也。知其心，然后能救其失也。教也者，长善而救其失者也。善歌者，使人继其声。善教者，使人继其志。其言也约而达，微而臧，罕譬而喻，可谓继志矣。

君子知至学之难易，而知其美恶，然后能博喻；能博喻，然后能为师；能为师，然后能为长；能为长，然后能为君。故师也者，所以学为君也，是故择师不可不慎也。《记》曰："三王四代唯其师。"此之谓乎？

凡学之道，严师为难。师严，然后道尊。道尊，然后民知敬学。是故君之所不臣于其臣者二：当其为尸，则弗臣也；当其为师，则弗臣也。大学之礼，虽诏于天子，无北面，所以尊师也。

善学者，师逸而功倍，又从而庸之。不善学者，师勤而功半，又从而怨之。善问者如攻坚木，先其易者，后其节目，及其久也，相说以解。不善问者反此。善待问者如撞钟，叩之以小者则小鸣，叩之以大者则大鸣；待其从容，然后尽其声。不善答问者反此。此皆进学之道也。

记问之学，不足以为人师。必也其听语乎？力不能问，然后语之。语之而不知，虽舍之可也。

良冶之子，必学为裘。良弓之子，必学为箕。始驾马者反之，车在马前。君子察于此三者，可以有志于学矣。

古之学者，比物丑类。鼓无当于五声，五声弗得不和。水无当于五色，五色弗得不章。学无当于五官，五官弗得不治。师无当于五服，五服弗得不亲。

君子〔曰〕①："大德不官。大道不器。大信不约。大时不齐。"察于此四者，可以有志于（学）〔本〕② 矣。三王之祭川也，皆先河而后海，或源也，或委也，此之谓务本。

---

① 据孔疏增。

② 据孔疏改。

乐　记

凡音之起，由人心生也。人心之动，物使之然也。感于物而动，故形于声。声相应，故生变。变成方，谓之音。比音而乐之，及干、戚、羽、旄，谓之乐。

乐者，音之所由生也，其本在人心之感于物也。是故其哀心感者，其声噍以杀；其乐心感者，其声啴以缓；其喜心感者，其声发以散；其怒心感者，其声粗以厉；其敬心感者，其声直以廉；其爱心感者，其声和以柔。六者非性也，感于物而后动，是故先王慎所以感之者。故礼以道其志，乐以和其声，政以一其行，刑以防其奸：礼乐刑政，其极一也，所以同民心而出治道也。

凡音者，生人心者也。情动于中，故形于声。声成文，谓之音。是故治世之音安以乐，其政和；乱世之音怨以怒，其政乖；亡国之音哀以思，其民困。声音之道，与政通矣。

宫为君，商为臣，角为民，徵为事，羽为物。五者不乱，则无怗懘之音矣。宫乱则荒，其君骄。商乱则陂，其官坏。角乱则忧，其民怨。徵乱则哀，其事勤。羽乱则危，其材匮。五者皆乱，迭相陵，谓之慢；如此，则国之灭亡无日矣。

郑卫之音，乱世之音也，比于慢矣。桑间濮上之音，亡国之音也。其政散，其民流，诬上行私而不可止也。

凡音者，生于人心者也；乐者，通伦理者也。是故知声而不知音者，禽兽是也。知音而不知乐者，众庶是也。唯君子为能知乐。是故审声以知音，审音以知乐，审乐以知政，而治道备矣。是故不知声者，不可与言音；不知音者，不可与言乐；知乐则几于礼矣。礼乐皆得，谓之有德，德者得也。是故乐之隆，非极音也；食飨之礼，非致味也；《清庙》之瑟，朱弦而疏越，壹倡而三叹，有遗音者矣；大飨之礼，尚玄酒而俎腥鱼，大羹不和，有遗味者矣。是故先王之制礼乐也，非以极口腹耳目之欲也，将以教民平好恶而反人道之正也。

人生而静，天之性也。感于物而动，性之欲也。物至知知，然后好恶形焉。好恶无节于内，知诱于外，不能反躬，天理灭矣。夫物之感人无穷，而人之好恶无节，则是物至而人化物也。人化物也者，灭天理而穷人欲者也。于是有悖逆诈伪之心，有淫泆作乱之事，是故强者胁弱，众者暴寡，知者诈愚，勇者苦怯，疾病不养，老幼孤独不得其所，此大乱之道也。是故先王之制礼乐，人为之节：衰麻哭泣，所以节丧纪也；钟鼓干戚，所以和安乐也；昏姻冠笄，所以别男女也；射乡食飨，所以正交接也。礼节民心，乐和民声，政以行之，刑以防之。礼乐刑政，四达而不悖，则王道备矣。

乐者为同，礼者为异。同则相亲，异则相敬。乐胜则流，礼胜则离。合情饰貌者，礼乐之事也。礼义立，则贵贱等矣。乐文同，则上下和矣。好恶著，则贤不肖别矣。刑禁暴，爵举贤，则政均矣。仁以爱之，义以正之，如此则民治行矣。

乐由中出，礼自外作。乐由中出，故静。礼自外作，故文。大乐必易，大礼必简。乐至则无怨，礼至则不争，揖让而治天下者，礼乐之谓也。暴民不作，诸侯宾服，兵革不试，五刑不用，百姓无患，天子不怒，如此则乐达矣。合父子之亲，明长幼之序，以敬四海之内，天子如此则礼行矣。

大乐与天地同和，大礼与天地同节。和，故百物不失。节，故祀天祭地。明则有礼乐，幽则有鬼神。如此，则四海之内合敬同爱矣：礼者，殊事、合敬者也；乐者，异文、合爱者也。礼乐之情同，故明王以相沿也。故事与时并，名与功偕。

故钟鼓管磬，羽龠干戚，乐之器也；屈伸俯仰，缀兆舒疾，乐之文也；簠簋俎豆，制度文章，礼之器也；升降上下，周还裼袭，礼之文也。故知礼乐之情者能作，识礼乐之文者能述。作者之谓圣，述者之谓明。明圣者，述作之谓也。

乐者，天地之和也。礼者，天地之序也。和，故百物皆化。序，故群物皆别。乐由天作，礼以地制。过制则乱，过作则暴。明于天地，然后能兴礼乐也。

论伦无患，乐之情也。欣喜欢爱，乐之官也。中正无邪，礼之质也。庄敬恭（顺）〔慎〕，礼之制也。若夫礼乐之施于金石，越于声音，用于宗庙社稷，事乎山川鬼神，则此所与民同也。

王者功成作乐，治定制礼。其功大者其乐备，其治辩者其礼具。干戚之舞，非备乐也。孰亨而祀，非达礼也。五帝殊时，不相沿乐。三王异世，不相袭礼。乐极则忧，礼粗则偏矣。及夫敦乐而无忧，礼备而不偏者，其唯大圣乎！

天高地下，万物散殊，而礼制行矣。流而不息，合同而化，而乐兴焉。春作夏长，仁也。秋敛冬藏，义也。仁近于乐，义近于礼。乐者敦和，率神而从天。礼者别宜，居鬼而从地。故圣人作乐以应天，制礼以配地。礼乐明备，天地官矣。

天尊地卑，君臣定矣。卑高已陈，贵贱位矣。动静有常，小大殊矣。方以类聚，物以群分，则性命不同矣。在天成象，在地成形。如此，则礼者天地之别也。地气上齐，天气下降，阴阳相摩，天地相荡，鼓之以雷霆，奋之以风雨，动之以四时，暖之以日月，而百化兴焉。如此，则乐者天地之和也。化不时则不生，男女无辨则乱升，天地之情也。

及夫礼乐之极乎天而蟠乎地，行乎阴阳而通乎鬼神，穷高极远而测深厚。乐著大始，而礼居成物。著不息者天也，著不动者地也。一动一静者，天地之间也。故圣人曰礼乐云。

昔者舜作五弦之琴以歌《南风》，夔始制乐以赏诸侯。故天子之为乐也，以赏诸侯之有德者也。德盛而教尊，五谷时孰，然后赏之以乐。故其治民劳者，其舞行缀远；其治民逸者，其舞行缀短。故观其舞，知其德；闻其谥，知其行也。

《大章》，章之也。《咸池》，备矣。《韶》，继也。《夏》，大也。殷周之乐尽矣。

天地之道，寒暑不时则疾，风雨不节则饥。教者，民之寒暑也，教不时则伤世。事者，民之风雨也，事不节则无功。然则先王之为乐也，以法治也，善则行象德矣。

夫豢豕为酒，非以为祸也；而狱讼益繁，则酒之流生祸也。是故先王因为酒礼。壹献之礼，宾主百拜，终日饮酒而不得醉焉，此先王之所以备酒祸也。故酒食者，所以合欢也；乐者，所以象德也；礼者，所以缀淫也。是故先王有大事，必有礼以哀之；有大福，必有礼以乐之：哀乐之分，皆以礼终。乐也者，圣人之所乐也，而可以善民心。其感人深，其移风易俗〔易〕，故先王著其教焉。

夫民有血气心知之性，而无哀乐喜怒之常；应感起物而动，然后心术形焉。是故志微噍杀之音作，而民思忧；啴谐、慢易、繁文、简节之音作，而民康乐；粗厉、猛起、奋末、广贲之音作，而民刚毅；廉直、劲正、庄诚之音作，而民肃敬；宽裕、肉好、顺成、和动之音作，而民慈爱；流辟、邪散、狄（成）〔戊〕、涤滥之音作，而民淫乱。是故先王本之情性，稽之度数，制之礼义，合生气之和，道五常之行，使之阳而不散，阴而不密，刚气不怒，柔气不慑，四畅交于中，而发作于外，皆安其位而不相夺也；然后立之学等，广其节奏，省其文采，以绳德厚，律小大之称，比终始之序，以象事行，使亲疏、贵贱、长幼、男女之理皆形见于乐。故曰：乐观其深矣。

土敝则草木不长，水烦则鱼鳖不大，气衰则生物不遂，世乱则礼慝而乐淫。是故其声哀而不庄，乐而不安，慢易以犯节，流湎以忘本，广则容奸，狭则思欲，感条畅之气，而灭平和之德，是以君子贱之也。

凡奸声感人，而逆气应之；逆气成象，而淫乐兴焉。正声感人，而顺气逆之；顺气成象，而和乐兴焉。倡和有应，回邪曲直各归其分，而万物之理各以类相动也。是故君子反情以和其志，比类以成其行，奸声乱色不留聪明，淫乐慝礼不接心术，惰慢邪辟之气不设于身体，使耳目、鼻口、心知百体皆由顺正，以行其义，然后发以声音，而文以琴瑟，动以干戚，饰以羽旄，从以箫管，奋至德之光，动四气之和，以著万物之理。是故清明象天，广大象地，终始象四时，周还象风雨，五色成文而不乱，八风从律而不奸，百度得数而有常，小大相成，终始相生，倡和清浊迭相为经。故乐行而伦清，耳目聪明，血气和平，移风易俗，天下皆宁。故曰：乐者乐也，君子乐得其道，小人乐得其欲，以道制欲则乐而不乱，以欲忘道则惑而不乐。

是故君子反情以和其志，广乐以成其教，乐行而民乡方，可以观德矣。德者，性之端也。乐者，德之华也。金石丝竹，乐之器也。诗，言其志也。歌，咏其声也。舞，动其容也。三者本于心，然后乐（器）〔气〕从之。是故情深而文明，气盛而化神，和顺积中而英华发外，唯乐不可以为伪。

乐者，心之动也。声者，乐之象也。文采节奏，声之饰也。君子动其本，乐其象，然后治其饰。是故先鼓以警戒，三步以见方，再始以著往，复乱以饬归，奋疾而不拔，极幽而不隐；独乐其志，不厌其道；备举其道，不私其欲。是故情见而义立，乐终而德尊，君子以好善，小人以听过。故曰：生民之道，乐为大焉。

乐也者，施也。礼也者，报也。乐，乐其所自生；而礼，反其所自始。乐章德，礼报情，反始也。所谓大辂者，天子之车也；龙旂九旒，天子之旌也；青黑缘者，天子之宝龟也；从之以牛羊之群，则所以赠诸侯也。

乐也者，情之不可变者也。礼也者，理之不可易者也。乐统同，礼辨异。礼乐之说，管乎人情矣。

穷本知变，乐之情也。著诚去伪，礼之经也。礼乐偩天地之情，达神明之德，降兴上下之神，而凝是精粗之体，领父子君臣之节。是故大人举礼乐，则天地将为昭焉。天地訢合，阴阳相得，煦妪覆育万物；然后草木茂，区萌达，羽翼奋，角觡生，蛰虫昭苏，羽者妪伏，毛者孕鬻，胎生者不殰，而卵生者不殈，则乐之道归焉耳。

乐者，非谓黄钟、大吕、弦歌、干扬也，乐之末节也，故童者舞之。铺筵席，陈尊俎，列笾豆，以升降为礼者，礼之末节也，故有司掌之。乐师辨乎声诗，故北面而弦。宗祝辨乎宗庙之礼，故后尸。商祝辨乎丧礼，故后主人。是故德成而上，艺成而下，行成而先，事成而后。是故先王有上有下，有先有后，然后可以有制于天下也。

魏文侯问于子夏曰："吾端冕而听古乐，则唯恐卧。听郑、卫之音，则不知倦。敢问古乐之如彼何也？新乐之如此何也？"

子夏对曰："今夫古乐：进旅退旅，和正以广；弦匏笙簧，会守拊鼓；始奏以文，复乱以武；治乱以相，讯疾以雅；君子于是语，于是道古，修身及家，平均天下。此古乐之发也。今夫新乐：进俯退俯，奸声以滥，溺而不止；及优侏儒，（猱）〔糅〕杂子女，不知父子；乐终不可以语，不可以道古。此新乐之发也。今君之所问者乐也，所好者音也。夫乐者，与音相近而不同。"

文侯曰："敢问何如？"

子夏对曰："夫古者天地顺而四时当，民有德而五谷昌，疾疢不作而无妖祥，此之谓大当。然后圣人作，为父子君臣，以为纪纲。纪纲既正，天下大定。天下大定，然后正六律，和五声，弦歌《诗·颂》。此之谓德音。德音之谓乐。《诗》云：'莫其德音，其德克明。克明克类，克长克君，王此大邦。克顺克俾，俾于文王。其德靡悔，既受帝祉，施于孙子。'此之谓也。今君之所好者，其溺音乎！"

文侯曰："敢问溺音何从出也？"

子夏对曰："郑音好滥淫志，宋音燕女溺志，卫音趋数烦志，齐音敖辟乔志，此四者，皆淫于色而害于德，是以祭祀弗用也。《诗》云：'肃雍和鸣，先祖是听。'夫肃肃，敬也；雍雍，和也。夫敬以和，何事不行？为人君者，谨其所好恶而已矣。君好之，则臣为之。上行之，则民从之。《诗》云：'诱民孔易。'此之谓也。然后圣人作，为鞉、鼓、椌、楬、埙、篪，此六者，德音之音也。然后钟、磬、竽、瑟以和之，干、戚、旄、狄以舞之，此所以祭先王之庙也，所以献酬酳酢也。所以官序贵贱、各得其宜也，所以示后世有尊卑长幼之序也。

"钟声铿，铿以立号，号以立横，横以立武。君子听钟声，则思武臣。石声磬，磬以立辨，辨以致死。君子听磬声，则思死封疆之臣。丝声哀，哀以立廉，廉以立志。君子听琴瑟之声，则思志义之臣。竹声滥，滥以立会，会以聚众。君子听竽笙箫管之声，则思畜聚之臣。鼓鼙之声讙，讙以立动，动以进众。君子听鼓鼙之声，则思将帅之臣。君子之听音，非听其铿锵而已也，彼亦有所合之也。”

宾牟贾侍坐于孔子。孔子与之言及乐。曰：“夫《武》之备戒之已久，何也？”对曰：“病不得其众也。”“咏叹之，淫液之，何也？”对曰：“恐不逮事也。”“发扬蹈厉之已蚤，何也？”对曰：“及时事也。”“《武》坐，致右宪左，何也？”对曰：“非《武》坐也。”“声淫及商，何也？”对曰：“非《武》音也。”子曰：“若非《武》音，则何音也？”对曰：“有司失其传也。若非有司失其传，则武王之志荒矣。”子曰：“唯。丘之闻诸苌弘，亦若吾子之言是也。”

宾牟贾起，免席而请曰：“夫《武》之备戒之已久，则既闻命矣。敢问迟之迟而又久，何也？”

子曰：“居，吾语女。夫乐者，象成者也。揔干而山立，武王之事也。发扬蹈厉，大公之志也。《武》乱皆坐，周召之治也。且夫《武》始而北出，再成而灭商，三成而南，四成而南国是疆；五成而分〔陕〕，周公左，召公右；六成复缀以崇天子。夹振之而驷伐，盛威于中国也；分夹而进，事蚤济也；久立于缀，以待诸侯之至也。且女独未闻牧野之语乎？武王克殷，（反）〔及〕商，未及下车，而封黄帝之后于蓟，封帝尧之后于祝，封帝舜之后于陈；下车而封夏后氏之后于杞，投殷之后于宋，封王子比干之墓，释箕子之囚，使之行商容而复其位；庶民弛政，庶士倍禄；济河而西，马散之华山之阳而弗复乘，牛散之桃林之野而弗复服，车甲衅而藏之府库而弗复用，倒载干戈，包之以虎皮，将帅之士使为诸侯，名之曰‘建櫜’。然后天下知武王之不复用兵也。散军而郊射：左射，《狸首》；右射，《驺虞》；而贯革之射息也。裨冕，搢笏，而虎贲之士说剑也。祀乎明堂，而民知孝。朝觐，然后诸侯知所以臣。耕藉，然后诸侯知所以敬。五者天下之大教也。食三老五更于大学，天子袒而割牲，执酱而馈，执爵而酳，冕而揔干，所以教诸侯之弟也。若此，则周道四达，礼乐交通，则夫《武》之迟久，不亦宜乎！”

君子曰：礼乐不可斯须去身。致乐以治心，则易直子谅之心油然生矣。易直子谅之心生则乐，乐则安，安则久，久则天，天则神，天则不言而信，神则不怒而威：致乐以治心者也。致礼以治躬则庄敬，庄敬则严威。心中斯须不和不乐，而鄙诈之心入之矣。外貌斯须不庄不敬，而易慢之心入之矣。故乐也者，动于内者也；礼也者，动于外者也。乐极和，礼极顺，内和而外顺，则民瞻其颜色而弗与争也，望其容貌而民不生易（優）〔慢〕焉。故德辉动于内，而民莫不承听；理发诸外，而民莫不承顺。故曰：致礼乐之道，举而错之天下，无难矣。

乐也者，动于内者也。礼也者，动于外者也。故礼主其减，乐主其盈。礼减而进，以进为文；乐盈而反，以反为文。礼减而不进则销，乐盈而不反则放。故礼有报，而乐有反。礼得其报则乐，乐得其反则安。礼之报，乐之反，其义一也。

夫乐者，乐也，人情之所不能免也。乐必发于声音，形于动静，人之道也。声音、动静，性术之变，尽于此矣。故人不耐无乐，乐不耐无形；形而不为道，不耐无乱。先王耻其乱，故制《雅》《颂》之声以道之，使其声足乐而不流，使其文足论而不息，使其曲直、繁（瘠）〔省〕、廉肉、节奏足以感动人之善心而已矣，不使放心邪气得接焉。是先王立乐之方也。

是故乐在宗庙之中，君臣上下同听之，则莫不和敬；在族长乡里之中，长幼同听之，则莫不和顺；在闺门之内，父子兄弟同听之，则莫不和亲。故乐者，审一以定和，比物以饰节，节奏合以成文，所以合和父子君臣、附亲万民也。是先王立乐之方也。

故听其《雅》《颂》之声，志意得广焉；执其干戚，习其俯仰诎伸，容貌得庄焉；行其缀兆，要其节奏，行列得正焉，进退得齐焉。故乐者，天地之（命）〔齐〕，中和之纪，人情之所不能免也。

夫乐者，先王之所以饰喜也；军旅铁钺者，先王之所以饰怒也。故先王之喜怒，皆得其侪焉：喜则天下和之，怒则暴乱者畏之。先王之道，礼乐可谓盛矣！

子赣见师乙而问焉，曰：“赐闻声歌各有宜也。如赐者宜何歌也？”

师乙曰：“乙，贱工也，何足以问所宜？请诵其所闻，而吾子自执焉。（爱者，宜歌《商》。故《商》者，五帝之遗声也。）宽而静、柔而正者，宜歌《颂》。广大而静、疏达而信者，宜歌《大雅》。恭俭而好礼者，宜歌《小雅》。正直而静、廉而谦者，宜歌《风》。肆直而慈爱〔者，宜歌《商》。温良而能断者，宜歌《齐》。夫歌者，直己而陈德也，动己而天地应焉，四时和焉，星辰理焉，万物育焉。故《商》者，五帝之遗声也；〕（商之遗声也。）商人识之，故谓之《商》。《齐》者，三代之遗声也；齐人识之，故谓之《齐》。明乎《商》之音者，临事而屡断。明乎《齐》之音者，见利而让。临事而屡断，勇也。见利而让，义也。有勇有义，非歌孰能保此？故歌者上如抗，下如队；曲如折，止如槁木；倨中矩，句中钩；累累乎端如贯珠。故歌之为言也，长言之也。说之，故言之；言之不足，故长言之；长言之不足，故嗟叹之；嗟叹之不足，故不知手之舞之、足之蹈之也。”

——子贡问乐

杂记上

诸侯行而死于馆，则其复如于其国。如于道，则升其乘车之左毂，以其绥复。其輤有裧，缁布裳帷，素锦以为屋。而行至于庙门，不毁墙，遂入适所殡，唯輤为说于庙门外。

大夫、士死于道，则升其乘车之左毂，以其绥复。如于馆死，则其复如于家。大夫以布为輤而行，至于家而说輤，载以輲车；入自门，至于阼阶下而说车；举自阼阶，升适所殡。士輤，苇席以为屋，蒲席以为裳帷。

凡讣于其君，曰："君之臣某死。"父、母、妻、长子，曰："君之臣某之某死。"君，讣于他国之君，曰："寡君不禄，敢告于执事。"夫人，曰："寡小君不禄。"大子之丧，曰："寡君之適子某死。"

大夫，讣于同国適者，曰："某不禄。"讣于士，亦曰："某不禄。"讣于他国之君，曰："君之外臣寡大夫某死。"讣于適者，曰："吾子之外私寡大夫某不禄，使某实。"讣于士，亦曰："吾子之外私寡大夫某不禄，使某实。"

士，讣于同国大夫，曰："某死。"讣于士，亦曰："某死。"讣于他国之君，曰："君之外臣某死。"讣于大夫，曰："吾子之外私某死。"讣于士，亦曰："吾子之外私某死。"

大夫次于公馆以终丧。士练而归。士次于公馆。大夫居庐，士居垩室。

大夫为其父母兄弟之未为大夫者之丧服如士服。士为其父母兄弟之为大夫者之丧服如士服。大夫之適子，服大夫之服。大夫之庶子为大夫，则为其父母服大夫服，其位与未为大夫者齿。士之子为大夫，则其父母弗能主也，使其子主之，无子则为之置后。

大夫卜宅与葬日，有司麻衣、布衰、布带，因丧屦，缁布冠不蕤；占者皮弁。如筮，则〔筮〕史练冠、长衣以筮，占者朝服。

大夫之丧，既荐马，荐马者哭踊出，乃包奠而读书。

大夫之丧，大宗人相，小宗人命龟，卜人作龟。

（内子以鞠衣、褒衣、素沙，下大夫以禮衣；其余如士。）复：诸侯，以褒衣、冕服、爵弁服；夫人，税衣揄狄，狄税素沙；

〔内子，以鞠衣、褒衣、素沙；下大夫，以禮衣；其余如士。〕复西上。

大夫不揄绞，属于池下。

大夫附于士。士不附于大夫，附于大夫之昆弟，无昆弟则从其昭穆；虽王父母在亦然。

妇附于其夫之所附之妃，无妃则亦从其昭穆之妃。妾附于妾祖姑，无妾祖姑则亦从其昭穆之妾。

男子附于王父则配，女子附于王母则不配。

公子附于公子。

君薨，大子号称子，待犹君也。

有三年之练冠，则以大功之麻易之，唯杖、屦不易。

有父母之丧，尚功衰，而附兄弟之殇，则练冠附于殇，称“阳童某甫”；不名，神也。

凡异居，始闻兄弟之丧，唯以哭对可也。其始麻，散带绖。未服麻而奔丧，及主人之未成绖也，疏者与主人皆成之，亲者终其麻带绖之日数。

主妾之丧，则自祔至于练、祥，皆使其子主之。其殡、祭不于正室。君不抚仆妾。

女君死，则妾为女君之党服。摄女君，则不为先女君之党服。

闻兄弟之丧，大功以上，见丧者之乡而哭。适兄弟之送葬者弗及，遇主人于道，则遂之于墓。凡主兄弟之丧，虽疏亦虞之。

凡丧服未毕，有吊者，则为位而哭，拜，踊。

大夫之哭大夫，弁绖。大夫与殡，亦弁绖。

大夫有私丧之葛，则于其兄弟之轻丧则弁绖。

为长子杖，则其子不以杖即位。为妻，父母在，不杖，不稽颡；母在，不稽颡。稽颡者，其赠也拜。

违诸侯，之大夫，不反服。违大夫，之诸侯，不反服。

丧冠条属，以别吉凶。三年之练冠，亦条属、右缝。小功以下，左。缌冠缲缨。大功以上散带。

朝服十五升，去其半，而缌加灰，锡也。

诸侯相襚，以后路与冕服。先路与褒衣不以襚。

遣车视牢具。

疏布輤，四面有章，置于四隅。

载粻，有子曰："非礼也。"丧奠，脯醢而已。

祭称"孝子孝孙"。丧称"哀子哀孙"。

端衰，丧车，皆无等。

大白冠，缁布之冠，皆不蕤。委武，玄、缟而后蕤。

大夫冕而祭于公，弁而祭于（已）〔己〕。士弁而祭于公，冠而祭于（已）〔己〕。士弁而亲迎，然则士弁而祭于（已）〔己〕可也。

畅，臼以椈，杵以梧。枇以桑，长三尺，或曰五尺。毕用桑，长三尺，刊其柄与末。

率带，诸侯、大夫皆五采，士二采。

醴者，稻醴也。瓮、瓶、筲，衡。实见间，而后折入。

重，既虞而埋之。

凡妇人，从其夫之爵位。

小敛，大敛，启，皆辩拜。

朝夕哭，不帷。无柩者，不帷。

君若载而后吊之，则主人东面而拜，门右北面而踊，出待，反而后奠。

子羔之袭也，茧衣裳与税衣纁袡为一，素端一，皮弁一，爵弁一，玄冕一。曾子曰："不袭妇服。"

为君使而死，公馆复，私馆不复。公馆者，公宫与公所为也。私馆者，自卿大夫以下之家也。

公七踊，大夫五踊。妇人居间。士三踊。妇人皆居间。

公袭卷衣一，玄端一，朝服一，素积一，纁裳一，爵弁二，玄冕一，褒衣一，朱绿带，申加大带于上。

小敛，环绖，公、大夫、士一也。

公视大敛，公升，商祝铺席，乃敛。

鲁人之赠也，三玄二纁，广尺，长终幅。

吊者即位于门西，东面。其介在其东南，北面西上，西于门。主孤西面。相者受命曰："孤某使某请事。"客曰："寡君使某。如何不淑！"相者入告，出曰："孤某须矣。"吊者入，主人升堂西面，吊者升自西阶，东面致命曰："寡君闻君之丧，寡君使某。如何不淑！"子拜稽颡。吊者降，〔出〕反位。

含者执币将命曰："寡君使某含。"相者入告，出曰："孤某须矣。"含者入，升堂致命，再拜稽颡。含者坐委于殡东南，有苇席；既葬，蒲席。降，出反位。宰（夫）朝服即丧屦，升自西阶，西面坐取璧，降自西阶以东。

襚者曰："寡君使某襚。"相者入告，出曰："孤某须矣。"襚者执冕服，左执领，右执要；入，升堂致命曰："寡君使某襚。"子拜稽颡。委衣于殡东；襚者降，受爵弁服（而）〔于〕门内霤，将命；子拜稽颡如初。受皮弁服于中庭，自西阶受朝服，自堂受玄端，将命；子拜稽颡皆如初。襚者降，出反位。宰夫五人，举以东，降自西阶，其举亦西面。

上介赗，执圭将命曰："寡君使某赗。"相者入告，反命曰："孤某须矣。"陈乘黄、大路于中庭，北辀；执圭将命，客使自下由路西。子拜稽颡。坐委于殡东南隅。宰举以东。

凡将命，乡殡将命。子拜稽颡。西面而坐委之。宰举璧与圭，宰夫举襚，升自西阶，西面坐取之，降自西阶。

赗者出，反位于门外。上客临，曰：“寡君有宗庙之事，不得承事，使一介老某相执绋。”相者反命曰：“孤某须矣。”临者入门右，介者皆从之，立于其左，东上。宗人纳宾，升，受命于君，降曰：“孤敢辞吾子之辱。请吾子之复位。”客对曰：“寡君命某，毋敢视宾客。敢辞。”宗人反命曰：“孤敢固辞吾子之辱，请吾子之复位！”客对曰：“寡君命某，毋敢视宾客。敢固辞！”宗人反命曰：“孤敢固辞吾子之辱，请吾子之复位！”客对曰：“寡君命使臣某，毋敢视宾客，是以敢固辞。固辞不获命，敢不敬从！”客立于门西，介立于其左，东上。孤降自阼阶拜之，升哭，与客拾踊三。客出。送于门外，拜稽颡。

其国有君丧，不敢受吊。

外宗房中南面。小臣铺席。商祝铺绞紟衾。士盥于盘北。举迁尸于敛上。卒敛，宰告。子冯之踊，夫人东面坐冯之，兴踊。

士丧有与天子同者三：其终夜燎，及乘人，专道而行。

杂记下

有父之丧，如未没丧而母死，其除父之丧也，服其除服；卒事，反丧服。虽诸父、昆弟之丧，如当父母之丧，其除诸父、昆弟之丧也，皆服其除丧之服；卒事，反丧服。如三年之丧，则既颎，其练、祥皆行。王父死，未练、祥而孙又死，犹是附于王父也。

有殡，闻外丧，哭之他室。入奠，卒奠出，改服即位，如始即位之礼。

大夫、士将与祭于公，既视濯而父母死，则犹是与祭也，次于异宫；既祭，释服出公门外，哭而归。其它如奔丧之礼。如未视濯，则使人告，告者反而后哭。如诸父、昆弟、姑、姊妹之丧，则既宿则与祭；卒事，出公门，释服而后归。其它如奔丧之礼。

如同宫，则次于异宫。

曾子问曰："卿大夫将为尸于公，受宿矣，而有齐衰内丧，则如之何？"孔子曰："出舍乎公宫以待事，礼也。"孔子曰："尸弁冕而出，卿、大夫、士皆下之。尸必式，必有前驱。"

父母之丧，将祭，而昆弟死，既殡而祭。如同宫，则虽臣妾，葬而后祭。祭，主人之升降散等，执事者亦散等；虽虞、附亦然。

自诸侯达诸士，小祥之祭，主人之酢也哜之，众宾、兄弟则皆啐之。大祥，主人啐之，众宾、兄弟皆饮之可也。

凡侍祭丧者，告宾祭荐而不食。

子贡问丧，子曰："敬为上，哀次之，瘠为下。颜色称其情，戚容称其服。"

请问兄弟之丧。子曰："兄弟之丧，则存乎书策矣。君子不夺人之丧，亦不可夺丧也。"

孔子曰："少连、大连善居丧，三日不怠，三月不解，期悲哀，三年忧，东夷之子也！"

三年之丧，言而不语，对而不问，庐垩室之中，不与人坐焉。在垩室之中，非时见乎母也，不入门。疏衰皆居垩室，不庐。庐，严者也。

妻视叔父母。姑、姊妹视兄弟。长、中、下殇视成人。

亲丧外除。兄弟之丧内除。

视君之母与妻，比之兄弟。发诸颜色者，亦不饮食也。

免丧之外，行于道路，见似目瞿，闻名心瞿，吊死而问疾，颜色戚容必有以异于人也。如此而后可以服三年之丧，其余则直道而行之是也。

祥，主人之除也。于夕为期，朝服。祥，因其故服。

子游曰："既祥，虽不当缟者，必缟然后反服。"

当袒，大夫至，虽当踊，绝踊而拜之；反改成踊，乃袭。于士，既事成踊，袭，而后拜之，不改成踊。

上大夫之虞也，少牢；卒哭成事，附，皆大牢。下大夫之虞也，特牲；卒哭成事，附，皆少牢。

祝称"卜葬虞"。子孙曰"哀"，夫曰"乃"，兄弟曰"某卜葬其兄弟曰伯子某"。

古者贵贱皆杖。叔孙武叔朝，见轮人以其杖关毂而輠轮者，于是有爵而后杖也。

凿巾以饭，公羊贾为之也。

冒者何也？所以掩形也。自袭以至小敛，不设冒则形，是以袭而（后）设冒也。

或问于曾子曰："夫既遣而包其余，犹既食而裹其余与？君子既食则裹其余乎？"曾子曰："吾子不见大飨乎？夫大飨，既飨，卷三牲之俎归于宾馆。父母而宾客之，所以为哀也。子不见大飨乎？"

……非为人丧，问与？赐与？

三年之丧，以其丧拜。非三年之丧，以吉拜。

三年之丧，如或遗之酒肉，则受之必三辞，主人衰绖而受之；如君命，则不敢辞，受而荐之。丧者不遗人。人遗之，虽酒肉，受也。从父昆弟以下，既卒哭，遗人可也。

县子曰：三年之丧如斩，期之丧如剡。

（期之丧，十一月而练，十三月而祥，十五月而禫。）三年之丧，虽功衰，不吊，自诸侯达诸士。如有服而将往哭之，则服其服而往。〔期之丧，十一月而练，十三月而祥，十五月而禫，〕练则吊。既葬，大功，吊，哭而退，不听事焉。期之丧，未葬，吊于乡人，哭而退，不听事焉；功衰，吊，待事不执事；小功缌，执事，不与于礼。

相趋也，出宫而退。相揖也，哀次而退。相问也，既封而退。相见也，反哭而退。朋友，虞（附）而退。

吊，非从主人也。四十者执绋。乡人，五十者从反哭，四十者待盈坎。

丧食虽恶，必充饥。饥而废事，非礼也。饱而忘哀，亦非礼也。视不明，听不聪，行不正，不知哀，君子病之。故有疾饮酒食肉，五十不致毁，六十不毁，七十饮酒食肉，皆为疑死。

有服，人召之食，不往。大功以下，既葬，适人。人食之，其党也，食之；非其党，弗食也。

功衰，食菜果，饮水浆；无盐酪，不能食食，盐酪可也。

孔子曰："身有疡则浴，首有创则沐，病则饮酒食肉。毁瘠为病，君子弗为也。毁而死，君子谓之无子。"

非从柩与反哭，无免于堩。

凡丧，小功以上，非虞、附、练、祥，无沐浴。疏衰之丧，既葬，人请见之则见，不请见人。小功，请见人可也。大功，不以执摯。唯父母之丧，不辟涕泣而见人。

三年之丧，祥而从政。期之丧，卒哭而从政。九月之丧，既葬而从政。小功缌之丧，既殡而从政。

曾申问于曾子曰："哭父母有常声乎？"曰："中路婴儿失其母焉，何常声之有？"

卒哭而讳。

王父母、兄弟、世父、叔父、姑、姊妹，子与父同讳。

母之讳，宫中讳。妻之讳，不举诸其侧。与从祖昆弟同名，则讳。

以丧冠者，虽三年之丧可也。既冠于次，入，哭、踊三者三，乃出。

大功之末，可以冠子，可以嫁子。父（小）〔大〕功之末可以冠子，可以嫁子，可以取妇。已虽小功，既卒哭，可以冠、取妻；下殇之小功则不可。

凡弁绖，其衰侈袂。

父有服，宫中子不与于乐。母有服，声闻焉，不举乐。妻有服，不举乐于其侧。大功将至，辟琴瑟。小功至，不绝乐。

姑、姊妹，其夫死，而夫党无兄弟，使夫之族人主丧；妻之党，虽亲弗主。夫若无族矣，则前后家、东西家；无有，则里尹主之。或曰：主之而附于夫之党。

麻者不绅。执玉不麻。麻不加于采。

国禁哭则止，朝夕之奠即位自因也。

童子哭不偯，不踊，不杖，不菲，不庐。

孔子曰："伯母、叔母疏衰，踊不绝地。姑、姊妹之大功，踊绝于地。如知此者，由文矣哉！由文矣哉！"

世柳之母死，相者由左。世柳死，其徒由右相。由右相，世柳之徒为之也。

天子饭九贝，诸侯七，大夫五，士三。

士三月而葬，是月也卒哭。大夫三月而葬，五月而卒哭。诸侯五月而葬，七月而卒哭。士三虞，大夫五，诸侯七。

诸侯使人吊、（其次）含、禭、赗、临，皆同日而毕事者也。其次如此也。

卿大夫疾，君问之无算。士，壹问之。君于卿大夫，比葬不食肉，比卒哭不举乐；为士，比殡不举乐。

升正柩，诸侯，执绋五百人，四绋皆衔枚；司马执铎，左八人，右八人；匠人执羽葆御柩。大夫之丧，其升正柩也，执引者三百人，执铎者左右各四人，御柩以茅。

孔子曰：“管仲镂簋而朱纮，旅树而反坫，山节而藻棁，贤大夫也，而难为上也。晏平仲祀其先人，豚肩不掩豆，贤大夫也，而难为下也。君子上不僭上，下不逼下。”

妇人非三年之丧，不逾封而吊。如三年之丧，则君夫人归。夫人：其归也，以诸侯之吊礼；其待之也，若待诸侯然。夫人至，入自闱门，升自侧阶，君在阼；其他如奔丧礼然。

嫂不抚叔，叔不抚嫂。

君子有三患：未之闻，患弗得闻也；既闻之，患弗得学也；既学之，患弗能行也。君子有五耻：居其位，无其言，君子耻之；有其言，无其行，君子耻之；既得之而又失之，君子耻之；地有余而民不足，君子耻之；众寡均而倍焉，君子耻之。

孔子曰：“凶年则乘驽马，祀以下牲。”

恤由之丧，哀公使孺悲之孔子，学士丧礼。《士丧礼》于是乎书。

子贡观于蜡。孔子曰：“赐也乐乎？”对曰：“一国之人皆若狂，赐未知其乐也。”子曰：“百日之蜡，一日之泽，非尔所知也。张而不弛，文、武弗能也。弛而不张，文、武弗为也。一张一弛，文、武之道也。”

孟献子曰：“正月日至，可以有事于上帝。七月日至，可以有事于祖。”七月而禘，献子为之也。

夫人之不命于天子，自鲁昭公始也。

外宗为君、夫人，犹内宗也。

厩焚。孔子拜乡人为火来者。拜之，士壹，大夫再。亦相吊之道也。

孔子曰：“管仲遇盗，取二人焉，上以为公臣，曰：‘其所与游，辟也。可人也。’管仲死，桓公使为之服。（官）〔宦〕于大夫者之为之服也，自管仲始也，有君命焉尔也。”

过而举君之讳，则起。与君之讳同，则称字。

内乱不与焉。外患弗辟也。

《赞大行》曰：圭，公九寸，侯、伯七寸，子、男五寸；博三寸，厚半寸，剡上左右各寸半，玉也。藻，三采六等。

哀公问子羔曰：“子之食奚当？”对曰：“文公之下执事也。”

成庙则衅之，其礼：祝、宗人、宰夫、雍人皆爵弁纯衣，雍人拭羊，宗人视之，宰夫北面于碑南，东上。雍人举羊升屋，自中；中屋南面，刲羊，血流于前，乃降。门，夹室，皆用鸡，先门而后夹室。其衈皆于屋下。割鸡：门，当门；夹室，中室。有司皆乡室而立，门则有司当门北面。既事，宗人告事毕，乃皆退。反命于君曰：“衅某庙事毕。”反命于寝，君南乡于门内，朝服。既反命，乃退。路寝成，则考之而不衅。衅屋者，交神明之道也。凡宗庙之器，其名者成，则衅之以豭豚。

诸侯出夫人，夫人比至于其国，以夫人之礼行；至，以夫人入。使者将命曰：“寡君不敏，不能从而事社稷宗庙，使使臣某敢告于执事。”主人对曰：“寡君固前辞不教矣。寡君敢不敬须以俟命！”有司官陈器皿，主人有司亦官受之。

妻出，夫使人致之曰：“某不敏，不能从而共粢盛，使某也敢告于侍者。”主人对曰：“某之子不肖，不敢辟诛，敢不敬须以俟命!”使者退，主人拜送之。如舅在则称舅，舅没则称兄，无兄则称夫。主人之辞曰：“某之子不肖。”如姑、姊妹，亦皆称之。

孔子曰：“吾食于少施氏而饱，少施氏食我以礼。吾祭，作而辞曰：‘疏食不足祭也。’吾飧，作而辞曰：‘疏食也，不敢以伤吾子。’”

纳币一束，束五两，两五寻。

妇见舅姑，兄弟、（姑）姊妹皆立于堂下，西面北上，是见已。见诸父，各就其寝。

女虽未许嫁，年二十而笄，礼之。妇人执其礼。燕则鬈首。

韠长三尺，下广二尺，上广一尺。会去上五寸。纰以爵韦六寸，不至下五寸。纯以素。紃以五采。

丧大记

疾病，外内皆扫。君、大夫彻县，士去琴瑟。寝东首于北牖下。废床，彻亵衣，加新衣，体一人。男女改服。属纩以俟绝气。男子不死于妇人之手，妇人不死于男子之手。

君、夫人卒于路寝。大夫、世妇卒于适寝。内子未命，则死于下室，迁尸于寝。〔士、〕士之妻皆死于寝。

复，有林麓则虞人设阶，无林麓则狄人设阶。

小臣复。复者朝服。君，以卷。夫人，以屈狄。大夫，以玄赪。世妇，以襢衣。士，以爵弁。士妻，以税衣。皆升自东荣，中屋履危，北面三号。卷衣投于前，司服受之，降自西北荣。

其为宾，则公馆复，私馆不复。其在野，则升其乘车之左毂而复。

复衣，不以衣尸，不以敛。妇人复，不以袡。

凡复，男子称名，妇人称字。

唯哭先复。复而后行死事。

始卒，主人啼，兄弟哭，妇人哭踊。

既正尸，子坐于东方，卿、大夫、父兄、子姓立于东方。有司庶士哭于堂下，北面。夫人坐于西方。内命妇、姑、姊妹、子姓立于西方。外命妇率外宗哭于堂上，北面。

大夫之丧，主人坐于东方，主妇坐于西方。其有命夫、命妇则坐，无则皆立。士之丧，主人、父兄、子姓皆坐于东方，主妇、姑、姊妹、子姓皆坐于西方。凡哭尸于室者，主人二手承衾而哭。

君之丧未小敛，为寄公、国宾出。大夫之丧未小敛，为君命出。士之丧，于大夫，不当敛则出。

凡主人之出也，徒跣，扱衽，拊心，降自西阶。君拜寄公、国宾于位。大夫于君命，迎于寝门外；使者升堂致命，主人拜于下。士于大夫亲吊，则与之哭，不逆于门外。

夫人为寄公夫人出。命妇为夫人之命出。士妻不当敛，则为命妇出。

小敛，主人即位于户内，主妇东面，乃敛。卒敛，主人冯之踊，主妇亦如之。主人袒，说髦，括发以麻。妇人髽，带麻于房中。

彻帷，男女奉尸夷于堂，降拜。

君拜寄公、国宾、大夫、士，拜卿、大夫于位，于士旁三拜。夫人亦拜寄公夫人于堂上。大夫内子、士妻特拜命妇，泛拜众宾于堂上。

主人即位，袭带绖、踊。母之丧，即位而免。乃奠。吊者袭裘，加武，带绖，与主人拾踊。

君丧，虞人出木、角，狄人出壶，雍人出鼎，司马县之。乃官代哭。大夫，官代哭，不县壶。士，代哭，不以官。君，堂上二烛，下二烛。大夫，堂上一烛，下二烛。士，堂上一烛，下一烛。

宾出彻帷。

哭尸于堂上，主人在东方，由外来者在西方，诸妇南乡。

妇人迎客、送客不下堂，下堂不哭。男子出寝门见人，不哭。

其无女主，则男主拜女宾于寝门内。其无男主，则女主拜男宾于阼阶下。子幼，则以衰抱之，人为之拜。为后者不在，则有爵者辞，无爵者人为之拜。在竟内则俟之，在竟外则殡葬可也。丧有无后，无无主。

君之丧三日，子、夫人杖。五日，既殡，授大夫、世妇杖；子、大夫，寝门之外杖，寝门之内辑之；夫人、世妇，在其次则杖，即位则使人执之；子有王命则去杖，国君之命则辑杖，听卜、有事于尸则去杖；大夫于君所则辑杖，于大夫所则杖。

大夫之丧，三日之朝既殡，主人、主妇、室老皆杖。大夫有君命则去杖，大夫之命则辑杖。内子为夫人之命去杖，为世妇之命授人杖。

士之丧，二日而殡。三日之朝，主人杖，妇人皆杖。于君命、夫人之命，如大夫。于大夫、世妇之命，如大夫。

子皆杖，不以即位。大夫、士，哭殡则杖，哭柩则辑杖。弃杖者，断而弃之于隐者。

（君设大盘，造冰焉。大夫设夷盘，造冰焉。士并瓦盘，无冰。设床襢笫，有枕。含一床，袭一床，迁尸于堂又一床，皆有枕席：君、大夫、士一也。）

始死，迁尸于床。幠用敛衾，去死衣。小臣楔齿用角柶，缀足用燕几。君、大夫、士一也。

管人汲，不说繘，屈之。尽阶，不升堂。授御者，御者入浴。小臣四人抗衾，御者二人浴。浴水用盆，沃水用枓。浴用絺巾，挋用浴衣，如它日。小臣爪足。浴余水弃于坎。其母之丧，则内御者抗衾而浴。

管人汲，授御者。御者差沐于堂上，君沐粱，大夫沐稷，士沐粱。甸人为垼于西墙下，陶人出重鬲，管人受沐，乃煮之。甸人取所彻庙之西北厞薪，用爨之。管人授御者沐，乃沐。沐用瓦盘，挋用巾，如它日。小臣爪手翦须。（濡）〔渜〕濯弃于坎。

〔君设大盘，造冰焉。大夫设夷盘，造冰焉。士并瓦盘，无冰。设床襢笫，有枕。含一床，袭一床，迁尸于堂又一床，皆有枕席：君、大夫、士一也。〕

君之丧，子、大夫、公子、众士皆三日不食。子、大夫、公子、〔众士〕食粥，纳财，朝一溢米，莫一溢米，食之无算。士，疏食水饮，食之无算。夫人、世妇、诸妻皆疏食水饮，食之无算。

大夫之丧，主人、室老、子姓皆食粥，众士疏食水饮，妻妾疏食水饮。士亦如之。

既葬，主人疏食水饮，不食菜果，妇人亦如之：君、大夫、士一也。练而食菜果，祥而食肉。

食粥于盛不盥，食于篹者盥。食菜以醯酱。始食肉者，先食干肉。始饮酒者，先饮醴酒。

期之丧，三不食。食，疏食水饮，不食菜果。三月既葬，食肉饮酒。期，终丧不食肉，不饮酒，父在为母，为妻。九月之丧，食饮犹期之丧也。食肉饮酒，不与人乐之。

五月、三月之丧，壹不食，再不食，可也。比葬，食肉饮酒，不与人乐之。叔母、世母、故主、宗子，食肉饮酒。不能食粥，羹之以菜可也。有疾，食肉饮酒可也。

五十不成丧。七十唯衰麻在身。

既葬，若君食之，则食之。大夫、父之友食之，则食之矣。不辟粱肉，若有酒醴则辞。

小敛于户内，大敛于阼。君以簟席，大夫以蒲席，士以苇席。

小敛：布绞，缩者一，横者三。君锦衾，大夫缟衾，士缁衾，皆一。衣十有九称。君陈衣于序东，大夫、士陈衣于房中，皆西领北上。绞、紟不在列。

大敛：布绞，缩者三，横者五；布紟，二衾。君、大夫、士一也。君陈衣于庭，百称，北领西上。大夫陈衣于序东，五十称，西领南上。士陈衣于序东，三十称，西领南上。绞、紟如朝服。绞一幅为三，不辟。紟五幅，无紞。

小敛之衣，祭服不倒。

君无襚。大夫、士毕主人之祭服。亲戚之衣，受之，不以即陈。小敛，君、大夫、士皆用复衣复衾。小敛，君、大夫、士祭服无算，君褶衣褶衾，大夫、士犹小敛也。

袍必有表，不禅；衣必有裳。谓之一称。

凡陈衣者实之箧，取衣者亦以箧。升降者自西阶。凡陈衣不诎，非列采不入，絺、绤、纻不入。

凡敛者袒，迁尸者袭。

君之丧，大（胥）〔祝〕是敛，众（胥）〔祝〕佐之。大夫之丧，大（胥）〔祝〕侍之，众（胥）〔祝〕是敛。士之丧，（胥）〔祝〕为侍，士是敛。

小敛大敛，祭服不倒，皆左衽，结绞不纽。

敛者既敛必哭。士与（其）〔共〕执事则敛，敛焉则为之壹不食。凡敛者六人。

君锦冒黼杀，缀旁七。大夫玄冒黼杀，缀旁五。士缁冒赪杀，缀旁三。凡冒，质长与手齐，杀三尺，自小敛以往用夷衾。夷衾质杀之裁犹冒也。

君将大敛，子弁绖即位于序端，卿、大夫即位于堂廉楹西，北面东上，父兄堂下北面，夫人、命妇尸西、东面，外宗房中南面。小臣铺席，商祝铺绞、紟、衾、衣，士盥于盘上，士举迁尸于敛上。卒敛，宰告，子冯之踊，夫人东面亦如之。

大夫之丧，将大敛，既铺绞、紟、衾、衣；君至；主人迎，先入（门）右。巫止（于门外）。君释菜。祝先入，升堂，君即位于序端，卿、大夫即位于堂廉楹西，北面东上，主人房外南面，主妇尸西东面。迁尸，卒敛，宰告，主人降，北面于堂下。君抚之，主人拜稽颡。君降，升主人冯之，命主妇冯之。

士之丧，将大敛，君不在，其余礼犹大夫也。

铺绞、紟，踊。铺衾，踊。铺衣，踊。迁尸，踊。敛衣，踊。敛衾，踊。敛绞、紟，踊。

君抚大夫，抚内命妇。大夫抚室老，抚侄娣。

君、大夫冯父、母、妻、长子，不冯庶子。士冯父、母、妻、长子、庶子。庶子有子，则父母不冯其尸。凡冯尸者，父母先，妻子后。

君于臣抚之。父母于子执之。子于父母冯之。妇于舅姑奉之。舅姑于妇抚之。妻于夫拘之。夫于妻、于昆弟，执之。

冯尸不当君所。凡冯尸，兴必踊。

父母之丧，居倚庐，不涂，寝苫枕块，非丧事不言。君为庐，宫之。大夫、士，襢之。既葬，柱楣涂庐，不于显者；君、大夫、士皆宫之。

凡非適子者，自未葬，以于隐者为庐。

既葬，与人立，君言王事，不言国事；大夫、士言公事，不言家事。

君，既葬，王政入于国；既卒哭，而服王事。大夫、士既葬，公政入于家；既卒哭，弁绖、带，金革之事无辟也。

既练，居垩室，不与人居。君谋国政，大夫、士谋家事。既祥，黝垩。祥而外无哭者，禫而内无哭者，乐作矣故也。

禫而从御，吉祭而复寝。

期居庐，终丧不御于内者，父在为母、为妻齐衰期者，大功布衰九月者，皆三月不御于内。妇人不居庐，不寝苫；丧父母，既练而归；期、九月者，既葬而归。公之丧，大夫俟练，士卒哭而归。

大夫、士，父母之丧，既练而归；朔月忌日，则归哭于宗室。诸父、兄弟之丧，既卒哭而归。

父不次于子，兄不次于弟。

君于大夫、世妇，大敛焉；为之赐，则小敛焉。于外命妇，既加盖而君至。于士，既殡而往；为之赐，大敛焉。夫人于世妇，大敛焉；为之赐，小敛焉。于诸妻，为之赐，大敛焉。于大夫、外命妇，既殡而往。

大夫、士既殡，而君往焉，使人戒之。主人具殷奠之礼，俟于门外；见马首，先入门右。巫止于门外。祝代之先。君释菜于门内。祝先升自阼阶，负墉南面。君即位于阼，小臣二人执戈立于前，二人立于后。摈者进，主人拜稽颡。君称言，视祝而踊。主人踊。大夫则奠可也；士则出俟于门外，命之反奠，乃反奠。卒奠，主人先俟于门外。君退，主人送于门外，拜稽颡。

君于大夫疾，三问之；在殡，三往焉。士疾，壹问之；在殡，壹往焉。

君吊，则复殡服。

夫人吊于大夫、士，主人出迎于门外。见马首，先入门右。夫人入，升堂即位。主妇降自西阶，拜稽颡于下。夫人视世子而踊，奠如君至之礼。夫人退，主妇送于门内，拜稽颡；主人送于大门之外，不拜。

大夫君，不迎于门外，入即位于堂下。主人北面，众主人南面，妇人即位于房中。若有君命、命夫命妇之命、四邻宾客，其君后主人而拜。

君吊，见尸柩而后踊。

大夫、士，若君不戒而往，不具殷奠，君退必奠。

君大棺八寸，属六寸，椑四寸。上大夫大棺八寸，属六寸。下大夫大棺六寸，属四寸。士棺六寸。

君里棺用朱（绿）〔裲〕，用杂金鐟。大夫里棺用玄（绿）〔裲〕，用牛骨鐟。士不（绿）〔裲〕。

君盖用漆，三衽三束。大夫盖用漆，二衽二束。士盖不用漆，二衽二束。

君、大夫鬊爪实于（绿）〔裲〕中。士埋之。

君殡用輴，欑至于上，毕涂屋。大夫殡以帱，欑置于西序，涂不暨于棺。士殡见衽，涂上帷之。

熬，君四种八筐，大夫三种六筐，士二种四筐，加鱼、腊焉。

饰棺：君龙帷、三池、振容、黼荒，火三列，黻三列，素锦褚，加伪荒；纁纽六，齐五采，五贝；黼翣二，黻翣二，画翣二，皆戴圭；鱼跃拂池。君纁戴六，纁披六。大夫画帷，二池，不振容，画荒，火三列，黻三列，素锦褚；纁纽二，玄纽二，齐三采，三贝；黻翣二，画翣二，皆戴绥；鱼跃拂池。大夫戴，前纁后玄，披亦如之。士布帷，布荒，一池，揄绞；纁纽二，缁纽二，齐三采，一贝，画翣二，皆戴绥。士戴，前纁后缁，二披用纁。

君葬用（輴）〔辁〕，四綍二碑，御棺用羽葆。大夫葬用（輴）〔辁〕，二綍二碑，御棺用茅。士葬用（国）〔辁〕车，二綍无碑，比出宫，御棺用功布。

凡封，用綍，去碑负引。君封以衡，大夫、士以咸。君命毋哗，以鼓封。大夫命毋哭。士哭者相止也。

君松椁。大夫柏椁。士杂木椁。

棺椁之间，君容柷，大夫容壶，士容甒。

君里椁、虞筐。大夫不里椁。士不虞筐。

祭法

祭法：有虞氏禘黄帝而郊喾，祖颛顼而宗尧；夏后氏亦禘黄帝而郊鲧，祖颛顼而宗禹；殷人禘喾而郊冥，祖契而宗汤；周人禘喾而郊稷，祖文王而宗武王。

燔柴于泰坛，祭天也；瘗埋于泰折，祭地也，用骍犊。埋少牢于泰昭，祭时也。相近于坎坛，祭寒暑也。王宫，祭日也。夜明，祭月也。幽宗，祭星也。雩宗，祭水旱也。四坎坛，祭四方也。山林、川谷、丘陵能出云，为风雨，见怪物，皆曰神。有天下者祭百神。诸侯在其地则祭之，亡其地则不祭。

大凡生于天地之间者皆曰命。其万物死皆曰折，人死曰鬼。此五代之所不变也。七代之所更立者，禘郊宗祖，其余不变也。

天下有王，分地建国，置都立邑，设庙祧坛墠而祭之，乃为亲疏多少之数。是故王立七庙，一坛一墠，曰考庙，曰王考庙，曰皇考庙，曰显考庙，曰祖考庙，皆月祭之；远庙为祧，有二祧，享尝乃止；去祧为坛，去坛为墠，坛墠有祷焉祭之，无祷乃止；去墠曰鬼。诸侯立五庙，一坛一墠，曰考庙，曰王考庙，曰皇考庙，皆月祭之；显考庙、祖考庙，享尝乃止；去祖为坛，去坛为墠，坛墠有祷焉祭之，无祷乃止；去墠为鬼。大夫立三庙二坛，曰考庙，曰王考庙，曰皇考庙，享尝乃止；显考、祖考无庙，有祷焉，为坛祭之；去坛为鬼。适士二庙一坛，曰考庙，曰王考庙，享尝乃止；（显）〔皇〕考无庙，有祷焉，为坛祭之；去坛为鬼。官师一庙，曰考庙，王考无庙而祭之，去王考为鬼。庶士、庶人无庙，死曰鬼。

王为群姓立社，曰大社。王自为立社，曰王社。诸侯为百姓立社，曰国社。诸侯自为立社，曰侯社。大夫以下成群立社，曰置社。

王为群姓立七祀，曰司命，曰中霤，曰国门，曰国行，曰泰厉，曰户，曰灶。王自为立七祀。诸侯为国立五祀，曰司命，曰中霤，曰国门，曰国行，曰公厉。诸侯自为立五祀。大夫立三祀，曰族厉，曰门，曰行。適士立二祀，曰门，曰行。庶士、庶人立一祀，或立户，或立灶。

王下祭殇五：適子，適孙，適曾孙，適玄孙，適来孙。诸侯下祭三，大夫下祭二，適士及庶人祭子而止。

夫圣王之制祭祀也，法施于民则祀之，以死勤事则祀之，以劳定国则祀之，能御大菑则祀之，能捍大患则祀之。是故厉山氏之有天下也，其子曰农，能殖百谷；夏之衰也，周弃继之，故祀以为稷。共工氏之霸九州也，其子曰后土，能平九州，故祀以为社。帝喾能序星辰以著众，尧能（赏）〔亶〕均刑法以义终，舜勤众事而野死，鲧鄣鸿水而殛死，禹能修鲧之功，黄帝正名百物，以明民共财，颛顼能修之，契为司徒而民成，冥勤其官而水死，汤以宽治民而除其虐，文王以文治，武王以武功去民之菑，此皆有功烈于民者也。及夫日月星辰，民所瞻仰也；山林、川谷、丘陵，民所取财用也。非此族也，不在祀典。

祭　义

祭不欲数，数则烦，烦则不敬。祭不欲疏，疏则怠，怠则忘。是故君子合诸天道，春禘秋尝。

〔秋,〕霜露既降，君子履之，必有凄怆之心，非其寒之谓也。春，雨露既濡，君子履之，必有怵惕之心，如将见之。乐以迎来，哀以送往，故禘有乐而尝无乐。

致齐于内，散齐于外。齐之日，思其居处，思其笑语，思其志意，思其所乐，思其所嗜。齐三日，乃见其所为齐者。祭之日，入室，僾然必有见乎其位；周还出户，肃然必有闻乎其容声；出户而听，忾然必有闻乎其叹息之声。是故先王之孝也，色不忘乎目，声不绝乎耳，心志嗜欲不忘乎心；致爱则存，致悫则著，著存不忘乎心，夫安得不敬乎？

君子生则敬养，死则敬享，思终身弗辱也。君子有终身之丧，忌日之谓也。忌日不用，非不祥也，言夫日志有所至，而不敢尽其私也。

唯圣人为能飨帝，孝子为能飨亲。飨者乡也，乡之，然后能飨焉。是故孝子临尸而不怍。君牵牲，夫人奠盎；君献尸，夫人荐豆；卿大夫相君，命妇相夫人。齐齐乎其敬也，愉愉乎其忠也，勿勿诸其欲其飨之也！

文王之祭也，事死者如事生，思死者如不欲生，忌日必哀，称讳如见亲。祀之忠也，如见亲之所爱，如欲色然，其文王与！《诗》云：“明发不寐，有怀二人。”文王之（诗）〔谓〕也。祭之明日，“明发不寐”，飨而致之，又从而思之。祭之日，乐与哀半，飨之必乐，已至必哀。

仲尼尝，奉荐而进，其亲也悫，其行也趋趋以数。已祭，子赣问曰：“子之言‘祭，济济漆漆然’，今子之祭，无济济漆漆，何也？”子曰：“济济者，容也，远也；漆漆者，容也，自反也。容以远，若容以自反也，夫何神明之及交？夫何济济漆漆之有乎？反馈乐成，荐其荐俎，序其礼乐，备其百官，君子致其济济漆漆，夫何慌惚之有乎？夫言岂一端而已，夫各有所当也。”

孝子将祭，虑事不可以不豫；比时具物，不可以不备；虚中以治之。宫室既修，墙屋既设，百物既备，夫妇齐戒，沐浴；盛服，奉承而进之，洞洞乎，属属乎，如弗胜，如将失之，其孝敬之心至也与！荐其荐俎，序其礼乐，备其百官，奉承而进之，于是谕其志意，以其慌惚以与神明交，庶或飨之，庶或飨之！孝子之志也！

孝子之祭也，尽其悫而悫焉，尽其信而信焉，尽其敬而敬焉，尽其礼而不过失焉。进退必敬，如亲听命，则或使之也。孝子之祭可知也：其立之也，敬以诎；其进之也，敬以愉；其荐之也，敬以欲；退而立，如将受命；已彻而退，敬齐之色不绝于面：孝子之祭也！立而不诎，固也；进而不愉，疏也；荐而不欲，不爱也；退立而不如受命，敖也；已彻而退，无敬齐之色，而忘本也：如是而祭，失之矣。

孝子之有深爱者，必有和气；有和气者，必有愉色；有愉色者，必有婉容。孝子如执玉，如奉盈，洞洞属属然如弗胜，如将失之。严威俨恪，非所以事亲也，成人之道也。

先王之所以治天下者五：贵有德，贵贵，贵老，敬长，慈幼。

此五者，先王之所以定天下也。贵有德，何为也？为其近于道也。贵贵，为其近于君也。贵老，为其近于亲也。敬长，为其近于兄也。慈幼，为其近于子也。是故至孝近乎王，至弟近乎霸。至孝近乎王，虽天子必有父。至弟近乎霸，虽诸侯必有兄。先王之教，因而弗改，所以领天下国家也。

子曰："立爱自亲始，教民睦也。立敬自长始，教民顺也。教以慈睦，而民贵有亲。教以敬长，而民贵用命。孝以事亲，顺以听命，错诸天下，无所不行。"

郊之祭也，丧者不敢哭，凶服者不敢入国门，敬之至也。

祭之日，君牵牲，穆答君，卿、大夫序从。既入庙门，丽于碑；卿、大夫袒，而毛牛尚耳；鸾刀以刲，取膟膋，乃退；爓祭、祭腥而退，敬之至也。

郊之祭，大报天而主日，配以月。夏后氏祭其暗，殷人祭其阳。周人祭日，以朝及暗。祭日于坛，祭月于坎，以别幽明，以制上下。祭日于东，祭月于西，以别外内，以端其位。日出于东，月生于西，阴阳长短，终始相巡，以致天下之和。

天下之礼，致反始也，致鬼神也，致和用也，致义也，致让也。致反始，以厚其本也。致鬼神，以尊上也。致物用，以立民纪也。致义，则上下不悖逆矣。致让，以去争也。合此五者以治天下之礼也，虽有奇邪而不治者，则微矣。

宰我曰："吾闻鬼神之名，不知其所谓。"

子曰："气也者，神之盛也。魄也者，鬼之盛也。合鬼与神，教之至也。

"众生必死，必死归土，此之谓鬼。骨肉毙于下，阴为野土。其气发扬于上，为昭明焄蒿凄怆，此百物之精也，神之著也。因物之精，制为之极，明命鬼神，以为黔首则，百众以畏，万民以服。圣人以是为未足也，筑为宫室，设为宗祧，以别亲疏远迩；教民反古复始，不忘其所由生也。众之服自此，故听且速也。二端既立，报以二礼：建设朝事，燔燎（膻）〔馨〕芗，（见）〔哯〕以萧光，以报气也。此教众反始也。荐黍稷，羞肝肺首心，（见间）〔哯〕以侠瓶，加以郁鬯，以报魄也。教民相爱，上下用情，礼之至也。

“君子反古复始，不忘其所由生也，是以致其敬，发其情，竭力从事以报其亲，不敢弗尽也。是故昔者天子为藉千亩，冕而朱纮，躬秉耒；诸侯为藉百亩，冕而青纮，躬秉耒。以事天地、山川、社稷、先古，以为醴酪齐盛于是乎取之，敬之至也。

“古者天子诸侯必有养兽之官，及岁时，齐戒沐浴而躬朝之，牺牷祭牲必于是取之，敬之至也。君召牛，纳而视之，择其毛而卜之吉，然后养之。君皮弁素积，朔月、月半君巡牲，所以致力，孝之至也。

“古者天子诸侯必有公桑蚕室，近川而为之，筑宫仞有三尺，棘墙而外闭之。及大昕之朝，君皮弁素积，卜三宫之夫人、世妇之吉者，使入蚕于蚕室，奉种浴于川，桑于公桑，风戾以食之。岁既单矣，世妇卒蚕，奉茧以示于君，遂献茧于夫人。夫人曰：‘此所以为君服与！’遂副袆而受之，因少牢以礼之。古之献茧者，其率用此与？及良日，夫人缫，三盆手，遂布于三宫夫人、世妇之吉者，使缫。遂朱绿之，玄黄之，以为黼黻文章。服既成，君服以祀先王先公，敬之至也。”

君子曰：礼乐不可斯须去身。致乐以治心，则易直子谅之心油然生矣。易直子谅之心生，则乐；乐则安，安则久，久则天，天则神；天则不言而信，神则不怒而威：致乐以治心者也。致礼以治躬则庄敬，庄敬则严威。心中斯须不和不乐，而鄙诈之心入之矣。外貌斯须不庄不敬，而慢易之心入之矣。故乐也者，动于内者也；礼也者，动于外者也；乐极和，礼极顺，内和而外顺，则民瞻其颜色而不与争也，望其容貌，而众不生慢易焉。故德辉动乎内，而民莫不承听；理发乎外，而众莫不承顺。故曰：致礼乐之道，而天下塞焉，举而错之无难矣。

乐也者，动于内者也。礼也者，动于外者也。故礼主其减，乐主其盈。礼减而进，以进为文。乐盈而反，以反为文。礼减而不进则销，乐盈而不反则放。故礼有报而乐有反，礼得其报则乐，乐得其反则安。礼之报，乐之反，其义一也。

曾子曰：“孝有三。大孝尊亲，其次弗辱，其下能养。”公明仪问于曾子曰：“夫子可以为孝乎？”曾子曰：“是何言与？是何言与！君子之所为孝者，先意承志，谕父母于道。参直养者也，安能为孝乎？”

曾子曰：“身也者，父母之遗体也。行父母之遗体，敢不敬乎？居处不庄，非孝也。事君不忠，非孝也。莅官不敬，非孝也。朋友不信，非孝也。战陈无勇，非孝也。五者不遂，灾及于亲，敢不敬乎？亨孰（膻）〔馨〕芗，尝而荐之，非孝也，养也。君子之所谓孝也者，国人称愿然曰：‘幸哉有子如此！’所谓孝也已。众之本教曰孝，其行曰养。养可能也，敬为难。敬可能也，安为难。安可能也，卒为难。父母既没，慎行其身，不遗父母恶名，可谓能终矣。仁者仁此者也，礼者履此者也，义者宜此者也，信者信此者也，强者强此者也。乐自顺此生，刑自反此作。”

曾子曰：“夫孝，置之而塞乎天地，（溥）〔敷〕之而横乎四海，施诸后世而无朝夕，推而放诸东海而准，推而放诸西海而准，推而放诸南海而准，推而放诸北海而准。《诗》云：‘自西自东，自南自北，无思不服。’此之谓也。”

曾子曰：“树木以时伐焉，禽兽以时杀焉。夫子曰：‘断一树，杀一兽，不以其时，非孝也。’孝有三：小孝用力，中孝用劳，大孝不匮。思慈爱忘劳，可谓用力矣。尊仁安义，可谓用劳矣。博施备物，可谓不匮矣。父母爱之，嘉而弗忘。父母恶之，惧而无怨。父母有过，谏而不逆。父母既没，必求仁者之粟以祀之。此之谓礼终。”

乐正子春下堂而伤其足，数月不出，犹有忧色。门弟子曰：“夫子之足瘳矣，数月不出，犹有忧色，何也？”乐正子春曰：

“善如尔之问也，善如尔之问也！吾闻诸曾子，曾子闻诸夫子曰：‘天之所生，地之所养，无人为大。父母全而生之，子全而归之，可谓孝矣。不亏其体，不辱其身，可谓全矣。故君子顷步而弗敢忘孝也。’今予忘孝之道，予是以有忧色也。壹举足而不敢忘父母，壹出言而不敢忘父母。壹举足而不敢忘父母，是故道而不径，舟而不游，不敢以先父母之遗体行殆。壹出言而不敢忘父母，是故恶言不出于口，忿言不（反）〔及〕于身。不辱其身，不羞其亲，可谓孝矣！”

昔者有虞氏贵德而尚齿，夏后氏贵爵而尚齿，殷人贵富而尚齿，周人贵亲而尚齿。虞、夏、殷、周，天下之盛王也，未有遗年者。年之贵乎天下久矣，次乎事亲也。是故朝廷同爵则尚齿：七十杖于朝，君问则席；八十不俟朝，君问则就之：而弟达乎朝廷矣。行肩而不并，不错则随，见老者则车徒辟，斑白者不以其任行乎道路，而弟达乎道路矣。居乡以齿，而老穷不遗，强不犯弱，众不暴寡，而弟达乎州巷矣。古之道，五十不为甸徒，颁禽隆诸长者，而弟达乎蒐狩矣。军旅什伍，同爵则尚齿，而弟达乎军旅矣。孝弟发诸朝廷，行乎道路，至乎州巷，放乎蒐狩，（修）〔循〕乎军旅，众以义死之而弗敢犯也。

祀乎明堂，所以教诸侯之孝也。食三老五更于大学，所以教诸侯之弟也。祀先贤于西学，所以教诸侯之德也。耕藉，所以教诸侯之养也。朝觐，所以教诸侯之臣也。五者天下之大教也。

食三老五更于大学，天子袒而割牲，执酱而馈，执爵而酳，冕而揔干，所以教诸侯之弟也。是故乡里有齿而老穷不遗，强不犯弱，众不暴寡，此由大学来者也。天子设四学，当入学而大子齿。

天子巡守，诸侯待于竟，天子先见百年者。八十九十者东行，西行者弗敢过；西行，东行者弗敢过。欲言政者，君就之可也。

壹命齿于乡里，再命齿于族，三命不齿。族有七十者，弗敢先。七十者不有大故不入朝；若有大故而入，君必与之揖让，而后及爵者。

天子有善，让德于天。诸侯有善，归诸天子。卿大夫有善，荐于诸侯。士、庶人有善，本诸父母，（存）〔荐〕诸长老。禄爵庆赏，成诸宗庙，所以示顺也。

昔者圣人（建）〔达〕阴阳天地之情，立以为《易》。易抱龟南面。天子卷冕北面，虽有明知之心，必进断其志焉，示不敢专，以尊天也；善则称人，过则称己，教不伐，以尊贤也。

孝子将祭祀，必有齐庄之心以虑事，以具服物，以修宫室，以治百事。及祭之日，颜色必温，行必恐，如惧不及爱然。其奠之也，容貌必温，身必诎，如语焉而未之然。宿者皆出，其立卑静以正，如将弗见然。及祭之后，陶陶遂遂，如将复入然。是故悫善不违身，耳目不违心，思虑不违亲；结诸心，形诸色，而术省之。孝子之志也。

建国之神位，右社稷而左宗庙。

祭　统

凡治人之道，莫急于礼。礼有五经，莫重于祭。夫祭者，非物自外至者也；自中出生于心也。心怵而奉之以礼，是故唯贤者能尽祭之义。

贤者之祭也，必受其福，非世所谓福也。福者备也，备者百顺之名也。无所不顺者（谓）之〔谓〕备[①]，言内尽于己，而外顺于道也。忠臣以事其君，孝子以事其亲，其本一也。上则顺于鬼神，外则顺于君长，内则以孝于亲，如此之谓备。唯贤者能备，能备然后能祭。是故贤者之祭也，致其诚信与其忠敬，奉之以物，

---

① 今据孔疏、《四部备要》本乙之。

道之以礼，安之以乐，参之以时，明荐之而已矣。不求其为，此孝子之心也。

祭者，所以追养继孝也。孝者畜也。顺于道，不逆于伦，是之谓畜。是故孝子之事亲也有三道焉：生则养，没则丧，丧毕则祭。养则观其顺也，丧则观其哀也，祭则观其敬而时也。尽此三道者，孝子之行也。

既内自尽，又外求助，昏礼是也。故国君取夫人之辞曰："请君之玉女，与寡人共有敝邑，事宗庙社稷。"此求助之本也。

夫祭也者，必夫妇亲之，所以备外内之官也。官备则具备。水草之菹，陆产之醢，小物备矣。三牲之俎，八簋之实，美物备矣。昆虫之异，草木之实，阴阳之物备矣。凡天之所生、地之所长，苟可荐者，莫不咸在，示尽物也。外则尽物，内则尽志，此祭之心也。是故天子亲耕于南郊，以共齐盛；王后蚕于北郊，以共纯服；诸侯耕于东郊，亦以共齐盛；夫人蚕于北郊，以共冕服。天子、诸侯非莫耕也，王后、夫人非莫蚕也，身致其诚信，诚信之谓尽，尽之谓敬，敬尽然后可以事神明，此祭之道也。及时将祭，君子乃齐。齐之为言齐也，齐不齐以致齐者也。是以君子非有大事也，非有恭敬也，则不齐；不齐则于物无防也，嗜欲无止也。及其将齐也，防其邪物，讫其嗜欲，耳不听乐，故《记》曰："齐者不乐。"言不敢散其志也。心不苟虑，必依于道。手足不苟动，必依于礼。是故君子之齐也，专致其精明之德也，故散齐七日以定之，致齐三日以齐之。定之之谓齐，齐者精明之至也，然后可以交于神明也。

是故先期旬有一日，宫宰宿夫人，夫人亦散齐七日，致齐三日。君致齐于外，夫人致齐于内，然后会于大庙。君纯冕立于阼，夫人副袆立于东房。君执圭瓒祼尸，大宗执璋瓒亚祼。及迎牲，君执纼，卿大夫从，士执刍；宗妇执盎从夫人，荐涚水；君执鸾刀，羞哜；夫人荐豆。此之谓夫妇亲之。

及入舞，君执干戚就舞位。君为东上，冕而揔干，率其群臣，以乐皇尸。是故天子之祭也，与天下乐之；诸侯之祭也，与竟内乐之。冕而揔干，率其群臣，以乐皇尸，此与竟内乐之之义也。

夫祭有三重焉：献之属莫重于祼，声莫重于升歌，舞莫重于《武宿夜》，此周道也。凡三道者，所以假于外，而以增君子之志也，故与志进退，志轻则亦轻，志重则亦重。轻其志而求外之重也，虽圣人弗能得也，是故君子之祭也，必身自尽也，所以明重也。道之以礼，以奉三重而荐诸皇尸，此圣人之道也。

夫祭有馂，馂者祭之末也，不可不知也。是故古之人有言曰：“善终者如始，馂其是已。”是故古之君子曰：“尸亦馂鬼神之余也，惠术也，可以观政矣。”是故尸谡，君与卿四人馂；君起，大夫六人馂，臣馂君之余也；大夫起，士八人馂，贱馂贵之余也；士起，各执其具以出，陈于堂下，百官（进）〔馂〕，彻之，下馂上之余也。凡馂之道，每变以众，所以别贵贱之等，而兴施惠之象也，是故以四簋黍见其（修）〔遍〕于庙中也。庙中者，竟内之象也。祭者泽之大者也。是故上有大泽，则惠必及下，顾上先下后耳，非上积重而下有冻馁之民也。是故上有大泽，则民夫人待于下流，知惠之必将至也，由馂见之矣。故曰：“可以观政矣。”

夫祭之为物大矣，其兴物备矣，顺以备者也，其教之本与！是故君子之教也，外则教之以尊其君长，内则教之以孝于其亲，是故明君在上，则诸臣服从；崇事宗庙社稷，则子孙顺孝。尽其道，端其义，而教生焉。是故君子之事君也，必身行之；所不安于上，则不以使下；所恶于下，则不以事上。非诸人，行诸己，非教之道也。是故君子之教也，必由其本，顺之至也，祭其是与！故曰：祭者教之本也已。

夫祭有十伦焉：见事鬼神之道焉，见君臣之义焉，见父子之伦焉，见贵贱之等焉，见亲疏之杀焉，见爵赏之施焉，见夫妇之别焉，见政事之均焉，见长幼之序焉，见上下之际焉。此之谓十伦。

铺筵设同几，为依神也。诏祝于室，而出于祊，此交神明之道也。

君迎牲而不迎尸，别嫌也。尸在庙门外则疑于臣，在庙中则全于君。君在庙门外则疑于君，入庙门则全于臣、全于子。是故不出者，明君臣之义也。

夫祭之道，孙为王父尸。所使为尸者，于祭者子行也；父北面而事之，所以明子事父之道也。此父子之伦也。

尸饮五，君洗玉爵献卿。尸饮七，以瑶爵献大夫。尸饮九，以散爵献士及群有司，（皆以齿）明尊卑之等也。

夫祭有昭穆。昭穆者，所以别父子、远近、长幼、亲疏之序而无乱也。是故有事于大庙，则群昭群穆咸在而不失其伦。此之谓亲疏之杀也。

古者明君爵有德而禄有功，必赐爵禄于大庙，示不敢专也。故祭之日，一献，君降立于阼阶之南，南乡，所命北面，史由君右执策命之；再拜稽首受书以归，而舍奠于其庙。此爵赏之施也。

君卷冕立于阼，夫人副袆立于东房。夫人荐豆执校。执醴授之，执镫。尸酢，夫人执柄；夫人（授）〔受〕尸执足。夫妇相授受，不相袭处，酢必易爵，明夫妇之别也。

凡为俎者，以骨为主。骨有贵贱。殷人贵髀。周人贵肩，凡前贵于后。俎者，所以明祭之必有惠也。是故贵者取贵骨，贱者取贱骨，贵者不重，贱者不虚，示均也。惠均则政行，政行则事成，事成则功立。功之所以立者，不可不知也。俎者，所以明惠之必均也。善为政者如此。故曰：见政事之均焉。

凡赐爵，昭为一，穆为一，昭与昭齿，穆与穆齿。凡群有司皆以齿。此之谓长幼有序。

夫祭有畀辉、胞、翟、阍者，惠下之道也。唯有德之君为能行此，明足以见之，仁足以与之。畀之为言与也，能以其余畀其下者也。辉者，甲吏之贱者也；胞者，肉吏之贱者也；翟者，乐吏之贱者也；阍者，守门之贱者也，古者不使刑人守门。此四守者，吏之至贱者也。尸又至尊，以至尊既祭之末，而不忘至贱，而以其余畀之，是故明君在上，则竟内之民无冻馁者矣。此之谓上下之际。

凡祭有四时，春祭曰礿，夏祭曰禘，秋祭曰尝，冬祭曰烝。

礿、禘，阳义也。尝、烝，阴义也。禘者阳之盛也，尝者阴之盛也，故曰“莫重于禘、尝”。古者于禘也发爵赐服，顺阳义也；于尝也，出田邑，发秋政，顺阴义也。故《记》曰：“尝之日，发公室，示赏也。”草艾则墨，未发秋政，则民弗敢〔艾〕草也。故曰：禘、尝之义大矣，治国之本也，不可不知也。明其义者君也，能其事者臣也。不明其义，君人不全。不能其事，为臣不全。

夫义者，所以济志也，诸德之发也。是故其德盛者其志厚，其志厚者其义章，其义章者其祭也敬；祭敬，则竟内之子孙莫敢不敬矣。是故君子之祭也，必身知亲莅之，有故则使人可也。虽使人也，君不失其义者，君明其义故也。其德薄者其志轻，疑于其义而求祭，使之必敬也弗可得已；祭而不敬，何以为民父母矣？

夫鼎有铭，铭者自名也，自名以称扬其先祖之美，而明著之后世者也。为先祖者，莫不有美焉，莫不有恶焉。铭之义，称美而不称恶，此孝子孝孙之心也，唯贤者能之。铭者，论撰其先祖之有德善、功烈、勋劳、庆赏、声名，列于天下，而酌之祭器，自成其名焉，以祀其先祖者也。显扬先祖，所以崇孝也。身比焉，顺也。明示后世，教也。

夫铭者，壹称而上下皆得焉耳矣。是故君子之观于铭也，既美其所称，又美其所为。为之者，明足以见之，仁足以与之，知足以利之，可谓贤矣。贤而勿伐，可谓恭矣。

故卫孔悝之鼎铭曰：“六月丁亥，公假于大庙，公曰：‘叔舅！乃祖庄叔左右成公。成公乃命庄叔随难于汉阳，即宫于宗周，奔走无射。启右献公。献公乃命成叔纂乃祖服。乃考文叔，兴旧耆欲，作率庆士，躬恤卫国；其勤公家，夙夜不解，民咸曰：“休哉！”’公曰：‘叔舅！予女铭，若纂乃考服！’悝拜稽首曰：‘对扬以辟之勤大命。’施于烝彝鼎。”此卫孔悝之鼎铭也。古之君子论撰其先祖之美，而明著之后世者也，以比其身，以重其国家如此。子孙之守宗庙社稷者，其先祖无美而称之，是诬也；有善而弗知，不明也；知而弗传，不仁也。此三者，君子之所耻也。

昔者周公旦有勋劳于天下，周公既没，成王、康王追念周公之所以勋劳者，而欲尊鲁，故赐之以重祭，外祭则郊、社是也，内祭则大尝禘是也。

夫大尝禘，升歌《清庙》，下而管《象》，朱干玉戚以舞《大武》，八佾以舞《大夏》，此天子之乐也。康周公，故以赐鲁也。子孙纂之，至于今不废，所以明周公之德，而又以重其国也。

经　解

孔子曰："入其国，其教可知也。其为人也温柔敦厚，《诗》教也；疏通知远，《书》教也；广博易良，《乐》教也；洁静精微，《易》教也；恭俭庄敬，《礼》教也；属辞比事，《春秋》教也。故《诗》之失愚，《书》之失诬，《乐》之失奢，《易》之失贼，《礼》之失烦，《春秋》之失乱。其为人也，温柔敦厚而不愚，则深于《诗》者也；疏通知远而不诬，则深于《书》者也；广博易良而不奢，则深于《乐》者也；洁静精微而不贼，则深于《易》者也；恭俭庄敬而不烦，则深于《礼》者也；属辞比事而不乱，则深于《春秋》者也。"

天子者，与天地参，故德配天地，兼利万物，与日月并明，明照四海而不遗微小。其在朝廷，则道仁圣礼义之序；燕处，则听《雅》《颂》之音；行步，则有环佩之声；升车，则有鸾和之音。居处有礼，进退有度，百官得其宜，万事得其序。《诗》云："淑人君子，其仪不忒。其仪不忒，正是四国。"此之谓也。

发号出令而民说，谓之和；上下相亲，谓之仁；民不求其所欲而得之，谓之信；除去天地之害，谓之义。义与信，和与仁，霸王之器也。有治民之意而无其器，则不成。礼之于正国也，犹衡之于轻重也，绳墨之于曲直也，规矩之于方圆也。故衡诚县，不可欺以轻重；绳墨诚陈，不可欺以曲直；规矩诚设，不可欺以方圆；君子审礼，不可诬以奸诈。是故隆礼由礼，谓之有方之士；不隆礼，不由礼，谓之无方之民。敬让之道也，故以奉宗庙则敬，以入朝廷则贵贱有位，以处室家则父子亲、兄弟和，以处乡里则长幼有序。孔子曰："安上治民，莫善于礼。"此之谓也。

故朝觐之礼，所以明君臣之义也；聘问之礼，所以使诸侯相尊敬也；丧祭之礼，所以明臣子之恩也；乡饮酒之礼，所以明长幼之序也；昏姻之礼，所以明男女之别也。夫礼，禁乱之所由生，犹坊止水之所自来也。故以旧坊为无所用而坏之者，必有水败；以旧礼为无所用而去之者，必有乱患。

故昏姻之礼废，则夫妇之道苦，而淫辟之罪多矣；乡饮酒之礼废，则长幼之序失，而争斗之狱繁矣；丧祭之礼废，则臣子之恩薄，而倍死忘（生）〔先〕者众矣；聘、觐之礼废，则君臣之位失，诸侯之行恶，而倍畔侵陵之败起矣。故礼之教化也微，其止邪也于未形，使人日徙善远罪而不自知也，是以先王隆之也。《易》曰："君子慎始。差若豪氂，缪以千里。"此之谓也。

哀公问

哀公问于孔子曰："大礼何如？君子之言礼，何其尊也？"孔子曰："丘也小人，不足以知礼。"君曰："否。吾子言之也！"孔子曰："丘闻之：民之所由生，礼为大，非礼无以节事天地之神也，非礼无以辨君臣、上下、长幼之位也，非礼无以别男女、父子、兄弟之亲，昏姻疏数之交也。君子以此之为尊敬然。然后以其所能教百姓，不废其会节。有成事，然后治其雕镂、文章、黼黻以嗣。其顺之，然后言其丧算，备其鼎俎，设其豕腊，修其宗庙，岁时以敬祭祀，以序宗族，即安其居，节丑其衣服，卑其宫室，车不雕几，器不刻镂，食不贰味，以与民同利。昔之君子之行礼者如此。"

公曰："今之君子胡莫之行也？"孔子曰："今之君子好实无厌，淫德不倦，荒怠敖慢，固民是尽，午其众以伐有道，求得当欲不以其所。昔之用民者由前，今之用民者由后，今之君子莫为礼也。"

孔子侍坐于哀公。哀公曰："敢问人道谁为大？"孔子愀然作色而对曰："君之及此言也，百姓之德也，固臣敢无辞而对？人道政为大。"

公曰："敢问何谓为政？"孔子对曰："政者正也。君为正，则百姓从政矣。君之所为，百姓之所从也。君所不为，百姓何从？"公曰："敢问为政如之何？"孔子对曰："夫妇别，父子亲，君臣严，三者正，则庶物从之矣。"公曰："寡人虽无似也，愿闻所以行三言之道，可得闻乎？"孔子对曰："古之为政，爱人为大。所以治爱人，礼为大。所以治礼，敬为大。敬之至矣，大昏为大。大昏至矣！大昏既至，冕而亲迎，亲之也。亲之也者，亲之也。是故君子兴敬为亲，舍敬是遗亲也。弗爱不亲，弗敬不正。爱与敬，其政之本与！"

公曰："寡人愿有言然。冕而亲迎，不已重乎？"孔子愀然作色而对曰："合二姓之好，以继先圣之后，以为天地宗庙社稷之主，君何谓已重乎？"公曰："寡人固。不固，焉得闻此言也？寡人欲问，不得其辞，请少进。"孔子曰："天地不合，万物不生。大昏，万世之嗣也，君何谓已重焉！"

孔子遂言曰："内以治宗庙之礼，足以配天地之神明。出以治直言之礼，足以立上下之敬。物耻足以振之，国耻足以兴之。为政先礼，礼其政之本与！"

孔子遂言曰："昔三代明王之政，必敬其妻子也，有道。妻也者，亲之主也，敢不敬与？子也者，亲之后也，敢不敬与？君子无不敬也，敬身为大。身也者，亲之枝也，敢不敬与？不能敬其身，是伤其亲。伤其亲，是伤其本。伤其本，枝从而亡。三者，百姓之象也。身以及身，子以及子，妃以及妃，君行此三者，则忾乎天下矣，大王之道也。如此，则国家顺矣。"

公曰："敢问何谓敬身？"孔子对曰："君子过言则民作辞，过动则民作则。君子言不过辞，动不过则，百姓不命而敬恭。如是则能敬其身；能敬其身，则能成其亲矣。"

公曰："敢问何谓成亲？"孔子对曰："君子也者，人之成名也。百姓归之名，谓之君子之子，是使其亲为君子也，是为成其亲之名也已。”

孔子遂言曰：“古之为政，爱人为大。不能爱人，不能有其身。不能有其身，不能安土。不能安土，不能乐天。不能乐天，不能成其身。”

公曰：“敢问何谓成身？”孔子对曰：“不过乎物。”公曰：“敢问君子何贵乎天道也？”孔子对曰：“贵其不已，如日月东西相从而不已也，是天道也。不闭其久，是天道也。无为而物成，是天道也。已成而明，是天道也。”

公曰：“寡人蠢愚、冥烦，子志之心也！”孔子蹴然辟席而对曰：“仁人不过乎物，孝子不过乎物。是故仁人之事亲也如事天。事天如事亲，是故孝子成身。”公曰：“寡人既闻此言也，无如后罪何！”孔子对曰：“君之及此言也，是臣之福也。”

仲尼燕居

仲尼燕居，子张、子贡、言游侍，纵言至于礼。子曰：“居，女三人者！吾语女礼，使女以礼周流无不遍也。”

子贡越席而对曰：“敢问何如？”子曰：“敬而不中礼谓之野，恭而不中礼谓之给，勇而不中礼谓之逆。”子曰：“给夺慈仁。”

子曰：“师，尔过，而商也不及。子产犹众人之母也，能食之，不能教也。”子贡越席而对曰：“敢问将何以为此中者也？”子曰：“礼乎礼！夫礼所以制中也。”

子贡退。言游进曰：“敢问礼也者，领恶而全好者与？”子曰：“然。”“然则何如？”子曰：“郊社之义，所以仁鬼神也。尝禘之礼，所以仁昭穆也。馈奠之礼，所以仁死丧也。射乡之礼，所以仁乡党也。食飨之礼，所以仁宾客也。”子曰：“明乎郊社之义、尝禘之礼，治国其如指诸掌而已乎！是故以之居处有礼，故长幼辨也；以之闺门之内有礼，故三族和也；以之朝廷有礼，故官爵序也；以之田猎有礼，故戎事闲也；以之军旅有礼，故武功成也。是故宫室得其度，量鼎得其象，味得其时，乐得其节，车得其式，鬼神得其飨，丧纪得其哀，辨说得其党，官得其体，政事得其施，加于身而错于前，凡众之动得其宜。”

子曰：“礼者何也？即事之治也。君子有其事，必有其治。治国而无礼，譬犹瞽之无相与！伥伥乎其何之？譬如终夜有求于幽室之中，非烛何见？若无礼，则手足无所错，耳目无所加，进退揖让无所制。是故以之居处，长幼失其别，闺门三族失其和，朝廷官爵失其序，田猎戎事失其策，军旅武功失其制，宫室失其度，量鼎失其象，味失其时，乐失其节，车失其式，鬼神失其飨，丧纪失其哀，辨说失其党，官失其体，政事失其施，加于身而错于前，凡众之动失其宜。如此则无以祖洽于众也。”

子曰：“慎听之，女三人者！吾语女礼犹有九焉，大飨有四焉。苟知此矣，虽在畎亩之中，事之，圣人已。两君相见，揖让而入门，入门而县兴，揖让而升堂，升堂而乐阕，下管《象》，《武》《夏》籥序兴，陈其荐俎，序其礼乐，备其百官，如此而后君子知仁焉。行中规，还中矩，和鸾中《采齐》，客出以《雍》，彻以《振羽》，是故君子无物而不在礼矣。入门而金作，示情也。升歌《清庙》，示德也。下而管《象》，示事也。是故古之君子不必亲相与言也，以礼乐相示而已。”

子曰：“礼也者，理也。乐也者，节也。君子无理不动，无节不作。不能《诗》，于礼缪。不能乐，于礼素。薄于德，于礼虚。”

子曰：“制度在礼，文为在礼。行之，其在人乎！”子贡越席而对曰：“敢问夔其穷与？”子曰：“古之人与！古之人也！达于礼而不达于乐，谓之素。达于乐而不达于礼，谓之偏。夫夔，达于乐而不达于礼，是以传于此名也，古之人也。”

子张问政。子曰：“师乎，前！吾语女乎！君子明于礼乐，举而错之而已。”子张复问。子曰：“师，尔以为必铺几筵，升降酌献酬酢，然后谓之礼乎？尔以为必行缀兆，兴羽籥，作钟鼓，然后谓之乐乎？言而履之，礼也。行而乐之，乐也。君子力此二者，以南面而立，夫是以天下大平也。诸侯朝，万物服体，而百官莫敢不承事矣。礼之所兴，众之所治也。礼之所废，众之所乱也。目巧之室，则有奥阼；席则有上下，车则有左右，行则有随，立则有序：古之义也。室而无奥阼，则乱于堂室也。席而无上下，则乱于席上也。车而无左右，则乱于车也。行而无随，则乱于途也。立而无序，则乱于位也。昔圣帝、明王、诸侯，辨贵贱、长幼、远近、男女、外内，莫敢相逾越，皆由此途出也。”

三子者，既得闻此言也于夫子，昭然若发蒙矣。

孔子闲居

孔子闲居，子夏侍。子夏曰：“敢问《诗》云‘凯弟君子，民之父母’，何如斯可谓‘民之父母’矣？”孔子曰：“夫‘民之父母’乎，必达于礼乐之原，以致‘五至’而行‘三无’以横于天下，四方有败，必先知之。此之谓‘民之父母’矣。”

子夏曰：“‘民之父母’既得而闻之矣，敢问何谓‘五至’？”孔子曰：“志之所至，《诗》亦至焉。《诗》之所至，礼亦至焉。礼之所至，乐亦至焉。乐之所至，哀亦至焉。哀乐相生，是故正明目而视之，不可得而见也；倾耳而听之，不可得而闻也；志气塞乎天地。此之谓‘五至’。”

子夏曰：“‘五至’既得而闻之矣，敢问何谓‘三无’？”孔子曰：“无声之乐，无体之礼，无服之丧，此之谓‘三无’。”

子夏曰：“‘三无’既得略而闻之矣，敢问何诗近之？”孔子曰：“‘夙夜其命宥密’，无声之乐也；‘威仪逮逮，不可选也’，无体之礼也；‘凡民有丧，匍匐救之’，无服之丧也。”

子夏曰：“言则大矣，美矣，盛矣！言尽于此而已乎？”孔子曰：“何为其然也？君子之服之也，犹有五起焉。”子夏曰：“何如？”孔子曰：“无声之乐，气志不违；无体之礼，威仪迟迟；无服之丧，内恕孔悲。无声之乐，气志既得；无体之礼，威仪翼翼；无服之丧，施及四国。无声之乐，气志既从；无体之礼，上下和同；无服之丧，以畜万邦。无声之乐，日闻四方；无体之礼，日就月将；无服之丧，纯德孔明。无声之乐，气志既起；无体之礼，施及四海；无服之丧，施于孙子。”

子夏曰：“三王之德，参于天地。敢问何如斯可谓参于天地矣？”孔子曰：“奉‘三无私’以劳天下。”子夏曰：“敢问何谓‘三无私’？”孔子曰：“天无私覆，地无私载，日月无私照。奉斯三者以劳天下，此之谓‘三无私’。其在《诗》曰：‘帝命不违，至于汤齐。汤降不迟，圣敬日齐。昭假迟迟，上帝是祗，帝命式于九围。’是汤之德也。天有四时，春秋冬夏，风雨霜露，无非教也。地载神气，神气风霆，风霆流形，庶物露生，无非教也。清明在躬，气志如神。嗜欲将至，有开必先。天降时雨，山川出云。其在《诗》曰：‘嵩高惟岳，峻极于天。惟岳降神，生甫及申。惟申及甫，惟周之翰。四国于蕃，四方于宣。’此文武之德也。三代之王也，必先〔其〕令闻。《诗》云：‘明明天子，令闻不已。’三代之德也。‘弛其文德，协此四国。’大王之德也。”

子夏蹶然而起，负墙而立，曰：“弟子敢不承乎！”

坊 记

子言之：“君子之道，辟则坊与！坊民之所不足者也。大为之坊，民犹逾之，故君子礼以坊德，刑以坊淫，命以坊欲。”

子云：“小人贫斯约，富斯骄；约斯盗，骄斯乱。礼者，因人之情而为之节文，以为民坊者也。故圣人之制富贵也，使民富不足以骄，贫不至于约，贵不慊于上，故乱益亡。”

子云：“贫而好乐，富而好礼，众而以宁者，天下其几矣。《诗》云：‘民之贪乱，宁为荼毒。’故制国不过千乘，都城不过百雉，家富不过百乘。以此坊民，诸侯犹有畔者。”

子云：“夫礼者，所以章疑别微，以为民坊者也。故贵贱有等，衣服有别，朝廷有位，则民有所让。”

子云："天无二日，土无二王，家无二主，尊无二上，示民有君臣之别也。《春秋》不称楚越之王丧。礼：君不称天，大夫不称君，恐民之惑也。《诗》云：'相彼盍旦，尚犹患之。'"

子云："君不与同姓同车，与异姓同车不同服，示民不嫌也。以此坊民，民犹得同姓以弑其君。"

子云："君子辞贵不辞贱，辞富不辞贫，则乱益亡。故君子与其使食浮于人也，宁使人浮于食。"

子云："觞酒豆肉，让而受恶，民犹犯齿。衽席之上，让而坐下，民犹犯贵。朝廷之位，让而就贱，民犹犯君。《诗》云：'民之无良，相怨一方；受爵不让，至于已斯亡。'"

子云："君子贵人而贱己，先人而后己，则民作让。故称人之君曰君，自称其君曰寡君。"

子云："利禄先死者而后生者，则民不偝；先亡者而后存者，则民可以托。《诗》云：'先君之思，以畜寡人。'以此坊民，民犹偝死而号无告。"

子云："有国家者，贵人而贱禄，则民兴让；尚技而贱车，则民兴艺。故君子约言，小人先言。"

子云："上酌民言，则下天上施。上不酌民言，则犯也；下不天上施，则乱也。故君子信让以莅百姓，则民之报礼重。《诗》云：'先民有言，询于刍荛。'"

子云："善则称人，过则称己，则民不争。善则称人，过则称己，则怨益亡。《诗》云：'尔卜尔筮，履无咎言。'"

子云："善则称人，过则称己，则民让善。《诗》云：'考卜惟王，度是镐京。惟龟正之，武王成之。'"

子云："善则称君，过则称己，则民作忠。《君陈》曰：'尔有嘉谋嘉猷，入告尔君于内。女乃顺之于外，曰：“此谋此猷，惟我君之德。”於乎！是惟良显哉！’”

子云：“善则称亲，过则称己，则民作孝。《大誓》曰：‘予克纣，非予武，惟朕文考无罪。纣克予，非朕文考有罪，惟予小子无良。’”

子云：“君子弛其亲之过，而敬其美。”《论语》曰：“三年无改于父之道，可谓孝矣。高宗云：“三年其惟不言，言乃讙。”

子云：“从命不（忿）〔怠〕，微谏不倦，劳而不怨，可谓孝矣。”《诗》云：‘孝子不匮。’”

子云：“睦于父母之党，可谓孝矣。故君子因睦以合族。《诗》云：‘此令兄弟，绰绰有裕。不令兄弟，交相为瘉。’”

子云：“于父之执，可以乘其车，不可以衣其衣。君子以广孝也。”

子云：“小人皆能养其亲，君子不敬，何以辨？”

子云：“父子不同位，以厚敬也。《书》云：‘厥辟不辟，忝厥祖。’”

子云：“父母在，不称老。言孝不言慈。闺门之内，戏而不叹。君子以此坊民，民犹〔有〕薄于孝而厚于慈。”

子云：“长民者，朝廷敬老则民作孝。”

子云：“祭祀之有尸也，宗庙之有主也，示民有事也。修宗庙，敬祀事，教民追孝也。以此坊民，民犹忘其亲。”

子云：“敬则用祭器。故君子不以菲废礼，不以美没礼。故食礼，主人亲馈则客祭，主人不亲馈则客不祭。故君子苟无礼，虽美不食焉。《易》曰：‘东邻杀牛，不如西邻之禴祭，实受其福。’《诗》云：‘既醉以酒，既饱以德。’以此示民，民犹争利而忘义。”

子云：“七日戒，三日齐；承一人焉以为尸，过之者趋走：以教敬也。醴酒在室，醍酒在堂，澄酒在下，示〔民〕不淫也。尸饮三，众宾饮一，示民有上下也。因其酒肉，聚其宗族，以教民睦也。故堂上观乎室，堂下观乎上。《诗》云：‘礼仪卒度，笑语卒获。’”

子云：“宾礼每进以让，丧礼每加以远。浴于中霤，饭于牖下，小敛于户内，大敛于阼，殡于客位，祖于庭，葬于墓，所以示远也。殷人吊于圹，周人吊于家，示民不偝也。”

子云：“死，民之卒事也，吾从周。以此坊民，诸侯犹有薨而不葬者。”

子云：“升自客阶，受吊于宾位，教民追孝也。未没丧，不称君，示民不争也。故鲁《春秋》记晋丧曰：‘杀其君之子奚齐，及其君卓。’以此坊民，子犹有弑其父者。”

子云：“孝以事君，弟以事长，示民不贰也。故君子有君不谋仕，唯卜之日称二君。丧父三年，丧君三年，示民不疑也。父母在，不敢有其身，不敢私其财，示民有上下也。故天子四海之内无客礼，莫敢为主焉。故君适其臣，升自阼阶，即位于堂，示民不敢有其室也。父母在，馈献不及车马，示民不敢专也。以此坊民，民犹忘其亲而贰其君。”

子云：“礼之先币帛也，欲民之先事而后禄也。先财而后礼，则民利。无辞而行情，则民争。故君子于有馈者，弗能见，则不视其馈。《易》曰：‘不耕获，不菑畬，凶。’以此坊民，民犹贵禄而贱行。”

子云：“君子不尽利以遗民。《诗》云：‘彼有遗秉，此有不敛穧，伊寡妇之利。’故君子仕则不稼，田则不渔，食时不力珍，大夫不坐羊，士不坐犬。《诗》云：‘采葑采菲，无以下体。德音莫违，及尔同死。’以此坊民，民犹忘义而争利以亡其身。”

子云：“夫礼，坊民所淫，章民之别，使民无嫌，以为民纪者也。故男女无媒不交，无币不相见，恐男女之无别也。以此坊民，民犹有自献其身。《诗》云：‘伐柯如之何？匪斧不克。取妻如之何？匪媒不得。’‘蓺麻如之何？横从其亩。取妻如之何？必告父母。’”

子云：“取妻不取同姓，以厚别也。故买妾不知其姓，则卜之。以此坊民，鲁《春秋》犹去夫人之姓曰‘吴’，其死曰‘孟子卒’。”

子云：“礼，非祭，男女不交爵。以此坊民，阳侯犹杀缪侯而窃其夫人。故大飨废夫人之礼。”

子云：“寡妇之子，不有见焉，则弗友也，君子以辟远也。故朋友之交，主人不在，不有大故，则不入其门。以此坊民，民犹以色厚于德。”

子云：“好德如好色。诸侯不下渔色。故君子远色以为民纪。故男女授受不亲。御妇人则进左手。姑、姊、妹、女子子已嫁而反，男子不与同席而坐。寡妇不夜哭。妇人疾，问之，不问其疾。以此坊民，民犹淫泆而乱于族。”

子云：“昏礼：婿亲迎，见于舅姑，舅姑承子以授婿，恐事之违也。以此坊民，妇犹有不至者。”

中　庸

天命之谓性，率性之谓道，修道之谓教。道也者，不可须臾离也，可离非道也。是故君子戒慎乎其所不睹，恐惧乎其所不闻。莫见乎隐，莫显乎微，故君子慎其独也。喜怒哀乐之未发，谓之中；发而皆中节，谓之和。中也者，天下之大本也；和也者，天下之达道也。致中和，天地位焉，万物育焉。

仲尼曰：“君子中庸，小人反中庸。君子之中庸也，君子而时中；小人之中庸也，小人而无忌惮也。”

子曰：“中庸其至矣乎！民鲜能久矣！”

子曰：“道之不行也，我知之矣：知者过之，愚者不及也。道之不明也，我知之矣：贤者过之，不肖者不及也。人莫不饮食也，鲜能知味也。”

子曰：“道其不行矣夫！”

子曰：“舜其大知也与！舜好问而好察迩言，隐恶而扬善，执其两端，用其中于民，其斯以为舜乎！”

子曰：“人皆曰‘予知’，驱而纳诸罟擭陷阱之中，而莫之知辟也。人皆曰‘予知’，择乎中庸，而不能期月守也。”

子曰：“回之为人也，择乎中庸，得一善，则拳拳服膺而弗失之矣。”

子曰：“天下国家可均也，爵禄可辞也，白刃可蹈也，中庸不可能也。”

子路问强。子曰：“南方之强与？北方之强与？抑而强与？宽柔以教，不报无道，南方之强也，君子居之。衽金革，死而不厌，北方之强也，而强者居之。故君子和而不流，强哉矫！中立而不倚，强哉矫！国有道，不变塞焉，强哉矫！国无道，至死不变，强哉矫！”

子曰：“素隐行怪，后世有述焉，吾弗为之矣。君子遵道而行，半途而废，吾弗能已矣。君子依乎中庸，遁世不见知而不悔，唯圣者能之。君子之道费而隐。夫妇之愚，可以与知焉；及其至也，虽圣人亦有所不知焉。夫妇之不肖，可以能行焉；及其至也，虽圣人亦有所不能焉。天地之大也，人犹有所憾。故君子语大，天下莫能载焉；语小，天下莫能破焉。《诗》云：‘鸢飞戾天，鱼跃于渊。’言其上下察也。君子之道，造端乎夫妇；及其至也，察乎天地。”

子曰：“道不远人。人之为道而远人，不可以为道。《诗》云：‘伐柯伐柯，其则不远。’执柯以伐柯，睨而视之，犹以为远。故君子以人治人，改而止。忠恕违道不远，施诸己而不愿，亦勿施于人。君子之道四，丘未能一焉：所求乎子，以事父，未能也；所求乎臣，以事君，未能也；所求乎弟，以事兄，未能也；所求乎朋友，先施之，未能也。庸德之行，庸言之谨；有所不足，不敢不勉，有余不敢尽；言顾行，行顾言，君子胡不慥慥尔！君子素其位而行，不愿乎其外。素富贵，行乎富贵；素贫贱，行乎贫贱；素夷狄，行乎夷狄；素患难，行乎患难：君子无入而不自得焉。在上位不陵下，在下位不援上，正己而不求于人，则无怨。上不怨天，下不尤人。故君子居易以俟命，小人行险以侥幸。”

子曰：“射有似乎君子；失诸正鹄，反求诸其身。君子之道，辟如行远必自迩，辟如登高必自卑。《诗》曰：‘妻子好合，如鼓瑟琴。兄弟既翕，和乐且耽。宜尔室家，乐尔妻帑。’”子曰：“父母其顺矣乎！”

子曰：“鬼神之为德，其盛矣乎！视之而弗见，听之而弗闻，体物而不可遗。使天下之人齐明盛服，以承祭祀，洋洋乎如在其上，如在其左右。《诗》曰：‘神之格思，不可度思！矧可射思！’夫微之显，诚之不可掩如此夫。”

子曰：“舜其大孝也与！德为圣人，尊为天子，富有四海之内。宗庙飨之，子孙保之。故大德必得其位，必得其禄，必得其名，必得其寿。故天之生物，必因其材而笃焉。故栽者培之，倾者覆之。《诗》曰：‘嘉乐君子，宪宪令德。宜民宜人，受禄于天。保佑命之，自天申之。’故大德者必受命。”

子曰：“无忧者，其唯文王乎！以王季为父，以武王为子，父作之，子述之。武王缵大王、王季、文王之绪，壹戎衣而有天下，身不失天下之显名。尊为天子，富有四海之内。宗庙飨之，子孙保之。武王末受命，周公成文、武之德，追王大王、王季，上祀先公以天子之礼。斯礼也，达乎诸侯大夫，及士庶人。父为大夫，子为士，葬以大夫，祭以士。父为士，子为大夫，葬以士，祭以大夫。期之丧，达乎大夫。三年之丧，达乎天子。父母之丧，无贵贱，一也。”

子曰：“武王、周公，其达孝矣乎！夫孝者，善继人之志，善述人之事者也。春秋修其祖庙，陈其宗器，设其裳衣，荐其时食。宗庙之礼，所以序昭穆也。序爵，所以辨贵贱也。序事，所以辨贤也。旅酬下为上，所以逮贱也。燕毛，所以序齿也。践其位，行其礼，奏其乐，敬其所尊，爱其所亲，事死如事生，事亡如事存，孝之至也。郊社之礼，所以事上帝也。宗庙之礼，所以祀乎其先也。明乎郊社之礼、禘尝之义，治国其如示诸掌乎！”

哀公问政。子曰：“文、武之政，布在方策。其人存，则其政举；其人亡，则其政息。人道敏政，地道敏树。夫政也者，蒲卢也。故为政在人，取人以身，修身以道，修道以仁。仁者人也，亲亲为大；义者宜也，尊贤为大。亲亲之杀，尊贤之等，礼所生也。在下位不获乎上，民不可得而治矣！故君子不可以不修身；思修身，不可以不事亲；思事亲，不可以不知人；思知人，不可以不知天。”

“天下之达道五，所以行之者三。曰：君臣也，父子也，夫妇也，昆弟也，朋友之交也，五者天下之达道也。知，仁，勇，三者天下之达德也，所以行之者（一）也。或生而知之，或学而知之，或困而知之；及其知之，一也。或安而行之，或利而行之，或勉强而行之；及其成功，一也。”子曰：“好学近乎知，力行近乎仁，知耻近乎勇。知斯三者，则知所以修身；知所以修身，则知所以治人；知所以治人，则知所以治天下国家矣。”

“凡为天下国家有九经，曰：修身也，尊贤也，亲亲也，敬大臣也，体群臣也，子庶民也，来百工也，柔远人也，怀诸侯也。修身则道立，尊贤则不惑，亲亲则诸父昆弟不怨，敬大臣则不眩，体群臣则士之报礼重，子庶民则百姓劝，来百工则财用足，柔远人则四方归之，怀诸侯则天下畏之。齐明盛服，非礼不动，所以修身也；去谗远色，贱货而贵德，所以劝贤也；尊其位，重其禄，同其好恶，所以劝亲亲也；官盛任使，所以劝大臣也；忠信重禄，所以劝士也；时使薄敛，所以劝百姓也；日省月试，既（廪）〔禀〕称事，所以劝百工也；送往迎来，嘉善而矜不能，所以柔远人也；继绝世，举废国，治乱持危，朝聘以时，厚往而薄来，所以怀诸侯也。凡为天下国家有九经，所以行之者一也。”

“凡事豫则立，不豫则废。言前定则不跲，事前定则不困，行前定则不疚，道前定则不穷。

“在下位不获乎上，民不可得而治矣；获乎上有道：不信乎朋友，不获乎上矣；信乎朋友有道：不顺乎亲，不信乎朋友矣；顺乎亲有道：反诸身不诚，不顺乎亲矣；诚身有道：不明乎善，不诚乎身矣。诚者，天之道也；诚之者，人之道也。诚者不勉而中，不思而得，从容中道，圣人也。诚之者，择善而固执之者也。

“博学之，审问之，慎思之，明辨之，笃行之。有弗学，学之弗能，弗措也；有弗问，问之弗知，弗措也；有弗思，思之弗得，弗措也；有弗辨，辨之弗明，弗措也；有弗行，行之弗笃，弗措也。人一能之己百之，人十能之己千之。果能此道矣，虽愚必明，虽柔必强。

“自诚明，谓之性。自明诚，谓之教。诚则明矣，明则诚矣。唯天下至诚，为能尽其性；能尽其性，则能尽人之性；能尽人之性，则能尽物之性；能尽物之性，则可以赞天地之化育；可以赞天地之化育，则可以与天地参矣。

“其次致曲。曲能有诚，诚则形，形则著，著则明，明则动，动则变，变则化。唯天下至诚为能化。

“至诚之道，可以前知。国家将兴，必有祯祥。国家将亡，必有妖孽。见乎蓍龟，动乎四体。祸福将至：善，必先知之；不善，必先知之。故至诚如神。

“诚者，自成也；而道，自道也。诚者物之终始，不诚无物。是故君子诚之为贵。诚者非自成己而已也，所以成物也。成己，仁也；成物，知也。性之德也，合外内之道也，故时措之宜也。

“故至诚无息。不息则久，久则（征）〔彻〕，（征）〔彻〕则悠远，悠远则博厚，博厚则高明。博厚，所以载物也；高明，所以覆物也；悠久，所以成物也。博厚配地，高明配天，悠久无疆。如此者，不见而章，不动而变，无为而成。天地之道，可壹言而尽也。其为物不贰，则其生物不测。天地之道，博也，厚也，高也，明也，悠也，久也。

“今夫天，斯昭昭之多，及其无穷也，日月星辰系焉，万物覆焉。今夫地，一撮土之多，及其广厚，载华岳而不重，振河海而不泄，万物载焉。今夫山，一卷石之多，及其广大，草木生之，禽兽居之，宝藏兴焉。今夫水，一勺之多，及其不测，鼋鼍、蛟龙、鱼鳖生焉，货财殖焉。《诗》曰：‘惟天之命，於穆不已！’盖曰天之所以为天也。‘於乎不显，文王之德之纯！’盖曰文王之所以为文也，纯亦不已。

“大哉！圣人之道洋洋乎！发育万物，峻极于天。优优大哉！礼仪三百，威仪三千，待其人然后行。故曰：苟不至德，至道不凝焉。故君子尊德性而道问学，致广大而尽精微，极高明而道中庸；温故而知新，敦厚以崇礼。是故居上不骄，为下不倍；国有道，其言足以兴；国无道，其默足以容。《诗》曰：‘既明且哲，以保其身。’其此之谓与！”

子曰：“愚而好自用，贱而好自专；生乎今之世，反古之道。如此者，灾及其身者也。”非天子，不议礼，不制度，不考文。今天下车同轨，书同文，行同伦。虽有其位，苟无其德，不敢作礼乐焉；虽有其德，苟无其位，亦不敢作礼乐焉。

子曰：“吾说夏礼，杞不足征也。吾学殷礼，有宋存焉。吾学周礼，今用之，吾从周。

“王天下有三重焉，其寡过矣乎！上焉者虽善无征，无征不信，不信民弗从；下焉者虽善不尊，不尊不信，不信民弗从。故君子之道，本诸身，征诸庶民，考诸三王而不缪，（建）〔达〕诸天地而不悖，质诸鬼神而无疑，百世以俟圣人而不惑。质诸鬼神而无疑，知天也；百世以俟圣人而不惑，知人也。是故君子动而世为天下道，行而世为天下法，言而世为天下则，远之则有望，近之则不厌。《诗》曰：‘在彼无恶，在此无射。庶几夙夜，以永终誉！’君子未有不如此而蚤有誉于天下者也。”

仲尼祖述尧、舜，宪章文、武；上律天时，下袭水土。辟如天地之无不持载，无不覆帱；辟如四时之错行，如日月之代明。万物并育而不相害，道并行而不相悖。小德川流，大德敦化。此天地之所以为大也。

唯天下至圣为能聪明睿知，足以有临也；宽裕温柔，足以有容也；发强刚毅，足以有执也；齐庄中正，足以有敬也；文理密察，足以有别也。溥博渊泉，而时出之。溥博如天，渊泉如渊。见而民莫不敬，言而民莫不信，行而民莫不说。是以声名洋溢乎中国，施及蛮貊。舟车所至，人力所通；天之所覆，地之所载；日月所照，霜露所队。凡有血气者，莫不尊亲，故曰配天。

唯天下至诚，为能经纶天下之大经，立天下之大本，知天地之化育。夫焉有所倚？肫肫其仁！渊渊其渊！浩浩其天！苟不固聪明圣知达天德者，其孰能知之？

《诗》曰“衣锦尚絅”，恶其文之著也。故君子之道，暗然而日章；小人之道，的然而日亡。君子之道：淡而不厌，简而文，温而理，知远之近，知风之自，知微之显，可与入德矣。《诗》云：“潜虽伏矣，亦孔之昭！”故君子内省不疚，无恶于志。君子所不可及者，其唯人之所不见乎！《诗》云：“相在尔室，尚不愧于屋漏。”故君子不动而敬，不言而信。《诗》曰：“奏假无言，时靡有争。”是故君子不赏而民劝，不怒而民威于铁钺。《诗》曰：“不显惟德，百辟其刑之。”是故君子笃恭而天下平。《诗》曰：“予怀明德，不大声以色。”子曰：“声色之于以化民，末也。”《诗》曰“德輶如毛”，毛犹有伦；“上天之载，无声无臭”，至矣！

表 记

子言之：“归乎！君子隐而显，不矜而庄，不厉而威，不言而信。”

子曰：“君子不失足于人，不失色于人，不失口于人。是故君子貌足畏也，色足惮也，言足信也。《甫刑》曰：‘敬忌而罔有择言在躬。’”

子曰：“裼、袭之不相因也，欲民之毋相渎也。”

子曰：“祭极敬，不继之以乐。朝极辨，不继之以倦。”

子曰：“君子慎以辟祸，笃以不掩，恭以远耻。”

子曰："君子庄敬日强。安肆日偷。君子不以一日使其躬儳焉，如不终日。"

子曰："齐戒以事鬼神，择日月以见君，恐民之不敬也。"

子曰："狎侮，死焉，而不畏也。"

子曰："无辞不相接也，无礼不相见也，欲民之毋相亵也。《易》曰：'初筮告，再三渎，渎则不告。'"

子言之："仁者天下之表也，义者天下之制也，报者天下之利也。"

子曰："以德报德，则民有所劝。以怨报怨，则民有所惩。《诗》曰：'无言不雠，无德不报。'《大甲》曰：'民非后，无能胥以宁。后非民，无以辟四方。'"子曰："以德报怨，则宽身之仁也；以怨报德，则刑戮之民也。"

子曰："无欲而好仁者，无畏而恶不仁者，天下一人而已矣。是故君子议道自己，而置法以民。"

子曰："仁有三，与仁同功而异情。与仁同功，其仁未可知也。与仁同过，然后其仁可知也。仁者安仁，知者利仁，畏罪者强仁。仁者右也，道者左也。仁者人也，道者义也。厚于仁者薄于义，亲而不尊；厚于义者薄于仁，尊而不亲。道有至〔有〕义有考。至道以王，义道以霸，考道以为无失。"

子言之："仁有数，义有长短小大。中心憯怛，爱人之仁也。率法而强之，资仁者也。《诗》云：'丰水有芑，武王岂不仕。诒厥孙谋，以燕翼子。武王烝哉！'数世之（人）〔仁〕也。《国风》曰：'我今不阅，皇恤我后。'终身之仁也。"

子曰："仁之为器重，其为道远，举者莫能胜也，行者莫能致也。取数多者，仁也。夫勉于仁者，不亦难乎！是故君子以义度人，则难为人；以人望人，则贤者可知已矣。"

子曰："中心安仁者，天下一人而已矣。《大雅》曰：'德輶如毛，民鲜克举之。我仪图之。惟仲山甫举之，爱莫助之。'《小雅》曰：'高山仰止，景行行止。'"子曰："《诗》之好仁如此。乡道而行，中道而废，忘身之老也，不知年数之不足也；俛焉日有孳孳，毙而后已。"

子曰："仁之难成久矣！人人失其所好。故仁者之过易辞也。"子曰："恭近礼，俭近仁，信近情，敬让以行。此虽有过，其不甚矣。夫恭寡过，情可信，俭易容也，以此失之者，不亦鲜乎！《诗》（曰）〔云〕：'温温恭人，惟德之基。'"子曰："仁之难成久矣，唯君子能之。是故君子不以其所能者病人，不以人之所不能者愧人。是故圣人之制行也，不制以己，使民有所劝勉愧耻，以行其言。礼以节之，信以结之，容貌以文之，衣服以移之，朋友以极之，欲民之有壹也。《小雅》曰：'不愧于人，不畏于天。'是故君子服其服，则文以君子之容；有其容，则文以君子之辞；遂其辞，则实以君子之德。是故君子耻服其服而无其容，耻有其容而无其辞，耻有其辞而无其德，耻有其德而无其行。是故君子衰绖则有哀色，端冕则有敬色，甲胄则有不可辱之色。《诗》云：'惟鹈在梁，不濡其翼。彼记之子，不称其服。'"

子言之："君子之所谓义者，贵贱皆有事于天下。天子亲耕，粢盛秬鬯，以事上帝，故诸侯勤以辅事于天子。"子曰："下之事上也，虽有庇民之大德，不敢有君民之心，仁之厚也。是故君子恭俭以求役仁，信让以求役礼；不自尚其事，不自尊其身；俭于位而寡于欲，让于贤；卑己而尊人，小心而畏义，求以事君；得之自是，不得自是，以听天命。《诗》云：'莫莫葛藟，施于条枚。凯弟君子，求福不回。'其舜、禹、文王、周公之谓与！有君民之大德，有事君之小心。《诗》云：'惟此文王，小心翼翼。昭事上帝，聿怀多福。厥德不回，以受方国。'"

子曰："先王谥以尊名，节以壹惠，耻名之浮于行也。是故君子不自大其事，不自尚其功，以求处情；过行弗率，以求处厚；彰人之善而美人之功，以求下贤。是故君子虽自卑而民敬尊之。"子曰："后稷，天下之为烈也，岂一手一足哉？唯欲行之浮于名也，故自谓便人。”

子言之：“君子之所谓仁者，其难乎！《诗》云：‘凯弟君子，民之父母。’凯以强教之，弟以说安之。乐而毋荒，有礼而亲，威庄而安，孝慈而敬，使民有父之尊，有母之亲，如此而后可以为民父母矣。非至德其孰能如此乎？今父之亲子也，亲贤而下无能；母之亲子也，贤则亲之，无能则怜之。母亲而不尊，父尊而不亲。水之于民也，亲而不尊；火尊而不亲。土之于民也，亲而不尊；天尊而不亲。命之于民也，亲而不尊；鬼尊而不亲。”

子曰：“夏道尊命，事鬼敬神而远之，近人而忠焉，先禄而后威，先赏而后罚，亲而不尊；其民之敝，蠢而愚，乔而野，朴而不文。殷人尊神，率民以事神，先鬼而后礼，先罚而后赏，尊而不亲；其民之敝，荡而不静，胜而无耻。周人尊礼尚施，事鬼敬神而远之，近人而忠焉，其赏罚用爵列，亲而不尊；其民之敝，利而巧，文而不惭，贼而蔽。”子曰：“夏道未渎辞，不求备，不大望于民，民未厌其亲。殷人未渎礼，而求备于民。周人强民，未渎神，而赏爵刑罚穷矣。”子曰：“虞夏之道，寡怨于民。殷周之道，不胜其敝。”子曰：“虞夏之质，殷周之文，至矣！虞夏之文，不胜其质；殷周之质，不胜其文。”

子言之曰：“后世虽有作者，虞帝弗可及也已矣。君天下，生无私，死不厚其子；子民如父母，有憯怛之爱，有忠利之教；亲而尊，安而敬，威而爱，富而有礼，惠而能散；其君子尊仁畏义，耻费轻实，忠而不犯，义而顺，文而静，宽而有辨。《甫刑》曰：‘德威惟威，德明惟明。’非虞帝其孰能如此乎？”

子言之：“事君先资其言，拜自献其身，以成其信。是故君有责于其臣，臣有死于其言，故其受禄不诬，其受罪益寡。”

子曰：“事君，大言入则望大利，小言入则望小利，故君子不以小言受大禄，不以大言受小禄。《易》曰：‘不家食，吉。’”

子曰：“事君不下达，不尚辞，非其人弗自。《小雅》曰：‘靖共尔位，正直是与。神之听之，式穀以女。’”

子曰："事君远而谏，则谄也；近而不谏，则尸利也。"子曰："迩臣守和，宰正百官，大臣虑四方。"子曰："事君欲谏不欲陈。《诗》云：'心乎爱矣，瑕不谓矣。中心藏之，何日忘之！'"

子曰："事君，难进而易退，则位有序；易进而难退，则乱也。故君子三揖而进，一辞而退，以远乱也。"子曰："事君三违而不出竟，则利禄也。人虽曰不要，吾弗信也。"子曰："事君慎始而敬终。"子曰："事君可贵可贱，可富可贫，可生可杀，而不可使为乱。"

子曰："事君，军旅不辟难，朝廷不辞贱。处其位而不履其事，则乱也。故君使其臣，得志则慎虑而从之，否则孰虑而从之。终事而退，臣之厚也。《易》曰：'不事王侯，高尚其事。'"

子曰："唯天子受命于天，士受命于君。故君命顺，则臣有顺命；君命逆，则臣有逆命。《诗》曰：'鹊之姜姜，鹑之贲贲。人之无良，我以为君。'"

子曰："君子不以辞尽人，故天下有道，则行有枝叶；天下无道，则辞有枝叶。是故君子于有丧者之侧，不能赙焉，则不问其所费；于有病者之侧，不能馈焉，则不问其所欲；有客不能馆，则不问其所舍。故君子之接如水，小人之接如醴；君子淡以成，小人甘以坏。《小雅》曰：'盗言孔甘，乱是用餤。'"

子曰："君子不以口誉人，则民作忠。故君子问人之寒则衣之，问人之饥则食之，称人之美则爵之。《国风》曰：'心之忧矣，于我归说。'"子曰："口惠而实不至，怨菑及其身。"是故君子与其有诺责也，宁有已怨。《国风》曰：'言笑晏晏，信誓旦旦。不思其反。反是不思，亦已焉哉！'"

子曰："君子不以色亲人。情疏而貌亲，在小人则穿窬之盗也与？"子曰："情欲信，辞欲巧。"

子言之："昔三代明王，皆事天地之神明，无非卜筮之用，不敢以其私亵事上帝，是故不犯日月，不违卜筮。卜、筮不相袭也。大事有时日；小事无时日，有筮。外事用刚日，内事用柔日。不违龟筮。”子曰：“牲牷、礼乐、齐盛，是以无害乎鬼神，无怨乎百姓。”

子曰：“后稷之祀易富也，其辞恭，其欲俭，其禄及子孙。《诗》曰：‘后稷兆祀，庶无罪悔，以迄于今。’”

子曰：“大人之器威敬。天子无筮。诸侯有守筮。天子道以筮。诸侯非其国，不以筮；卜宅寝室。天子不卜处大庙。”子曰：“君子敬则用祭器，是以不废日月，不违龟筮，以敬事其君长。是以上不渎于民，下不亵于上。”

缁　衣

子言之曰：“为上易事也，为下易知也，则刑不烦矣。”

子曰：“好贤如《缁衣》，恶恶如《巷伯》，则爵不渎而民作愿，刑不试而民咸服。《大雅》曰：‘仪刑文王，万国作孚。’”

子曰：“夫民教之以德，齐之以礼，则民有格心；教之以政，齐之以刑，则民有遁心。故君民者，子以爱之，则民亲之；信以结之，则民不倍；恭以莅之，则民有孙心。《甫刑》曰：‘苗民匪用命，制以刑。惟作五虐之刑曰法。’是以民有恶德，而遂绝其世也。”

子曰：“下之事上也，不从其所令，从其所行。上好是物，下必有甚者矣。故上之所好恶，不可不慎也，是民之表也。”

子曰：“禹立三年，百姓以仁遂焉，岂必尽仁？《诗》云：‘赫赫师尹，民具尔瞻。’《甫刑》云：‘一人有庆，兆民赖之。’《大雅》曰：‘成王之孚，下土之式。’”

子曰：“上好仁，则下之为仁争先人。故长民者章志、贞教、尊仁，以子爱百姓；民致行己，以说其上矣。《诗》云：‘有梏德行，四国顺之。’”

子曰："王言如丝，其出如纶。王言如纶，其出如綍。故大人不倡游言。可言也，不可行，君子弗言也。可行也，不可言，君子弗行也。则民言不危行，而行不危言矣。《诗》云：'淑慎尔止，不愆于仪。'"

子曰："君子道人以言，而禁人以行，故言必虑其所终，而行必稽其所敝，则民谨于言而慎于行。《诗》云：'慎尔出话，敬尔威仪。'《大雅》曰：'穆穆文王，於缉熙敬止！'"

子曰："长民者衣服不贰，从容有常，以齐其民，则民德壹。《诗》云：'彼都人士，狐裘黄黄。其容不改，出言有章。行归于周，万民所望。'"

子曰："为上可望而知也，为下可述而志也，则君不疑于其臣，而臣不惑于其君矣。《尹（吉）〔告〕》曰：'惟尹躬及汤，咸有壹德。'《诗》云：'淑人君子，其仪不忒。'"

子曰："有国者章（善）〔义〕瘅恶，以示民厚，则民情不贰。《诗》云：'靖共尔位，好是正直。'"

子曰："上人疑则百姓惑，下难知则君长劳。故君民者，章好以示民俗，慎恶以御民之淫，则民不惑矣。臣仪行，不重辞，不援其所不及，不烦其所不知，则君不劳矣。《诗》云：'上帝板板，下民卒瘅。'《小雅》曰：'匪其止共，惟王之邛。'"

子曰："政之不行也，教之不成也，爵禄不足劝也，刑罚不足耻也，故上不可以亵刑而轻爵。《康诰》曰：'敬明乃罚。'《甫刑》曰：'播刑之不迪。'"

子曰："大臣不亲，百姓不宁，则忠敬不足，而富贵已过也。大臣不治，而迩臣比矣。故大臣不可不敬也，是民之表也；迩臣不可不慎也，是民之道也。君毋以小谋大，毋以远言近，毋以内图外，则大臣不怨，迩臣不疾，而远臣不蔽矣。（叶）〔祭〕公之顾命曰：‘毋以小谋败大作，毋以嬖御人疾庄后，毋以嬖御士疾庄士——大夫卿士。’”

子曰：“大人不亲其所贤，而信其所贱，民是以亲失，而教是以烦。《诗》云：‘彼求我则，如不我得。执我仇仇，亦不我力。’《君陈》曰：‘未见圣，若己弗克见。既见圣，亦不克由圣。’”

子曰：“小人溺于水，君子溺于口，大人溺于民，皆在其所亵也。夫水近于人而溺人，德易狎而难亲也，易以溺人。口费而烦，易出难悔，易以溺人。夫民闭于人而有鄙心，可敬不可慢，易以溺人。故君子不可以不慎也。《太甲》曰：‘毋越厥命，以自覆也。若虞机张，往省括于厥度，则释。’《兑命》曰：‘惟口起羞，惟甲胄起兵，惟衣裳在笥，惟干戈省厥躬。’《太甲》曰：‘天作孽，可违也。自作孽，不可以逭。’《尹（吉）〔告〕》曰：‘惟尹躬（天）〔先〕见于西邑夏，自周有终，相亦惟终。’”

子曰：“民以君为心，君以民为体。心庄则体舒，心肃则容敬。心好之，身必安之。君好之，民必欲之。心以体全，亦以体伤；君以民存，亦以民亡。《诗》云：‘昔吾有先正，其言明且清。国家以宁，都邑以成，庶民以生。谁能秉国成？不自为正，卒劳百姓。’《君雅》曰：‘夏日暑雨，小民惟曰怨。资冬祁寒，小民亦惟曰怨。’”

子曰：“下之事上也，身不正，言不信，则义不壹，行无类也。”

子曰：“言有物而行有格也，是以生则不可夺志，死则不可夺名。故君子多闻，质而守之；多志，质而亲之；精知，略而行之。《君奭》曰：‘出入自尔师虞，庶言同。’《诗》云：‘淑人君子，其仪一也。’”

子曰："唯君子能好其正，小人毒其正。故君子之朋友有乡，其恶有方。是故迩者不惑，而远者不疑也。《诗》云：'君子好仇。'"

子曰："轻绝贫贱而重绝富贵，则好贤不坚而恶恶不著也。人虽曰不利，吾不信也。《诗》云：'朋友攸摄，摄以威仪。'"

子曰："私惠不归德，君子不自留焉。《诗》云：'人之好我，示我周行。'"

子曰："苟有车，必见其轼。苟有衣，必见其敝。人苟或言之，必闻其声；苟或行之，必见其成。《葛覃》曰：'服之无射。'"

子曰："言从而行之，则言不可饰也。行从而言之，则行不可饰也。故君子寡言而行，以成其信，则民不得大其美而小其恶。《诗》云：'白圭之玷，尚可磨也。斯言之玷，不可为也。'《小雅》曰：'允也君子，展也大成。'《君奭》曰：'昔在上帝，（周田观）〔割申劝〕文王之德，其集大命于厥躬。'"

子曰："南人有言曰：'人而无恒，不可以为卜筮。'古之遗言与？龟筮犹不能知也，而况于人乎？《诗》云：'我龟既厌，不我告犹。'《兑命》曰：'爵无及恶德，民立而正。事纯而祭祀，是为不敬。事烦则乱，事神则难。'《易》曰：'不恒其德，或承之羞。''恒其德，侦，妇人吉，夫子凶。'"

奔 丧

奔丧之礼：

始闻亲丧，以哭答使者，尽哀；问故，又哭尽哀。

遂行，日行百里，不以夜行；唯父母之丧，见星而行，见星而舍。若未得行，则成服而后行。

过国至竟哭，尽哀而止。哭辟市朝。望其国竟哭。

至于家，入门左，升自西阶，殡东；西面坐，哭尽哀，括发袒；降堂东，即位，西乡哭，成踊；袭绖于序东，绞带；反位，拜宾成踊；送宾，反位。有宾后至者，则拜之成踊，送宾皆如初。众主人兄弟皆出门，出门哭止，阖门，相者告就次。于又哭，括发袒成踊。于三哭，犹括发袒成踊。三日成服，拜宾、送宾皆如初。

奔丧者非主人，则主人为之拜宾、送宾。奔丧者自齐衰以下，入门左，中庭北面，哭尽哀；免麻于序东，即位袒，与主人哭成踊。于又哭、三哭，皆免袒。有宾，则主人拜宾、送宾。丈夫妇人之待之也，皆如朝夕哭，位无变也。

奔母之丧，西面哭，尽哀，括发袒；降堂东，即位，西乡哭，成踊；袭免绖于序东。拜宾、送宾皆如奔父之礼。于又哭不括发。

妇人奔丧，升自东阶，殡东；西面坐，哭尽哀；东髽，即位，与主人拾踊。

奔丧者不及殡，先之墓；北面坐，哭尽哀。主人之待之也，即位于墓左，妇人墓右。成踊尽哀，括发；东即主人位，绖绞带，哭成踊；拜宾，反位成踊。相者告事毕。遂冠，归入门左；北面哭尽哀，括发袒，成踊；东即位，拜宾成踊。宾出，主人拜送。有宾后至者，则拜之成踊，送宾如初。众主人兄弟皆出门，出门哭止，相者告就次。于又哭，括发成踊。于三哭，犹括发成踊。三日成服。于五哭，相者告事毕。

为母所以异于父者，壹括发，其余免以终事，他如奔父之礼。

齐衰以下，不及殡，先之墓，西面哭尽哀。免麻于东方，即位，与主人哭成踊，袭。有宾，则主人拜宾、送宾。宾有后至者，拜之如初。相者告事毕。遂冠，归入门左；北面哭尽哀，免袒成踊；东即位，拜宾成踊。宾出，主人拜送。于又哭，免袒成踊。于三哭，犹免袒成踊。三日成服。于五哭，相者告事毕。

闻丧不得奔丧，哭尽哀；问故，又哭尽哀。乃为位，括发袒，成踊；袭，绖绞带，即位；拜宾，反位成踊。宾出，主人拜送于门外，反位。若有宾后至者，拜之成踊，送宾如初。于又哭，括发袒，成踊。于三哭，犹括发袒，成踊。三日成服。于五哭，拜宾、送宾如初。

若除丧而后归，则之墓，哭成踊；东括发袒，绖；拜宾成踊，送宾；反位，又哭尽哀，遂除。于家不哭。主人之待之也，无变于服，与之哭，不踊。

自齐衰以下，所以异者，免麻。

凡为位：非亲丧，齐衰以下皆即位哭尽哀，而东免绖即位，袒成踊；袭，拜宾反位，哭成踊；送宾反位，相者告就次。三日五哭卒，主人出送宾。众主人兄弟皆出门，哭止。相者告事毕。成服拜宾。若所为位家远，则成服而往。

齐衰，望乡而哭。大功，望门而哭。小功，至门而哭。缌麻，即位而哭。

哭父之党于庙，母妻之党于寝，师于庙门外，朋友于寝门外，所识于野张帷。凡为位不奠。

哭天子九，诸侯七，卿大夫五，士三。

大夫哭诸侯，不敢拜宾。诸臣在他国，为位而哭，不敢拜宾。与诸侯为兄弟，亦为位而哭。凡为位者壹袒。

所识者吊，先哭于家而后之墓，皆为之成踊，从主人北面而踊。

凡丧：父在，父为主；父没，兄弟同居，各主其丧。亲同，长者主之；不同，亲者主之。

闻远兄弟之丧，既除丧而后闻丧，免袒成踊，拜宾则尚左手。

无服而为位者，唯嫂叔及妇人降而无服者，麻。

凡奔丧，有大夫至，袒，拜之，成踊而后袭；于士，袭而后拜之。

问丧

亲始死，（鸡斯）〔笄缅〕徒跣，扱上衽，交手哭。恻怛之心，痛疾之意，伤肾、干肝、焦肺，水浆不入口。三日不举火，故邻里为之糜粥以饮食之。夫悲哀在中，故形变于外也；痛疾在心，故口不甘味、身不安美也。

三日而敛，在床曰尸，在棺曰柩。动尸举柩，哭踊无数。恻怛之心，痛疾之意，悲哀志懑气盛，故袒而踊之，所以动体安心下气也。妇人不宜袒，故发胸、击心、爵踊，殷殷田田，如坏墙然，悲哀痛疾之至也！故曰：辟踊哭泣，哀以送之，送形而往，迎精而反也。

其往送也，望望然，汲汲然，如有追而弗及也。其反哭也，皇皇然，若有求而弗得也。故其往送也如慕，其反也如疑。求而无所得之也，入门而弗见也，上堂又弗见也，入室又弗见也，亡矣，丧矣，不可复见已矣！故哭泣辟踊，尽哀而止矣。心怅焉怆焉，惚焉忾焉，心绝志悲而已矣！祭之宗庙，以鬼飨之，侥幸复反也。成圹而归，不敢入处室，居于倚庐，哀亲之在外也；寝苫枕块，哀亲之在土也。故哭泣无时，服勤三年，思慕之心，孝子之志也，人情之实也。

或问曰："死三日而后敛者，何也？"曰：孝子亲死，悲哀志懑，故匍匐而哭之，若将复生然，安可得夺而敛之也？故曰：三日而后敛者，以俟其生也。三日而不生，亦不生矣，孝子之心亦益衰矣；家室之计，衣服之具，亦可以成矣；亲戚之远者亦可以至矣。是故圣人为之断决，以三日为之礼制也。

或问曰："冠者不肉袒，何也？"曰：冠，至尊也，不居肉袒之体也，故为之免以代之也。然则秃者不免，伛者不袒，跛者不踊，非不悲也；身有锢疾，不可以备礼也。故曰：丧礼唯哀为主矣。女子哭泣悲哀，击胸伤心；男子哭泣悲哀，稽颡触地无容：哀之至也！

或问曰：“免者以何为也？”曰：不冠者之所服也。《礼》曰：“童子不缌，唯当室缌。”缌者其免也，当室则免而杖矣。

或问曰：“杖者何也？”曰：竹、桐，一也。故为父苴杖，苴杖，竹也；为母削杖，削杖，桐也。

或问曰：“杖者以何为也？”曰：孝子丧亲，哭泣无数，服勤三年，身病体羸，以杖扶病也。则父在不敢杖矣，尊者在故也；堂上不杖，辟尊者之处也。堂上不趋，示不遽也。此孝子之志也，人情之实也，礼义之经也；非从天降也，非从地出也，人情而已矣！

服 问

《传》曰：有从轻而重，公子之妻为其皇姑。有从重而轻，为妻之父母。有从无服而有服，公子之妻为公子之外兄弟。有从有服而无服，公子为其妻之父母。

《传》曰：母出，则为继母之党服。母死，则为其母之党服。为其母之党服，则不为继母之党服。

三年之丧既练矣，有期之丧既葬矣，则带其故葛带，绖期之绖，服其功衰。有大功之丧，亦如之。小功，无变也。

麻之有本者，变三年之葛。既练，遇麻断本者，于免绖之；既免，去绖；每可以绖必绖，既绖则去之。小功不易丧之练冠，如免，则绖其缌、小功之绖，因其初葛带。缌之麻，不变小功之葛。小功之麻，不变大功之葛，以有本为税。

殇：长、中，变三年之葛，终殇之月算，而反三年之葛。是非重麻，为其无卒哭之税。下殇则否。

君为天子三年，夫人如外宗之为君也。世子不为天子服。

君所主，夫人妻、大子、适妇。大夫之適子为君、夫人、大子，如士服。君之母非夫人，则群臣无服；唯近臣及仆、骖乘从服，唯君所服服也。

公为卿、大夫锡衰以居，出亦如之，当事则弁绖；大夫相为亦然。为其妻，往则服之，出则否。

凡见人，无免绖。虽朝于君，无免绖。唯公门有税齐衰。

《传》曰：君子不夺人之丧，亦不可夺丧也。

《传》曰：罪多而刑五，丧多而服五。上附下附，列也。

间　传

斩衰何以服苴？苴，恶貌也，所以首其内而见诸外也。斩衰貌若苴，齐衰貌若枲，大功貌若止，小功、缌麻容貌可也。此哀之发于容体者也。

斩衰之哭，若往而不反。齐衰之哭，若往而反。大功之哭，三曲而偯。小功、缌麻，哀容可也。此哀之发于声音者也。

斩衰“唯”而不对。齐衰对而不言。大功言而不议。小功、缌麻，议而不及乐。此哀之发于言语者也。

斩衰三日不食，齐衰二日不食。大功三不食，小功、缌麻再不食。士与敛焉，则壹不食。故父母之丧，既殡食粥，朝一溢米，莫一溢米；齐衰之丧，疏食水饮，不食菜果；大功之丧，不食醯酱；小功、缌麻，不饮醴酒。此哀之发于饮食者也。父母之丧，既虞、卒哭，疏食水饮，不食菜果；期而不祥，食菜果；又期而大祥，有醯酱；中月而禫，禫而饮醴酒。始饮酒者，先饮醴酒。始食肉者，先食干肉。

父母之丧，居倚庐，寝苫枕块，不说绖带；齐衰之丧，居垩室，芐翦不纳；大功之丧，寝有席；小功、缌麻，床可也。此哀之发于居处者也。父母之丧，既虞、卒哭，柱楣翦屏，芐翦不纳；期而小祥，居垩室，寝有席；又期而大祥，居复寝；中月而禫，禫而床。

斩衰三升。齐衰四升，五升，六升。大功七升，八升，九升。

小功十升，十一升，十二升。缌麻十五升去其半。有事其缕，无事其布，曰缌。此哀之发于衣服者也。斩衰三升，既虞、卒哭，受以成布六升，冠七升。为母疏衰四升，受以成布七升，冠八升。去麻服葛，葛带三重。期而小祥，练冠缥缘，要绖不除。男子除乎首，妇人除乎带。男子何为除乎首也？妇人何为除乎带也？男子重首，妇人重带，除服者先重者，易服者易轻者。又期而大祥，素缟麻衣。中月而禫，禫而纤，无所不佩。易服者何为易轻者也？斩衰之丧，既虞、卒哭，遭齐衰之丧，轻者包，重者特。既练，遭大功之丧，麻葛重。齐衰之丧，既虞、卒哭，遭大功之丧，麻葛兼服之。斩衰之葛，与齐衰之麻同。齐衰之葛，与大功之麻同。大功之葛，与小功之麻同。小功之葛，与缌之麻同。麻同则兼服之。兼服之服重者，则易轻者也。

三年问

三年之丧，何也？曰：称情而立文，因以饰群，别亲疏贵贱之节，而弗可损益也。故曰：无易之道也。创巨者其日久，痛甚者其愈迟。三年者，称情而立文，所以为至痛极也。斩衰苴杖，居倚庐，食粥，寝苫枕块，所以为至痛饰也。三年之丧，二十五月而毕，哀痛未尽，思慕未忘，然而服以是断之者，岂不送死有已、复生有节也哉？

凡生天地之间者，有血气之属，必有知。有知之属，莫不知爱其类。今是大鸟兽，则失丧其群匹，越月逾时焉，则必反巡；过其故乡，翔回焉，鸣号焉，蹢躅焉，踟蹰焉，然后乃能去之。小者至于燕雀，犹有啁噍之顷焉，然后乃能去之。故有血气之属者，莫知于人；故人于其亲也，至死不穷。将由夫（患）〔愚陋〕邪淫之人与？则彼朝死而夕忘之，然而从之，则是曾鸟兽之不若也，夫焉能相与群居而不乱乎？将由夫修饰之君子与？则三年之丧，二十五月而毕，若驷之过隙，然而遂之，则是无穷也。故先王焉为之立中制节，壹使足以成文理，则释之矣。

然则何以至期也？曰：至亲以期断。是何也？曰：天地则已易矣，四时则已变矣，其在天地之中者莫不更始焉，以是象之也。

然则何以三年也？曰：加隆焉尔也，焉使倍之，故再期也。

由九月以下，何也？曰：焉使弗及也。

故三年以为隆，缌、小功以为杀，期、九月以为间。上取象于天，下取法于地，中取则于人，人之所以群居和壹之理尽矣。

故三年之丧，人道之至文者也。夫是之谓至隆，是百王之所同，古今之所壹也，未有知其所由来者也。

孔子曰："子生三年，然后免于父母之怀。夫三年之丧，天下之达丧也。"

深　衣

古者深衣，盖有制度，以应规、矩、绳、权、衡。短毋见肤，长毋被土。续衽，钩边。要缝半下。袼之高下，可以运肘。袂之长短，反诎之及肘。带，下毋厌髀，上毋厌胁，当无骨者。

制：十有二幅，以应十有二月。袂圆以应规，曲袷如矩以应方，负绳及踝以应直，下齐如权衡以应平。故规者，行举手以为容；负绳、抱方者，以直其政、方其义也。故《易》曰：《坤》"六二之动，直以方也"。下齐如权衡者，以安志而平心也。五法已施，故圣人服之。故规、矩取其无私，绳取其直，权衡取其平，故先王贵之。故可以为文，可以为武，可以摈相，可以治军旅，完且弗费，善衣之次也。

具父母、大父母，衣纯以缋。具父母，衣纯以青。如孤子，衣纯以素。纯袂，缘，纯边，广各寸半。

投　壶

投壶之礼：

主人奉矢，司射奉中，使人执壶。主人请曰："某有枉矢哨壶，请以乐宾。”宾曰：“子有旨酒嘉肴，某既赐矣。又重以乐，敢辞。”主人曰：“枉矢哨壶，不足辞也。敢（固）以请！”宾曰：“某既赐矣。又重以乐，敢固辞！”主人曰：“枉矢哨壶，不足辞也。敢固以请！”宾曰：“某固辞不得命，敢不敬从？”宾再拜受，主人般还，曰：“辟。”主人阼阶上拜送；宾般还，曰：“辟。”已拜，受矢，进即两楹间；退，反位，揖宾就筵。

司射进度壶，（间以二矢半）反位；设中，东面，执八算兴。请宾曰：“顺投为入，比投不释，胜饮不胜者。正爵既行，请为胜者立马。（一马从二马。）三马既立，请庆多马。”请主人亦如之。命弦者曰：“请奏《狸首》，间若一。”大师曰：“诺。”

左右告矢具，请拾投。有入者，则司射坐而释一算焉。宾党于右，主党于左。

卒投。司射执算曰：“左右卒投。请数。”二算为纯，一纯以取；一算为奇。遂以奇算告。曰：“某贤于某若干纯。”奇则曰“奇”，钧则曰“左右钧”。

命酌曰：“请行觞。”酌者曰：“诺。”当饮者皆跪奉觞曰：“赐灌。”胜者跪曰：“敬养。”

正爵既行，请立马。马各直其算，一马从二马，以庆。庆礼曰：“三马既备，请庆多马。”宾主皆曰：“诺。”

正爵既行，请彻马。

算多少，视其坐。筹，室中五扶，堂上七扶，庭中九扶。算，长尺二寸。壶，颈修七寸，腹修五寸，口径二寸半，容斗五升。壶中实小豆焉，为其矢之跃而出也。壶去席二矢半。矢，以柘若棘，毋去其皮。

鲁令弟子辞曰：“毋幠，毋敖，毋偝立，毋逾言。偝立、逾言有常爵！”薛令弟子辞曰：“毋幠，毋敖，毋偝立，毋逾言。若是者浮！”

鼓：○□○○□□○□○○□半○□○□○○○□□○□○——鲁鼓。○□○○○□□○□○○□□○□○○□□○半○□○○○□□○——薛鼓。取“半”以下为投壶礼，尽用之为射礼。

司射、庭长及冠士立者，皆属宾党。乐人及使者、童子，皆属主党。

鲁鼓：○□○○□□○○半○□○□○○○○□○□○。薛鼓：○□○○○○□○□○□○○○□○□○○□○半○□○□○○○○□○。

儒　行

鲁哀公问于孔子曰：“夫子之服，其儒服与?”孔子对曰：“丘少居鲁，衣逢掖之衣。长居宋，冠章甫之冠。丘闻之也：君子之学也博，其服也乡。丘不知儒服。”

哀公曰：“敢问儒行。”孔子对曰：“遽数之，不能终其物。悉数之乃留，更仆未可终也。”

哀公命席。孔子侍曰：“儒有席上之珍以待聘，夙夜强学以待问，怀忠信以待举，力行以待取。其自立有如此者。

“儒有衣冠中，动作慎；其大让如慢，小让如伪，大则如威，小则如愧；其难进而易退也，粥粥若无能也。其容貌有如此者。

“儒有居处齐难，其坐起恭敬，言必先信，行必中正，道途不争险易之利，冬夏不争阴阳之和；爱其死以有待也，养其身以有为也。其备豫有如此者。

“儒有不宝金玉，而忠信以为宝；不祈土地，立义以为土地；不祈多积，多文以为富；难得而易禄也，易禄而难畜也。非时不见，不亦难得乎？非义不合，不亦难畜乎？先劳而后禄，不亦易禄乎？其近人有如此者。

“儒有委之以货财，淹之以乐好，见利不亏其义；劫之以众，沮之以兵，见死不更其守；鸷虫攫搏，不程〔其〕勇（者）；引重鼎，不程其力；往者不悔，来者不豫；过言不再，流言不极；不断其威，不习其谋。其特立有如此者。

“儒有可亲而不可劫也，可近而不可迫也，可杀而不可辱也。其居处不淫，其饮食不溽，其过失可微辨而不可面数也。其刚毅有如此者。

“儒有忠信以为甲胄，礼义以为干橹；戴仁而行，抱义而处；虽有暴政，不更其所。其自立有如此者。

“儒有一亩之宫，环堵之室，筚门圭窬，蓬户瓮牖；易衣而出，并日而食；上答之，不敢以疑；上不答，不敢以谄。其仕有如此者。

“儒有今人与居，古人与稽；今世行之，后世以为楷；适弗逢世，上弗援，下弗推，谗谄之民有比党而危之者；身可危也，而志不可夺也；虽危，起居竟信其志，犹将不忘百姓之病也。其忧思有如此者。

“儒有博学而不穷，笃行而不倦，幽居而不淫，上通而不困；礼之以和为贵，忠信之美，优游之法；（举）〔慕〕① 贤而容众，毁方而瓦合。其宽裕有如此者。

“儒有内称不辟亲，外举不辟怨；程功积事，推贤而进达之，不望其报；君得其志；苟利国家，不求富贵。其举贤援能有如此者。

“儒有闻善以相告也，见善以相示也，爵位相先也，患难相死也，久相待也，远相致也。其任举有如此者。

“儒有澡身而浴德，陈言而伏，静而正之，上弗知也；粗而翘之，又不急为也；不临深而为高，不加少而为多；世治不轻，世乱不沮；同弗与，异弗非也。其特立独行有如此者。

“儒有上不臣天子，下不事诸侯；慎静而尚宽，强毅以与人，博学以知服；近文章，砥厉廉隅；虽分国，如锱铢；不臣，不仕。其规为有如此者。

“儒有合志同方，营道同术；并立则乐，相下不厌；久不相见，闻流言不信；其行本方立义；同而进，不同而退。其交友有如此者。

---

① 据孔疏改。

“温良者，仁之本也。敬慎者，仁之地也。宽裕者，仁之作也。孙接者，仁之能也。礼节者，仁之貌也。言谈者，仁之文也。歌乐者，仁之和也。分散者，仁之施也。儒皆兼此而有之，犹且不敢言仁也。其尊让有如此者。

“儒有不陨获于贫贱，不充诎于富贵，不慁君王，不累长上，不闵有司，故曰儒。今众人之命儒也妄，常以儒相诟病。”

孔子至舍，哀公馆之，闻此言也，言加信，行加义：“终没吾世，不敢以儒为戏。”

大　学

大学之道，在明明德，在亲民，在止于至善。知止而后有定，定而后能静，静而后能安，安而后能虑，虑而后能得。物有本末，事有终始。知所先后，则近道矣。

古之欲明明德于天下者，先治其国。欲治其国者，先齐其家。欲齐其家者，先修其身。欲修其身者，先正其心。欲正其心者，先诚其意。欲诚其意者，先致其知。致知在格物。物格而后知至，知至而后意诚，意诚而后心正，心正而后身修，身修而后家齐，家齐而后国治，国治而后天下平。自天子以至于庶人，壹是皆以修身为本，其本乱而末治者否矣。其所厚者薄，而其所薄者厚，未之有也。此谓知本，此谓知之至也。

所谓诚其意者，毋自欺也。如恶恶臭，如好好色，此之谓自谦。故君子必慎其独也。小人闲居为不善，无所不至，见君子而后厌然，掩其不善而著其善。人之视己，如见其肺肝然，则何益矣！此谓诚于中，形于外，故君子必慎其独也。曾子曰：“十目所视，十手所指，其严乎！”富润屋，德润身，心广体胖，故君子必诚其意。

《诗》云：“瞻彼淇澳，绿竹猗猗。有斐君子，如切如磋，如琢如磨。瑟兮僩兮，赫兮喧兮。有斐君子，终不可諠兮！”“如切如磋”者，道学也。“如琢如磨”者，自修也。“瑟兮僩兮”者，恂栗也。“赫兮喧兮”者，威仪也。“有斐君子，终不可諠兮”者，道盛德至善，民之不能忘也。《诗》云：“於戏前王不忘！”君子贤其贤而亲其亲，小人乐其乐而利其利，此以没世不忘也。《康诰》曰：“克明德。”《大甲》曰：“顾諟天之明命。”《帝典》曰：“克明峻德。”皆自明也。汤之《盘铭》曰：“苟日新，日日新，又日新。”《康诰》曰：“作新民。”《诗》曰：“周虽旧邦，其命惟新。”是故君子无所不用其极。《诗》云：“邦畿千里，惟民所止。”《诗》云：“缗蛮黄鸟，止于丘隅。”子曰：“於止，知其所止。可以人而不如鸟乎？”《诗》云：“穆穆文王，於缉熙敬止！”为人君，止于仁；为人臣，止于敬；为人子，止于孝；为人父，止于慈；与国人交，止于信。子曰：“听讼，吾犹人也。必也使无讼乎！”无情者不得尽其辞，大畏民志。此谓知本。

所谓修身在正其心者：身有所忿懥，则不得其正；有所恐惧，则不得其正；有所好乐，则不得其正；有所忧患，则不得其正。心不在焉，视而不见，听而不闻，食而不知其味。此谓修身在正其心。

所谓齐其家在修其身者：人之其所亲爱而辟焉，之其所贱恶而辟焉，之其所畏敬而辟焉，之其所哀矜而辟焉，之其所敖惰而辟焉。故好而知其恶，恶而知其美者，天下鲜矣。故谚有之曰：“人莫知其子之恶，莫知其苗之硕。”此谓身不修不可以齐其家。

所谓治国必先齐其家者，其家不可教而能教人者，无之。故君子不出家而成教于国：孝者，所以事君也；弟者，所以事长也；慈者，所以使众也。《康诰》曰：“如保赤子。”心诚求之，虽不中不远矣。未有学养子而后嫁者也。一家仁，一国兴仁；一家让，一国兴让；一人贪戾，一国作乱。其机如此。此谓一言偾事，一人定国。尧、舜率天下以仁，而民从之。桀、纣率天下以暴，而民从之。其所令反其所好，而民不从。是故君子有诸己而后求诸人，无诸己而后非诸人。所藏乎身不恕，而能喻诸人者，未之有也。故治国在齐其家。《诗》云：“桃之夭夭，其叶蓁蓁。之子于归，宜其家人。”宜其家人，而后可以教国人。《诗》云：“宜兄宜弟。”宜兄宜弟，而后可以教国人。《诗》云：“其仪不忒，正是四国。”其为父子兄弟足法，而后民法之也。此谓治国在齐其家。

所谓平天下在治其国者：上老老而民兴孝，上长长而民兴弟，上恤孤而民不倍，是以君子有絜矩之道也。所恶于上，毋以使下；所恶于下，毋以事上；所恶于前，毋以先后；所恶于后，毋以从前；所恶于右，毋以交于左；所恶于左，毋以交于右：此之谓絜矩之道。《诗》云：“乐只君子，民之父母。”民之所好好之，民之所恶恶之，此之谓民之父母。《诗》云：“节彼南山，维石岩岩。赫赫师尹，民具尔瞻。”有国者不可以不慎，辟则为天下僇矣。《诗》云：“殷之未丧师，克配上帝。仪监于殷，峻命不易。”道得众则得国，失众则失国。

是故君子先慎乎德。有德此有人，有人此有土，有土此有财，有财此有用。德者本也，财者末也。外本内末，争民施夺。是故财聚则民散，财散则民聚。是故言悖而出者，亦悖而入；货悖而入者，亦悖而出。《康诰》曰：“惟命不于常。”道善则得之，不善则失之矣。《楚书》曰：“楚国无以为宝，惟善以为宝。”舅犯曰：“亡人无以为宝，仁亲以为宝。”

《秦誓》曰：“若有一（个）〔介〕臣，断断兮无他技，其心休休焉，其如有容焉。人之有技，若己有之；人之彦圣，其心好之，不啻若自其口出。寔能容之，以能保我子孙黎民，（尚）亦〔尚〕有利哉！人之有技，媢嫉以恶之；人之彦圣，而违之俾不通。寔不能容，以不能保我子孙黎民，亦曰殆哉！”唯仁人放流之，迸诸四夷，不与同中国。此谓唯仁人为能爱人，能恶人。见贤而不能举，举而不能先，命也；见不善而不能退，退而不能远，过也。好人之所恶，恶人之所好，是谓拂人之性，灾必逮夫身。是故君子有大道，必忠信以得之，骄泰以失之。

生财有大道。生之者众，食之者寡，为之者疾，用之者舒，则财恒足矣。仁者以财发身，不仁者以身发财。未有上好仁而下不好义者也，未有好义其事不终者也，未有府库财非其财者也。

孟献子曰：“畜马乘，不察于鸡豚；伐冰之家，不畜牛羊；百乘之家，不畜聚敛之臣。与其有聚敛之臣，宁有盗臣。”此谓国不以利为利，以义为利也。长国家而务财用者，必自小人矣。彼为善之，小人之使为国家，灾害并至；虽有善者，亦无如之何矣！此谓国不以利为利，以义为利也。

冠 义

凡人之所以为人者，礼义也。礼义之始，在于正容体，齐颜色，顺辞令。容体正，颜色齐，辞令顺，而后礼义备，以正君臣、亲父子、和长幼。君臣正，父子亲，长幼和，而后礼义立。故冠而后服备，服备而后容体正、颜色齐、辞令顺。故曰：冠者礼之始也。是故古者圣王重冠。

古者冠礼：筮日、筮宾，所以敬冠事；敬冠事所以重礼，重礼所以为国本也。故冠于阼，以著代也；醮于客位，三加弥尊，加有成也；已冠而字之，成人之道也；见于母，母拜之，见于兄弟，兄弟拜之，成人而与为礼也；玄冠玄端，奠挚于君，遂以挚见于（乡）〔卿〕大夫、乡先生，以成人见也。成人之者，将责成人礼焉也。责成人礼焉者，将责为人子、为人弟、为人臣、为人少者之礼行焉。将责四者之行于人，其礼可不重与！

故孝弟忠顺之行立，而后可以为人；可以为人，而后可以治人也。故圣王重礼。故曰：冠者礼之始也，嘉事之重者也。是故古者重冠，重冠故行之于庙。行之于庙者，所以尊重事。尊重事，而不敢擅重事。不敢擅重事，所以自卑而尊先祖也。

昏 义

昏礼者，将合二姓之好，上以事宗庙，而下以继后世也，故君子重之。是以昏礼纳采、问名、纳吉、纳徵、请期，皆主人筵几于庙，而拜迎于门外，入，揖让而升，听命于庙，所以敬慎重正昏礼也。

父亲醮子而命之迎，男先于女也。子承命以迎，主人筵几于庙而拜迎于门外。婿执雁入，揖让升堂，再拜奠雁，盖亲受之于父母也。降出，御妇车，而婿授绥，御轮三周，先俟于门外。妇至，婿揖妇以入。共牢而食，合卺而酳，所以合体，同尊卑，以亲之也。敬慎重正，而后亲之，礼之大体，而所以成男女之别，而立夫妇之义也。男女有别，而后夫妇有义；夫妇有义，而后父子有亲；父子有亲，而后君臣有正。故曰：昏礼者，礼之本也。

夫礼，始于冠，本于昏，重于丧、祭，尊于朝、聘，和于射、乡，此礼之大体也。

“夙兴，妇沐浴以俟见。质明，赞见妇于舅姑，妇执笲枣、栗、段、脩以见。赞醴妇。妇祭脯醢，祭醴。”成妇礼也。舅姑入室，妇以特豚馈，明妇顺也。“厥明，舅姑共飨妇以一献之礼，奠酬。舅姑先降自西阶，妇降自阼阶。”以著代也。成妇礼，明妇顺，又申之以著代，所以重责妇顺焉也。妇顺者，顺于舅姑，和于室人而后当于夫，以成丝麻布帛之事，以审守委积盖藏。是故妇顺备，而后内和理；内和理，而后家可长久也。故圣王重之。

是以古者妇人先嫁三月，祖庙未毁，教于公宫；祖庙既毁，教于宗室。教以妇德、妇言、妇容、妇功。教成（祭）之〔祭〕，牲用鱼，芼之以蘋、藻，所以成妇顺也。

古者天子后立六宫、三夫人、九嫔、二十七世妇、八十一御妻，以听天下之内治，以明章妇顺，故天下内和而家理。天子立六官、三公、九卿、二十七大夫、八十一元士，以听天下之外治，以明章天下之男教，故外和而国治。故曰：天子听男教，后听女顺；天子理阳道，后治阴德；天子听外治，后听内职。教顺成俗，外内和顺，国家理治，此之谓盛德。

是故男教不修，阳事不得，適见于天，日为之食；妇顺不修，阴事不得，適见于天，月为之食。是故日食则天子素服，而修六官之职，荡天下之阳事；月食则后素服，而修六宫之职，荡天下之阴事。故天子之与后，犹日之与月，阴之与阳，相须而后成者也。

天子修男教，父道也；后修女顺，母道也。故曰：天子之与后，犹父之与母也。故为天王服斩衰，服父之义也；为后服资衰，服母之义也。

乡饮酒义

乡饮酒之义：

主人拜迎宾于庠门之外，入，三揖而后至阶，三让而后升，所以致尊让也。盥洗、扬觯，所以致洁也。拜至，拜洗，拜受，拜送，拜既，所以致敬也。尊让、洁、敬也者，君子之所以相接也。君子尊让则不争，洁、敬则不慢；不慢不争，则远于斗辨矣；不斗辨，则无暴乱之祸矣。斯君子之所以免于人祸也，故圣人制之以道乡人、士、君子。

“尊于房户之间”，宾主共之也。尊有玄酒，贵其质也。羞出自东房，主人共之也。洗当东荣，主人之所以自洁，而以事宾也。

宾主，象天地也。介僎，象阴阳也。三宾，象三光也。让之三也，象月之三日而成魄也。四面之坐，象四时也。

天地严凝之气，始于西南而盛于西北，此天地之尊严气也，此天地之义气也。天地温厚之气，始于东北而盛于东南，此天地之盛德气也，此天地之仁气也。

主人者尊宾，故坐宾于西北，而坐介于西南以辅宾。宾者，接人以义者也，故坐于西北。主人者，接人〔以仁、〕① 以德厚者也。故坐于东南；而坐僎于东北，以辅主人也。

仁义接，宾主有事，俎豆有数，曰圣。圣立而将之以敬，曰礼。礼以体长幼，曰德。德也者，得于身也。故曰：古之学术道者，将以得身也，是故圣人务焉。

---

① 据《四部备要》本补。

祭荐，祭酒，敬礼也。哜肺，尝礼也。啐酒，成礼也。于席末，言是席之正，非专为饮食也，为行礼也。此所以贵礼而贱财也。卒觯，致实于西阶上，言是席之上，非专为饮食也，此先礼而后财之义也。先礼而后财，则民作敬让而不争矣。

乡饮酒之礼：六十者坐，五十者立侍，以听政役，所以明尊长也。六十者三豆，七十者四豆，八十者五豆，九十者六豆，所以明养老也。民知尊长养老，而后乃能入孝弟。民入孝弟，出尊长养老，而后成教。成教而后国可安也。君子之所谓孝者，非家至而日见之也；合诸乡射，教之乡饮酒之礼，而孝弟之行立矣。孔子曰："吾观于乡，而知王道之易易也。"

主人亲速宾及介，而众宾自从之；至于门外，主人拜宾及介，而众宾自入。贵贱之义别矣。

三揖至于阶，三让以宾升，拜至、献酬，辞让之节繁。及介，省矣。至于众宾，升受，坐祭，立饮，不酢而降。隆杀之义辨矣。

工入，升歌三终，主人献之。笙入三终，主人献之。间歌三终，合乐三终。工告乐备，遂出。一人扬觯，乃立司正，焉知其能和乐而不流也。

宾酬主人，主人酬介，介酬众宾，少长以齿，终于沃洗者，焉知其能弟长而无遗矣。

"降，说屦，升坐，（脩）〔羞〕，爵无数。"饮酒之节，朝不废朝，莫不废夕。宾出，主人拜送，节文终遂，焉知其能安燕而不乱也。

贵贱明，隆杀辨，和乐而不流，弟长而无遗，安燕而不乱，此五行者，足以正身安国矣。彼国安而天下安，故曰："吾观于乡，而知王道之易易也。"

乡饮酒之义：

立宾以象天，立主以象地，设介僎以象日月，立三宾以象三光。古之制礼也，经之以天地，纪之以日月，参之以三光，政教之本也。

亨狗于东方，祖阳气之发于东方也。洗之在阼，其水在洗东，祖天地之左海也。尊有玄酒，教民不忘本也。

宾必南乡。东方者春，春之为言蠢也，产万物者圣也。南方者夏，夏之为言假也。养之，长之，假之，仁也。西方者秋，秋之为言愁也。愁之以时察，守义者也。北方者冬，冬之为言中也，中者藏也。是以天子之立也：左圣，乡仁；右义，偝藏也。

介必东乡，介宾主也。

主人必居东方。东方者春，春之为言蠢也，产万物者也。主人者造之，产万物者也。

月者三日则成魄，三月则成时，是以礼有三让，建国必立三卿。三宾者，政教之本，礼之大参也。

射 义

古者诸侯之射也，必先行燕礼。卿、大夫、士之射也，必先行乡饮酒之礼。故燕礼者，所以明君臣之义也；乡饮酒之礼者，所以明长幼之序也。

故射者，进退周还必中礼。内志正，外体直，然后持弓矢审固；持弓矢审固，然后可以言中。此可以观德行矣。

其节：天子以《驺虞》为节，诸侯以《狸首》为节，卿、大夫以《采蘋》为节，士以《采蘩》为节。《驺虞》者，乐官备也；《狸首》者，乐会时也；《采蘋》者，乐循法也；《采蘩》者，乐不失职也。是故天子以备官为节，诸侯以时会天子为节，卿、大夫以循法为节，士以不失职为节。故明乎其节之志，以不失其事，则功成而德行立；德行立，则无暴乱之祸矣。功成则国安，故曰：射者，所以观盛德也。

是故古者天子以射选诸侯、卿、大夫、士。射者，男子之事也，因而饰之以礼乐也。故事之尽礼乐而可数为以立德行者，莫若射，故圣王务焉。

是故古者天子之制：诸侯岁献，贡士于天子，天子试之于射宫。其容体比于礼，其节比于乐，而中多者，得与于祭。其容体不比于礼，其节不比于乐，而中少者，不得与于祭。数与于祭而君有庆，数不与于祭而君有让。数有庆而益地，数有让而削地。故曰：射者，射为诸侯也。是以诸侯君臣尽志于射，以习礼乐。夫君臣习礼乐而以流亡者，未之有也。故《诗》曰："曾孙侯氏，四正具举。大夫君子，凡以庶士，小大莫处，御于君所。以燕以射，则燕则誉。"言君臣相与尽志于射，以习礼乐，则安则誉也。是以天子制之，而诸侯务焉。此天子之所以养诸侯而兵不用，诸侯自为正之具也。

孔子射于矍相之圃，盖观者如堵墙。射至于司马，使子路执弓矢出延射，曰："贲军之将，亡国之大夫，与为人后者，不入。其余皆入。"盖去者半，入者半。又使公罔之裘、序点扬觯而语。公罔之裘扬觯而语曰："幼壮孝弟、耆耋好礼、不从流俗、修身以俟死者不？——在此位也！"盖去者半，处者半。序点又扬觯而语曰："好学不倦、好礼不变、旄期称道不乱者不？——在此位也！"盖仅有存者。

射之为言者，绎也，或曰舍也。绎者，各绎己之志也。故心平体正，持弓矢审固；持弓矢审固，则射中矣。故曰：为人父者，以为父鹄；为人子者，以为子鹄；为人君者，以为君鹄；为人臣者，以为臣鹄。故射者各射己之鹄。故天子之大射，谓之"射侯"。射侯者，射为诸侯也。射中则得为诸侯，射不中则不得为诸侯。

天子将祭，必先习射于泽。泽者，所以择士也。已射于泽，而后射于射宫。射中者得与于祭，不中者不得与于祭。不得与于祭者有让，削以地。得与于祭者有庆，益以地。进爵绌地是也。

故男子生，桑弧蓬矢六，以射天地四方。天地四方者，男子之所有事也。故必先有志于其所有事，然后敢用榖也，饭食之谓也。

射者，仁之道也。射求正诸己，己正而后发；发而不中，则不怨胜己者，反求诸己而已矣。孔子曰："君子无所争，必也射乎？揖让而升，下而饮。其争也君子。"

孔子曰："射者何以射？何以听？循声而发，发而不失正鹄者，其唯贤者乎！若夫不肖之人，则彼将安能以中？"《诗》云："发彼有的，以祈尔爵。"祈，求也。求中以辞爵也。酒者，所以养老也，所以养病也。求中以辞爵者，辞养也。

燕 义

古者周天子之官，有庶子官。庶子官职诸侯、卿、大夫、士之庶子之卒，掌其戒令与其教治，别其等，正其位。国有大事，则率国子而致于大子，唯所用之。若有甲兵之事，则授之以车甲，合其卒伍，置其有司，以军法治之；司马弗正。凡国之政事，国子存游卒，使之修德学道，春合诸学，秋合诸射，以考其艺而进退之。

诸侯燕礼之义：

"君立阼阶之东南，南乡尔卿；大夫，皆少进。"定位也。君席阼阶之上，居主位也。君独升立席上，西面特立，莫敢适之义也。

设宾主，饮酒之礼也。使宰夫为献主，臣莫敢与君亢礼也。不以公卿为宾，而以大夫为宾，为疑也，明嫌之义也。宾入中庭，君降一等而揖之，礼之也。

君举旅于宾，及君所赐爵，皆降，再拜稽首，升成拜，明臣礼也。君答拜之，礼无不答，明君上之礼也。臣下竭力尽能以立功于国，君必报之以爵禄，故臣下皆务竭力尽能以立功，是以国安而君宁。礼无不答，言上之不虚取于下也。上必明正道以道民，民道之而有功，然后取其什一，故上用足而下不匮也。是以上下和亲而不相怨也。和宁，礼之用也。此君臣上下之大义也。故曰：燕礼者，所以明君臣之义也。

席，小卿次上卿，大夫次小卿，士、庶子以次就位于下。献君，君举旅行酬。而后献卿，卿举旅行酬。而后献大夫，大夫举旅行酬。而后献士，士举旅行酬。而后献庶子。俎豆、牲体、荐羞，皆有等差：所以明贵贱也。

聘　义

聘礼：

上公七介，侯伯五介，子男三介，所以明贵贱也。

介绍而传命，君子于其所尊弗敢质，敬之至也。

三让而后传命，三让而后入庙门，三揖而后至阶，三让而后升，所以致尊让也。

君使士迎于竟，大夫郊劳。君亲拜迎于大门之内而庙受，北面拜贶。拜君命之辱，所以致敬也。

敬让也者，君子之所以相接也。故诸侯相接以敬让，则不相侵陵。

卿为上摈，大夫为承摈，士为绍摈。君亲礼宾，宾私面私觌。致饔饩，还圭璋，贿赠，飨、食、燕。所以明宾客君臣之义也。

故天子制诸侯，比年小聘，三年大聘，相厉以礼。使者聘而误，主君弗亲飨食也，所以愧厉之也。诸侯相厉以礼，则外不相侵，内不相陵。此天子之所以养诸侯，兵不用，而诸侯自为正之具也。

以圭璋聘，重礼也。已聘而还圭璋，此轻财而重礼之义也。诸侯相厉以轻财重礼，则民作让矣。

主国待客，出入三积。饩客于舍，五牢之具陈于内；米三十车，禾三十车，刍薪倍禾，皆陈于外；乘禽日五双，群介皆有饩牢；壹食再飨，燕与时赐无数。所以厚重礼也。古之用财者不能均如此，然而用财如此其厚者，言尽之于礼也。尽之于礼，则内君臣不相陵，而外不相侵。故天子制之，而诸侯务焉尔。

聘射之礼，至大礼也。质明而始行事，日几中而后礼成，非强有力者弗能行也。故强有力者，将以行礼也。酒清，人渴而不敢饮也；肉干，人饥而不敢食也；日莫人倦，齐庄正齐而不敢解惰。以成礼节，以正君臣，以亲父子，以和长幼。此众人之所难，而君子行之，故谓之有行。有行之谓有义，有义之谓勇敢。故所贵于勇敢者，贵其能以立义也；所贵于立义者，贵其有行也；所贵于有行者，贵其行礼也。故所贵于勇敢者，贵其敢行礼义也。故勇敢强有力者，天下无事，则用之于礼义；天下有事，则用之于战胜。用之于战胜则无敌，用之于礼义则顺治。外无敌，内顺治，此之谓盛德。故圣王之贵勇敢强有力如此也。勇敢强有力，而不用之于礼义、战胜，而用之于争斗，则谓之乱人。刑罚行于国，所诛者乱人也。如此则民顺治而国安也。

子贡问于孔子曰："敢问君子贵玉而贱珉者何也？为玉之寡而珉之多与？"

孔子曰："非为珉之多，故贱之也；玉之寡，故贵之也。夫昔者君子比德于玉焉：温润而泽，仁也；缜密以栗，知也；廉而不刿，义也；垂之如队，礼也；叩之，其声清越以长，其终诎然，乐也；瑕不掩瑜，瑜不掩瑕，忠也；孚尹旁达，信也；气如白虹，天也；精神见于山川，地也；圭璋特达，德也；天下莫不贵者，道也。《诗》云：'言念君子，温其如玉。'故君子贵之也。"

丧服四制

凡礼之大体，体天地，法四时，则阴阳，顺人情，故谓之礼。訾之者，是不知礼之所由生也。

夫礼，吉凶异道，不得相干，取之阴阳也。丧有四制，变而从宜，取之四时也。有恩有理，有节有权，取之人情也。恩者仁也，理者义也，节者礼也，权者知也。仁、义、礼、知，人道具矣。

其恩厚者其服重，故为父斩衰三年，以恩制者也。

门内之治，恩掩义；门外之治，义断恩。资于事父以事君，而敬同。贵贵尊尊，义之大者也。故为君亦斩衰三年，以义制者也。

三日而食，三月而沐，期而练，毁不灭性，不以死伤生也。丧不过三年，苴衰不补，坟墓不培；祥之日，鼓素琴：告民有终也，以节制者也。资于事父以事母，而爱同。天无二日，土无二王；国无二君，家无二尊：以一治之也。故父在为母齐衰期者，见无二尊也。

杖者何也？爵也。三日授子杖，五日授大夫杖，七日授士杖。或曰儋主，或曰辅病。妇人、童子不杖，不能病也。百官备，百物具，不言而事行者，扶而起；言而后事行者，杖而起；身自执事而后行者，面垢而已。秃者不髽，伛者不袒，跛者不踊，老病不止酒肉。凡此八者，以权制者也。

始死，三日不怠，三月不解，期悲哀，三年忧，恩之杀也。圣人因杀以制节，此丧之所以三年，贤者不得过，不肖者不得不及。此丧之中庸也，王者之所常行也。《书》曰："高宗谅暗，三年不言。"善之也。王者莫不行此礼，何以独善之也？曰：高宗者武丁，武丁者殷之贤王也，继世即位，而慈良于丧。当此之时，殷衰而复兴，礼废而复起，故善之。善之，故载之《书》中而高之，故谓之"高宗"。三年之丧，君不言，《书》云"高宗谅暗，三年不言"，此之谓也。然而曰"言不文"者，谓臣下也。

礼：斩衰之丧，"唯"而不对；齐衰之丧，对而不言；大功之丧，言而不议；缌、小功之丧，议而不及乐。父母之丧：衰冠，绳缨，菅屦；三日而食粥，三月而沐；期十三月而练冠；三年而祥。比终兹三节者，仁者可以观其爱焉，知者可以观其理焉，强者可以观其志焉。礼以治之，义以正之。孝子，弟弟，贞妇，皆可得而察焉。

春秋左传

隐　公

元年经

元年：春，王正月。

三月，公及邾仪父盟于蔑。

夏，五月，郑伯克段于鄢。

秋，七月，天王使宰咺来归惠公、仲子之赗。

九月，及宋人盟于宿。

冬，十有二月，祭伯来。

公子益师卒。

元年传

惠公元妃孟子。孟子卒，继室以声子，生隐公。

宋武公生仲子。仲子生而有文在其手，曰“为鲁夫人”，故仲子归于我。生桓公而惠公薨，是以隐公立而奉之。

“元年春”，“王”——周——“正月”。不书即位，摄也。

“三月，公及邾仪父盟于蔑”，邾子克也。未王命，故不书爵。曰“仪父”，贵之也。公摄位而欲求好于邾，故为蔑之盟。

夏，四月，费伯帅师城郎。不书，非公命也。

初，郑武公娶于申，曰“武姜”。生庄公及共叔段。庄公寤生，惊姜氏，故名曰“寤生”，遂恶之。爱共叔段，欲立之；亟请于武公，公弗许。及庄公即位，为之请制。公曰：“制，岩邑也，虢叔死焉。佗邑唯命。”请京，使居之。谓之“京城大叔”。

祭仲曰：“都，城过百雉，国之害也。先王之制：大都，不过参国之一；中，五之一；小，九之一。今京不度，非制也。君将不堪。”公曰：“姜氏欲之，焉辟害？”对曰：“姜氏何厌之有！不如早为之所，无使滋漫！蔓，难图也。蔓草犹不可除，况君之宠弟乎？”公曰：“多行不义必自毙。子姑待之。”

既而大叔命西鄙、北鄙贰于己。公子吕曰：“国不堪贰，君将若之何？欲与大叔，臣请事之。若弗与，则请除之，无生民心。”公曰：“无庸。将自及。”大叔又收贰以为己邑，至于廪延。子封曰：“可矣！厚将得众。”公曰：“不义，不昵。厚将崩。”

大叔完聚，缮甲兵，具卒乘，将袭郑。夫人将启之。公闻其期，曰：“可矣！”命子封帅车二百乘以伐京。京叛大叔段，段入于鄢。公伐诸鄢。五月辛丑，大叔出奔共。

书曰：“郑伯克段于鄢。”段不弟，故不言“弟”。如二君，故曰“克”。称“郑伯”，讥失教也。——谓之郑志。——不言“出奔”，难之也。

遂置姜氏于城颍，而誓之曰：“不及黄泉，无相见也！”

颍考叔为颍谷封人，闻之，有献于公。公赐之食。食舍肉，公问之。对曰：“小人有母，皆尝小人之食矣，未尝君之羹。请以遗之。”公曰：“尔有母遗，繄我独无！”颍考叔曰：“敢问何谓也？”公语之故，且告之悔。对曰：“君何患焉？若阙地及泉，隧而相见，其谁曰不然！”公从之。公入而赋：“大隧之中，其乐也融融！”姜出而赋：“大隧之外，其乐也泄泄！”遂为母子如初。

君子曰：“颍考叔，纯孝也。爱其母，施及庄公。《诗》曰：‘孝子不匮，永锡尔类。’其是之谓乎！”

“秋，七月，天王使宰咺来归惠公、仲子之赗。”缓，且子氏未薨，故名。天子七月而葬，同轨毕至；诸侯五月，同盟至；大夫三月，同位至；士逾月，外姻至。赠死不及尸，吊生不及哀，豫凶事，非礼也。

八月，纪人伐夷。夷不告，故不书。有蜚，不为灾，亦不书。

惠公之季年，败宋师于黄。公立而求成焉。“九月，及宋人盟于宿”，始通也。

冬，十月庚申，改葬惠公。公弗临，故不书。

惠公之薨也，有宋师，太子少，葬故有阙。是以改葬。卫侯来会葬，不见公，亦不书。

郑共叔之乱，公孙滑出奔卫。卫人为之伐郑，取廪延。郑人以王师、虢师伐卫南鄙。请师于邾，邾子使私于公子豫。豫请往，公弗许。遂行，及邾人、郑人盟于翼。不书，非公命也。

新作南门，不书，亦非公命也。

“十二月，祭伯来”，非王命也。

众父卒，公不与小敛，故不书日。

二年经

二年：春，公会戎于潜。

夏，五月，莒人入向。

无骇帅师入极。

秋，八月庚辰，公及戎盟于唐。

九月，纪裂𦈡来逆女。

冬，十月，伯姬归于纪。

纪子帛、莒子盟于密。

十有二月乙卯，夫人子氏薨。

郑人伐卫。

二年传

“二年春，公会戎于潜”，修惠公之好也。戎请盟，公辞。

莒子娶于向。向姜不安莒而归。夏，莒人入向，以姜氏还。

司空无骇入极，费庈父胜之。

戎请盟。秋，盟于唐，复修戎好也。

“九月，纪裂繻来逆女。”卿为君逆也。

“冬，纪子帛、莒子盟于密。”鲁故也。

“郑人伐卫”，讨公孙滑之乱也。

三年经

三年：春，王二月己巳，日有食之。

三月庚戌，天王崩。

夏，四月辛卯，君氏卒。

秋，武氏子来求赙。

八月庚辰，宋公和卒。

冬，十有二月，齐侯、郑伯盟于石门。

癸未，葬宋穆公。

三年传

三年春，王三月壬戌，平王崩。赴以“庚戌”，故书之。

“夏，君氏卒”，声子也。不赴于诸侯，不反哭于寝，不祔于姑，故不曰“薨”。不称夫人，故不言葬，不书姓。为公故，曰“君氏”。

郑武公、庄公为平王卿士。王贰于虢，郑伯怨王；王曰：“无之。”故周、郑交质。王子狐为质于郑，郑公子忽为质于周。王崩，周人将畀虢公政。四月，郑祭足帅师取温之麦。秋，又取成周之禾。周、郑交恶。

君子曰：“信不由中，质无益也。明恕而行，要之以礼，虽无有质，谁能间之？苟有明信，涧、溪、沼、沚之毛，蘋、蘩、蕰藻之菜，筐、筥、锜、釜之器，潢、污、行潦之水，可荐于鬼神，可羞于王公；而况君子结二国之信，行之以礼，又焉用质？《风》有《采蘩》《采蘋》，《雅》有《行苇》《泂酌》，昭忠信也。”

“武氏子来求赙”，王未葬也。

宋穆公疾，召大司马孔父而属殇公焉，曰："先君舍与夷而立寡人，寡人弗敢忘。若以大夫之灵，得保首领以没，先君若问与夷，其将何辞以对？请子奉之，以主社稷。寡人虽死，亦无悔焉！"对曰："群臣愿奉冯也。"公曰："不可！先君以寡人为贤，使主社稷。若弃德不让，是废先君之举也，岂曰能贤？光昭先君之令德，可不务乎？吾子其无废先君之功！"使公子冯出居于郑。八月庚辰，宋穆公卒，殇公即位。

君子曰："宋宣公可谓知人矣！立穆公，其子飨之，命以义夫！《商颂》曰：'殷受命咸宜，百禄是荷。'其是之谓乎！"

"冬，齐、郑盟于石门"，寻卢之盟也。庚戌，郑伯之车偾于济。

卫庄公娶于齐东宫得臣之妹，曰庄姜，美而无子，卫人所为赋《硕人》也。又娶于陈，曰厉妫，生孝伯，早死。其娣戴妫生桓公，庄姜以为己子。

公子州吁，嬖人之子也，有宠而好兵。公弗禁。庄姜恶之。石碏谏曰："臣闻：爱子，教之以义方，弗纳于邪。骄、奢、淫、泆，所自邪也。四者之来，宠禄过也。将立州吁，乃定之矣；若犹未也，阶之为祸。夫宠而不骄、骄而能降、降而不憾、憾而能眕者，鲜矣。且夫贱妨贵，少陵长，远间亲，新间旧，小加大，淫破义，所谓六逆也；君义，臣行，父慈，子孝，兄爱，弟敬，所谓六顺也。去顺效逆，所以速祸也。君人者将祸是务去，而速之，无乃不可乎！"弗听。其子厚与州吁游，禁之，不可。桓公立，乃老。

四年经

四年：春，王二月，莒人伐杞，取牟、娄。

戊申，卫州吁弑其君完。

夏，公及宋公遇于清。

宋公、陈侯、蔡人、卫人伐郑。

秋，翚帅师会宋公、陈侯、蔡人、卫人伐郑。

九月，卫人杀州吁于濮。

冬，十有二月，卫人立晋。

四年传

四年春，卫州吁弑桓公而立。

公与宋公为会，将寻宿之盟。未及期，卫人来告乱。

夏，公及宋公遇于清。

宋殇公之即位也，公子冯出奔郑；郑人欲纳之。及卫州吁立，将修先君之怨于郑，而求宠于诸侯，以和其民；使告于宋曰：“君若伐郑以除君害，君为主，敝邑以赋与陈、蔡从，则卫国之愿也。”宋人许之。于是陈、蔡方睦于卫，故宋公、陈侯、蔡人、卫人伐郑；围其东门，五日而还。

公问于众仲曰：“卫州吁其成乎？”对曰：“臣闻以德和民，不闻以乱。以乱，犹治丝而棼之也。夫州吁，阻兵而安忍。阻兵无众，安忍无亲。众叛亲离，难以济矣。夫兵犹火也，弗戢，将自焚也。夫州吁弑其君而虐用其民，于是乎不务令德；而欲以乱成，必不免矣！”

秋，诸侯复伐郑。宋公使来乞师，公辞之。羽父请以师会之，公弗许；固请而行。故书曰“翚帅师”，疾之也。诸侯之师败郑徒兵，取其禾而还。

州吁未能和其民，厚问定君于石子。石子曰：“王觐为可。”曰：“何以得觐？”曰：“陈桓公方有宠于王。陈、卫方睦，若朝陈使请，必可得也。”厚从州吁如陈。石碏使告于陈曰：“卫国褊小。老夫耄矣，无能为也。此二人者，实弑寡君。敢即图之！”陈人执之，而请莅于卫。九月，卫人使右宰丑莅杀州吁于濮，石碏使其宰獳羊肩莅杀石厚于陈。

君子曰：“石碏，纯臣也。恶州吁而厚与焉。‘大义灭亲’，其是之谓乎！”

卫人逆公子晋于邢。冬，十二月，宣公即位。书曰“卫人立晋”，众也。

五年经

五年：春，公矢鱼于棠。

夏，四月，葬卫桓公。

秋，卫师入郕。

九月，考仲子之宫。初献六羽。

邾人、郑人伐宋。

螟。

冬，十有二月辛巳，公子彄卒。

宋人伐郑，围长葛。

五年传

五年春，公将如棠观鱼者。臧僖伯谏曰：“凡物不足以讲大事，其材不足以备器用，则君不举焉。君，将纳民于轨、物者也。故讲事以度轨量谓之轨，取材以章物采谓之物。不轨不物，谓之乱政。乱政亟行，所以败也。故春蒐、夏苗、秋狝、冬狩，皆于农隙以讲事也。三年而治兵，入而振旅，归而饮至，以数军实。昭文章，明贵贱，辨等列，顺少长，习威仪也。鸟兽之肉不登于俎，皮革、齿牙、骨角、毛羽不登于器，则公不射，古之制也。若夫山林、川泽之实，器用之资，皂隶之事，官司之守，非君所及也。”公曰：“吾将略地焉。”遂往，陈鱼而观之。僖伯称疾不从。书曰“公矢鱼于棠”，非礼也，且言远地也。

曲沃庄伯以郑人、邢人伐翼，王使尹氏、武氏助之。翼侯奔随。

夏，葬卫桓公。卫乱，是以缓。

四月，郑人侵卫牧，以报东门之役。卫人以燕师伐郑，郑祭足、原繁、洩驾以三军军其前，使曼伯与子元潜军军其后。燕人畏郑三军而不虞制人。六月，郑二公子以制人败燕师于北制。君子曰："不备不虞，不可以师。"

曲沃叛王。秋，王命虢公伐曲沃，而立哀侯于翼。

卫之乱也，郕人侵卫，故卫师入郕。

九月，考仲子之宫，将万焉。公问羽数于众仲，对曰："天子用八，诸侯用六，大夫四，士二。夫舞，所以节八音而行八风，故自八以下。"公从之。于是初献六羽，始用六佾也。

宋人取邾田。邾人告于郑曰："请君释憾于宋，敝邑为道。"郑人以王师会之，伐宋，入其郛，以报东门之役。

宋人使来告命。公闻其入郛也，将救之，问于使者曰："师何及？"对曰："未及国。"公怒，乃止，辞使者曰："君命寡人同恤社稷之难。今问诸使者，曰'师未及国'，非寡人之所敢知也！"

冬十二月辛巳，臧僖伯卒。公曰："叔父有憾于寡人。寡人弗敢忘！"葬之加一等。

宋人伐郑，围长葛，以报入郛之役也。

六年经

六年：春，郑人来渝平。

夏，五月辛酉，公会齐侯盟于艾。

秋，七月。

冬，宋人取长葛。

六年传

"六年春，郑人来渝平"，更成也。

翼九宗五正顷父之子嘉父逆晋侯于随，纳诸鄂，晋人谓之鄂侯。

"夏，盟于艾"，始平于齐也。

五月庚申，郑伯侵陈，大获。

往岁，郑伯请成于陈，陈侯不许。五父谏曰："亲仁善邻，国之宝也。君其许郑！"陈侯曰："宋、卫实难，郑何能为？"遂不许。

君子曰："善不可失，恶不可长，其陈桓公之谓乎！长恶不悛，从自及也。虽欲救之，其将能乎！《商书》曰：'恶之易也，如火之燎于原，不可乡迩，其犹可扑灭？'周任有言曰：'为国家者，见恶如农夫之务去草焉，芟夷蕴崇之，绝其本根，勿使能殖，则善者信矣。'"

秋，宋人取长葛。

冬，京师来告饥，公为之请籴于宋、卫、齐、郑，礼也。

郑伯如周，始朝桓王也。王不礼焉。周桓公言于王曰："我周之东迁，晋、郑焉依。善郑以劝来者，犹惧不蔇，况不礼焉？郑不来矣。"

七年经

七年：春，王三月，叔姬归于纪。

滕侯卒。

夏，城中丘。

齐侯使其弟年来聘。

秋，公伐邾。

冬，天王使凡伯来聘。戎伐凡伯于楚丘以归。

七年传

"七年春，滕侯卒。"不书名，未同盟也。凡诸侯同盟，于是称名，故薨则赴以名，告终、〔称〕① 嗣也。以继好息民，谓之礼经。

“夏，城中丘。”书，不时也。

齐侯使夷仲年来聘，结艾之盟也。

秋，宋及郑平。七月庚申，盟于宿。公伐邾，为宋讨也。

初，戎朝于周，发币于公卿，凡伯弗宾。冬，王使凡伯来聘。还，戎伐之于楚丘以归。

陈及郑平。十二月，陈五父如郑莅盟。壬申，及郑伯盟，歃如忘。洩伯曰：“五父必不免，不赖盟矣。”

郑良佐如陈莅盟。辛巳，及陈侯盟，亦知陈之将乱也。

郑公子忽在王所，故陈侯请妻之。郑伯许之，乃成昏。

八年经

八年：春，宋公、卫侯遇于垂。

三月，郑伯使宛来归祊。庚寅，我入祊。

夏，六月己亥，蔡侯考父卒。

辛亥，宿男卒。

秋，七月庚午，宋公、齐侯、卫侯盟于瓦屋。

八月，葬蔡宣公。

九月辛卯，公及莒人盟于浮来。

螟。

冬，十有二月，无骇卒。

八年传

八年春，齐侯将平宋、卫，有会期。宋公以币请于卫，请先

① 据阮元《校勘记》补入。

相见。卫侯许之，故遇于犬丘。

郑伯请释泰山之祀而祀周公，以泰山之祊易许田。“三月，郑伯使宛来归祊”，不祀泰山也。

夏，虢公忌父始作卿士于周。

四月甲辰，郑公子忽如陈逆妇妫。辛亥，以妫氏归。甲寅，入于郑。陈鍼子送女。先配而后祖。鍼子曰：“是不为夫妇，诬其祖矣。非礼也，何以能育?”

齐人卒平宋、卫于郑。秋，会于温，盟于瓦屋，以释东门之役，礼也。

八月丙戌，郑伯以齐人朝王，礼也。

公及莒人盟于浮来，以成纪好也。

冬，齐侯使来，告成三国。公使众仲对曰：“君释三国之图以鸠其民，君之惠也。寡君闻命矣，敢不承受君之明德!”

无骇卒，羽父请谥与族。公问族于众仲。众仲对曰：“天子建德，因生以赐姓，胙之土而命之氏。诸侯以字为谥，因以为族。官有世功，则有官族。邑亦如之。”公命以字为展氏。

九年经

九年：春，天（子）〔王〕① 使南季来聘。

三月癸酉，大雨，震电。

庚辰，大雨雪。

挟卒。

夏，城郎。

秋，七月。

冬，公会齐侯于防。

---

① 子当作王，阮元《校勘记》详之。

九年传

“九年春，王三月癸酉，大雨”，霖以“震”。书，始也。“庚辰，大雨雪”，亦如之。书，时失也。凡雨，自三日以往为霖。平地尺为大雪。

“夏，城郎。”书，不时也。

宋公不王。郑伯为王左卿士，以王命讨之，伐宋。宋以入郛之役怨公，不告命。公怒，绝宋使。

秋，郑人以王命来告伐宋。

冬，公会齐侯于防，谋伐宋也。

北戎侵郑。郑伯御之，患戎师，曰：“彼徒我车，惧其侵轶我也。”公子突曰：“使勇而无刚者尝寇而速去之，君为三覆以待之。戎轻而不整，贪而无亲；胜不相让，败不相救。先者见获，必务进；进而遇覆，必速奔；后者不救，则无继矣。乃可以逞。”从之。戎人之前遇覆者奔，祝聃逐之；衷戎师，前后击之，尽殪。戎师大奔。十一月甲寅，郑人大败戎师。

十年经

十年：春，王二月，公会齐侯、郑伯于中丘。

夏，翚帅师会齐人、郑人伐宋。

六月壬戌，公败宋师于菅。辛未，取郜。辛巳，取防。

秋，宋人、卫人入郑。宋人、蔡人、卫人伐（戴）〔载〕。郑伯伐取之。

冬，十月壬午，齐人、郑人入郕。

十年传

十年春，王正月，公会齐侯、郑伯于中丘。癸丑，盟于邓，为师期。

夏五月，羽父先会齐侯、郑伯伐宋。

六月戊申，公会齐侯、郑伯于老桃。壬戌，公败宋师于菅。庚午，郑师入郜。辛未，归于我。庚辰，郑师入防。辛巳，归于我。

君子谓郑庄公于是乎可谓正矣：以王命讨不庭，不贪其土，以劳王爵，正之体也。

蔡人、卫人、郕人不会王命。

秋七月庚寅，郑师入郊，犹在郊。宋人、卫人入郑，蔡人从之伐（戴）〔载〕。八月壬戌，郑伯围（戴）〔载〕。癸亥，克之，取三师焉。宋、卫既入郑，而以伐（戴）〔载〕召蔡人，蔡人怒，故不和而败。

九月戊寅，郑伯入宋。

“冬，齐人、郑人入郕”，讨违王命也。

十一年经

十有一年：春，滕侯、薛侯来朝。

夏，公会郑伯于时来。

秋，七月壬午，公及齐侯、郑伯入许。

冬，十有一月壬辰，公薨。

十一年传

十一年春，滕侯、薛侯来朝，争长。薛侯曰：“我先封。”滕侯曰：“我，周之卜正也。薛，庶姓也，我不可以后之。”

公使羽父请于薛侯曰：“君与滕君辱在寡人。周谚有之曰：‘山有木，工则度之。宾有礼，主则择之。’周之宗盟，异姓为后。寡人若朝于薛，不敢与诸任齿。君若辱贶寡人，则愿以滕君为请。”

薛侯许之，乃长滕侯。

“夏，公会郑伯于郲”，谋伐许也。

郑伯将伐许，五月甲辰，授兵于大宫。公孙阏与颍考叔争车，颍考叔挟辀以走，子都拔棘以逐之。及大逵，弗及，子都怒。

秋七月，公会齐侯、郑伯伐许。庚辰，傅于许。颍考叔取郑伯之旗蝥弧以先登，子都自下射之；颠。瑕叔盈又以蝥弧登，周麾而呼曰：“君登矣！”郑师毕登。壬午，遂入许。许庄公奔卫。

齐侯以许让公。公曰：“君谓许不共，故从君讨之。许既伏其罪矣，虽君有命，寡人弗敢与闻。”乃与郑人。

郑伯使许大夫百里奉许叔以居许东偏，曰：“天祸许国，鬼神实不逞于许君，而假手于我寡人。寡人唯是一二父兄不能共亿，其敢以许自为功乎？寡人有弟，不能和协，而使糊其口于四方，其况能久有许乎？吾子其奉许叔以抚柔此民也，吾将使获也佐吾子。若寡人得没于地，天其以礼悔祸于许，无宁兹许公复奉其社稷。唯我郑国之有请谒焉，如旧昏媾，其能降以相从也？无滋他族实逼处此，以与我郑国争此土也。吾子孙覆亡之不暇，而况能禋祀许乎？寡人之使吾子处此，不唯许国之为，亦聊以固吾圉也。”乃使公孙获处许西偏，曰：“凡而器用财贿，无置于许。我死，乃亟去之！吾先君新邑于此。王室而既卑矣，周之子孙日失其序。夫许，大岳之胤也；天而既厌周德矣，吾其能与许争乎？”

君子谓郑庄公于是乎有礼。礼，经国家，定社稷，序民人，利后嗣者也。许无刑而伐之，服而舍之，度德而处之，量力而行之；相时而动，无累后人：可谓知礼矣！

郑伯使卒出豭，行出犬、鸡，以诅射颍考叔者。

君子谓郑庄公失政刑矣。政以治民，刑以正邪。既无德政，又无威刑，是以及邪。邪而诅之，将何益矣！

王取邬、刘、蒍、邘之田于郑，而与郑人苏忿生之田：温、原、絺、樊、隰郕、欑茅、向、盟、州、陉、隤、怀。

君子是以知桓王之失郑也。恕而行之，德之则也，礼之经也。己弗能有，而以与人；人之不至，不亦宜乎！

郑、息有违言。息侯伐郑，郑伯与战于竟。息师大败而还。

君子是以知息之将亡也。不度德，不量力，不亲亲，不征辞，不察有罪：犯五不韪，而以伐人，其丧师也，不亦宜乎？

冬十月，郑伯以虢师伐宋。壬戌，大败宋师，以报其入郑也。

宋不告命，故不书。凡诸侯有命，告则书，不然则否。师出臧否，亦如之。虽及灭国，灭不告败，胜不告克，不书于策。

羽父请杀桓公，将以求大宰。公曰："为其少故也，吾将授之矣。使营菟裘，吾将老焉。"羽父惧，反谮公于桓公而请弑之。

公之为公子也，与郑人战于狐壤，止焉。郑人囚诸尹氏。赂尹氏，而祷于其主钟巫；遂与尹氏归，而立其主。十一月，公祭钟巫，齐于社圃，馆于寪氏。壬辰，羽父使贼弑公于寪氏，立桓公，而讨寪氏，有死者。不书葬，不成丧也。

桓　公

元年经

元年：春，王正月，公即位。

三月，公会郑伯于垂，郑伯以璧假许田。

夏，四月丁未，公及郑伯盟于越。

秋，大水。

冬，十月。

元年传

元年春，公即位。修好于郑。郑人请复祀周公，卒易祊田。公许之。“三月，郑伯以璧假许田”，为周公、祊故也。

“夏，四月丁未，公及郑伯盟于越。”结祊成也。盟曰：“渝盟，无享国！”

“秋，大水。”凡平原出水为大水。

冬，郑伯拜盟。

宋华父督见孔父之妻于路，目逆而送之，曰：“美而艳！”

二年经

二年：春，王正月戊申，宋督弑其君与夷及其大夫孔父。

滕子来朝。

三月，公会齐侯、陈侯、郑伯于稷，以成宋乱。

夏，四月，取郜大鼎于宋。戊申，纳于大庙。

秋，七月，杞侯来朝。

蔡侯、郑伯会于邓。

九月，入杞。

公及戎盟于唐。

冬，公至自唐。

二年传

二年春，宋督攻孔氏，杀孔父而取其妻。公怒。督惧，遂弑殇公。君子以督为有无君之心而后动于恶，故先书“弑其君”。

“会于稷以成宋乱”，为赂故，立华氏也。

宋殇公立，十年十一战，民不堪命。孔父嘉为司马，督为大宰，故因民之不堪命，先宣言曰：“司马则然。”已杀孔父而弑殇公，召庄公于郑而立之以亲郑。以郜大鼎赂公，齐、陈、郑皆有赂，故遂相宋公。

“夏四月，取郜大鼎于宋。戊申，纳于大庙。”非礼也。臧哀伯谏曰：“君人者，将昭德塞违以临照百官，犹惧或失之，故昭令德以示子孙。是以清庙茅屋，大路越席，大羹不致，粢食不凿，昭其俭也。衮、冕、黻、珽，带、裳、幅、舄，衡、紞、纮、綖，昭其度也。藻、率、鞞、鞛，鞶、厉、游、缨，昭其数也。火、龙、黼、黻，昭其文也。五色比象，昭其物也。钖、鸾、和、铃，昭其声也。三辰旂旗，昭其明也。夫德：俭而有度，登降有数，文、物以纪之，声、明以发之；以临照百官，百官于是乎戒惧而不敢易纪律。今灭德立违，而置其赂器于大庙，以明示百官；百官象之，其又何诛焉？国家之败，由官邪也。官之失德，宠赂章也。郜鼎在庙，章孰甚焉！武王克商，迁九鼎于雒邑，义士犹或非之；而况将昭违乱之赂器于大庙，其若之何？”公不听。

周内史闻之，曰：“臧孙达其有后于鲁乎！君违，不忘谏之以德。”

秋七月，杞侯来朝，不敬。杞侯归，乃谋伐之。

“蔡侯、郑伯会于邓”，始惧楚也。

“九月，入杞”，讨不敬也。

“公及戎盟于唐”，修旧好也。“冬，公至自唐”，告于庙也。凡公行，告于宗庙；反行，饮至，舍爵，策勋焉：礼也。特相会，往来称地，让事也。自参以上，则往称地，来称会，成事也。

初，晋穆侯之夫人姜氏以条之役生大子，命之曰“仇”。其弟以千亩之战生，命之曰“成师”。师服曰：“异哉，君之名子也！夫名以制义，义以出礼，礼以体政，政以正民，是以政成而民听，易则生乱。嘉耦曰妃，怨耦曰仇，古之命也。今君命大子曰‘仇’，弟曰‘成师’，始兆乱矣。兄其替乎！”

惠之二十四年，晋始乱，故封桓叔于曲沃。靖侯之孙栾宾傅之。师服曰：“吾闻国家之立也，本大而末小，是以能固。故天子建国，诸侯立家，卿置侧室，大夫有贰宗，士有隶子弟，庶人工商各有分亲，皆有等衰。是以民服事其上而下无觊觎。今晋，甸侯也；而建国，本既弱矣，岂能久乎？”

惠之三十年，晋潘父弑昭侯而立桓叔，不克。晋人立孝侯。惠之四十五年，曲沃庄伯伐翼，弑孝侯。翼人立其弟鄂侯。鄂侯生哀侯。哀侯侵陉庭之田。陉庭南鄙启曲沃伐翼。

三年经

三年：春，正月，公会齐侯于嬴。

夏，齐侯、卫侯胥命于蒲。

六月，公会杞侯于郕。

秋，七月壬辰朔，日有食之，既。

公子翚如齐逆女。

九月，齐侯送姜氏于讙。

公会齐侯于讙。

夫人姜氏至自齐。

冬，齐侯使其弟年来聘。

有年。

三年传

三年春，曲沃武公伐翼，次于陉庭。韩万御戎，梁弘为右。逐翼侯于汾隰，骖絓而止。夜获之，及栾共叔。

“会于嬴”，成昏于齐也。

“夏，齐侯、卫侯胥命于蒲”，不盟也。

“公会杞侯于郕”，杞求成也。

“秋，公子翚如齐逆女。”修先君之好，故曰“公子”。

“齐侯送姜氏于讙”，非礼也。凡公女嫁于敌国，姊妹，则上卿送之，以礼于先君；公子，则下卿送之。于大国，虽公子亦上卿送之。于天子，则诸卿皆行。公不自送。于小国，则上大夫送之。

冬，齐仲年来聘，致夫人也。

芮伯万之母芮姜恶芮伯之多宠人也，故逐之，出居于魏。

四年经

四年：春，正月，公狩于郎。

夏，天王使宰渠伯纠来聘。

四年传

“四年春正月，公狩于郎。”书，时，礼也。

夏，周“宰渠伯纠来聘”。父在，故名。

秋，秦师侵芮，败焉，小之也。

冬，王师、秦师围魏，执芮伯以归。

五年经

五年：春，正月甲戌、己丑，陈侯鲍卒。

夏，齐侯、郑伯如纪。

天王使仍叔之子来聘。

葬陈桓公。

城祝丘。

秋，蔡人、卫人、陈人从王伐郑。

大雩。

螽。

冬，州公如曹。

五年传

“五年春，正月甲戌、己丑，陈侯鲍卒。”再赴也。于是陈乱，文公子佗杀太子免而代之。公疾病而乱作，国人分散，故再赴。

夏，齐侯、郑伯朝于纪，欲以袭之。纪人知之。

王夺郑伯政，郑伯不朝。

秋，王以诸侯伐郑。郑伯御之。

王为中军；虢公林父将右军，蔡人、卫人属焉；周公黑肩将左军，陈人属焉。

郑子元请为左拒以当蔡人、卫人，为右拒以当陈人，曰：“陈乱，民莫有斗心。若先犯之，必奔。王卒顾之，必乱。蔡、卫不枝，固将先奔。既而萃于王卒，可以集事。”从之。曼伯为右拒，祭仲足为左拒，原繁、高渠弥以中军奉公，为鱼丽之陈。先偏后伍，伍承弥缝。

战于繻葛。命二拒曰：“旝动而鼓！”蔡、卫、陈皆奔，王卒乱。郑师合以攻之，王卒大败。祝聃射王中肩，王亦能军。祝聃请从之，公曰："君子不欲多上人，况敢陵天子乎？苟自救也，社稷无陨，多矣。"

夜，郑伯使祭足劳王，且问左右。

"仍叔之子"，弱也。

"秋，大雩。"书，不时也。凡祀，启蛰而郊，龙见而雩，始杀而尝，闭蛰而烝。过则书。

冬，淳于公如曹。度其国危，遂不复。

六年经

六年：春，正月，（寔）〔实〕① 来。

夏，四月，公会（纪）〔杞〕② 侯于成。

秋，八月壬午，大阅。

蔡人杀陈佗。

九月丁卯，子同生。

冬，（纪）〔杞〕③ 侯来朝。

六年传

六年春，自曹来朝。书曰"（寔）〔实〕④ 来"，不复其国也。

楚武王侵随，使薳章求成焉，军于瑕以待之。随人使少师董成。

鬥伯比言于楚子曰："吾不得志于汉东也，我则使然。我张吾三军而被吾甲兵，以武临之，彼则惧而协（来）〔以〕⑤ 谋我，故难间也。汉东之国随为大，随张，必弃小国；小国离，楚之利也。

---

① 据阮元《校勘记》改。

② 据桓公三年《左传》、陆德明《穀梁音义》改。

③ 据桓公三年《左传》、陆德明《穀梁音义》改。

④ 据阮元《校勘记》改。

⑤ 据阮元《校勘记》改。

少师侈，请羸师以张之。”熊率且比曰：“季梁在，何益？”鬥伯比曰：“以为后图。少师得其君。”王毁军而纳少师。

少师归，请追楚师。随侯将许之，季梁止之，曰：“天方授楚。楚之羸，其诱我也。君何急焉？臣闻小之能敌大也，小道大淫。所谓道，忠于民而信于神也。上思利民，忠也。祝史正辞，信也。今民馁而君逞欲，祝史矫举以祭，臣不知其可也。”公曰：“吾牲牷肥腯，粢盛丰备，何则不信？”对曰：“夫民，神之主也，是以圣王先成民而后致力于神。故奉牲以告，曰‘博硕肥腯’，谓民力之普存也，谓其畜之硕大蕃滋也，谓其不疾瘯蠡也，谓其备腯咸有也；奉盛以告，曰‘洁粢丰盛’，谓其三时不害而民和年丰也；奉酒醴以告，曰‘嘉栗旨酒’，谓其上下皆有嘉德而无违心也。所谓馨香，无谗慝也。故务其三时，修其五教，亲其九族，以致其禋祀，于是乎民和而神降之福，故动则有成。今民各有心，而鬼神乏主，君虽独丰，其何福之有？君姑修政而亲兄弟之国，庶免于难。”随侯惧而修政，楚不敢伐。

夏，会于成，（纪）〔杞〕来咨谋齐难也。

北戎伐齐，齐使乞师于郑。郑大子忽帅师救齐。六月，大败戎师，获其二帅大良、少良，甲首三百，以献于齐。于是诸侯之大夫戍齐，齐人馈之饩，使鲁为其班。后郑。郑忽以其有功也，怒，故有郎之师。

公之未昏于齐也，齐侯欲以文姜妻郑大子忽。大子忽辞，人问其故；大子曰：“人各有耦。齐大，非吾耦也。《诗》云：‘自求多福。’在我而已，大国何为？”君子曰：“善自为谋。”及其败戎师也，齐侯又请妻之。固辞。人问其故，大子曰：“无事于齐，吾犹不敢。今以君命奔齐之急，而受室以归，是以师昏也。民其谓我何？”遂辞诸郑伯。

“秋，大阅”，简车马也。

“九月丁卯，子同生。”以大子生之礼举之：接以大牢，卜士负之，士妻食之，公与文姜、宗妇命之。

公问名于申繻。对曰：“名有五：有信，有义，有象，有假，有类。以（名生）〔生名〕① 为信，以德命为义，以类命为象，取于物为假，取于父为类。不以国，不以官，不以山川，不以隐疾，不以畜牲，不以器币。周人以讳事神；名，终将讳之。故以国则废名，以官则废职，以山川则废主，以畜牲则废祀，以器币则废礼。晋以僖侯废司徒，宋以武公废司空，先君献、武废二山，是以大物不可以命。”公曰：“是其生也，与吾同物，命之曰同。”

冬，（纪）〔杞〕侯来朝，请王命以求成于齐。公告不能。

七年经

七年：春，二月己亥，焚咸丘。

夏，穀伯绥来朝。邓侯吾离来朝。

七年传

七年春，穀伯、邓侯来朝。名，贱之也。

夏，盟、向求成于郑，既而背之。

秋，郑人、齐人、卫人伐盟、向。王迁盟、向之民于郏。

冬，曲沃伯诱晋小子侯，杀之。

八年经

八年：春，正月己卯，烝。

天王使家父来聘。

夏，五月丁丑，烝。

秋，伐邾。

冬，十月，雨雪。

---

① 据阮元《校勘记》乙正。

祭公来，遂逆王后于纪。

八年传

八年春，灭翼。

随少师有宠。楚鬥伯比曰：“可矣！雠有衅，不可失也。”

夏，楚子合诸侯于沈鹿。黄、随不会。使薳章让黄。楚子伐随，军于汉、淮之间。

季梁请下之：“弗许而后战，所以怒我而怠寇也。”少师谓随侯曰：“必速战！不然，将失楚师。”随侯御之。望楚师，季梁曰：“楚人上左，君必左，无与王遇。且攻其右。右无良焉，必败。偏败，众乃携矣。”少师曰：“不当王，非敌也。”弗从。

战于速杞。随师败绩。随侯逸。鬥丹获其戎车，与其戎右少师。

秋，随及楚平。楚子将不许，鬥伯比曰：“天去其疾矣，随未可克也。”乃盟而还。

冬，王命虢仲立晋哀侯之弟缗于晋。

“祭公来，遂逆王后于纪。”礼也。

九年经

九年：春，纪季姜归于京师。

夏，四月。

秋，七月。

冬，曹伯使其世子射姑来朝。

九年传

九年春，纪季姜归于京师。凡诸侯之女行，唯王后书。

巴子使韩服告于楚，请与邓为好。楚子使道朔将巴客以聘于邓。邓南鄙鄾人攻而夺之币，杀道朔及巴行人。楚子使薳章让于邓，邓人弗受。

夏，楚使鬥廉帅师及巴师围鄾。邓养甥、聃甥帅师救鄾，三逐巴师，不克。鬥廉衡陈其师于巴师之中，以战，而北。邓人逐之，背巴师。而夹攻之，邓师大败。鄾人宵溃。

秋，虢仲、芮伯、梁伯、荀侯、贾伯伐曲沃。

冬，曹大子来朝。宾之以上卿，礼也。享曹大子，初献，乐奏而叹。施父曰："曹大子其有忧乎？非叹所也。"

十年经

十年：春，王正月庚申，曹伯终生卒。

夏，五月，葬曹桓公。

秋，公会卫侯于桃丘，弗遇。

冬，十有二月丙午，齐侯、卫侯、郑伯来战于郎。

十年传

十年春，曹桓公卒。

虢仲谮其大夫詹父于王。詹父有辞，以王师伐虢。夏，虢公出奔虞。

秋，秦人纳芮伯万于芮。

初，虞叔有玉，虞公求旃。弗献，既而悔之，曰："周谚有之：'匹夫无罪，怀璧其罪。'吾焉用此？其以贾害也？"乃献之。又求其宝剑。叔曰："是无厌也。无厌，将及我。"遂伐虞公，故虞公出奔共池。

"冬，齐、卫、郑来战于郎。"我有辞也。

初，北戎病齐，诸侯救之，郑公子忽有功焉。齐人饩诸侯，使鲁次之。鲁以周班后郑。郑人怒，请师于齐。齐人以卫师助之，故不称侵伐。先书"齐、卫"，王爵也。

十一年经

十有一年：春，正月，齐人、卫人、郑人盟于恶曹。

夏，五月癸未，郑伯寤生卒。

秋，七月，葬郑庄公。

九月，宋人执郑祭仲。突归于郑。郑忽出奔卫。

柔会宋公、陈侯、蔡叔，盟于折。

公会宋公于夫钟。

冬，十有二月，公会宋公于阚。

十一年传

十一年春，齐、卫、郑、宋盟于恶曹。

楚屈瑕将盟贰、轸。郧人军于蒲骚，将与随、绞、州、蓼伐楚师。莫敖患之。鬥廉曰：“郧人军其郊，必不诫，且日虞四邑之至也。君次于郊郢，以御四邑；我以锐师宵加于郧。郧有虞心而恃其城，莫有斗志。若败郧师，四邑必离。”莫敖曰：“盍请济师于王？”对曰：“师克在和，不在众。商、周之不敌，君之所闻也。成军以出，又何济焉？”莫敖曰：“卜之？”对曰：“卜以决疑。不疑何卜？”遂败郧师于蒲骚，卒盟而还。

郑昭公之败北戎也，齐人将妻之，昭公辞。祭仲曰：“必取之！君多内宠，子无大援，将不立。三公子皆君也。”弗从。

夏，郑庄公卒。

初，祭封人仲足有宠于庄公，庄公使为卿。为公娶邓曼，生昭公。故祭仲立之。宋雍氏女于郑庄公，曰雍姞，生厉公。雍氏宗，有宠于宋庄公，故诱祭仲而执之，曰：“不立突，将死！”亦执厉公而求赂焉。祭仲与宋人盟，以厉公归而立之。

秋，九月丁亥，昭公奔卫。己亥，厉公立。

十二年经

十有二年：春，正月。

夏，六月壬寅，公会杞侯、莒子，盟于曲池。

秋，七月丁亥，公会宋公、燕人，盟于穀丘。

八月壬辰，陈侯跃卒。

公会宋公于虚。

冬，十有一月，公会宋公于龟。

丙戌，公会郑伯，盟于武父。

丙戌，卫侯晋卒。

十有二月，及郑师伐宋。丁未，战于宋。

十二年传

十二年夏，“盟于曲池”，平杞、莒也。

公欲平宋、郑。秋，公及宋公盟于句渎之丘。宋成未可知也，故又会于虚。冬，又会于龟。宋公辞平。故与郑伯盟于武父，遂帅师而伐宋，战焉，宋无信也。

君子曰：“苟信不继，盟无益也。《诗》云‘君子屡盟，乱是用长’，无信也。”

楚伐绞，军其南门。莫敖屈瑕曰：“绞小而轻，轻则寡谋。请无扞采樵者以诱之。”从之。绞人获三十人。明日，绞人争出，驱楚役徒于山中。楚人坐其北门，而覆诸山下；大败之，为城下之盟而还。

伐绞之役，楚师分涉于彭。罗人欲伐之，使伯嘉谍之；三巡数之。

十三年经

十有三年：春，二月，公会纪侯、郑伯。己巳，及齐侯、宋公、卫侯、燕人战。齐师、宋师、卫师、燕师败绩。

三月，葬卫宣公。

夏，大水。

秋，七月。

冬，十月。

十三年传

十三年春，楚屈瑕伐罗。鬥伯比送之，还，谓其御曰："莫敖必败。举趾高，心不固矣。"遂见楚子，曰："必济师！"楚子辞焉，入告夫人邓曼。邓曼曰："大夫其非众之谓。其谓君抚小民以信，训诸司以德，而威莫敖以刑也。莫敖狃于蒲骚之役，将自用也，必小罗。君若不镇抚，其不设备乎？夫固谓君训众而好镇抚之，召诸司而劝之以令德，见莫敖而告诸天之不假易也。不然，夫岂不知楚师之尽行也？"楚子使赖人追之，不及。

莫敖使徇于师曰："谏者有刑！"及鄢，乱次以济，遂无次。且不设备。及罗，罗与卢戎两军之，大败之。莫敖缢于荒谷。

群帅囚于冶父以听刑。楚子曰："孤之罪也！"皆免之。

宋多责赂于郑。郑不堪命，故以纪、鲁及齐与宋、卫、燕战。不书所战，后也。

郑人来请修好。

十四年经

十有四年：春，正月，公会郑伯于曹。

无冰。

夏，五。郑伯使其弟语来盟。

秋，八月壬申，御廪灾。

乙亥，尝。

冬，十有二月丁巳，齐侯禄父卒。

宋人以齐人、蔡人、卫人、陈人伐郑。

十四年传

十四年春，会于曹。曹人致饩，礼也。

夏，郑子人来寻盟，且修曹之会。

“秋，八月壬申，御廪灾。乙亥，尝。”书，不害也。

冬，宋人以诸侯伐郑，报宋之战也。焚渠门，入，及大逵。伐东郊，取牛首。以大宫之椽归为卢门之椽。

十五年经

十有五年：春，二月，天王使家父来求车。

三月乙未，天王崩。

夏，四月乙巳，葬齐僖公。

五月，郑伯突出奔蔡。

郑世子忽复归于郑。

许叔入于许。

公会齐侯于艾。

邾人、牟人、葛人来朝。

秋，九月，郑伯突入于栎。

冬，十有一月，公会〔齐侯、〕[①] 宋公、卫侯、陈侯于袲，伐郑。

---

① 据《公羊传》《说文解字》引文补入。

十五年传

十五年春，天王使家父来求车，非礼也。诸侯不贡车服，天子不私求财。

祭仲专。郑伯患之，使其婿雍纠杀之。将享诸郊，雍姬知之，谓其母曰："父与夫孰亲？"其母曰："人尽夫也，父一而已，胡可比也？"遂告祭仲曰："雍氏舍其室而将享子于郊。吾惑之，以告。"祭仲杀雍纠，尸诸周氏之汪。公载以出，曰："谋及妇人，宜其死也。"夏，厉公出奔蔡。

六月乙亥，昭公入。

许叔入于许。

"公会齐侯于艾"，谋定许也。

秋，郑伯因栎人杀檀伯，而遂居栎。

冬，会于袲，谋伐郑，将纳厉公也。弗克而还。

十六年经

十有六年：春，正月，公会宋公、蔡侯、卫侯于曹。

夏，四月，公会宋公、卫侯、陈侯、蔡侯伐郑。

秋，七月，公至自伐郑。

冬，城向。

十有一月，卫侯朔出奔齐。

十六年传

十六年春，正月，会于曹，谋伐郑也。

夏，伐郑。

"秋七月，公至自伐郑"，以饮至之礼也。

"冬，城向。"书，时也。

初，卫宣公烝于夷姜，生急子，属诸右公子。为之娶于齐，而美，公取之。生寿及朔，属寿于左公子。夷姜缢。宣姜与公子朔构急子。公使诸齐，使盗待诸莘，将杀之。寿子告之，使行。不可，曰：“弃父之命，恶用子矣？有无父之国则可也。”及行，饮以酒。寿子载其旌以先，盗杀之。急子至，曰：“我之求也，此何罪？请杀我乎！”又杀之。二公子故怨惠公。

十一月，左公子泄、右公子职立公子黔牟。惠公奔齐。

十七年经

十有七年：春，正月丙辰，公会齐侯、纪侯，盟于黄。

二月丙午，公（会）〔及〕① 邾仪父盟于趡。

夏，五月丙午，及齐师战于奚。

六月丁丑，蔡侯封人卒。

秋，八月，蔡季自陈归于蔡。

癸巳，葬蔡桓侯。

及宋人、卫人伐邾。

冬，十月朔，日有食之。

十七年传

十七年春，“盟于黄”，平齐、纪，且谋卫故也。

“及邾仪父盟于趡”，寻蔑之盟也。

“夏，及齐师战于奚”，疆事也。于是齐人侵鲁疆，疆吏来告。公曰：“疆埸之事，慎守其一而备其不虞。姑尽所备焉。事至而战，又何谒焉？”

蔡桓侯卒。蔡人召蔡季于陈。“秋，蔡季自陈归于蔡”，蔡人

---

① 据公羊、穀梁所传之经及本年《左传》，“会”当作“及”。

嘉之也。

“伐邾”，宋志也。

“冬十月朔，日有食之。”不书日，官失之也。天子有日官，诸侯有日御。日官居卿以（底）〔厎〕日，礼也。日御不失日，以授百官于朝。

初，郑伯将以高渠弥为卿。昭公恶之，固谏，不听。昭公立，惧其杀己也，辛卯，弑昭公而立公子亹。君子谓昭公知所恶矣。公子达曰：“高伯其为戮乎？复恶，已甚矣！”

十八年经

十有八年：春，王正月，公会齐侯于泺。公与夫人姜氏遂如齐。

夏，四月丙子，公薨于齐。

丁酉，公之丧至自齐。

秋，七月。

冬，十有二月己丑，葬我君桓公。

十八年传

十八年春，公将有行，遂与姜氏如齐。申繻曰：“女有家，男有室，无相渎也，谓之有礼。易此，必败。”

公会齐侯与泺，遂及文姜如齐。齐侯通焉，公谪之。以告。

夏，四月丙子，享公。使公子彭生乘公，公薨于车。

鲁人告于齐曰：“寡君畏君之威，不敢宁居，来修旧好。礼成而不反，无所归咎，恶于诸侯。请以彭生除之。”齐人杀彭生。

秋，齐侯师于首止。子亹会之，高渠弥相。七月戊戌，齐人杀子亹而轘高渠弥。祭仲逆郑子于陈而立之。是行也，祭仲知之，故称疾不往。人曰：“祭仲以知免。”仲曰：“信也。”

周公欲弑庄王而立王子克。辛伯告王，遂与王杀周公黑肩。

王子克奔燕。

初，子仪有宠于桓王，桓王属诸周公。辛伯谏曰：“并后，匹嫡，两政，耦国，乱之本也。”周公弗从，故及。

庄　公

元年经

元年：春，王正月。

三月，夫人孙于齐。

夏，单伯送王姬。

秋，筑王姬之馆于外。

冬，十月乙亥，陈侯林卒。

王使荣叔来锡桓公命。

王姬归于齐。

齐师迁纪郱、鄑、郚。

元年传

“元年春”，不称即位，文姜出故也。

“三月，夫人孙于齐。”不称姜氏，绝，不为亲，礼也。

“秋，筑王姬之馆于外。”为外，礼也。

二年经

二年：春，王二月，葬陈庄公。

夏，公子庆父帅师伐于馀丘。

秋，七月，齐王姬卒。

冬，十有二月，夫人姜氏会齐侯于禚。

乙酉，宋公冯卒。

二年传

二年冬，“夫人姜氏会齐侯于禚”。书，奸也。

三年经

三年：春，王正月，溺会齐师伐卫。

夏，四月，葬宋庄公。

五月，葬桓王。

秋，纪季以酅入于齐。

冬，公次于滑。

三年传

“三年春，溺会齐师伐卫。”疾之也。

“夏五月，葬桓王。”缓也。

“秋，纪季以酅入于齐。”纪于是乎始判。

“冬，公次于滑。”将会郑伯谋纪故也。郑伯辞以难。凡师，一宿为舍，再宿为信，过信为次。

四年经

四年：春，王二月，夫人姜氏享齐侯于祝丘。

三月，纪伯姬卒。

夏，齐侯、陈侯、郑伯遇于垂。

纪侯大去其国。

六月乙丑，齐侯葬纪伯姬。

秋，七月。

冬，公及齐人狩于禚。

四年传

四年春，王正月。楚武王荆尸授师孑焉，以伐随。将齐，入告夫人邓曼曰："余心荡。"邓曼叹曰："王禄尽矣！盈而荡，天之道也。先君其知之矣，故临武事、将发大命而荡王心焉。若师徒无亏，王薨于行，国之福也。"王遂行，卒于樠木之下。令尹斗祁、莫敖屈重除道梁溠，营军临随。随人惧，行成。莫敖以王命入盟随侯，且请为会于汉汭。而还，济汉而后发丧。

纪侯不能下齐，以与纪季。"夏，纪侯大去其国"，违齐难也。

五年经

五年：春，王正月。

夏，夫人姜氏如齐师。

秋，郳犁来来朝。

冬，公会齐人、宋人、陈人、蔡人伐卫。

五年传

五年"秋，郳犁来来朝"。名，未王命也。

冬，伐卫，纳惠公也。

六年经

六年：春，王正月，王人子突救卫。

夏，六月，卫侯朔入于卫。

秋，公至自伐卫。

螟。

冬，齐人来归卫俘。

六年传

六年春，王人救卫。

夏，卫侯入，放公子黔牟于周，放宁跪于秦，杀左公子泄、右公子职，乃即位。君子以二公子之立黔牟为不度矣。夫能固位者，必度于本末而后立衷焉。不知其本，不谋；知本之不枝，弗强。《诗》云：“本枝百世。”

冬，齐人来归卫宝，文姜请之也。

楚文王伐申，过邓。邓祁侯曰：“吾甥也。”止而享之。骓甥、聃甥、养甥请杀楚子，邓侯弗许。三甥曰：“亡邓国者，必此人也。若不早图，后君噬齐，其及图之乎？图之，此为时矣！”邓侯曰：“人将不食吾余。”对曰：“若不从三臣，抑社稷实不血食，而君焉取余？”弗从。还年，楚子伐邓。十六年，楚复伐邓，灭之。

七年经

七年：春，夫人姜氏会齐侯于防。

夏，四月辛卯，夜，恒星不见；夜中，星陨如雨。

秋，大水。

无麦、苗。

冬，夫人姜氏会齐侯于穀。

七年传

“七年春，文姜会齐侯于防”，齐志也。

夏，“恒星不见”，夜明也。“星陨如雨”，与雨偕也。

“秋，无麦、苗”，不害嘉谷也。

八年经

八年：春，王正月，师次于郎，以俟陈人、蔡人。

甲午，治兵。

夏，师及齐师围郕。郕降于齐师。

秋，师还。

冬，十有一月癸未，齐无知弑其君诸儿。

八年传

八年春，“治兵”于庙，礼也。

“夏，师及齐师围郕。郕降于齐师。”仲庆父请伐齐师，公曰：“不可。我实不德，齐师何罪？罪我之由。《夏书》曰：‘皋陶迈种德。德，乃降。’姑务修德以待时乎！”秋，师还。君子是以善鲁庄公。

齐侯使连称、管至父戍葵丘，瓜时而往，曰：“及瓜而代。”期戍，公问不至。请代，弗许。故谋作乱。

僖公之母弟曰夷仲年，生公孙无知，有宠于僖公，衣服礼秩如適。襄公绌之。二人因之以作乱。连称有从妹在公宫，无宠。使间公，曰：“捷，吾以女为夫人。”

冬十二月，齐侯游于姑棼，遂田于贝丘。见大豕，从者曰：“公子彭生也。”公怒，曰：“彭生敢见！”射之。豕人立而啼。公惧，队于车，伤足丧屦。反，诛屦于徒人费，弗得；鞭之，见血。走出，遇贼于门。劫而束之。费曰：“我奚御哉？”袒而示之背，信之。费请先入；伏公而出，斗死于门中。石之纷如死于阶下。遂入，杀孟阳于床，曰：“非君也，不类。”见公之足于户下，遂弑之，而立无知。

初，襄公立，无常。鲍叔牙曰：“君使民慢，乱将作矣！”奉公子小白出奔莒。乱作，管夷吾、召忽奉公子纠来奔。

初，公孙无知虐于雍廪。

九年经

九年：春，齐人杀无知。

公及齐大夫盟于蔇。

夏，公伐齐，纳（子）纠。齐小白入于齐。

秋，七月丁酉，葬齐襄公。

八月庚申，及齐师战于乾时，我师败绩。

九月，齐人取子纠杀之。

冬，浚洙。

九年传

九年春，雍廪杀无知。

“公及齐大夫盟于蔇”，齐无君也。

夏，公伐齐，纳子纠。桓公自莒先入。

秋，师及齐师战于乾时，我师败绩。公丧戎路，传乘而归。秦子、梁子以公旗辟于下道，是以皆止。

鲍叔帅师来言曰：“子纠，亲也；请君讨之。管、召，雠也；请受而甘心焉。”乃杀子纠于生窦。召忽死之。管仲请囚，鲍叔受之，及堂阜而税之。归而以告曰：“管夷吾治于高傒。使相可也。”公从之。

十年经

十年：春，王正月，公败齐师于长勺。

二月，公侵宋。

三月，宋人迁宿。

夏，六月，齐师、宋师次于郎。公败宋师于乘丘。

秋，九月，荆败蔡师于莘，以蔡侯献舞归。

冬，十月，齐师灭谭，谭子奔莒。

十年传

春，齐师伐我。公将战，曹刿请见。其乡人曰：“肉食者谋之，又何间焉?”刿曰：“肉食者鄙，未能远谋。”乃入见，问何以战。公曰：“衣食所安，弗敢专也，必以分人。”对曰：“小惠未遍，民弗从也。”公曰：“牺牲玉帛，弗敢加也。必以信。”对曰：“小信未孚，神弗福也。”公曰：“小大之狱，虽不能察，必以情。”对曰：“忠之属也，可以一战。战，则请从。”

公与之乘。战于长勺。公将鼓之，刿曰：“未可。”齐人三鼓，刿曰：“可矣!”齐师败绩。公将驰之，刿曰：“未可。”下，视其辙；登，轼而望之；曰：“可矣!”遂逐齐师。

既克，公问其故。对曰：“夫战，勇气也。一鼓作气，再而衰，三而竭。彼竭我盈，故克之。夫大国，难测也；惧有伏焉。吾视其辙乱，望其旗靡，故逐之。”

夏六月，齐师、宋师次于郎。公子偃曰：“宋师不整，可败也。宋败，齐必还。请击之。”公弗许。自雩门窃出，蒙皋比而先犯之。公从之，大败宋师于乘丘。齐师乃还。

蔡哀侯娶于陈，息侯亦娶焉。息妫将归，过蔡。蔡侯曰：“吾姨也。”止而见之，弗宾。息侯闻之，怒，使谓楚文王曰：“伐我，吾求救于蔡；而伐之。”楚子从之。秋九月，楚败蔡师于莘，以蔡侯献舞归。

齐侯之出也，过谭；谭不礼焉。及其入也，诸侯皆贺，谭又不至。“冬，齐师灭谭”，谭无礼也。“谭子奔莒”，同盟故也。

十一年经

十有一年：春，王正月。

夏，五月戊寅，公败宋师于鄑。

秋，宋大水。

冬，王姬归于齐。

十一年传

十一年夏，宋为乘丘之役故，侵我。公御之。宋师未陈而薄之，败诸鄑。

凡师，敌未陈曰败某师，皆陈曰战，大崩曰败绩，得俊曰克，覆而败之曰取某师，京师败曰王师败绩于某。

秋，宋大水。公使吊焉，曰："天作淫雨，害于粢盛，若之何不吊？"对曰："孤实不敬，天降之灾；又以为君忧，拜命之辱。"臧文仲曰："宋其兴乎！禹、汤罪己，其兴也悖焉；桀、纣罪人，其亡也忽焉。且列国有凶，称孤，礼也。言惧而名礼，其庶乎！"既而闻之曰："公子御说之辞也。"臧孙达曰："是宜为君，有恤民之心。"

冬，齐侯来逆共姬。

乘丘之役，公以金仆姑射南宫长万，公右歂孙生搏之。宋人请之。宋公靳之，曰："始，吾敬子。今子鲁囚也，吾弗敬子矣！"病之。

十二年经

十有二年：春，王三月，纪叔姬归于酅。

夏，四月。

秋，八月甲午，宋万弑其君捷及其大夫仇牧。

冬，十月，宋万出奔陈。

十二年传

十二年秋，宋万弑闵公于蒙泽。遇仇牧于门，批而杀之。遇大宰督于东宫之西，又杀之。立子游。群公子奔萧。公子御说奔亳，南宫牛、猛获帅师围亳。

冬十月，萧叔大心及戴、武、宣、穆、庄之族以曹师伐之。杀南宫牛于师，杀子游于宋，立桓公。猛获奔卫。南宫万奔陈，以乘车辇其母，一日而至。

宋人请猛获于卫。卫人欲勿与，石祁子曰："不可！天下之恶一也，恶于宋而保于我，保之何补？得一夫而失一国，与恶而弃好，非谋也。"卫人归之。亦请南宫万于陈，以赂。陈人使妇人饮之酒，而以犀革裹之。比及宋，手足皆见。宋人皆醢之。

十三年经

十有三年：春，齐侯、宋人、陈人、蔡人、邾人会于北杏。

夏，六月，齐人灭遂。

秋，七月。

冬，公会齐侯，盟于柯。

十三年传

十三年春，会于北杏，以平宋乱。遂人不至。夏，齐人灭遂而戍之。

"冬，盟于柯"，始及齐平也。

宋人背北杏之会。

十四年经

十有四年：春，齐人、陈人、曹人伐宋。

夏，单伯会伐宋。

秋，七月，荆入蔡。

冬，单伯会齐侯、宋公、卫侯、郑伯于鄄。

十四年传

十四年春，诸侯伐宋。齐请师于周。夏，单伯会之。取成于宋而还。

郑厉公自栎侵郑，及大陵，获傅瑕。傅瑕曰："苟舍我，吾请纳君。"与之盟而赦之。六月甲子，傅瑕杀郑子及其二子而纳厉公。

初，内蛇与外蛇斗于郑南门中，内蛇死。六年而厉公入，公闻之，问于申繻曰："犹有妖乎？"对曰："人之所忌，其气（焰）〔炎〕以取之。妖由人兴也。人无衅焉，妖不自作。人弃常，则妖兴。故有妖。"

厉公入，遂杀傅瑕。使谓原繁曰："傅瑕贰，周有常刑，既伏其罪矣。纳我而无二心者，吾皆许之上大夫之事，吾愿与伯父图之。且寡人出，伯父无里言；入，又不念寡人：寡人憾焉！"对曰："先君桓公命我先人典司宗祏。社稷有主，而外其心，其何贰如之？苟主社稷，国内之民其谁不为臣？臣无二心，天之制也。子仪在位十四年矣，而谋召君者，庸非贰乎？庄公之子犹有八人，若皆以官爵行赂劝贰而可以济事，君其若之何？臣闻命矣！"乃缢而死。

蔡哀侯为莘故，绳息妫以语楚子。楚子如息，以食入享；遂灭息，以息妫归。生堵敖及成王焉，未言。楚子问之，对曰："吾一妇人而事二夫，纵弗能死，其又奚言？"楚子以蔡侯灭息，遂伐蔡。秋七月，楚入蔡。

君子曰："《商书》所谓'恶之易也，如火之燎于原，不可乡迩，其犹可扑灭'者，其如蔡哀侯乎！"

"冬，会于郪"，宋服故也。

十五年经

十有五年：春，齐侯、宋公、陈侯、卫侯、郑伯会于郪。

夏，夫人姜氏如齐。

秋，宋人、齐人、邾人伐郳。

郑人侵宋。

冬，十月。

十五年传

十五年春，复会焉，齐始霸也。

秋，诸侯为宋伐郳。郑人间之而侵宋。

十六年经

十有六年：春，王正月。

夏，宋人、齐人、卫人伐郑。

秋，荆伐郑。

冬，十有二月，会齐侯、宋公、陈侯、卫侯、郑伯、许男、滑伯、滕子，同盟于幽。

邾子克卒。

十六年传

十六年夏，诸侯伐郑，宋故也。

郑伯自栎入，缓告于楚。秋，楚伐郑及栎，为不礼故也。

郑伯治与于雍纠之乱者。九月，杀公子阏，刖强鉏。公父定叔出奔卫。三年而复之，曰："不可使共叔无后于郑。"使以十月入，曰："良月也，就盈数焉。"

君子谓"强鉏不能卫其足"。

冬，"同盟于幽"，郑成也。

王使虢公命曲沃伯以一军为晋侯。

初，晋武公伐夷，执夷诡诸。蒍国请而免之。既而弗报，故子国作乱，谓晋人曰："与我伐夷而取其地。"遂以晋师伐夷，杀夷诡诸。周公忌父出奔虢。惠王立而复之。

十七年经

十有七年：春，齐人执郑詹。

夏，齐人歼于遂。

秋，郑詹自齐逃来。

冬，多麋。

十七年传

"十七年春，齐人执郑詹"，郑不朝也。

夏，遂因氏、颌氏、工娄氏、须遂氏飨齐戍，醉而杀之，齐人歼焉。

十八年经

十有八年：春，王三月，日有食之。

夏，公追戎于济西。

秋，有蜮。

冬，十月。

十八年传

十八年春，虢公、晋侯朝王。王飨醴，命之宥。皆赐玉五瑴、马三匹，非礼也。王命诸侯：名位不同，礼亦异数；不以礼假人。

虢公、晋侯、郑伯使原庄公逆王后于陈。陈妫归于京师，实惠后。

“夏，公追戎于济西。”不言其来，讳之也。

“秋，有蜮”，为灾也。

初，楚武王克权，使斗缗尹之。以叛，围而杀之。迁权于那处，使阎敖尹之。及文王即位，与巴人伐申，而惊其师。巴人叛楚而伐那处，取之，遂门于楚。阎敖游涌而逸，楚子杀之。其族为乱。冬，巴人因之以伐楚。

十九年经

十有九年：春，王正月。

夏，四月。

秋，公子结媵陈人之妇于鄄，遂及齐侯、宋公盟。

夫人姜氏如莒。

冬，齐人、宋人、陈人伐我西鄙。

十九年传

十九年春，楚子御之，大败于津。还，鬻拳弗纳，遂伐黄，败黄师于踖陵。还，及湫，有疾。夏六月庚申，卒。鬻拳葬诸夕室；亦自杀也，而葬于绖皇。

初，鬻拳强谏楚子，楚子弗从。临之以兵，惧而从之。鬻拳曰：“吾惧君以兵，罪莫大焉。”遂自刖也。楚人以为大阍，谓之大伯；使其后掌之。君子曰：“鬻拳可谓爱君矣：谏以自纳于刑，刑犹不忘纳君于善。”

初，王姚嬖于庄王，生子颓。子颓有宠，蒍国为之师。及惠王即位，取蒍国之圃以为囿。边伯之宫近于王宫，王取之。王夺子禽祝跪与詹父田，而收膳夫之秩，故蒍国、边伯、石速、詹父、子禽祝跪作乱，因苏氏。秋，五大夫奉子颓以伐王，不克，出奔温。苏子奉子颓以奔卫。卫师、燕师伐周。冬，立子颓。

二十年经

二十年：春，王二月，夫人姜氏如莒。

夏，齐大灾。

秋，七月。

冬，齐人伐戎。

二十年传

二十年春，郑伯和王室，不克。执燕仲父。

夏，郑伯遂以王归，王处于栎。秋，王及郑伯入于邬。遂入成周，取其宝器而还。

冬，王子颓享五大夫，乐及遍舞。郑伯闻之，见虢叔，曰：“寡人闻之：哀乐失时，殃咎必至。今王子颓歌舞不倦，乐祸也。夫司寇行戮，君为之不举；而况敢乐祸乎？奸王之位，祸孰大焉？临祸忘忧，忧必及之。盍纳王乎？”虢公曰：“寡人之愿也！”

二十一年经

二十有一年：春，王正月。

夏，五月辛酉，郑伯突卒。

秋，七月戊戌，夫人姜氏薨。

冬，十有二月，葬郑厉公。

二十一年传

二十一年春，晋命于弭。夏，同伐王城。郑伯将王，自圉门入。虢叔自北门入。杀王子颓及五大夫。

郑伯享王于阙西辟，乐备。王与之武公之略，自虎牢以东。

原伯曰："郑伯效尤，其亦将有咎！"五月，郑厉公卒。

王巡虢守。虢公为王宫于玤，王与之酒泉。

郑伯之享王也，王以后之鞶鉴予之。虢公请器，王予之爵。郑伯由是始恶于王。

冬，王归自虢。

二十二年经

二十〔有〕二年：春，王正月，肆大眚。

癸丑，葬我小君文姜。

陈人杀其公子御寇。

夏，五月。

秋，七月丙申，及齐高傒盟于防。

冬，公如齐纳币。

二十二年传

二十二年春，陈人杀其大子御寇。陈公子完与颛孙奔齐。颛孙自齐来奔。

齐侯使敬仲为卿。辞曰："羁旅之臣，幸若获宥，及于宽政，赦其不闲于教训，而免于罪戾、弛于负担，君之惠也。所获多矣，敢辱高位以速官谤？请以死告。《诗》云：'翘翘车乘，招我以弓。岂不欲往？畏我友朋。'"使为工正。

饮桓公酒，乐。公曰："以火继之。"辞曰："臣卜其昼，未卜其夜，不敢！”君子曰：“酒以成礼，不继以淫，义也。以君成礼，弗纳于淫，仁也。”

初，懿氏卜妻敬仲。其妻占之，曰：“吉！是谓：‘凤皇于飞，和鸣锵锵。有妫之后，将育于姜。五世其昌，并于正卿。八世之后，莫之与京！’”

陈厉公，蔡出也，故蔡人杀五父而立之。生敬仲。其少也，周史有以《周易》见陈侯者，陈侯使筮之，遇“观䷓”之“否䷋”曰：“是谓‘观国之光，利用宾于王’。此其代陈有国乎？不在此，其在异国；非此其身，在其子孙：光远而自他有耀者也。‘坤’，土也；‘巽’，风也；‘乾’，天也：风为天于土上，山也；有山之材而照之以天光，于是乎居土上，故曰‘观国之光，利用宾于王’。庭实旅百，奉之以玉帛，天地之美具焉，故曰‘利用宾于王’。犹有观焉，故曰：其在后乎！风行而著于土，故曰：其在异国乎！若在异国，必姜姓也。姜，大岳之后也。山岳则配天。物莫能两大。陈衰，此其昌乎！”

及陈之初亡也，陈桓子始大于齐；其后亡也，成子得政。

二十三年经

二十有三年：春，公至自齐。

祭叔来聘。

夏，公如齐观社。

公至自齐。

荆人来聘。

公及齐侯遇于縠。

萧叔朝公。

秋，丹桓宫楹。

冬，十有一月，曹伯射姑卒。

十有二月甲寅，公会齐侯盟于扈。

二十三年传

二十三年夏，公如齐观社，非礼也。曹刿谏曰：“不可！夫礼，所以整民也。故会以训上下之则，制财用之节；朝以正班爵之义，帅长幼之序；征伐以讨其不然。诸侯有王，王有巡守，以大习之。非是，君不举矣。君举必书。书而不法，后嗣何观?”

晋桓、庄之族逼，献公患之。士蒍曰：“去富子，则群公子可谋也已。”公曰：“尔试其事。”士蒍与群公子谋，谮富子而去之。

秋，丹桓宫之楹。

二十四年经

二十有四年：春，王三月，刻桓宫桷。

葬曹庄公。

夏，公如齐逆女。

秋，公至自齐。

八月丁丑，夫人姜氏入。

戊寅，大夫宗妇觌，用币。

大水。

冬，戎侵曹。

曹羁出奔陈。

赤归于曹。

郭公。

二十四年传

二十四年春，刻其桷，皆非礼也。御孙谏曰：“臣闻之：‘俭，德之共也；侈，恶之大也。’先君有共德，而君纳诸大恶，无乃不可乎！”

秋，哀姜至，公使宗妇觌；用币，非礼也。御孙曰：“男贽：大者玉帛，小者禽鸟，以章物也。女贽不过榛、栗、枣、脩，以告虔也。今男女同贽，是无别也。男女之别，国之大节也，而由夫人乱之，无乃不可乎！”

晋士蒍又与群公子谋，使杀游氏之二子。士蒍告晋侯曰：“可矣。不过二年，君必无患。”

二十五年经

二十有五年：春，陈侯使女叔来聘。

夏，五月癸丑，卫侯朔卒。

六月辛未，朔，日有食之。鼓、用牲于社。

伯姬归于杞。

秋，大水，鼓、用牲于社，于门。

冬，公子友如陈。

二十五年传

“二十五年春，陈女叔来聘”，始结陈好也。嘉之，故不名。

“夏六月辛未，朔，日有食之。鼓、用牲于社。”非常也。唯正月之朔，慝未作，日有食之，于是乎用币于社，伐鼓于朝。

“秋，大水，鼓、用牲于社，于门。”亦非常也。凡天灾，有币无牲，非日、月之眚不鼓。

晋士蒍使群公子尽杀游氏之族，乃城聚而处之。

冬，晋侯围聚，尽杀群公子。

二十六年经

二十有六年：春，公伐戎。

夏，公至自伐戎。

曹杀其大夫。

秋，公会宋人、齐人伐徐。

冬，十有二月癸亥，朔，日有食之。

二十六年传

二十六年春，晋士蔿为大司空。

夏，士蔿城绛，以深其宫。

秋，虢人侵晋。冬，虢人又侵晋。

二十七年经

二十有七年：春，公会杞伯姬于洮。

夏，六月，公会齐侯、宋公、陈侯、郑伯，同盟于幽。

秋，公子友如陈，葬原仲。

冬，杞伯姬来。

莒庆来逆叔姬。

杞伯来朝。

公会齐侯于城濮。

二十七年传

“二十七年春，公会杞伯姬于洮”，非事也。天子非展义不巡守，诸侯非民事不举，卿非君命不越竟。

夏，“同盟于幽”，陈、郑服也。

“秋，公子友如陈，葬原仲。”非礼也。原仲，季友之旧也。

“冬，杞伯姬来”，归宁也。凡诸侯之女，归宁曰“来”，出曰“来归”，夫人归宁曰“如某”，出曰“归于某”。

晋侯将伐虢，士蔿曰：“不可！虢公骄，若骤得胜于我，必弃其民。无众而后伐之，欲御我，谁与？夫礼乐、慈爱，战所畜也。

夫民，让事，乐和，爱亲，哀丧，而后可用也。虢弗畜也，亟战，将饥。”

王使召伯廖赐齐侯命，且请伐卫，以其立子颓也。

二十八年经

二十有八年：春，王三月甲寅，齐人伐卫。卫人及齐人战，卫人败绩。

夏，四月丁未，邾子琐卒。

秋，荆伐郑。公会齐人、宋人救郑。

冬，筑郿。

大无麦、禾。臧孙辰告籴于齐。

二十八年传

二十八年春，齐侯伐卫，战败卫师，数之以王命，取赂而还。

晋献公娶于贾，无子。烝于齐姜，生秦穆夫人及大子申生。又娶二女于戎，大戎狐姬生重耳，小戎子生夷吾。晋伐骊戎，骊戎男女以骊姬。归，生奚齐。其娣生卓子。

骊姬嬖，欲立其子。赂外嬖梁五与东关嬖五，使言于公曰：“曲沃，君之宗也；蒲与二屈，君之疆也：不可以无主。宗邑无主，则民不威；疆埸无主，则启戎心。戎之生心，民慢其政，国之患也。若使大子主曲沃，而重耳、夷吾主蒲与屈，则可以威民而惧戎，且旌君伐。”使俱曰：“狄之广莫，于晋为都。晋之启土，不亦宜乎！”晋侯说之。夏，使大子居曲沃，重耳居蒲城，夷吾居屈。群公子皆鄙，唯二姬之子在绛。二五卒与骊姬谮群公子而立奚齐，晋人谓之“二〔五〕耦”。

楚令尹子元欲蛊文夫人，为馆于其宫侧而振万焉。夫人闻之，泣曰：“先君以是舞也，习戎备也。今令尹不寻诸仇雠，而于未亡人之侧，不亦异乎！”御人以告子元，子元曰：“妇人不忘袭雠，我反忘之!”

秋，子元以车六百乘伐郑，入于桔柣之门。子元、鬥御彊、鬥梧、耿之不比为旆，鬥班、王孙游、王孙喜殿。众车入自纯门，及逵市，县门不发。楚言而出，子元曰：“郑有人焉。”诸侯救郑，楚师夜遁。郑人将奔桐丘，谍告曰：“楚幕有乌。”乃止。

冬，饥，“臧孙辰告籴于齐”，礼也。

“筑郿”，非都也。凡邑，有宗庙先君之主曰都，无曰邑。邑曰“筑”，都曰“城”。

二十九年经

二十有九年：春，新延厩。

夏，郑人侵许。

秋，有蜚。

冬，十有二月，纪叔姬卒。

城诸及防。

二十九年传

二十九年春，新作延厩。书，不时也。凡马，日中而出，日中而入。

“夏，郑人侵许。”凡师：有钟鼓曰“伐”，无曰“侵”，轻曰“袭”。

“秋，有蜚。”为灾也。凡物不为灾，不书。

冬十二月，“城诸及防”。书，时也。凡土功：龙见而毕务，戒事也；火见而致用，水昏正而栽，日至而毕。

樊皮叛王。

三十年经

三十年：春，王正月。

夏，次于成。

秋，七月，齐人降鄣。

八月癸亥，葬纪叔姬。

九月庚午朔，日有食之。鼓、用牲于社。

冬，公及齐侯遇于鲁济。

齐人伐山戎。

三十年传

三十年春，王命虢公讨樊皮。夏四月丙辰，虢公入樊，执樊仲皮，归于京师。

楚公子元归自伐郑，而处王宫。鬥射师谏，则执而梏之。秋，申公鬥班杀子元。鬥穀於菟为令尹，自毁其家以纾楚国之难。

“冬，遇于鲁济”，谋山戎也，以其病燕故也。

三十一年经

三十有一年：春，筑台于郎。

夏，四月，薛伯卒。

筑台于薛。

六月，齐侯来献戎捷。

秋，筑台于秦。

冬，不雨。

三十一年传

三十一年，夏六月，“齐侯来献戎捷”，非礼也。凡诸侯有四夷之功，则献于王，王以警于夷；中国则否。诸侯不相遗俘。

三十二年经

三十有二年：春，城（小）穀。

夏，宋公、齐侯遇于梁丘。

秋，七月癸巳，公子牙卒。

八月癸亥，公薨于路寝。

冬，十月己未，子般卒。

公子庆父如齐。

狄伐邢。

三十二年传

“三十二年春，城（小）穀”，为管仲也。

齐侯为楚伐郑之故，请会于诸侯。宋公请先见于齐侯。夏，遇于梁丘。

秋七月，有神降于莘。

惠王问诸内史过曰：“是何故也？”对曰：“国之将兴，明神降之，监其德也；将亡，神又降之，观其恶也。故有得神以兴，亦有以亡。虞、夏、商、周皆有之。”王曰：“若之何？”对曰：“以其物享焉。其至之日，亦其物也。”王从之。内史过往，闻虢请命，反曰：“虢必亡矣，虐而听于神。”

神居莘六月。虢公使祝应、宗区、史嚚享焉，神赐之土田。史嚚曰：“虢其亡乎！吾闻之：国将兴，听于民；将亡，听于神。神，聪明正直而壹者也，依人而行。虢多凉德，其何土之能得？”

初，公筑台，临党氏；见孟任，从之；闷。而以“夫人”言；许之，割臂盟公。生子般焉。雩，讲于梁氏，女公子观之；圉人荦自墙外与之戏。子般怒，使鞭之。公曰：“不如杀之，是不可鞭。荦有力焉，能投盖于稷门。”

公疾，问后于叔牙，对曰：“庆父材。”问于季友，对曰：“臣以死奉般。”公曰：“乡者牙曰‘庆父材’。”成季使以君命命僖叔，待于鍼巫氏，使鍼季鸩之，曰：“饮此，则有后于鲁国。不然，死且无后！”饮之，归，及逵泉而卒。立叔孙氏。

八月癸亥，公薨于路寝。子般即位，次于党氏。冬十月己未，共仲使圉人荦贼子般于党氏。成季奔陈。立闵公。

闵　公

元年经

元年：春，王正月。

齐人救邢。

夏，六月辛酉，葬我君庄公。

秋，八月，公及齐侯盟于落姑。季子来归。

冬，齐仲孙来。

元年传

“元年春”，不书即位，乱故也。

狄人伐邢。管敬仲言于齐侯曰：“戎狄豺狼，不可厌也。诸夏亲昵，不可弃也。宴安鸩毒，不可怀也。《诗》云：‘岂不怀归？畏此简书。’简书，同恶相恤之谓也。请救邢以从简书。”齐人救邢。

夏六月，葬庄公。乱故，是以缓。

“秋八月，公及齐侯盟于落姑”，请复季友也。齐侯许之，使召诸陈，公次于郎以待之。“季子来归”，嘉之也。

冬，齐仲孙湫来省难。书曰“仲孙”，亦嘉之也。仲孙归，曰：“不去庆父，鲁难未已。”公曰：“若之何而去之？”对曰：“难不已，将自毙。君其待之。”公曰：“鲁可取乎？”对曰：“不可。犹秉周礼。周礼，所以本也。臣闻之：‘国将亡，本必先颠，而后枝叶从之。’鲁不弃周礼，未可动也。君其务宁鲁难而亲之。亲有礼，因重固，间携贰，覆昏乱：霸王之器也。”

晋侯作二军，公将上军，大子申生将下军，赵夙御戎，毕万为右，以灭耿、灭霍、灭魏。还，为大子城曲沃，赐赵夙耿，赐毕万魏，以为大夫。

士蒍曰：“大子不得立矣。分之都城而位以卿，先为之极，又焉得立？不如逃之，无使罪至。为吴大伯，不亦可乎？犹有令名，与其及也。且谚曰：‘心苟无瑕，何恤乎无家？’天若祚大子，其无晋乎？”

卜偃曰：“毕万之后必大。万，盈数也；魏，大名也。以是始赏，天启之矣。天子曰兆民，诸侯曰万民。今名之大以从盈数，其必有众！”

初，毕万筮仕于晋，遇“屯䷂”之“比䷇”。辛廖占之，曰：“吉！‘屯’固，‘比’入，吉孰大焉？其必蕃昌！‘震’为土，车从马；足居之，兄长之，母覆之，众归之：六体不易，合而能固，安而能杀，公侯之卦也。公侯之子孙，必复其始！”

二年经

二年：春，王正月，齐人迁阳。

夏，五月乙酉，吉禘于庄公。

秋，八月辛丑，公薨。

九月，夫人姜氏孙于邾。

公子庆父出奔莒。

冬，齐高子来盟。

十有二月，狄入卫。

郑弃其师。

二年传

二年春，虢公败犬戎于渭汭。舟之侨曰：“无德而禄，殃也。殃将至矣！”遂奔晋。

“夏，吉禘于庄公”，速也。

初，公傅夺卜齮田，公不禁。秋八月辛丑，共仲使卜齮贼公于武闱。成季以僖公適邾，——共仲奔莒，——乃入，立之。以赂求共仲于莒，莒人归之。及密，使公子鱼请。不许，哭而往。共仲曰：“奚斯之声也！”乃缢。

闵公，哀姜之娣叔姜之子也，故齐人立之。共仲通于哀姜，哀姜欲立之。闵公之死也，哀姜与知之，故孙于邾。齐人取而杀之于夷，以其尸归，僖公请而葬之。

成季之将生也，桓公使卜楚丘之父卜之。曰：“男也。其名曰友，在公之右；间于两社，为公室辅。季氏亡，则鲁不昌。”又筮之，遇“大有䷍”之“乾䷀”，曰：“同复于父，敬如君所。”及生，有文在其手曰“友”，遂以命之。

冬十二月，狄人伐卫。卫懿公好鹤，鹤有乘轩者。将战，国人受甲者皆曰：“使鹤！鹤实有禄位。余焉能战？”公与石祁子玦，与宁庄子矢，使守，曰：“以此赞国，择利而为之。”与夫人绣衣，曰：“听于二子。”渠孔御戎，子伯为右，黄夷前驱，孔婴齐殿。及狄人战于荧泽，卫师败绩。遂灭卫。卫侯不去其旗，是以甚败。狄人囚史华龙滑与礼孔以逐卫人，二人曰：“我，大史也，实掌其祭。不先，国不可得也。”乃先之。至则告守曰：“不可待也。”夜与国人出。狄入卫，遂从之，又败诸河。

初，惠公之即位也少，齐人使昭伯烝于宣姜。不可，强之。生齐子、戴公、文公、宋桓夫人、许穆夫人。文公为卫之多患也，先适齐。及败，宋桓公逆诸河，宵济。卫之遗民男女七百有三十人，益之以共、滕之民为五千人。立戴公以庐于曹。许穆夫人赋《载驰》。齐侯使公子无亏帅车三百乘、甲士三千人以戍曹；归公乘马，祭服五称，牛、羊、豕、鸡、狗皆三百，与门材；归夫人鱼轩，重锦三十两。

郑人恶高克，使帅师次于河上，久而弗召。师溃而归，高克奔陈。郑人为之赋《清人》。

晋侯使大子申生伐东山皋落氏。里克谏曰："大子奉冢祀、社稷之粢盛，以朝夕视君膳者也，故曰冢子。君行则守，有守则从。从曰抚军，守曰监国，古之制也。夫帅师，专行谋，誓军旅，君与国政之所图也，非大子之事也。师在制命而已，禀命则不威，专命则不孝，故君之嗣適不可以帅师。君失其官，帅师不威，将焉用之？且臣闻皋落氏将战。君其舍之！"公曰："寡人有子，未知其谁立焉！"不对而退。

见大子。大子曰："吾其废乎？"对曰："告之以临民，教之以军旅，不共是惧，何故废乎？且子惧不孝，无惧弗得立。修己而不责人，则免于难。"

大子帅师，公衣之偏衣，佩之金玦。狐突御戎，先友为右。梁余子养御罕夷，先丹木为右。羊舌大夫为尉。先友曰："衣身之偏，握兵之要，在此行也，子其勉之！偏躬无慝，兵要远灾，亲以无灾，又何患焉！"狐突叹曰："时，事之征也。衣，身之章也。佩，衷之旗也。故敬其事，则命以始；服其身，则衣之纯；用其衷，则佩之度。今命以时卒，闷其事也；衣之尨服，远其躬也；佩以金玦，弃其衷也：服以远之，时以闷之；尨，凉；冬，杀；金，寒；玦，离。胡可恃也！虽欲勉之，狄可尽乎？"梁余子养曰："帅师者，受命于庙，受脤于社，有常服矣。不获而尨，命可知也。死而不孝，不如逃之！"罕夷曰："尨奇无常，金玦不复。虽复何为？君有心矣！"先丹木曰："是服也，狂夫阻之。曰'尽敌而反'，敌可尽乎？虽尽敌，犹有内谗，不如违之。"狐突欲行。羊舌大夫曰："不可！违命不孝，弃事不忠。虽知其寒，恶不可取。子其死之！"

大子将战，狐突谏曰："不可！昔辛伯谂周桓公云：'内宠并后，外宠二政，嬖子配嫡，大都耦国：乱之本也。'周公弗从，故及于难。今乱本成矣，立可必乎？孝而安民，子其图之！与其危身以速罪也。”

成风闻成季之繇，乃事之而属僖公焉，故成季立之。

僖之元年，齐桓公迁邢于夷仪。二年，封卫于楚丘。邢迁如归，卫国忘亡。

卫文公大布之衣、大帛之冠，务材训农，通商惠工，敬教劝学，授方任能，元年革车三十乘，季年乃三百乘。

僖　公

元年经

元年：春，王正月。

齐师、宋师、曹（伯）〔师〕次于聂北，救邢。

夏，六月，邢迁于夷仪。

齐师、宋师、曹师城邢。

秋，七月戊辰，夫人姜氏薨于夷，齐人以归。

楚人伐郑。

八月，公会齐侯、宋公、郑伯、曹伯、邾人于柽。

九月，公败邾师于偃。

冬，十月壬午，公子友帅师败莒师于郦，获莒（挐）〔挐〕。

十有二月丁巳，夫人氏之丧至自齐。

元年传

“元年春”，不称即位，公出故也。公出复入，不书，讳之也。讳国恶，礼也。

诸侯救邢。邢人溃，出奔师。师遂逐狄人，具邢器用而迁之，师无私焉。

夏，邢迁于夷仪，诸侯城之，救患也。凡侯伯，救患，分灾，讨罪，礼也。

秋，楚人伐郑，郑即齐故也。盟于荦，谋救郑也。

“九月，公败邾师于偃”，虚丘之戍将归者也。

冬，莒人来求赂。公子友败诸郦，获莒子之弟挐。——非卿也，嘉获之也。——公赐季友汶阳之田及费。

夫人氏之丧至自齐。君子以齐人〔之〕杀哀姜也为已甚矣。女子，从人者也。

二年经

二年：春，王正月，城楚丘。

夏，五月辛巳，葬我小君哀姜。

虞师、晋师灭下阳。

秋，九月，齐侯、宋公、江人、黄人盟于贯。

冬，十月，不雨。

楚人侵郑。

二年传

二年春，诸侯城楚丘而封卫焉。不书所会，后也。

晋荀息请以屈产之乘与垂棘之璧假道于虞以伐虢。公曰：“是吾宝也。”对曰：“若得道于虞，犹外府也。”公曰：“宫之奇存焉。”对曰：“宫之奇之为人也，懦而不能强谏。且少长于君，君昵之。虽谏，将不听。”乃使荀息假道于虞，曰：“冀为不道，入自颠軨，伐鄍三门。冀之既病，则亦唯君故。今虢为不道，保于逆旅，以侵敝邑之南鄙。敢请假道，以请罪于虢。”虞公许之，且请先伐虢。宫之奇谏。不听，遂起师。夏，晋里克、荀息帅师会虞师伐虢，灭下阳。先书虞，贿故也。

“秋，盟于贯”，服江、黄也。

齐寺人貂始漏师于多鱼。

虢公败戎于桑田。晋卜偃曰：“虢必亡矣！亡下阳不惧，而又有功，是天夺之鉴而益其疾也。必易晋而不抚其民矣。不可以五稔。”

冬，楚人伐郑，鬥章囚郑聃伯。

三年经

三年：春，王正月，不雨。

夏，四月，不雨。

徐人取舒。

六月，雨。

秋，齐侯、宋公、江人、黄人会于阳穀。

冬，公子友如齐莅盟。

楚人伐郑。

三年传

三年春不雨，夏六月雨。自十月不雨至于五月。不曰旱，不为灾也。

“秋，会于阳穀”，谋伐楚也。

齐侯为阳穀之会来寻盟。冬，公子友如齐莅盟。

楚人伐郑，郑伯欲成。孔叔不可，曰：“齐方勤我。弃德，不祥。”

齐侯与蔡姬乘舟于囿，荡公。公惧，变色；禁之，不可。公怒归之，未〔之〕绝（之）也。蔡人嫁之。

四年经

四年：春，王正月，公会齐侯、宋公、陈侯、卫侯、郑伯、许男、曹伯侵蔡，蔡溃。遂伐楚，次于陉。

夏，许男新臣卒。

楚屈完来盟于师，盟于召陵。

齐人执陈辕涛涂。

秋，及江人、黄人伐陈。

八月，公至自伐楚。

葬许穆公。

冬，十有二月，公孙兹帅师会齐人、宋人、卫人、郑人、许人、曹人侵陈。

四年传

四年春，齐侯以诸侯之师侵蔡，蔡溃。遂伐楚。

楚子使与师言曰："君处北海，寡人处南海，唯是风马牛不相及也。不虞君之涉吾地也何故？"管仲对曰："昔召康公命我先君大公曰：'五侯九伯，女实征之，以夹辅周室！'赐我先君履，东至于海，西至于河，南至于穆陵，北至于无棣。尔贡（包）〔苞〕茅不入，王祭不共，无以缩酒，寡人是徵。昭王南征而不复，寡人是问！"对曰："贡之不入，寡君之罪也，敢不共给？昭王之不复，君其问诸水滨！"

师进，次于陉。夏，楚子使屈完如师。师退，次于召陵。

齐侯陈诸侯之师，与屈完乘而观之。齐侯曰："岂不穀是为？先君之好是继。与不穀同好如何？"对曰："君惠徼福于敝邑之社稷，辱收寡君，寡君之愿也。"齐侯曰："以此众战，谁能御之？以此攻城，何城不克？"对曰："君若以德绥诸侯，谁敢不服？君若以力，——楚国方城以为城，汉（水）① 以为池；虽众，无所用之！"

屈完及诸侯盟。

陈辕涛涂谓郑申侯曰："师出于陈、郑之间，国必甚病。若出于东方，观兵于东夷，循海而归，其可也。"申侯曰："善。"涛

① 据陆德明《左传音义》删。

涂以告齐侯，许之。申侯见，曰：“师老矣，若出于东方而遇敌，惧不可用也。若出于陈、郑之间，共其资粮屝屦，其可也。”齐侯说，与之虎牢。执辕涛涂。

秋，伐陈，讨不忠也。

许穆公卒于师，葬之以侯，礼也。凡诸侯薨于朝、会，加一等；死王事，加二等。于是有以衮敛。

冬，叔孙戴伯帅师，会诸侯之师侵陈。陈成，归辕涛涂。

初，晋献公欲以骊姬为夫人，卜之，不吉；筮之，吉。公曰：“从筮。”卜人曰：“筮短龟长，不如从长。且其繇曰：‘专之渝，攘公之羭。一薰一莸，十年尚犹有臭。’必不可！”弗听，立之。生奚齐。其娣生卓子。

及将立奚齐，既与中大夫成谋。姬谓大子曰：“君梦齐姜，必速祭之！”大子祭于曲沃，归胙于公。公田，姬置诸宫六日。公至，毒而献之。公祭之地，地坟；与犬，犬毙；与小臣，小臣亦毙。姬泣曰：“贼由大子！”大子奔新城。公杀其傅杜原款。或谓大子：“子辞，君必辩焉。”大子曰：“君非姬氏，居不安，食不饱。我辞，姬必有罪。君老矣，吾又不乐。”曰：“子其行乎？”大子曰：“君实不察其罪。被此名也以出，人谁纳我？”十二月戊申，缢于新城。姬遂谮二公子曰：“皆知之。”重耳奔蒲，夷吾奔屈。

五年经

五年：春，晋侯杀其世子申生。

杞伯姬来朝其子。

夏，公孙兹如牟。

公及齐侯、宋公、陈侯、卫侯、郑伯、许男、曹伯会王世子于首止。

秋，八月，诸侯盟于首止。

郑伯逃归不盟。

楚人灭弦。弦子奔黄。

九月戊申朔，日有食之。

冬，晋人执虞公。

五年传

五年春，王正月辛亥朔，日南至。公既视朔，遂登观台以望。而书，礼也。凡分、至、启、闭，必书云物，为备故也。

晋侯使以杀大子申生之故来告。

初，晋侯使士苏为二公子筑蒲与屈，不慎，置薪焉。夷吾诉之。公使让之，士苏稽首而对曰：“臣闻之：‘无丧而戚，忧必雠焉。无戎而城，雠必保焉。寇雠之保，又何慎焉？守官废命，不敬。固雠之保，不忠。失忠与敬，何以事君？《诗》云：‘怀德惟宁，宗子惟城。’君其修德而固宗子，何城如之？三年将寻师焉，焉用慎？”退而赋，曰：“狐裘龙茸，一国三公，吾谁适从？”

及难，公使寺人披伐蒲。重耳曰：“君父之命不校。”乃徇曰：“校者吾仇也。”逾垣而走。披斩其袪。遂出奔翟。

“夏，公孙兹如牟”，娶焉。

会于首止，会王大子郑，谋宁周也。

陈辕宣仲怨郑申侯之反己于召陵，故劝之城其赐邑，曰：“美城之！大名也，子孙不忘。吾助子请。”乃为之请于诸侯而城之，美。遂谮诸郑伯曰：“美城其赐邑，将以叛也。”申侯于是得罪。

秋，诸侯盟。王使周公召郑伯，曰：“吾抚女以从楚，辅之以晋，可以少安。”郑伯喜于王命，而惧其不朝于齐也，故逃归不盟。孔叔止之，曰：“国君不可以轻。轻则失亲；失亲，患必至。病而乞盟，所丧多矣，君必悔之！”弗听，逃其师而归。

楚鬥穀於菟灭弦，弦子奔黄。于是江、黄、道、柏方睦于齐，皆弦姻也；弦子恃之而不事楚，又不设备，故亡。

晋侯复假道于虞以伐虢。宫之奇谏曰：“虢，虞之表也。虢亡，虞必从之。晋不可启，寇不可玩。一之谓甚，其可再乎？谚所谓‘辅车相依，唇亡齿寒’者，其虞、虢之谓也。”公曰：“晋，吾宗也，岂害我哉？”对曰：“大伯、虞仲，大王之昭也。大伯不从，是以不嗣。虢仲、虢叔，王季之穆也；为文王卿士，勋在王室，藏于盟府。将虢是灭，何爱于虞？且虞能亲于桓、庄乎？其爱之也？桓、庄之族何罪，而以为戳，不唯逼乎？亲以宠逼，犹尚害之，况以国乎？”公曰：“吾享祀丰洁，神必据我。”对曰：“臣闻之：鬼神非人实亲，惟德是依。故《周书》曰：‘皇天无亲，惟德是辅。’又曰：‘黍稷非馨，明德惟馨。’又曰：‘民不易物，唯德繄物。’如是，则非德民不和、神不享矣。神所冯依，将在德矣。若晋取虞，而明德以荐馨香，神其吐之乎？”弗听，许晋使。宫之奇以其族行，曰：“虞不腊矣！在此行也，晋不更举矣。”

八月甲午，晋侯围上阳。问于卜偃曰：“吾其济乎？”对曰：“克之。”公曰：“何时？”对曰：“童谣云：‘丙之晨，龙尾伏辰。（均）〔袀〕服振振，取虢之旂。鹑之贲贲，天策焞焞，火中成军，虢公其奔。’其九月、十月之交乎！丙子旦，日在尾，月在策，鹑火中，必是时也。”

冬十二月丙子朔，晋灭虢。虢公醜奔京师。师还，馆于虞。遂袭虞，灭之。执虞公及其大夫井伯，以媵秦穆姬。而修虞祀，且归其职贡于王。

故书曰：“晋人执虞公。”罪虞公，〔且〕① 言易也。

六年经

六年：春，王正月。

夏，公会齐侯、宋公、陈侯、卫侯、曹伯伐郑，围新城。

秋，楚人围许，诸侯遂救许。

---

① 有“公”作“且”诸本，阮元《校勘记》以为“不误”。今按：“公”字从上读，非衍，亦非误。《战国策·魏策三》“罪虞公”可证。兹据诸本补“且”字。

六年传

六年春，晋侯使贾华伐屈。夷吾不能守，盟而行。将奔狄，郤芮曰：“后出同走，罪也。不如之梁，梁近秦而幸焉。”乃之梁。

夏，诸侯伐郑，以其逃首止之盟故也。围新密，郑所以不时城也。

秋，楚子围许以救郑。诸侯救许。乃还。

冬，蔡穆侯将许僖公以见楚子于武城。许男面缚，衔璧，大夫衰绖，士舆榇。楚子问诸逢伯，对曰：“昔武王克殷，微子启如是。武王亲释其缚，受其璧而祓之，焚其榇，礼而命之，使复其所。”楚子从之。

七年经

七年：春，齐人伐郑。

夏，小邾子来朝。

郑杀其大夫申侯。

秋，七月，公会齐侯、宋公、陈世子款、郑世子华，盟于宁母。

曹伯班卒。

公子友如齐。

冬，葬曹昭公。

七年传

七年春，齐人伐郑。孔叔言于郑伯曰：“谚有之，曰：‘心则不竞，何惮于病？’既不能强，又不能弱，所以毙也。国危矣，请下齐以救国。”公曰：“吾知其所由来矣。姑少待我。”对曰：“朝不及夕，何以待君？”

夏，郑杀申侯以说于齐，且用陈辕涛涂之谮也。初，申侯——申出也，——有宠于楚文王。文王将死，与之璧，使行，曰：“唯我知女；女专利而不厌，予取予求，不女疵瑕也。后之人将求多于女，女必不免。我死，女必速行！无适小国，将不女容焉！”既葬，出奔郑，又有宠于厉公。子文闻其死也，曰：“古人有言曰：‘知臣莫若君。’弗可改也已！”

“秋，盟于宁母”，谋郑故也。

管仲言于齐侯曰：“臣闻之：招携以礼，怀远以德。德、礼不易，无人不怀。”齐侯修礼于诸侯，诸侯官受方物。

郑伯使大子华听命于会，言于齐侯曰：“泄氏、孔氏、子人氏三族实违君命。（若君）〔君若〕去之以为成，我以郑为内臣，君亦无所不利焉。”齐侯将许之。管仲曰：“君以礼与信属诸侯，而以奸终之，无乃不可乎？子父不奸之谓礼，守命共时之谓信。违此二者，奸莫大焉！”公曰：“诸侯有讨于郑，未捷。今苟有衅，从之，不亦可乎？”对曰：“君若绥之以德，加之以训；辞，而帅诸侯以讨郑：郑将覆亡之不暇，岂敢不惧？若揔其罪人以临之，郑有辞矣，何惧？且夫合诸侯，以崇德也；会而列奸，何以示后嗣？夫诸侯之会，其德、刑、礼、义无国不记；记奸之位，君盟替矣。作而不记，非盛德也。君其勿许！郑必受盟。夫子华既为大子，而求介于大国以弱其国，亦必不免。郑有叔詹、堵叔、师叔三良为政，未可间也。”子华于是得罪于郑。

冬，郑伯使请盟于齐。

闰月，惠王崩。襄王恶大叔带之难，惧不立，不发丧，而告难于齐。

八年经

八年：春，王正月，公会王人、齐侯、宋公、卫侯、许男、曹伯、陈世子款，盟于洮。郑伯乞盟。

夏，狄伐晋。

秋，七月，禘于大庙，用致夫人。

冬，十有二月丁未，天王崩。

八年传

“八年春，盟于洮”，谋王室也。“郑伯乞盟”，请服也。襄王定位而后发丧。

晋里克帅师，梁由靡御，虢射为右，以败狄于采桑。梁由靡曰：“狄无耻。从之，必大克！”里克曰：“惧之而已，无速众狄。”虢射曰：“期年狄必至，示之弱矣。”

夏，狄伐晋，报采桑之役也。复期月。

秋，禘而致哀姜焉，非礼也。凡夫人，不薨于寝，不殡于庙，不赴于同，不祔于姑，则弗致也。

冬，王人来告丧。难故也，是以缓。

宋公疾，大子兹父固请曰：“目夷长且仁，君其立之！”公命子鱼；子鱼辞，曰：“能以国让，仁孰大焉？臣不及也，且又不顺。”遂走而退。

九年经

九年：春，王三月丁丑，宋公御说卒。

夏，公会宰周公、齐侯、宋子、卫侯、郑伯、许男、曹伯于葵丘。

秋，七月乙酉，伯姬卒。

九月戊辰，诸侯盟于葵丘。

甲子，晋侯佹诸卒。

冬，晋里（奚）克杀其君之子奚齐。

九年传

九年：春，宋桓公卒。未葬而襄公会诸侯，故曰“子”。凡在丧，王曰“小童”，公侯曰“子”。

夏，会于葵丘。寻盟，且修好，礼也。

王使宰孔赐齐侯胙，曰：“天子有事于文、武，使孔赐伯舅胙。”齐侯将下拜，孔曰：“且有后命。天子使孔曰：‘以伯舅耋老，加劳，赐一级，无下拜。’”对曰：“天威不违颜咫尺，小白余敢贪天子之命，无下拜？恐陨越于下，以遗天子羞，敢不下拜？”下，拜；登，受。

秋，齐侯盟诸侯于葵丘，曰：“凡我同盟之人，既盟之后，言归于好！”

宰孔先归，遇晋侯，曰：“可无会也。齐侯不务德而勤远略，故北伐山戎，南伐楚，西为此会也。东略之不知，西则否矣。其在乱乎？君务靖乱，无勤于行！”晋侯乃还。

九月，晋献公卒。里克、丕郑欲纳文公，故以三公子之徒作乱。

初，献公使荀息傅奚齐。公疾，召之，曰：“以是藐诸孤辱在大夫，其若之何？”稽首而对曰：“臣竭其股肱之力，加之以忠、贞。其济，君之灵也；不济，则以死继之。”公曰：“何谓忠、贞？”对曰：“公家之利，知无不为，忠也。送往事居，耦俱无猜，贞也。”

及里克将杀奚齐，先告荀息曰：“三怨将作，秦、晋辅之，子将何如？”荀息曰：“将死之！”里克曰：“无益也。”荀叔曰：“吾与先君言矣，不可以贰。能欲复言而爱身乎？虽无益也，将焉辟之？且人之欲善，谁不如我？我欲无贰，而能谓人已乎？”

冬十月，里克杀奚齐于次。书曰“杀其君之子”，未葬也。荀息将死之，人曰：“不如立卓子而辅之。”荀息立公子卓以葬。十一月，里克杀公子卓于朝。荀息死之。

君子曰："《诗》所谓'白圭之玷，尚可磨也；斯言之玷，不可为也'，荀息有焉！"

齐侯以诸侯之师伐晋，及高梁而还，讨晋乱也。令不及鲁，故不书。

晋郤芮使夷吾重赂秦以求入，曰："人实有国，我何爱焉？入而能民，土于何有？"从之。齐隰朋帅师会秦师，纳晋惠公。秦伯谓郤芮曰："公子谁恃？"对曰："臣闻亡人无党，有党必有雠。夷吾弱不好弄，能斗不过，长亦不改，不识其他。"

公谓公孙枝曰："夷吾其定乎？"对曰："臣闻之：唯则定国。《诗》曰：'不识不知，顺帝之则。'文王之谓也。又曰：'不僭不贼，鲜不为则。'无好无恶、不忌不克之谓也。今其言多忌克，难哉！"公曰："忌则多怨，又焉能克？是吾利也。"

宋襄公即位，以公子目夷为仁，使为左师以听政，于是宋治。故鱼氏世为左师。

十年经

十年：春，王正月，公如齐。

狄灭温，温子奔卫。

晋里克弑其君卓及其大夫荀息。

夏，齐侯、许男伐北戎。

晋杀其大夫里克。

秋，七月。

冬，大雨雪。

十年传

十年春，"狄灭温"，苏子无信也。苏子叛王即敌，又不能于狄；狄人伐之，王不救，故灭。苏子奔卫。

夏四月，周公忌父、王子党会齐隰朋立晋侯。晋侯杀里克以说。将杀里克，公使谓之曰："微子，则不及此。虽然，子（弑）〔杀〕二君与一大夫，为子君者不亦难乎？"对曰："不有废也，君何以兴？欲加之罪，其无辞乎？臣闻命矣！"伏剑而死。于是丕郑聘于秦，且谢缓赂，故不及。

晋侯改葬共大子。

秋，狐突适下国，遇大子。大子使登、仆，而告之曰："夷吾无礼。余得请于帝矣，将以晋畀秦；秦将祀余。"对曰："臣闻之：'神不歆非类，民不祀非族。'君祀无乃殄乎？且民何罪？失刑，乏祀，君其图之！"君曰："诺！吾将复请。七日，新城西偏将有巫者而见我焉。"许之，遂不见。及期而往，告之曰："帝许我罚有罪矣，敝于韩。"

丕郑之如秦也，言于秦伯曰："吕甥、郤称、冀芮实为不从。若重问以召之，臣出晋君，君纳重耳，蔑不济矣。"

冬，秦伯使泠至报、问，且召三子。郤芮曰："币重而言甘，诱我也。"遂杀丕郑、祁举及七舆大夫：左行共华、右行贾华、叔坚、骓歂、纍虎、特宫、山祁，皆里、丕之党也。

丕豹奔秦，言于秦伯曰："晋侯背大主而忌小怨，民弗与也。伐之，必出。"公曰："失众，焉能杀？违祸，谁能出君？"

十一年经

十有一年：春，晋杀其大夫丕郑（父）①。

夏，公及夫人姜氏会齐侯于阳穀。

秋，八月，大雩。

冬，楚人伐黄。

---

① 阮元《校勘记》据《公羊疏》定"父"为衍字，是也。

十一年传

十一年春，晋侯使以丕郑之乱来告。

天王使召武公、内史过赐晋侯命。受玉惰。过归，告王曰："晋侯其无后乎？王赐之命，而惰于受瑞，先自弃也已，其何继之有！礼，国之干也。敬，礼之舆也。不敬则礼不行，礼不行则上下昏，何以长世？"

夏，扬、拒、泉、皋、伊、雒之戎同伐京师，入王城，焚东门，王子带召之也。秦、晋伐戎以救周。秋，晋侯平戎于王。

黄人不归楚贡。冬，楚人伐黄。

十二年经

十有二年：春，王三月庚午，日有食之。

夏，楚人灭黄。

秋，七月。

冬，十有二月丁丑，陈侯杵臼卒。

十二年传

十二年春，诸侯城卫楚丘之郛，惧狄难也。

黄人恃诸侯之睦于齐也，不共楚职，曰："自郢及我九百里，焉能害我？"夏，楚灭黄。

王以戎难故，讨王子带。秋，王子带奔齐。

冬，齐侯使管夷吾平戎于王，使隰朋平戎于晋。

王以上卿之礼飨管仲。管仲辞曰："臣，贱有司也。有天子之二守国、高在，若节春秋来承王命，何以礼焉？陪臣敢辞！"王曰："舅氏！余嘉乃勋。应乃懿德，谓督不忘。往践乃职，无逆朕命！"管仲受下卿之礼而还。

君子曰："管氏之世祀也宜哉！让不忘其上。《诗》曰：'恺悌君子，神所劳矣！'"

十三年经

十有三年：春，狄侵卫。

夏，四月，葬陈宣公。

公会齐侯、宋公、陈侯、卫侯、郑伯、许男、曹伯于咸。

秋，九月，大雩。

冬，公子友如齐。

十三年传

十三年春，齐侯使仲孙湫聘于周，且言王子带。事毕，不与王言。归，复命曰："未可。王怒未怠，其十年乎？不十年，王弗召也。"

夏，会于咸，淮夷病杞故，且谋王室也。

秋，为戎难故，诸侯戍周。齐仲孙湫致之。

冬，晋荐饥，使乞籴于秦。秦伯谓子桑："与诸乎？"对曰："重施而报，君将何求？重施而不报，其民必携。携而讨焉；无众，必败。"谓百里："与诸乎？"对曰："天灾流行，国家代有。救灾恤邻，道也。行道，有福。"丕郑之子豹在秦，请伐晋。秦伯曰："其君是恶，其民何罪？"秦于是乎输粟于晋，自雍及绛相继，命之曰"泛舟之役"。

十四年经

十有四年：春，诸侯城缘陵。

夏，六月，季姬及鄫子遇于防。使鄫子来朝。

秋，八月辛卯，沙鹿崩。

狄侵郑。

冬，蔡侯肸卒。

十四年传

“十四年春，诸侯城缘陵”而迁杞焉。不书其人，有阙也。

鄫季姬来宁，公怒，止之。以鄫子之不朝也，夏，遇于防而使来朝。

秋八月辛卯，沙鹿崩。晋卜偃曰：“期年将有大咎，几亡国。”

冬，秦饥，使乞籴于晋。晋人弗与。庆郑曰：“背施，无亲。幸灾，不仁。贪爱，不祥。怒邻，不义。四德皆失，何以守国？”虢射曰：“皮之不存，毛将安傅？”庆郑曰：“弃信背邻，患孰恤之？无信，患作；失援，必毙：是则然矣！”虢射曰：“无损于怨而厚于寇，不如勿与。”庆郑曰：“背施幸灾，民所弃也。近犹雠之，况怨敌乎？”弗听。退，曰：“君其悔是哉！”

十五年经

十有五年：春，王正月，公如齐。

楚人伐徐。

三月，公会齐侯、宋公、陈侯、卫侯、郑伯、许男、曹伯盟于牡丘，遂次于匡。公孙敖帅师，及诸侯之大夫救徐。

夏，五月，日有食之。

秋，七月，齐师、曹师伐厉。

八月，螽。

九月，公至自会。

季姬归于鄫。

己卯晦，震夷伯之庙。

冬，宋人伐曹。

楚人败徐于娄林。

十有一月壬戌，晋侯及秦伯战于韩，获晋侯。

十五年传

十五年春，“楚人伐徐”，徐即诸夏故也。“三月，盟于牡丘”，寻葵丘之盟，且救徐也。孟穆伯帅师及诸侯之师救徐，诸侯次于匡以待之。

“夏五月，日有食之。”不书朔与日，官失之也。

秋，伐厉，以救徐也。

晋侯之入也，秦穆姬属贾君焉，且曰：“尽纳群公子！”晋侯烝于贾君，又不纳群公子，是以穆姬怨之。晋侯许赂中大夫，既而皆背之。赂秦伯以河外列城五，东尽虢略，南及华山，内及解梁城，既而不与。晋饥，秦输之粟；秦饥，晋闭之籴。故秦伯伐晋。

卜徒父筮之：“吉！涉河，侯车败。”诘之，对曰：“乃大吉也。三败，必获晋君！其卦遇‘蛊’，曰：‘千乘三去。三去之余，获其雄狐。’夫‘狐蛊’，必其君也。‘蛊’之贞，风也；其悔，山也。岁云秋矣，我落其实而取其材，所以克也。实落材亡，不败何待？”

三败，及韩。晋侯谓庆郑曰：“寇深矣，若之何？”对曰：“君实深之，可若何！”公曰：“不孙！”卜右，庆郑吉。弗使。步扬御戎，家仆徒为右。乘小驷，郑入也。庆郑曰：“古者大事必乘其产。生其水土而知其人心，安其教训而服习其道，唯所纳之，无不如志。今乘异产以从戎事，及惧而变，将与人易：乱气狡愤，阴血周作，张脉偾兴，外强中干；进退不可，周旋不能。君必悔之！”弗听。

九月，晋侯逆秦师，使韩简视师。复曰：“师少于我，斗士倍我。”公曰：“何故？”对曰：“出因其资，入用其宠，饥食其粟，三施而无报，是以来也。今又击之，我怠秦奋，倍犹未也。”公曰：“一夫不可狃，况国乎？”遂使请战，曰：“寡人不佞，能合其众而不能离也。君若不还，无所逃命！”秦伯使公孙枝对曰：“君之未入，寡人惧之；入而未定列，犹吾忧也。苟列定矣，敢不承命！”韩简退，曰：“吾幸而得囚。”

壬戌，战于韩原。晋戎马还泞而止。公号庆郑，庆郑曰：“愎谏，违卜，固败是求，又何逃焉？”遂去之。梁由靡御韩简，虢射为右，辂秦伯，将止之。郑以救公误之，遂失秦伯。秦获晋侯以归。晋大夫反首拔舍从之，秦伯使辞焉，曰：“二三子何其戚也！寡人之从晋君而西也，亦晋之妖梦是践，岂敢以至？”晋大夫三拜稽首，曰：“君履后土而戴皇天，皇天后土实闻君之言！群臣敢在下风。”

穆姬闻晋侯将至，以大子罃、弘与女简璧登台而履薪焉；使以免服衰绖逆，且告曰：“上天降灾，使我两君匪以玉帛相见，而以兴戎。若晋君朝以入，则婢子夕以死；夕以入，则朝以死。唯君裁之！”乃舍诸灵台。

大夫请以入。公曰：“获晋侯，以厚归也。既而丧归，焉用之？大夫其何有焉！且晋人戚忧以重我，天地以要我：不图晋忧，重其怒也；我食吾言，背天地也。重怒难任，背天不祥，必归晋君！”公子絷曰：“不如杀之，无聚慝焉。”子桑曰：“归之而质其大子，必得大成。晋未可灭而杀其君，只以成恶。且史佚有言曰：‘无始祸，无怙乱，无重怒。’重怒难任，陵人不祥。”乃许晋平。

晋侯使郤乞告瑕吕饴甥，且召之。子金教之言，曰：“朝国人而以君命赏，且告之曰：孤虽归，辱社稷矣！其卜贰圉也。”众皆哭，晋于是乎作爰田。吕甥曰：“君亡之不恤，而群臣是忧；惠之至也，将若君何？”众曰：“何为而可？”对曰：“征缮以辅孺子。诸侯闻之，——丧君有君，群臣辑睦，甲兵益多，——好我者劝，恶我者惧，庶有益乎！”众说。晋于是乎作州兵。

初，晋献公筮嫁伯姬于秦，遇“归妹䷵”之“睽䷥”。史苏占之曰：“不吉。其繇曰：‘士刲羊，亦无衁也。女承筐，亦无贶也。西邻责言，不可偿也。“归妹”之“睽”，犹无相也。’‘震’之‘离’，亦‘离’之‘震’。‘为雷为火，为嬴败姬。车说其輹，火焚其旗。不利行师，败于宗丘。“归妹”“睽”孤，寇张之弧。侄其从姑，六年其逋；逃归其国，而弃其家；明年其死于高梁之虚。’”

及惠公在秦，曰：“先君若从史苏之占，吾不及此夫！”韩简侍，曰：“龟，象也。筮，数也。物生而后有象，象而后有滋，滋而后有数。先君之败德，及可数乎？史苏是占，勿从何益？《诗》曰：‘下民之孽，匪降自天。僔沓背憎，职竞由人。’”

“震夷伯之庙”，罪之也，于是展氏有隐慝焉。

“冬，宋人伐曹”，讨旧怨也。

“楚败徐于娄林”，徐恃救也。

十月，晋阴饴甥会秦伯，盟于王城。秦伯曰：“晋国和乎？”对曰：“不和。小人耻失其君而悼丧其亲，不惮征缮以立圉也，曰：‘必报雠！宁事戎狄。’君子爱其君而知其罪，不惮征缮以待秦命，曰：‘必报德，有死无二！’以此不和。”秦伯曰：“国谓君何？”对曰：“小人戚，谓之不免。君子恕，以为必归。小人曰：‘我毒秦，秦岂归君？’君子曰：‘我知罪矣，秦必归君。贰而执之，服而舍之，德莫厚焉，刑莫威焉！服者怀德，贰者畏刑。此一役也，秦可以霸。纳而不定，废而不立，以德为怨，秦不其然！’”秦伯曰：“是吾心也！”改馆晋侯，馈七牢焉。

蛾析谓庆郑曰：“盍行乎？”对曰：“陷君于败，败而不死，又使失刑，非人臣也。臣而不臣，行将焉入？”十一月，晋侯归。丁丑，杀庆郑而后入。

是岁，晋又饥。秦伯又饩之粟，曰：“吾怨其君而矜其民。且吾闻唐叔之封也，箕子曰：‘其后必大。’晋其庸可冀乎？姑树德焉，以待能者。”于是秦始征晋河东，置官司焉。

十六年经

十有六年：春，王正月戊申朔，陨石于宋，五。是月，六（鹢）〔鶂〕退飞，过宋都。

三月壬申，公子季友卒。

夏，四月丙申，鄫季姬卒。

秋，七月甲子，公孙兹卒。

冬，十有二月，公会齐侯、宋公、陈侯、卫侯、郑伯、许男、邢侯、曹伯于淮。

十六年传

十六年春，“陨石于宋，五”，陨星也。“六（鹢）〔鹢〕退飞，过宋都”，风也。周内史叔兴聘于宋，宋襄公问焉，曰：“是何祥也？吉凶焉在？”对曰：“今兹鲁多大丧，明年齐有乱，君将得诸侯而不终。”退而告人，曰：“君失问。是阴阳之事，非吉凶所生也。吉凶由人。吾不敢逆君故也。”

夏，齐伐厉，不克，救徐而还。

秋，狄侵晋，取狐、厨、受铎，涉汾，及昆都，因晋败也。

王以戎难告于齐。齐征诸侯而戍周。

冬，十一月乙卯，郑杀子华。

十二月，会于淮，谋鄫，且东略也。城鄫，役人病，有夜登丘而呼曰：“齐有乱！”不果城而还。

十七年经

十有七年：春，齐人、徐人伐英氏。

夏，灭项。

秋，夫人姜氏会齐侯于卞。

九月，公至自会。

冬，十有二月乙亥，齐侯小白卒。

十七年传

十有七年：春，齐人为徐伐英氏，以报娄林之役也。

夏，晋太子圉为质于秦，秦归河东而妻之。

惠公之在梁也，梁伯妻之。梁嬴孕，过期。卜招父与其子卜之。其子曰："将生一男一女。"招曰："然，男为人臣，女为人妾。"故名男曰圉，女曰妾。及子圉西质，妾为宦女焉。

师灭项。淮之会，公有诸侯之事，未归，而取项。齐人以为讨，而止公。

秋，声姜以公故，会齐侯于卞。九月，公至。书曰"至自会"，犹有诸侯之事焉，且讳之也。

齐侯之夫人三：王姬，徐嬴，蔡姬，皆无子。齐侯好内，多内宠。内嬖如夫人者六人：长卫姬，生武孟；少卫姬，生惠公；郑姬，生孝公；葛嬴，生昭公；密姬，生懿公；宋华子，生公子雍。公与管仲属孝公于宋襄公，以为大子。雍巫有宠于卫共姬，因寺人貂以荐羞于公，亦有宠。公许之立武孟。管仲卒，五公子皆求立。冬十月乙亥，齐桓公卒。易牙入，与寺人貂因内宠以杀群吏，而立公子无亏。孝公奔宋。十二月乙亥，赴。辛巳，夜殡。

十八年经

十有八年：春，王正月，宋公、曹伯、卫人、邾人伐齐。

夏，师救齐。

五月戊寅，宋师及齐师战于甗，齐师败绩。

狄救齐。

秋，八月丁亥，葬齐桓公。

冬，邢人、狄人伐卫。

十八年传

十八年春，宋襄公以诸侯伐齐。三月，齐人杀无亏。

郑伯使朝于楚。楚子赐之金，既而悔之，与之盟曰："无以铸兵！"故以铸三钟。

齐人将立孝公，不胜四公子之徒，遂与宋人战。夏五月，宋败齐师于甗，立孝公而还。

秋八月，葬齐桓公。

冬，邢人、狄人伐卫，围菟圃。卫侯以国让父兄子弟，及朝众，曰："苟能治之，毁请从焉。"众不可，而（从）〔后〕[1] 师于訾娄。狄师还。

梁伯益其国而不能实也，命曰新里。秦取之。

十九年经

十有九年：春，王三月，宋人执滕子婴齐。

夏，六月，宋公、曹人、邾人盟于曹南。

鄫子会盟于邾。己酉，邾人执鄫子，用之。

秋，宋人围曹。

卫人伐邢。

冬，会陈人、蔡人、楚人、郑人盟于齐。

梁亡。

十九年传

十九年春，遂城而居之。

---

① 据阮元《校勘记》改。

宋人执滕宣公。

夏，宋公使邾文公用鄫子于次睢之社，欲以属东夷。司马子鱼曰：“古者六畜不相为用，小事不用大牲，而况敢用人乎？祭祀，以为人也。民，神之主也。用人，其谁飨之？齐桓公存三亡国以属诸侯，义士犹曰薄德。今一会而虐二国之君，又用诸淫昏之鬼，将以求霸，不亦难乎？得死为幸！”

秋，卫人伐邢，以报菟圃之役。于是卫大旱，卜有事于山川，不吉。宁庄子曰：“昔周饥，克殷而年丰。今邢方无道，诸侯无伯，天其或者欲使卫讨邢乎？”从之。师兴而雨。

“宋人围曹”，讨不服也。子鱼言于宋公曰：“文王闻崇德乱而伐之，军三旬而不降；退修教而复伐之，因垒而降。《诗》曰：‘刑于寡妻，至于兄弟，以御于家邦。’今君德无乃犹有所阙，而以伐人，若之何？盍姑内省德乎，无阙而后动？”

陈穆公请修好于诸侯以无忘齐桓之德。“冬，盟于齐”，修桓公之好也。

“梁亡。”不书其主，自取之也。初，梁伯好土功，亟城而弗处。民罢而弗堪，则曰“某寇将至”。乃沟公宫，曰：“秦将袭我。”民惧而溃，秦遂取梁。

二十年经

二十年：春，新作南门。

夏，郜子来朝。

五月乙巳，西宫灾。

郑人入滑。

秋，齐人、狄人盟于邢。

冬，楚人伐随。

二十年传

“二十年春，新作南门。”书，不时也。凡启塞从时。

滑人叛郑而服于卫。夏，郑公子士、泄堵寇帅师入滑。

秋，齐、狄盟于邢，为邢谋卫难也。于是卫方病邢。

随以汉东诸侯叛楚。冬，楚鬥穀於菟帅师伐随，取成而还。君子曰：“随之见伐，不量力也。量力而动，其过鲜矣。善败由己，而由人乎哉？《诗》曰：‘岂不夙夜？谓行多露。’”

宋襄公欲合诸侯。臧文仲闻之，曰：“以欲从人则可，以人从欲鲜济。”

二十一年经

二十有一年：春，狄侵卫。

宋人、齐人、楚人盟于鹿上。

夏，大旱。

秋，宋公、楚子、陈侯、蔡侯、郑伯、许男、曹伯会于盂。执宋公以伐宋。

冬，公伐邾。

楚人使宜申来献捷。

十有二月癸丑，公会诸侯，盟于薄，释宋公。

二十一年传

二十一年春，宋人为鹿上之盟以求诸侯于楚，楚人许之。公子目夷曰：“小国争盟，祸也。宋其亡乎？幸而后败。”

夏，大旱。公欲焚巫尪，臧文仲曰：“非旱备也！修城郭，贬食省用，务穑劝分，此其务也。巫尪何为？天欲杀之，则如勿生。若能为旱，焚之滋甚！”公从之。是岁也，饥而不害。

秋，诸侯会宋公于盂。子鱼曰："祸其在此乎？君欲已甚，其何以堪之！"于是楚执宋公以伐宋。冬，会于薄以释之。子鱼曰："祸犹未也，未足以惩君。"

任、宿、须句、颛臾，风姓也，实司大皞与有济之祀，以服事诸夏播人灭须句；须句子来奔，因成风也。成风为之言于公曰："崇明祀，保小寡，周礼也。蛮夷猾夏，周祸也。若封须句，是崇皞、济而修（祀）〔礼〕① 纾祸也。"

二十二年经

二十有二年：春，公伐邾，取须句。

夏，宋公、卫侯、许男、滕子伐郑。

秋，八月丁未，及邾人战于升陉。

冬，十有一月己巳朔，宋公及楚人战于泓。宋师败绩。

二十二年传

二十二年春，伐邾，取须句，反其君焉，礼也。

三月，郑伯如楚。

夏，宋公伐郑。子鱼曰："所谓祸在此矣！"

初，平王之东迁也，辛有适伊川，见被发而祭于野者，曰："不及百年，此其戎乎！其礼先亡矣。"

秋，秦、晋迁陆浑之戎于伊川。

晋大子圉为质于秦，将逃归，谓嬴氏曰："与子归乎？"对曰："子，晋大子而辱于秦。子之欲归，不亦宜乎！寡君之使婢子侍执巾栉，以固子也。从子而归，弃君命也。不敢从，亦不敢言。"遂逃归。

---

① "祀"者"礼"之形讹。俞樾《群经平议》详之。

富辰言于王曰："请召大叔。《诗》曰：'协比其邻，昏姻孔云。'吾兄弟之不协，焉能怨诸侯之不睦？"王说。王子带自齐复归于京师，王召之也。

邾人以须句故出师。公卑邾，不设备而御之。臧文仲曰："国无小，不可易也。无备，虽众，不可恃也。《诗》曰：'战战兢兢，如临深渊，如履薄冰。'又曰：'敬之敬之！天惟显思，命不易哉！'先王之明德，犹无不难也，无不惧也，况我小国乎？君其无谓邾小；蜂虿有毒，而况国乎！"弗听。

八月丁未，公及邾师战于升陉，我师败绩播人获公胄，县诸鱼门。

楚人伐宋以救郑。宋公将战，大司马固谏曰："天之弃商久矣。君将兴之，弗可赦也已。"弗听。

冬十一月己巳朔，宋公及楚人战于泓。宋人既成列，楚人未既济。司马曰："彼众我寡，及其未既济也，请击之。"公曰："不可。"既济而未成列，又以告。公曰："未可。"既陈而后击之，宋师败绩，公伤股，门官歼焉。

国人皆咎公。公曰："君子不重伤，不禽二毛。古之为军也，不以阻隘也。寡人虽亡国之余，不鼓不成列。"子鱼曰："君未知战。勍敌之人隘而不列，天赞我也；阻而鼓之，不亦可乎？犹有惧焉。且今之勍者，皆吾敌也。虽及胡耇，获则取之，何有于二毛？明耻教战，求杀敌也。伤未及死，如何勿重？若爱重伤，则如勿伤。爱其二毛，则如服焉。三军以利用也，金鼓以声气也。利而用之，阻隘可也；声盛致志，鼓儳可也。"

丙子晨，郑文夫人芈氏、姜氏劳楚子于柯泽。楚子使师缙示之俘馘。君子曰："非礼也！妇人送迎不出门，见兄弟不逾阈。戎事不迩女器。"

丁丑，楚子入（飨）〔享〕于郑。九献，庭实旅百，加笾豆六品。（飨）〔享〕毕，夜出，文芈送于军。取郑二姬以归。叔詹曰："楚王其不没乎？为礼卒于无别，无别不可谓礼。将何以没？"诸侯是以知其不遂霸也。

二十三年经

二十有三年：春，齐侯伐宋，围缗。

夏，五月庚寅，宋公兹父卒。

秋，楚人伐陈。

冬，十有一月，杞子卒。

二十三年传

“二十三年春，齐侯伐宋，围缗”，以讨其不与盟于齐也。

夏五月，宋襄公卒，伤于泓故也。

秋，楚成得臣帅师伐陈，讨其贰于宋也。遂取焦、夷，城顿而还。子文以为之功，使为令尹。叔伯曰：“子若国何？”对曰：“吾以靖国也。夫有大功而无贵仕，其人能靖者与有几？”

九月，晋惠公卒。怀公立，命无从亡人，期；期而不至，无赦。狐突之子毛及偃从重耳在秦，弗召。冬，怀公执狐突，曰：“子来则免！”对曰：“子之能仕，父教之忠，古之制也。策名，委质，贰乃辟也。今臣之子名在重耳，有年数矣。若又召之，教之贰也。父教子贰，何以事君？刑之不滥，君之明也，臣之愿也。淫刑以逞，谁则无罪？臣闻命矣！”乃杀之。卜偃称疾不出，曰：“《周书》有之：‘乃大明，服。’己则不明而杀人以逞，不亦难乎？民不见德而唯戮是闻，其何后之有？”

十一月，杞成公卒。书曰“子”，杞，夷也。不书名，未同盟也。凡诸侯同盟，死则赴以名，礼也。赴以名，则亦书之；不然则否，辟不敏也。

晋公子重耳之及于难也，晋人伐诸蒲城。蒲城人欲战，重耳不可，曰：“保君父之命而享其生禄，于是乎得人。有人而校，罪莫大焉！吾其奔也。”遂奔狄。从者狐偃、赵衰、颠颉、魏武子、司空季子。狄人伐廧咎如，获其二女叔隗、季隗，纳诸公子。公子取季隗，生伯儵、叔刘。以叔隗妻赵衰，生盾。将适齐，谓季隗曰：“待我，二十五年不来而后嫁。”对曰：“我二十五年矣，又如是而嫁，则就木焉。请待子！”处狄十二年而行。

过卫，卫文公不礼焉。出于五鹿，乞食于野人；野人与之块。公子怒，欲鞭之。子犯曰：“天赐也！”稽首，受而载之。

及齐，齐桓公妻之，有马二十乘。公子安之。从者以为不可，将行，谋于桑下。蚕妾在其上，以告姜氏。姜氏杀之，而谓公子曰：“子有四方之志，其闻之者，吾杀之矣。”公子曰：“无之。”姜曰：“行也！怀（其）〔与〕安，实败名。”公子不可。姜与子犯谋，醉而遣之。醒，以戈逐子犯。

及曹，曹共公闻其骈胁，欲观其（裸）〔裸〕。浴，薄而观之。僖负羁之妻曰：“吾观晋公子之从者，皆足以相国。若以相，夫子必反其国。反其国，必得志于诸侯。得志于诸侯而诛无礼，曹其首也。子盍蚤自贰焉！”乃馈盘飧，置璧焉。公子受飧反璧。

及宋，宋襄公赠之以马二十乘。

及郑，郑文公亦不礼焉。叔詹谏曰：“臣闻天之所启，人弗及也。晋公子有三焉，天其或者将建诸，君其礼焉。男女同姓，其生不蕃。晋公子，姬出也，而至于今，一也。离外之患，而天(下)① 不靖晋国，殆将启之，二也。有三士足以上人，而从之，三也。晋、郑同侪，其过子弟固将礼焉，况天之所启乎！”弗听。

及楚，楚子飨之，曰：“公子若反晋国，则何以报不穀？”对曰：“子女玉帛则君有之，羽毛齿革则君地生焉。其波及晋国者，君之余也。其何以报君？”曰：“虽然，何以报我？”对曰：“若以君之灵得反晋国，晋、楚治兵，遇于中原，其辟君三舍；若不获命，其左执鞭弭，右属櫜鞬，以与君周旋。”子玉请杀之，楚子曰：“晋公子广而俭，文而有礼。其从者肃而宽，忠而能力。晋侯无亲，外内恶之。吾闻姬姓唐叔之后，其后衰者也，其将由晋公

① “下”字误衍，阮元《校勘记》所云是也。

子乎！天将兴之，谁能废之？违天，必有大咎！”乃送诸秦。

秦伯纳女五人。怀嬴与焉，奉匜沃盥；既而挥之；怒，曰：“秦、晋匹也，何以卑我？”公子惧，降服而囚。

他日，公享之。子犯曰：“吾不如衰之文也，请使衰从。”公子赋《河水》。公赋《六月》，赵衰曰：“重耳拜赐！”公子降，拜，稽首，公降一级而辞焉。衰曰：“君称所以佐天子者命重耳，重耳敢不拜？”

二十四年经

二十有四年：春，王正月。

夏，狄伐郑。

秋，七月。

冬，天王出居于郑。

晋侯夷吾卒。

二十四年传

二十四年春，王正月，秦伯纳之。不书，不告入也。

及河，子犯以璧授公子，曰：“臣负羁绁从君巡于天下，臣之罪甚多矣，臣犹知之，而况君乎！请由此亡。”公子曰：“所不与舅氏同心者，有如白水！”投其璧于河。

济河，围令狐，入桑泉，取臼衰。二月甲午，晋师军于庐柳，秦伯使公子絷如晋师。师退，军于郇。辛丑，狐偃及秦、晋之大夫盟于郇。壬寅，公子入于晋师。丙午，入于曲沃。丁未，朝于武宫。戊申，使杀怀公于高梁。不书，亦不告也。

吕、郤畏逼，将焚公宫而弑晋侯。寺人披请见。公使让之，且辞焉，曰：“蒲城之役，君命一宿，女即至。其后余从狄君以田渭滨，女为惠公来求杀余，——命女三宿，女中宿至。虽有君命，何其速也！夫袪犹在，女其行乎！”对曰：“臣谓君之入也，其知之矣；若犹未也，又将及难。君命无二，古之制也。除君之恶，唯力是视！蒲人、狄人，余何有焉？今君即位，其无蒲、狄乎！齐桓公置射钩而使管仲相，君若易之，何辱命焉！行者甚众，岂唯刑臣？”公见之。以难告。三月，晋侯潜会秦伯于王城。己丑晦，公宫火。瑕甥、郤芮不获公，乃如河上。秦伯诱而杀之。

晋侯逆夫人嬴氏以归。秦伯送卫于晋三千人，实纪纲之仆。

初，晋侯之竖头须，——守藏者也，——其出也，窃藏以逃；尽用以求纳之。及入，求见；公辞焉以沐。谓仆人曰：“沐则心覆，心覆则图反，宜吾不得见也。居者为社稷之守，行者为羁绁之仆，其亦可也，何必罪居者？国君而雠匹夫，惧者甚众矣！”仆人以告，公遽见之。

狄人归季隗于晋而请其二子。文公妻赵衰，生原同、屏括、(搂)〔楼〕婴。赵姬请逆盾与其母，子余辞。姬曰：“得宠而忘旧，何以使人？必逆之！”固请，许之。来。以盾为才，固请于公，以为嫡子，而使其三子下之；以叔隗为内子，而己下之。

晋侯赏从亡者。介之推不言禄，禄亦弗及。推曰：“献公之子九人，唯君在矣。惠、怀无亲，外内弃之。天未绝晋，必将有主。主晋祀者，非君而谁？天实置之，而二三子以为己力，不亦诬乎！窃人之财犹谓之盗，况贪天之功以为己力乎？下义其罪，上赏其奸；上下相蒙，难与处矣！”其母曰：“盍亦求之？以死，谁怼？”对曰：“尤而效之，罪又甚焉。且出怨言，不食其食。”其母曰：“亦使知之，若何？”对曰：“言，身之文也。身将隐，焉用文之？——是求显也。”其母曰：“能如是乎！与女偕隐。”遂隐而死。晋侯求之，不获；以绵上为之田，曰：“以志吾过，且旌善人。”

郑之入滑也，滑人听命。师还，又即卫。郑公子士、泄堵俞弥帅师伐滑。王使伯服、游孙伯如郑请滑。郑伯怨惠王之入而不与厉公爵也，又怨襄王之与卫、滑也，故不听王命而执二子。王怒，将以狄伐郑。

富辰谏曰：“不可！臣闻之：大上以德抚民，其次亲亲以相及也。昔周公吊二叔之不咸，故封建亲戚以蕃屏周。管，蔡，郕，霍，鲁，卫，毛，聃，郜，雍，曹，滕，毕，原，酆，郇，文之昭也。邘，晋，应，韩，武之穆也。凡，蒋，邢，茅，胙，祭，周公之胤也。召穆公思周德之不类，故纠合宗族于成周而作诗，曰：‘常棣之华，鄂不韡韡。凡今之人，莫如兄弟。’其四章曰：‘兄弟阋于墙，外御其侮。’如是，则兄弟虽有小忿，不废懿亲。今天子不忍小忿以弃郑亲，其若之何？庸勋，亲亲，昵近，尊贤，德之大者也。即聋，从昧，与顽，用嚚，奸之大者也。弃德，崇奸，祸之大者也。郑有平、惠之勋，又有厉、宣之亲，弃嬖宠而用三良，于诸姬为近，四德具矣。耳不听五声之和为聋，目不别五色之章为昧，心不则德义之经为顽，口不道忠信之言为嚚：狄皆则之，四奸具矣。周之有懿德也，犹曰‘莫如兄弟’，故封建之。其怀柔天下也，犹惧有外侮。捍御侮者莫如亲亲，故以亲屏周。——召穆公亦云。今周德既衰，于是乎又渝周、召以从诸奸，无乃不可乎？民未忘祸，王又兴之，其若文、武何？”

王弗听，使颓叔、桃子出狄师。夏，狄伐郑，取栎。王德狄人，将以其女为后。富辰谏曰：“不可！臣闻之曰：‘报者倦矣，施者未厌。’狄固贪婪，王又启之。女德无极，妇怨无终。狄必为患！”王又弗听。

初，甘昭公有宠于惠后，惠后将立之，未及而卒。昭公奔齐，王复之；又通于隗氏。王替隗氏。颓叔、桃子曰：“我实使狄。狄其怨我。”遂奉大叔以狄师攻王。王御士将御之，王曰：“先后其谓我何？宁使诸侯图之。”王遂出，及坎欿，国人纳之。

秋，颓叔、桃子奉大叔、以狄师伐周，大败周师，获周公忌父、原伯、毛伯、富辰。王出适郑，处于汜。大叔以隗氏居于温。

郑子华之弟子臧出奔宋，好聚鹬冠。郑伯闻而恶之，使盗诱之。八月，盗杀之于陈、宋之间。

君子曰：“服之不衷，身之灾也。《诗》曰：‘彼己之子，不称其服。’子臧之服，不称也夫！《诗》曰‘自诒伊戚’，其子臧之谓矣。《夏书》曰‘地平天成’，称也。”

宋及楚平，宋成公如楚。还，入于郑。郑伯将享之，问礼于皇武子。对曰："宋，先代之后也，于周为客。天子有事膰焉，有丧拜焉。丰厚可也。"郑伯从之。享宋公有加，礼也。

冬，王使来告难曰："不穀不德，得罪于母（弟）〔氏〕[①] 之宠子带，鄙在郑地氾，敢告叔父。"臧文仲对曰："天子蒙尘于外，敢不奔问官守？"王使简师父告于晋，使左鄢父告于秦。

天子无出。书曰"天王出居于郑"，辟母弟之难也。天子凶服降名，礼也。

郑伯与孔将鉏、石甲父、侯宣多省视官、具于氾，而后听其私政，礼也。

卫人将伐邢，礼至曰："不得其守，国不可得也。我请昆弟仕焉。"乃往，得仕。

二十五年经

二十有五年：春，王正月丙午，卫侯燬灭邢。

夏，四月癸酉，卫侯燬卒。

宋荡伯姬来逆妇。

宋杀其大夫。

秋，楚人围陈，纳顿子于顿。

葬卫文公。

冬，十有二月癸亥，公会卫子、莒庆，盟于洮。

二十五年传

二十五年春，卫人伐邢。二礼从国子巡城，掖以赴外，杀之。"正月丙午，卫侯燬灭邢。"同姓也，故名。礼至为铭曰："余掖

---

① 阮元《校勘记》以为"弟作氏是也"，今从之。

杀国子，莫余敢止。”

秦伯师于河上，将纳王。狐偃言于晋侯曰：“求诸侯，莫如勤王。诸侯信之，且大义也。继文之业而信宣于诸侯，今为可矣。”使卜偃卜之，曰：“吉！遇黄帝战于阪泉之兆。”公曰：“吾不堪也！”对曰：“周礼未改。今之王，古之帝也。”公曰：“筮之。”筮之，遇“大有☲”之“睽☲”，曰：“吉！遇‘公用享于天子’之卦（也）。战克而王飨，吉孰大焉？且是卦也，天为泽以当日，天子降心以逆公，不亦可乎？‘大有’去‘睽’而复，亦其所也。”晋侯辞秦师而下。三月甲辰，次于阳樊，右师围温，左师逆王。夏四月丁巳，王入于王城，取大叔于温，杀之于隰城。

戊午，晋侯朝王。王飨醴，命之宥。请隧，弗许，曰：“王章也。未有代德而有二王，亦叔父之所恶也。”与之阳樊、温、原、欑茅之田，晋于是始（起）〔启〕南阳。

阳樊不服。围之。苍葛呼曰：“德以柔中国，刑以威四夷，宜吾不敢服也。此谁非王之亲姻，其俘之也？”乃出其民。

秋，秦、晋伐鄀。楚鬥克、屈御寇以申、息之师戍商密。秦人过析，（隈）入〔隈〕① 而系舆人，以围商密，昏而傅焉。宵，坎血加书，伪与子仪、子边盟者。商密人惧，曰：“秦取析矣，戍人反矣！”乃降。〔秦师〕囚申公子仪、息公子边以归。楚令尹子玉追秦师，弗及。遂围陈，纳顿子于顿。

冬，晋侯围原，命三日之粮。原不降，命去之。谍出，曰：“原将降矣。”军吏曰：“请待之。”公曰：“信，国之宝也，民之所庇也。得原失信，何以庇之？所亡滋多。”退一舍而原降，迁原伯贯于冀。赵衰为原大夫，狐溱为温大夫。〔晋侯问原守于寺人勃鞮。对曰：“昔赵衰以壶飧从，径馁而弗食。”故使处原。〕②

卫人平莒于我。十二月，盟于洮，修卫文公之好，且及莒平也。

---

① 据《周礼·弓人》注乙之。

② 本年传末二十八字为错简，当移置此处。王氏《经义述闻》详之。

（晋侯问原守于寺人勃鞮。对曰：“昔赵衰以壶飧从，径馁而弗食。”故使处原。）

二十六年经

二十有六年：春，王正月己未，公会莒子、卫宁速，盟于向。

齐人侵我西鄙。公追齐师，至酅，（不）〔弗〕及。

夏，齐人伐我北鄙。

卫人伐齐。

公子遂如楚乞师。

秋，楚人灭夔，以夔子归。

冬，楚人伐宋，围缗。公以楚师伐齐，取穀。

公至自伐齐。

二十六年传

二十六年春，王正月，公会莒兹丕公、宁庄子，“盟于向”，寻洮之盟也。“齐师侵我西鄙”，讨是二盟也。夏，齐孝公伐我北鄙，卫人伐齐，洮之盟故也。

公使展喜犒师，使受命于展禽。齐侯未入竟，展喜从之，曰：“寡君闻君亲举玉趾，将辱于敝邑，使下臣犒执事。”齐侯曰：“鲁人恐乎？”对曰：“小人恐矣，君子则否。”齐侯曰：“室如县罄，野无青草，何恃而不恐？”对曰：“恃先王之命。昔周公、大公股肱周室，夹辅成王。成王劳之而赐之盟，曰：‘世世子孙，无相害也！’载在盟府，大师职之。桓公是以纠合诸侯而谋其不协，弥缝其阙而匡救其灾，昭旧职也。及君即位，诸侯之望曰：‘其率桓之功！’我敝邑用不敢保聚，曰：‘岂其嗣世九年而弃命废职？其若先君何？君必不然！’恃此以不恐。”齐侯乃还。

东门襄仲、臧文仲如楚乞师。臧孙见子玉而道之伐齐、宋，以其不臣也。

夔子不祀祝融与鬻熊，楚人让之。对曰："我先王熊挚有疾，鬼神弗赦而自窜于夔，吾是以失楚，又何祀焉？"秋，楚成得臣、鬥宜申帅师灭夔，以夔子归。

宋以其善于晋侯也，叛楚即晋。冬，楚令尹子玉、司马子西帅师伐宋，围缗。

"公以楚师伐齐，取穀。"凡师能左右之曰"以"。置桓公子雍于穀，易牙奉之以为鲁援。楚申公叔侯戍之。桓公之子七人，为七大夫于楚。

二十七年经

二十有七年：春，杞子来朝。

夏六月庚寅，齐侯昭卒。

秋，八月乙未，葬齐孝公。

乙巳，公子遂帅师入杞。

冬，楚人、陈侯、蔡侯、郑伯、许男围宋。

十有二月甲戌，公会诸侯，盟于宋。

二十七年传

二十七年春，杞桓公来朝。用夷礼，故曰"子"。公卑杞，杞不共也。

夏，齐孝公卒。有齐怨，不废丧纪，礼也。

秋，入杞，责无礼也。

楚子将围宋，使子文治兵于睽；终朝而毕，不戮一人。子玉复治兵于蒍，终日而毕，鞭七人，贯三人耳。国老皆贺子文，子文饮之酒。蒍贾尚幼，后至，不贺；子文问之。对曰："不知所贺。子之传政于子玉，曰：'以靖国也。'靖诸内而败诸外，所获几何？子玉之败，子之举也。举以败国，将何贺焉？子玉刚而无礼，不可以治民；过三百乘，其不能以入矣。苟入而贺，何后之有？”

冬，楚子及诸侯围宋。宋公孙固如晋告急，先轸曰：“报施救患，取威定霸，于是乎在矣。”狐偃曰：“楚始得曹，而新昏于卫。若伐曹、卫，楚必救之，则齐、宋免矣。”

于是乎蒐于被庐，作三军，谋元帅。赵衰曰：“郤縠可。臣亟闻其言矣，说礼、乐而敦《诗》《书》。《诗》《书》，义之府也；礼、乐，德之则也。德、义，利之本也。《夏书》曰：‘赋纳以言，明试以功，车服以庸。’君其试之！”乃使郤縠将中军，郤溱佐之。使狐偃将上军，让于狐毛而佐之。命赵衰为卿，让于栾枝、先轸。使栾枝将下军，先轸佐之。荀林父御戎，魏犨为右。

晋侯始入而教其民，二年，欲用之。子犯曰：“民未知义，未安其居。”于是乎出定襄王，入务利民，民怀生矣。将用之，子犯曰：“民未知信，未宣其用。”于是乎伐原以示之信。民易资者，不求丰焉，明征其辞。公曰：“可矣乎？”子犯曰：“民未知礼，未生其共。”于是乎大蒐以示之礼，作执秩以正其官。民听不惑，而后用之。出穀戍，释宋围，一战而霸，文之教也。

二十八年经

二十有八年：春，晋侯侵曹。晋侯伐卫。

公子买戍卫，不卒戍，刺之。

楚人救卫。

三月丙午，晋侯入曹，执曹伯。畀宋人。

夏四月己巳，晋侯、齐师、宋师、秦师及楚人战于城濮，楚师败绩。

楚杀其大夫得臣。卫侯出奔楚。

五月癸丑，公会晋侯、齐侯、宋公、蔡侯、郑伯、卫子、莒子，盟于践土。陈侯如会。

公朝于王所。

六月，卫侯郑自楚复归于卫。卫元咺出奔晋。

陈侯款卒。

秋，杞伯姬来。公子遂如齐。

冬，公会晋侯、齐侯、宋公、蔡侯、郑伯、陈子、莒子、邾(人)〔子〕、秦人于温。

天王狩于河阳。

壬申，公朝于王所。

晋人执卫侯，归之于京师。卫元咺自晋复归于卫。

诸侯遂围许。

曹伯襄复归于曹，遂会诸侯围许。

二十八年传

二十八年春，晋侯将伐曹，假道于卫。卫人弗许。还，自〔南〕河（南）① 济，侵曹，伐卫。正月戊申，取五鹿。二月，晋郤縠卒。原轸将中军，胥臣佐下军，上德也。晋侯、齐侯盟于敛盂。卫侯请盟，晋人弗许。卫侯欲与楚，国人不欲，故出其君以说于晋。卫侯出居于襄牛。

公子买戍卫，楚人救卫，不克。公惧于晋，杀子丛以说焉。谓楚人曰："不卒戍也。"

晋侯围曹，门焉，多死。曹人尸诸城上，晋侯患之。听舆人之谋（曰）②，称"舍于墓"，师迁焉。曹人凶惧，为其所得者棺而出之。因其凶也而攻之，三月丙午入曹，数之以其不用僖负羁而乘轩者三百人也，且曰献状。

令无入僖负羁之宫，而免其族，报施也。魏犨、颠颉怒，曰："劳之不图，报于何有？"爇僖负羁氏。魏犨伤于胸。公欲杀之，而爱其材；使问，且视之。病，将杀之。魏犨束胸见使者，曰："以君之灵，不有宁也！"距跃三百，曲踊三百。乃舍之。杀颠颉

① "河南"当作"南河"，杨伯峻先生《春秋左传注》详之。

② "曰"字涉下文而衍，王氏《经义述闻》已言之。

以徇于师，立舟之侨以为戎右。

宋人使门尹般如晋师告急。公曰：“宋人告急，舍之，则绝；告楚，不许。我欲战矣，齐、秦未可，若之何？”先轸曰：“使宋舍我而赂齐、秦，藉之告楚。我执曹君，而分曹、卫之田以赐宋人。楚爱曹、卫，必不许也。喜赂，怒顽，能无战乎？”公说，执曹伯，分曹、卫之田以畀宋人。

楚子入居于申，使申叔去穀，使子玉去宋，曰：“无从晋师！晋侯在外十九年矣，而果得晋国。险阻艰难，备尝之矣；民之情伪，尽知之矣。天假之年，而除其害。天之所置，其可废乎？《军志》曰：‘允当则归。’又曰：‘知难而退。’又曰：‘有德者不可敌。’此三志者，晋之谓矣。”

子玉使伯棼请战，曰：“非敢必有功也，愿以间执谗慝之口。”王怒，少与之师，唯西广、东宫与若敖之六卒实从之。

子玉使宛春告于晋师曰：“请复卫侯而封曹，臣亦释宋之围。”子犯曰：“子玉无礼哉！——君取一，臣取二。——不可失矣！”先轸曰：“子与之！定人之谓礼。楚一言而定三国，我一言而亡之。我则无礼，何以战乎？不许楚言，是弃宋也；救而弃之，谓诸侯何？楚有三施，我有三怨。怨雠已多，将何以战？不如私许复曹、卫以携之，执宛春以怒楚，既战而后图之。”公说，乃拘宛春于卫，且私许复曹、卫，曹、卫告绝于楚。

子玉怒，从晋师。晋师退。军吏曰：“以君辟臣，辱也。且楚师老矣，何故退？”子犯曰：“师直为壮，曲为老，岂在久（矣）〔乎〕？微楚之惠不及此，退三舍辟之，所以报也。背惠食言，以亢其仇，我曲楚直。其众素饱，不可谓老。我退而楚还，我将何求？若其不还，君退臣犯，曲在彼矣。”退三舍，楚众欲止，子玉不可。

夏四月戊辰，晋侯、宋公、齐国归父、崔夭、秦小子慭次于城濮。楚师背酅而舍，晋侯患之。听舆人之诵曰：“原田每每，舍其旧而新是谋。”公疑焉。子犯曰：“战也！战而捷，必得诸侯！若其不捷，表里山河，必无害也。”公曰：“若楚惠何？”栾贞子曰："汉阳诸姬，楚实尽之。思小惠而忘大耻，不如战也！"晋侯梦与楚子搏，楚子伏己而盬其脑，是以惧。子犯曰："吉！我得天，楚伏其罪。吾且柔之矣！"

子玉使鬥勃请战，曰："请与君之士戏。君凭轼而观之，得臣与寓目焉。"晋侯使栾枝对曰："寡君闻命矣。楚君之惠，未之敢忘，是以在此。为大夫退，其敢当君乎？既不获命矣，敢烦大夫谓二三子：'戒尔车乘，敬尔君事，诘朝将见！'"

晋车七百乘，韅、靷、鞅、靽。晋侯登有莘之虚以观师，曰："少长有礼，其可用也！"遂伐其木，以益其兵。

己巳，晋师陈于莘北，胥臣以下军之佐当陈、蔡。子玉以若敖之六卒将中军，曰："今日必无晋矣！"子西将左，子上将右。胥臣蒙马以虎皮，先犯陈、蔡。陈、蔡奔，楚右师溃，狐毛设二旆而退之。栾枝使舆曳柴而伪遁，楚师驰之，原轸、郤溱以中军公族横击之。狐毛、狐偃以上军夹攻子西，楚左师溃。楚师败绩。子玉收其卒而止，故不败。

晋师三日馆、穀，及癸酉而还。甲午，至于衡雍，作王宫于践土。

乡役之三月，郑伯如楚致其师。为楚师既败而惧，使子人九行成于晋。晋栾枝入盟郑伯。五月丙午，晋侯及郑伯盟于衡雍。

丁未，献楚俘于王：驷介百乘，徒兵千。郑伯傅王，用平礼也。己酉，王享醴，命晋侯宥。王命尹氏及王子虎、内史叔兴父策命晋侯为侯伯，赐之大辂之服、戎辂之服，彤弓一，彤矢百，玈弓矢千，秬鬯一卣，虎贲三百人；曰："王谓叔父：'敬服王命，以绥四国，纠逖王慝！'"晋侯三辞，从命，曰："重耳敢再拜稽首，奉扬天子之丕显休命！"受策以出。出入三觐。

卫侯闻楚师败，惧，出奔楚，遂适陈，使元咺奉叔武以受盟。癸亥，王子虎盟诸侯于王庭，要言曰："皆奖王室，无相害也！有渝此盟，明神殛之！俾队其师，无克祚国；及（其）〔而〕玄孙，无有老幼！"君子谓是盟也信；谓晋于是役也，能以德攻。

初，楚子玉自为琼弁、玉缨，未之服也。先战，梦河神谓己曰："畀余！余赐女孟诸之麋。"弗致也。大心与子西使荣黄谏，弗听。荣季曰："死而利国，犹或为之。况琼玉乎？是粪土也，而可以济师，将何爱焉？"弗听。出，告二子曰："非神败令尹。令尹其不勤民，实自败也。"

既败，王使谓之曰："大夫若入，其若申、息之老何？"子西、孙伯曰："得臣将死，二臣止之曰：'君其将以为戮。'"及连穀而死。晋侯闻之而后喜可知也，曰："莫余毒也已！芳吕臣实为令尹，奉己而已，不在民矣。"

或诉元咺于卫侯曰："立叔武矣。"其子角从公，公使杀之。咺不废命，奉夷叔以入守。六月，晋人复卫侯。宁武子与卫人盟于宛濮，曰："天祸卫国，君臣不协，以及此忧也。今天诱其衷，使皆降心以相从也。不有居者，谁守社稷？不有行者，谁捍牧圉？不协之故，用昭乞盟于尔大神以诱天衷。自今日以往，既盟之后，行者无保其力，居者无惧其罪。有渝此盟，以相及也。明神先君，是纠是殛！"国人闻此盟也，而后不贰。

卫侯先期入。宁子先，长牂守门以为使也，与之乘而入。公子歂犬、华仲前驱。叔武将沐，闻君至，喜，捉发走出；前驱射而杀之。公知其无罪也，枕之股而哭之。歂犬走出，公使杀之。元咺出奔晋。

城濮之战，晋中军风于泽，亡大旆之左旃。祁瞒奸命，司马杀之以徇于诸侯，使茅筏代之。师还，壬午济河。舟之侨先归，士会摄右，秋七月丙申振旅，恺以入于晋，献俘授馘，饮至，大赏；徵会讨贰；杀舟之侨以徇于国：民于是大服。

君子谓文公其能刑矣，三罪而民服。《诗》云："惠此中国，以绥四方。"不失赏、刑之谓也。

冬，会于温，讨不服也。

卫侯与元咺讼，宁武子为辅，鍼庄子为坐，士荣为大士。卫侯不胜，杀士荣，刖鍼庄子，谓宁俞忠而免之。"执卫侯，归之于京师"，置诸深室。宁子职纳橐饘焉。元咺归于卫，立公子瑕。

是会也，晋侯召王，以诸侯见，且使王狩。仲尼曰："以臣召君，不可以训。”故书曰“天王狩于河阳”，言非其地也，且明德也。

壬申，公朝于王所。

丁丑，诸侯围许。

晋侯有疾，曹伯之竖侯獳货筮史，使曰——以曹为解：“齐桓公为会而封异姓，今君为会而灭同姓。曹叔振铎，文之昭也；先君唐叔，武之穆也。且合诸侯而灭兄弟，非礼也；与卫偕命，而不与偕复，非信也；同罪异罚，非刑也。礼以行义，信以守礼，刑以正邪：舍此三者，君将若之何？”公说，复曹伯，遂会诸侯于许。

晋侯作三行以御狄：荀林父将中行，屠击将右行，先蔑将左行。

二十九年经

二十有九年：春，介葛卢来。

公至自围许。

夏，六月，会王人、晋人、宋人、齐人、陈人、蔡人、秦人，盟于翟泉。

秋，大雨雹。

冬，介葛卢来。

二十九年传

二十九年春，〔介〕葛卢来朝，舍于昌衍之上。公在会，馈之刍、米，礼也。

夏，公会王子虎、晋狐偃、宋公孙固、齐国归父、陈辕涛涂、秦小子慭，盟于翟泉，寻践土之盟，且谋伐郑也。卿不书，罪之也。在礼卿不会公侯，会伯子男可也。

“秋，大雨雹”，为灾也。

“冬，介葛卢来”，以未见公故，复来朝。礼之，加燕好。

介葛卢闻牛鸣，曰：“是生三牺，皆用之矣。——其音云。”问之，而信。

三十年经

三十年：春，王正月。

夏，狄侵齐。

秋，卫杀其大夫元咺及公子瑕。卫侯郑归于卫。

晋人、秦人围郑。

介人侵萧。

冬，天王使宰周公来聘。

公子遂如京师，遂如晋。

三十年传

三十年春，晋人侵郑，以观其可攻与否。狄间晋之有郑虞也，夏，狄侵齐。

晋侯使医衍鸩卫侯。宁俞货医，使薄其鸩，不死。公为之请，纳玉于王与晋侯，皆十瑴。王许之。秋，乃释卫侯。

卫侯使赂周歂、冶廑曰：“苟能纳我，吾使尔为卿。”周、冶杀元咺及子適、子仪。公入，祀先君。周、冶既服，将命。周歂先入，及门，遇疾而死。冶廑辞卿。

九月甲午，晋侯、秦伯围郑，以其无礼于晋，且贰于楚也。晋军函陵，秦军氾南。

佚之狐言于郑伯曰：“国危矣！若使烛之武见秦君，师必退。”公从之。辞曰：“臣之壮也，犹不如人；今老矣，无能为也已。”公曰：“吾不能早用子，今急而求子，是寡人之过也。然郑亡，子亦有不利焉。”许之。夜，缒而出，见秦伯，曰：“秦、晋围郑，郑既知亡矣。若亡郑而有益于君，敢以烦执事。越国以鄙远，君知其难也。焉用亡郑以（倍）〔陪〕邻？邻之厚，君之薄也。若舍郑以为东道主，行李之往来，共其乏困，君亦无所害。且君尝为晋君赐矣，许君焦、瑕，朝济而夕设版焉，君之所知也。夫晋何厌之有？既东封郑，又欲肆其西封，（若）不阙秦，（将）焉取之？阙秦以利晋，惟君图之！”秦伯说，与郑人盟，使杞子、逢孙、杨孙戍之，乃还。

子犯请击之。公曰：“不可。微夫人〔之〕力不及此。因人之力而敝之，不仁。失其所与，不知。以乱易整，不武。吾其还也！”亦去之。

初，郑公子兰出奔晋，从于晋侯伐郑，请无与围郑。许之。使待命于东。郑石甲父、侯宣多逆以为大子，以求成于晋，晋人许之。

冬，王使周公阅来聘，飨有昌歜、白黑、形盐。辞曰：“国君，文足昭也，武可畏也，则有备物之飨，以象其德；荐五味，羞嘉穀，盐虎形，以献其功。吾何以堪之？”

东门襄仲将聘于周，遂初聘于晋。

三十一年经

三十有一年：春，取济西田。

公子遂如晋。

夏四月，四卜郊，不从，乃免牲。犹三望。

秋，七月。

冬，杞伯姬来求妇。

狄围卫。十有二月，卫迁于帝丘。

三十一年传

“三十一年春，取济西田”，分曹地也。使臧文仲往，宿于重馆。重馆人告曰：“晋新得诸侯，必亲其共。不速行，将无及也！”从之。分曹地，自洮以南，东傅于济，尽曹地也。

襄仲如晋，拜曹田也。

“夏四月，四卜郊，不从，乃免牲”，非礼也。“犹三望”，亦非礼也。礼不卜常祀，而卜其牲、日。牛卜日曰牲。牲成而卜郊，上怠慢也。望，郊之细也。不郊，亦无望可也。

秋，晋蒐于清原，作五军以御狄。赵衰为卿。

冬，狄围卫，卫迁于帝丘，卜曰三百年。

卫成公梦康叔曰：“相夺予享。”公命祀相，宁武子不可，曰：“鬼神非其族类，不歆其祀。杞、鄫何事？相之不享于此久矣，非卫之罪也。不可以间成王、周公之命祀。请改祀命。”

郑洩驾恶公子瑕，郑伯亦恶之，故公子瑕出奔楚。

三十二年经

三十有二年：春，王正月。

夏，四月己丑，郑伯捷卒。

卫人侵狄。秋，卫人及狄盟。

冬，十有二月己卯，晋侯重耳卒。

三十二年传

三十二年春，楚斗章请平于晋，晋阳处父报之。晋、楚始通。

夏，狄有乱。卫人侵狄，狄请平焉。秋，卫人及狄盟。

冬，晋文公卒。庚辰，将殡于曲沃，出绛，柩有声如牛。卜偃使大夫拜，曰：“君命大事：将有西师过轶我。击之，必大捷焉。”

杞子自郑使告于秦曰：“郑人使我掌其北门之管。若潜师以来，国可得也。”穆公访诸蹇叔，蹇叔曰：“劳师以袭远，非所闻也。师劳力竭，远主备之，无乃不可乎？师之所为，郑必知之。勤而无所，必有悖心。且行千里，其谁不知？”公辞焉，召孟明、西乞、白乙，使出师于东门之外。蹇叔哭之，曰："孟子！吾见师之出而不见其入也！"公使谓之曰："尔何知？中寿，尔墓之木拱矣。"蹇叔之子与师，哭而送之，曰："晋人御师必于殽。殽有二陵焉：其南陵，夏后皋之墓也；其北陵，文王之所辟风雨也。必死是间，余收尔骨焉！"秦师遂东。

三十三年经

三十有三年：春，王二月，秦人入滑。

齐侯使国归父来聘。

夏，四月辛巳，晋人及姜戎败秦师于殽。

癸巳，葬晋文公。

狄侵齐。

公伐邾，取訾娄。

秋，公子遂帅师伐邾。

晋人败狄于箕。

冬，十月，公如齐。

十有二月，公至自齐。

乙巳，公薨于小寝。

陨霜不杀草。李梅实。

晋人、陈人、郑人伐许。

三十三年传

三十三年春，（晋）秦师过周北门。左右免胄而下，超乘者三百乘。王孙满尚幼，观之，言于王曰："秦师轻而无礼，必败。轻则寡谋，无礼则脱。入险而脱，又不能谋，能无败乎？"

及滑，郑商人弦高将市于周，遇之；以乘韦先，牛十二，犒师，曰："寡君闻吾子将步师出于敝邑，敢犒从者。不腆敝邑为从者之淹，居则具一日之积，行则备一夕之卫。"且使遽告于郑。

郑穆公使视客馆，则束载、厉兵、秣马矣。使皇武子辞焉，曰：“吾子淹久于敝邑，唯是脯资饩牵竭矣。为吾子之将行也，——郑之有原圃，犹秦之有具囿也，——吾子取其麋鹿以闲敝邑，若何？”杞子奔齐，逢孙、扬孙奔宋。

孟明曰：“郑有备矣，不可冀也。攻之不克，围之不继，吾其还也。”灭滑而还。

齐国庄子来聘，自郊劳至于赠贿，礼成而加之以敏。臧文仲言于公曰：“国子为政，齐犹有礼，君其朝焉！臣闻之：服于有礼，社稷之卫也。”

晋原轸曰：“秦违蹇叔而以贪勤民，天奉我也。奉不可失，敌不可纵。纵敌患生，违天不祥，必伐秦师！”栾枝曰：“未报秦施而伐其师，其为死君乎？”先轸曰：“秦不哀吾丧而伐吾同姓，秦则无礼，何施之为？吾闻之：‘一日纵敌，数世之患也。’谋及子孙，可谓死君乎！”遂发命，遽兴姜戎。子墨衰绖，梁弘御戎，莱驹为右。夏四月辛巳，败秦师于殽，获百里孟明视、西乞术、白乙丙以归。遂墨以葬文公。晋于是始墨。

文嬴请三帅，曰：“彼实构吾二君。寡君若得而食之，不厌，君何辱讨焉？使归就戮于秦，以逞寡君之志，若何？”公许之。

先轸朝，问秦囚。公曰：“夫人请之，吾舍之矣。”先轸怒，曰：“武夫力而拘诸原，妇人暂而免诸国，堕军实而长寇雠，亡无日矣！”不顾而唾。

公使阳处父追之。及诸河，则在舟中矣。释左骖，以公命赠孟明。孟明稽首曰：“君之惠，不以累臣衅鼓，使归就戮于秦；寡君之以为戮，死且不朽。若从君惠而免之，三年将拜君赐！”

秦伯素服郊次，乡师而哭，曰：“孤违蹇叔以辱二三子，孤之罪也！”不替孟明，〔曰：〕① “孤之过也，大夫何罪？且吾不以一眚掩大德。”

① 据王氏《经义述闻》、杨伯峻先生《春秋左传注》补入。

“狄侵齐”，因晋丧也。

公伐邾，取訾娄，以报升陉之役。邾人不设备。秋，襄仲复伐邾。

狄伐晋，及箕。八月戊子，晋侯败狄于箕。郤缺获白狄子。

先轸曰：“匹夫逞志于君而无讨，敢不自讨乎？”免胄入狄师，死焉。狄人归其元，面如生。

初，臼季使过冀；见冀缺耨，其妻馌之，敬，相待如宾。与之归，言诸文公曰：“敬，德之聚也。能敬必有德。德以治民，君请用之！臣闻之：出门如宾，承事如祭，仁之则也。”公曰：“其父有罪，可乎？”对曰：“舜之罪也殛鲧，其举也兴禹。管敬仲，桓之贼也，实相以济。《康诰》曰：‘父不慈，子不祇，兄不友，弟不共，不相及也。’《诗》曰：‘采葑采菲，无以下体。’君取节焉可也。”文公以为下军大夫。反自箕，襄公以三命命先且居将中军，以再命命先茅之县赏胥臣，曰：“举郤缺，子之功也。”以一命命郤缺为卿，复与之冀，亦未有军行。

冬，公如齐，朝，且吊有狄师也。反，薨于小寝，即安也。

晋、陈、郑伐许，讨其贰于楚也。

楚令尹子上侵陈、蔡。陈、蔡成，遂伐郑，将纳公子瑕。门于桔柣之门，瑕覆于周氏之汪，外仆髡屯禽之以献。文夫人敛而葬之郐城之下。

晋阳处父侵蔡，楚子上救之，与晋师夹泜而军。阳子患之，使谓子上曰：“吾闻之：‘文不犯顺，武不违敌。’子若欲战，则吾退舍，子济而陈，迟速唯命。不然，纾我。老师费财，亦无益也。”乃驾以待。子上欲涉，大孙伯曰：“不可！晋人无信，半涉而薄我，悔败何及？不如纾之。”乃退舍。阳子宣言曰：“楚师遁矣！”遂归。楚师亦归。大子商臣谮子上曰：“受晋赂而辟之，楚之耻也。罪莫大焉！”王杀子上。

葬僖公。缓作主，非礼也。凡君薨，卒哭而祔，祔而作主，特祀于主，烝、尝、禘于庙。